THYSSEN IM 20. JAHRHUNDERT

FAMILIE – UNTERNEHMEN – ÖFFENTLICHKEIT:

THYSSEN IM 20. JAHRHUNDERT

Herausgegeben von
Hans Günter Hockerts, Günther Schulz und
Margit Szöllösi-Janze

BAND 10

BORIS GEHLEN

Die Thyssen-Bornemisza-Gruppe

Eine transnationale business group
in Zeiten des Wirtschaftsnationalismus
(1932-1955)

2021

BRILL | Ferdinand Schöningh

Gefördert mit Mitteln der Fritz Thyssen Stiftung für Wissenschaftsförderung, Köln,
und der Stiftung zur Industriegeschichte Thyssen, Duisburg

Der Autor:
Boris Gehlen vertritt die Professur für Unternehmensgeschichte an der Universität Stuttgart
und war von 2016 bis 2020 Vorsitzender des Arbeitskreises für Kritische
Unternehmens- und Industriegeschichte

Umschlagabbildung:
Im Vordergrund: Walsum, Besuch des Herrn Baron Dr. Heinr. Thyssen-Bornemisza, 30.11.1934.
V.l.n.r.: Hendrik Jozef Kouwenhoven, unbek., Stephan Thyssen-Bornemisza,
Heinrich Thyssen-Bornemisza, unbek., Maarten van Rossen, Wilhelm Roelen.
thyssenkrupp Corporate Archives, Duisburg: F/Personen/564
Im Hintergrund: Thyssen-Bornemisza-Komplex (Neu) (um 1955). Stiftung zur
Industriegeschichte Thyssen, Duisburg: TB/4482.

Bibliografische Information der Deutschen Nationalbibliothek

Die Deutsche Nationalbibliothek verzeichnet diese Publikation in der Deutschen
Nationalbibliografie; detaillierte bibliografische Daten sind im Internet über
http://dnb.d-nb.de abrufbar.

Alle Rechte vorbehalten. Dieses Werk sowie einzelne Teile desselben sind urheberrechtlich
geschützt. Jede Verwertung in anderen als den gesetzlich zugelassenen Fällen ist ohne
vorherige schriftliche Zustimmung des Verlags nicht zulässig.

© 2021 Verlag Ferdinand Schöningh, ein Imprint der Brill Gruppe
(Koninklijke Brill NV, Leiden, Niederlande; Brill USA Inc., Boston MA, USA;
Brill Asia Pte Ltd, Singapore; Brill Deutschland GmbH, Paderborn, Deutschland)

www.schoeningh.de

Einbandgestaltung: Evelyn Ziegler, München
Herstellung: Brill Deutschland GmbH, Paderborn

ISSN 2629-9127
ISBN 978-3-506-76012-8 (hardback)
ISBN 978-3-657-76012-1 (e-book)

INHALT

Editorial 9

1. Einleitung.. 11

2. Die Thyssen-Bornemisza-Gruppe (TBG): Eigentumsrechte,
   Verflechtungen, Funktionen und Reorganisationen.............. 25
   1. Alle Wege führen zu Heinrich: Eigentumskonzentration und
      beneficial ownership 26
   2. Flurbereinigung: Rückzug der »Gruppe Fritz Thyssen«,
      Funktionsverlust der niederländischen Holdings, neue
      Beteiligungen 36
      2.1. Ursprünge der Holdings nach 1918 36
      2.2. Eigentumsrechtliche Trennung durch Wertpapiertausch .. 39
      2.3. Restrukturierung und Ergänzung von Beteiligungen in den
           1930er und 1940er Jahren 46
   3. »Repatriierung« dringend erwünscht: Pläne zur Reorganisation
      der TBG 1941 bis 1944 49
      3.1. Ambivalenzen der »Hollandabgabe«: transnationale
           Selbstfinanzierung, Steuerhinterziehung und politische
           Reorganisationsbestrebungen 50
      3.2. Personelle Weichenstellungen: Die Entlassung Kouwenhovens .. 59
      3.3. Anreize aus dem Deutschen Reich: Steuerminderung und
           RWKS-Interessen 68
      3.4. Deutsche Unterstützung – niederländische Bedenken:
           Die Reorganisation als Gegenstand transnationaler Behörden-
           konkurrenz 73
   4. Die transnationale TBG zwischen internationalem Recht und
      nationalstaatlichen Interessen: Restitution, Entflechtung und
      Neugruppierung 1945 bis 1955 79
      4.1. Das Vermächtnis der Kriegszeit als unternehmerisches Problem . 79
      4.2. Operation Juliana................................... 93
      4.3. Alte Gesellschaften, neue Governance................ 103
      4.4. Langwierige Restitutionen: Juristische Auseinandersetzungen
           in den USA und Großbritannien 115
      4.5. Restitution auf Deutsch: Die Entflechtung der Thyssen-
           Bornemisza-Gesellschaften in der Bundesrepublik 122

3. Fragile Einheit? Leitungs-, Kommunikations- und Entscheidungsstrukturen 131
   1. Unternehmerische Letztentscheidungskompetenz und Accounting: Die Steuerung der TBG durch Finanzströme................... 132
   2. Angestellte Unternehmer: Leitbilder, Hierarchien und Anreizsysteme im Management..................................... 148
   3. Externe Berater und Netzwerke der TBG: Eine Skizze 176

4. (K)eine Konzernbilanz: Gewinne, Renditen und Dividenden 183

5. Geschäftsmodelle und Strategien der TBG-Unternehmen 203
   1. Das Herz von »Thyssen Neu«? Die Kohle- und Energiewirtschaft .. 203
      1.1. Begrenztes Wachstum: Thyssengas im »verhandelten« Ferngasmarkt der 1930er Jahre................................ 206
      1.2. Unternehmerische Ratio, politischer Opportunismus: Auf- und Ausbau der Zeche Walsum und die Konflikte mit dem RWKS... 212
      1.3. Transnationale Kopplung? Thyssengas im Zweiten Weltkrieg ... 222
      1.4. Facetten transnationaler Selbstfinanzierung: Investitionen bei Thyssengas/Walsum 227
      1.5. Zwischen Familienzwist und Großraubwirtschaft: Stephan Thyssen-Bornemisza und die Seismos GmbH 230
      1.6. Neuorientierung und Entflechtung 237
   2. Wandel im Handel, Konstanz im Ertrag: Die Handels- und Logistiksparte 242
      2.1. Pfadabhängigkeiten: Die Handelsgesellschaften Thyssens zwischen Konzern- und Syndikatsinteressen bis 1932......... 243
      2.2. Handelszentrum Rotterdam: Vlaardingen-Oost, N.V. Vulcaan und Halcyon Lijn 249
   3. Vereinigte Stahlwerte: Die Press- und Walzwerk AG (PWR) und die Oberbilker Stahlwerk AG 267
      3.1. Einträgliche Nischenstrategie, defensive Rüstungsproduktion: Die PWR in den 1930er und 1940er Jahren................... 268
      3.2. Die Auslandsbeteiligungen Bulgarska Trabna Industria AG und Seamless Steel Equipment Corporation 274
      3.3. Kriegsende, Entflechtung, Restrukturierung.................. 278
   4. Handelsschiffbau im Wirtschaftsnationalismus: Die Werften........ 282
      4.1. Rettungsanker Staatskonjunktur: Die Wiederbelebung der Flensburger Schiffsbau-Gesellschaft (FSG).................. 284
      4.2. Krisenresistenz und Selbständigkeit: Der Bremer Vulkan in den 1930er Jahren.. 289
      4.3. Kriegswirtschaft und U-Boot-Bau........................... 292

4.4. Startvorteile nicht-deutscher deutscher Werften im
    Wiederaufbau 301
5. Solides Fundament: Die Baustoffunternehmen 305
    5.1. Entwicklung und Struktur des Zementverbunds 305
    5.2. Krise und Boom der Bauwirtschaft 309
    5.3. Die Kartellfrage 314
    5.4. Transformationen im Chaos: Der Baustoffverbund in den
         letzten Kriegs- und den ersten Nachkriegsjahren 319
6. Das beste Pferd im Stall? Das Gestüt Erlenhof als Wirtschafts-
   betrieb 323
7. Schaltzentrale und transnationaler Konfliktherd: Die Bank voor
   Handel en Scheepvaart (BHS) 332
    7.1. Geschäftsmodell Thyssen: Die BHS als Holding, Konzern-
         und Familienbank 332
    7.2. Transferprobleme unter wirtschaftsnationalistischen Vorzeichen
         oder der lange Abschied vom Geschäftsmodell Konzernbank ... 342
    7.3. Emanzipation oder Größenwahn? Die gescheiterte Einfluss-
         nahme auf die Nederlandsche Handels- en Maatschappij
         (NHM) 1934 bis 1936 349
    7.4. Risiken der Risikodiversifizierung: Union Banking
         Corporation und »Thyssengold« 357
8. Konzernbank mit Nebenwirkungen: Die August-Thyssen-Bank
   (ATB) zwischen solider Unternehmensfinanzierung und fragwürdigen Freundschaftsdiensten 369
    8.1. Von der Privat- zur Konzernbank: Personal, Kundenstruktur
         und Wandlungen der ATB. 370
    8.2. Handlungsbegrenzungen: Eine Konzernbank im gelenkten
         Kapitalmarkt 380
    8.3. Die ATB, Eduard von der Heydt und die deutsche
         Auslandsabwehr 385

6. Fazit 399

Dank 407

Abkürzungsverzeichnis 409

Abbildungsverzeichnis und Bildnachweise 411

TABELLENVERZEICHNIS 413

VERZEICHNIS DER GRAFIKEN 415

UNGEDRUCKTE QUELLEN 417

GEDRUCKTE QUELLEN UND LITERATUR 421

REGISTER 435
    Personen 435
    Firmen und Institutionen 439

REIHENÜBERSICHT 445

EDITORIAL

Unternehmens- und Familiengeschichte wurden bislang meist getrennt voneinander untersucht. Die vorliegende Reihe integriert beide Perspektiven, um die ökonomischen, soziokulturellen und emotionalen Verknüpfungen zwischen Unternehmerfamilie und Familienunternehmen sichtbar zu machen.

Aus dem Blickwinkel einer kulturwissenschaftlich inspirierten Familiengeschichte steht das dynamische, sich ständig umknüpfende familiäre Netzwerk der Thyssens im Vordergrund. Hier interessieren die Alltagspraktiken, Lebensformen und Identitäten der kosmopolitisch lebenden und global agierenden Familie. Darunter fallen auch Aspekte wie die Nutzung medialer Techniken bzw. die Selbstinszenierung von Familienmitgliedern in der Öffentlichkeit sowie die Kunstsammlungen der Thyssens als Verknüpfung von ökonomischer Investition, symbolischer Kapitalbildung und Ästhetik.

Aus unternehmensgeschichtlicher Sicht liegt der Schwerpunkt zum einen auf der Unternehmensführung, vor allem den Maximen, Strategien und Praktiken der Lenkung unter Abschätzung der Handlungsspielräume; zum anderen auf dem komplexen Geflecht der Thyssen'schen Familienstiftungen und Treuhandgesellschaften, Holdings und Einzelgesellschaften, das der Unternehmensentwicklung, Vermögenssicherung und -mehrung diente; ferner auf der Nutzung von politischen, rechtlichen und gesellschaftlichen Optionen für den wirtschaftlichen Erfolg. Ein besonderes Augenmerk richtet sich dabei auf die NS-Zeit.

Die in dieser Reihe veröffentlichten Studien sind aus dem Projekt »Die Unternehmerfamilie Thyssen im 20. Jahrhundert« hervorgegangen, das die Fritz Thyssen Stiftung und die Stiftung zur Industriegeschichte Thyssen förderten und ein Forschungsverbund unabhängiger Historikerinnen und Historiker der Universitäten Köln bzw. München und Mannheim bzw. Bonn durchführte. Den familiengeschichtlichen Part verantwortete Margit Szöllösi-Janze, den unternehmensgeschichtlichen Christoph Buchheim und, nach dessen Tod 2009, Günther Schulz, den auf die Fritz Thyssen Stiftung bezogenen Teil Hans Günter Hockerts.

Die Forschungsarbeit ging von gemeinsamen konzeptionellen Überlegungen und Fragestellungen aus, sie fand in kontinuierlicher Kooperation statt, zu der zahlreiche Workshops mit externer Beteiligung sowie zwei große Symposien beitrugen. Die Studien spiegeln sowohl Synergien als auch Unterschiede zwischen Familien- und Unternehmensgeschichte. Jeder Band steht für sich genommen als eigenständiges, abgeschlossenes Werk unter der Verantwortung seiner Autorin / seines Autors.

Hans Günter Hockerts Günther Schulz Margit Szöllösi-Janze

1. EINLEITUNG

Im Februar 1946 schrieb Rudolf Krautheim, Vorstandsmitglied der Thyssen'schen Gas- und Wasserwerke GmbH in Duisburg-Hamborn und der Press- und Walzwerke Reisholz AG (PWR) in Düsseldorf, einen Brief an Curt Ritter, den langjährigen Direktor der Berliner August-Thyssen-Bank (ATB). Als die vordringlichste Aufgabe der kommenden Wochen und Monate hob er hervor: »Wir alle müssen das Äußerste versuchen, um Herrn Baron T. sein Eigentum zu sichern und zu erhalten.«[1] Auch für Wilhelm Roelen, den Generalbevollmächtigen Heinrich Thyssen-Bornemiszas (1875-1947) in Deutschland, schien im Nachhinein alles ziemlich eindeutig: Das »Endziel« seines Handelns sei das »Retten des Organischen und des Besitzes« gewesen,[2] mithin sei es seine Aufgabe und seine Pflicht gewesen, das Eigentum Heinrich Thyssen-Bornemiszas, der 1926 als jüngster Sohn August Thyssens (1842-1926) beträchtliche Teile des Thyssen-Konzerns geerbt hatte, durch unsichere Zeiten zu bringen: »Ich würde meine Aufgaben als Vorstand schlecht verstanden haben und verdiente weggejagt zu werden, wenn ich nicht alles getan hätte, um das Unternehmen und den Eigentümer vor Schaden zu bewahren.«[3]

Die Selbstverständlichkeit, mit der zwei hochrangige Manager übereinstimmend ihr Handeln in den 1930er und 1940er Jahren beschrieben, ist bemerkenswert. Denn unabhängig davon, ob Roelen und Krautheim tatsächlich ihre innerste Überzeugung kundtaten, umreißen ihre Aussagen doch implizit Besonderheiten und maßgebliche Herausforderungen der in vielfacher Hinsicht singulären Thyssen-Bornemisza-Gruppe (TBG), die aus der Erbmasse des August-Thyssen-Konzerns hervorgegangen war und Produktions- und Handelsunternehmen sowie Banken vornehmlich in Deutschland und den Niederlanden umfasste, die auf den ersten Blick wenig miteinander gemein hatten.[4]

---

[1] Krautheim an Ritter, 26.2.1946, SIT TB/996. Die Vielzahl der im Folgenden zu nennenden Personen und Unternehmen trägt leider nicht zur Übersichtlichkeit bei. Daher sei an dieser Stelle auf die wichtigsten Übersichten verwiesen, die eine rasche Einordnung ermöglichen: Tabelle 1 (Kapitel 2.1.) listet die maßgeblichen Unternehmen der Thyssen-Bornemisza-Gruppe (TBG) nach Branchen geordnet auf, Tabelle 9 (Kapitel 3.2.) alle Manager mit Lebensdaten und Funktionen innerhalb der Gruppe und Abbildung 1 (Kapitel 2.1.) visualisiert die Kapitalbeziehungen innerhalb der Gruppe.

[2] Memorandum Roelen (Entwurf), Ostern 1946, S. 4, SIT NROE/36; vgl. mit reichlich Pathos auch das Memorandum »Die Generalvollmacht« (o.D.) [1940], SIT NROE/36: »Alle Handlungen haben sich auf dem Boden von Recht und Gesetz vollzogen, frei von Macht und Politik und in der Linie bleibend des Organischen und Ökonomischen vom Blickpunkt des Eigentums, der Gesellschaften, der Länder und der Welt.«

[3] Aktenbericht, 28.8.1946, S. 6, SIT TB/2139.

[4] »Thyssen-Bornemisza-Gruppe« ist kein historischer Quellenbegriff, zumindest nicht für den hier betrachteten Zeitraum. 1971 entstand die Thyssen-Bornemisza Group N.V. durch Umwandlung der Bank voor Handel en Scheepvaart; sie besaß anfangs noch einen Teil der ursprünglich von

Die Aussagen Krautheims und Roelens rücken, zum ersten, das Eigentum Heinrichs als verbindendes Element ins Zentrum, zum zweiten proklamierten sie eine defensive Bewahrungsstrategie, die, zum dritten, offensichtlich auf erhebliche (politische) Widerstände traf, und für die, zum vierten, nicht Heinrich Thyssen-Bornemisza – als Eigentümer und formaler Letztentscheider – verantwortlich zeichnete, sondern eine dezentral agierende Gruppe von (verbliebenen) Topmanagern.[5]

Schon hieran zeigt sich, dass bei der Betrachtung der Thyssen-Bornemisza-Gruppe offenbar andere Maßstäbe anzulegen sind als für das Gros (deutscher) Unternehmen von der Weltwirtschaftskrise bis in die Nachkriegszeit. Die TBG war multinationales Unternehmen, Familienunternehmen und *business group* in einem. Anders ausgedrückt, war sie ein transnationales[6] Familienunternehmen in Form einer diversifizierten *business group*.[7]

Familienunternehmen konturieren sich durch das »dynastische Motiv«, d.h. die Konzentration von Eigentums- und ggf. Verfügungsrechten bei einer Familie und ihre Weitergabe von Generation zu Generation. Dieses Ziel verfolgte auch Heinrich Thyssen-Bornemisza. Er hatte sich deshalb dagegen ausgesprochen, die Thyssen-Unternehmen 1926 in die Vereinigte Stahlwerke AG einzubringen, und wollte stattdessen seinen Erbteil als selbständiges (Familien-)Unternehmen fortführen.[8] Um das Ziel zu erreichen, die Unternehmen dauerhaft für eine Familie zu erhalten, haben sich historisch zahlreiche Formen und Instrumente herausge-

---

Heinrich Thyssen-Bornemisza ererbten Unternehmen. Die »neue« TBG seit 1971 ist teilidentisch mit der alten TBG seit 1926 bzw. aus dieser hervorgegangen. Nachdem dieses Projekt zunächst die Bezeichnung »Thyssen-Bornemisza-Verbund« präferierte, führten analytische Motive dazu, doch von TBG zu sprechen, da damit der Charakter als *business group* deutlich wird, zumal sowohl die alte als auch die neue TBG trotz unterschiedlicher Strukturen und Strategien als *business group* zu fassen sind.

[5] Instruktiv für dieses Narrativ z.B. Aktenbericht, 23.8., und Aktenbericht, 28.8.1946, SIT TB/2139.
[6] In der angelsächsischen Literatur werden Multinational Enterprise (MNE) und Transnational Enterprise (TNE) häufig synonym verwendet, wenngleich MNE die gebräuchlichere Bezeichnung ist. Daher wird im Folgenden auch für die Charakterisierung des Typus MNE genutzt. Vgl. Fitzgerald, Rise, S. 13-14. MNE können allerdings häufig mit einem klar zu benennendes Heimatland (*home country*) in Verbindung gebracht werden, von dem aus Gastländer (*host countries*) erschlossen werden. Für diesen Prozess hat sich in unternehmenshistorischen Forschung der Begriff »Internationalisierung« eingebürgert. Wegweisend hierzu Johanson/Vahlne, Internationalization Process. Bei der TBG waren allerdings, wie noch auszuführen sein wird, seit den 1920er Jahre *home* und *host country* nicht mehr klar voneinander zu trennen. Sie wird daher im Folgenden vornehmlich als »transnationale« Unternehmensgruppe bezeichnet, auch weil »transnational« den Verflechtungs-, Beziehungs- und Transfercharakter der Unternehmen sowie der Familie besser erfasst als »multinational«. Nicht von ungefähr hat sich im Projekt »Die Unternehmerfamilie Thyssen im 20. Jahrhundert« »transnational« als Terminus etabliert. Vgl. vor allem Derix, Thyssens, S. 29-38.
[7] Für einen Überblick über Internationalisierungsvorteile multinationaler Unternehmen konzis Berghoff, Moderne Unternehmensgeschichte, S. 130-134; zur Entwicklung multinationaler Unternehmen in der Moderne siehe klassisch Chandler, Scale and Scope, sowie neuerdings vor allem Fitzgerald, Rise. Zur Entwicklung spezifischer Multinationals (*business groups, family multinationals*) siehe Lubinski u.a., Family Multinationals; Colpan u.a., Business Groups; Colpan/Hikino, Business Groups in the West.
[8] Rasch, August Thyssen und sein Sohn Heinrich Thyssen-Bornemisza, S. 43-44.

bildet, doch sie alle bezwecken, familiäre Interessen mit den betriebswirtschaftlichen Erfordernissen in Einklang zu bringen. Familienunternehmen sind daher nur aus dem Zusammenwirken von Unternehmen und Familie zu erklären.[9]

Auch *business groups* können eine Spielart des Familienkapitalismus sein. Definitionsgemäß verfügen diversifizierte *business groups*[10] über 1.) dominante Eigentümer (das sind häufig Familien), 2.) pyramidenförmig angeordnete Eigentumsrechte, die sich auf rechtlich selbständige Gesellschaften und mehrere Hierarchieebenen verteilen, sowie 3.) ein unzusammenhängendes Produktportfolio.[11] Die einzelnen Gesellschaften eines solchen Verbunds »*share little in common, and they cannot be related meaningfully.*«[12]

Diese Kriterien treffen auf das Unternehmensgeflecht zu, das Heinrich Thyssen-Bornemisza 1926 erbte und seitdem leitete: Er selbst war bei allen Gesellschaften dominanter Eigentümer, zumeist sogar Alleineigentümer. Seine Eigentumsrechte verteilten sich Anfang der 1940er Jahre auf 75 Gesellschaften. Er übte sie über eine Vielzahl interner Verschachtelungen mittelbar aus. Mit Schiffbau, Baustoffen, Stahlrohren, Gasproduktion und -distribution, Bergbau, Binnen- und Seehandel, Bankwesen und Pferdezucht waren die Unternehmen zudem in unterschiedlichen Branchen tätig.[13] Die TBG ist daher ein besonderer Fall in der deutschen Unternehmensgeschichte, der ausgehend von einem Ruhrkonzern und dessen Eigentümerfamilie mehrere unternehmenshistorische Forschungsstränge

---

[9] Colli u.a., Long-term Perspectives. Für den deutschen Fall z.B. Schäfer, Familienunternehmen, sowie Hilger/Soénius, Familienunternehmen; neuerdings vor allem Stiftung Familienunternehmen (Hg), Familienunternehmen; für maßgebliche Fallstudien siehe v.a. Junggeburth, Stollwerck, und Lubinski, Familienunternehmen, dort auch die Diskussion von »psychologischem Eigentum«, d.h. u.a. die gefühlte Zugehörigkeit zu einem Unternehmerfamilienverbund, als zusätzlichen erklärenden Faktor.

[10] Wenn im Folgenden von *business group* die Rede ist, sind immer diversifizierte bzw. *diversified business groups* gemeint, d.h. *business groups* mit unzusammenhängendem Produktportfolio. Diese Eingrenzung dient der kategorialen Klarheit und folgt der Argumentation bei Colpan/Hikino, Introduction, S. 5-6. Zu den Abgrenzungsschwierigkeiten zwischen multidivisionalen Großunternehmen bzw. Holdings und (diversifizierten) *business groups* ebd., S. 9-17. Colpan und Hikino plädieren berechtigterweise dafür, nicht so sehr die rechtliche Dimension in den Blick zu nehmen, sondern stärker nach den inneren Logiken solcher Gruppen zu fragen.

[11] Colpan/Hikino, Foundations, S. 16.

[12] Fruin, Business Groups, S. 248. *Business groups* sind in institutionenökonomischer Perspektive hybride Organisationen zwischen Unternehmen und Markt, die einige Marktfunktionen internalisieren und institutionelle Defizite überbrücken, etwa als Folge unzureichender Kapitalmärkte, mangelnder Rechtssicherheit oder von Informationsasymmetrien. Häufig führte die Verschachtelung von Eigentumsrechten dazu, Minderheitsaktionäre zu übervorteilen. Vgl. Schneider u.a., Politics, S. 70-83; Almeida/Wolfenzon, Pyramidal Ownership, S. 2639; Barbero/Puig, Business groups around the world, S. 7-8.

[13] Vgl. für einen ersten Überblick August-Thyssen-Bank AG: Thyssen-Bornemisza-Concern Report, 25.3.1947, Exhibit 1, NARA M1922 Roll 0058. Von den 75 Gesellschaften hatten 18 ihren Sitz in Deutschland, 48 in den Niederlanden (darunter freilich 21 Schiffe, die als N.V. firmierten), je drei in den USA und Belgien sowie je eines in Großbritannien, Italien und Brasilien. Nicht berücksichtigt ist hierbei die Schweizer Kaszony-Stiftung, weil sie zwar Trägerin von Eigentumsrechten war, aber kein Unternehmen im rechtlichen Sinne. Vgl. umfassend Kapitel 2.1.

miteinander verbinden kann: (transnationale) Familienunternehmen,¹⁴ *business groups*,¹⁵ sowie Internationalisierung und Multinationals.¹⁶

Die bisherige Forschung zu den Thyssens, besonders die Arbeit von Simone Derix, hat die transnationalen Familienstrukturen bereits umfassend herausgearbeitet. Mitglieder der Familie beeinflussten (politische) Entwicklungen in Deutschland, Ungarn, in den Niederlanden und in der Schweiz zu ihren Gunsten, weil sie über grenzüberschreitende Netzwerke und Berater verfügten und Zugang zu Experten und politischen Eliten in mehreren Ländern hatten.¹⁷ Unternehmenshistorisch ist Thyssen hingegen bislang vor allem als deutscher Stahlkonzern beschrieben worden. Sofern die späteren Thyssen-Bornemisza-Unternehmen überhaupt betrachtet wurden, hat man sie in der Regel auf ihre Funktion für den Stahlbereich hin befragt.¹⁸ Die Fokussierung auf Stahl war bis zum Tod des Konzerngründers August Thyssens 1926 auch nachvollziehbar, doch für die Zeit seit 1926 interessierte sich die einschlägige Forschung entweder nur für einzelne Unternehmen¹⁹ oder aber für Lebensstil, Pferdezucht und Kunstsammlung der schwerreichen Thyssen-Bornemiszas.²⁰

Eine Darstellung der Thyssen-Bornemisza-Gruppe als Entität ist daher noch ein Desiderat. Die erratische Quellenüberlieferung, v.a. das Fehlen eines zentralen Aktenbestands, erschwert dabei eine systematische bzw. theoriegeleitete Betrachtung, jedoch sind *business groups* ohnehin vornehmlich historisch zu erklären. Deshalb plädiert beispielsweise der programmatische Beitrag von Barbero und Puig auch dafür, »*to map business structures around the world and to explain their structural relationships as the evolutionary result of both universal and country-specific changes.*«²¹

---

[14] Vgl. z.B. die Fallstudien Berghoff, Becoming Global; Lutz, Carl von Siemens, Junggeburth, Stollwerck; Epple, Unternehmen Stollwerck, Becker, Multinationalität.

[15] Vgl. systematisch Schröter, Germany, S. 210-214; als Fallstudien Scholtyseck, Aufstieg; ders., Freudenberg; zu Haniel James, Familienunternehmen, S. 276-278; Die Haniel-Geschichte; Bähr u.a., MAN; Urban, Krisenfestigkeit.

[16] Wegweisend Wilkins, Emergence of Multinational Enterprise; für die TBG neuerdings: Gehlen, Internationalisierungsfaktor. Für deutsch-niederländische Unternehmen vor allem: Wubs, International Business; Spoerer, C&A; unter anderem mit dem deutsch-niederländischen Kunstfaserhersteller AKU und seinen Vorläufern beschäftigt sich Christian Marx, vornehmlich für die Zeit seit 1945. Erste Ergebnisse u.a. bei Marx, National Governance.

[17] Im Einzelnen Derix, Thyssens.

[18] Treue, Feuer verlöschen nie; Uebbing, Wege und Wegmarken; Reckendrees, Stahltrust; Fear, Organizing Control; Donges, Vereinigte Stahlwerke; Bähr, Thyssen in der Adenauerzeit; die Stahlperspektive nimmt auch bei Wixforth, Stahlkonzern, breiten Raum ein.

[19] Vgl. z.B. Wessel, Röhrenwerk Reisholz, Roder, Bremer Vulkan im Dritten Reich; ders., Bremer Vulkan; ders., Schiffbau und Werftarbeit; Thiel, Bremer Vulkan, Keitsch, Krise und Konjunktur; Böse/Farrenkopf, Zeche; Wixforth, Kooperation und Kontrolle.

[20] Siehe vor allem: Gramlich, Thyssens; de Taillez, Bürgerleben; Rother, Thyssens; Litchfield, Thyssen-Dynastie; Wegener, Geschwister Thyssen; Hassler u.a., August Thyssen und Schloss Landsberg.

[21] Barbero/Puig, Business Groups around the World, S. 11; ein solches Vorgehen bot sich schon alleine deshalb für diese Arbeit an, weil sie aufgrund des erratischen und selten unmittelbaren Quellenmaterials, widersprüchlicher oder auch falscher Angaben in Quellen und Literatur, rechtlichen Veränderungen und dirigistischer Eingriffe im nationalen und im internationalen Rahmen, die

Darum soll es daher auch im Folgenden gehen. Diese Studie beschreibt und erklärt die Entwicklung der TBG vor dem Hintergrund globaler und nationaler Veränderungen mit dem Ziel, einen Beitrag zur Erforschung von (familiären) *business groups* zu leisten. Hierzu fragt die Arbeit vor allem nach den (familiären) Eigentumsrechten und deren Organisation (Kapitel 2), nach der Governance der TBG inklusiver externer Expertise (Kapitel 3) und nach dem ökonomischen Erfolg der Gruppe (Kapitel 4), der sich im Wesentlichen aus der Entwicklung der maßgeblichen Einzelunternehmen speiste. Deshalb werden diese in Kapitel 5 näher betrachtet. Dabei konnte es nicht darum gehen, jeweils vollständige Unternehmensgeschichten vorzulegen, sondern die Unterkapitel fassen im Wesentlichen drei Aspekte ins Auge: erstens das Geschäftsmodell und dessen Wandlungen, zweitens die finanzielle Entwicklung der Gesellschaften als zentraler Orientierungsgröße der Kapitaleigner und drittens schließlich unternehmensspezifische Entwicklungen und Reaktionen auf die Zeitläufte.

Damit ist freilich ein weiteres Problem angesprochen, denn die politischen und institutionellen Rahmenbedingungen änderten sich nach dem Ersten Weltkrieg substantiell. Es begann eine höchst instabile Phase der Weltgeschichte, in der sich unter (wirtschafts-)nationalistischen Vorzeichen bzw. nationalistisch aufgeladener Wirtschafts- und Währungspolitik die Rahmenbedingungen unternehmerischen Handelns permanent veränderten – national wie global. Transnational agierende Unternehmen wie die Thyssen-Bornemisza-Gruppe waren von diesen Entwicklungen gleich doppelt betroffen, da sie einerseits in nationalen Kontexten agierten, ihre Strategie andererseits aber grenzüberschreitende Transaktionen erforderte. Trotz aller Erschwernisse beendete der Wirtschaftsnationalismus die grenzüberschreitende Tätigkeit multinationaler Unternehmen allerdings nicht, modifizierte gleichwohl deren Handlungslogiken und Strategien.[22]

Wirtschaftsnationalismus geht als eine Form der politischen Beeinflussung nationaler Märkte über protektionistische Maßnahmen hinaus. Diese beziehen sich meist auf einzelne Branchen und deren Schutz. Hingegen impliziert Wirtschaftsnationalismus, dass sich die beiden Subsysteme Wirtschaft und Politik stärker aufeinander beziehen: Unternehmen integrieren einerseits zunehmend politische, gesellschaftliche und kulturelle Präferenzen in ihre Strategie, während andererseits die Politik den Handlungsrahmen für Unternehmen so verändert, dass diese politischen Zielsetzungen mehr oder weniger freiwillig zuarbeiten. In der Regel ist Wirtschaftsnationalismus eher Ergebnis als erklärtes Ziel politischen Handelns, denn letztlich sind auch unter liberalen Vorzeichen globale Wettbewerbsvorteile von Volkswirtschaften, Branchen und Unternehmen durch Wirtschaftspolitik und vorteilhafte institutionelle Rahmenbedingungen, mithin durch politisches Han-

---

Vielzahl an Gesellschaften und Verflechtungen die zugrundeliegende Strukturen und Prozesse erst einmal rekonstruieren musste, um sie zu verstehen. Erst auf dieser Basis ließen sich weitere Fragen an die TBG stellen.
[22] Fitzgerald, Rise, S. 253–257.

1. Einleitung

deln, ermöglicht oder begünstigt worden. Viele Autoren verstehen Wirtschaftsnationalismus deshalb nicht als Widerspruch oder Gegenentwurf zum ökonomischen Liberalismus, sondern als Spielart desselben.[23]

Aus unternehmerischer Sicht erweist er sich vor allem als politisches Risiko.[24] Während der Zwischenkriegszeit gewann die politische Absicherung unternehmerischen Handelns daher zunehmend an Bedeutung.[25] Ob es gelang, politische Risiken zu umgehen oder ihre Folgen abzumildern, hing auch davon ab, wie transnationale Unternehmen wahrgenommen wurden: Die TBG verfügte z. B. über eine unklare »Nationalität« und galt mal als niederländisch, mal als deutsch, mal als schweizerisch und mal als ungarisch. Unternehmen besitzen keine eindeutige »Staatsbürgerschaft«, sondern ihre Nationalität kann anhand eines ganzen Sets an Eigenschaften bestimmt werden – Nationalität des Sitzes, der Eigentümer, der Manager, der Mitarbeiter, der Produkte etc. Dies eröffnet interpretatorischen Spielraum – für Unternehmen wie für externe Akteure.[26]

Für die TBG war dies vor allem in der Kriegszeit nicht bloß ein theoretisches Problem. Die Zuordnung der Gruppe bzw. ihres *beneficial owners* Heinrich Thyssen-Bornemiszas zu einem »Feindstaat« führte zur Beschlagnahmung oder zum dauerhaften Verlust von Auslandsbeteiligungen.[27] Doch bereits in der Zwischenkriegszeit gab es für Unternehmen zahlreiche Anreize, ihre »Nationalität« zu verschleiern: *Cloaking*, d.h. die Tarnung von Eigentum, war im Wesentlichen betriebswirtschaftlich motiviert, um den politischen Risiken im Heimatmarkt zu begegnen: »*In the face of higher taxes, political chaos, and later authoritarianism, German companies' cloaking efforts in the 1920s and 1930s may be history's first example of firms systematically trying to loosen their own country's legal hold on their affairs.*«[28]

---

[23] Pickel, Introduction, S. 11-13; Etges, Wirtschaftsnationalismus, S. 29-35.
[24] Systematischer Überblick zu politischem Risiko bei Casson/da Silva Lopez, Foreign direct investments.
[25] Vgl. etwa die Beiträge in Kobrak/Hansen, European Business. Speziell für die Zeit des Nationalsozialismus siehe als Überblicke Buchheim, Unternehmen in Deutschland und NS-Regime; Plumpe, Unternehmen im Nationalsozialismus; Schanetzky, Jubiläen und Skandale. Stellvertretend für die ältere Debatte um den Primat von Wirtschaft und Politik Mollin, Montankonzerne; zur jüngeren Kontroverse über Anreize und Zwang: Buchheim/Scherner, Corporate Freedom; Hayes Corporate Freedom, ders. Rejoinder. Tim Schanetzky hat dieser klassischen Dichotomie jüngst in Anlehnung an Stephen B. Adams einen dritten Aspekt hinzugefügt und auf die Fähigkeit von Unternehmern (und Unternehmen) verwiesen, die Anreizsysteme selbst zu beeinflussen, politische Ziele als Ressource in ihre unternehmerischen Planungen einzubeziehen und/oder mitzugestalten und derart die Grenzen legalen und legitimen unternehmerischen Handelns zu verschieben. Schanetzky, Regierungsunternehmer, S. 24-26.
[26] Jones, End of Nationality?, S. 150-152, Lubinski, Liability of Foreignness, S. 723-724; vgl. Gehlen u.a., Ambivalences.
[27] Vgl. zu den *Trading with the Enemy Acts* und dem *beneficial ownership* Kapitel 2.1. Siehe auch Jones, Globalization, S. 147.
[28] Kobrak/Wüstenhagen, International Investment, S. 420; vgl. für konkrete Beispiele z.B. Koenig, Interhandel, sowie – in vielem mit der TBG vergleichbar – Spoerer, C&A.

Neben den Entwicklungen im Heimatmarkt trugen die weltwirtschaftlichen Verwerfungen und die gestörten globalen Institutionen zur Handlungsunsicherheit von Unternehmen bei und setzten ironischerweise Anreize zu ihrer Internationalisierung: Angesichts steigender Steuerbelastungen in ihren Heimatländern gingen Unternehmen dazu über, nach Besteuerungsalternativen zu suchen. In erster Linie ging es vor allem den multinationalen Unternehmen darum, (ungerechtfertigte) Doppelbesteuerungen zu vermeiden, z.B. indem sie ihren Steuersitz verlagerten oder ausländische Beteiligungen rechtlich verselbständigten. Die Nationalstaaten begegneten diesen Entwicklungen zwar mit Doppelbesteuerungsabkommen, doch dies ging nur schleppend voran, sodass internationale Steuerarbitrage und -vermeidung zunahmen.[29]

In einigen Fällen nutzten aber auch Nationalstaaten die weltwirtschaftlichen Verwerfungen, um ihre Position im globalen Standortwettbewerb zu verbessern. Vor allem die Niederlande und die Schweiz profitierten als kleine und offene Volkswirtschaften sowie als stabile und neutrale Staaten von den internationalen Kapitalverschiebungen und zogen ausländisches, vor allem auch deutsches Kapital an. Neben günstigen Steuersätzen, institutionellen (Bankgeheimnis) und ökonomischen Vorzügen (Zugang zum Kapitalmarkt) verfügten sie aus Sicht der Anleger über den Vorteil, dass ihre internationale Kooperationsbereitschaft von ökonomischen Nutzenkalkülen abhing. Obwohl beispielsweise in den 1920er und 1930er Jahren wiederholt über ein bilaterales Steuer- und Auskunftsabkommen zwischen dem Deutschen Reich und den Niederlanden verhandelt worden war, kam dieses aufgrund politischer Widerstände in den Niederlanden nicht zustande. Die niederländischen Steuerbehörden beschieden Auskunftsersuchen aus dem Reich weiterhin abschlägig. Angesichts der Dimension des investierten deutschen Kapitals und dessen bisweilen ungeklärten Herkunft hatten die Niederlande offenkundig kein übermäßig großes Interesse daran, die Transparenz gegenüber den deutschen Steuerbehörden zu erhöhen.[30]

Mit diesen wenigen Beispielen ist die unternehmenshistorische Komplexität der ersten Jahrhunderthälfte allenfalls angerissen. Aus der Zunahme des Wirtschaftsnationalismus nach dem Ende des Ersten Weltkriegs, einer stärkeren Verzahnung von Ökonomie und (nationalistischer) Politik und geringerer internationaler Kooperation ergaben sich für transnationale Unternehmen besondere Herausforderungen. Die TBG war nolens volens nicht nur eine ökonomische Entität, sondern auch Gegenstand und Akteur (wirtschafts-)politischer Prozesse. Im Folgenden werden daher – für die Zeit vom Beginn der 1930er bis zur Mitte der 1950er Jahre – ihre Spezifik, besonders das transnationale Eigentum und dessen Metamorphosen, und die sich so ergebenden Handlungslogiken analysiert. Diese Periodisierung verbindet nicht von ungefähr unternehmerische mit politökonomischen

---

[29] Mollan/Tennent, International Taxation, S. 1061-1062, 1069; vgl. Zucman, Taxation.
[30] Essers, Radical Changes, S. 1.

Abb. 1: Unternehmenseigner, Bourgeois, Weltbürger: Heinrich Thyssen-Bornemisza in Cannes (Ende der 1920er Jahre).

Entwicklungen. Spätestens mit der Abwertung des britischen Pfunds im Herbst 1931 als Reaktion auf die Weltwirtschaftskrise waren alle Versuche gescheitert, zum globalen Freihandelssystem der Vorkriegszeit zurückzukehren. In allen entwickelten Volkswirtschaften dominierten noch stärker als zuvor nationale Perspektiven die Wirtschaftspolitik. Ebenso waren spätestens seit 1932 alle Versuche Heinrich Thyssen-Bornemiszas gescheitert, seine Unternehmen durch eine »Konzernzentrale«, die August Thyssen'schen Unternehmungen des In- und Auslandes GmbH (Atunia), einheitlich zu leiten. Fortan unterblieben die auch zuvor nur zaghaften Versuche, die Interessen der Einzelunternehmen aufeinander abzustimmen.[31] Ergänzt, vielleicht auch symbolisiert, wird diese Preisgabe der Idee eines »Baron-Konzerns« durch Heinrichs Umzug vom geschäftigen Den Haag ins beschaulich-mondäne Lugano (Castagnola), wo er fortan in seiner Villa Favorita am Ufer des Sees lebte und sich dadurch deutlicher als Privatier stilisierte als zuvor, selbst wenn er weiterhin in die Entscheidungsfindung eingebunden blieb.

Das Ende des Betrachtungszeitraums, 1955, ist eher als weiche Zäsur zu verstehen. Seit Anfang der 1950er Jahre zeichnete sich die Rückkehr zu einer kooperativ-integrativen internationalen Wirtschaftspolitik (im Westen) deutlich ab, und 1955 beendete die TBG ihre Restrukturierung, die aufgrund alliierter Bestimmungen und niederländischer Politik notwendig geworden war. Zudem war bis dahin nahezu die gesamte Managergeneration in den Ruhestand getreten, die die Geschicke der TBG seit den 1920er Jahren bestimmt hatte, sodass acht Jahre nach dem Tod Heinrichs (26. Juni 1947) dessen Haupterbe, Hans Heinrich Thyssen-Bornemisza (1921-2002), die Gruppe 1955 (weitgehend) frei von rechtlichen und personalen Altlasten leiten konnte.

Die Thyssen-Bornemisza-Gruppe war, anders als der Konzern August Thyssens sowie anschließend die Vereinigten Stahlwerke, bislang selten Gegenstand historischer Forschung. Manfred Rasch kommt das große Verdienst zu, Schneisen ins Dickicht der Verflechtungen geschlagen und sich des Unternehmertums Heinrich Thyssen-Bornemiszas angenommen zu haben.[32] Allerdings liegt hier ebenso wie bei der Arbeit von Harald Wixforth, die im selben Forschungskontext wie die vorliegende Studie entstanden ist, der zeitliche Schwerpunkt auf den 1920er Jahren.[33] In Wixforths Studie spielte zudem die transnationale Struktur der TBG eher eine Nebenrolle, wohingegen sie bei Simone Derix großen Raum einnimmt. In ihrer vorzüglichen Studie behandelt Derix zahlreiche unternehmenshistorische Aspekte, die freilich vor allem auf ihr übergeordnetes Narrativ – Vermögen als strukturierendes Prinzip der transnationalen Familie Thyssen – ausgerichtet sind, während die vorliegende Arbeit eine dezidiert unternehmenshistorische Perspek-

---

[31] Wixforth, Stahlkonzern, S. 109–113.
[32] Vor allem Rasch, August Thyssen und sein Sohn Heinrich Thyssen-Bornemisza; Rasch, Was wurde aus August Thyssens Firmen.
[33] Wixforth, Stahlkonzern.

tive einnimmt. So wertvoll die Erträge von Derix' Studie sind, so überzeugend sie mit ihren Kategorien umgeht und so unbestritten weiterführend ihre Analyse auch ist, so ist sie doch aus unternehmenshistorischer Sicht an einigen Stellen korrekturbedürftig. Die vorliegende Studie bewertet daher, teils auf Grundlage anderer Archivbestände, teils aber auch auf Basis derselben Quellen, manche Sachverhalte anders: z.B. die Funktion des Rotterdamsch Trustees Kantoor (RTK), das US-Geschäft der TBG, die Bedeutung einzelner Manager innerhalb der Gruppe sowie die »Operation Juliana«, d.h. die physische Verlagerung von Wertpapieren in der unmittelbaren Nachkriegszeit.[34]

Ähnlich wie Derix nahm auch David Litchfield eine breite Perspektive auf die Thyssens ein und berücksichtigte daher auch unternehmenshistorische Entwicklungen, wenngleich ebenfalls meist als Illustration seines – eher collagenartig arrangierten – Blicks auf die Familie. Litchfields Buch ist gründlich recherchiert, verzichtet allerdings auf einen durchgängigen Anmerkungsapparat, sodass nicht alle Angaben überprüfbar sind. Einen besonderen Nutzen bezieht es daraus, dass Litchfield Interviews mit Hans Heinrich Thyssen-Bornemisza führen konnte, die anderweitig nicht zugänglich sind.[35]

Weit besser als die TBG in ihrer Gesamtheit sind einzelne deutsche Unternehmen der Gruppe untersucht.[36] Zum Bremer Vulkan liegen etliche Publikationen vor,[37] ferner zur Flensburger Schiffsbau-Gesellschaft,[38] zu den Press- und Walzwerken Reisholz[39], zur August-Thyssen-Bank[40] und zur Zeche Walsum;[41] Michael Kanther wird in Kürze die Unternehmensgeschichte von Thyssengas vorlegen.[42] Zum Gestüt Erlenhof finden sich Hinweise in der Arbeit von Felix de Taillez,[43] sodass für den Untersuchungszeitraum nur die Baustoffunternehmen im Berliner Raum noch keine eingehende Beachtung erfahren haben, sieht man von einer Festschrift der Vereinigten Berliner Mörtelwerke aus dem Jahr 1939 ab.[44]

Während Simone Derix und mit anderer Akzentuierung Jan Schleusener die auch unternehmerisch relevanten Stiftungen, darunter Heinrichs Kaszony-Stiftung eingehend untersucht haben,[45] sind die niederländischen Gesellschaften der TBG, N.V. Vulcaan und Bank voor Handel en Scheepvaart (BHS), nur in Ansät-

---

[34] Derix, Thyssens.
[35] Litchfield, Thyssen-Dynastie.
[36] Vgl. als Einstieg die entsprechenden Unterkapitel bei Rasch, Was wurde aus August Thyssens Firmen; für den Untersuchungszeitraum auch Urban, Zwangsarbeit.
[37] Roder, Bremer Vulkan, Thiel, Bremer Vulkan, Urban, Kabelac; Wixforth, Kooperation und Kontrolle; ders., Unternehmensstrategien.
[38] Keitsch, Krise und Konjunktur.
[39] Wessel, Röhrenwerk Reisholz.
[40] Wixforth, Konzernbank, Wilde, Bankier.
[41] Böse/Farrenkopf, Zeche.
[42] Erste Erträge z.B. in Kanther, Systeminnovation; ders., Lenze; vgl. für dessen Nachfolger Wilhelm Roelen auch Burghardt, Roelen.
[43] De Taillez, Bürgerleben.
[44] 50 Jahre Vereinigte Berliner Mörtelwerke 1889-1939, BArch Berlin 8120/63.
[45] Derix, Thyssens; Schleusener, Enteignung.

zen erforscht, so die N.V. Vulcaan in Eva Roelevinks Dissertation zur Organisation des Kohlenhandels[46] und die Bank voor Handel en Scheepvaart in Beiträgen zur niederländischen Finanzgeschichte.[47]

Dies ist nicht zuletzt der ungünstigen Quellenlage geschuldet. Es gibt keine zentrale Überlieferung der TBG, auch weil kein zentrales Leitungsorgan existierte und Heinrich Thyssen-Bornemisza selbst weder ein Sekretariat für seine unternehmerischen Angelegenheiten besaß noch schriftlich über Angelegenheiten der Gruppe korrespondierte.[48] Der Bestand Thyssen-Bornemisza (Stiftung zur Industriegeschichte Thyssen, SIT) ist zwar umfangreich, aber aufgrund der Bestandsgeschichte wenig kohärent und für die Familiengeschichte ertragreicher als für die Unternehmensgeschichte, jedenfalls für den hier zu behandelnden Zeitraum. Teilweise schließt der Nachlass Wilhelm Roelens (SIT), des Generalbevollmächtigten Heinrich Thyssen-Bornemiszas im Deutschen Reich und einer der wichtigsten Manager der gesamten Gruppe, diese Lücken, v.a. für die Unternehmen im Westen Deutschlands und übergeordnete Fragen der TBG.[49]

So wertvoll der Nachlass Roelen auch ist, unproblematisch ist das dort enthaltende Material nicht. Es basiert gerade in TBG-Fragen zu einem Teil nicht auf Originalakten, sondern wurde nach dem Zweiten Weltkrieg durch Roelen und seine Mitarbeiter zusammengestellt. Roelen gehörte zu den Wirtschaftsvertretern, die besonders früh nach dem Ende des Zweiten Weltkriegs in Kontakt zu amerikanischen und britischen Verbindungsoffizieren kamen. Er konnte sich rasch als Sachkenner und Problemlöser profilieren, indem er etwa bei der Wiederherstellung der Wasser- und Energieversorgung sowie bei der Lageeinschätzung im Bergbau behilflich war.[50] Die Kehrseite dieses – keineswegs unbegründeten – Vertrauens in Roelen war, dass er in den zahlreichen Befragungen durch die alliierten Behörden nach Kriegsende »seine« Version der Geschichte erzählen konnte. Viele Aussagen Roelens flossen unmittelbar in die entsprechenden »Reports« der Alliierten ein, die die Grundlage für die weitere Behandlung der Thyssen-Bornemisza-Unternehmen bildeten. Sie flossen freilich nicht ungeprüft ein. Besonders die U.S.-Behörden betrieben großen Aufwand, um ihre Befunde durch zusätzliche Befragungen und Aktenmaterial abzusichern. Soweit aus diesem Material und Parallelüberlieferungen ersichtlich, waren die Darstellungen Roelens sachlich korrekt. Problematisch sind sie daher eher hinsichtlich der impliziten Wertungen und der Auslassungen, insbesondere dort, wo kein zusätzliches Material zu ermitteln war. Dies betrifft im Wesentlichen die Rolle Heinrich Thyssen-Bornemiszas, seine Vorgaben und seine Zielsetzungen. In dieser Hinsicht ist Roelens Dar-

---

[46] Roelevink, Organisierte Intransparenz.
[47] Graaf, Voor Handel en Maatschappij; Houwink ten Cate, Mannen; Kreutzmüller, Händler.
[48] Hierzu Aktenbericht (Roelen), 8.1.1948, SIT TB/2139; Exposé (Roelen) [1952], S. 8, SIT/NROE 15.
[49] Vgl. o.V., Nachlaß Wilhelm Roelen.
[50] Aktenbericht (Roelen) betr. U.S.A: Decartelization Branch, 23.8.1946, S. 2, SIT TB/2139.

stellung zumindest angreifbar. Er bediente sich des nachgerade klassischen Narrativs der deutschen Wirtschaftselite, gemäß dem die Unternehmen im NS-Regime vornehmlich unter Zwang gehandelt hätten.[51] Für die deutschen Unternehmen der Gruppe sei hinzugekommen, dass das Regime den Ausbau der Zeche Walsum gezielt behindert habe, weil die TBG als kartellfeindlich sowie Roelen und Heinrich Thyssen-Bornemisza als regimekritisch gegolten hätten.[52] Zwar dürfte dieses Narrativ für Thyssen-Bornemisza und Roelen näher an der Wahrheit gewesen sein als für den Großteil ihrer Standesgenossen, doch es hatte vor allem auch eine unternehmenspolitische Funktion.

Für die 1930er Jahre können Entscheidungsprozesse und Willensbildung kaum nachgezeichnet werden, für die 1940er Jahre liegen zumindest die Protokolle der Quartalsbesprechungen mit Heinrich und Hans Heinrich Thyssen-Bornemisza vor. Der Großteil der Überlieferung im Nachlass Roelen bezieht sich auf rechtlich oder politisch relevante Aspekte, vor allem auf die Auseinandersetzungen um den Beitritt Walsums zum Rheinisch-Westfälischen Kohlensyndikat (RWKS),[53] die Auseinandersetzung mit den Finanzbehörden wegen Steuerhinterziehung (»Hollandabgabe«),[54] die erwünschte Repartriierung seit 1941[55] und die Dekartellierungsfragen nach 1945.

Für die zentrale Ebene der TBG erwiesen sich vor allem die Untersuchungen der US-amerikanischen, britischen und niederländischen Feindvermögensverwaltungen als besonders wertvolle Quellen, wenngleich auch sie von den Mühen zeugen, Strukturen und Entscheidungswege innerhalb der TBG nachzuvollziehen. Die Behörden erstellten zahlreiche »Reports«, die aufeinander aufbauten, sich jedoch häufig wiederholten und vor allem in den Ursprungsversionen 1945/46 bisweilen auf Missverständnissen und Fehlinterpretationen beruhten. Dennoch ermöglichen sie zusammen mit den dokumentierten Schriftstücken und den Be-

---

[51] Neuerdings hierzu Roelevink, Biographie; zu den historiographischen Implikationen ferner Schanetzky, After the Gold Rush, sowie Brünger, Geschichte und Gewinn.

[52] Exemplarisch Aktenbericht (Roelen) betr. U.S.A. Decartelization Branch, 28.8.1946, S. 4, 9. SIT TB/2139. Für die Übernahme des Narrative vgl. exemplarisch August-Thyssen-Bank AG: Thyssen-Bornemisza-Concern Report, 25.3.1947, S. 7-8, NARA M1922 Roll 0058.

[53] Die Zeche Walsum befand sich erst seit 1927 im Ausbau und erreichte daher auf lange Zeit ihren potentiellen Output noch nicht. Ein frühzeitiger Beitritt zum RWKS gefährdete aus Sicht der Walsum-Manager diesen Ausbau, während das Kohlensyndikat in Walsum einen starken Kartellaußenseiter erblickte, der die auch politisch gewünschte Stabilität des RWKS beeinträchtigte. Daraus resultierten wiederholt Konflikte. Vgl. hierzu Kapitel 5.1.2.

[54] Die »Hollandabgabe« war eine komplexe, gruppeninterne Verrechnung temporärer Zusatzeinnahmen der Thyssen'schen Gas- und Wasserwerke. Steuerrechtlich handelte es sich jedoch um eine verdeckte Gewinnausschüttung und damit um Steuerhinterziehung. Nachdem die deutschen Steuerbehörden 1940 Unterlagen in den Niederlanden einsehen konnten, leiteten sie ein Steuerstrafverfahren gegen die TBG ein, das aber nach politischen Zugeständnissen und Steuernachzahlungen eingestellt wurde. Vgl. ausführlich Kapitel 2.3.1.

[55] Die deutschen Steuerbehörden nutzten ihre Ermittlungen wegen der »Hollandabgabe« als Hebel, um eine Reorganisation der TBG einzufordern. Vor allem bezweckten sie, die in den Niederlanden verwalteten Eigentumsrechte an TBG-Unternehmen, die in Deutschland produzierten, ins Deutsche Reich zu übertragen, d.h. »deutsches« Eigentum zu repatriieren. Vgl. Kapitel 2.3.

fragungen hochrangiger Manager Einblicke in unternehmerische Details, die häufig nicht selbsterklärend waren, sondern sich erst durch den Abgleich mit den übrigen fragmentarischen Überlieferungen zu einem Gesamtbild fügten.

Während die politischen und rechtlichen Untersuchungen vor allem auf Eigentums- und Organisationsfragen zielten, waren für betriebswirtschaftliche Analysen zum einen die Geschäftsberichte, zum anderen – für die niederländischen Gesellschaften – die Analysen der Nederlandsche Bank, der niederländischen Zentralbank, aufschlussreich, weil sie die Lücken schließen können, die durch die Zerstörung der Unterlagen beim deutschen Angriff auf Rotterdam 1940 entstanden sind. Während die in dieser Arbeit ausgewerteten Überlieferungen der National Archives in London (Kew) und Washington (College Park) sowie des Schweizerischen Bundesarchivs bereits in anderen Studien des Projektverbunds »Die Unternehmerfamilie Thyssen im 20. Jahrhundert« herangezogen worden sind, wurde die Bestände des Nationaal Archiefs in Den Haag erstmals für die Thyssen-Geschichte gesichtet. Zwar ist auch diese Überlieferung eher fragmentarisch, aber mit ihrer Hilfe ließen sich einige offene Punkte – auch über unternehmenshistorische Fragen hinaus – klären.

Die insgesamt lückenhafte Überlieferung beeinflusste notwendigerweise die Art und Weise der Darstellung. Weil viel historische Kärrnerarbeit erforderlich war, um die Unternehmensstruktur, die Funktion der einzelnen Unternehmen und Betriebe sowie die inhärenten rechtlichen und politischen Probleme zu erfassen und zu beschreiben, ist die vorliegende Studie vornehmlich empirisch geprägt, versteht sich darüber hinaus aber auch als Beitrag zur Erforschung familiendominierter *business groups*.

2. DIE THYSSEN-BORNEMISZA-GRUPPE (TBG): EIGENTUMSRECHTE, VERFLECHTUNGEN, FUNKTIONEN UND REORGANISATIONEN

Die Thyssen-Bornemisza-Gruppe war als Organisation ein historischer Zufall. Anders als viele andere Konzerne des Kaiserreichs und der Weimarer Zeit entsprang sie keiner mehr oder minder planmäßigen Integrations- oder Rationalisierungsstrategie, sondern war das Ergebnis von Vermögens- und Erbauseinandersetzungen nach dem Tod August Thyssens und nach der Gründung der noch von diesem mit initiierten Vereinigten Stahlwerke AG (VSt) im Jahr 1926. Die komplizierten Gründungsverhandlungen der VSt und die ablehnende Position Heinrich Thyssen-Bornemiszas sind an anderen Stellen schon eingehend beschrieben worden.[1] Sie kamen 1926 aber nur vorläufig zum Abschluss: Vereinfacht ausgedrückt, erhielt Fritz Thyssen die Mehrheit an den Unternehmen des Kohlenbergbaus und der Stahlproduktion und brachte diese in die VSt ein. Sein Bruder Heinrich übernahm den Großteil der Eigentumsrechte an den niederländischen (Kohlen-)Handelsgesellschaften, den Reedereien, den Werften, der Metallverarbeitung, der Energiewirtschaft und der Baustoffindustrie. An diesen Unternehmen waren 1926 jedoch zunächst weiterhin Fritz sowie die gemeinsamen Cousins Hans und Julius beteiligt, während Heinrich seinerseits noch Gesellschaftsanteile an den Montanunternehmen besaß.

Diese wechselseitigen Minderheitsbeteiligungen an den Unternehmen des jeweils anderen waren nicht im Sinne Heinrichs und Fritz'. Sie wurden daher in mehreren Schritten durch den Tausch von Vermögenswerten reduziert, sodass Heinrich bis 1936 (weitgehend) zum Alleineigentümer seiner Unternehmensgruppe wurde – bis 1939 freilich noch mit Ausnahme der August-Thyssen-Bank.[2] Nur bei wenigen Aktiengesellschaften – Bremer Vulkan, Flensburger Schiffsbau-Gesellschaft, Vereinigte Berliner Mörtelwerke – hielten Fremdaktionäre auch über 1936/39 hinaus Anteile, doch auch diese Gesellschaften wurden maßgeblich durch Heinrich Thyssen-Bornemisza beherrscht.

---

[1] Vgl. mit weiteren Verweisen Wixforth, Stahlkonzern, S. 49-62; Reckendrees, Stahltrust.
[2] Vgl. hierzu Kapitel 5.8.1.

1. Alle Wege führen zu Heinrich:
Eigentumskonzentration und *beneficial ownership*

In ihren Grundzügen war die Thyssen-Bornemisza-Gruppe seit 1926 konturiert. Die Unternehmungen, die sich mehrheitlich oder ausschließlich im (mittelbaren) Eigentum Heinrich Thyssen-Bornemiszas befanden, sind – wie üblicherweise bei *business groups* – gleichwohl schwer als Einheit zu fassen. Die TBG hielt keine unternehmerische Idee zusammen, sondern die Konzentration von Eigentumsrechten bei Heinrich Thyssen-Bornemisza prägte das Gebilde und seine Organisationslogik. Die eigentumsrechtlichen Verflechtungen, ihre Entstehung und ihre Funktion werden im Folgenden entfaltet.

Heinrichs Zeitgenossen war grundsätzlich bekannt, dass die wichtigsten Unternehmen der Gruppe – die Bank voor Handel en Scheepvaart, die N.V. Vulcaan, die August Thyssen-Bank, die Press- und Walzwerke Reisholz, der Bremer Vulkan, die Flensburger Schiffsbau-Gesellschaft, Thyssengas, die Gewerkschaft Walsum und die Baustoffunternehmen im Berliner Raum – von der Familie Thyssen bzw. von Heinrich Thyssen-Bornemisza beeinflusst wurden. Das war in einigen Fällen allein schon durch die Firmen- (Thyssen-Bank, Thyssengas) oder Produktnamen (»Thyssen-Zement«)[3] offenkundig, in anderen verriet die Besetzung von Aufsichtsgremien mit Thyssen-Managern die Beziehungen, so bei den Werften und den Vereinigten Berliner Mörtelwerken (VBM), und bisweilen – v.a. bei den PWR und der N.V. Vulcaan – waren sie historisch gewachsen und interessierten Zeitgenossen daher bekannt. Wie Simone Derix herausgearbeitet hat, war diese relative Öffentlichkeit des Namens und der Unternehmen Bestandteil der familiären Identitätskonstruktion.[4]

Auch Heinrich Thyssen-Bornemisza erkannte dies implizit an. Aus Sicht des Unternehmers war der Familienname zumindest im Deutschen Reich zugleich ein Markenname und daher geschäftsfördernd. Im – (ehemals) feindlichen – Ausland und bei deutschen Sozialisierungsbefürwortern war die Perspektive freilich eine andere. Sie nahmen die Thyssen'schen Unternehmungen, verkürzt gesagt, eher als potentielle Enteignungsobjekte wahr, und namentlich in den Staaten der Weltkriegsgegner erschwerte eine Wahrnehmung als deutsches Unternehmen auch Geschäftsbeziehungen.

Nicht zuletzt aus diesen Gründen erschien es nach 1918 opportun, die tatsächlichen Eigentumsverhältnisse zu verschleiern. Zwar war z.B. französischen Beobachtern bereits bei Gründung der BHS klar, dass diese August Thyssen zuzuordnen war,[5] aber bisweilen blieb auch noch so sachkundigen und interessierten Beobachtern wie den deutschen Steuerbehörden lange verborgen, dass Heinrich

---

[3] Knüttel, Thyssen-Cemente.
[4] Vgl. etwa am Beispiel der Stiftungen Derix, Thyssens, S. 261-263, am Beispiel der Atunia ebd., S. 348.
[5] Derix, Thyssens, S. 337-338.

Thyssen-Bornemisza nicht nur maßgeblich an den entsprechenden Unternehmen beteiligt, sondern mit wenigen Ausnahmen Eigentümer des *gesamten* Gesellschaftskapitals war.[6]

Heinrich Thyssen-Bornemisza entsprach damit nachgerade idealtypisch der anglo-amerikanischen Denkfigur eines *beneficial owners*, wie sie in den USA (1917) und in Großbritannien (1939) vor allem durch die *Trading with the Enemy Acts* implementiert wurde. Damit zielten die beiden Staaten auf jene Personen ab, die faktisch über das Eigentum verfügen und Nutzen aus ihm ziehen konnten, selbst wenn – etwa im Handelsregister – andere Gesellschaften (aus anderen Staaten) als Eigentümer eingetragen waren. Die Intention der Gesetze war offenkundig: Sie sollten den Staaten Zwangsmittel auch für den Fall an die Hand geben, dass Unternehmen aus »Feindstaaten« – in der Regel waren dies Kriegsgegner – über Tochtergesellschaften in neutralen Drittstaaten das Handelsverbot mit US-amerikanischen oder britischen Firmen umgehen wollten.[7] Eine ähnliche Bedeutung erlangte der Begriff seit den 1930er Jahren im internationalen Steuerrecht. Hier zielte er vornehmlich darauf, Doppelbesteuerungen bei grenzüberschreitenden Transaktionen oder von transnationalen Holdings zu vermeiden bzw. den tatsächlich Steuerpflichtigen zu ermitteln.[8]

Nicht von ungefähr wurde die Thyssen-Bornemisza-Gruppe auch mit beiden Problemkomplexen – Doppelbesteuerung und Feindvermögen – im Lauf ihrer Geschichte konfrontiert. Denn wie Abbildung 1 – trotz ihrer unvermeidlichen Unübersichtlichkeit – zeigt, breitete sich der Thyssen-Bornemisza-Verbund durch ein Netz von Eigentumsrechten in mehreren Nationalstaaten aus, dessen Fäden bei Heinrich Thyssen-Bornemisza zusammenliefen.

Die Eigentumsrechte lagen formal bei zahlreichen Gesellschaften, die miteinander verflochten waren. Dekonstruiert man diese Verflechtungen, bleiben bestenfalls zwei *beneficial owner* übrig: Heinrich Thyssen-Bornemisza und die Familienstiftung Kaszony: Heinrich hielt persönlich nur sehr wenige Anteile – 18,75 Prozent an der Bank voor Handel en Scheepvaart (BHS), 6,6 Prozent an der N.V. Handels en Transport Maatschappij »Vulcaan« und 29,4 Prozent am Gestüt Erlenhof, seiner einzigen unmittelbaren Beteiligung in Deutschland. Die Familienstiftung Kaszony hielt u. a. 60 Prozent an den Thyssen'schen Gas- und Wasserwerken (Thyssengas), 25 Prozent an der August-Thyssen-Bank (ATB) und 7,25 Prozent

---

[6] Vgl. Kapitel 2.3.1. Selbst sachkundige Ermittler der amerikanischen Militärbehörden durchblickten die Strukturen nicht vollständig, obwohl sie das Verflechtungsschema vorliegen hatten. Beispielsweise musste Wilhelm Acker Colonel Key 1947 explizit darlegen, wie das Schema zu lesen ist. Aktenbericht, 22.1.1947, S. 3, SIT TB/2139.

[7] Tatsächlich ist *beneficial owner* kein direkter Rechtsbegriff, sondern in den Gesetzestexten wird vornehmlich die Wendung »*or for the benefit of*« benutzt, um klarzustellen, dass auch jemand als »Feind« gilt, der als Individuum einem »Feindstaat« angehört, selbst wenn Unternehmen, die ihm gehören, in neutralen Drittstaaten inkorporiert sind. Trading with the Enemy Act, 6.10.1917 (USA); Trading with the Enemy Act, 5.9.1939 (GB).

[8] Vgl. Vann, Beneficial Ownership.

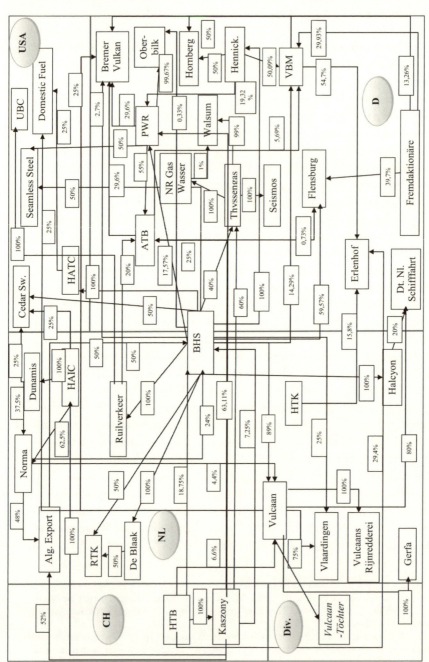

Grafik 1: Schema der Thyssen-Bornemisza-Gruppe in den 1930er und 1940er Jahren. Eigentumsrechte und Binnenverflechtungen Quelle: Eigene Darstellung im Wesentlichen auf Grundlage von Thyssen-Bornemisza-Komplex (alt) o.D. (ca. 1940), SIT NROE/14 und Verzeichnis o.D. (1940er Jahre), SIT NROE/15. Einige Gesellschaften wurden nicht aufgeführt, um die Übersichtlichkeit nicht noch stärker einzuschränken. Dies betrifft im Wesentlichen Tochtergesellschaften der N.V. Vulcaan (Kunstdünger, Schiffe, Handelsniederlassungen).

an der BHS. Über die Holdings N.V. Algemene Exporthandel, Holland-American-Investment Corporation (HAIC), Dunamis und N.V. Norma kontrollierte die Kaszony-Stiftung die übrigen Anteile der BHS (74 %).[9] Die Bank war daher (seit 1936) mittelbar und unmittelbar vollständig Heinrichs Eigentum. Denn da Heinrich Thyssen-Bornemisza die Kaszony-Stiftung 1926 gegründet, mit Kapital ausgestattet sowie ihr sukzessive Unternehmensbeteiligungen übertragen hatte und er überdies als alleiniger Stiftungsrat fungierte, sind auch die Eigentumsrechte der Kaszony-Stiftung Heinrich Thyssen-Bornemisza zuzurechnen.[10]

Die vollständige Kontrolle der Bank voor Handel en Scheepvaart war strategisch bedeutend. Sie steht daher nicht von ungefähr im Zentrum von Abbildung 1. Zum einen verwaltete sie selbst mittelbar und unmittelbar Unternehmensbeteiligungen und zum anderen spielte sie auch – gemeinsam mit der gruppeneigenen Unternehmensberatung Rotterdamsch Trustees Kantoor – funktional eine zentrale Rolle. Die BHS kontrollierte mit 89 Prozent gemeinsam mit den Minderheitsaktionären Norma (4,4 %) und Heinrich Thyssen-Bornemisza (6,6 %) die N.V. Vulcaan, die mit ihren zahlreichen Tochtergesellschaften die maßgebliche Handelsgesellschaft der Gruppe war. Überdies war die BHS an den meisten Produktionsunternehmen in Deutschland mittelbar und unmittelbar beteiligt.

Daran lässt sich eine erste Logik der TBG erkennen: *Beneficial owner* war der zuerst in Den Haag, seit 1932 in Lugano residierende deutschstämmige Ungar Heinrich Thyssen-Bornemisza gemeinsam mit der nach schweizerischem Recht errichteten und in Schwyz angesiedelten Kaszony-Stiftung. Zusammen hielten sie vornehmlich Beteiligungen an Gesellschaften, die nach niederländischem Recht gegründet worden waren und ihren Sitz in den Niederlanden, zumeist in Rotterdam, hatten. Diese niederländischen Gesellschaften wiederum besaßen zu großen Teilen das Kapital von Unternehmen, die nach deutschem Recht gegründet und im Deutschen Reich angesiedelt waren. Somit handelte es sich bei den Produktionsunternehmen in Deutschland nur insofern um deutsche Gesellschaften, als sie nach deutschem Recht gegründet worden waren, ihren Sitz in Deutschland hatten und über ein Management verfügten, das in der Regel aus deutschen Staatsangehörigen bestand. Sie befanden sich aber in niederländischem Eigentum bzw. in Schweizer und ungarischem Letzteigentum. Da sich in den niederländischen Gesellschaften das Leitungspersonal aus niederländischen Staatsangehörigen rekrutierte – eine Ausnahme stellte die politisch induzierte »Teilgermanisierung« von 1942 bis 1944 dar[11] – ergab sich der transnationale Charakter der TBG vornehm-

---

[9] Kaszony hielt an der N.V. Algemene Exporthandel 52 % und an der HAIC 100 %. Die HAIC kontrollierte ihrerseits – unmittelbar sowie über ihre 100 Prozent-Beteiligung an Dunamis mittelbar – vollständig das Kapital der N.V. Norma. Dieser Holding gehörte das übrige Kapital (48 %) der Algemene Exporthandel. Diese beiden Gesellschaften – Norma und Algemene Exporthandel – hielten zusammen diejenigen 74 % an der BHS, die nicht von Kaszony bzw. Heinrich selbst gehalten wurden.
[10] Zur Stiftung siehe Derix, Thyssens, S. 349-351.
[11] Vgl. Kapitel 2.3.

Grafik 2: Pyramide der Eigentumsrechte der TBG (stark vereinfacht)
Quelle: Eigene Darstellung nach Grafik 1

lich aus der grenzüberschreitenden Verflechtung der Eigentumsrechte. Das derart transnationalisierte Eigentum sollte sich dann auch als Konfliktherd und Ressource gleichermaßen erweisen.

Übersetzt man diese Befunde in die Systematik von *business groups*, ergibt sich das typische Bild pyramidenförmig angeordneter Eigentumsrechte. In einem stark vereinfachten Schema (Grafik 2) stand Heinrich Thyssen-Bornemisza (mit der Kaszony-Stiftung) als Eigentümer an der Spitze der Pyramide und verwaltete über niederländische Holdings niederländische Handelsgesellschaften, die Produktionsunternehmen in Deutschland besaßen.

Der transnationale Charakter der TBG kam aber nicht nur in den Eigentumsrechten zum Ausdruck, sondern die Gruppenunternehmen führten auch untereinander und mit Dritten grenzüberschreitende Transaktionen durch, deutsche Staatsangehörige saßen in den Aufsichtsgremien der niederländischen Gesellschaften und umgekehrt. Diese Beziehungen waren letztlich Voraussetzung (Handel) und Ergebnis (Aufsichtsratsverflechtung) der transnationalisierten Eigentumsrechte.

Dass sich nicht alle beherrschten Gesellschaften der TBG vollständig in Heinrichs Letzteigentum befanden, ist vor allem historisch zu erklären. Aktiengesellschaften wie der Bremer Vulkan, die Flensburger Schiffsbau-Gesellschaft (FSG) und die Vereinigten Berliner Mörtelwerke (VBM) waren keine Gründungen August Thyssens, sondern er hatte sie erst nach und nach in seinen Konzern integriert, indem er die Aktienmehrheit erwarb. Da aber nicht alle Bestandsaktionäre ihre Aktien veräußerten, blieb ein Teil der Eigentumsrechte dieser drei AGs in Streubesitz. Für den strategischen Einfluss war dies aber nicht weiter maßgeblich, da Heinrich schließlich mit 60,3 Prozent (FSG), 70,07 Prozent (VBM) bzw. 86,74 Prozent (Bremer Vulkan) jeweils über komfortable Mehrheiten verfügte.[12]

Einige »Reservefelder« Walsums, d. h. jene Kohlefelder, die erst erschlossen werden sollten, wenn die Steinkohle in den »Stammfeldern« zur Neige ging, waren vollständig TBG-Eigentum, andere nicht. Betriebswirtschaftlich spielten die Reservefelder aber bis in die 1950er Jahre keine Rolle.[13] Schließlich war die Thyssen-Bornemisza-Gruppe an der Domestic Fuel Corporation (DFC) nur mit 50 Prozent beteiligt, weil es sich hierbei um ein Joint Venture mit der Deutsche Kohlendepot GmbH in den USA zum Import von Koks und Kohle aus Europa handelte.[14]

Doch jenseits dieser begründbaren Ausnahmen ist das Bestreben Heinrichs unverkennbar, zum Alleineigentümer »seiner« Gesellschaften zu werden und damit zugleich den Einfluss Externer zu minimieren. Nichts anderes als die vollständige Kontrolle und Verfügungsmacht über sein Eigentum ist daher als unternehmerische Idee Heinrichs zu identifizieren. Zusammen mit einer kaufmännisch-vorsichtigen Finanzpolitik und einer Unternehmensfinanzierung aus Eigen- bzw. Gruppenmitteln weist die TBG somit typische Merkmale eines Familienunternehmens auf, wenn auch die Zusammenschau der Einzelunternehmen eher den Eindruck hinterlässt, es handele sich um ein willkürlich arrangiertes Gefüge unabhängiger Gesellschaften.

Ein weiterer Aspekt kommt hinzu: Wo immer möglich, firmierten die deutschen Unternehmern als Gesellschaften mit beschränkter Haftung. Die Aktiengesellschaften der Gruppe – PWR, ATB, VBM, Vulkan und FSG – waren nicht von August bzw. Heinrich gegründet, sondern in der bestehenden Rechtsform übernommen worden. Eine Umwandlung in eine GmbH schied für VBM, Vulkan und FSG praktisch aus, da dort externe Aktionäre beteiligt waren. Nicht ersichtlich ist indes, warum PWR und ATB nicht umgewandelt wurden, obwohl sie sich vollständig in Heinrichs Eigentum befanden. Doch grundsätzlich präferierte die TBG die GmbH als Gesellschaftsform nach deutschem Recht. Nicht von ungefähr

---

[12] Anteile nach Thyssen-Bornemisza-Komplex (alt) o.D. (ca. 1940), SIT NROE/14 und Verzeichnis o.D. (1940er Jahre), SIT NROE/15.

[13] An den Gewerkschaften Neu Eversael, Hiesfeld XVI, XVIII und XXI, Görsicker und Eppinghoven hielt Thyssengas 62,5 Prozent, die Kaszony-Stiftung die übrigen 37,5 Prozent. Von den »nördlichen Reservefeldern« – Gewerkschaften Nordlicht, Lippermulde, Dorsten, Lohberg II, Hiesfeld (verschiedene Konzessionen) und Friedrichsfeld – besaß Thyssengas hingegen nur 37,5 Prozent, die übrigen Kuxe waren in Fremdbesitz. Reorganization of German Part of »Thyssen-Bornemisza Group«, 13.2.1950, S. 2, SIT TB/2150; zu den Konflikten 1934 zwischen Heinrich und der »Gruppe Fritz Thyssen« bzw. um aufgelaufene Forderungen bei der Gewerkschaft Nordlicht siehe Wixforth, Stahlkonzern, S. 58-62; 1948 erwogen die Nachbarn Walsum und Gutehoffnungshütte hinsichtlich Gewerkschaft Nordlicht zu kooperieren. Aktenbericht, 1.3.1948, SIT TB/2030.

[14] Vgl. Kapitel 5.2.2.

wandelte man schließlich die Stahl- und Röhrenwerk Reisholz AG 1953 doch in eine GmbH um, »da diese Gesellschaftsform [...] bei der Zahl der Anteilseigner die natürliche und auch betrieblich günstigste ist.«[15]

Da für GmbHs und AGs die gleichen Körperschaftssteuersätze galten,[16] ist die Präferenz für die GmbH nicht mit steuerlichen Motiven zu erklären, wohl aber mit einer größeren Kontrolle über das Eigentum – GmbH-Anteile sind weniger fungibel als Aktien und nicht für einen Börsengang vorgesehen – und vor allem mit geringeren Publizitätspflichten.[17] Die Thyssen-Bornemisza-Gesellschaften informierten nicht mehr als unbedingt nötig. Die Vereinigten Berliner Mörtelwerke wurden beispielsweise wiederholt für ihre unzureichende Informationspolitik, die geringe Kurspflege und damit implizit für die Übervorteilung der Minderheitsaktionäre kritisiert.[18] Mit allenfalls formal hinreichender Publizität und der Übervorteilung externer Anleger weist die TBG Merkmale auf, die sowohl für Familienunternehmen als auch für *business groups* typisch sind.[19]

Auch wenn die Einzelgesellschaften in *business groups* jenseits des Eigentumszusammenhangs in der Regel unverbunden nebeneinanderstehen, sind bei der TBG Produktions-, Finanzierungs- und Wertschöpfungszusammenhänge aus historischen Gründen identifizierbar. Sie wurden seit Ende der 1920er Jahre planmäßig ausgebaut – so besonders die Kohlenproduktion (Walsum), -verwertung (Thyssengas) und -handel (Vulcaan) sowie Reedereien (Vulcaan, Halcyon, Deutsch-niederländische Schiffahrts- und Handelsgesellschaft) und Hafenanlagen (Vlaardingen).[20]

Wenn solche Wertschöpfungszusammenhänge bestanden, drückte sich dies auch durch Organschafts- oder Beherrschungsverträge bzw. Kapitalverflechtun-

---

[15] Kaszony an Finanzminister NRW, 13.1.1953, SIT NROE/14.
[16] Hierzu neuerdings vor allem Banken, Hitlers Steuerstaat, S. 407.
[17] Beispielsweise reduzierte die N.V. Norma 1935 ihr Kapital von 200.000 auf 50.000 hfl., da für Naamloze Vennootschaaps mit einem Kapital bis zu 50.000 hfl. vergleichsweise geringe Publizitätsanforderungen galten und die Bilanzen nicht veröffentlicht werden mussten. Vernehmung Kouwenhoven und Meyer, 22.8.1940, S. 47, NARA RG 466, Entry A1 28, Box 63; Auch Thyssengas beantragte, wenn auch auf Veranlassung des Düsseldorfer Regierungspräsidiums, 1943 beim Justizministerium, von handelsrechtlichen Publizitätsvorschriften befreit zu werden. Dies war seit 1940 für Kapitalgesellschaften möglich, wenn es dem Erhalt der öffentlichen Ordnung diente. Justiz- und Wirtschaftsministerium befürworteten den Antrag, weil Thyssengas wichtige Rüstungsunternehmen mit Gas und Wasser versorgte und Informationen über das Unternehmen »dem Gegner als Erkenntnisquelle für seine Ausspähung dienen« könne. Entsprechend wies das RJM das Amtsgericht Duisburg an, Eintragungen in das Handelsregister nicht bekannt zu machen und die Einsichtnahme in Handelsregisterakten zu verweigern. Vgl. Thyssengas an RJM, 17.8.1943, BArch Berlin R 3001/23190, Bl 16; Verordnung über die Befreiung von der Einhaltung handelsrechtlicher Vorschriften, 15.1.1940, RGBl. 1940, S. 196; RWM an RJM, 23.9.1943, BArch Berlin R 3001/24190, Bl. 18; RJM an RWM und OLG Düsseldorf, 28.9.1943, RJM an OLG Düsseldorf, 29.9.1943, BArch Berlin R 3001/23190, Bl. 17, 19-20.
[18] »Was geht bei Berliner Mörtel vor? Um die Auskunftspflicht der Verwaltung«, Kölnische Zeitung Nr. 378, 28.7.1941 »Opposition bei der Ver. Berliner Mörtelwerke A.-G.«, Frankfurter Zeitung Nr. 401, 1.6.1927; »Opposition bei den Berliner Mörtelwerken«, Deutsche Allgemeine Zeitung Nr. 277, 18.6.1927; Magazin der Wirtschaft Nr. 25, 23.6.1927, HWWA P-20.
[19] Exemplarisch Almeida/Wolfenzon, Pyramidal Ownership, S. 2639.
[20] Vgl. Kapitel 5.2.

gen aus. So waren, erstens, Thyssengas (Gasfernversorgung), deren hundertprozentige Tochter Niederrheinische Gas- und Wasserwerke G.m.b.H. (örtlicher Energie- und Wasserversorger) und die Zeche Walsum (Kohlenbergbau) miteinander verflochten. Zweitens sind die Unternehmungen der Baustoffindustrie (VBM, Rüdersdorf/Hennickendorf, Hornberger Kalkwerke) als organisatorische Einheit zu betrachten, und zum dritten fungierte die Oberbilker Stahlwerke AG faktisch als Betriebsgesellschaft der Press- und Walzwerke Reisholz. Andere Gesellschaften wie z.B. die ATB bzw. die beiden Werften in Bremen und Flensburg waren hingegen unabhängig.[21]

Die wirtschaftliche Bedeutung der einzelnen Gesellschaften variierte stark. Vor allem die Mehrzahl der Handels-, Holdings- und Beratungsgesellschaften hatte keine primär betriebswirtschaftliche Funktion, d.h. sie trugen nicht oder nur in geringem Umfang zu den Erträgen der TBG bei. Vielmehr erfüllten sie rechtliche oder administrative Aufgaben innerhalb der Gruppe oder arbeiteten funktional übergeordneten Gesellschaften zu. Besonders ausgeprägt war dies in der Handelssparte der TBG, die im Kern auf die N.V. Vulcaan (sowie die Halcyon-Lijn) ausgerichtet war. Von den etwa 75 Gesellschaften der TBG waren ungefähr 50 Handel und Schifffahrt und damit der N.V. Vulcaan zuzuordnen, darunter 21 gesellschaftsrechtlich eigenständige Schiffe, ein gutes Dutzend Kunstdüngergesellschaften und sechs Auslandsniederlassungen.

Wenn man diesen Spezifika zum Zwecke der Komplexitätsreduktion Rechnung trägt, bleiben elf Unternehmen übrig, die den betriebswirtschaftlichen Kern der TBG ausmachten. Sie sind in Tabelle 1 fett gedruckt. Sie lassen sich (grob) acht Branchen zuordnen, wenngleich diese Einteilung ein wenig willkürlich ist. Die Tabelle systematisiert freilich nur die Vielzahl der Gesellschaften, um einen ersten Überblick über jene Wirtschaftsbereiche zu geben, die für die TBG relevant waren. Da weder die Beratungsgesellschaften und Holdings noch die Pferdezucht gewinnorientiert ausgerichtet waren, fokussierte sich die TBG im Wesentlichen auf sechs Branchen: Energie, Stahl, Baustoffe, Schiffbau, Handel und Bankwesen.

---

[21] Vgl. Memorandum (Roelen), 10.1.1948, SIT TB/2139.

Tab. 1: Unternehmen der TBG nach Branchen

Energie, Gas- und Wasser	Stahl und Maschinenbau	Schiffbau	Baustoffe
Thyssen'sche Gas- und Wasserwerke GmbH	Press- und Walzwerke Reisholz AG	Bremer Vulkan AG	Vereinigte Berliner Mörtelwerke AG
Niederrheinische Gas- und Wasserwerke GmbH	AG Oberbilker Stahlwerk	Flensburger Schiffsbau-Gesellschaft AG	Rittergut Rüdersdorf GmbH (seit 1945 Baustoff- und Industriewerke Hennickendorf GmbH)
Gewerkschaft Walsum	N.V. »Gerfa« Gereedschappenfabriek		Hornberger Kalkwerke GmbH
Reservefelder Walsums			
Nördliche Reservefelder			
Seismos GmbH			

Quelle: Eigene Darstellung

1. Eigentumskonzentration und beneficial ownership

Handel und Schifffahrt	Banken	Verwaltungs- und Beratungsgesellschaften/Holdings/Stiftungen	Pferdezucht/Landwirtschaft
N.V. Handels- en Transport Maatschappij Vulcaan (und Tochtergesellschaften)	**August Thyssen Bank AG**	N.V. Algemene Exporthandel	Zucht- und Rennbetrieb Erlenhof GmbH
Halcyon Lijn N.V.	**Bank voor Handel en Scheepvaart N.V.**	N.V. Dunamis	
Vulcaan Kolen N.V.	Union-Banking Corporation	N.V. Norma	
Deutsch-Niederländische Schiffahrtsgesellschaft mbH		N.V. Ruilverkeer	
Thyssensche Kohlen- und Energiewirtschafts Gesellschaft mbH		Holland-American-Investment Corporation (HAIC)	
Kunstdüngergesellschaften		Kaszony-Stiftung	
N.V. Vlaardingen-Oost		Maatschappij tot Expl. van onroerende Goederen »De Blaak«	
Vulcaan's Rijnreederij		Cedar Swamp Corp.	
Domestic Fuel Corporation		Rotterdamsch Trustees Kantoor	
Seamless Steel Corporation		Hollandsch Trustkantoor	
Holland-American-Trading Corporation (HATC)		August Thysssen'sche Unternehmungen des In- und Auslandes GmbH	

2. Flurbereinigung: Rückzug der »Gruppe Fritz Thyssen«, Funktionsverlust der niederländischen Holdings, neue Beteiligungen

Unter den elf Kernunternehmen der TBG befand sich keine einzige Holdinggesellschaft – aus gutem Grund. Als die U.S.-amerikanische Feindvermögensverwaltung nach dem Zweiten Weltkrieg ihre Erkenntnisse zusammentrug, galten die N.V. Algemene Exporthandel, die N.V. Dunamis, die N.V. Norma, die N.V. Ruilverkeer, die Holland-American-Investment Corporation (HAIC) und die Maatschappij tot Expl. van onroerende Goederen »De Blaak« mit Recht als »inactive« oder »non-operating holding companies«. Sie hatten ihre Funktion verloren, verwalteten kein nennenswertes Vermögen, erwirtschafteten keine Gewinne und hatten auch sonst keinen erkennbaren Zweck für die TBG mehr.[22]

Ihre Geschichte verrät gleichwohl viel darüber, wie transnationale Unternehmen in der Zwischenkriegszeit Eigentumsrechte sichern und intern verschieben konnten. Sie waren flexible Instrumente, deren Zweck und Aufgabenstellung sich den Gegebenheiten anpasste. Sie dienten dem (alten) Thyssen-Konzern nach 1918 zunächst als Möglichkeit, in den Niederlanden tätig zu werden, und standen nach 1926 im Mittelpunkt komplizierter Wertpapiertransaktionen, mit denen die Erben August Thyssens ihre Interessensphären in mehreren Schritten strikt voneinander trennten.

2.1. Ursprünge der Holdings nach 1918

Die Holdings waren zwischen 1918 und Anfang der 1920er Jahre vom (alten) Thyssen-Konzern als Handelsgesellschaften in den Niederlanden gegründet oder übernommen worden. Thyssen war bereits vor dem Ersten Weltkrieg in den Niederlanden tätig gewesen und nutzte seine Beziehungen und Kontakte nach 1918, um angesichts der politisch und wirtschaftlich unsicheren Zukunft Deutschlands Eigentumsrechte in die Niederlande zu transferieren bzw. transferieren zu können. Als Akteure traten August, Heinrich und Fritz bzw. ihre Unternehmen dabei nach 1918 meist nicht in Erscheinung, sondern sie bedienten sich niederländischer Strohmänner und befreundeter niederländischer Banken. Mit solchen Maßnahmen konnten die zunehmenden wirtschaftsnationalistischen Staatsinterventionen nach 1914 umgangen werden, die es z.B. Ausländern erschwerten oder gar verboten, Unternehmen in einem anderen Land zu gründen.[23] In den Nieder-

---

[22] Office of Alien Property (USA) in the matters of BHS u.a. (27.11.1957), S. 3-4, NL-HaNA 2.08.53, inv.nr. 48.
[23] Vgl. zur Bandbreite wirtschaftsnationalistischer Staatseingriffe und den Umgehungsmöglichkeiten durch MNE umfassend Fitzgerald, Rise, S. 156-257.

landen gab es zwar keine expliziten gesetzlichen Restriktionen, aber Unternehmensgründungen mussten genehmigt werden. Damit konnte der Staat Unternehmen mit unliebsamen Eigentümern eine Betätigung in den Niederlanden verweigern oder Gesellschaften dazu anhalten, im niederländischen Interesse zu agieren.[24]

Bei den Holdings, die zwischen 1918 und 1920 gegründet wurden, traten formal nur Niederländer in Erscheinung: Die am 12. Dezember 1919 errichtete N.V. Ruilverkeer war dabei keine alleinige Thyssen-Gründung, sondern ursprünglich ein joint venture von BHS, Twentsche Bank, Nederlandsch-Indische Handelsbank und der Nederlandsche Handel Maatschappij (NHM), um Rohstoffe zu importieren. Sie spielte nach 1918 für einige Jahre eine relevante Rolle im Zwischenhandel und bei der Zwischenfinanzierung von Erzimporten der N.V. Vulcaan.[25] Erst im weiteren Verlauf wurde Ruilverkeer zu einer reinen Thyssen-Gesellschaft.[26]

Die Algemene Exporthandel wurde am 14.7.1919 durch die beiden BHS-Vorstände Carel Schütte und Hendrik Jozef Kouwenhoven,[27] Dunamis am 22.11.1920 durch K. Korver und A. Postuma (als Strohmänner für die BHS)[28] und Norma am 2.12.1920 durch Cornelis Lievense sen. und Cornelis Lievense jr. gegründet.[29] Exporthandel, Dunamis und Norma waren von Beginn an Tochtergesellschaften Thyssens. Ihr Gesellschaftszweck war zumeist mit »Handel im weitesten Sinne« angegeben und bewusst unspezifisch gehalten. Es handelte sich gewissermaßen um »Schlafgesellschaften«, die nur im Bedarfsfall aktiviert wurden. Dunamis beispielsweise hat »während ihres Bestehens Handelsgeschäfte nicht ausgeführt«.[30] Algemene Exporthandel hatte sich 1919 gemeinsam mit der N.V. Vulcaan und der Cehandro, einer weiteren Handelsgesellschaft Thyssens,[31] an einem Konsortium beteiligt, das Lebensmittel aus den Niederlanden ins Deutsche Reich exportierte und im Gegenzug Produkte der bergischen Messer- und Werkzeugindustrie importierte. Es blieb aber das einzige Handelsgeschäft der Gesellschaft. Sie verwal-

---

[24] Vgl. de Jong/Röell, Financing and Control, S. 470-471.
[25] Wixforth Stahlkonzern, S. 181 f.; die übrigen Handelsgesellschaften werden bei Wixforth aus guten Gründen nicht behandelt. Sie hatten schlicht in seinem Betrachtungszeitraum keine nennenswerte Funktion für die TBG.
[26] Graaf, Voor Handel en Maatschappij, S. 216; Wixforth, Stahlkonzern, S. 35; Statuten N.V. Ruilverkeer, 1919, SIT TB 011112. Zu den Beziehungen zwischen NHM und Ruilverkeer zu Beginn der 1920er Jahre siehe auch das Material in NL-HaNA 2.20.01, inv.nr. 6157 und 6158.
[27] Gründungsurkunde, 14.7.1919, NL-HaNA 2.09.46, inv.nr. 22076.
[28] Vernehmung Meyer, 22.8.1940, S. 43, NARA RG 466, Entry A1 28, Box 63.
[29] Gründungsurkunde, 2.12.1920, NL-HaNA 2.09.46, inv.nr. 24156; vgl. Vernehmung Kouwenhoven und Meyer, 22.8.1940, S. 46, NARA RG 466, Entry A1 28, Box 63. Offenbar ging die Gründung der Norma auf Kouwenhovens Initiative zurück, um sie gemeinsam mit Cornelis Lievense als Exportgesellschaft zu etablieren, was fehlschlug. So Examiner's Report 5.10.1942, S. 5, NARA RG 131, Entry P 33, Container 18.
[30] Vernehmung Meyer, 22.8.1940, S. 52, NARA RG 466, Entry A1 28, Box 63.
[31] Cehandro = N.V. Centrale Handelsvereniging Rotterdam. Für Details siehe Wixforth, Stahlkonzern, S. 34, 44, 51, 102 f., 179-195, 212, 240.

tete danach für die BHS deren eigene Aktien.[32] An ihre Stelle bei Konsortialgeschäften trat 1920 die Vulcaan Coal Company, die aber ebenfalls in den 1920er Jahren sukzessive »stillgelegt« wurde.[33]

Es war keineswegs unüblich, dass deutsche Unternehmen nach 1918 in den Niederlanden Firmen gründeten, die kein operatives Geschäft verfolgten, sondern dazu dienten, Geschäftsbeziehungen, tatsächliche Eigentümer oder den deutschen Ursprung von Kapital zu verschleiern. Auch bei den Thyssen'schen Handels- und Holdinggesellschaften wurde dieser Zweck mitgedacht. »Kapitalflucht« und *cloaking* waren in der Inflationszeit gängige Praxis deutscher Großunternehmen und Großbanken, die in vielfacher Art und Weise in den Niederlanden tätig wurden und so vor allem den Finanzplatz Amsterdam aufwerteten.[34]

Anders liegt der Fall bei der N.V. Maatschappij van Onroerende Goederen »De Blaak« in Rotterdam. Die Bau- und Immobiliengesellschaft war am 29. April 1914 von drei Niederländern, zwei Architekten und einem Maurermeister, gegründet[35] und später von der BHS übernommen worden. »Blaak« ist eine Straße im (alten) Zentrum von Rotterdam, in deren Nähe sich die Handelskammer, die Börse, Banken und Versicherungen befanden. Die N.V. »De Blaak« war eine Projektgesellschaft für den Bau und die Verwaltung des Geschäftsgebäudes der BHS an der »Zuid Blaak« und weiterer Immobilien in der Nähe; sie wurden beim deutschen Bombardement Rotterdams am 10. Mai 1940 zerstört.[36]

»De Blaak« sollte nach den ursprünglichen Vorstellungen zum 31.12.1943 liquidiert werden, sofern die Gesellschafter nichts Gegenteiliges beschlossen.[37] Ein solches Vorgehen war bei Baugesellschaften üblich, die für einen konkreten Zweck, etwa die Erschließung und Bebauung eines bestimmten Quartiers, errichtet wurden. In den 1940er Jahren operierte »De Blaak« allerdings nur noch als Holding. Die Bilanz zum 30.4.1942 wies den Wert der verwalteten Immobilien sowie der Autos mit knapp 135.000 hfl. aus.[38] Die übrigen Holdings waren in den 1940er Jahren ebenfalls operativ nicht (mehr) tätig. Algemene Exporthandel, Ruilverkeer, Norma, Dunamis und die – erst 1926 errichtete – HAIC verwalteten lediglich Gesellschaftsanteile von Gruppenunternehmen.[39]

---

[32] Vernehmung Kouwenhoven und Meyer, 22.8.1940, S. 49-50, NARA RG 466, Entry A1 28, Box 63.
[33] Vernehmung Kouwenhoven, 24.7.1940, S. 4, NARA RG 466, Entry A1 28, Box 63.
[34] Houwink ten Cate, Amsterdam als Finanzplatz, S. 152-158; van Zanden, Old rules, S. 124-135; Euwe, Amsterdam als Finanzzentrum, S. 160-164; Kreutzmüller, Händler.
[35] Rapport, 20.4.1914, NL-HaNA 2.09.46, inv.nr. 16187.
[36] August-Thyssen-Bank AG: Thyssen-Bornemisza-Concern Reports, Exhibit B: Enterprises in other Countries, S. 2, NARA M1922 Roll 0058; Nota inzake den Maandstaat per Ult. Januari 1941 van de Bank voor Handel en Scheepvaart N.V., März 1941, S. 19, NL-HaNA 2.25.68, inv.nr. 12779.
[37] Rapport, 20.4.1914, NL-HaNA 2.09.46, inv.nr. 16187
[38] August-Thyssen-Bank AG: Thyssen-Bornemisza-Concern Reports, Exhibit B: Enterprises in other Countries, S. 12-13, NARA M1922 Roll 0058; Handelsbilanz »De Blaak«, 30.4.1942, Thyssen-Bornemisza-Concern Reports, Appendix 3, S. 22, NARA M1922 Roll 0058.
[39] Vgl. die Bilanzen der Unternehmen August-Thyssen-Bank AG: Thyssen-Bornemisza-Concern Reports, Appendix 3, S. 20, 24, 26, 29, 30, NARA M1922 Roll 0058.

2.2. Eigentumsrechtliche Trennung durch Wertpapiertausch

Bis zur Mitte der 1930er Jahre standen einige dieser Gesellschaften im Mittelpunkt komplizierter Transaktionen und Wertpapiertransfers, die im Nachgang der grundsätzlichen Einigung über das Konzernerbe anstanden. Nach dem Erbfall 1926 hielten Heinrich Thyssen-Bornemisza auf der einen, sein Bruder Fritz und seine Cousins Hans und Julius Thyssen – sie firmierten in den Dokumenten zumeist als »Gruppe Fritz Thyssen« – auf der anderen Seite Anteile an den niederländischen Unternehmen. Wie bereits ausgeführt, war Heinrich Thyssen-Bornemisza 1926 zwar Mehrheits-, aber nicht Alleineigner »seiner« Unternehmen. Diesen Status erreichte er – für die niederländischen Gesellschaften – bis 1936 durch Vereinbarungen mit seinen Miterben, die ihm ihre Anteile an den niederländischen Handelsgesellschaften veräußerten, darunter die Algemene Exporthandel, Norma, Dunamis und Ruilverkeer.[40]

Das unternehmerische Erbe August Thyssens war nach einem Schlüssel von 3:3:1:1 aufgeteilt worden, d.h. Fritz und Heinrich standen je 3/8, Hans und Julius je 1/8 der Anteile zu. Dies entsprach 37,5 bzw. 12,5 Prozent. Freilich wurden die Anteile nicht schematisch verteilt, sondern in einem ersten Schritt am 18. Januar 1926 den unternehmerischen Bedürfnissen angepasst. Heinrich Thyssen-Bornemisza tauschte seine Anteile an der Thyssen'schen Handels GmbH (100.000 RM) gegen Anteile der BHS, der N.V. Vulcaan, der N.V. Vulcaan Kolen, von Thyssengas und der Niederrheinischen Gas- und Wasserwerke GmbH. Diese Anteile gehörten bis dahin Fritz, Hans und Julius Thyssen. Nach diesem Anteilstausch verfügte Heinrich Thyssen-Bornemisza über jeweils 60 Prozent des Kapitals der genannten Gesellschaften.[41]

1930 gingen die restlichen 40 Prozent der beiden Gas- und Wassergesellschaften, d.h. Thyssengas (mit der Gewerkschaft Walsum) und die Niederrheinischen Gas- und Wasserwerke, auf Heinrich über.[42] Für die übrigen, seit 1926 mehrheitlich von Heinrich kontrollierten Unternehmen, vor allem die Bank vor Handel en Scheepvaart und die N.V. Vulcaan, waren Heinrich und die Gruppe um Fritz ebenfalls grundsätzlich übereingekommen, diese Anteile gelegentlich vollständig in die TBG einzubringen.

---

[40] Notiz über die Besprechung beim Oberfinanzpräsidenten Düsseldorf, 9.8.1941, S 1, Exhibit 6, August Thyssen Bank: Thyssen-Report, NARA M1922 Roll 0058. Vgl. Rasch, August Thyssen und sein Sohn Heinrich Thyssen-Bornemisza, S. 44-45.

[41] Vernehmung Kouwenhoven, 24.7.1940, S. 9-11, NARA RG 466, Entry A1 28, Box 63; Exposé (Roelen) [1952], S. 4, SIT/NROE 15; Rasch, August Thyssen und sein Sohn Heinrich Thyssen-Bornemisza, S. 52-53

[42] Vgl. Wixforth, Stahlkonzern, S. 54-58; Fritz Thyssen hatte seinen bisherigen Anteil im Dezember 1928 zunächst bis auf 2,5 Prozent auf die ATH übertragen, die am 12. Juni 1930 auch diese 2,5 Prozent noch übernahm. Am 25. Juli 1930 stand dann das RTK als Eigentümer in den Büchern. Es verwaltete die 40-Prozent-Beteiligung an Thyssengas fortan treuhänderisch für Heinrich Thyssen-Bornemisza. Beteiligungsverhältnisse bei der Thyssensche Gas- und Wasserwerke G.m.b.H., o.D. (nach 1941), SIT TB/4815.

Tab. 2: Von Fritz Thyssen 1926 in die HAIC eingebrachte Beteiligungen und Wertpapiere

Bezeichnung	Nennwert	Kurs	Kaufpreis	Beteiligung an TBG-Unternehmen
Vulcaan Coal	125.000 hfl.	Pari	125.000,00 hfl.	25,00 %
N.V. Vulcaan	137.000 hfl.	Pari	137.000,00 hfl.	2,74 %
BHS	750.000 hfl.	Pari	750.000,00 hfl.	6,25 % (12,5 %)
Anh. Kohlenwerke	25.200 RM	42,125 %	10.615,50 RM	-
Bremer Vulkan	1.012.000 RM	40 %	404.800,00 RM	10,12 %
Flensburg	324.000 RM	31 %	100.440,00 RM	12,27 %
GBAG	28.420 RM	59,25 %	16.838,85 RM	-
Rheinbraun	1.075.200 RM	111,25 %	1.201.536,00 RM	-
RWE	660.000 RM	103,5 %	683.100,00 RM	-
RW Kalkwerke	426.600 RM	62 %	264.492,00 RM	-
Gelsenwasser	364.500 RM	61,5 %	224.167,50 RM	-
PWR	1.058.000 RM	Pari	1.058.000,00 RM	18,59 %
Gew. Ewald	13 Kuxe	24.000 RM	312.000,00 RM	-

Quelle: Vernehmung Kouwenhoven, 16.8.1940, S. 39, NARA RG 466, Entry A1 28, Box 63; eigene Berechnungen. Die Anteile an der BHS beziehen sich einmal auf das Aktienkapital von 12 Mio. hfl., einmal (in Klammern) auf das den internen Quotierungen zugrundeliegende Kapital von 6 Mio. hfl.

Bis dies realisiert werden konnte, bedienten sich Hans und Julius sowie Fritz der niederländischen Holdings, um ihre Beteiligungen zu verwalten und selbst nicht in Erscheinung zu treten. 1929 erwarben Hans und Julius Thyssen von der Bank voor Handel en Scheepvaart jeweils 50 Prozent der Anteile an der Dunamis für 130.000 hfl. Dies entsprach dem Wert des eingezahlten Aktienkapitals (100.000 hfl.) und zwischenzeitlich aufgelaufener Zinsen. Hans und Julius übertrugen anschließend ihre Anteile an den niederländischen Gesellschaften vollständig auf die Dunamis.[43] Ähnlich verfuhr Fritz Thyssen. Er hatte 1926 die Holland-American Investment Corporation (HAIC) gegründet, um seine niederländischen und deutschen Betei-

---

[43] In einem lukrativen »Gelegenheitsgeschäft« beteiligten sich Dunamis und die HAIC 1929 zu 40 Prozent bzw. 60 Prozent an einem Garantiekonsortium für Kredite an die VSt. Sie erhielten dafür Provisionen von schätzungsweise 2,6 Mio. bzw. 3,7 Mio. hfl. Vernehmung Mayer, 22.8.1940, S. 52-54, NARA RG 466, Entry A1 28, Box 63.

ligungen zu verwalten, darunter auch die Anteile an Unternehmen der TBG (siehe Tabelle 2).[44]

Beide Transaktionen waren ein erster Schritt, um die Beziehungen der Thyssen-Erben untereinander zu bereinigen. Dunamis verwaltete seitdem die Anteile von Hans und Julius an TBG-Unternehmen und die HAIC jene Fritz Thyssens. In einem zweiten Schritt poolten Dunamis (Hans und Julius) und HAIC (Fritz) ihre Beteiligungen in einer bereits bestehenden Holding: der N.V. Norma. Die HAIC erwarb 1929 125.000 hfl. (62,5 %) und die Dunamis die übrigen 75.000 hfl. (37,5 %) des eingezahlten Norma-Kapitals – zum Kurs von 133 Prozent. Die Norma ging dadurch vollständig ins Eigentum der »Gruppe Fritz Thyssen« über. Anschließend erwarb Norma von ihren neuen Muttergesellschaften HAIC und Dunamis deren Wertpapierbesitz: zusammen nominal 2,4 Mio. hfl. Anteile der BHS, 200.000 hfl. der N.V. Vulcaan und 200.000 hfl. von Vulcaan Kolen. An den Eigentumsrechten und den Beteiligungsverhältnissen änderte sich dadurch nichts. Fritz hielt (über die HAIC) weiterhin 62,5 Prozent der Anteile, Hans und Julius (über Dunamis) weiterhin 37,5 Prozent. Die Anteile der »Gruppe Fritz Thyssen« an den niederländischen TBG-Gesellschaften wurden lediglich fortan gemeinsam von der Norma verwaltet, um sie in einem dritten Schritt an Heinrich Thyssen-Bornemisza veräußern zu können.[45]

Es gab allerdings einen Zwischenschritt: die »Eversael-Transaktion« 1930. Um den Felderbesitz der Zeche Walsum zu arrondieren, erwarb Heinrich von der August Thyssen Hütte Gewerkschaft (Fritz Thyssen) jeweils 62,5 Prozent der Kuxen einiger Gewerkschaften, die restlichen 37,5 Prozent besaß er bereits.[46] Heinrich bezahlte die Kuxen mit 480.000 hfl. Aktien der BHS sowie 12.000 hfl.

---

[44] Vernehmung Kouwenhoven, 16.8.1940, S. 39, NARA RG 466, Entry A1 28, Box 63, vgl. Derix, Thyssens, S. 340.
[45] Vernehmung Kouwenhoven und Meyer, 22.8.1940, S. 47, NARA RG 466, Entry A1 28, Box 63. Die Norma-Gründung war seinerzeit offenbar nicht von August Thyssen selbst ausgegangen, sondern niederländische Manager seiner Unternehmen, Johann Georg Gröninger (N.V. Vulcaan), Carel Schütte und Hendrik Jozef Kouwenhoven (beide BHS), hatten sie finanziert und fungierten seitdem auch als Gesellschafter; unklar bleibt, ob sie tatsächlich eigene Mittel investierten oder – dies scheint wahrscheinlich – treuhänderisch für Thyssen agierten. Die formalen Unternehmensgründer, Vater und Sohn Lievense, traten nicht als Eigner in Erscheinung, aber Cornelis jr. übernahm die Geschäftsführung. Bis 1929 avancierte schließlich Kouwenhoven zum alleinigen Anteilseigner an Norma – vermutlich als Treuhänder für die BHS. Das Gesellschaftskapital von 250.000 hfl. war zu diesem Zeitpunkt mit 200.000 hfl. eingezahlt; das Vermögen der Norma bestand aus Wertpapieren und liquiden Mitteln. Ebd.
[46] Es handelte sich um die Gewerkschaften Neu-Eversael, Görsicker, Eppinghoven und Hiesfeld XVI, XVIII und XXI. Wixforth, Stahlkonzern, S. 57-58, Böse/Farrenkopf, Zeche, S. 113. Die Gewerkschaft Neu-Eversael ging aus einer Konsolidierung von Grubenfeldern hervor und gehörte ursprünglich den VSt. 1928 übertrugen die VSt 37,5 Kuxe an Heinrich und 62,5 Kuxe auf die August Thyssen-Hütte Gewerkschaft. Durch die Eversael-Transaktion 1930 gingen diese Kuxe mit jenen der kleineren Gewerkschaften von der ATH auf das RTK als Treuhänderin für die BHS über; 1943 wurden sie auf Thyssengas übertragen. Vgl. August-Thyssen-Bank AG: Thyssen-Bornemisza-Concern Report, Exhibit A: The German Enterprises, S. 34, NARA M1922 Roll 0058.

Tab. 3: Entwicklung der Anteile der Gruppe Fritz Thyssen und Heinrich
Thyssen-Bornemiszas am eingezahlten Aktienkapital der BHS
1926 bis 1936

	Heinrich	Fritz	Hans & Julius
Bis 1926	37,5 %	37,5 %	25 %
1926	60 %	25 %	15 %
1930	52 %	30 %	18 %
1933	52 %	48 %	
1936	100 %	0 %	

Eigene Berechnungen nach: Vernehmung Kouwenhoven, Heida und Meyer, Juli/August 1940, passim, NARA RG 466, Entry A1 28, Box 63; August-Thyssen-Bank AG: Thyssen Report, S. 4, NARA M1922 Roll 0058.

Aktien der Algemene Exporthandel. Sie wurden auf die N.V. Norma (und mithin die Gruppe Fritz Thyssen) übertragen.[47]

Durch die »Eversael-Transaktion« veränderten sich die Anteile am gesamten Aktienkapital der BHS geringfügig zugunsten der »Gruppe Fritz Thyssen« (vgl. Tab. 3).[48]

---

[47] Das waren vier Prozent des eingezahlten Gesellschaftskapitals der BHS bzw. 48 Prozent des 1930 von 5.000 auf 25.000 hfl. erhöhten (eingezahlten) Kapitals der Exporthandel; die übrigen 52 Prozent von Exporthandel gingen im Zuge dessen von der bisherigen Alleineigentümerin BHS auf die Kaszony-Stiftung über, d.h. sie wurden lediglich innerhalb der TBG verschoben. Vernehmung Kouwenhoven und Meyer, 22.8.1940, S. 47-49, NARA RG 466, Entry A1 28, Box 63.

[48] Der Anteil von Hans und Julius an dieser Transaktion war wie üblich 37,5 Prozent, d.h. ihnen standen 180.000 hfl. Aktien der BHS (Anteil am Gesamtkapital 1,5 %) und 4.500 hfl. Anteile an Exporthandel (18 %) zu. Vernehmung Meyer, 22.8.1940, S. 53, NARA RG 466, Entry A1 28, Box 63. In den internen Berechnungen wurde zur Ermittlung der Beteiligungen für die BHS nur ein Aktienkapital von 6 Mio. zugrunde gelegt; die übrigen 6 Mio. hfl. hatte die Bank bei den Kapitalerhöhungen von 1922 und 1926 aus eigenen Mitteln aufgebracht, die von ihrer (bis 1930) hundertprozentigen Tochter N.V. Algemene Exporthandel verwaltet wurden. Faktisch gehörten der BHS damit diese 50 Prozent ihres eigenen Kapitals selbst. Diese Hälfte des Aktienkapitals ging durch die Aufsplittung der N.V. Algemene Exporthandel in der Quote 52 (HTB) zu 48 (Gruppe Fritz Thyssen) auf die beiden Parteien über; diese Quote entsprach damit den 1930 durch die Eversael-Transaktion neu zustande gekommenen Beteiligungsverhältnissen. Die Angaben sind allerdings nicht vollkommen eindeutig. Die 480.000 hfl. beruhen auf Kontenbewegungen beim RTK, die Kouwenhoven anlässlich der Vernehmungen durch die deutschen Finanzbehörden 1940 heraussuchen ließ. Sie sind folglich mittelbar belegt. In derselben Passage wird dann allerdings die Beteiligung an der BHS für Heinrich mit 52 % und für die Gruppe Fritz Thyssen mit 48 % angegeben. Da die 480.000 hfl. als verlässlich gelten können, hat Kouwenhoven offenbar für seine Berechnungen das ursprüngliche Gesellschaftskapital der BHS von 6 Mio. hfl. zugrunde gelegt. Dies ist angesichts der Kapitalerhöhung aus Eigenmitteln durchaus nachvollziehbar. Für die Verteilung der familiären Verfügungsrechte konnten diese 6 Mio. hfl. also durchaus abgezogen werden. Bei einem Kapital von 6 Mio. hfl. ergab sich dann tatsächlich eine Verteilung von 52 zu 48 %. Vgl. Vernehmung Kouwenhoven, 24.7.1940, S. 11-12, sowie Vernehmung Kouwenhoven/Meyer, 22.8.1940, S. 50-51, NARA RG 466, Entry A1 28, Box 63. An andere Stelle wird für 1930 der Anteil von Julius und Hans an der BHS auf je 9 % statt zuvor

2. Flurbereinigung

Die Norma hielt seit 1930 2,88 Mio. hfl. der 6 Mio. ausgegebenen Aktien der BHS (48 %), ferner 220.000 hfl. der N.V. Vulcaan und 200.000 hfl. von Vulcaan Kolen. Darüber hinaus verwaltete sie über ihre 48 %-Beteiligung an Exporthandel auch die Verfügungsrechte an den weiteren 6 Mio. hfl. BHS-Aktien in nominell derselben Höhe (2,88 Mio. hfl. bzw. 48 %). Bereinigt ergab sich daraus, dass die N.V. Norma 24, die Kaszony Stiftung 26 und die N.V. Algemene Exporthandel 50 Prozent des Aktienkapitals der BHS in Höhe von 12 Mio. hfl. besaßen.

Es war aber weiterhin Ziel aller Beteiligten, die Anteile der niederländischen Gesellschaften vollständig auf Heinrich Thyssen-Bornemisza zu übertragen. 1933 zahlte zunächst Fritz Thyssen seine Cousins Hans und Julius aus. Seine HAIC erwarb dazu die Dunamis inklusive deren Beteiligungen an der BHS und der Norma. Damit schieden die Vettern aus den niederländischen Gesellschaften aus und Fritz' HAIC hielt für eine kurze Zeit den bislang gemeinschaftlichen Anteil von 48 Prozent an der BHS (und der N.V. Vulcaan). Anschließend brachte Fritz Thyssen seine HAIC 1934 in seine Pelzer-Stiftung ein, die er 1931 gegründet hatte. Diese war nun formal die Eigentümerin der HAIC und mittelbar des 48-Prozent-Anteils an der BHS. Die Pelzer-Stiftung (Fritz) verkaufte die HAIC zum 1. Mai 1936 an Heinrichs Kaszony-Stiftung.[49] Seitdem war Heinrich Thyssen-Bornemisza Alleineigentümer von BHS und Vulcaan.[50]

Norma, Dunamis und HAIC verloren damit ihre zwischenzeitliche Funktion als Sachwalter der niederländischen Interessen von Fritz, Hans und Julius, blieben aber zunächst als Holdings bestehen.[51] Die Bilanz von Dunamis bestand 1941 z.B. bei einer Bilanzsumme von 3,7 Mio. hfl. im Wesentlichen aus Guthaben, die bei der Norma und der BHS angelegt waren (3,5 Mio. hfl.).[52] Bei der HAIC sah es ähnlich aus. Von der Bilanzsumme (10,5 Mio. hfl.) entfielen 9,8 Mio. hfl. auf Forderungen an die BHS, Norma und RTK.[53] Beide Gesellschaften waren mithin

---

je 7,5 % taxiert. Zusammen ergäbe dies einen Anteil von 18 statt 15 %; dies bezieht sich offenbar ebenfalls nur auf das Aktienkapital von 6 Mio. hfl., da der nominelle Zuwachs von 180.000 hfl. bei einem Aktienkapital von 6 Mio. hfl. exakt jene drei Prozent Zuwachs von 15 auf 18 % darstellt. Vgl. August-Thyssen-Bank AG: Thyssen Report, Exhibit 6, NARA M1922 Roll 0058.

[49] Faktisch erwarb zunächst das RTK Forderungen der BHS an die Gruppe Fritz Thyssen im Wert von 13,25 Mio. hfl. Diese Forderungen tauschte es anschließend gegen alle Aktien von HAIC (inkl. Dunamis) und zahlte zusätzlich 3.035.682,60 hfl. an die Eigentümer der HAIC (Fritz Thyssen). Diese Summe entsprach dem Vermögen der HAIC, das nicht aus BHS- oder Dunamis-Aktien bestand. Familienstiftung Kaszony an RTK (Abschrift), o.D. (1936), SIT TB/4815.

[50] Unmittelbar hielten Heinrich und die Kaszony-Stiftung 26 % an der BHS. Gemäß späterer Aufstellungen hielt die Stiftung 7,25 %, Heinrich selbst 18,75 %. Es ist nicht ersichtlich, ob dies bereits seit 1936 der Fall war oder die Stiftung nachträglich Anteile auf Heinrich übertrug. Thyssen-Bornemisa-Komplex (alt) o.D. (ca. 1940), SIT NROE/14 und Verzeichnis o.D. (1940er Jahre), SIT NROE/15; vgl. Abbildung 1.

[51] August-Thyssen-Bank AG: Thyssen Report, S. 4, NARA M1922 Roll 0058.

[52] Bilanzen der N.V. Dunamis, 31.12.1941, August-Thyssen-Bank AG: Thyssen-Bornemisza-Concern Reports, Appendix 3, S. 30, NARA M1922 Roll 0058.

[53] Bilanzen der N.V. Hollandsch-Amerikaansche Beleggingsmaatschappij/Holland-American Investment Corporation, 31.12.1941, August-Thyssen-Bank AG: Thyssen-Bornemisza-Concern Reports, Appendix 3, S. 28, NARA M1922 Roll 0058.

2. Die Thyssen-Bornemisza-Gruppe (TBG)

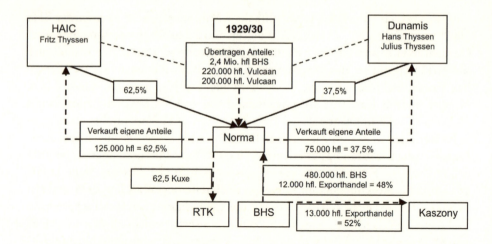

Grafik 3: Schema »Gruppe Fritz Thyssen« und »Eversael Transaktion« 1929/30
Gestrichelte Linie = Prozess; durchgehende Linie = Beteiligung

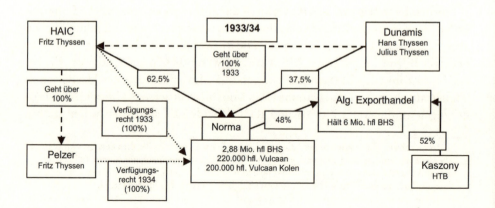

Grafik 4: Schema Übergang der Anteile von Hans und Julius Thyssen auf Fritz Thyssen bzw. die Pelzer-Stiftung 1933/34
Gestrichelte Linie = Prozess; durchgehende Linie = Beteiligung; gepunktete Linie = Faktisches Verfügungsrecht

2. *Flurbereinigung* 45

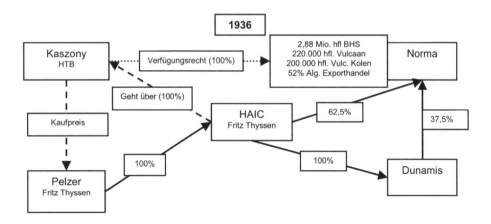

Grafik 5: Schema Übergang der niederländischen Beteiligungen auf Heinrich Thyssen-Bornemisza 1936
Gestrichelte Linie = Prozess; durchgehende Linie = Beteiligung; gepunktete Linie = Faktisches Verfügungsrecht

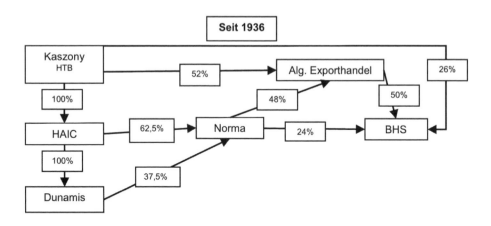

Grafik 6: Aktionäre der BHS und ihre Anteile 1936

reine Wertpapierdepots, die bestehende Beteiligungen hielten und ansonsten weitgehend ihre Mittel an die Bank voor Handel en Scheepvaart weiterreichten.

2.3. Restrukturierung und Ergänzung von Beteiligungen in den 1930er und 1940er Jahren

Die TBG existierte in ihren Grundzügen seit 1926. Doch danach verschoben sich innerhalb der Gruppe noch einzelne Beteiligungen, wurden ergänzt oder kamen neu hinzu: Die wichtigste Beteiligung der TBG, die nicht aus dem Erbe August Thyssens stammte, war die August-Thyssen-Bank. Darüber hinaus erwarb die TBG nach 1926 noch das Gestüt Erlenhof (1933) und die Seismos GmbH (1937)[54] und gründete kleinere Gesellschaften neu.

Die ATB war aus der von der Heydt's Bank hervorgegangen, seit 1928 im Mehrheitseigentum Heinrichs und firmierte seit 1930 unter dem Namen des Thyssen-Gründers.[55] Bis 1939 hielt Fritz Thyssen mit 4,8 Mio. RM Aktien dreißig Prozent ihres Aktienkapitals. Nachdem er das Deutsche Reich verlassen und der preußische Staat sein Vermögen konfisziert hatte, war der Kölner Bankier und IHK-Präsident Kurt Freiherr von Schröder zum Verwalter seines Vermögens ernannt worden.[56] Er bot 1940 Fritz Thyssens ATB-Beteiligung der Thyssen-Bornemisza-Gruppe an, die das Paket zum Kurswert von den PWR erwerben ließ. Damit wurde Heinrich Thyssen-Bornemisza auch zum Alleineigentümer der August-Thyssen-Bank. Wilhelm Roelen führte die Transaktion im Einvernehmen mit Kouwenhoven durch, informierte Heinrich aber erst nachträglich und begründete den Erwerb damit, dass man so die ATB nationalsozialistischem Einfluss wieder entziehen konnte. Heinrich stimmte der Lösung nachträglich zu.[57]

Im Zweiten Weltkrieg erwarb Thyssengas von der BHS sowie von der Kaszony-Stiftung die Kuxe der Gewerkschaften Neu-Eversael, Hiesfeld, Görsicker, Eppinghoven, Lohberg und Friedrichsfeld. Kuxenbesitz von unverritzten Feldern war in den 1930er und 1940er Jahren keine günstige Vermögensanlage. Mit ihm waren kaum Einnahmen zu erzielen, während die Abgabenlast hoch war. Da die Kaszony-Stiftung zudem im Deutschen Reich nicht mehr über hinreichend Mittel verfügte, um die Steuern dauerhaft zu bezahlen, verkaufte sie die Kuxe an Thyssengas. Diese Transaktionen wurden letztlich zwischen den beiden Mutter-

---

54 Zu den Motiven siehe vor allem die Kapitel 5.1.5. (Seismos) und 5.6. (Erlenhof).
55 Wixforth, Konzernbank; vgl. Kapitel 5.8.1.
56 Schröder an Ernst, 14.5.1940, BArch Berlin R 87/8204; Exposé (Roelen) [1952], S. 5, SIT/NROE 15. Vgl. Rasch, August Thyssen und sein Sohn, S. 61; Wixforth, Konzernbank, S. 315; Illner/Wilde, Eduard von der Heydt, S. 240; Ritter gab allerdings noch 1948 zu Protokoll, Fritz Thyssen habe über die ATH 25 % der Aktien gehalten. 12. Verhandlungstag gegen Dr. Fritz Thyssen (Zeuge Curt Ritter), 31.8.1948, SIT NELL/3.
57 Exposé (Roelen) [1952], S. 5, SIT/NROE 15; vgl. Rasch, August Thyssen und sein Sohn, S. 61. Der Kaufpreis belief sich auf knapp sechs Mio. RM.

gesellschaften von Thyssengas, BHS und Kaszony, und der Tochtergesellschaft durchgeführt. Die Beteiligungen wurden lediglich gruppenintern verschoben. Daher vergrößerte lediglich der Erwerb von 95,5 Kuxen der Gewerkschaft Dorsten aus Privatbesitz 1938 das Eigentum der TBG.[58]

Die TBG setzte vor allem auf internes Wachstum. Dies gilt auch für zwei neu etablierte Gesellschaften: Am 11. August 1939 gründeten Roelen und Krautheim die Thyssen'schen Kohlen- und Energiewirtschaftsgesellschaft mbH mit einem Kapital von 20.000 RM, das zu 75 Prozent von Walsum und zu 25 Prozent von Thyssengas aufgebracht wurde.[59] Sie sollte dem RWKS Konkurrenz machen.[60] Die im April 1940 gegründete Werkzeugfabrik N.V. »Gerfa« Gereedschappenfabriek ergänzte die Infrastruktur von Vlaardingen-Oost.[61]

Beide Neugründungen waren funktional auf bestehende Unternehmen der TBG ausgerichtet. Dies trifft für das dritte neue Gruppen-Unternehmen nicht zu: Zum 1. Juli 1937 erwarben Thyssengas und das Niederrheinischen Gas- und Wasserwerk von der August-Thyssen-Hütte und Thyssen & Co. sämtliche Anteile der Seismos GmbH.[62] Die Transaktion war nicht primär betriebswirtschaftlich motiviert, sondern nach Differenzen zwischen Fritz Thyssen, dem bisherigen *beneficial owner* der Seismos, und deren Geschäftsführer, Stephan Thyssen-Bornemisza, hatte Heinrich sich entschlossen, das Unternehmen von seinem Bruder zu erwerben, um die Position seines Sohnes Stephan bei Seismos zu sichern. Die Seismos GmbH nutzte seismische Verfahren, um Rohstoffvorkommen zu entdecken, und sie wirtschaftete rentabel. Die Investition war kaum riskant und ermöglichte es Heinrich, seinen wenig geschätzten Sohn unternehmerisch zu kontrollieren.[63]

Freilich verwarf die TBG auch Beteiligungen, die grundsätzlich in ihre strategischen Geschäftsfelder gepasst hätten. 1938 lehnten die PWR es ab, Teile der »arisierten« Hahn'schen Werke, v.a. das röhrenproduzierende Stammwerk in Düsseldorf, aufzukaufen.[64] Stattdessen erwarb Mannesmann die Betriebe.[65] Auch der ATB wurden Beteiligungen angedient, von denen sie aber Abstand nahm. 1940 lag ihr z.B. ein Angebot vor, die Woermann-Linie für 20 Mio. RM zu erwerben.[66] Die traditionsreiche Handels-Reederei, lange führend im deutschen Kolonialhan-

---

[58] Exposé (Roelen) [1952], S. 6-7, SIT/NROE 15.
[59] Deutsche Gesellschaften der Thyssen-Bornemisza-Gruppe, 1.1.1949, SIT NROE/13.
[60] RWKS an Kellermann 12.6.1940, RWWA 130-400101320/66. Vgl. Kapitel 5.1.2.
[61] August-Thyssen-Bank AG: Thyssen-Bornemisza-Concern Reports, Exhibit B: Enterprises in other Countries, S. 11-12, NARA M1922 Roll 0058.
[62] Ausführlich zur Seismos GmbH siehe Kapitel 5.1.5.
[63] Vgl. Kapitel 5.1.5.
[64] Roelen an Hans Heinrich Thyssen-Bornemisza, 15.12.1946, S. 3, SIT TB/2141.
[65] Vgl. Priemel, Flick, S. 378-383. Flick hatte zuvor aus dem Hahn'schen Vermögen Anteile des Hochofenwerks Lübeck erworben und die Familie Hahn glauben lassen, damit eine weitere »Arisierung« verhindern zu können. Dies erwies sich als Trugschluss und auf politischen Druck mussten die Hahns auch ihr Düsseldorfer Stammwerk veräußern.
[66] Besprechungsordnung, 9.7.1940, S. 3, tkA FÜ/92.

Abb. 2: Investition mit doppeltem Nutzen: Mitarbeiter der Seismos GmbH bei seismographischen Untersuchungen im Grubenfeld Walsum, 9.2.1935.

del, gehörte nach der Restrukturierung der deutschen Handelsschifffahrt 1934 dem Deutschen Reich. Da die TBG mit der N.V. Vulcaan und der Halcyon Lijn bereits einen transatlantischen Reederei-Verbund rentabel betrieb, hätte die Woermann-Linie diese Sparte um den Afrika-Handel ergänzen können. Die ATB prüfte das Angebot, entschied sich aber gegen den Erwerb. Stattdessen veräußerte das Reich die Woermann-Linie an Philipp Fürchtegott Reemtsma, den Hamburger Zigarettenproduzenten, der es wie nur wenige andere Unternehmer verstand, die NS-Logiken in seine Unternehmensstrategie zu integrieren.[67]

Davon konnte innerhalb der TBG nicht die Rede sein, doch die deutschen Unternehmen der Gruppe blieben von der NS-Politik keineswegs unberührt. Besonders die Unternehmensbesteuerung führte mehrfach zu Anpassungen innerhalb der TBG, wie der Verkauf eines ATB-Pakets von Thyssengas an PWR zum 1.1.1935 nahelegt.[68] Mit diesem Transfer ging das Schachtelprivileg von einem

---

[67] Zum Geschäftsmodell und den wirtschaftlichen Schwierigkeiten der Woermann-Linie siehe Rübner, Konzentration und Krise, S. 231-233; zur Reprivatisierung und zur Übernahme durch Reemtsma ebd., S. 340-343. Zur Rolle Reemtsmas im NS-System Jacobs, Rauch und Macht, S. 111-164; zur Übernahme von Schifffahrtsgesellschaften ebd., S. 159.

[68] Die Press- und Walzwerke Reisholz erwarben zum 1.1.1935 nominell vier Millionen RM Aktien der August-Thyssen-Bank, d.h. 25% des Kapitals, von Thyssengas zu einem Kurs von 127%. Aktenbericht betr. nom. 4 Mio. Aktien August-Thyssen-Bank, 19.12.1934, SIT/NROE 61. Die Aktiennotizen führten einen Kurs von etwa 125 % auf; der finale Kurs wurde aber auf 127 %

weniger ertragsstarken (Thyssengas) auf ein sehr rentables Unternehmen (PWR) über. Die PWR konnten dadurch ihre im Vergleich mit Thyssengas höhere relative Steuerbelastung mindern.[69] Steuerliche Zielsetzungen spielten entgegen Roelens späteren Aussagen, steuermindernde Gesellschaftsverflechtungen seien nur im Fall von Produktionszusammenhängen durchgeführt worden,[70] offenbar doch eine größere Rolle.

Ähnliches gilt für die Ausgliederung der Unterstützungskasse und deren Umwandlung in eine GmbH bei den PWR. Dieser Schritt war aufgrund einer geänderten Rechtslage 1939 notwendig geworden, um Mittel der betrieblichen Sozialpolitik steuerfrei transferieren zu können.[71] 1940 stellte Roelen im Zuge der Gewinnabführungsverordnung zudem erfolgreich einen Antrag, die deutschen Unternehmen als steuerliche Einheit zu behandeln und Verluste gegen Gewinne aufzurechnen. Nach Roelens Berechnungen reduzierte sich derart der Steueraufwand der TBG im Reich um 3,2 Mio. RM. Als 1941 die Zuständigkeit für die Gewinnabführung auf das Reichsministerium der Finanzen überging, änderten sich freilich die Bewertungskriterien. Das RFM erkannte eine steuerliche Einheit nur bei genehmigten Organverträgen an. Dies war ein Beweggrund für die Bestrebungen, den Konzern zu reorganisieren und ihn auch steuerlich zu optimieren.[72]

3. »Repatriierung« dringend erwünscht: Pläne zur Reorganisation der TBG 1941 bis 1944

1941 erschien es Wilhelm Roelen nachgerade als »Gebot der Stunde«[73], über eine Reorganisation der TBG und besonders deren interne Kapitalverflechtungen nachzudenken. Die Gruppe reagierte damit auf vier miteinander verzahnte Entwicklungen: die Ausdehnung des Herrschaftsbereichs des Deutschen Reichs auf die Niederlande, die Unternehmenssteuerpolitik des Reichsfinanzministeriums, die Ermittlungen gegen Heinrich Thyssen-Bornemisza wegen Steuerhinterziehung (»Hollandabgabe«) und die Verhandlungen über einen Beitritt der Zeche Walsum zum RWKS.

---

festgelegt. Vgl. Report about the financial conditions of Press- und Walzwerke Aktiengesellschaft, Düsseldorf-Reisholz, S. 2. August-Thyssen-Bank-Interrogations Exhibit 7, NARA M1922 Roll 0058.

[69] Das Schachtelprivileg befreite die Muttergesellschaft bei Beteiligungen von 25 Prozent und mehr von Steuerzahlungen auf Erträge von Tochtergesellschaften, fand aber nur Anwendung, wenn die Anteile für die Dauer eines kompletten Wirtschaftsjahrs gehalten wurden. Aktennotiz betr. Schachtelprivileg, 19.12.1934, SIT/NROE 61; vgl. Braun, Besteuerung, S. 56.

[70] Memorandum (Roelen), 10.1.1948, SIT TB/2139.

[71] Wessel, Röhrenwerk Reisholz, S. 119.

[72] Einiges über Aufbau und Entwicklungen bei den Gesellschaften, Mai 1946, S. 9, SIT NROE/36; vgl. weiter unten.

[73] Einiges über Aufbau und Entwicklungen bei den Gesellschaften, Mai 1946, S. 9, SIT NROE/36.

Bis 1939 interessierte sich der NS-Staat kaum für Thyssen-Bornemisza und die Manager seiner Unternehmen. Die Flucht von Heinrichs Bruder Fritz 1939 und der deutsche Überfall auf die Niederlande im Mai 1940 veränderten die Rahmenbedingungen für die deutsch-niederländische Unternehmensgruppe nachhaltig. Denn zum einen erfassten die deutschen (Finanz-)Behörden das Unternehmensgeflecht Heinrich Thyssen-Bornemiszas in all seinen Dimensionen und zum anderen war das Deutsche Reich bestrebt, die niederländische Volkswirtschaft (noch) stärker als bislang deutschem Einfluss zu unterwerfen – u. a. auf dem Weg der Rechtsangleichung.[74] Besonders rege waren die deutschen Behörden in steuerlicher Hinsicht. In nur zwei Jahren, von Juli 1940 bis April 1942, veränderten elf Gesetze das niederländische Steuerrecht umfassend. Die nationalsozialistischen Finanzexperten hielten das niederländische Steuersystem für ineffizient und sozial unausgewogen. Sie kritisierten vor allem die geringe Besteuerung von Kapitalgesellschaften, Steuerschlupflöcher für Unternehmen sowie niedrige Steuersätze auf Kapitaleinkommen. Die Reformen sollten diese Missstände beheben;[75] zugleich wurde auch das Aktienrecht anglichen.[76] Für die Thyssen-Bornemisza-Gruppe waren damit zumeist Steuererhöhungen oder ähnliche finanzielle Belastungen verbunden, weshalb sie die Maßnahmen aufmerksam verfolgte.[77]

3.1. Ambivalenzen der »Hollandabgabe«: transnationale Selbstfinanzierung, Steuerhinterziehung und politische Reorganisationsbestrebungen

Die Besatzungspolitik veränderte nicht nur die Steuerpolitik, sondern wirkte sich steuerlich auch unmittelbar auf die TBG und Heinrich Thyssen-Bornemisza aus. Bis 1940 hatten niederländische Behörden auf das Bankgeheimnis verwiesen und sich geweigert, in steuerlichen Fragen Auskunft über Angelegenheiten deutscher Personen zu geben. Sie schützten damit faktisch deutsches Vermögen, das in die Niederlande verlagert worden war, vor dem Zugriff deutscher Steuerbehörden.[78] Die TBG profitierte lange von dieser Praxis. Dies änderte sich abrupt mit der Ausdehnung des deutschen Herrschaftsbereichs auf die Niederlande: Mit der bereits erwähnten »Hollandabgabe« hatte das Gruppenunternehmen Thyssengas seit 1927 eine Finanzierungstechnik angewendet, die transnationale, durch nationalistische Abschottung geschaffene Handlungsspielräume ausnutzte, im natio-

---

[74] Vgl. zur deutschen Besatzungspolitik in den Niederlanden aus unterschiedlichen Perspektiven etwa Romijn, Reichskommissariat; Klemann, Nederland 1938-1948; in größerem Zusammenhang auch ders./Kudryashov, Occupied Economies.
[75] Vgl. Essers, Radical Changes, S. 1, 10.
[76] Exemplarisch Gutachten Rothe, Besonderheiten des niederländischen Aktienrechts, o.D. (1940), BArch Berlin R 177/2128.
[77] Exemplarisch Aktenbericht 9.11.1941, S. 2, tkA FÜ/92.
[78] Essers, Radical Changes, S. 11.

nalen (deutschen) Rahmen allerdings ein veritables Steuervergehen darstellte. Die federführenden Manager um Franz Lenze ahnten von Beginn an, dass die »Hollandabgabe« steuerlich fragwürdig war. Später kamen selbst interne Gutachten zu dem Schluss, dass die TBG den deutschen Steuerstaat mit der »Hollandabgabe« »arglistig« getäuscht habe.[79]

Die Abgabe geht auf die Erbauseinandersetzungen 1926 zurück. Sie kompensierte erwartete Einnahmeausfälle von Thyssengas: Die Thyssen'schen Gas- und Wasserwerke hatten die Werke des Konzerns von August Thyssen mit Gas und Wasser zu Selbstkostenpreisen beliefert. Thyssengas sollte den Vereinigten Stahlwerken nach deren Gründung weiterhin Gas und Wasser liefern. Da Thyssengas und VSt gesellschaftsrechtlich nicht mehr miteinander verbunden waren, entfiel freilich für die VSt das Selbstverbrauchsrecht. Sie mussten fortan »Marktpreise« zahlen. Die VSt-Gründung stellte – vorgeblich – überdies Geschäftsmodelle von TBG-Unternehmen, vor allem der N.V. Vulcaan, in Frage. Da Heinrich der VSt-Gründung explizit zustimmen musste, befand er sich in einer starken Verhandlungsposition. Diese nutzte er aus, um zum einen weiterhin günstig Kokereigas von nunmehr ehemaligen Thyssen-Zechen zu beziehen und zum anderen, um die erwarteten Einnahmeausfälle der niederländischen Gesellschaften zu kompensieren: Die VSt sollten einen Aufpreis für das Gas bezahlen, das Thyssengas ihnen lieferte. Der Mehrerlös sollte nach Berechnungen von Thyssengas auf Basis üblicher Liefermengen etwa drei Millionen RM pro Jahr betragen. Während der Verhandlungen entwickelte Heinrich die Idee, diese Mehreinnahmen nicht an Thyssengas direkt, sondern an die Bank voor Handel en Scheepvaart zu transferieren. Dies werde, so sein Argument, auch seinen Geschäftspartnern in den Niederlanden sowie ihm selbst die Zustimmung zur Gründung der VSt erheblich erleichtern. Heinrich nutzte seine Vetoposition, um diese Idee durchzusetzen. Fritz Thyssen hielt die Summe von drei Millionen RM aber für zu hoch, sodass Franz Lenze gebeten wurde, ein einfaches Abrechnungsmodell über 2,5 Millionen RM zu entwickeln (vgl. Tabelle 4).[80]

Auf diesen Vorschlag einigten sich die Parteien. Befristet auf zehn Jahre – von 1927 bis 1936 – überwiesen die VSt die Hollandabgabe auf ein Konto der BHS.[81] Die Hollandabgabe wurde aber faktisch nicht in die Niederlande transferiert, sondern auf ein Darlehns-Separat-Konto in Reichsmark eingezahlt.[82]

---

[79] Rechtliche Beurteilung o.D. (1940/1941), passim, SIT NROE/36.
[80] Aktenvermerk (Lenze), 3.5.1926, SIT NROE/15.
[81] Gutachten (o.D.), S. 2, SIT NROE/36.
[82] Aktenbericht (Acker) betr. Hollandabgabe, 20.3.1944, S. 1, SIT TB/4816.

Tab. 4: Abrechnung der Mehreinnahmen aus Gas- und Wasserlieferungen von Thyssengas an die VSt 1926

	(Auf-)Preis (Pf./m³)	Kalkulierte Abnahmemenge (Mio. m³)	Summe /RM
Wasser	2,50	50	1.250.000
Verkauftes Gas	0,20	110	220.000
Fortgeleitetes Gas	0,25	400	1.000.000
Gesamt			2.470.000

Quelle: Thyssengas an Heinrich Thyssen-Bornemisza, 13.12.1927, SIT NROE/15.

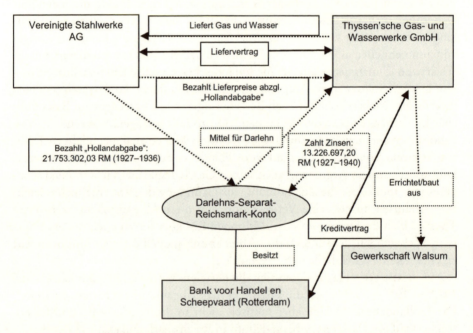

Grafik 7: Schema der »Hollandabgabe« 1927 bis 1936/40
　　　　　Grau schattiert = (Mehrheits-)Eigentum Heinrich Thyssen-Bornemiszas

Tab. 5: Einnahmen der BHS aus der »Hollandabgabe« (Abgabe und Darlehnszinsen von Thyssengas)

Jahr	Hollandabgabe (RM)	Zinsen (RM)
1927	2.413.355,71	
1928	2.219.762,67	
1929	2.733.695,75	
1930	2.045.578,41	379.829,30
1931	1.580.884,59	861.963,42
1932	1.355.911,80	831.177,46
1933	1.574.458,18	846.393,56
1934	2.211.852,34	997.629,91
1935	2.513.898,52	1.185.384,19
1936	3.123.904,07	1.407.908,81
1937		1.181.977,27
Gesamt (reguläre Abwicklung)	21.753.302,03	7.692.263,92
1927–30.6.1930		993.935,69
1937 (Rückstellung)		404.876,53
Gesamt (mit Sonderabwicklung)	21.753.302,03	9.091.076,14
1937–1940 (Zinsen)		4.135.621,83
Summe Darlehn und Zinsen (1937)	30.844.378,17	
Summe Darlehn und Zinsen (1940)	34.980.000,00	

Quelle: Gutachten (o.D.), SIT NROE/36, S. 2-4; Zinsen bis 31.12.1940 ergänzt nach Aktenbericht (Acker) betr. Hollandabgabe, 20.3.1944, S. 1, SIT TB/4816; nach den dortigen Angaben wurden von 1927 bis 1940 13.226.697,20 RM Zinsen gezahlt.

Von diesem Konto flossen sie als Kredit zurück an Thyssengas (vgl. Grafik 7).[83] Im Kern kreditierte sich das Versorgungsunternehmen somit selbst, da die Mittel

---

[83] Das Darlehn wurde bis zum 31. Dezember 1929 mit acht Prozent verzinst, anschließend mit einem Prozent über dem Diskontsatz der Reichsbank, mindestens aber mit 5,5 Prozent. Vom 1. Januar bis 30. Juni 1930 lag der Zinssatz ausnahmsweise nur bei fünf Prozent. Die bis zum 30. Juni 1930 aufgelaufenen Zinsen, knapp eine Million Reichsmark, flossen auf ein zusätzliches Kontokorrentkonto und wurden dort mit 9,875 Prozent weiterverzinst; ab dem 1. Oktober 1937 wurden keine Zinsen mehr für das Darlehn aus der Hollandabgabe verbucht; stattdessen wurden Mittel für Zinszahlungen in Höhe von 4,75 Prozent (=404.876,53 RM) zurückgestellt. Nach Aktenbericht (Acker) betr. Hollandabgabe, 20.3.1944, S. 2, SIT TB/4816.

aus der »Hollandabgabe« faktisch Thyssengas zustanden. Durch den Umweg über das Konto der Bank voor Handel en Scheepvaart und die entsprechenden Zinszahlungen erhöhte sich der finanzielle Aufwand für das Unternehmen. Dieses Modell war steuerlich überaus relevant. Thyssengas hatte jährlich Mindereinnahmen von ca. 2,5 Millionen RM (»Hollandabgabe«) und Mehrausgaben von durchschnittlich ca. einer Million (für Zinsen). Grob überschlägig reduzierte sich der steuerpflichtige Ertrag von Thyssengas derart um 3,5 Millionen RM im Jahr. Für Thyssengas selbst war die »Hollandabgabe« mithin ein (legales) Steuersparmodell.[84] Franz Lenze deklarierte sie gegenüber der Reichsfinanzverwaltung daher als notwendige Werbungskosten. Die »Hollandabgabe« sei die Voraussetzung für die vorteilhaften Gas-Lieferverträge mit den VSt gewesen. Deren günstige Konditionen, so Lenze, reduzierten – trotz »Hollandabgabe« – den Aufwand von Thyssengas. Das Unternehmen verfüge daher über höhere steuerpflichtige Erträge als vor den Abmachungen von 1926.[85]

Betriebswirtschaftlich war es allerdings ein höchst unrentables Steuersparmodell. Legt man den lange gültigen (regulären) Körperschaftssteuersatz von 20 Prozent zugrunde, hätte Thyssengas einen jährlichen Ertrag von fünf Millionen RM erwirtschaften müssen, um Steuern in Höhe der Zinsen, d.h. von etwa einer Million RM (vgl. Tab. 5), zu zahlen. Selbst wenn man die VSt-Zahlungen (2,5 Mio. RM) als sicheren Gewinn einrechnet, hätte Thyssengas noch zusätzlich 2,5 Millionen RM Ertrag jährlich erwirtschaften müssen, um sich mit dem Modell »Hollandabgabe« gleichzustellen, erst bei höheren Erträgen hätte sich ein betriebswirtschaftlicher Nutzen für Thyssengas ergeben, weil dann die Zinszahlungen geringer als die Steuerzahlungen gewesen wären. Da Thyssengas seit 1929 allerdings (in der Handelsbilanz) gar keine Gewinne, sondern durchweg hohe Verluste auswies,[86] ist zumindest wahrscheinlich, dass dies auch in der Steuerbilanz der Fall war. Damit war der steuerliche Effekt der Abgabe für Thyssengas letztlich irrelevant, da er mit hohen Zinszahlungen erkauft wurde.

Die vereinfachte und schematische Berechnung mag verdeutlichen, dass nicht Thyssengas Nutznießerin der »Hollandabgabe« war, sondern der Nutzen ergab sich aus der Gruppenlogik. Statt Steuern zahlte Thyssengas Zinsen an die Bank voor Handel en Scheepvaart und, wiederum vereinfacht ausgedrückt, zahlte Heinrich Thyssen-Bornemisza Geld an sich selbst statt an den Staat.

In steuerlicher Terminologie handelte es sich mithin um eine (illegale) verdeckte Gewinnausschüttung an Heinrich Thyssen-Bornemisza. Diese Vermutung äußerten Düsseldorfer Steuerfahnder bereits 1929 anlässlich einer turnusmäßigen Betriebsprüfung bei Thyssengas. Sie konnten aber nichts beweisen, da sie zwar ahnten, aber nicht wussten, dass Heinrich Thyssen-Bornemisza Mehrheitseigner

---

[84] Report (Interrogation Steuerinspektor Jansen), 27.8.1946, S. 3, August Thyssen Bank AG: American Thyssen Companies Report, Exhibit 13, NARA M 1922, Roll 0057.
[85] Aktennotiz, 10.2.1930, SIT NROE/61.
[86] Vgl. die Bilanzen von Thyssengas HK RWE G2/289-315.

der BHS war.[87] Sie hatten keinen Einblick in die niederländischen Verhältnisse und auch keine Möglichkeit, sich auf dem Weg der Amtshilfe die nötigen Informationen von den niederländischen Steuerbehörden zu besorgen, da – wie erwähnt – ein Steuerabkommen mit den Niederlanden nicht zustande gekommen war. In diesem Fall nutzte die TBG letztlich die nationale Abschottung zweier Staaten für ihre Zwecke aus. Dennoch erblickten die deutschen Steuerbehörden – federführend war bei diesen Dimensionen die Reichsfinanzverwaltung – in der »Hollandabgabe« ein unübliches Instrument, weshalb sie sich 1930 mit Thyssengas darauf verständigte, dass ein Drittel der Abgabe regulär versteuert werden musste, und die übrigen zwei Drittel als Werbungskosten zur Erlangung günstiger Lieferverträge (mit den VSt) bewertet wurden und mithin steuerfrei waren.[88]

Da Thyssengas allerdings in der Weltwirtschaftskrise ohnehin kaum Steuern zahlte, änderten beide Parteien die Regelung 1931 ab: Sie griff in bestehender Form nur, falls Thyssengas Gewinne erzielte. Für Verlustjahre vereinbarten die Vertragspartner eine pauschale, zehnprozentige Umsatzsteuer.[89] Diese Regelungen blieben bis 1939 in Kraft, doch bei der in diesem Jahr anstehenden Prüfung stellten die Finanzbehörden die bestehende Abmachung in Frage. Die Rechtslage hatte sich geändert und inzwischen waren Zahlungen an ausländische Personen (wie die BHS) nicht mehr steuerlich abzugsfähig, sofern der tatsächliche Zahlungsempfänger nicht explizit benannt wurde. Da die deutschen Steuerfahnder davon ausgingen, dass die BHS nur Verrechnungsstelle war, ergab sich für die TBG das Dilemma, entweder Heinrich Thyssen-Bornemisza als Empfänger der »Hollandabgabe« zu benennen oder nicht mehr von der günstigen Steuerabmachung zu profitieren. Zunächst blieben die Dinge in der Schwebe, ehe deutsche Steuerfahnder kurz nach dem Überfall auf die Niederlande im Juni 1940 die Büroräume der Bank voor Handel en Scheepvaart und des RTK aufsuchten. Das Hauptinteresse galt zwar damals Fritz Thyssen und dessen niederländischen Aktivitäten (HAIC, Pelzer-Stiftung, BHS), doch nutzten Obersteuerinspektor Willy Jansen (Oberfinanzpräsidium Düsseldorf) und Hauptzollamtmann Hans Brill (Köln) die Gelegenheit, um mit Kouwenhoven über die TBG zu sprechen. Kouwenhoven gab pflichtschuldig Auskunft über die Beteiligungen der TBG und zudem äußerte er sich über die »Hollandabgabe«, ihre Entstehung und Verwendung sowie die Eigentumsentwicklung bei den niederländischen Thyssen-Gesellschaften.[90]

Dadurch wurde den Steuerfahndern deutlich, dass Heinrich Thyssen-Bornemisza seit 1926 Mehrheits- und seit 1936 Alleineigner der BHS war und damit *beneficial owner* der »Hollandabgabe«. Der Tatbestand der verdeckten Gewinnaus-

---

[87] Anlage 2 (Auszug), o.D., S. 6, SIT NROE/36; Aktenbericht (Acker) betr. Hollandabgabe, 20.3.1944, SIT TB/4816.
[88] Aktennotiz, 10.2.1930, SIT NROE/61.
[89] Dieses Detail nach Einiges über Aufbau und Entwicklungen bei den Gesellschaften, Mai 1946, S. 7, SIT NROE/36.
[90] Vernehmungen Kouwenhoven, Juli/August 1940, NARA RG 466, Entry A1 28, Box 63.

schüttung war für sie nunmehr vollkommen unzweifelhaft. Eine gruppeninterne (juristische) Prüfung zeigte auch den TBG-Managern, dass die »Hollandabgabe« ein Steuervergehen darstellte, das nicht nur eine Verstaatlichung von Thyssengas, sondern auch erhebliche strafrechtliche Konsequenzen für die Verantwortlichen hätte nach sich ziehen können.[91] Daher suchten Roelen und Acker als Thyssengas-Vertreter die Verständigung mit dem Finanzministerium. Thyssengas erkannte das Prüfungsergebnis am 16. Dezember 1940 schließlich vollumfänglich an. Der Handlungsspielraum war begrenzt, da die Einigung mit den Steuerbehörden die Voraussetzung dafür war, dass von den angedrohten Strafverfahren gegen Heinrich Thyssen-Bornemisza, Roelen und Acker abgesehen wurde.[92]

Im Ergebnis wurden die »Hollandabgabe« inklusive der Zinsen als verdeckte Gewinnausschüttung gewertet und die Steuerveranlagungen von Thyssengas seit 1927 entsprechend korrigiert: Die »Hollandabgabe« wurde vollständig dem steuerpflichtigen Gewinn zugerechnet, Heinrich Thyssen-Bornemisza selbst zur Kapitalertragssteuer herangezogen, auf die seit 1939 noch ein Kriegszuschlag von fünfzig Prozent zu zahlen war. Die Abgabe wurde bei der Vermögensteuer nicht als Schuldposition anerkannt und für die Kapitalertragssteuer wurde die Bemessungsgrundlage geändert: Statt des tatsächlichen Gesellschaftskapitals von drei Millionen RM wurden für Thyssengas ein (verstecktes) Gesellschaftskapital von 35 Mio. RM herangezogen. Insgesamt summierten sich die Steuernachzahlungen auf 16,7 Mio. RM, d.h. die »Hollandabgabe« wurde inklusive der Zinsen – zusammen 35 Millionen RM – mit 48 Prozent versteuert.[93]

Die Bank voor Handel en Scheepvaart hatte die »Hollandabgabe« nie als ihr Eigentum betrachtet, sondern sie gegenüber den niederländischen Steuerbehörden als »Tantiemen« deklariert. Durch den deutschen Steuerbescheid stand nun im Deutschen Reich zweifelsfrei fest, dass die Mittel nicht der BHS, sondern Heinrich Thyssen-Bornemisza gehörten. Da die »Hollandabgabe« ohnehin inzwischen ausgelaufen war, sie auch keinen Nutzen mehr für die Gruppe hatte, konnte sie formal dort verwendet werden, wo sie seit 1927 bereits verwendet wurde: bei Thyssengas. Die »Hollandgabe« galt steuerlich als Reserve. Sie wurde 1941 nahezu vollständig aufgelöst und zu einer Kapitalerhöhung von drei auf 35 Millionen RM genutzt.

---

[91] Rechtliche Beurteilung o.D. (1940/1941), S. 18, 22, 25, 28, 36, SIT NROE/36; für die fortgesetzte Steuerhinterziehung drohten dementsprechend zwei Jahre Gefängnis, für Verstöße gegen die Steueramnestieverordnung von 1931 bis zu zehn Jahre, für die Wirtschaftssabotage Zuchthaus nicht unter drei Jahren und Konfiskation des Vermögens. Selbst wenn die Tatbestände keine Auslieferung Heinrichs aus den Niederlanden oder der Schweiz ins Deutsche Reich begründet hätten (ebd., S. 30-31), hätte das Reich ihn in Abwesenheit verurteilen und sein Vermögen bzw. zumindest seine Anteile an Thyssengas einziehen können.
[92] Dieses Detail nach Einiges über Aufbau und Entwicklungen bei den Gesellschaften, Mai 1946, S. 8, SIT NROE/36.
[93] Auf die Körperschaftssteuer entfielen 7,5 Mio. RM, auf die Gewerbesteuer drei Mio. RM und auf die Kapitalertragssteuer, die Thyssengas für Heinrich übernahm, 4,2 Mio. RM. Ferner fielen in den Niederlanden weitere zwei Millionen Steuern an. Aktenbericht (Acker) betr. Hollandabgabe, 20.3.1944, S. 1, SIT TB/4816.

Heinrich Thyssen-Bornemisza musste sich lediglich dazu verpflichten, das Kapital im Deutschen Reich zu belassen bzw. es nicht in die Schweiz zu transferieren.[94]

In steuerlicher Hinsicht war die »Hollandabgabe« damit bereinigt, sie wirkte jedoch politisch nach. Das Reichsfinanzministerium nahm sie zum Ausgangspunkt, um die Gruppenstruktur in die gewünschte Richtung zu lenken: »Die Prüfung der Auslandsbeziehungen des Thyssen-Konzerns [...] ist 1941 [...] abgeschlossen worden. Es wurde dabei den Vertretern des Barons Th-B nahe gelegt, den Konzern zu entschachteln.«[95]

Die Verhandlungsposition der TBG war nicht günstig, weshalb sie sich den »Wünschen« des NS-Staats nicht mehr entziehen konnte. Deshalb sah sie schließlich vor, ihren (steuerlichen) Mittelpunkt aus den Niederlanden ins Deutsche Reich zu verlegen und mithin die seit Ende des Ersten Weltkriegs mit deutschem (Thyssen-)Kapital gegründeten Gesellschaften zu »repatriieren«.

Unternehmer und Manager, die sich den Zielen des NS-Staates widersetzten, begaben sich in Gefahr. Dies hatten die Ausbürgerung und die Enteignung Fritz Thyssens 1939 überdeutlich gezeigt, nachdem Heinrichs Bruder öffentlich vor einem Krieg gewarnt hatte.[96] Roelen wurde 1941 bei Walsums finalen Beitrittsverhandlungen zum RWKS mit vergleichbaren Drohungen Paul Pleigers, dem Leiter der Reichswerke Hermann Göring und der Reichsvereinigung Kohle, konfrontiert.[97] In einem zu Beginn der 1950er Jahre verfassten Bericht behauptete Roelen ferner, der NS-Staat habe den Vertretern des gruppeneigenen Zementwerks in Rüdersdorf angedroht, sie »zur Besinnung in ein Konzentrationslager« zu stecken.[98] Bei der finalen Regelung der »Hollandabgabe« sahen die Behörden von einer individuellen Strafverfolgung erst ab, als sich die Manager um Roelen auf die Bedingungen des RFM einließen. Auch Robert Kabelac, der Direktor des Bremer Vulkan, verwies wiederholt darauf, ihm sei mit der Einweisung in ein Konzentrationslager gedroht worden.[99]

Inwiefern tatsächlich Gefahr für Leib und Leben bestand, ist nicht zweifelsfrei zu klären. Entweder verdichteten sich bei Roelen und Kabelac die teils latenten, teils konkreten Drohungen von NS-Funktionären in der Erinnerung tatsächlich zur Überzeugung, man habe ihnen mit dem KZ gedroht, oder die Verweise dienten mehr oder minder als rhetorische Figur, um die (unstrittigen) Pressionen im NS-System besonders glaubhaft erscheinen zu lassen. Doch auch wenn vor allem die Behandlung der »Hollandabgabe« eher eine (legitime) Maßnahme des Normen- als eine (illegitime) des Maßnahmenstaates war, so bestehen doch keine

---

[94] Für die entsprechenden Genehmigungen des Reichswirtschaftsministeriums und der Devisenstelle siehe Oberfinanzpräsident Düsseldorf (Devisenstelle) an Thyssengas, 7.4.1941, SIT NROE/16.
[95] Meuschel (RFM) an Reichskommissar für die besetzten niederländischen Gebiete, z.Hd. Ministerialrat Dr. Rademacher, 4.7.1944, SIT TB/4816.
[96] Schleusener, Enteignung.
[97] Vgl. Kapitel 5.1.2.
[98] Exposé (Roelen) [1952], S. 17, SIT/NROE 15.
[99] Vgl. Urban, Kabelac, S. 122.

Zweifel daran, dass die Thyssen-Bornemisza-Manager seit 1939 ihre Erfahrungen mit einem Staat gemacht hatten, der Zwangsmaßnahmen androhte, um seine Ziele zu erreichen. Mindestens kreierten die tatsächlichen oder wahrgenommenen Drohungen eine Atmosphäre der Furcht und produzierten Handlungsunsicherheit. Wilhelm Roelen nahm sie als latente existentielle Bedrohung wahr. Ähnlich wie im Falle Kabelacs dürfte die tatsächliche Gefahr geringer gewesen sein als die angedeutete. Dennoch ist es wahrscheinlich, dass das perfide Spiel des NS-Staates mit Andeutungen, was denn bei unkooperativem Verhalten passieren könne, auch gestandene Entscheider wie Roelen und Kabelac nicht unbeeindruckt ließ.[100]

Die staatlich produzierte Handlungsunsicherheit beeinflusste auch die Reorganisationsbestrebungen. 1941 begann ein mehrstufiger Prozess, in dem die TBG versuchte, die politischen Wünsche mit betriebswirtschaftlichen und persönlichen Erfordernissen Thyssen-Bornemiszas in Einklang zu bringen. Dazu gehörte auch, politische Netzwerke zu pflegen. Der einflussreiche, vor allem in finanziellen Fragen aufgeschlossene Kurt Freiherr von Schröder, der Geschäftsinhaber des Kölner Bankhauses Stein, gehörte fast zwangsläufig dazu, war er doch als Verwalter des konfiszierten Vermögens Fritz Thyssens mit vielen Details der Thyssen'schen Vermögens- und Beteiligungsfragen vertraut. Daher suchte vor allem Roelen den persönlichen Kontakt und bahnte auch Geschäftsbeziehungen zwischen der TBG und dem Bankhaus Stein an, das u.a. für die Revision der Jahresabschlüsse gewonnen wurde und sich zu »nicht ungünstigen Bedingungen« mit bis zu einer Million RM an den Thyssengas-Krediten von BHS und ATB beteiligte.[101] Ferner wickelten die deutschen Gesellschaften der TBG das lokale Kölner Geschäft für einige Jahre über das Bankhaus Stein ab. Das Transaktionsvolumen lag aber bei maximal 300.000 RM jährlich.[102]

Der Sonderbeauftragte für besondere Wirtschaftsangelegenheiten beim Reichskommissar in Den Haag, Dr. Mojert, ein Vertreter der Deutschen Bank, vertrat als Sachverständiger die deutschen Interessen in den Niederlanden und war auch für die Angelegenheiten der TBG zuständig.[103] Er empfahl Roelen, den er persönlich aus Essen kannte, nicht mehr ausschließlich Niederländer als *directeuren*

---

[100] Dies unterstützt die Perspektive von Peter Hayes, der Zwang (und Drohungen) für ein systemisches Instrument der NS-Wirtschaftspolitik hält. Vgl. Hayes, Corporate Freedom, vor allem S. 32-38. Diese Frage ist freilich ungemein schwierig zu bewerten, gerade weil »staatlicher Zwang« in den Narrativen nach 1945 eine herausragende Rolle spielte und die Konstruktion als Opfer des NS-Regime eine naheliegende und daher oft gewählte Form (auch) bei Unternehmern war, ihr Verhalten im Nationalsozialismus zu erklären. Auch von Roelen und Kabelac liegen vornehmlich Aussagen aus der Zeit nach 1945 vor. Doch zumindest bei Roelen widersprechen die Erklärungen seinem tatsächlichen Verhalten im »Dritten Reich« nicht. Es wäre für ihn persönlich gewiss einfacher gewesen, z.B. bei den Verhandlungen über »Holland-Abgabe« oder RWKS-Beitritt früher auf die staatliche Linie einzuschwenken. Dass er sich besonders bei den RWKS-Verhandlungen keine Freunde machte, dürfte unstrittig sein.
[101] Aktenbericht 20.1.1943, S. 9; vgl. Aktenbericht, 30.3.1942, S. 11, tkA FÜ/92.
[102] Aktenbericht, 6.1.1948, S. 8, SIT TB/2139.
[103] Niederschrift betrifft Besetzung des Vorstandes Mobiel nach dem Abgang von Herrn Kouwenhoven, 25.6.1946 (Roelen), SIT NROE/36.

und *commissarissen* der niederländischen Gesellschaften zu bestellen, sondern auch deutsche Staatsangehörige in die Gremien zu entsenden, und machte sich überdies dafür stark, den Sitz der TBG (und ihren Aktienbesitz) ins Deutsche Reich zu verlegen.[104] Roelen, Hans Heinrich und Heinrich Thyssen-Bornemisza stimmten schließen im Dezember 1941 in den wesentlichen Punkten überein und tendierten »grundsätzlich in Richtung Patriierung«.[105] Heinrich Thyssen-Bornemisza ließ Roelen weitgehend freie Hand bei der Umsetzung der politisch erwünschten Maßnahmen, bat ihn aber, »nur schrittweise« und »nur entsprechend den jeweiligen unvermeidlichen Erfordernissen« vorzugehen. Ziel war es nicht zuletzt, Zeit zu gewinnen.[106]

3.2. Personelle Weichenstellungen: Die Entlassung Kouwenhovens

Innerhalb der TBG, besonders bei der Bank voor Handel en Scheepvaart und deren Leiter Hendrik Jozef Kouwenhoven, traf das Vorhaben allerdings auf Widerstand. Ursprünglich wollte Wilhelm Roelen selbst als Vorstandsmitglied in die BHS eintreten, um den deutschen Behörden zu signalisieren, dass die »Repatriierung« ernsthaft verfolgt werde. Kouwenhoven, der die BHS bald zwanzig Jahre mehr oder minder alleinverantwortlich geleitet hatte, lehnte dies aber kategorisch ab. Auch versagte er sich Roelens Wunsch, ihm oder Heinrich Thyssen-Bornemisza Vollmachten für jene Gesellschaften auszustellen, die von Kouwenhoven vertreten wurden, v.a. die BHS und die Holdings. Daher wurde rasch deutlich, dass »zur Umstellung […] die Neuordnung in den Gesellschaftsgremien als Vorbedingung« erforderlich war.[107]

Die Eingriffe in die personelle Tektonik erwiesen sich als konfliktreich und führten letztlich dazu, dass mit Hendrik Jozef Kouwenhoven, Carel Schütte und Johann Georg Gröninger sowie dem Wirtschaftsprüfer A. Schilder langjährige Führungskräfte bzw. Berater aus der TBG ausschieden. Ausgangspunkt war die Demission Kouwenhovens. Der ehrgeizige und sture Kouwenhoven stellte sich (erneut) mit seiner unkooperativen Haltung explizit gegen den Willen des Eigentümers. Wilhelm Roelen gelangte daher im Sommer und Herbst 1942 immer mehr »zu der Überzeugung, dass eine Zusammenarbeit in der Richtung der vorgezeichneten Ziele nicht möglich sei und einer von beiden weichen müsse. Das konnte unter den obwaltenden Verhältnissen nur die Person von Herrn Kouwenhoven sein.«[108]

---

[104] Aktenbericht, 22.8.1941, S. 2, tkA FÜ/92.
[105] Aktenbericht, 20.12.1941, S. 1, tkA FÜ/92.
[106] Exposé (Roelen) [1952], S. 28-29, SIT/NROE 15.
[107] Aktenbericht, 24.10.1942, S. 4, tkA FÜ/92; Exposé (Roelen) [1952], S. 26, SIT/NROE 15.
[108] Exposé (Roelen) [1952], S. 26, SIT/NROE 15.

Abb. 3: Familie und Unternehmen als Einheit: Der Generalbevollmächtigte Heinrich Thyssen-Bornemiszas, Wilhelm Roelen, mit seinen Töchtern bei einer Grubenfahrt am 9. Oktober 1936

Doch die Verhandlungen über eine freiwillige Demission des langjährigen BHS-Managers blieben ergebnislos, obwohl Roelen ihm angeboten hatte, ihn mit einmalig 400.000 hfl. großzügig abzufinden.[109] Heinrich Thyssen-Bornemisza berief den langjährigen Leiter der BHS schließlich auf Veranlassung seines Generalbevollmächtigten Wilhelm Roelen – und durch diesen – am 30. November 1942 aus allen Positionen in der TBG ab.[110] Roelen begründete diesen Schritt gegenüber Kouwenhoven mit »Gründen übergeordneter Art«.[111] Auf dieses Vorgehen hatten sich Hans Heinrich und Heinrich Thyssen-Bornemisza mit Roelen und Heinrich Lübke, dem Vorstandsmitglied der ATB, im Juni 1942 verständigt. Kouwenhovens Weigerung, sich mit Roelens Verfahrensvorschlag zu arrangieren, war Aus-

---

[109] Einiges über Aufbau und Entwicklungen bei den Gesellschaften, Mai 1946, S. 33, SIT NROE/36. Die Summe entsprach mehr als dem 16fachen von Kouwenhovens Grundgehalt in Höhe von 24.000 hfl.
[110] »Hiermit beauftrage ich Sie als meinen Generalbevollmächtigten, Herrn H.J. Kouwenhoven bekanntzugeben, dass ich alle ihm erteilten Aufträge zurückgezogen habe. Ich beauftrage und bevollmächtige Sie hiermit ausdrücklich weiter das Ausscheiden von Herrn H.J. Kouwenhoven aus allen Vorständen, Aufsichtsräten und allen sonstigen Ämtern durchzuführen.« Vollmacht, 29.8.1942, SIT TB/2148.
[111] Niederschrift über den Besuch der Herren Gröninger und Kouwenhoven am 23.7.1946, SIT NROE/36; Bank voor Handel en Scheepvaart N.V., 17.10.1945, S. 3, RG 131, Entry A1 247, Box 108; NL-HaNA 2.25.68, inv.nr. 12779.

3. Pläne zur Reorganisation

löser, aber nicht alleinige Ursache seines Ausscheidens. Das Ansehen Kouwenhovens hatte bei Heinrich Thyssen-Bornemisza seit Mitte der 1930er Jahre sukzessive gelitten.[112] Dies teilte er seinen engsten Vertrauten auch gelegentlich mit, ohne die Gründe zu explizieren. Kouwenhoven kenne diese selbst am besten.[113]

Sie lassen sich ansatzweise rekonstruieren. Johannes Kortmulder, Vorstandsmitglied der BHS von 1943 bis 1946, berichtete später, dass Kouwenhoven die Beschaffung von Geldmitteln für Heinrich bzw. die Kaszony-Stiftung erschwert, dem Eigentümer gewünschte Informationen vorenthalten, zugleich den deutschen (Steuer-)Behörden (zu) bereitwillig Auskunft gegeben und Heinrich durch den Verteilungsschlüssel bei der Ausgabe neuer Anteile von Thyssengas persönlich benachteiligt habe. Zudem habe Heinrich den Eindruck gewonnen, dass Kouwenhoven die Vorherrschaft in der Gruppe anstrebte.[114] Ähnlich äußerte sich Hans Heinrich Thyssen-Bornemisza nach 1945.[115] US-Ermittler vermuteten überdies, dass Kouwenhoven bei Heinrich in Ungnade gefallen sei, weil er weiterhin auch Fritz Thyssen zugearbeitet habe.[116] Kouwenhoven agierte offenkundig immer seltener als Sachwalter Heinrichs und bewegte sich bei der Verwaltung von Goldvermögen, das die BHS für die Thyssens und Teile ihrer Entourage in London deponiert hatte (Thyssen-Gold), sogar hart am Rande der Untreue.[117]

In diesem Zusammenhang sorgte eine ominöse Garantieerklärung für Streit. Kouwenhovens hatte Teile seines privaten Vermögens als Bestandteil des Thyssen-Golds in London deponiert: 149 Barren Gold[118] und 35.000 £ vierprozentige Vorzugsaktien der *Canadian Pacific Railway*. Ende 1939 beabsichtige er, dieses Vermögen – wie Carel Schütte es getan hatte – (vermutlich) nach New York zu transferieren und dort sicher zu deponieren. Auslöser waren behördliche Nachforschungen über das Londoner Thyssen-Gold bzw. dessen vermuteten Charakter als Feindvermögen. Mit Rücksicht auf die BHS (und ihre Kunden, konkret die Thyssens) sollte Kouwenhoven in Absprache mit Gröninger auf einen Transfer verzichten, da ein Abzug des Golds signalisiert hätte, es handele sich entgegen

---

[112] »I think the differences of opinion between the late Baron Thyssen and Mr. Kouwenhoven was an established fact.« Investigation Branch Finance Division, Report »Hendrick Jozef Kouwenhoven«, Appendix 6: Extract from Interrogation of Mr. Curt Ritter by Mr. Meyer, 16.1.1948, NL-HaNA 2.09.49, inv.nr. 530. Auch Kortmulder verweist darauf, dass die Beziehung zwischen beiden bereits vor 1938 »onversoenlyk« gewesen sei. J.F. Kortmulder versus Ned. Beheersinstituut, o.D., S. 3, NL-HaNA 2.08.52, inv.nr. 13.
[113] Aktennotiz 19.1.1948, betr. Anfragen von Investigation Branch Finance Division, SIT TB/2139.
[114] J.F. Kortmulder versus Ned. Beheersinstituut, o.D., S. 3, NL-HaNA 2.08.52, inv.nr. 13.
[115] Eenige Notities (Kouwenhoven), 13.11.1945, NL-HaNA 2.08.52, inv.nr. 13. Hans Heinrich an Heinrich Thyssen-Bornemisza, 15.11.1945, SIT TB/3; vgl. Derix, Thyssens, S. 369.
[116] Report Kouwenhoven, 5.3.1948, S. 4, August-Thyssen-Bank AG: Thyssen-Bornemisza-Concern Reports, NARA M1922 Roll 0058.
[117] Vgl. Kapitel 5.7.4.
[118] Es ist zu vermuten, dass es sich um Standardbarren à 400 Unzen (=12,441 kg) handelte. In diesem Fall verfügte Kouwenhoven über mehr als 1,8 t Gold in London.

eigener Bekundungen der BHS tatsächlich um feindliches Vermögen.[119] Kouwenhoven war bereit, das Gold und die Wertpapiere in London zu belassen, wenn ihm die BHS garantierte, ihn zu entschädigen, falls das Vermögen ganz oder teilweise verloren ging. Heinrich Thyssen-Bornemisza soll dieser Garantieerklärung fernmündlich zugestimmt haben, worauf Gröninger als Aufsichtsrat und Schütte als Vorstand der BHS ein entsprechendes Dokument zugunsten Kouwenhovens aufsetzten. Es verbrannte allerdings im Mai 1940 beim Bombardement Rotterdams bzw. dem dadurch verursachten Feuer im Bankgebäude.[120]

Es existierte nur diese einzige Ausfertigung. Schütte hatte sie recht sorglos in seinem Schreibtisch aufbewahrt. Kouwenhoven erhielt weder eine Kopie des Schriftstücks noch waren die Beschlüsse ins – nicht verbrannte – Protokollbuch des Aufsichtsrats eingetragen worden, weil sie geheim gehalten werden sollten. Dies war kein unüblicher Vorgang bei der BHS. Unüblich erschien schon eher, dass Heinrich Thyssen-Bornemisza eine weitreichende und geheim zu haltende Garantieerklärung in einem – leicht abzuhörenden – Telefonat abgegeben haben soll. Am 24.12.1940 stellten Gröninger, Bandt und Schütte schließlich eine neue Erklärung zugunsten Kouwenhovens aus, die sich auf das verbrannte Dokument bezog und die dortigen Rechte anerkannte.[121]

Daraus resultierten zwei Probleme: Erstens war umstritten, ob die Garantieerklärung rechtlich wirksam war, und zweitens gefährdete sie, für den Fall, dass sie wirksam gewesen wäre, die ökonomische Existenz der Bank. Die rechtliche Frage bezog sich auf den Inhalt der ersten Garantieerklärung, den niemand belegen konnte. Heinrich Thyssen-Bornemisza kannte die Erklärung nicht oder wollte sie nicht kennen.[122] Als über die Abfindung Kouwenhovens verhandelt wurde, dem Heinrich Thyssen-Bornemisza das Vertrauen entzogen hatte, stand folglich eine gewichtige Frage im Raum, die nur nach Treu und Glauben entschieden werden konnte. Kouwenhoven bestand auf der Garantieerklärung, war aber bereit, eine finale Regelung bis zum Ende des Kriegs zurückzustellen und legte einen entsprechenden Entwurf für einen Aufhebungsvertrag vor.[123] Roelen forderte hingegen, Kouwenhoven müsse auf die Garantieerklärung grundsätzlich verzichten. Heida glaubte – berechtigterweise –, Kouwenhoven werde sich ohne Garantieerklärung nicht auf den angestrebten Vergleich einlassen. Er erwog zwei Lö-

---

[119] Korte Notities vergadering Beheersinstituut, 12.8.1946, S. 3, NL-HaNA 2.08.52, inv.nr. 13. Zeitpunkt der Vereinbarung, Anfang 1940, und die Kontaktaufnahme von Firth mit Kouwenhoven wegen des Thyssen-Golds im Frühjahr 1940 stimmen ebenfalls überein. Vgl. auch Derix, Thyssens, S. 370-371. Zum Thyssen-Gold auch Kapitel 5.7.4.
[120] Einiges über Aufbau und Entwicklungen bei den Gesellschaften, Mai 1946, S. 33-34, SIT NROE/36; dort auch Abschriften der Korrespondenz.
[121] Jacke an Roelen, 20.12.1943, S. 2, SIT TB/4815, Niederschrift Besprechung, 16.11.1943, zit. n. Einiges über Aufbau und Entwicklungen bei den Gesellschaften, Mai 1946, S. 34, SIT NROE/36.
[122] »Aktionär kennt die von Altvorstand und Aufsichtsrat abgegebene Erklärung vom 24.XII.1940 nicht, ebensowenig das, bei der Zerstörung des Mobielgebäudes im Mai 1940 vernichtete Original.« Aktenbericht, 2.2.1944, S. 3, tkA FÜ/92.
[123] I. Geaenderte Erklaerung, 17.12.1943, SIT TB/4815.

sungen. Die erste war dilatorischer Natur und die zweite beinhaltete, den Verzicht auf eine Garantieerklärung monetär abzugelten. Wilhelm Acker war in beiden Fällen skeptisch, hielt aber den zweiten Vorschlag immerhin für bedenkenswert, da die Verhandlungsposition der Bank günstig war: Kouwenhoven besaß keinen Rechtsanspruch auf eine abschließende Regelung und zudem stand zeitgleich im Raum, dass er für die »Hollandabgabe« zu Unrecht Tantiemen bezogen hatte. Auf die Garantieerklärung musste Kouwenhoven aber auch nach Ackers Meinung zwingend verzichten. Es gebe, so Acker weiter, auch keine moralische Verpflichtung, die Garantieerklärung anzuerkennen, da Heinrich Thyssen-Bornemisza zum einen bei einem kurzen Telefonat die Tragweite seiner Entscheidung gar nicht überblicken konnte und man, zum anderen, gar nicht wisse, welche Argumente Kouwenhoven vorgebracht habe, um die Erklärung zu erhalten. Daher beschlossen Acker, Heida und Kortmulder am 21. Dezember 1943, Kouwenhoven aufzufordern, förmlich auf die Garantieerklärung zu verzichten.[124]

Die harte Haltung führt direkt zum zweiten, ökonomisch weit maßgeblicheren Problem der fraglichen Garantieverpflichtung. In ihrer ursprünglichen Fassung garantierte sie Kouwenhoven einen Gegenwert von 900.000 Goldgulden. Weil aber der umlaufende Gulden im neutralen Ausland (Schweiz) nur noch vier Prozent des Goldgulden wert war, erwuchsen daraus rechnerisch Ansprüche gegen die BHS in Höhe des 25fachen des ursprünglichen Betrags, d.h. konkret Ansprüche über 22,5 Mio. hfl. Neben diese – unter Umständen nur temporäre – währungspolitische Aufwertung der Ansprüche traten noch weit größere rechtliche Risiken: Nach üblicher Rechtsprechung hätte die BHS Kouwenhoven auch den entgangenen Gewinn aus der Nicht-Verlagerung seines Depots entschädigen müssen: »Wie gross ist er, wenn K. es z.B. für gut befunden hätte, seine 900.000 Goldgulden im Frühjahr 1940 in amerikanischen Rüstungswerten anzulegen?« Auch wenn die Bedrohung angesichts mehr oder minder virtueller Devisenkurse sowie hypothetischer Erwägungen eher theoretischer Natur war, avancierte Kouwenhoven zum konkreten Zeitpunkt, 1943, doch »zum grössten und gefährlichsten Gläubiger der Bank, wie fromm auch immer eine derartige Deutung abgelehnt werden mag.«[125] Damit spielte Fritz Jacke, der Justitiar der deutschen TBG-Unternehmen, nicht nur auf Kouwenhovens bisweilen ostentative Frömmigkeit an,[126] sondern indem er literarisch auf die »Shylock-Natur« der Erklärung verwies, gedachte er Kouwenhoven – trotz des damit transportierten antisemitischen Klischees – vor allem als jenen »first class crook« zu dechiffrieren, den auch andere Beobachter schon in ihm gesehen hatten:[127] In Shakespeares »Kaufmann von Venedig« gewährte der Jude Shylock einem Kaufmann ein zinsloses Darlehn und

---

[124] Aktenbericht Abschließende Regelung Altvorstand, Besprechungen 18.12.1943 und 21.12.1943, SIT TB/4815.
[125] Jacke an Roelen, 20.12.1943, S. 1-2, SIT TB/4815.
[126] Vgl. Derix, Thyssens, S. 371, 373.
[127] Jebb an Cobbold, 20.3.1940, TNA T 236/6780. Vgl. Derix, Thyssens, S. 371.

sicherte sich – vorgeblich spaßeshalber – bei nicht fristgerechter Bedienung des Darlehns das Recht zu, ein Stück Fleisch aus dem Körper des Kaufmanns schneiden zu können, mithin dessen Leben auslöschen zu dürfen. Jacke erblickte in Kouwenhovens Angebot, die Erklärung vorläufig auf sich beruhen zu lassen und sich mit einem Kredit von 250.000 hfl. durch die Bank zufrieden zu geben, ebenfalls eine vorgeblich harmlose, in letzter Konsequenz aber lebensgefährliche Offerte. Denn mit der Kreditgewährung hätte die Bank die Existenz der Garantierklärung anerkannt, die wie ein »Damoklesschwert« über der Bank schwebte. Kurzum: »Für die Bank ist die Sache zu einer Lebens- und Schicksalsfrage geworden.«[128]

Jackes literarisch aufgeladene Dramatisierung verdeutlicht in erster Linie, dass er – stellvertretend für viele andere Vertreter der TBG – Kouwenhoven zutraute, sich für seine erzwungene Demission zu rächen und im Zweifel sogar die Existenz der Bank voor Handel en Scheepvaart zu gefährden. Diese gleichsam interne Vermögensgefährdung konnten Jacke, Acker und Roelen ebenso wenig akzeptieren wie die neuen BHS-Vorstände Kortmulder und Lübke sowie Heida für das RTK. Daher war für sie im Einvernehmen mit Heinrich Thyssen-Bornemisza[129] der Verzicht auf die Garantieerklärung conditio sine qua non, um Kouwenhovens Abfindung zu regeln. Weil Kouwenhoven sich darauf nicht einließ, kam der Vergleich nicht zustande. Dennoch waren die Beziehungen nicht vollends unversöhnlich, denn im Vorgriff auf eine finale Regelung zahlte die BHS Kouwenhoven nach seinem Ausscheiden Ende 1942 am 28. Mai 1943 einen Vorschuss von 100.000 hfl.[130]

Nicht nur Kouwenhoven verließ die BHS, sondern auch Carel Schütte. Der damals 64jährige Bankier stand 1942 ohnehin kurz vor der Pensionierung und sollte nur »im Bedarfsfall« entlassen werden,[131] doch Heinrich hatte Roelen vorsorglich bevollmächtigt, Schütte ebenfalls von seinen Funktionen zu entbinden.[132] Dieser kam seinem Rauswurf zuvor, indem er aus Protest gegen die Entlassung Kouwenhovens seinen Rücktritt zum 31. Dezember 1942 einreichte.[133] Dass man diesen Schritt bedauert habe, wie Roelen 1946 behauptete, wirkt ob der vorbereiteten Entlassungsvollmacht wenig glaubhaft. Allerdings verhielt sich Schütte ko-

---

[128] Jacke an Roelen, 20.12.1943, S. 1-2, SIT TB/4815.
[129] Er stimmte explizit zu, die Nichtigkeit der Erklärung gegebenenfalls gerichtlich feststellen zu lassen. Aktenbericht, 2.2.1944, S. 3, tkA FÜ/92.
[130] Einiges über Aufbau und Entwicklungen bei den Gesellschaften, Mai 1946, S. 34, SIT NROE/36.
[131] Aktenbericht, 24.6.1942, S. 1, Aktenbericht, 24.10.1942, S. 4, tkA FÜ/92; Einiges über Aufbau und Entwicklungen bei den Gesellschaften, Mai 1946, S. 3, SIT NROE/36.
[132] Vollmacht, 29.8.1942, SIT TB/2148.
[133] Schütte hatte diesen Protest in der Generalversammlung vom 30.11.1942 offiziell gemacht und trat zum Ende des Folgemonats aus der BHS aus. Nederlandsch Beheersinstituut Bureau Rotterdam, 20.4.1946, S. 2, SIT NROE/36.

operativ und wurde entsprechend mit einer großzügigen Pensionsregelung bedacht.[134]

Das dadurch frei gewordene Vorstandsmandat wurde an den bisherigen Prokuristen der Bank, Johannes Franciscus Kortmulder, übertragen, der die BHS fortan mit Heinrich Lübke leitete. Lübke war ebenfalls mit den Usancen der Bank vertraut und hatte in den 1920er Jahren bereits einige Zeit (bei der von der Heydt's Bank N.V.) in den Niederlanden gearbeitet, aber er sollte seine Aufgabe nur übergangsweise wahrnehmen, da es kaum zweckdienlich schien, ihn gleich zwei Banken der TBG verantwortlich leiten zu lassen.[135]

Daher bemühte sich Roelen um einen Ersatz, den er im niederländischen Bankier Johannes Alides Deknatel gefunden zu haben glaubte. Nach langjähriger Tätigkeit bei der NHM war er zum niederländischen Deviseninstitut gewechselt.[136] Deknatel war Lübkes Cousin, galt daher als vertrauenswürdig und sollte diesen bei nächster Gelegenheit als Vorstand der BHS ablösen. Allerdings überwarf sich Deknatel 1943 mit dem Reichskommissar und wurde aus seiner bisherigen Stellung beim Deviseninstitut entlassen. Daher hätte die BHS ein politisch fragwürdiges Signal ausgesendet, wenn sie ihren Wunschkandidaten zeitnah eingestellt hätte. Auch die weiteren Sondierungen blieben 1943 erfolglos.[137]

Die Demission Johann Georg Gröningers war im Gegensatz zu der Kouwenhovens und Schüttes zunächst nicht abzusehen. Als Roelen, Lübke und die beiden Thyssen-Bornemiszas den grundsätzlichen Beschluss fassten, die BHS-Vorstände von ihren Funktionen zu entbinden, stand Gröninger nicht zur Disposition – im Gegenteil: Nachdem Roelen ihm die Sachlage und die daraus folgenden Überlegungen geschildert hatte, sagte Gröninger explizit zu, im Sinne der TBG weiter mitarbeiten zu wollen. Er sollte übergangsweise als Delegierter des Aufsichtsrats die Vorstandsgeschäfte der BHS führen und als Mittelsmann zwischen Kouwenhoven/Schütte und Roelen/Thyssen-Bornemisza fungieren, da ihm beide Seiten vertrauten.[138]

Gröninger wirkte tatsächlich auf der vorgezeichneten Linie mit, dennoch trat er zum Jahresende 1943 von seinen Funktionen zurück[139] – aus Solidarität mit

---

[134] Aktenbericht, 20.1.1943, S. 2, tkA FÜ/92; Einiges über Aufbau und Entwicklung bei den Gesellschaften um Dr. Heinrich Thyssen-Bornemisza (Mai 1946), S. 34, SIT NROE/36.
[135] Exposé (Roelen) [1952], S. 26-28 [Zitat S. 26], SIT/NROE 15. Trotz der Namensgleichheit handelte es sich beim ATB-Direktor Heinrich Lübke (5.3.1894-9.4.1962) nicht um den nachmaligen Präsidenten der Bundesrepublik Deutschland Heinrich Lübke (14.10.1894-6.4.1972).
[136] Deknatel (29.5.1881-23.10.1955) trat 1901 in die NHM ein und war dort bis 1930 tätig; in den späten 1930er Jahren war er stellvertretender Leiter des Deviseninstituts und von 1945 bis 1946 Leiter des Nederlands Beheersinstituut, der niederländischen Feindvermögensverwaltung. Vgl. Graaf, Handel en Maatschappij, S. 508.
[137] Niederschrift betrifft Besetzung des Vorstandes Mobiel nach dem Abgang von Herrn Kouwenhoven, 25.6.1946 (Roelen), SIT NROE/36. Einiges über Aufbau und Entwicklung bei den Gesellschaften um Dr. Heinrich Thyssen-Bornemisza (Mai 1946), S. 26, SIT NROE/36.
[138] Aktenbericht, 24.6.1942, S. 1-2, tkA FÜ/92.
[139] Aktenbericht, 20.1.1943, S. 1, tkA FÜ/92.

Kouwenhoven. Dieser berichtete nachträglich, nach seiner, Kouwenhovens, Entlassung habe der loyale Gröninger nur so lange in der TBG bleiben wollen, bis er seinen ausstehenden Verpflichtungen nachgekommen sei.[140]

Gröninger wurde durch den »bewährten Prokuristen« Cornelius J. Hooft ersetzt, der zum 1.9.1943 bei Vulcaan und Halcyon zum Vorstandsmitglied befördert wurde, nachdem bereits im Vorjahr Hermann Kimmel, bis dahin Geschäftsführer der Vulcaan-Tochter Deutsch-Niederländische Schiffahrts- und Handelsgesellschaft mbH (Denesuh), den verstorbenen Carl Nalenz ersetzt hatte.[141] Falls tatsächlich sachliche Gründe für den Rücktritt Gröningers ursächlich waren,[142] merkte man ihm das nicht an: Ende August ging das virtuelle Lenkungsgremium um Roelen, Lübke und den beiden Thyssen-Bornemiszas davon aus, dass Gröninger »seinen guten Rat weiter zur Verfügung stellen« werde und dass auch einer »etwaigen Beiratstätigkeit nichts im Wege« stehe,[143] Roelen sprach stets über eine »offene und vertraute Zusammenarbeit […] bis zum Kriegsende« bzw. ein »absolutes Vertrauensverhältnis von Mann zu Mann«[144], und Fritz Jacke erblickte in ihm ebenfalls einen »ehrlichen Makler«.[145]

Der bisherige Wirtschaftsprüfer Schilder legte sein Mandat ebenfalls Ende November 1942 nieder.[146] Roelen hätte nach eigenem Bekunden gerne weiterhin auf dessen Expertise zurückgegriffen, die bei anstehenden Verhandlungen mit den niederländischen Steuerbehörden dringend benötigt wurde. An Stelle Schilders verhandelte Meyburg, ein Mitarbeiter des Accountantbüros von Pieter »Piet« Klynveld (1874–1945) und Jacob »Jaap« Kraayenhof (1889–1982), gemeinsam mit Maarten van Rossen (RTK) mit den niederländischen Stellen.[147] Die Personalie van Rossen ist gewiss die interessanteste. Er war Kouwenhovens Schwager und langjähriger Wegbegleiter, blieb aber trotz dessen Entlassung weiterhin bei der TBG.[148]

Die Änderungen der Jahre 1942 und 1943 wirken auf den ersten Blick gravierender als sie waren. Die ausscheidenden Niederländer wurden zwar durch Deutsche ersetzt, die aber aus der TBG rekrutiert wurden. Der Generalbevollmächtigte Wilhelm Roelen war umsichtig genug, die Gesellschaften personell nicht

---

[140] Begroetingswoord, 21.9.1945, NL-HaNA 2.08.52, inv.nr. 13.
[141] Hierzu: Einiges über Aufbau und Entwicklung bei den Gesellschaften um Dr. Heinrich Thyssen-Bornemisza (Mai 1946), S. 34, SIT NROE/36.
[142] So andeutungsweise auch Derix, Thyssens, S. 432, 435.
[143] Aktenbericht, 30.8.1943, S. 3, tkA FÜ/92; Gröninger arbeitete dann auch nach seinem offiziellen Ausscheiden noch einige Angelegenheiten ab. Tagesordnung für die Besprechung, 30.1. bis 2.2.1944, tkA FÜ/92.
[144] Einiges über Aufbau und Entwicklung bei den Gesellschaften um Dr. Heinrich Thyssen-Bornemisza (Mai 1946). S. 3, 27. SIT NROE/36.
[145] Jacke an Roelen, 20.12.1943, S. 2, SIT TB/4815.
[146] Report Schilder, 14.8.1945, NL-HaNA 2.08.52 inv.nr. 13.
[147] Einiges über Aufbau und Entwicklung bei den Gesellschaften um Dr. Heinrich Thyssen-Bornemisza (Mai 1946), S. 35, SIT NROE/36.
[148] J.F. Kortmulder versus Ned. Beheersinstituut, o.D., S. 2, NL-HaNA 2.08.52, inv.nr. 13.

Tab. 6: Vorstände und Aufsichtsratsmitglieder der niederländischen
TBG-Gesellschaften (Februar 1944)

Gesellschaft	Directeuren (Vorstände)	Commissarissen (Aufsichtsräte)
BHS	Lübke (D) Kortmulder	Roelen (D) Heida Acker (D) Hooft
Vulcaan	Hooft Kimmel (D)	Roelen (D) Lübke (D) Kortmulder
Ruilverkeer	Acker (D) Heida	Roelen (D) Lübke (D) Kortmulder Lievense Kimmel (D)
Halcyon	Hooft	Heida Kortmulder
Vlaardingen-Oost	Hooft Jonker	Roelen (D)
HAIC	Acker (D) Heida	Kortmulder Lievense Roelen (D)
Vulcaan Coal	Hooft	Lübke (D) Kortmulder Heida
Dunamis	Heida Acker (D)	Roelen (D) Kortmulder
Gerfa	Jonker v.d. Veen	Hooft
Norma	Acker (D) Heida	Kortmulder Roelen (D)
De Blaak	Acker (D) Heida	Kortmulder Lübke (D)
Algemene Exporthandel	Acker (D) Heida	Kortmulder Roelen (D)
RTK	Van Rossen Heida Roelen (D) Lübke (D)	-
HTK	Van Rossen	-

Quelle: Übersicht über die holländischen Konzerngesellschaften, Februar 1944, SIT NROE/36.

umfassend zu »germanisieren«, sondern er etablierte ein binationales Kollegialsystem. Die Geschäftsführung der Holdings übernahmen jeweils ein niederländischer und ein deutscher Jurist (aus der TBG) – in der Regel waren dies der Niederländer Ede Homme Jeip Heida und der Deutsche Wilhelm Acker. Bei der Bank voor Handel en Scheepvaart trat Roelen selbst als commissaris (Aufsichtsrat) ein und Heinrich Lübke, der Direktor der ATB, wurde zunächst neben Carel Schütte zweites Vorstandsmitglied der BHS. Nach Schüttes Pensionierung leitete Lübke die Bank gemeinsam mit dem Niederländer Kortmulder.[149] Im Vulcaan-Verbund hieß das Führungsduo nicht mehr Nalenz/Gröninger, sondern Hooft/Kimmel.

Die Personaländerungen waren Ende 1943 abgeschlossen. Sie erwiesen sich allerdings rasch als Makulatur, da im Mai 1945 die niederländischen Gesellschaften Thyssen-Bornemiszas unter Feindvermögensverwaltung gestellt wurden. Als Verwalter (»Bestuurders«) wurden mit Kouwenhoven und Gröninger unter anderem zwei alte Bekannte eingesetzt, die nun von Staats wegen ihren Nachfolgern im Amt nachfolgten.[150]

3.3. Anreize aus dem Deutschen Reich: Steuerminderung und RWKS-Interessen

Die 1941 begonnene Restrukturierung der TBG war, wie geschildert, vom Reichsfinanzministerium angeregt worden, doch auch das Rheinisch-Westfälische Kohlensyndikat brachte seine Vorstellungen in diesen Prozess ein, nachdem Walsum im selben Jahr dem RWKS beigetreten war.[151] Die Satzung des Kohlensyndikats sah vor, dass eine Zeche (hier Walsum) selbst als Trägergesellschaft jener Unternehmen fungieren musste, die das Selbstverbrauchsrecht nutzen wollten. Demnach hätte Walsum zur Muttergesellschaft von N.V. Vulcaan, N.V. Vlaardingen-Oost und Thyssengas werden müssen, damit diese Unternehmen weiterhin vom günstigeren Selbstverbrauch profitieren konnten. Während für das Selbstverbrauchsrecht von Kohlen eine Beteiligung von 51 Prozent ausreichte, musste eine Reederei vollständig im Zecheneigentum sein, um Syndikatstransporte durchführen zu können. In den Verhandlungen mit dem RWKS hatte sich die TBG zwar bis Kriegsende Zeit verschafft, um die organisatorischen Voraussetzungen zu schaffen, doch nach dem Vorstoß des Finanzministeriums lag es nahe, die steuer-

---

[149] Exposé (Roelen) [1952], S. 27, SIT/NROE 15. Vgl. Verslag BHS 1940 und 1941, NL-HaNA 2.25.68, inv.nr. 9972.
[150] Vgl. Kapitel 2.4.1.
[151] Vgl. Kapitel 5.1.2.

lichen und die syndikatsrechtlichen Fragen im Rahmen einer Organisationsreform gemeinsam zu lösen.¹⁵²

Neben seiner Aufforderung, die TBG umzustrukturieren, nutzte das RFM eine fiskalische »Doppelstrategie«, um sein Ziel zu erreichen. Einerseits erhöhte es die Steuerlast von Kapitalgesellschaften weiter – der Steuersatz lag bis 1935 bei 20 Prozent, betrug 1940 das Doppelte und ab 1942 55 Prozent –, und andererseits bot es Möglichkeiten an, diese Steuerlast gegen organisatorische oder politische Zugeständnisse zu mindern. Sobald das RFM mehrere miteinander verbundene Kapitalgesellschaften als eine Entität anerkannte, d.h. sobald ein Organschaftsverhältnis bestand, war nicht mehr jede Gesellschaft für sich steuerpflichtig, sondern nur die Entität. Das war vorteilhaft, weil auf diesem Weg Gewinne und Verluste einzelner Gesellschaften miteinander verrechnet werden konnten, wodurch die Steuerbelastung des Unternehmensverbunds geringer war als die aggregierte Steuerbelastung der Einzelgesellschaften.¹⁵³

Eine Organschaft reduzierte zwar die Steuerlast, verpflichtete jedoch zu höherer Transparenz gegenüber den Finanzbehörden, da Beteiligungsverhältnisse offengelegt werden mussten. Die TBG war nach den Ermittlungen in den Niederlanden 1940 für die deutschen Finanzbehörden aber bereits ein offenes Buch. Mehr als das Finanzamt Düsseldorf und das Reichsfinanzministerium über die eigentumsrechtlichen Beziehungen der Gesellschaften wussten, gab es kaum in Erfahrung zu bringen. In dieser Hinsicht war es daher gar kein Problem für die TBG, künftig als steuerliche Einheit aufzutreten. Zudem waren die Verflechtungen und besonders die zwischengeschalteten Holdings nicht auf dezidiert fiskalische Erwägungen zurückzuführen gewesen. Sie dienten, wie dargelegt, in erster Linie dazu, die Eigentumsverhältnisse nach der Erbteilung 1926 zu bereinigen. Nach Abschluss dieser Bereinigung 1936 waren sie ohne Funktion. Daher schien auch intern »die unübersichtliche Verschachtelung der Mobiel [=Bank voor Handel en Scheepvaart, BG] vorgeschalteten Holdings nicht mehr gerechtfertigt«, sondern die BHS-Aktien, die von Exporthandel, HAIC, Norma und Dunamis verwaltet wurden, konnten genauso gut auf Heinrich Thyssen-Bornemisza oder die Kaszony-Stiftung direkt übertragen werden. Dies verhinderte überdies, dass die Erträge der BHS und die Dividendeneinnahmen der Holdings in den Niederlanden doppelt besteuert wurden. Zudem mussten bei der angestrebten Liquidation der Holdings fortan keine Kosten mehr für die Geschäftsführung und den Jahresabschluss funktionsloser Gesellschaften aufgewendet werden. Zwar dürfte dieser Effekt finanziell nicht sonderlich gewichtig gewesen sein, aber für die TBG hatte es betriebswirtschaftlich mehr Vor- als Nachteile, die Holdings zu liquidie-

---

¹⁵² Aktenbericht Umlagerung der Konzernbeteiligung aus wirtschaftlichen und syndikatsvertragsrechtlichen Gründen, 15.6.1944, S. 14-15, SIT TB/4816. Vgl. Kapitel 5.1.2.
¹⁵³ Vgl. Banken, Hitlers Steuerstaat, S. 406-408, für die Steuersätze ebd., S. 407 (Tab. 68). Freilich sagt der Steuersatz nur bedingt etwas über die tatsächliche Steuerbelastung von Unternehmen aus, aber als grobe Trendangabe mag er hinreichen.

ren. Daher sollten die vier Gesellschaften auch in jedem Fall aufgelöst werden. Es lag nun nahe, dies im Rahmen der eingeforderten Umgruppierung zu tun.[154]

Die Anerkennung der Organschaft bildete für das RFM den Hebel, um die in den Niederlanden lagernden Vermögenswerte der Thyssen-Bornemisza-Gruppe zu repatriieren. Der Reichsfinanzminister, Lutz Graf Schwerin von Krosigk, wollte einem Organvertrag erst dann zustimmen, wenn sich die Aktien der deutschen TBG-Gesellschaften nicht mehr im Eigentum »ausländischer juristischer Personen« befanden.[155] Die TBG musste daher Eigentum niederländischer Gesellschaften, vor allem der BHS, auf ihre deutschen Unternehmen übertragen. Um den Wünschen des Finanzministeriums Rechnung zu tragen, reichte es freilich hin, nur die Aktien und Anteile *deutscher* Produktionsunternehmen zu transferieren. Doch die Bestimmungen des RWKS erforderten es, dass auch die N.V. Vulcaan neue, deutsche, Eigentümer erhalten musste, konkret: die Zeche Walsum.

Die konzeptionellen Überlegungen der TBG konzentrierten sich zunächst auf vier Aspekte: Erstens sollten die funktionslosen Holdings liquidiert und deren BHS-Anteile direkt auf Heinrich bzw. die Kaszony-Stiftung übertragen werden; zweitens sollten die Beteiligungen der BHS an deutschen Unternehmen auf deutsche Gesellschaften übergehen; drittens sollte Walsum zur Trägergesellschaft im Sinne des RWKS umgebaut werden und die Anteile der N.V. Vulcaan übernehmen, viertens war der gruppeninterne Aktienbesitz im Reich so umzuverteilen, dass das Schachtelprivileg genutzt bzw. die Organschaft anerkannt werden konnte. Im Verlauf der Überlegungen kam 1943/44, fünftens, noch das Bestreben hinzu, Schulden deutscher Unternehmen bei der BHS abzubauen bzw. in Beteiligungen umzuwandeln und diese auf deutsche Unternehmen zu übertragen. Durch diesen faktischen Schuldenabbau sollten die finanziellen Voraussetzungen für den Wiederaufbau und die Beseitigung der Bombenschäden geschaffen werden.[156]

Aus eigentumsrechtlicher Sicht war dies ein vergleichsweise simpler Vorschlag, da in der Sache nur das Eigentum Heinrich Thyssen-Bornemiszas neu zu gestalten war. Allerdings brachte die Umsetzung erhebliche handels-, steuer- und devisenrechtliche Probleme mit sich. Im Falle einer Liquidation von Dunamis, Norma und Exporthandel wurden deren Reserven frei. Dies galt steuerrechtlich als Gewinnausschüttung. Ohne steuerliche Ausnahmegenehmigung hätte die TBG für die gewünschten Maßnahmen in den Niederlanden 150 Millionen Gulden Steuern zahlen müssen, davon alleine 111 Millionen als Abgaben auf Gewinnausschüttungen.[157] Diese 111 Millionen Gulden entsprachen – grob überschlägig – dem Gesellschaftskapital *aller* TBG-Unternehmen, d.h. Heinrich Thyssen-Bor-

---

[154] Aktenbericht Neugruppierung des Konzerns, 24.4.1944, S. 2, SIT TB/4815.
[155] Wirtschaftliche Notwendigkeit und Bedeutung von Änderungen zum organischen Aufbau des Konzerns Thyssen-Neu, 25.7.1944, S. 9, SIT NROE/15.
[156] Zusammenfassende Darlegungen etwa bei Aktenbericht Umlagerung der Konzernbeteiligung aus wirtschaftlichen und syndikatsvertragsrechtlichen Gründen, 15.6.1944, S. 20-21, SIT TB/4816.
[157] Aktenbericht Umlagerung der Konzernbeteiligung aus wirtschaftlichen und syndikatsvertragsrechtlichen Gründen, 15.6.1944, S. 14-15, SIT TB/4816.

nemisza hätte den Nominalwert seiner Aktien und GmbH-Anteile aufwenden müssen, um vier funktionslose Gesellschaften zu liquidieren. Heinrich verzichtete jedoch darauf, sich dergestalt selbst zu enteignen.

Bevor die Gruppe allerdings über eine steuerliche Ausnahmegenehmigung verhandeln konnte, musste sie ohnehin erst ein anderes Problem lösen: Die Schweizer Kaszony-Stiftung war bei der Bank voor Handel en Scheepvaart mit 8,4 Millionen Gulden verschuldet. Diese Kaszony-Schuld setzte sich aus drei Teilen zusammen. Knapp 3,5 Mio. hfl. resultierten aus dem Erwerb der HAIC-Aktien 1936, den die Bank im Auftrag der Stiftung finanziert hatte, weitere gut 3,5 Mio. hfl. hatte die BHS Kaszony als Kreditlinie zur Verfügung gestellt, nachdem Guthaben nicht mehr ohne Weiteres von den Niederlanden in die Schweiz transferiert werden konnten, und knapp 1,5 Mio. hfl. waren seit 1936 als Zinsen aufgelaufen, die auch durch ungünstige Darlehnskonditionen zu einer immer drängenderen Last für die Stiftung avancierten.[158]

Die Kaszony-Stiftung konnte diese Schulden (und die Zinsen) nicht mit eigenen Barmitteln tilgen. Aus devisenrechtlichen Gründen hielten es weder die deutschen noch die niederländischen Gruppenmanager für zweckdienlich, den Guldenkredit durch Schweizer Franken oder durch sonstige Vermögenswerte der Kaszony-Stiftung (gruppenfremde Aktien und Obligationen) abzudecken.[159] Doch solange die Kaszony-Schuld bestand, konnten die niederländischen Gesellschaften keine außerordentlichen Mittel an die Stiftung oder an Heinrich Thyssen-Bornemisza ausschütten. Daher musste erst die Kaszony-Schuld in den Niederlanden getilgt werden, bevor alle weiteren Transaktionen, vor allem der Transfer von deutschen Werten aus den Niederlanden ins Deutsche Reich, angegangen werden konnten.[160]

Vier Lösungsvorschläge wurden intern diskutiert. Der erste Vorschlag sah vor, dass die August-Thyssen-Bank der Kaszony-Stiftung einen Kredit über 8,4 Millionen Gulden gewährte, mit dem die Stiftung ihre Schuld bei der BHS tilgen konnte. Als Sicherheit sollte die Kaszony-Stiftung Aktien von TBG-Unternehmen hinterlegen. Die Lösung war devisenrechtlich problematisch, da es sich aus Sicht des Deutschen Reichs um einen Gulden-Export handelte, d.h. die Devisenbilanz wurde belastet. Vorsorglich beantragte die ATB daher am 21. März 1944 eine Devisengenehmigung beim RWM.[161]

Der zweite Vorschlag stammte von Kouwenhoven: Die Stiftung sollte ihre Schulden bei der BHS mit Thyssengas-Anteilen bezahlen. Dadurch wären Anteile eines deutschen Unternehmens in die Niederlande transferiert worden. Weil

---

[158] Umfassend zur Entstehung und Handhabung der Schuld: Aktenbericht Abdeckung der Kaszony-Schuld, 18.8.1944, S. 1-2, SIT TB/4816; vgl. Aktenbericht Besprechung mit Ministerialrat von Wedelstädt 7.6.1944, S. 2, SIT TB/4816.
[159] Aktenbericht Schwebende Fragen bei der Gruppe BHS, 16.2.1944, S. 2, SIT TB/4815.
[160] »Voraussetzung sei die Tilgung der Schuld, durch die die deutschen Werte heute noch festgehalten würden.« Aktenbericht Umbau des Konzerns Thyssen-Neu, 19.7.1944, S. 1, SIT TB/4816.
[161] Aktenbericht Umlagerung der Konzernbeteiligung aus wirtschaftlichen und syndikatsvertragsrechtlichen Gründen, 15.6.1944, S. 18-19, SIT TB/4816.

aber die Reorganisation bezweckte, Anteile der deutschen Unternehmen im Deutschen Reich zu konzentrieren, lief Kouwenhovens Vorschlag den Interessen der TBG zuwider. Heinrich wertete ihn daher als Affront: »BTB lehnte dies als Zumutung ab.«[162]

Eine dritte Möglichkeit für die Kaszony-Stiftung lag darin, ihre Anteile an niederländischen TBG-Unternehmen an die BHS zu veräußern und damit ihre Schulden zu tilgen. Sie besaß allerdings nur Anteile an den Holdings, die die Aktien der BHS verwalteten. Bei einem Verkauf einer Holding an die BHS hätte die Bank folglich eigene Aktien übernommen. Steuerlich hätte es sich um eine verdeckte Gewinnausschüttung zugunsten der Kaszony-Stiftung gehandelt. Der vierte Lösungsansatz nahm die Kapitalerhöhung von Thyssengas 1941 zum Ausgangspunkt. Das Versorgungsunternehmen hatte sein Kapital von 3 auf 35 Millionen RM erhöht und die neuen Anteile schematisch an ihre beiden Anteilseigner ausgegeben, d.h. 40 Prozent an die BHS und 60 Prozent an die Kaszony-Stiftung. Die Mittel für die Kapitalerhöhung stammten aus der »Hollandabgabe«, d.h. aus Zusatzeinnahmen von Thyssengas, die von der BHS verwaltet worden waren.[163]

Die Idee war zunächst, dass die BHS die neu erhaltenen Thyssengas-Anteile auf Heinrich übertrug, damit dieser sie als Sicherheit bei der ATB hinterlegen konnte. Auf dieser Basis sollte die ATB die Kaszony-Schuld bei der BHS ablösen.[164] Dieser Vorschlag entsprach dem ersten skizzierten Lösungsansatz, belastete aber die Devisenbilanz nicht – zumindest aus Sicht der deutschen Steuerbehörden: Sie waren bei ihren Ermittlungen zu der Auffassung gelangt, die »Hollandabgabe« habe ausschließlich Heinrich Thyssen-Bornemisza zugestanden. Deshalb musste Heinrich sie auch vollständig nachversteuern. Diese Rechtsauffassung implizierte, dass ausschließlich Heinrich Thyssen-Bornemisza Eigentümer aller neu ausgegeben Thyssengas-Anteile war, weil diese ausschließlich mit seinem Geld finanziert worden waren. In dieser Sichtweise war die BHS lediglich die Verwalterin, aber nicht die Eigentümerin von 40 Prozent der neu emittierten Anteile; diese stellten letztlich eine Forderung Heinrichs gegen die BHS dar.[165]

Allerdings war dies nur die Sichtweise der deutschen Steuerbehörden. In den Niederlanden hingegen galt die »Hollandabgabe« steuerlich nicht als Gewinnausschüttung an Heinrich Thyssen-Bornemisza, sondern als Forderung der BHS an

---

[162] Einiges über Aufbau und Entwicklung bei den Gesellschaften um Dr. Heinrich Thyssen-Bornemisza (Mai 1946), S. 29, SIT NROE/36. Die Überlegungen gingen allerdings auf 1939/40 zurück, als noch nicht absehbar war, dass aufgrund der syndikatsrechtlichen Bestimmungen (seit 1941) ein Verkauf von Thyssengas-Anteilen an die N.V. Vulcaan, die wirtschaftlich durchaus sinnvoll gewesen wäre, nicht in Frage kommen würde. Aktenbericht Besprechungen am 30. und 31.3.1944, S 5, SIT TB/4816.
[163] Vgl. Kapitel 2.3.1.
[164] Aktenbericht Umlagerung der Konzernbeteiligung aus wirtschaftlichen und syndikatsvertragsrechtlichen Gründen, 15.6.1944, S. 19-20, SIT TB/4816, SIT TB/4816.
[165] Aktenbericht Besprechung 28.2.1944, SIT TB/4815.

Thyssengas. Die Zinseinnahmen wurden deshalb wie eine Dividende behandelt.[166] Die Frage war letztlich, wem die »Hollandabgabe« ursprünglich zugestanden hatte: der BHS oder Heinrich Thyssen-Bornemisza. Von ihrer Klärung hing ab, ob der 40-prozentige Anteil an der Neuemission von Thyssengas Eigentum der Bank voor Handel en Scheepvaart oder von Heinrich Thyssen-Bornemisza war. War er Eigentum der BHS, wäre die vierte Option, die Kaszony-Schuld zu tilgen, devisenrechtlich genauso problematisch gewesen wie die erste. Nur falls sich die niederländischen Steuerbehörden der deutschen Rechtsauffassung anschlossen, hätte die vierte Option devisenneutral realisiert werden können. Daher musste die Frage, wem die »Hollandabgabe« zugestanden hatte, vorrangig mit den niederländischen Finanzbehörden geklärt werden. Erst danach konnte über eine etwaige Nachversteuerung und Devisengenehmigungen befunden werden, deren Regelung wiederum Vorbedingung für die Realisierung der von der TBG präferierten (vierten) Option zur Ablösung der Kaszony-Schuld war.

3.4. Deutsche Unterstützung – niederländische Bedenken: Die Reorganisation als Gegenstand transnationaler Behördenkonkurrenz

Diese Ausführungen zeigen pars pro toto, wie komplex und kleinteilig die Problematik war, bei der es wirtschaftlich eigentlich nur darum ging, transnationales Eigentum umzustrukturieren. Der wirtschaftliche Nutzen lag zudem in erster Linie in der Abwendung von Schaden, d.h. Ziel war es nicht, Vermögen zu mehren, sondern Eigentum zu bewahren. Da der deutsche Staat an einer einvernehmlichen Lösung interessiert war, arbeitete er eher mit Anreizen als mit Zwang. Damit blieb Raum für Aushandlungsprozesse, deren Grundlage das jeweilige nationale Recht bzw. die nationale Verwaltungspraxis war. Dies wiederum erforderte einerseits gruppenintern die Sachkunde deutscher und niederländischer Handels- und Steuerrechtsexperten und andererseits ein Entgegenkommen deutscher und niederländischer Behörden, vor allem hinsichtlich devisen- und steuerrechtlicher Ausnahmeregelungen. Denn es versteht sich von selbst, dass kein Eigentümer 150 Millionen Gulden Steuern dafür bezahlen würde, dass aus seiner Sicht alles so bleibt wie es ist. An einer derartigen steuerlichen Belastung hatte freilich auch der deutsche Staat kein Interesse, da dadurch die wirtschaftliche Substanz der in Teilen kriegswichtigen TBG erheblich geschädigt worden wäre.

In den Niederlanden war das Interesse an der Reorganisation weniger ausgeprägt, da nicht nur die Zentrale der Gruppe verlegt worden wäre, sondern auch geringere Steuereinnahmen zu erwarten waren. Das deutsche Reichskommissari-

---

[166] Vgl. Aktenbericht Konzernumbau, 28.2.1944, Blatt 2, SIT TB/4816; Aktenbericht Hollandabgabe, hier: Bilanzberichtigung, 20.3.1944, S. 3-5, SIT TB/4816.

at in den Niederlanden als oberstes Organ der Zivilverwaltung verhielt sich in dieser Frage neutral. Sein Vertreter, Oberregierungsrat Timm, sah seine Aufgabe in steuerlicher Hinsicht lediglich darin, entsprechende Richtlinien zu implementieren, nicht aber darin, sich in die Steuererhebung oder Einzelfälle einzumischen – schon gar nicht »zu Gunsten Reichsdeutscher«. Die niederländischen Behörden hätten vielmehr »volle Freiheit« und »die Aufrechterhaltung der holländischen Finanzkraft« liege auch im Interesse des Deutschen Reichs. »Er könne daher nichts unternehmen, was geeignet sei, den Holländern den Glauben an die Gerechtigkeit des vom Reich eingeführten Steuersystems zu nehmen.«[167] Damit vertrat er vollständig die offizielle Linie des Reichskommissariats in den Niederlanden, das sich die Rolle einer Aufsichtsverwaltung zuschrieb.[168]

Die bürokratische Mehrfach-Struktur erhöhte den Komplexitätsgrad der Überlegungen, da – verkürzt ausgedrückt – die TBG eine vom Reichsfinanzministerium gewünschte Maßnahme gegen erwartbare Widerstände niederländischer Behörden durchsetzen sollte. Dies war freilich nur die steuerliche Seite. Devisenrechtlich waren das niederländische Deviseninstitut, das seit 1940 den Umtausch von Gulden in Devisen (und umgekehrt) genehmigen musste,[169] das Reichswirtschaftsministerium und die Reichsbank weitere Ansprechpartner und zudem mussten die Interessen des deutschen Reichskommissariats für die Niederlande sowie der ihm unterstellten niederländischen Verwaltung berücksichtigt werden. Diese wurde von niederländischen Generalsekretären geleitet, sodass die niederländische Verwaltung trotz einer zunehmenden normativen Überformung weiterhin – freilich ebenfalls eingeengte – materielle Gestaltungsspielräume besaß. Besonders der Generalsekretär im Wirtschaftsministerium, Hans Max Hirschfeld, wusste sie zu nutzen, um sich bisweilen auch deutschen Forderungen entgegenzustellen.[170]

In diesem vielstimmigen Konzert ging es mithin nicht nur um inhaltliche, sondern auch um atmosphärische Erwägungen. Beispielsweise (wenngleich nicht überraschend) übermittelte die TBG Briefe an niederländische Behörden in niederländischer Sprache und ließ in sämtlichen Fragen erst einmal niederländische Staatsangehörige bei den örtlichen Stellen anfragen, vor allem den TBG-Berater Kraayenhof. Er betonte wiederholt, dass es nicht zweckmäßig sei, wenn deutsche Stellen beim niederländischen Finanzministerium anfragten; stattdessen wolle er selbst diskret vorfühlen und Befindlichkeiten identifizieren.[171]

Die Sondierungen innerhalb der TBG und mit den zahlreichen Behörden im Reich und den Niederlanden zogen sich mehr als sechs Monate hin, in denen häufig mehrtägige Besprechungen nötig waren, um sich Schritt für Schritt einem fina-

---

[167] Aktenbericht Konzernumbau, Besprechungen mit RdF, Reichskommissar, Kraayenhof und BHS, 6., 7., 8. und 9.3.1944, S. 5, SIT TB/4816.
[168] Romijn, Reichskommissariat Niederlande, S. 127.
[169] Kreutzmüller, Händler, S. 159-160.
[170] Romijn, Reichskommissariat Niederlande, S. 128-130; vgl. Hirschfeld, Fremdherrschaft, S. 141-154.
[171] Vgl. Aktenbericht Besprechungen 12. und 13.4.1944, S. 3, SIT TB/4816; vgl. auch Roelen an Jacke, 22.4.1944, SIT TB/4816.

len Umgruppierungsvorschlag zu nähern.[172] Das RFM und seine Vertreter in den Niederlanden unterstützten das Vorhaben ohnehin, weil es auf seine Initiative zurückging. Um auch andere zuständige Stellen zu überzeugen, wurde Wilhelm Roelen bei Reichswirtschaftsminister und Reichsbankpräsident Walther Funk vorstellig. Dieser kannte Roelen flüchtig, unterhielt aber engere Beziehungen zu Heinrich Lübke – wohl nicht ausschließlich als Kunde der August-Thyssen-Bank. Lübke bat Funk um eine Besprechung und begleitete Roelen bei dessen Besuch. Der ATB-Direktor unterhielt sich eingangs mit dem Wirtschaftsminister über gemeinsame Bekannte. Das war weitgehend unverfängliches Geplänkel, doch wie so häufig nutzten persönliche Beziehungen, hier jene Lübkes, um überhaupt Gehör zu finden. Inhaltlich stimmte Funk mit den Ausführungen Roelens und Lübke vollkommen überein und er sagte die Unterstützung von RWM und Reichsbank zu.[173]

Mit dem geballten politischen Rückenwind der maßgeblichen Reichsbehörden und nach weiteren internen Diskussionen legte Wilhelm Roelen im Juli 1944 das Zwischenergebnis der Überlegungen vor. Wenige Tage zuvor hatte am 20. Juli 1944 eine Besprechung mit allen betroffenen Dezernaten des Reichskommissariats in Den Haag stattgefunden, in der das weitere Vorgehen festgelegt wurde.[174] Im Vergleich mit den Vorüberlegungen ergaben sich in Roelens Denkschrift keine gravierenden Änderungen. Während des Willensbildungsprozesses hatten sich in erster Linie die sinnvollsten Optionen herauskristallisiert. Beispielsweise sollten nur noch drei der vier Holdings liquidiert werden, die HAIC hingegen fortbestehen. Es fand sich keine andere steuerlich sinnvolle Lösung, wie sich schon früh abgezeichnet hatte.[175] Zudem sollten 14 Millionen RM Anteile an Thyssengas nicht mehr ins Reich übertragen werden, da sich inzwischen die Auffassung durchgesetzt hatte, dass sie ohnehin Heinrich Thyssen-Bornemisza – und nicht der BHS – gehörten.[176]

Die deutschen Erwerber sollten der BHS die Anteile freilich nicht abkaufen, da dadurch nur neue Schulden der deutschen Gesellschaften in den Niederlanden entstanden wären. Die Schuldenlast sollte aber reduziert werden. Daher war vorgesehen, dass die niederländischen Gesellschaften einen Teil ihrer – beträchtlichen – Reserven an Heinrich Thyssen-Bornemisza ausschütteten, damit er die deutschen Werte erwerben und anschließend an die deutschen Unternehmen abtreten konnte.[177]

---

[172] Ausführlich dokumentiert in SIT TB/4815 und TB/4816 (alte Signatur SIT TB 09478).
[173] Aktenbericht Aussprache mit Reichswirtschaftsminister und Präsident der Deutschen Reichsbank Walther Funk, 20.4.1944, SIT TB/4816. Enttäuscht zeigte sich Roelen lediglich darüber, dass Funk die Tradition des Bergmannsschnapses nicht kannte. Roelen an Jacke, 22.4.1944, SIT TB/4816.
[174] Niederschrift über die Verhandlung, 20.7.1944, SIT TB/4816.
[175] Tagesordnung Lugano, 22.2.1944, S. 2, SIT TB/4815.
[176] Wirtschaftliche Notwendigkeit und Bedeutung von Änderungen zum organischen Aufbau des Konzerns Thyssen-Neu, 25.7.1944, S. 7-10, SIT NROE/15; für die frühere Fassung siehe Aktenbericht Umlagerung der Konzernbeteiligung aus wirtschaftlichen und syndikatsvertragsrechtlichen Gründen, 15.6.1944, S. 17-20, SIT TB/4816.
[177] Wirtschaftliche Notwendigkeit und Bedeutung von Änderungen zum organischen Aufbau des Konzerns Thyssen-Neu, 25.7.1944, S. 7-8, SIT NROE/15;

Tab. 7: Auf deutsche Gesellschaften zu übertragende Gesellschaftsanteile aus dem Besitz der BHS (Juli 1944)

Gesellschaft	Besitz BHS nominal (RM)	Buchwert (hfl.)
PWR	4.000.000	2.853.000
Oberbilk	5.000	2.900
Rittergut Rüdersdorf	3.600.000	2.663.000
Bremer Vulkan	2.721.000	1.283.000
FSG	1.572.600	905.200
VBM	314.400	163.900
Denesuh	100.000	59.000
ATB	3.200.000	2.088.000
Zusammen	15.513.000	10.018.000

Quelle: Wirtschaftliche Notwendigkeit und Bedeutung von Änderungen zum organischen Aufbau des Konzerns Thyssen-Neu, 25.7.1944, S. 7, SIT NROE/15.

Während die deutschen Behörden die Reorganisationspläne befürworteten, musste die niederländische Seite im Sommer 1944 erst noch überzeugt werden. Vordringlichstes Problem war weiterhin die Kaszony-Schuld: Am 2. August 1944 unterstützte die Devisenstelle des RWM den Vorschlag, sie durch Mittel der ATB zu begleichen und dafür Devisen zu transferieren. Sie knüpfte ihre Zustimmung aber an zwei Bedingungen: Die niederländischen Behörden müssten ebenfalls zustimmen und die deutschen Aktien tatsächlich ins Deutsche Reich überführt werden.[178] Daraufhin nahm Kraayenhof die Sondierungen mit den niederländischen Steuerbehörden auf. Bis dahin, so Roelen, »laufe also alles planmäßig.«[179]

Durch das Junktim, dass die deutschen Genehmigungen erst in Kraft traten, wenn die niederländischen Behörden zugestimmt hatten, wurde zwar Druck auf diese ausgeübt, aber faktisch verfügten diese nunmehr über eine Veto-Position. Es gab für die TBG keinen anderen Weg, ihr Ziel zu erreichen, als die niederländischen Behörden zu überzeugen. Die taktische Verhandlungslinie war hierfür rasch gefunden, da die niederländischen Bedenken leicht zu antizipieren waren. Die dortigen Behörden mussten vor allem davon überzeugt werden, dass die Umgruppierung auch im niederländischen Interesse liege. Das zentrale Argument

---

[178] RWM an ATB, 2.8.1944, SIT TB/4816; Aktenbericht Umbau des Konzerns Thyssen-Neu, 12.8.1944, S. 5, SIT TB/4816.
[179] Aktenbericht Besprechung mit Ministerialdirektor Riehle, 3.8.1944, SIT TB/4816. Bereits im Mai 1944 hatte Reichsbankdirektor Bühler festgestellt, dass devisenrechtlich kein materielles Interesse, sondern allenfalls ein formales Interesse an der Kaszony-Schuld bestehe und stellte ein problemloses Genehmigungsverfahren in Aussicht. Aktenbericht Besprechung mit Reichsbankdirektor Bühler, 16.5.1944, S. 2, SIT TB/4816.

3. Pläne zur Reorganisation

war dabei, dass ohne eine Reorganisation der Thyssen-Bornemisza-Gruppe die N.V. Vulcaan, die Halcyon Lijn und Vlaardingen erheblich geschädigt würden. Falle das Selbstverbrauchs- bzw. Transportrecht weg, treffe dies die niederländischen Gesellschaften schwer, da ihre Erträge zu etwa 90 Prozent vom RWKS abhingen. Zudem – und gewissermaßen kompensatorisch – stellten die Vertreter der Gruppe den Wiederauf- und den Ausbau des Hafens in Vlaardingen in Aussicht.[180] Mit Wilton-Fejenoord, einer Rotterdamer Werft, hatte die N.V. Vulcaan hierfür bereits 1943 zusätzliche Hafenflächen erworben.[181]

Zwar verschlossen sich das Deviseninstitut sowie die Generalsekretäre für Handel und Wirtschaft (Hirschfeld) bzw. für Finanzen (Postma) diesen Argumenten keineswegs, aber sie wollten den Weg in der vorgezeichneten Form nicht mitgehen. Das Deviseninstitut störte sich vor allem daran, dass die Schuld faktisch mit Reichsmark (durch die ATB) beglichen werden sollte. Es präferierte daher den – auch von den BHS-Managern intern stets befürworteten[182] – Weg, die Kaszony-Schuld über HAIC-Anteile zu tilgen. Obwohl vor allem Roelen und Acker die Vorzüge einer »deutschen« Regelung hervorhoben, ließen sich die Vertreter des Deviseninstituts – Bommstra, Müller und im zweiten Teil der Verhandlung Direktor Langkamp – nicht von ihrer Meinung abbringen. Roelen und Acker waren auch grundsätzlich bereit, die Schulden durch HAIC-Aktien abzulösen, wenn das Finanzministerium hierfür eine steuerliche Unbedenklichkeitserklärung ausstellte. Das Deviseninstitut sagte zu, sich in diesem Sinne für die Interessen der TBG zu verwenden.[183] Auch Hans Max Hirschfeld, der Generalsekretär im Wirtschaftsministerium, befürwortete diesen Weg explizit und machte sich ebenfalls für eine steuerliche Ausnahmegenehmigung stark. Der entsprechende Entwurf seines Schreibens an sein Pendant im Finanzministerium, Postma, stammte bezeichnenderweise aus der Feder des Thyssengas-Juristen Wilhelm Acker.[184]

Damit schien sich eine Lösung abzuzeichnen, die Roelen zwar nicht gern sah, aber doch fatalistisch-pragmatisch am 4. September 1944 begrüßte: »Was die Kaszony-Schuld angeht, so ist das Wichtigste, dass sie überhaupt verschwindet.«[185] Am selben Montag löste dann aber eine Radioansprache des niederländischen Ministerpräsidenten Pieter Sjoerds Gerbrandy, bei der er die Befreiung Rotterdams und mittelbar der gesamten Niederlande für den Folgetag in Aussicht stell-

---

[180] Aktenbericht Besprechung Mobiel und Vulcaan mit dem Deviseninstitut in Amsterdam, 12.8.1944, S. 3-4, SIT TB/4816; BHS an Schalkaar (Generalsekretär im Finanzministerium), 1.8.1944, SIT TB/4816;
[181] Aktenbericht, 6.11.1943, S. 2, tkA FÜ/92; Wirtschaftliche Notwendigkeit und Bedeutung von Änderungen zum organischen Aufbau des Konzerns Thyssen-Neu, 25.7.1944, S. 7, SIT NROE/15.
[182] Implizit besonders deutlich in Aktenbericht Besprechungen am 30. und 31.3.1944, SIT TB/4816. Ebd., S. 6, bekräftigen Acker, Roelen und Klein (RdF) ihren »Eindruck, dass von holländischer Seite Widerstand auf der ganzen Linie geleistet wird.«
[183] Aktenbericht Umbau des Konzerns Thyssen-Neu, hier: Tilgung der Kaszony-Schuld, 16.8.1944, S. 3-4, SIT TB/4816.
[184] Hirschfeld an Postma, 22.8.1944, SIT TB/4816.
[185] Roelen an Jacke, 4.9.1944, SIT TB/4816.

te, den »dolle dinsdag« aus – eine Art Generalstreik zu Begrüßung der alliierten Truppen. Allerdings war die militärische Lage bei Weitem nicht so günstig, wie kommuniziert wurde, und die Niederlande blieben noch in weiten Teilen bis Frühjahr 1945 unter deutscher Kontrolle. Gleichwohl war seit Anfang September 1944 die öffentliche Ordnung in den Niederlanden weitgehend zusammengebrochen.[186]

Dadurch waren die Verhandlungen faktisch beendet.[187] Gleichsam als Notfallmaßnahme verständigten sich die Kaszony-Stiftung und die BHS im September 1944 auf zwei Punkte, die keiner behördlichen Genehmigung bedurften. Erstens reduzierte die BHS den Zinssatz für die Kaszony-Schuld rückwirkend zum 1. Januar 1944 merklich von vormals drei auf 1,2 Prozent. Zweitens wandelte die BHS 15 Mio. hfl. Schulden von Thyssengas zum 1. September 1944 in eine stille Beteiligung um, die explizit weiterhin eine Guldenforderung darstellte. Sie sollte zunächst mit drei Prozent verzinst werden sollte, konnte der Bank aber abhängig vom Geschäftsergebnis des Energieunternehmens auch höhere Erträge ermöglichen. Die Vereinbarung lief bis 1949 und war halbjährlich kündbar.[188] Auch mit ihr war freilich eine erhebliche Zinsreduktion verbunden, da Thyssengas für beide vormalige Darlehn, einen Guldenkredit über 19 Mio. hfl. und einen RM-Kredit über 7 Mio. RM, Zinsen von 4 Prozent für RM bzw. von 9,875 Prozent (!) für den Gulden-Kredit[189] an die BHS gezahlt hatte.[190]

Da die Kaszony-Schuld vorerst nicht getilgt werden konnte, war die maßgebliche Vorbedingung nicht erfüllt, die TBG auch im RFM-Sinne organschaftsfähig zu machen. Daher überlegten die Manager zunächst, lediglich Thyssengas und die PWR steuerlich stärker miteinander zu verbinden. Da Thyssengas kaum Gewinne erwirtschaftete, die PWR aber weiterhin sehr gut verdiente, ergab dies fraglos

---

[186] Zum Zusammenbruch der Ordnung sowie zur Radikalisierung der Besatzungspolitik Hirschfeld, Fremdherrschaft, S. 37-38.
[187] So auch Roelen an Lübke, 14.9.1944, SIT TB/4816.
[188] Aktenbericht Schwebende Fragen Mobiel, 14.9.1944, SIT TB/4816; für die rückdatierten Vereinbarungen vgl. BHS an Kaszony, 1.9.1944, SIT TB/4816; BHS an Thyssengas, 1.9.1944, SIT TB/4816; zur Zinsreduktion auch Einiges über Aufbau und Entwicklung bei den Gesellschaften um Dr. Heinrich Thyssen-Bornemisza (Mai 1946), S. 30, SIT NROE/36.
[189] Aufgrund der Kapitalknappheit im Deutschen Reich lag das Zinsniveau vor allem für langfristige Mittel durchweg höher als in den übrigen Staaten. Die BHS hatte Thyssengas Ende der 1920er Jahre einen Kontokorrentkredit mit einer Kreditlinie im Gegenwert von bis zu 38 Mio. RM eingeräumt. Vgl. z.B. BHS an Thyssengas, 25.6.1931, SIT NROE/61. Es handelte sich dabei aber um einen Guldenkredit (wahlweise auch zahlbar in Pfund oder Dollar) mit einem Darlehnszinssatz von 9,875 %; für den RM-Kredit galt ein flexibler Zinssatz, der 1,5 % über dem Diskontsatz lag. Vgl. BHS an Thyssen, 12.10.1929, SIT TB/4813; ferner Entwicklung der Zinsrückstellung für die hfl- und RM-Kredite der holländischen Bank bei Thyssengas (Anlage 6) (o.D., ca. 1953), BArch Koblenz B 102/60718.
[190] Einiges über Aufbau und Entwicklung bei den Gesellschaften um Dr. Heinrich Thyssen-Bornemisza (Mai 1946), S. 30-32, SIT NROE/36; zu den Darlehn: Wirtschaftliche Notwendigkeit und Bedeutung von Änderungen zum organischen Aufbau des Konzerns Thyssen-Neu, 25.7.1944, S. 5, SIT NROE/15; Entwicklung der Zinsrückstellung für die hfl- und RM-Kredite der holländischen Bank bei Thyssengas (Anlage 6) (o.D., ca. 1953), BArch Koblenz B 102/60718.

Sinn. Eine Fusion schlossen Roelen und Krautheim freilich kategorisch aus, da ihnen die juristische Selbständigkeit beider Werke wichtig war. Auch ein Organschaftsverhältnis nur zwischen diesen beiden Gesellschaften sollte vorerst nicht angestrebt werden, um die Unternehmen – offensichtlich angesichts der unklaren wirtschaftlichen und politischen Zukunft – nicht zu sehr voneinander abhängig zu machen. Stattdessen sollte in Absprache mit dem RFM ein Vertrag über eine Interessen- bzw. Gewinngemeinschaft beider Werke abgestimmt werden.[191] Die Zeitläufte verhinderten die Realisierung jedoch.

4. Die transnationale TBG zwischen internationalem Recht und nationalstaatlichen Interessen: Restitution, Entflechtung und Neugruppierung 1945 bis 1955

Was unter den Kriegsbedingungen nicht umgesetzt wurde, holte die TBG teils freiwillig, teils erzwungenermaßen bis Mitte der 1950er Jahre nach. Doch bis dahin musste der designierte *beneficial owner* Hans Heinrich Thyssen-Bornemisza erst einmal die Verfügungsgewalt über sein Eigentum sicherstellen bzw. wiedererlangen. Denn ein Großteil der transnationalen TBG war in mehreren Staaten unter Feindvermögensverwaltung gestellt worden: In den Niederlanden hatte das Nederlandse Beheersinstituut (NBI) die Kontrolle über die N.V. Vulcaan, die BHS und die übrigen Gesellschaften übernommen; die US-Gesellschaften waren bereits 1942/43 im Rahmen des *Trading with Enemy Acts* beschlagnahmt und einem Verwalter (*Custodian*) unterstellt worden, gleiches galt für das in England liegende Vermögen. Im besetzten Deutschland kontrollierten alliierte Behörden die Produktionsunternehmen, um über deren Zukunft im Rahmen ihrer Demontage- und Entflechtungspolitik zu entscheiden. Faktisch war die Thyssen-Bornemisza-Gruppe damit im Mai 1945 nahezu vollständig enteignet – wenn auch nur temporär.

4.1. Das Vermächtnis der Kriegszeit als unternehmerisches Problem

Das NBI hatte im Mai 1945 zunächst E. Straatemeier, einen langjährigen Manager der Reederei Koninklijk Paketvaart Maatschappij,[192] W. Suermondt Wzn., lang-

---

[191] Niederschrift über eine Besprechung bei der PWR AG, 2.12.1944; Entwurf Interessengemeinschaftsvertrag, 20.11.1944, tkA VSt/4186.
[192] »Oud-directeur von de K.P.M. overleden«, in: Haarlem's Dagblad, 8.1.1954, S. 2.

jähriger Leiter einer Beteiligungsgesellschaft,[193] und Johann Georg Gröninger zu Verwaltern für die niederländischen TBG-Gesellschaften bestellt.[194] Die Gremienmitglieder mit deutscher Staatsangehörigkeit hatten nach der Befreiung der Niederlande »automatisch« ihre Mandate verloren,[195] der Niederländer Kortmulder war zum 5. Juni 1945 suspendiert und zum 31. Dezember 1945 aus der BHS entlassen worden, weil er »ein williges Werkzeug in den Händen der deutschen Interessen« gewesen sei und »als eine im niederländischen Wirtschaftsleben unerwünschte Person betrachtet werden« müsse.[196]

Diese Begründungen deuten den Tenor der folgenden Auseinandersetzungen an: Es galt weniger, rechtliche oder wirtschaftliche Fragen zu klären als vielmehr glaubhaft die »richtige« Gesinnung zu vertreten. Der Zweite Weltkrieg und die deutsche Besatzung hatten in den Niederlanden und bei den Niederländern tiefe Spuren hinterlassen und ein (langanhaltendes) nationales Trauma erzeugt. An pragmatische Lösungen war erst mit zeitlichem Abstand zum Kriegsende wieder zu denken.[197] Vor allem aufgrund wirtschaftlicher Erwägungen wandelte sich erst allmählich die Einstellung zumindest der Eliten. In einem Schreiben der niederländischen Botschaft an das britische Foreign Office hieß es im September 1946 programmatisch: »Das Schicksal hat den Niederländern einen seltsamen Streich gespielt. Sie, die zu jenen zählen, die am meisten unter den Deutschen gelitten haben, sind absolut nicht in der Lage, ohne wirtschaftliche Beziehungen zu Deutschland zu leben.«[198]

Die wirtschaftliche Verflechtung der Niederlande mit dem rheinisch-westfälischen Wirtschaftsgebiet war generell ein zentrales Argument niederländischer Politiker in der Nachkriegszeit, um den europäischen Wiederaufbauprozess in ihrem Sinne mitgestalten zu können, d.h. konkret am Wiederaufbau Deutschlands im europäischen Kontext mitzuwirken. Denn, wie Friso Wielenga seine einschlägige Studie treffend betitelt hat, waren die Niederlande und die (entstehende) Bundesrepublik »Partner aus Notwendigkeit.«[199] Diese enge Verquickung von wirtschaftlichen und politischen Interessen nutzte auch der TBG, die – anders als viele deutsche Unternehmen mit niederländischen Tochtergesellschaften – die Entwicklung nach 1945 beeinflussen konnte.[200] Eine Eingabe der niederländischen Mission an die Alliierte Hohe Kommission bettete 1950 die Darstellung der TBG

---

[193] Nolst Trenité, Suermondt, S. 315-316; Suermondt reihte sich nach Kriegsende in die Riege der deutschskeptischen niederländischen Elite ein und gab zu Protokoll, dass es ihm derzeit widerstrebe, mit Deutschen in Kontakt zu treten. Vgl. Gundermann, Die versöhnten Bürger, S. 84.
[194] Hans Heinrich Thyssen-Bornemisza an Roelen, 2.4.1946, SIT TB/2141.
[195] Hans Heinrich Thyssen-Bornemisza an Roelen, 25.12.1945, SIT TB/2141.
[196] Nederlandsch Beheersinstituut Bureau Rotterdam, 20.4.1946, S. 1-2 SIT NROE/36.
[197] Wielenga, Weg zur neuen Nachbarschaft, S. 125-127; ders., Partner uit Noodzak, S. 265-267.
[198] Bentinck an Hoyer Millar, 20.9.1946, zitiert nach: Lademacher, Niederlande und Rhein-Ruhr-Raum, S. 171.
[199] Wielenga, Partner uit Noodzaak; eine neuere Studie spricht von »zueinander verurteilt«. Lak, Tot elkaar veroordeeld.
[200] Zu den Schwierigkeiten der unmittelbaren Nachkriegszeit Lak, Chinese Wall, S. 222-223.

in übergeordnete ökonomische und politische Zusammenhänge ein und verwies explizit auf die lange Verflechtungsgeschichte zwischen den Niederlanden und der Ruhr.[201]

Das überrascht nicht, wenn man allein den Urheber des zitierten Schreibens der niederländischen Botschaft betrachtet: Graf Adolph von Bentinck, der Schwager Hans Heinrich Thyssen-Bornemiszas. Er gehörte fraglos zu den rührigsten Akteuren, die die wirtschaftliche Verflechtung mit Deutschland (auf kapitalistischer Grundlage) zu einer politischen Überlebensfrage der Niederlande stilisierten.[202] Für die TBG war er gerade von 1945 bis 1948 ein wichtiger Unterstützer. In dieser Phase kristallisierte sich die zukünftige Weltordnung allmählich heraus und der Diplomat Bentinck saß an einer idealen Schnittstelle, um auch den Interessen seines Schwagers zuzuarbeiten, die in Teilen auch Bentincks eigene Vermögensinteressen waren. Erstens verfügte er über umfassende Netzwerke in der niederländischen Politik und Verwaltung, zweitens war er als Diplomat unmittelbar in die Willensbildung des Außenministeriums (und anderer Ministerien) involviert und drittens residierte er als Botschaftsrat in London und damit in der Hauptstadt der britischen Besatzungsmacht, in deren Zone die meisten deutschen Unternehmen der TBG ihren Sitz hatten.

Freilich konnte Bentinck »keine Privataktionen unternehmen«, wie Hans Heinrich anlässlich der Beantragung von »Permits« für die PWR nicht bloß pflichtschuldig hervorhob. Bentinck konnte aber Hilfestellungen geben und Wege aufzuzeigen, die der TBG nutzen konnten. So hatte Hans Heinrich wegen der Betriebserlaubnis der PWR (»Permit«) im Außenministerium in Den Haag angefragt und – offensichtlich auf Ratschlag seines Schwagers – besonders den Nutzen für die Niederlande herausgestellt. Das Außenministerium griff dies auf, intervenierte im niederländischen Interesse bei den Briten – und PWR erhielt die »Permits«.[203]

Bentincks Nutzen für die TBG lag nicht so sehr darin, dass er unmittelbar zu ihren Gunsten in den Politikprozess eingriff, sondern Stimmungen eruierte, Gefahren identifizierte, erfolgversprechende Lösungen aufzeigte und in diesem Sinne innerhalb der Administration vorsondierte. Derart konnte er Diskurse beeinflussen, die ein politisch günstiges Klima schufen, um auch die offenen Fragen der Gruppe zu lösen. Sein Narrativ einer ökonomischen und damit auch politischen deutsch-niederländischen Schicksalsgemeinschaft gehörte dazu. Bentinck war mithin Unterstützer, aber kein Instrument der TBG. Dies galt auch für andere hilfreiche Netzwerkbeziehungen, die Hans Heinrich in der unmittelbaren Nachkriegszeit aktivierte, um eigene Problemlagen zu schildern, Handlungsoptionen zu sondieren und ein Gespür für das richtige Timing von politischen Vorstößen zu entwickeln: »Ich habe zuletzt eine lange Unterredung mit Herrn Hirschfeld gehabt

---

[201] Netherlands Mission to Allied High Commission, 23.2.1950, BArch Koblenz Z 45 F, Shipment 17, Box 244-1, Folder 12.
[202] Vgl. Lak, Trading with the Enemy, S. 156-158.
[203] Hans Heinrich Thyssen-Bornemisza an Roelen, 2.4.1946, SIT TB/2141. Vgl. Kapitel 5.3.3.

und hoffe seine Kenntnisse und Beziehungen für uns nutzbar machen zu können.«[204] Zum Zeitpunkt des Schreibens (Februar 1947) war Hirschfeld zwar nicht mehr Wirtschaftsminister, doch in seiner neuen Funktion als »Marshallplanminister« waren sein Einfluss und seine Gestaltungsmöglichkeiten ungebrochen.[205]

Über Beziehungen ins Wirtschaftsministerium musste sich Hans Heinrich ohnehin keine größeren Sorgen machen, weil sein »persönlicher Freund« Pieter Alfons Blaisse (1911-1990) dort als »zweiter Mann«[206] leitende Funktionen bekleidete. Blaisse war nach dem Studium in Amsterdam und 1934/35 an der TH Hannover, an der auch Stephan Thyssen-Bornemisza lehrte, u.a. Direktor bei Philips gewesen und anschließend zunächst in der niederländischen, später auch der europäischen Politik tätig.

Zu den wichtigsten Sachwaltern Hans Heinrich Thyssen-Bornemiszas in den Niederlanden gehörten neben dem Wirtschaftsprüfer Kraayenhof auch die beiden Rotterdamer Anwälte J. Coert sen. und J. Coert jun. Vater Coert vertrat Heinrich schon zu dessen Den Haager Zeit anwaltlich und der Sohn war seit Jugendtagen sowohl mit Bentinck als auch mit Hans Heinrich befreundet. J. Coert jun. hatte in den 1920er Jahren freiwillig Offiziersdienst bei der niederländischen Kavallerie geleistet, anschließend ein Jura-Studium absolviert und im Krieg Niederländer verteidigt, die aus politischen Gründen gefangen genommen worden waren. Als die deutschen Behörden ihn 1943 gefangen nehmen wollten, tauchte er unter. Nach dem Krieg arbeitete Major Coert als Verbindungsoffizier bei der Niederländischen Militärischen Mission in Minden und war in der britischen Besatzungszone für die Sicherung (entwendeten) niederländischen Eigentums zuständig.[207] Ähnlich wie mit Blick auf seinen Schwager Bentinck ergaben sich für Hans Heinrich Thyssen-Bornemisza Beziehungen zu Akteuren in Schlüsselpositionen beinahe von selbst. Seine – hier nur in Auswahl dargelegten und nicht auf die Niederlande begrenzten – hochrangigen Kontakte machten Hans Heinrich zuversichtlich, die Dinge in seinem Sinne regeln zu können: »Meine Interessen und diejenigen des Holländischen Staates laufen parallel.«[208]

Trotz aller strategischen Zuversicht waren die operativen Fragen auch in den Niederlanden erst noch zu lösen, denn gute Kontakte reichten allein nicht aus, um die staatliche Kontrolle über die niederländischen Gesellschaften zu beenden und wieder die volle Verfügungsgewalt über die BHS, Vulcaan & Co. zu erhalten. Zunächst verschlechterten sich die Aussichten sogar, denn zu den drei ursprünglich eingesetzten »Bestuurders« Suermondt, Straatemeier und Gröninger gesellte sich am 21. September 1945 ein vierter hinzu: Hendrik Jozef Kouwenhoven. Er hatte

---

[204] Hans Heinrich Thyssen-Bornemisza an Roelen, 15.2.1947, SIT TB/2141.
[205] Trienekens, Hirschfeld.
[206] Hans Heinrich Thyssen-Bornemisza an Roelen, 2.4.1946, SIT TB/2141.
[207] Memorandum August-Thyssen-Bank Berlin, 23.1.1947, Anlage 2a, S. 3-4, TNA FO 837/1158, vgl. Mulder u.a., Operatie Juliana; englische Übersetzung enthalten in SIT TB/1.
[208] Hans Heinrich Thyssen-Bornemisza an Roelen, 2.4.1946, SIT TB/2141.

4. Restitution, Entflechtung und Neugruppierung

schon unmittelbar nach der Befreiung der Niederlande versucht, seine alte Stellung wieder einzunehmen.[209] Doch noch im August 1945 hatten sich die niederländischen Behörden zu Kouwenhovens Wunsch auf »Wiedereinstellung« reserviert verhalten und wollten ihn lediglich als Berater der Bank akzeptieren. Kouwenhoven insistierte, für ihn sei es wichtig, als Bestuurder benannt zu werden oder zumindest hierzu im Finanzministerium gehört zu werden, da er nur so die Schmach tilgen könne, die aus der ausgebliebenen Entschädigung resultierte.[210] Er konnte sein Ziel schließlich wohl auch deshalb erreichen, weil Gröninger Kouwenhovens Bestellung mehrfach und schließlich erfolgreich bei den Behörden anmahnte.[211]

Damit ergab sich die absurde Situation, dass mit Kouwenhoven ein Mann die Bank leitete, dem die Aktionäre das Vertrauen entzogen hatten.[212] Ausgerechnet er sollte nun treuhänderisch das Vermögen dieser Aktionäre schützen. Doch die Konstellation erwies sich sogar als noch »absurder«: Mit Johannes Alides Deknatel stand ein Mann dem NBI vor, der 1943 als Kouwenhovens Nachfolger auserkoren worden war und der als Cousin Lübkes, eines abgesetzten Vorstands der BHS, der Thyssen-Bornemisza-Gruppe persönlich nahestand. Daher überrascht es nicht, dass Hans Heinrich Thyssen-Bornemisza mit Deknatel Ende 1945 persönlich über die Lage sprechen konnte. Dieser machte ihm zunächst aber keine Hoffnung auf eine schnelle Lösung, weil das Finanzministerium der Meinung war, Gröninger und Kouwenhoven könnten die Interessen der beschlagnahmten BHS-Tochtergesellschaften in den USA und Kanada am wirkungsvollsten vertreten[213] und durch den Rücktransfer von Devisen die »Dollarlücke« der Niederlande verringern helfen.[214] Daher war zunächst nicht an eine schnelle Freigabe der Vermögenswerte zu denken. Doch Deknatel verschaffte Hans Heinrich Thyssen-Bornemisza, der sich zu Klärung der Angelegenheit in den Niederlanden aufhielt, Zugang zu allen gewünschten Informationen.[215]

Hans Heinrich betrachtete die handelnden Akteure »seiner« Bank argwöhnisch. Bei ihm verfestigte sich der Eindruck, die Geschäftsführung verfolge Interessen, die seinen bzw. denen seines Vaters nicht entsprachen. Anlass zum Misstrauen hatte er genug: Im August 1945 legte der ehemalige Wirtschaftsprüfer der BHS, A. Schilder, ein Testat vor, das von Gröninger, Suermondt und Straatemeier in Auftrag gegeben worden war und zwar keine falschen Angaben enthielt, aber

---

[209] Lagebericht Heida an Roelen, 5.2.1946, SIT NROE/36.
[210] Trip an Kouwenhoven, 24.8.1945 und Kouwenhoven an Trip, 29.8.1945 NL-HaNA 2.08.52 inv.nr. 13.
[211] Lagebericht Heida an Roelen, 5.2.1946, SIT NROE/36.
[212] Pointiert hierzu auch Heida an Lieftinck, 6.11.1945, S. 2, NL-HaNA 2.08.52 inv.nr. 13. Sinngemäß schrieb er, dass die Aktionäre der BHS, die keine Feinde der Niederlande seien, wie Feinde behandelt würden, während zugleich zwei Manager als Bestuurders die Bank leiteten, die den Aktionären feindlich gesinnt seien.
[213] Vgl. hierzu van Kleffens an Ambassade Washington, 28.7.1945, NL-HaNA 2.05.80, inv.nr. 3155. Zu den Beschlagnahmen selbst siehe Kapitel 5.7.4.
[214] Vgl. zur Dollarknappheit in den Niederlanden Lak, Trading with the Enemy, S. 154-155.
[215] Hans Heinrich Thyssen-Bornemisza an Roelen, 25.12.1945, SIT TB/2141.

unvollständig und tendenziös war. Der Report sollte anhand der Bücher der BHS und anderem, in den Niederlanden zugänglichen Material, untersuchen, inwiefern sich seit der letzten Analyse durch Price, Waterhouse & Co. 1939[216] Eigentumsverhältnisse bei den niederländischen Gesellschaften verändert hatten. Hierzu konnte Schilder nur bedingt Auskunft geben, weil ein großer Teil der bei der BHS deponierten Aktien auf Veranlassung Roelens am 7. Dezember 1942, wenige Tage nach der Entlassung Kouwenhovens, nach Berlin zur ATB transportiert worden war; ein kleinerer Teil lagerte in Groningen in einem Safe der Twentschen Bank. In seinem Report rekonstruierte Schilder die Entlassung Kouwenhovens und die damit verbundenen Rücktritte von Schütte, ihm selbst, Gröninger und anderen. Er schloss die Bestandsaufnahme mit zwei Aussagen unter Vorbehalt: Da es, erstens, keinen Kontakt zu Heinrich Thyssen-Bornemisza gegeben habe, lasse sich nicht final beurteilen, ob sich die Eigentumsverhältnisse in letzter Hand geändert hätten und, zweitens, sei nicht ersichtlich, wie sich der Einfluss der deutschen Manager auf die niederländischen Gesellschaften tatsächlich ausgewirkt habe.[217] Die niederländische Zentralbank kam im Oktober 1945 bei ihren eigenen Untersuchungen prinzipiell zum selben Ergebnis: Für ein abschließendes Urteil über einen nachteiligen deutschen Einfluss fehle es noch an Informationen.[218]

Weil Schilders Report keine klaren Aussagen traf, ließ er Deutungsspielraum, der offensichtlich gewünscht war. Er thematisierte zutreffend die physische Verlagerung von Wertpapieren sowie die veränderten Leitungsgremien. Er deutete ferner an, dass sich durch beide Maßnahmen die Eigentumsverhältnisse geändert und dass die deutschen Manager sachfremde Interessen in die Gesellschaften hineingetragen haben könnten, stellte dies aber nicht fest. Bei unvoreingenommenen Lesern konnte dies leicht den Eindruck erwecken, Schilder halte es für wahrscheinlich, dass die beiden Vorgänge tatsächlich die umrissenen negativen Folgen für die niederländischen Gesellschaften gehabt hatten.

Freilich: Der Prüfungsauftrag war eng umrissen und die Materiallage ungünstig. Dennoch ist der Report unschwer als interessengeleitetes Werk zu dechiffrieren, selbst wenn er formal den Anforderungen an ein transparentes und neutrales Testat entsprach. Bereits die Vergabe an Schilder war fragwürdig, da er sich solidarisch mit Kouwenhoven gezeigt hatte, als dieser entlassen wurde. Dies gilt ähnlich auch für Gröninger als einem der drei bzw. dem vermutlich maßgeblichen Auftraggeber. Inhaltlich erwähnt der Report ferner zum Beispiel, dass Maarten van Rossen 1942 als Vorstand der N.V. Norma entlassen wurde, nicht aber, dass Kouwenhovens Schwager seine – weit bedeutendere – Funktion im RTK weiterhin wahrnahm.

---

[216] N.V. Handels en Transport Maatschappij »Vulcaan« Rotterdam. Report (Price, Waterhouse & Co.) on Ownership of Share Capital, 4.12.1939, S. 1, NL-HaNA 2.08.52, inv.nr. 13.

[217] Report Schilder, 14.8.1945, NL-HaNA 2.08.52 inv.nr. 13. Das war offenbar nur die Kurzform des Gutachtens, dem eine längere Version folgte. Sie ist nicht überliefert, aber ihr Inhalt kann über die Gegengutachten erschlossen werden. Vgl. hierzu weiter unten.

[218] Bank voor Handel en Scheepvaart N.V., 17.10.1945, S. 3-4, RG 131, Entry A1 247, Box 108; auch in: NL-HaNA 2.25.68, inv. nr. 12779.

4. Restitution, Entflechtung und Neugruppierung 85

Schilders Ausführungen ließen sich wohlwollend als vorläufiges Testat unter erschwerten Bedingungen interpretieren, doch im Kontext einer Rede Kouwenhovens etablierten sie letztlich ein »Narrativ der Entlassenen«: Seine Wiedereinstellung als *Bestuurder* nutzte Kouwenhoven, um an seiner eigenen Legende zu stricken. In einer überaus bemerkenswerten Ansprache präsentierte er den Mitarbeitern der BHS sein Narrativ, das eher dem Zeitgeist als den Fakten entsprach, denn die Vorgänge von Ende 1942 verdichteten sich bei ihm in bisweilen martialischer Wortwahl zu einem Kampf des guten Niederländers gegen den bösen (Nazi-)Deutschen und seine niederländischen Kollaborateure:

Eenerzijds distantieering van bestaande betrekkingen en toenadering tot den vijand, anderzijds meerdere verbondenheid en verknochtheid aan de Nederlandsche belangen. Een felle strijd ontstond in dit concern om de macht uit Nederlandsche handen te verleggen naar Duitsche. Tot November 1942 heeft deze worsteling geduurd. Mede voorbereid door Hollandsche helpers was toen het schavot gereed om de specifiek Hollandsche leiding de genadeslag to te brengen. Dit warst de zwartste dag in mijn leven, maar ook in de geschiedenis onzer ondernemingen.

Einerseits Preisgabe bestehender Beziehungen und Annäherung an den Feind, andererseits große Verbundenheit mit den niederländischen Interessen. Im Konzern gab es umfassende Auseinandersetzungen um die Führung, die aus niederländischen in deutsche Hände gelegt werden sollte. Bis November 1942 hat dieses Ringen gedauert. Vorbereitet durch holländische Helfer wurde das Schafott bereitet, um der spezifisch holländischen Führung den Gnadenstoß zu geben. Das war der schwärzeste Tag in meinem Leben, aber auch in der Geschichte unserer Unternehmungen.

Das war im Kern Kouwenhovens Deutung der Reorganisation der TBG seit 1941. Er reicherte sie freilich mit Details an, die auf bisweilen perfide Art und Weise Zusammenhänge konstruierten, die zumindest fraglich waren. Dies galt gewiss nicht für das solidarische Ausscheiden von Schütte und Schilder, wohl aber für die Darstellung Kortmulders als Karrieristen, der die deutschen Interessen benutzt habe, um Kouwenhoven nachzufolgen, und die nachgerade satirisch überzeichnete Erinnerung an Heidas Verhalten in der finalen Besprechung, der auf das – lautmalerisch gewiss sehr wirkungsvolle – »commando: ›Jetzt Sie, Herr Dr. Heida‹« die juristische Seite von Kouwenhovens Entlassung mit dem größten Vergnügen (»met alle genoegen«) erläutert haben soll. Aus Kouwenhovens Sicht war seine Entlassung eine große Verschwörung nicht nur gegen ihn, sondern gegen die niederländischen Interessen insgesamt.[219]

---

[219] Begroetingswoord, 21.9.1945, NL-HaNA 2.08.52, inv.nr. 13.

Die Rede wirft Fragen auf. Sie wirkt vor allen in jenen Passagen glaubwürdig, in denen Kouwenhoven seine Genugtuung ausdrückt, wieder bei der BHS zu sein, seine persönliche Verletzung kundtut, sich bei seinen Unterstützern bedankt und das Unrecht beklagt, das ihm widerfahren sei. Vermutlich hat er tatsächlich so empfunden, zumal die Erklärung, er sei »aus Gründen übergeordneter Art« entlassen worden, Deutungsspielraum bot. »Übergeordnet« wären sowohl die Interessen des Deutschen Reichs gewesen, wie Kouwenhoven es auslegte, als auch jene Heinrich Thyssen-Bornemiszas, wie Hans Heinrich Thyssen-Bornemiszas annahm.[220]

Doch bei aller konzedierten Eigenwilligkeit Kouwenhovens ist die Rede inhaltlich und rhetorisch doch zu eigenwillig, um sie als bloße Abrechnung eines Enttäuschten zu verstehen. Das klare Freund-Feind-Schema, die Referenzen an die NS-Rhetorik, die konstruierte und von der Nederlandsche Bank implizit widerlegte Behauptung, er habe die BHS seit 1936 in kluger Voraussicht auf niederländische Interessen – »van ons vaderland« – hin ausgerichtet[221] und nicht zuletzt die Umdeutung der Vernehmung durch die deutsche Steuerfahndung 1940 zu einer Gefangennahme (»gevangeneming«)[222] lassen die Rede gerade in ihrer Komprimiert- und Pointiertheit eher als politische Agenda erscheinen.

Hans Heinrich, dem die Rede bekannt war, da er sich teils wörtlich auf sie bezog, vermutete, dass Kouwenhoven »nichts anderes als Lügen erzählt, um aufgrund der neuen Gesetzgebung seinen zivilen Prozess zu gewinnen.«[223] Der Schlüssel zur Lösung der niederländischen Probleme lag in der Deutungshoheit über die Vorgänge seit 1941 und konkret in der Frage, wer Kouwenhoven entlassen hatte: Heinrich Thyssen-Bornemisza, der Aktionär, oder Wilhelm Roelen, der Generalbevollmächtigte. Insbesondere für Kouwenhoven war dies tatsächlich mehr als nur eine Formfrage: Falls sich nachweisen ließ, dass Roelen ihn (aus politischen Motiven) entlassen hatte, wäre er nicht rechtmäßig von seinen Pflichten entbunden worden, hätte auf seinen Posten zurückkehren können und vor allem wäre dann auch die Frage der Garantieerklärung neu aufzurollen gewesen. Weil das Vermögen der BHS – und damit auch Kouwenhovens Depot – in London beschlagnahmt worden war, war dies für ihn unmittelbar vermögensrelevant.

Um Klarheit in dieser Frage zu erhalten, suchten Kouwenhoven und Gröninger im Juli 1946 Wilhelm Roelen ohne Vorankündigung in dessen Büro auf. Roelen

---

[220] Eenige notities (Kouwenhoven), 13.11.1945, NL-HaNA 2.08.52, inv.nr. 13.
[221] Dieser Punkt ist freilich etwas heikel, denn Kouwenhoven hat tatsächlich im Rahmen der NHM-Übernahme und der Transferfrage wiederholt versucht, die *Wahrnehmung* der Bank weg von »deutsch« hin zu »niederländisch« zu ändern, während die Nederlandsche Bank nur nüchtern feststellte, dass sich am Eigentum und am Geschäftsmodell der BHS nichts Maßgebliches geändert habe und daher die Bank genauso niederländisch und genauso deutsch war wie Ende der 1920er Jahre. Hier mag Kouwenhoven also tatsächlich seine innerste Überzeugung kundgetan haben.
[222] Hierzu auch Bestuurders BHS an Department van Financiën, 4.12.1945, S. 2, NL-HaNA 2.08.52, inv.nr. 13.
[223] Hans Heinrich Thyssen-Bornemisza an Roelen, 2.4.1946, SIT TB/2141.

4. Restitution, Entflechtung und Neugruppierung 87

benannte Heinrich Thyssen-Bornemisza als Urheber der Entscheidung und antwortete Kouwenhoven auf dessen Frage, ob das zu beweisen sei, dass daran »kein Zweifel« bestehen könne. Auf Nachfrage bestätigte Roelen zudem, dass er gegen diese Entscheidung Heinrichs nicht opponiert habe.[224]

Heinrich Thyssen-Bornemisza war bei der Aufklärung der Vorgänge eher eine Belastung als eine Hilfe, da er bisweilen Aussagen traf, die Hans Heinrichs Ausführungen widersprachen. Hans Heinrich führte dies auf den verschlechterten Gesundheitszustand seines Vaters zurück, der an Diabetes litt, die sich durch übermäßigen Alkoholkonsum verschlimmerte und zu Folgekrankheiten führte.[225] Sein Vater habe, so Hans Heinrich, daher seinen Gesprächspartnern nicht mehr hinreichend folgen und die Lage nicht mehr überblicken können.[226]

Die Aufzeichnungen von Gröninger und Kouwenhoven über einen Besuch in Lugano Ende 1945 vermitteln keinen gegenteiligen Eindruck: Heinrich, der zweieinhalb Jahre zuvor nachweislich in die Entscheidungen eingebunden gewesen war und die notwendigen Vollmachten unterschrieben hatte,[227] konnte sich an die Zusammenhänge, die zur Entlassung Kouwenhovens führten, nicht mehr sicher erinnern. Als Gröninger und Kouwenhoven ihn bei ihrem Besuch nach den Vorgängen fragten, wunderte er sich, warum Gröninger ihn nicht schon früher gewarnt habe, stritt ab, Kouwenhoven angewiesen zu haben, sich Roelens Vollmacht zu beugen, und gab an, die entsprechende Korrespondenz nicht zu kennen. Zur maßgeblichen Frage gab er schließlich zu Protokoll: »Ich habe nichts gegen Herrn Kouwenhoven […] Ich habe Herrn Kouwenhoven nicht entlassen.«[228]

Gröninger und Kouwenhoven schlossen aus dieser expliziten Aussage zum einen, dass Heinrich Thyssen-Bornemisza nicht selbst entschieden habe, Kouwenhoven zu entlassen, und zum anderen, dass die »Gründe übergeordneter Art« sich nicht auf den Vertrauensverlust des Aktionärs beziehen konnten, sondern auf politischen Zwang schließen ließen. Diese Deutung war nachvollziehbar, wenn nicht gar folgerichtig – zumindest aus Kouwenhovens Perspektive: Er kannte die finalen Gründe für seine Entlassung nicht, wusste aber, dass sich Roelen, Kortmulder, Heida und Acker geweigert hatten, die Garantieerklärung anzuerkennen,

---

[224] Niederschrift über den Besuch der Herren Gröninger und Kouwenhoven am 23.7.1946, SIT NROE/36.
[225] »Because of H.T.B. Sr.'s refusal to follow medical advice and the persistent and excessive use of alcoholic beverages, his diabetic condition grew worse. Following the year 1939 he was seriously affected with arteriosclerosis and his physical and mental condition deteriorated. His health continually worsened following two diabetic comas or apoplectic strokes in 1943 and he required almost constant medical care thereafter. By 1946 he was in a state of mental and physical exhaustion which continued without improvement until the time of his death in 1947.« Office of Alien Property in the matters of BHS et al., 27.11.1957, S. 9, NL-HaNA 2.08.53, inv.nr. 48.
[226] Hans Heinrich Thyssen-Bornemisza an Roelen, 25.12.1945, SIT TB/2141. Die Einschätzung dürfte wohl auch zutreffen. Allerdings stellt sich dann zumindest die Frage, ob Heinrich Thyssen-Bornemisza nicht bereits Mitte 1942, als über die Entlassung Kouwenhovens befunden wurde, gesundheitlich so eingeschränkt war, dass er zu freier Willensbildung nicht mehr in der Lage war.
[227] Vgl. Kapitel 2.3.2.
[228] Beknopte Notitie eener bespreking in Lugano, 24.11.1945, NL-HaNA 2.08.52, inv.nr. 13.

weshalb sich die Kontrahenten auch nicht auf eine Abfindung verständigen konnten. Für ihn musste es daher so aussehen, als sei er nicht nur nach mehr als zwanzig Jahren aus dem Vorstand gedrängt, sondern zudem um vertraglich zugesicherte Rechte betrogen worden, die wenn nicht juristisch, so doch moralisch verbindlich schienen. Bereits Mitte der 1930er Jahre hatte er bezweifelt, dass die deutschen Stellen tatsächlich wie ehrbare Kaufleute handelten und sich an ihre Zusagen hielten: Im Zuge der Verhandlungen zwischen BHS, VSt und Reichsbank hatte er befürchtet, übervorteilt zu werden.[229]

Die Vorgänge von 1942 schienen ihn darin zu bestätigen: Weder den deutschen Thyssen-Vertretern noch den deutschen Behörden konnte man offenbar vertrauen. In dieser Sicht wäre es dann auch folgerichtig, alle Aussagen vor und nach seiner Entlassung in Zweifel zu ziehen. Beispielsweise ließ er 1946 gegenüber Roelen verlauten, es habe sich offenbar »unter Kriegspsychose [...] das ein oder andere verkehrt«.[230] Ihm sei wohl auch deshalb schmähliches Unrecht geschehen. Dieses »Unrecht« wollte er nun nachträglich revidieren. Nicht von ungefähr unterstützten ihn vornehmlich die alten Wegbegleiter, die sich die politische Stimmung in den Niederlanden zunutze machten, um Kouwenhoven Satisfaktion zu verschaffen. So sah es jedenfalls, und wohl nicht zu Unrecht, Hans Heinrich Thyssen-Bornemisza.[231]

Das Problem lag nicht so sehr darin, die fraglichen Zusammenhänge aufzuklären, sondern eher darin, dass Kouwenhoven und Gröninger eine staatlich sanktionierte Machtposition bei der BHS innehatten und ihr Narrativ offensiv vertreten konnten, während die TBG gezwungen war, zu reagieren. Ferner konnten die Manager Fakten schaffen, die dem Interesse der TBG zuwiderliefen. Beispielsweise bemühten sie sich bereits frühzeitig mit Unterstützung der niederländischen Behörden um die Freigabe der beschlagnahmten Vermögenswerte in den USA und England, etablierten sich gleichsam im vordiplomatischen Raum als Unterhändler und beeinflussten mit ihren Aussagen die Wahrnehmung des US-Custodians dahingehend, dass die BHS ein Opfer deutscher Politik gewesen sei.[232]

Soweit ersichtlich, schadeten die Aussagen in den USA der Bank aber nicht. Sie engten gleichwohl ihren Handlungsspielraum ein. Da die *Bestuurders* sich nicht mit dem Aktionär abstimmten und ihm bzw. seinen Vertrauten (Bentinck) auch Schriftstücke vorenthielten, agierten sie weitgehend eigenmächtig und ohne Legitimation des Aktionärs. Da Hans Heinrich alle notwendigen Informationen

---

[229] Vgl. Kapitel 5.7.2.
[230] Niederschrift über den Besuch der Herren Gröninger und Kouwenhoven am 23.7.1946, SIT NROE/36.
[231] Vor allem in den beiden Schreiben Hans Heinrich Thyssen-Bornemisza an Roelen, 25.12.1945 und 2.4.1946, SIT TB/2141.
[232] Bestuurders an Department van Financiën, 4.12.1945; Korte Notities vergadering Beheersinstituut, 12.8.1946, S. 3, NL-HaNA 2.08.52, inv.nr. 13. Zur Unterstützung durch Finanz- und Außenministerium 1945 siehe van Kleffens an Ambassade Washington, 28.7.1945, NL-HaNA 2.05.80, inv.nr. 3155.

4. Restitution, Entflechtung und Neugruppierung 89

umgehend durch das Beheersinstituut erhielt, konnte er dennoch rasch reagieren. Im April 1946 teilte er Roelen die maßgeblichen inhaltlichen Diskussionspunkte mit,[233] der daraufhin im Mai des Jahres seine Sicht der Dinge niederschrieb.[234] Die *Bestuurders* warfen (implizit) der maßgeblich von Roelen verantworteten Politik zahlreiche Benachteiligungen niederländischer Interessen vor: Die Verlagerung von Effekten ins Deutsche Reich, den Austausch des Führungspersonals, Kuxenverkauf an Thyssengas unter Wert, die Umwandlung des Thyssengas-Kredits in eine stille Beteiligung, die Reduzierung der Kreditzinsen, überhöhte Bezüge der deutschen Manager und generell geringe Rücksichtnahme auf niederländische Interessen.

Die inkriminierten Handlungen ließen sich sachlich entweder widerlegen oder zumindest plausibel erklären.[235] Insbesondere Roelen verwies zudem wiederholt und auch im persönlichen Gespräch darauf, dass gerade Gröninger bestätigen können müsse, dass sich nicht nur nichts geändert habe, sondern dass auch die niederländischen Vertreter der TBG stets in alle Entscheidungen der 1940er Jahre eingebunden und über die Beweggründe informiert worden seien und dass namentlich bei den RWKS-Verhandlungen besonders für die (niederländischen) Interessen der N.V. Vulcaan gekämpft worden sei. Indem Gröninger auf Gegenreden verzichtete, erkannte er dies implizit an.[236] Die niederländischen Behörden folgten dieser Deutung Roelens seit Mitte 1946 schließlich umfänglich.[237]

Hans Heinrich sorgte vor allem dafür, dass Memoranden und Gutachten an die entsprechenden Stellen kommuniziert wurden. Denn noch im April 1946 galten die Vorstände Roelen, Lübke, Heida, Kortmulder, Acker und Kimmel sowie die Prokuristen Schlesinger und Meier »in Holland […] als Schwerverbrecher«.[238] Sogar die gescheiterte Übernahme der NHM 1935/36, eine Initiative Kouwenhovens zur »Niederlandisierung« der BHS, wurde bisweilen implizit zu einem Beleg für einen »Germanisierungswillen« der Thyssen-Bornemisza-Gruppe umgedeutet.[239] Insgesamt neigten noch Anfang 1946 die niederländischen Behörden teils der Auffassung der Kouwenhoven-Gruppe zu, teils jener der TBG: »Momentan halten sich beide Auffassungen die Waage.« Dabei kam Vater und Sohn Coert,

---

[233] Hans Heinrich Thyssen-Bornemisza an Roelen, 2.4.1946, SIT TB/2141; Explizit bestätigt durch Nederlandsch Beheersinstituut Bureau Rotterdam, 20.4.1946, S. 1-2 SIT NROE/36.
[234] Einiges über Aufbau und Entwicklung bei den Gesellschaften um Dr. Heinrich Thyssen-Bornemisza (Mai 1946). S. 9, SIT NROE/36.
[235] Vgl. für weitere explizite Gegenreden neben Roelen: Kortmulder versus Ned. Beheersinstituut, o.D., S. 3, NL-HaNA 2.08.52, inv.nr. 13.; Vgl. auch Report »Groep Bank voor Handel en Scheepvaart« (Kraayenhof), 17.1.1948, NL-HaNA 2.08.52, inv.nr. 13; Meine Tätigkeit für die N.V. Vulcaan (Kimmel), 18.4.1946, SIT NROE/36.
[236] Niederschrift über den Besuch der Herren Gröninger und Kouwenhoven am 23.7.1946, SIT NROE/36.
[237] Korte Notities vergadering Beheersinstituut, 12.8.1946, S. 8, NL-HaNA 2.08.52, inv.nr. 13; Klarstellung um Mobiel. Niederschrift über eine Aussprache mit Herrn Dr. Coert, 13.8.1946, SIT NROE/36.
[238] Hans Heinrich Thyssen-Bornemisza an Roelen, 2.4.1946, SIT TB/2141.
[239] Plas an Lieftinck (Finanzminister), 28.5.1946, NL-HaNA 2.08.52, inv.nr. 13. Vgl. Kapitel 5.7.3.

den beiden Anwälten aus Rotterdam und langjährigen Vertrauten der Thyssen-Bornemiszas, sowie dem Wirtschaftsprüfer Kraayenhof große Bedeutung zu.[240] Vor allem das Gutachten des international hoch angesehenen Kraayenhofs war eine Ressource nicht nur in den innerniederländischen Fragen, sondern auch in der Kommunikation mit englischen und US-amerikanischen Behörden.[241]

Beide Untersuchungskomplexe hingen freilich eng zusammen. So vermutete Hans Heinrich anfangs, dass Kouwenhoven eine Verstaatlichung der BHS anstrebe[242] und tatsächlich machte sich das Finanzministerium dafür stark, das staatliche *Beheer* zu verstetigen. Das war freilich nicht ordnungspolitisch motiviert, sondern taktischen Erwägungen geschuldet. Die niederländischen Behörden versprachen sich von einer Bank, die durch den niederländischen Staat beherrscht wurde, größere Chancen, die in den USA beschlagnahmten Vermögenswerte restituiert zu erhalten, als von einer Bank, die wieder einem Thyssen gehörte, der im nachteiligsten Fall noch als Deutscher wahrgenommen wurde. Das war eine fraglos berechtigte Überlegung, weil sich die misstrauische US-Regierung noch keine abschließende Meinung darüber gebildet hatte, wie die Thyssen-Bornemisza-Gruppe, ihre Eigner und ihre Transaktionen während der NS-Zeit einzuordnen waren.[243]

Auch Kouwenhoven schloss aus seinen Gesprächen mit dem *Custodian* in den USA, dass die Loyalität der Bank zu den Niederlanden ein entscheidendes Bewertungskriterium sein würde. Damit sei zwar der Aktientransfer ins Deutsche Reich nicht vereinbar, wenn man aber darlegen könne, dass dieser unter Zwang erfolgt sei, werde dies gewiss zugunsten der BHS ausgelegt.[244] Damit verband Kouwenhoven zwar geschickt seine persönlichen Interessen mit den – vorgeblichen oder tatsächlichen – Vorbedingungen einer Restitution, doch sachlich waren seine Ausführungen kaum in Zweifel zu ziehen. Somit standen außen-, finanz- und wirtschaftspolitische Erwägungen einer raschen Freigabe der BHS entgegen. Das war zwar einerseits im Sinne der Bank, weil dies die Aussichten verbesserte, das eingefrorene Vermögen wiederzuerhalten, andererseits blockierte es sie auch. Durch die BHS ging gewissermaßen ein Riss mit der »Gruppe Kouwenhoven« auf der einen und der »Gruppe Thyssen-Bornemisza« auf der anderen Seite. Beide standen einander zwar nicht feindselig gegenüber, aber von einem produktiven Miteinander konnte ebenso wenig die Rede sein. Der wichtigste Vertrauensmann der TBG war nach dem Ausscheiden Kortmulders und Lübkes der Jurist Heida,

---

[240] Hans Heinrich Thyssen-Bornemisza an Roelen, 2.4.1946, SIT TB/2141.
[241] Mit diesem Argument erklärte sich selbst das Beheersinstituut bereit, Kraayenhof offiziell zu beauftragen, einen Report über die BHS zu verfassen, obwohl seine engen Beziehungen zu Thyssen-Bornemisza bekannt waren. Bogaardt (Beheersinstitut) an Minister van Financiën (Lieftinck), 25.6.1947, NL-HaNA 2.08.52, inv.nr. 13.
[242] Hans Heinrich Thyssen-Bornemisza an Roelen, 2.4.1946, SIT TB/2141.
[243] Minister van Financien an Minister van Economische Zaken, 12.3.1947, van der Plas ans Lieftinck (Finanzminister), 28.5.1946, Aktennotiz (Plas), 12.11.1946, Aktennotiz 19.2.1947, NL-HaNA 2.08.52, inv.nr. 13.
[244] Korte Notities vergadering Beheersinstitut, 12.8.1946, S. 4, Aktennotiz 19.2.1947, NL-HaNA 2.08.52, inv.nr. 13.NL-HaNA 2.08.52, inv.nr. 13.

4. Restitution, Entflechtung und Neugruppierung

der deshalb in der BHS einen besonders schweren Stand hatte.[245] Er beklagte sich nicht nur (erwartungsgemäß) über Kouwenhoven und Gröninger, sondern auch über Bestuurder Straatemeier. Sein Bruder war ein Partner in der Wirtschaftsprüfungsgesellschaft von Klynveld/Kraayenhof und Straatemeier selbst hatte dort eine Zeitlang gearbeitet. Trotz dieser guten Voraussetzungen, sei er »vollkommen unzuverlässig«. Lediglich Suermondt, der auch bereit gewesen wäre, zugunsten des Thyssen-Bornemisza-Vertrauten J. Doorduyn, einem Versicherungsmanager, auf sein Mandat zu verzichten,[246] erhielt gute Noten, galt aber im Bestuurder-Kreis als marginalisiert. Aus der zweiten Reihe verhielten sich Meyer, Bakker und Accountant Schilder wenig konstruktiv. Lediglich Kouwenhovens Schwager, van Rossen, arbeitete zumindest nicht aktiv gegen die Gruppeninteressen. Hilfe sei aber auch von ihm nicht zu erhalten. Neben Heida und Suermondt war mithin allenfalls noch Hooft (N.V. Vulcaan) zu den Thyssen-Bornemisza-Unterstützern zu zählen, die sich folglich in der Minderheit befanden.[247] Zusätzliche Spannungen ergaben sich daraus, dass die Bezüge von Managern der »Thyssen-Seite« reduziert wurden, während die Kosten des Beheers auf etwa 200.000 hfl. pro Monat geschätzt wurden, von denen ein Großteil auf das Gehalt der *Bestuurders* entfallen sein dürfte.[248]

Die Lage war verzwickt: In der Bank dominierten Agenten, die nicht im Sinne des eigentlichen Prinzipals Hans Heinrich Thyssen-Bornemisza agierten. Er konnte sie aber nicht ablösen, weil dies politische Interessen der Niederlande und finanzielle Interessen der BHS gefährdete. Zwar hatte Hans Heinrich Thyssen-Bornemisza hinreichend Signale erhalten, dass er sobald wie politisch möglich seine Eigentumsrechte wieder vollumfänglich würde ausüben können, doch bestand die Gefahr, dass die *Bestuurders* bis dahin Fakten schufen, die seinen Interessen zuwiderliefen. Daher war es nötig, die Personalfragen dilatorisch zu behandeln, Kouwenhovens Ansinnen nicht kategorisch abzulehnen und einen modus vivendi zu finden, der dem Eigentum möglichst wenig Schaden zufügte. Deshalb organisierte das Beheersinstituut am 12. August 1946 eine Aussprache zwischen den Bestuurders Kouwenhoven, Gröninger und Suermondt – Straatemeier war eingeladen, aber verhindert – sowie der Aktionärsvertretung »Mobiel«, für die Hans Heinrich Thyssen-Bornemisza, von Bentinck, J. Coert sen., J. Coert

---

[245] Vgl. Hans Heinrich Thyssen-Bornemisza an Roelen, 2.4.1946, SIT TB/2141; Lagebericht Heida an Roelen, 5.2.1946, SIT NROE/36.
[246] Korte Notities vergadering Beheersinstitut, 12.8.1946, S. 8, NL-HaNA 2.08.52, inv.nr. 13. Hans Heinrich hatte Doorduyn gegenüber Regierungsvertretern als Vertrauensperson benannt. Diese zeigten sich auch grundsätzlich dafür offen, Doorduyn ggf. als Bestuurder einzusetzen. Hans Heinrich Thyssen-Bornemisza an Roelen, 2.4.1946, SIT TB/2141. Auf diese Optionen musste aber schließlich nicht zurückgegriffen werden.
[247] Lagebericht Heida an Roelen, 5.2.1946, SIT NROE/36.
[248] Korte Notities vergadering Beheersinstitut, 12.8.1946, S. 8, NL-HaNA 2.08.52, inv.nr. 13; zu den Gehaltskürzungen siehe Lagebericht Heida an Roelen, 5.2.1946, SIT NROE/36.

jr. und Doorduyn teilnahmen. Bis auf Thyssen-Bornemisza waren folglich nur Niederländer anwesend.[249]

Die *Bestuurders* waren vom Gegenstand der Besprechung eben so wenig vorab in Kenntnis gesetzt worden wie von der Anwesenheit der Gruppe »Mobiel«. Dadurch gerieten sie nolens volens in eine defensive Position, die offensichtlich vom *Beheersinstituut* gewünscht war.[250] Die Besprechung verfolgte kein erkennbares inhaltliches Ziel, sondern diente dazu, Informationen über eine US-Reise von Kouwenhoven und Straatemeier zu erhalten, bei der diese mit dem US-*Custodian* verhandelt hatten. Daraus leiteten beide Bestuurders ab, den nächsten Termin in den USA ebenfalls wahrnehmen zu müssen, da sie bereits beim *Custodian* bekannt seien. Das sahen die Thyssen-Bornemisza-Vertreter nicht als zwangsläufig an, doch das *Beheersinstituut* konnte dieser Sichtweise etwas abgewinnen, da die *Bestuurders* tatsächlich glaubwürdiger vermitteln konnten, die Verlagerung der Wertpapiere sei unter Zwang erfolgt, als die vermeintlichen Profiteure dieser Transaktion um Hans Heinrich Thyssen-Bornemisza. Doch insbesondere Bentinck hielt entgegen, es könne nicht die Aufgabe der Verwalter sein, diplomatische Verhandlungen – die BHS-Angelegenheit war in der Tat zuvorderst eine politische Frage[251] – zu führen. Überhaupt sei es wenig günstig gewesen, in den USA zu beginnen, da deren Haltung auch diejenige der anderen Besatzungsmächte, vor allem Großbritanniens und der Sowjetunion, bestimmen würde. In Großbritannien sei derzeit, so Bentincks (berechtigte) Einschätzung, die Bereitschaft sehr viel größer, über die Freigabe von Vermögenswerten zu befinden als in den USA. Nachgerade entrüstet zeigte sich der Diplomat, als ihm ein Protokoll eines Gesprächs zwischen ihm und den Bestuurders verlesen wurde, in dem die *Bestuurders* festgehalten hatten, Bentinck und Hans Heinrich Thyssen-Bornemisza seien in maßgeblichen Fragen unterschiedlicher Meinung. Bentinck verwahrte sich ausdrücklich gegen diese Aussage und beschwerte sich darüber, dass das Dokument nur an das *Beheersinstituut*, nicht aber an ihn persönlich versandt worden war.[252]

Insgesamt erzielte die TBG einen Teilerfolg. Das *Beheer* wurde zwar zunächst nicht aufgehoben, seine Beendigung aber in Aussicht gestellt. Zu diesem Zweck sollte die TBG schon einmal *Directeuren* und *Commissarissen* benennen, die den

---

[249] Von der Besprechung im Beheersinstituut liegen zwei Gedächtnisprotokolle vor, ein umfangreiches von Gröninger, Suermondt und Kouwenhoven und ein knapperes, das Wilhelm Roelen aufgrund der Angaben anfertigte, die ihm (vermutlich der jüngere) Coert übermittelt hatte. Klarstellung um Mobiel. Niederschrift über eine Aussprache mit Herrn Dr. Coert, 13.8.1946, SIT NROE/36; Korte Notities vergadering Beheersinstituut, 12.8.1946, NL-HaNA 2.08.52, inv.nr. 13. Die Protokolle weichen in Details voneinander ab – z.B. sollte nach Roelens Aufzeichnungen Straatemeier zugunsten Doodyuns zurücktreten, nach dem Bestuurder-Protokoll Suermondt (was wahrscheinlicher ist) – und setzten andere Schwerpunkte. Im Bestuurder-Protokoll geht es im Wesentlichen um die Amerika-Reise, im Roelen-Protokoll um dessen Gespräch mit Gröninger/Kouwenhoven.
[250] Korte Notities vergadering Beheersinstituut, 12.8.1946, S. 1, NL-HaNA 2.08.52, inv.nr. 13.
[251] Vgl. hierzu Kapitel 2.4.4.
[252] Korte Notities vergadering Beheersinstituut, 12.8.1946, S. 5, 7, NL-HaNA 2.08.52, inv.nr. 13.

niederländischen Charakter der Bank widerspiegelten, und ein Statut aufsetzen, das diesen Charakter dauerhaft sicherstellte.²⁵³ Administrative Überlegungen, diesen niederländischen Charakter durch eine Anbindung an die NHM herzustellen, wurden nicht ernsthaft verfolgt.²⁵⁴ Es wäre wohl auch eine zu schöne Ironie der Geschichte gewesen, die »Niederlandisierung« der BHS ausgerechnet darüber zu verwirklichen, das Vorhaben Kouwenhovens aus dem Jahr 1935 nachträglich durch jenen Staat zu realisieren, der diese »Niederlandisierung« zehn Jahre zuvor noch als »Germanisierung« angesehen und hintertrieben hatte.²⁵⁵

Als zweiten Teilerfolg konnte die TBG verbuchen, dass das Finanzministerium – nach vorheriger dilatorischer Behandlung – Kouwenhoven schließlich untersagte, erneut in den USA über die Freigabe von Vermögen zu verhandeln. Dafür sei seine Position innerhalb der Gruppe zu umstritten. Statt seiner sollte Straatemeier entsandt werden, doch das Ministerium widerrief dessen Beauftragung Anfang 1947, nachdem die USA die Fristen, um Vermögensansprüche geltend zu machen, bis August 1948 verlängert hatten.²⁵⁶

Dennoch gingen die Dinge nicht so rasch voran, wie es nach der Besprechung am 12. August 1946 noch den Anschein gehabt hatte. Denn zum einen stand auf einmal Hans Heinrich Thyssen-Bornemiszas Legimitation, für die TBG zu sprechen, infrage, weil in der Schweiz bestritten wurde, dass die Vollmacht seines Vaters rechtsgültig war bzw. ob Heinrich Thyssen-Bornemisza noch geschäftsfähig gewesen war, als er Hans Heinrich als Haupterben einsetzte. Aus diesem »*familiegekrakeel*« wollten sich die niederländischen Behörden heraushalten. Sie bedauerten, dass sich die Angelegenheit weiter verzögerte.²⁵⁷ Zum anderen stellte die »Operation Juliana«, der waghalsige Rücktransfer von Aktien aus der ATB zur BHS, eine zusätzliche Belastung für alle Beteiligten dar, da sie im schlimmsten Fall zu handfesten diplomatischen Verwicklungen hätte führen können.

4.2. Operation Juliana

Seit Dezember 1942 lagerte ein Großteil von Effekten, die zuvor bei der BHS deponiert gewesen waren und sich weiterhin in deren Eigentum befanden, bei der Berliner August-Thyssen-Bank, darunter vor allem die Anteile der deutschen Unternehmen, aber auch die Eigenaktien der BHS sowie die Anteile der N.V.

---

²⁵³ Klarstellung um Mobiel. Niederschrift über eine Aussprache mit Herrn Dr. Coert, 13.8.1946, SIT NROE/36; Korte Notities vergadering Beheersinstituut, 12.8.1946, S. 9, NL-HaNA 2.08.52, inv.nr. 13.
²⁵⁴ Aktennotiz 19.2.1947, NL-HaNA 2.08.52, inv.nr. 13.
²⁵⁵ Vgl. Kapitel 5.7.3.
²⁵⁶ Minister van Financien an Minister van Economische Zaken, 12.3.1947, NL-HaNA 2.08.52, inv.nr. 13.
²⁵⁷ Aktennotiz 19.2.1947, NL-HaNA 2.08.52, inv.nr. 13. Vgl. zu den Hintergründen der komplizierten Erbauseinandersetzungen Derix, Thyssens, 452-456, und Litchfield, Thyssen-Dynastie, S. 271-278.

Vulcaan, von Exporthandel, HAIC, Dunamis, Norma und RTK.²⁵⁸ Wilhelm Roelen hatte die Verlagerung veranlasst und dies nachträglich (und nachvollziehbar) ebenso wie Hans Heinrich Thyssen-Bornemisza mit Sicherheitserwägungen begründet. Rotterdams grundsätzlich vorteilhafte geostrategische Lage galt im Falle einer erfolgreichen alliierten Offensive als Risiko, da die Stadt dann schnell eigenommen werden würde. Die BHS hatte 1940 durch das deutsche Bombardement einen Großteil ihrer Unterlagen verloren und wollte erneuten Brandschäden entgehen.²⁵⁹ Der Tresor der August-Thyssen-Bank hingegen galt als besonders sicher und diente auch der Reichsbank als Vorbild bei der Gestaltung ihrer Tresorräume.²⁶⁰

Ende November, Anfang Dezember 1945 ließ Wilhelm Roelen Curt Ritter, Mitglied des ATB-Vorstands, in Berlin wissen, dass es Hans Heinrich Thyssen-Bornemisza »dringend erwünscht« sei, die verlagerten Pakete wieder nach Rotterdam zu bringen. Er fragte bei dieser Gelegenheit an, ob die Effekten noch vorhanden seien und wie sich ein Rücktransport bewerkstelligen lasse.²⁶¹ Zeitlich stand Hans Heinrichs Wunsch mit dem Besuch Gröningers und Kouwenhovens in Lugano (24. November 1945) in engem Zusammenhang, bei dem die Verlagerung von Wertpapieren diskutiert und von den beiden *Bestuurders* als zentrales Problem benannt worden war.²⁶² Der Rücktransport ergab indes allenfalls symbolpolitisch Sinn, um zu zeigen, dass die Aktien tatsächlich nur aus Sicherheitsgründen (und nicht zur finanziellen Verwertung) nach Berlin transportiert worden waren. In der Sache handelte es sich lediglich um Dokumente, die Eigentumsrechte belegten. Ihr Besitz alleine änderte am Eigentum aber nichts – oder wie Lübke es gegenüber Roelen ausgerückt hatte: »Die Effekten seien dann Druckerschwärze auf Papier.« Sie konnten durch die Gesellschaften, sofern diese handlungsfähig und nicht fremdverwaltet waren, einfach außer Kraft gesetzt und neu gedruckt werden.²⁶³ Rechtlich schätzten die niederländischen Juristen Coert dies genauso ein. Coert jr. schlug aufgrund dessen pragmatisch vor, den Aktienbestand in Berlin notariell protokollieren zu lassen und anschließend entweder zu verbrennen oder mit chemischen Mitteln zu vernichten. Coert sen. bestätigte, dass rechtlich damit Hans Heinrichs Eigentumsrechte voll wiederhergestellt würden.²⁶⁴

---

[258] Report Schilder, 14.8.1945, S. 2, NL-HaNA 2.08.52, inv.nr. 13. Dort auch eine Aufstellung der niederländischen Werte.
[259] Beknopte Notitie eener bespreking in Lugano, 24.11.1945, NL-HaNA 2.08.52, inv.nr. 13.
[260] Memorandum August-Thyssen-Bank Berlin, 23.1.1947, Anlage 2b: »Mein Wissen über den Verbleib des Besitzes an Wertpapieren der August-Thyssen-Bank« (Roelen), S. 3, TNA FO 837/1158.
[261] Roelen an Ritter, 3.12.1945, SIT TB/997.
[262] Beknopte Notitie eener bespreking in Lugano, 24.11.1945, NL-HaNA 2.08.52, inv.nr. 13.
[263] Memorandum August-Thyssen-Bank Berlin, 23.1.1947, Anlage 2b: »Mein Wissen über den Verbleib des Besitzes an Wertpapieren der August-Thyssen-Bank« (Roelen), S. 5, TNA FO 837/1158.
[264] Korte Notities vergadering Beheersinstituut, 12.8.1946, S. 2, NL-HaNA 2.08.52, inv.nr. 13.

4. Restitution, Entflechtung und Neugruppierung

Trotz dieser rechtlichen Bewertung schien es erstrebenswert, auch die physische Verfügungsgewalt über die Aktien zu besitzen. Daher hatte Roelen unter dem Eindruck des Vormarschs der Roten Armee bereits seit Spätherbst 1944 versucht, Dokumente aus Berlin zum Bremer Vulkan zu verlagern. Auch ein Teil der Buchhaltung wurde dorthin ausgelagert. Die Aktien verblieben aber in Berlin, weil Lübke und Ritter »angesichts der Todesandrohung Himmlers bei Ausräumungen aus Berlin« davon absahen, die organisierten Lastwagen für den Abtransport von Wertpapieren zu nutzen.[265]

Seit der Jahreswende 1944/45 war Roelens Kontakt nach Berlin abgerissen, sodass er über die Entwicklungen bei der ATB nur rudimentär informiert war. Daher stellte er mit Curt Ritter seit Ende 1945 Nachforschungen über den Verbleib der Wertpapiere an. Sie gestalteten sich schwierig, weil die ATB in der sowjetisch besetzten Zone lag und der ehemalige Direktor Lübke sowie der Prokurist Schlesinger sich in sowjetischer Gefangenschaft befanden, Curt Ritter aufgrund seiner NSDAP-Mitgliedschaft (seit 1936) bei den maßgeblichen alliierten Stellen persona non grata war, die sowjetische Militäradministration ohnehin den privaten Bankbetrieb untersagt hatte und das Bankgebäude in Trümmern lag. Kurzum: Die Verfügungsrechte über das Eigentum Thyssen-Bornemiszas konnten nicht ausgeübt werden. Die Aktien der Gruppengesellschaften hatten freilich sämtliche Kriegseinflüsse überstanden. Sie waren weder bei Bombardements noch bei Bränden vernichtet worden und sogar die sowjetischen Truppen hatten die Wertpapiere ignoriert. Sie hatten zwar die Verfügungsgewalt über die ATB übernommen, den Tresorraum gesprengt und sämtliche Vermögenswerte, die für sie als solche erkennbar waren, abtransportiert. Doch offenbar waren die Anteilsscheine für sie tatsächlich nur »Druckerschwärze auf Papier«. Lübke führte seine Vermutung mit zeittypischer Wortwahl noch weiter aus: »Der Russe werde nach vorliegender Erfahrung rauben und plündern und sich nach Wertpapieren nicht bücken.« Als die sowjetische Besatzungsmacht das Gebäude nicht mehr selbst bewachte, gelang es dem ATB-Prokuristen und späteren Vorstand der Vereinigten Berliner Mörtelwerke, Hans Müller, einen Teil der Wertpapiere aus den Trümmern zu bergen und sicher in Ausweichgebäuden, u.a. der Privatwohnung Ritters, unterzubringen.[266]

Mit diesen Aktionen konnte die Thyssen-Bornemisza-Gruppe zunächst einen Teil der physischen Verfügungsgewalt über ihr Eigentum wiederherstellen. Dennoch handelte es sich um eine doppelt illegale Aktion. Zum ersten änderte die sowjetische Ignoranz nichts daran, dass die Verfügungsrechte eigentlich bei der Besatzungsmacht lagen; zum zweiten waren die Wertpapiere in den britischen

---

[265] Memorandum August-Thyssen-Bank Berlin, 23.1.1947, Anlage 2b: »Mein Wissen über den Verbleib der des Besitzes an Wertpapieren der August-Thyssen-Bank« (Roelen), S. 5, TNA FO 837/1158.

[266] Memorandum August-Thyssen-Bank Berlin, 23.1.1947, Anlage 2b: »Mein Wissen über den Verbleib des Besitzes an Wertpapieren der August-Thyssen-Bank« (Roelen), S. 3-5 [Zitat S. 5], TNA FO 837/1158.

Abb. 4: In den Trümmern der am 26.2.1945 bombardierten August-Thyssen-Bank überstanden die Wertpapiere der TBG die Kriegszeit nahezu unbeschadet.

Sektor verlagert worden[267] und hätten den dortigen Behörden sofort gemeldet werden müssen.[268] Die sowjetische Ignoranz legte aber durchaus nahe, dass im Falle eines Abtransports oder einer Vernichtung niemand die Wertpapiere vermissen würde; und die britischen Behörden wussten noch nichts über ihre Existenz. Daher schienen Eile und Geheimhaltung geboten. In ihrer Korrespondenz chiffrierten Roelen, Ritter und andere die Transaktion daher als »Juliana«.[269]

Im August 1946 trat die Operation »Juliana« in die heiße Phase. Anlässlich der Besprechungen am 12. August 1946 diskutierten vor allem Coert jr., der sich als

---

[267] Ritter an Roelen, 11.8.1946, SIT TB/997 verweist explizit darauf, dass »sich ja schon fast Alles im engl. Sektor hier befindet.«

[268] Gesetz Nr. 53 über die Devisenbewirtschaftung und Kontrolle des Warenverkehrs bestimmte u.a., dass Wertpapiere nur mit Zustimmung der Militärregierung in die britische oder amerikanische Zone eingeführt werden durften. Das Gesetz erstreckte sich freilich nicht auf Berlin, sodass die Wertpapiere erst anmeldepflichtig wurden, als sie die britische Zone erreichten. Da der spätere Transport der Wertpapiere in die Niederlande durch die britische Zone führte, wären sie beim »Grenzübertritt« anmeldepflichtig geworden. Vgl. Sorter an Bender, 21.2.1947, August-Thyssen-Bank AG: General Records, NARA M1922 Roll 0058.

[269] Exemplarisch Ritter an Roelen, 25.8.1946, SIT TB/997. Ritter teilte darin Roelen mit, »Freund C«. [= Coert jr., BG] sei erschienen »um die reisefertigen Sachen für Juliana im Empfang zu nehmen.« Auch habe »Heinrich jun. mich noch vor wenigen Tagen ersucht […], doch ja an Juliana zu denken und für sie zu sorgen.« Zur plausiblen Deutung dieser Chiffrierung vgl. Derix, Thyssens, S. 439-440. Sie widerlegt dort auch die Vermutung von Mulder u.a., Operatie Juliana, das Codewort habe sich auf das niederländische Kronvermögen bezogen.

4. Restitution, Entflechtung und Neugruppierung 97

Angehöriger der niederländischen Militärmission in der britischen Besatzungszone recht frei bewegen konnte und deshalb auch als Kurier zwischen Hans Heinrich und Roelen fungierte,[270] mit den *Bestuurders* um Kouwenhoven vor allem zwei Möglichkeiten, die Aktien wieder in den Besitz der BHS zu überführen: Entweder notarielle Dokumentation und anschließende Vernichtung oder aber LKW-Transport in die Niederlande. Bei dem letztgenannten Vorhaben sei allerdings die Menge der Aktien ein Problem, für die ein Lastwagen kaum ausreiche. Kouwenhoven hielt keine von Coerts Ideen, die ihn an »*Wild-West stories*« erinnerten, für realisierbar. Er fragte vor allem, welche niederländische Regierungsstelle bereit sein würde, einer Transaktion zuzustimmen, die britische und sowjetische Interessen verletzte. Zudem gab er zu bedenken, dass Lübke und Schlesinger sich in sowjetischer Gefangenschaft befanden und dass, sollte die Transaktion publik werden, ernsthafte Konsequenzen für ihr Leben nicht auszuschließen zu seien. Dieser Auffassung schlossen sich die Vertreter des *Beheersinstituut* und Coert sen. schließlich an.[271]

Es ist nicht ersichtlich, inwiefern Kouwenhovens Aussagen tatsächlich ernsthafte Bedenken zugrunde lagen. Denkbar erscheint auch, dass seine »private« Verteidigungslinie, die auf der Verlagerung der Wertpapiere ins Deutsche Reich aufbaute, in Gefahr geriet, wenn die Aktien unversehrt wieder in den Besitz der BHS überführt wurden. Auch Curt Ritter hatte vorab befürchtet, Kouwenhoven werde querschießen. Ritter wurde in Berlin allmählich nervös, da er Aktien besaß, die sich nicht in der britischen Zone befinden durften und die man sich illegal aus der sowjetischen Zone beschafft hatte.[272]

In Abstimmung mit Roelen und Ritter und mit Hilfe der niederländischen Militärmission, hier vor allem von Dirk Maarten Adriaan Swart, der Ritter u.a. »Schutzbriefe« ausstellte, um die ATB betreten zu dürfen, ließ Coert jr. schließlich am 24. August 1946 die als normales Schriftgut deklarierten Wertpapiere in 49 Paketen mit einem Militärtransporter durch die britische Zone in die Niederlande bringen.[273] In der Sache handelte es sich letztlich um eine Privataktion Coerts zugunsten Heinrich Thyssen-Bornemiszas; sie erhielt freilich durch die Einbindung der Militärmission einen offiziellen Charakter, weshalb selbst die Vertreter der ATB sowie die Briten und US-Amerikaner zunächst davon ausgingen, es habe sich um eine Aktion »*by request of the Dutch authorities*« gehandelt.[274]

---

[270] Sorter an Bender, 21.2.1947, August-Thyssen-Bank AG: General Records, S. 3-4, NARA M1922 Roll 0058.
[271] Korte Notities vergadering Beheersinstitut, 12.8.1946, S. 2-3, NL-HaNA 2.08.52, inv.nr. 13.
[272] Ritter an Roelen, 11.8.1946, SIT TB/997.
[273] Ritter an Roelen, 19.8. und 25.8.1946, SIT TB/997; vgl. Mulder u.a., Operatie Juliana, Memorandum August-Thyssen-Bank Berlin, 23.1.1947, Anlage 2b: »Mein Wissen über den Verbleib des Besitzes an Wertpapieren der August-Thyssen-Bank« (Roelen), S. 11-13, TNA FO 837/1158; Sorter an Bender, 21.2.1947, August-Thyssen-Bank AG: General Records, NARA M1922 Roll 0058.
[274] Intra-Office Memorandum, 24.1.1947, August-Thyssen-Bank AG: General Records, NARA M1922 Roll 0058.

In den Niederlanden wollte freilich niemand die Fracht in Empfang nehmen. Die *Bestuurders* der BHS weigerten sich, »ihre« Aktien ohne Zustimmung der niederländischen Behörden anzunehmen. Sie verwiesen vor allem auf mögliche negative Konsequenzen für die Bank und die Niederlande, wenn die Aktion den sowjetischen Alliierten bekannt würde. Provisorisch lagerte Coert jr. die Aktienpakete daher im Haus seines Vaters ein. Die niederländischen Behörden hatten keine Eile, die Situation zu klären.[275] Aus Verärgerung darüber legten Kouwenhoven und Gröninger ihre Mandate als *Bestuurders* im November 1946 nieder.[276] Ohne Bedauern (»*zonder spijt*«) akzeptierte das *Beheersinstituut* ihre Kündigung und fortan leiteten Straatemeier und Suermondt die Bank übergangsweise zu zweit.[277]

Die britischen Behörden hatten etwa zur selben Zeit, um die Jahreswende 1946/47, von der Operation Juliana erfahren, u.a. Roelen und Krautheim verhört und ein Memorandum erstellt, das auch den US-Behörden zuging.[278] Dennoch – und obwohl noch ein zweiter Transport mit 95 Paketen erfolgte, der die auf Reichsmark lautenden Wertpapiere der ATB (im Wert von gut 100 Mio. RM) enthielt[279] – blieb der erwartbare politische Aufschrei aus. Die britische Militärbehörde behandelte die Angelegenheit zunächst dilatorisch und wollte diplomatisch erst tätig werden, wenn weitere Informationen über die Rolle der niederländischen Militärmission bei der Verlagerung vorlagen. Hingegen ermittelte sie u.a. gegen Curt Ritter, weil er gegen die Meldepflicht bei Wertpapieren verstoßen hatte.[280] Ritter zog sich bei seiner Vernehmung darauf zurück, er habe die entsprechenden Normen fälschlicherweise als Schutzinstrumente für bedrohte Eigentumsrechte interpretiert. Ihm sei es zunächst nur darum gegangen, die Wertpapiere aus sowjetischen in die britische Zone zu bringen.[281]

Das war eine offenkundige, aber kluge Schutzbehauptung. Denn die Briten und die US-Amerikaner interessierte der gruppeninterne Wertpapiertransfer nicht sonderlich. Da sie aber wussten, dass unter anderem Hermann Göring und Walther Funk Konten bei der ATB führten und die Bank Zahlungen für die deutsche Auslandsabwehr abgewickelt hatte, fürchteten sie vor allem, dass mit »Juliana«

---

[275] Notitie inzake de overbrenging van aandeelen, 18.10.1946, NL-HaNA 2.05.117, inv.nr. 5463, ferner die Verlaufsrekonstruktion bei Mulder u.a., Operatie Juliana.

[276] Zur Haltung der Bestuurders und für weitere Details Gröninger/Kouwenhoven an Minister van Economische Zaken, 10.10.1946, S. 4, NL-HaNA 2.08.52, inv.nr. 13.

[277] So retrospektiv Minister van Financien an Minister van Economische Zaken, 12.3.1947, NL-HaNA 2.08.52, inv.nr. 13.

[278] Memorandum August-Thyssen-Bank Berlin, 23.1.1947, TNA FO 837/1158; Intra-Office Memorandum, 24.1.1947, August-Thyssen-Bank AG: General Records, NARA M1922 Roll 0058. Vgl. Sorter an Bender, 21.2.1947, August-Thyssen-Bank AG: General Records, NARA M1922 Roll 0058.

[279] Sorter an Bender, 21.2.1947, August-Thyssen-Bank AG: General Records, NARA M1922 Roll 0058.

[280] Draft cable, 4.3.1947, August-Thyssen-Bank AG: General Records, NARA M1922 Roll 0058.

[281] Interrogation of Curt Ritter, S. 10, 30.1.1947, August-Thyssen-Bank AG: General Records, NARA M1922 Roll 0058.

4. Restitution, Entflechtung und Neugruppierung

Vermögen hochrangiger Nationalsozialisten ins Ausland transferiert worden sein könnte.[282]

Je mehr sich bei den Untersuchungen herausstellte, dass es sich bei »Juliana« faktisch nur um eine geographische Rückverlagerung von Wertpapieren eines einzigen *beneficial owners* handelte, ließ ihr Interesse merklich nach, die Verstöße gegen geltendes Recht zu ahnden.[283] Denn obwohl die TBG nachweislich gegen Gesetze verstoßen hatte, ließ sich der Wertpapiertransfer – gewiss nicht juristisch, wohl aber moralisch – als Sicherung von Eigentumsrechten deuten. Bei ihrer finalen Bewertung (oder Nicht-Bewertung) der Operation »Juliana« stellten die beiden westlichen Alliierten mithin das Eigentumsrecht über die Militärgesetzgebung, zumal es im sich verschärfenden Kalten Krieg allemal besser schien, das Wissen über die Transaktion bei den Westalliierten zu behalten als die nunmehr »feindlichen Alliierten« aus der Sowjetunion darüber zu informieren, die wohl kaum Verständnis dafür aufgebracht hätten, den Schutz kapitalistischer Eigentumsrechte über alliierte Gesetze zu stellen. Mitte 1947 stellte die niederländische Regierung, vermutlich in Absprache mit den britischen Behörden, schließlich eine Importlizenz für die Wertpapiere aus und legalisierte die »Operation Juliana« dadurch nachträglich.[284]

Entgegen bisheriger Deutungen, die auf einen 1991 erschienenen Artikel im NRC Handelsblad von Mulder, Wiebes und Zeeman zurückgehen bzw. sich deren Argumentation zumindest grundsätzlich zu eigen machen, die »Operation Juliana« habe Interessen des niederländischen Königshauses berührt,[285] zeigt die bisherige Darstellung vor dem Hintergrund der unternehmenshistorischen Zusammenhänge, dass die »Operation Juliana« ausschließlich eine waghalsige Transaktion der Thyssen-Bornemisza-Gruppe war.

Der Artikel im NRC Handelsblad war gut recherchiert und die Argumentation wirkt ohne den unternehmenshistorischen Kontext seit 1941 nachvollziehbar. Sie basiert allerdings an maßgeblichen Stellen auf Fehlschlüssen. Mulder, Wiebes und Zeeman gingen davon aus, dass 1942 auch beschlagnahmtes Vermögen der niederländischen Krone zunächst von der NHM zur BHS und von dort zur ATB

---

[282] Excerpt from Monthly Report No. 19, for Januar 1947, August-Thyssen-Bank AG: General Records, NARA M1922 Roll 0058. Vgl. die Befragungen der leitenden Mitarbeiter der ATB, die konkret und wiederholt die Vermögenswerte von Göring, Funk und Fritz Thyssen bei der ATB sowie deren Verbleib zum Gegenstand hatten, sich für die Zahlungen an die Abwehr interessierten und zugleich sämtliche Details der »Operation Juliana« aufbereiteten, z.B.: Müller, Hans (August-Thyssen-Bank), NARA M 1922, Roll 0035.
[283] So auch Derix, Thyssens, S. 441.
[284] Mulder u.a., Operatie Juliana.
[285] Ebd.; Derix, Thyssens, S. 432–443; Litchfield, Thyssen-Dynastie, S. 259-261; Derix, Thyssens, S. 433, Fußnote 112, bezieht sich explizit auf die Pionierarbeit von Mulder u.a. und wertet: »Auch wenn viele Lücken bleiben, die Chronologie nicht immer stimmig ist und nicht nur Wertpapiere des Königshauses betroffen waren, überzeugt der grundlegende Argumentationsgang.« Im weiteren Verlauf ihrer Darstellung zeigt sie zurecht deutliche Skepsis gegenüber Mulders Argumenten. Derix, Thyssens, S. 439-440.

verlagert wurde.²⁸⁶ Als Urheber dieser Transaktion identifizierten sie den Kölner Juristen Dr. Karl Bockamp, der von Kurt Freiherr von Schröder zum Bevollmächtigten für die Verwertung des niederländischen Kronvermögens ernannt worden war. Zugleich verwaltete Bockamp im Auftrag von Schröders auch das Vermögen der Pelzer-Stiftung (Fritz Thyssen) und stand deshalb in Kontakt mit BHS und RTK.²⁸⁷

Daraus schlossen die Autoren, Bockamp sei auch zum Verwalter der BHS bestellt worden.²⁸⁸ Dies trifft aber nicht zu. Es war gerade Roelens taktischen Zugeständnissen an von Schröder sowie der bi-nationalen Doppelbesetzung der Gremien zu verdanken gewesen, dass weder die niederländischen Gesellschaften unter deutsche Feindvermögensverwaltung gestellt wurden noch für die deutschen Gesellschaften wegen ihrer niederländischen Eigner im Deutschen Reich ein Verwalter eingesetzt wurde.²⁸⁹

Ferner führen die Autoren aus, Bockamp habe im »*najaar*« (Herbst) 1942 gegen den Widerstand Kouwenhovens veranlasst, dass Aktien von der BHS nach Deutschland transferiert werden sollten, darunter auch der Besitz von Königin Wilhelmina. Wegen seines Widerstands sei Kouwenhoven dann von Roelen entlassen worden.²⁹⁰ Offensichtlich beziehen sie sich dabei aber auf den nachweislich von Heinrich Thyssen-Bornemisza und Roelen veranlassten Aktientransfer vom 7. Dezember 1942 und die zuvor erfolgte Entlassung Kouwenhovens am 30. November 1942. Doch dabei wurden nur gruppeneigene Wertpapiere transferiert.²⁹¹ Auch erwähnte Kouwenhoven Bockamp nie namentlich in seinen »Abrechnungen« und auf von Schröder ging Kouwenhoven lediglich in anderen Zusammenhängen ein.²⁹²

---

²⁸⁶ Mulder u.a., Operatie Juliana.
²⁸⁷ Vgl. IARA-Report »Fritz Thyssen«, 30.4.1948, S. 20-22, NL-HaNA 2.09.49, inv.nr. 531. Vgl. auch die Unterlagen zur Pelzer-Stiftung im Bestand NL-HaNA, Reichskommissariat/Feindvermögensverwaltung, 2.08.68, inv.nr. 791; sie wurden für diese Studie allerdings nicht ausgewertet, weil die Pelzer-Stiftung nicht im Fokus der Recherchen zu diesem Buch stand. Bezeichnenderweise finden sich in diesem Bestand aber keine Hinweise auf Unternehmen Heinrich Thyssen-Bornemiszas.
²⁸⁸ Mulder u.a., Operatie Juliana; Derix, Thyssens, S. 433. Bockamp wird im offiziellen Report über die TBG kurz erwähnt: Die Untersuchungen von Jansen und Brill hätten dazu geführt, dass Bockamp als Verwalter der Pelzer-Stiftung eingesetzt wurde. IARA-Report »Concern Thyssen-Bornemisza«, 28.2.1948, S. 2, NL-HaNA 2.09.49, inv.nr. 532.
²⁸⁹ Einiges über Aufbau und Entwicklungen bei den Gesellschaften, Mai 1946, S. 1, 5, SIT NROE/36. Vgl. für Andeutungen zur möglichen Einsetzung von Verwaltern Schröder an Ernst, 14.5.1940, BArch Berlin R 87/8204; bei der FSG wurde auch geprüft, ob sie unter Verwaltung gestellt werden sollte. Sie galt den Behörden zwar als ausländisches, aber nicht als feindliches Unternehmen und blieb daher von Zwangsmaßnahmen verschont. Devisenstelle Kiel an RWM, 8.5.1940; Aktenvermerk Reichskommissar für die Behandlung feindlichen Vermögens, 30.8.1940, BArch Berlin R 87/8497.
²⁹⁰ Mulder u.a., Operatie Juliana.
²⁹¹ Report Schilder, 14.8.1945, NL-HaNA 2.08.52, inv.nr. 13.
²⁹² Kouwenhoven erinnerte sich 1946, dass Roelen ihm mitgeteilte habe, von Schröder halte ihn, Kouwenhoven, für »temporär äußerst unerwünscht«. Korte Notities vergadering Beheersinstituut, 12.8.1946, S. 5, NL-HaNA 2.08.52, inv.nr. 13. Von Schröder hatte sich 1940 gegen eine Wiederwahl Kouwenhovens (und Schüttes) in den Aufsichtsrat der August-Thyssen-Bank ausgesprochen, unter anderem, weil Kouwenhoven deutschen Staatsbürgern geholfen habe, deutsche Gesetze zu umge-

4. Restitution, Entflechtung und Neugruppierung

Dennoch ist offensichtlich, dass Mulder, Wiebes und Zeeman Kouwenhovens Narrativ, er sei auf politischen Druck hin abgesetzt worden, auf ihre Weise interpretierten. Während bei Kouwenhoven noch der unternehmerische Kontext eine Rolle spielte, blendeten Mulder und andere diesen vollständig aus und rekonstruierten den politischen Einfluss als unmittelbaren politischen Druck durch die Feindvermögensverwaltung. Da aber bereits Kouwenhovens Deutung nicht zutraf, ist auch ihre transformierte Variante nicht richtig. Ähnliches gilt für die explizite Vermutung von Mulder, Wiebes und Zeeman, allerhöchste Kreise hätten Heinrich nahegelegt, den Rücktransport zu organisieren. Eher war es umgekehrt, wie die Besprechung im *Beheersinstituut* zeigte, in der Coert jr. mit seinen Vorschlägen sogar die niederländischen Beamten überraschte.[293] Zudem sind die zuerst rücktransportierten Aktien im Wert von nominal 17,69 Mio. hfl., anders als im Artikel aufgeführt,[294] kein Beleg dafür, dass neben den Interessen des Königshauses noch weit größere Vermögensinteressen berührt gewesen seien, sondern sie entsprechen ziemlich genau dem Wert, der 1942 aus Rotterdam verlagerten Aktien der Gruppe (18,275 Mio. hfl.). Die Differenz lässt sich daraus erklären, dass die Abgabelisten explizit auf einige fehlende und daher nicht rücktransportierte Aktien verwiesen.[295]

Die detaillierten Listen der beiden Rücktransporte im Rahmen der »Operation Juliana« lassen auch sonst keinen Bezug zum niederländischen Königshaus erkennen. Zwar führen sie keine Eigentümer auf, sondern nur die Depots bei RTK oder BHS, wohl aber die Anlagewerte. Diese entsprachen dem typischen, auch andernorts dokumentierten Portefeuille der BHS-Anlagen. Neben den gruppeneigenen Aktien handelte es sich um Wertpapiere u.a. der Ilseder Hütte, Gelsenwasser, IG Farben, Rheinische Braunkohle, Anhaltinische Kohle, Wintershall, Norddeutscher Lloyd, RWE, Rütgerswerke, Deutsche Erdöl, Siemens & Halske sowie den VSt.[296] Es dürfte wenig wahrscheinlich sein, dass das niederländische Königshaus vornehmlich in deutsche Rüstungswerte investierte. Weder in den Reports der britischen und US-amerikanischen Ermittler noch in den Verhören rund um die »Operation Juliana« und alle weiteren Fragen zur BHS gibt es daher irgendeinen

---

hen. Er bezog sich offenbar auf Fritz Thyssen bzw. Kouwenhovens Rolle bei der Pelzer-Stiftung. Scheidt an Roelen, 14.11.1940, Scheidt an Jacke, 14.11.1940, SIT TB/2155. Auch an anderer Stelle deutete von Schröder Schwierigkeiten mit der von Kouwenhoven geleiteten BHS an. Er fürchtete, die Bank werde die treuhänderisch verwalteten VSt-Aktien von Fritz Thyssen seiner, Schröders, Verfügungsgewalt entziehen. Schröder an Ernst, 14.5.1940, BArch Berlin R 87/8204.

[293] Korte Notities vergadering Beheersinstituut, 12.8.1946, S. 2, NL-HaNA 2.08.52, inv.nr. 13. Vgl. für eine ähnliche Bewertung Derix, Thyssens, S. 435.

[294] Mulder u.a., Operatie Juliana, sprechen von mehr als 17 Mio. hfl.; Sorter an Bender, 21.2.1947, August-Thyssen-Bank AG: General Records, NARA M1922 Roll 0058, erwähnt die 17,69 Mio. hfl.

[295] Zu den Listen vgl. Sorter an Bender, 21.2.1947, Exhibits 1 und 2, August-Thyssen-Bank AG: General Records, NARA M1922 Roll 0058; für die verlagerten Aktien Report Schilder, 14.8.1945, NL-HaNA 2.08.52 inv.nr. 13.

[296] Zu den Listen vgl. Sorter an Bender, 21.2.1947, Exhibits 1 und 2, August-Thyssen-Bank AG: General Records, NARA M1922 Roll 0058.

Bezug zum niederländischen Königshaus oder Hinweise darauf, dass bei der BHS jemals Wertpapiere des Königshauses deponiert gewesen wären.[297]

Die Verwechslung rührt vermutlich daher, dass britische Ermittler in Unterlagen des Devisenschutzkommandos zur Pelzer-Stiftung den Namen Juliana (sowie Hans Thyssen) entdeckt hatten, den sie nicht unmittelbar zuordnen konnten.[298] Bei Juliana dürfte es sich aber in diesem Fall tatsächlich um die niederländische Kronprinzessin oder eine gleichnamige Person gehandelt haben, jedenfalls nicht um die »Operation Juliana«. Denn diese wurde nachweislich erst Ende 1945 und damit zu einem Zeitpunkt angedacht, als das deutsche Devisenschutzkommando in den Niederlanden bereits »deaktiviert« war, d.h. in seinen Unterlangen konnten sich schon aufgrund der zeitlichen Konstellation gar keine Hinweise auf die »Operation Juliana« finden. Besonders die Namensgleichheit von Kronprinzessin und dem Codewort für den Rücktransfer der Aktien stiftete Verwirrung. Da Julianas Ehemann, Prinz Bernhard, mit Hans Heinrichs designierter Ehefrau Teresa zur Lippe-Weißenfeld verwandt war, lag die Vermutung nahe, die Interessen des Königshauses – Juliana wurde im September 1948 Königin der Niederlande – seien von dem Wertpapiertransport berührt worden. Da zudem die niederländische Militärmission mitwirkte, die Trennlinie zwischen der Pelzer-Stiftung (Fritz Thyssen) und RTK bzw. BHS (Heinrich Thyssen-Bornemisza) nicht klar erkennbar war und die »Operation Juliana« konspirativ abgewickelt wurde, existierten weitere Indizien für eine solche Sichtweise. Doch die fehlerhafte Schilderung – Bockamp als Verwalter der BHS, offensichtliche Verwechslung von Pelzer-Stiftung und BHS, die Fehldeutung von Kouwenhovens Entlassung etc. –, die dilatorische Behandlung durch die Behörden in den Niederlanden sowie vor allem die Tatsache, dass sich in den Quellen keine Belege für die Interpretation finden lassen, führen letztlich zu dem Schluss, dass das niederländische Königshaus mit der »Operation Juliana« nichts zu tun hatte. Es war eine »private« Transaktion der TBG, die sich letztlich mit deren angestrebter Re-Organisation seit 1941 und der schwebenden Frage des *Beheers* sehr viel besser erklären lässt als mit royalen Interessen.

Die Ende 1942 verlagerten Aktien befanden sich 1947 jedenfalls wieder im Besitz der BHS,[299] die Eigentumsverhältnisse der TBG hatten sich seit 1940 nicht verändert, sodass von den einstmals wirkmächtigen Argumenten für eine unbot-

---

[297] Vgl. etwa die Liste mit offenen Fragen: Inter-Office Memorandum, 4.2.1947, August-Thyssen-Bank AG: General Records, NARA M1922 Roll 0058, sowie die detaillierten Befragungen bei: Müller, Hans (August-Thyssen-Bank), NARA M 1922, Roll 0035. Im März 1947 gingen die britischen und US-amerikanischen Militärbehörden schließlich davon aus, dass ausschließlich Thyssen-Bornemisza »beneficial owner« der verlagerten Wertpapiere war. Draft cable, 4.3.1947, August-Thyssen-Bank AG: General Records, NARA M1922 Roll 0058.

[298] Gage an Fenton, 24.1.1947, August-Thyssen-Bank AG: General Records, NARA M1922 Roll 0058.

[299] Anfang Januar 1947, nach der Demission Kouwenhovens und Gröningers, verständigten sich die beteiligten Akteure, die Aktien wieder bei der BHS einzulagern. Vgl. Ritter an Roelen, 16.1.1947, SIT TB/997.

mäßige deutsche Beeinflussung der niederländischen Gesellschaften während des Kriegs nur noch der Personalaustausch 1943 und die geänderten Konditionen bzw. die stille Beteiligung der BHS an Thyssengas übrig waren – zu wenig, um in den Niederlanden noch an Kouwenhovens Narrativ zu glauben. Doch noch hatten sich vor allem die US-Behörden nicht abschließend zur Thyssen-Bornemisza-Gruppe positioniert. Angesichts der bisherigen Erfahrungen mit Kouwenhoven fürchtete Hans Heinrich, der nun erneut ehemalige BHS-Manager werde in den USA die Beziehungen der Thyssens zur NSDAP öffentlich thematisieren.[300] Dazu kam es allerdings nicht mehr: Am 4. Januar 1948 starb Hendrik Jozef Kouwenhoven 58jährig auf einer USA-Reise in Ridgewood, New Jersey.[301] Die Trauer in der TBG hielt sich in engen Grenzen. Roelen konstatierte lapidar: »Der Hasser Hendrik hat seine Augen geschlossen.«[302]

4.3. Alte Gesellschaften, neue Governance

Hans Heinrich hatte die Freigabe seiner niederländischen Eigentumsrechte gut vorbereitet und sich frühzeitig Gedanken gemacht, wie die TBG bzw. zunächst die niederländischen Gesellschaften künftig zu organisieren seien. In einem undatierten Memorandum griff er nach 1945 die Überlegungen seit 1941 auf. Die Holdings sollten sobald wie möglich liquidiert werden, die Kaszony-Stiftung fortan das eigentumsrechtliche Zentrum der TBG bilden und diesbezüglich an die Stelle der BHS treten. Die Bank sollte als Konzernbank weiterbestehen und um zwei Abteilungen – für Seehandel und Devisen – erweitert werden.[303] Die Nederlandsche Bank befürwortete es, die BHS als Devisenbank anzuerkennen, obschon deren Devisentransaktionen fast ausschließlich auf Geschäften innerhalb der TBG beruhten. Betriebswirtschaftlich war der Status als Devisenbank nicht sehr bedeutsam: Erkannte die Nederlandsche Bank die BHS nicht als Devisenbank an, entgingen ihr zwar in geringem Umfang Mehreinnahmen, aber sie verlor deshalb keine Kundschaft. Aus politischen Gründen schien die Anerkennung aber hilfreich, um bei den anstehenden Restitutionsverhandlungen in den USA mit dem neuen Status »Devisenbank« zu signalisieren, dass die niederländische Regierung der BHS – trotz des andauernden *Beheers* – vertraute.[304]

---

[300] Litchfield, Thyssen-Dynastie, S. 276.
[301] Todesanzeige Kouwenhoven, 4.1.1948, NL-HaNA 2.25.68, inv.nr. 12779. Dass er einen Herzanfall bekommen habe, als er per Telegramm von seiner Absetzung als Bestuurder unterrichtet wurde, wie Hans Heinrich sich später erinnerte, dürfte daher nicht stimmen, da Kouwenhoven zum Zeitpunkt seines Todes bereits seit einem Jahr kein Bestuurder mehr war. Vgl. Litchfield, Thyssen-Dynastie, S. 276.
[302] Roelen an Hans Heinrich Thyssen-Bornemisza, 23.1.1948, SIT TB/2139.
[303] Reorganisation (o.D.), SIT TB/2138.
[304] Nota voor de directie, 23.1.1947, NL-HaNA 2.25.68, inv.nr. 12779.

Für den Fall, dass sich die steuerlichen Fragen bei der Liquidation der Holdings nicht lösen ließen, sollte die HAIC fortbestehen und gleichsam zwischen Stiftung und BHS geschaltet werden. Die Kaszony-Schuld galt unter den veränderten Rahmenbedingungen der Nachkriegszeit nicht mehr als Problem; schließlich sei es normal, wenn eine Bank ihrer Eigentümerin günstige Kredite ohne besondere Sicherheiten gewähre – eigentumsrechtlich fraglos ein valides Argument und in der Nachkriegszeit gewiss leichter vorzubringen als zu Kriegsbedingungen, selbst wenn der Devisentransfer nach wie vor beschränkt war. Voraussetzung für die Reorganisation war aber erneut eine Verständigung mit Steuer- und Devisenbehörden. Doch das Leitmotiv der TBG veränderte sich unter Führung Hans Heinrichs in programmatischer Weise: Anders als seit 1941 ging es nun weniger darum, zusätzliche oder zweckfremde Steuerbelastungen zu vermeiden, sondern mehr darum, die Steuerbelastung insgesamt dauerhaft merklich zu reduzieren. Beispielsweise sollten die Erträge mit maximal 15 Prozent besteuert werden und ein entsprechendes Abkommen über mindestens zehn Jahre mit dem niederländischen Staat geschlossen werden. Komme es nicht dazu, sei zu überlegen, neue Holdings außerhalb der Niederlande zu gründen, sofern aus den betreffenden Ländern Zahlungen in die Niederlande und die Schweiz möglich seien und die Anonymität der Holdings gewährleistet werde.[305]

Damit zeigte Hans Heinrich, was er aus den Verhandlungen mit den deutschen und den niederländischen Steuerbehörden seit 1941 gelernt hatte: Steuern stellten einen Hebel dar, um das Verhältnis von Unternehmen und Nationalstaaten zu verändern. Die deutschen Finanzbehörden hatten sie als Druckmittel benutzt, um die TBG zu entschachteln und zu repatriieren, aber zugleich auch Steuerreduktion bei Wohlverhalten in Aussicht gestellt. Den Spieß drehte Hans Heinrich, freilich noch vorsichtig, um: Wenn Nationalstaaten an Steuerzahlungen seiner Gesellschaften interessiert waren, mussten sie ihm etwas anbieten, da er andernfalls den steuerlichen Sitz verlagern würde. Dass dafür »lediglich« ein freier Kapitalverkehr nötig war, hatte Hans Heinrich ebenso erkannt, wie den Vorteil geringer Publizität. Diese wirtschaftsnationalistisch induzierten Lerneffekte zeugten von einer gewissen Weitsicht und im Kern avancierte »transnationale Steueroptimierung« zu einer Leitlinie im unternehmerischen Handeln Hans Heinrichs. Auf sein Betreiben überlegte Rechtanwalt van Aken bereits Ende 1945, wie sich die – nicht übermäßig hohen – Abgaben der Kaszony-Stiftung künftig reduzieren ließen. Da im Kanton Graubünden die Verwaltungsgebühren lediglich bei 0,5 Promille jährlich lagen, verlagerte die Stiftung 1949 ihren Sitz von Schwyz nach Chur (Graubünden); Überlegungen, die Stiftung in Liechtenstein anzusiedeln, wurden hingegen nicht weiterverfolgt.[306]

---

[305] Reorganisation (o.D.), SIT TB/2138.
[306] Mettier und Bener an van Aken, 17.10.1945; Marxer an van Aken, 15.11.1949; van Aken an Marxer, 9.11.1949; Aktennotiz, 21.7.1949, SIT TB/2221. Das genaue Datum des Umzugs ist nicht ersichtlich,

4. Restitution, Entflechtung und Neugruppierung

Diese Verlagerung betraf die BHS zwar nicht, wies aber in ihre Zukunft. Solange das *Beheer* bestand und die TBG noch Unterstützung durch den niederländischen Staat benötigte, war eine konfrontative Verhandlungslinie nicht angezeigt. Vielmehr galt es, den »niederländischen Charakter« der Bank zu wahren bzw. diese zu »re-nationalisieren«. Hierzu waren nur wenige Eingriffe in die Corporate Governance nötig. Die am 4. August 1948 mit der Genehmigung der staatlichen Stellen veröffentliche Satzung bestimmte, dass fortan der Vorsitzende des Aufsichtsrats, die Mehrheit seiner Mitglieder und alle Vorstände niederländische Staatsangehörige sein mussten.[307] Zuvor hatte die Gesellschaft zwanzig Vorzugsaktien à 1.000 hfl. geschaffen. Das Aktienkapital bestand fortan aus 25 Mio. hfl. Stamm- und 20.000 hfl. Vorzugsaktien. Eingezahlt waren freilich lediglich 12 Mio. hfl. Stammaktien (wie bislang), die vollständig Hans Heinrichs Eigentum waren, sowie elf der 20 Vorzugsaktien. Von diesen elf Vorzugsaktien besaß Hans Heinrich vier. Die übrigen sieben Anteile hielten niederländische Staatsangehörige: Salomon Jean René de Monchy (1880-1961) (zwei Vorzugsaktien), J. Coert sen., Pieter Theophilus Six (1905-1973), Herman Carel Hintzen (1892-1964), Horatius Albarda (1904-1965) und Pieter Wilhelmus Kamphuisen (1897-1961) (je eine). Die neue Satzung schrieb vor, dass die Mehrheit der Vorzugsaktien von niederländischen Staatsangehörigen gehalten werden müsse, wobei der Erwerb von Vorzugsaktien mit den Nummern 5 bis 20 – 1 bis 4 gehörten dem Ungarn Hans Heinrich – auf zwei pro natürliche Person begrenzt war.[308]

Diese Norm stellte sicher, dass bei den zunächst ausgegebenen elf Anteilen mindestens vier Niederländer Vorzugsaktionäre waren. Dennoch war der umfassende Einfluss des *beneficial owners* Thyssen-Bornemisza sichergestellt. In einer nur mit allen Stimmen kündbaren Nebenabmachung hatten sich die Vorzugsaktionäre darauf verständigt, bei einem Ausscheiden aus dem Aufsichtsrat ihre Anteile an ihre Nachfolger weiterzureichen, die sich auch der Nebenabmachung vollumfänglich unterwerfen mussten.[309]

Die Vertretung der Vorzugsaktien war mithin an das Mandat im Aufsichtsrat gebunden. Neue Aufsichtsräte wurden zwar formal von der Versammlung der Stammaktionäre gewählt, doch auf bindenden Vorschlag der Versammlung der Vorzugsaktionäre. Damit etablierte die BHS faktisch ein Kooptationssystem, welches den aktienrechtlich widersinnigen Effekt hatte, dass die Kontrolleure die (Vorzugs-)Aktionäre wählten. Formal war dies nicht zu beanstanden, da die fragwürdige Regelung nicht in den aktienrechtlich zu genehmigenden Statuten,

---

eine Rechnung über die Eintragungsgebühr datiert vom 1. Oktober 1949. Bescheid Kanton Graubünden vom 1.10.1949, SIT TB/2221.

[307] Artikel 18, Abs. 2, N.V. Bank voor Handel en Scheepvaart. Bijvoegsel tot de Nederlandse Staatscourant, 4.8.1948, S. 6 SIT TB 011023. Auch bei C&A galt die niederländische Staatsbürgerschaft nach dem Zweiten Weltkrieg als maßgeblich für den Geschäftserfolg. Spoerer, C&A, S. 241-242.

[308] N.V. Bank voor Handel en Scheepvaart. Bijvoegsel tot de Nederlandse Staatscourant, 4.8.1948, S. 2 (Artikel 5), SIT TB 011023; vgl. Derix, Thyssens, S. 441-442.

[309] Overeenkomst tussen alle houders van prioriteitsandeelen, 16.1.1948, NL-HaNA 2.08.52, inv.nr. 13.

sondern in einer privatrechtlichen Übereinkunft festgelegt wurde – ein bei Familienunternehmen durchaus übliches Vorgehen. Praktisch war dies ohnehin unbedeutend, solange mit Hans Heinrich ein Vertragspartner alle Stammaktien besaß: Dadurch waren Konflikte zwischen Stamm- und Vorzugsaktionären sehr unwahrscheinlich. Die Vorzugsaktionäre waren ohnehin nur an einer Stelle maßgeblich in die Willensbildung der Gremien eingebunden – durch die erwähnte Vorschlagspflicht für die Leitungsgremien, also für Vorstände (*directeuren*) und Aufsichtsräte (*commissarissen*).[310]

Der Vorschlag für diese Regelung ging angeblich auf Prinz Bernhard zurück, der auch eine Liste mit möglichen Commissarissen vorgelegt haben soll.[311] Zwar ist es gut möglich, dass sich Thyssen-Bornemisza mit dem Prinzgemahl und Verwandten seiner künftigen Ehefrau auch über unternehmenspolitische Fragen unterhielt.[312] Fraglich ist allerdings, ob Bernhard die Vorschläge inhaltlich beeinflusste.[313] Wahrscheinlicher ist wohl, dass Bentinck mit Hans Heinrich hierfür verantwortlich zeichnete; schließlich war Bentinck vom *Beheersinstituut* explizit aufgefordert worden, Vorschläge zu unterbreiten.[314]

Mit den faktisch eher kosmetischen Satzungskorrekturen hatte die BHS ihre Pflicht erfüllt. Mit der Genehmigung des abgeänderten Statuts Anfang August 1948 wurde die Bank aus der staatlichen Verwaltung entlassen.[315] Der neue Aufsichtsrat der Bank war mit hochrangigen niederländischen *commissarissen* besetzt, die die BHS fortan kontrollieren und den »niederländischen Charakter« der Bank bewahren sollten. Diese Honoratioren wurden durch ihre Reputation in der niederländischen Öffentlichkeit als unabhängige Externe wahrgenommen: De Monchy war ehemaliger Bürgermeister von Den Haag, Heinrichs Anwalt J. Coert sen. anerkannter Advokat. Six hatte die niederländische Exilregierung in London beraten und galt als Vertrauter von Prinz Bernhard; er dürfte ebenso zum Umfeld Bentincks zu zählen sein. Er schied zum Geschäftsjahr 1950 aus dem Aufsichtsrat aus.[316] Hintzen war Manager einer Versicherung (R. Mees & Zoonen)[317], der Jurist Kamphuisen leitete jahrelang die Rechtsabteilung der Algemene Kunstzijde Unie (AKU) und war *commissaris* bei der NHM.[318] Er wurde nach dem Krieg zunächst

---

[310] Artikel 25, N.V. Bank voor Handel en Scheepvaart. Bijvoegsel tot de Nederlandse Staatscourant, 4.8.1948, S. 8, SIT TB 011023.
[311] Mulder u.a., Operatie Juliana.
[312] Derix, Thyssens, S. 437-438.
[313] So Mulder u.a., Operatie Juliana; eine aktive Rolle Bernhards bei der Operation Juliana passt fraglos in deren (widerlegte) Argumentation, nach der es bei »Juliana« vor allem um die Interessen des Königshauses ging. In den Korrespondenzen von Thyssen-Bornemisza spielte das Königshaus freilich keine Rolle.
[314] Korte Notities vergadering Beheersinstitut, 12.8.1946, S. 9, NL-HaNA 2.08.52, inv.nr. 13.
[315] N.V. Bank voor Handel en Scheepvaart. Bijvoegsel tot de Nederlandse Staatscourant, 4.8.1948, S. 9, SIT TB 011023.
[316] Verslag over het boekjaar 1950, S. 2, NL-HaNA 2.25.68, inv. nr. 9972.
[317] Nota voor de Directie inzake de BHS, 19.11.1951, S. 4, NL-HaNA 2.25.68, inv.nr. 12779.
[318] Hierzu De Graaf, Voor Handel en Maatschappij, S. 436.

4. Restitution, Entflechtung und Neugruppierung 107

Mitglied und dann Vorsitzender des Aufsichtsrats von AKU. Kamphuisen war ein herausragender Kenner des niederländischen Handelsrechts.[319] Die 1929 gegründete AKU koordinierte als Holding die Zusammenarbeit der de facto fusionierten Nederlandsche Kunstzijdefabriek (Enka) und den Vereinigten Glanzstoff Fabriken Wuppertal,[320] sodass Kamphuisen auch als exzellenter Kenner deutschniederländischer Unternehmen, ihrer Möglichkeiten und ihrer Probleme gelten muss. Albarda war nach einigen Stationen im Finanzministerium nach dem Krieg Direktor bei der NHM geworden, dort im Wesentlichen für die Internationalisierung zuständig und als Vorsitzender des *Centraal Orgaan voor de Economische Betrekkingen met het Buitenland* in die außenwirtschaftlichen Fragen der Zeit eingebunden; er schied 1955 als Direktor bei der NHM aus – offiziell wegen der hohen Belastung durch seine zahlreichen Nebenämter –, blieb der Bank aber als *commissaris* erhalten. Er leitete seit 1963 die niederländische Fluggesellschaft KLM, gehörte mithin zu den niederländischen Topmanagern.[321] Es ist unschwer zu erkennen, dass es sich bei den *commissarissen* der »neuen« BHS in erster Linie um hilfreiche Experten handelte, die kein ökonomisches Eigeninteresse an der Bank hatten, d.h. sie kontrollierten die Bank formal, brachten juristische, betriebswirtschaftliche und politische Erfahrungen ein und konnten die BHS über ihre eigenen Netzwerke tatsächlich stärker in der niederländischen Wirtschaft verankern.

Seit dem Geschäftsjahr 1948 trat mit Adolph Bentinck das achte Aufsichtsratsmitglied hinzu. In den letzten Jahren vor dem Tod Heinrich Thyssen-Bornemiszas 1947 hatte Hans Heinrich die Familieninteressen allein und als Bevollmächtigter seines Vaters vertreten. Dieses Alleinverfügungsrecht büßte er mit dem Erbfall ein. Er war zwar Haupterbe, aber seine Geschwister erbten zusammen 37,5 Prozent des väterlichen Vermögens. Um ihre Interessen zu wahren, entsandten sie mit Bentinck, dem Mann von Hans Heinrichs Schwester Gabrielle (Gaby), einen unumstrittenen Kandidaten in den Aufsichtsrat der Bank, der sich bereits um die BHS verdient gemacht hatte und sich grundsätzlich als Anwalt *aller* BHS-Aktionäre verstand.[322]

Obwohl Hans Heinrich zum einen an die Prioritätsaktionäre, zum anderen an seine Geschwister Verfügungsrechte abtrat, besteht kein Zweifel daran, dass er die Bank weiterhin maßgeblich beeinflusste. Er setzte auf einen personellen Neuanfang und enthob alle bisherigen Manager, darunter auch loyale Akteure wie Heida und Kortmulder, ihrer Pflichten.[323] Die Leitung der BHS delegierte er an zwei neu angestellte Direktoren: Willem van Elden und Dirk M.A. Swart, der somit

---

[319] Pabbruwe, Kamphuisen.
[320] Wubs, Dutch Multinationals, S. 101-103.
[321] De Graaf, Voor Handel en Maatschappij, S. 301, 368–369; Vgl. für die biographischen Angaben auch Derix, Thyssens, S. 442.
[322] Verslag over het boekjaar 1948, S. 2, NL-HaNA 2.25.68, inv.nr. 9972; Entwurf-Protokoll, 16.11.1954, S. 2-3, SIT TB 02344.
[323] Handelskammer Rotterdam, Handelsregisterauszug BHS, 11.6.1951, TNA BT 103/853.

gleichsam für seine Unterstützung der Bank in der Operation Juliana belohnt wurde. Swart und Elden brachten transnationale Managementfähigkeiten mit: Swart war vor seiner Tätigkeit für die niederländische Militärmission zunächst als Steuerberater, danach als Manager des Elektrotechnik-Multinationals Philips tätig gewesen[324] und van Elden hatte als Europa-Manager von Standard Oil Erfahrungen in einem US-amerikanischen Weltkonzern gesammelt.[325]

Mit diesen Weichenstellungen war die nunmehr als »national« konstruierte Bank wieder handlungsfähig. Anfang 1949 erstellte die neue Leitung die Bilanzen rückwirkend bis 1942. Für die Zeit des *Beheers* von 1945 bis 1948 sollten die *Bestuurders* bei der anstehenden Aktionärsversammlung aber keinesfalls durch die Aktionäre entlastet werden. Die »Fremdherrschaft« im Unternehmen sollte nicht nachträglich legitimiert werden, zumal dies auch bedeutet hätte, etwaige Schadenersatzsprüche nicht geltend machen zu können. Die BHS sollte sich im Gegensatz zu früher auf das Bankgeschäft konzentrieren, während die Holdingfunktionen systematisch auf die HAIC übertragen wurden. Fiskalisch waren bereits rückwirkend zum 1. Januar 1948 Dunamis, Norma und Exporthandel auf die HAIC übergegangen, die die »überzähligen« Holdings anschließend gesellschaftsrechtlich liquidierte. Um diese Transaktion zu finanzieren erhöhte die HAIC ihr Kapital von einer auf vier Millionen Gulden.[326]

Die von der Kaszony-Stiftung beherrschte HAIC rückte damit strategisch ins Zentrum der TBG. Hans Heinrich baute sie zum Informations- und Koordinierungsgremium aus. Er nahm dabei auch Vorschläge Wilhelm Roelens auf, der sich wiederholt für einen koordinierenden Beirat stark gemacht hatte.[327] Damit institutionalisierte die TBG seit 1948 die im Zweiten Weltkrieg etablierten Strukturen mit einer regelmäßigen, quartalsweisen Berichterstattung über die einzelnen Gesellschaften und einer Diskussion über die Angelegenheiten, die die Gruppe als Ganzes betrafen. Gewiss war Hans Heinrich vom unternehmerischen Nutzen eines solchen Gremiums überzeugt, doch diente es zugleich als Familienbeirat und Erbengemeinschaft. Hans Heinrich Thyssen-Bornemisza war mit 62,5 Prozent zwar Haupterbe des väterlichen Vermögens sowie Testamentsvollstrecker, aber seine Geschwister Margit (Batthyány), Gaby (Bentinck) und Stephan waren ebenfalls mit je 12,5 Prozent am Nachlass von Heinrich Thyssen-Bornemisza beteiligt. Dieser hatte besonderen Wert darauf gelegt, sein Vermögen weiterhin als Einheit zu betrachten und entsprechend zu verwalten.[328]

---

[324] Mulder u.a., Operatie Juliana.
[325] Nota voor de Directie inzake de BHS, 19.11.1951, S. 4, NL-HaNA 2.25.68, inv.nr. 12779.
[326] Notulen, 13.4.1949, S. 2-3, SIT TB 02339.
[327] Gedanklich bereits im Aktenbericht 20.12.1941, tkA FÜ/92; explizit bei Roelen an Hans Heinrich Thyssen-Bornemisza, 15.12.1946, S. 7-9, SIT TB/2141.
[328] Er fasste sein Testament »in dem Bestreben, mein Vermögen als Familienvermögen zu erhalten« ab. Testament Heinrich Thyssen-Bornemisza, 15.11.1937 (Abschrift), SIT NROE/26. Das Testament wurde zwar noch geändert, an der Prämisse änderte sich aber nichts. Vgl. Derix, Thyssens, S. 452-453.

Im Großen und Ganzen trugen die vier Geschwister diesem Wunsch Rechnung, auch wenn sie ihm in Einzelfällen mit Rücksicht auf eigene Liquiditätsinteressen formal nicht immer entsprachen. Doch besonders Hans Heinrich und seine Schwestern waren vor dem Hintergrund sich aufhellender Zukunftsaussichten am Ende der 1940er, Anfang der 1950er Jahre bestrebt, das Vermögen und mithin auch die unternehmerischen Beteiligungen einheitlich zu verwalten. Nur Stephan Thyssen-Bornemisza ließ sich sein Erbe im Dezember 1953 auszahlen und schied damit aus dem engeren Kreis der Verfügungsberechtigten aus.[329] Seine Anteile wurden auf die verbliebenen drei Geschwister aufgeteilt. Hans Heinrich erhielt den Großteil und Margit und Gaby jeweils 12,5 Prozent von Stephans 12,5 Prozent, d.h. konkret zusätzlich 1,5625 Prozent am Kapital der HAIC bzw. der BHS. Sie hielten fortan jeweils gut 14 Prozent und ihre Interessen waren bis 1953 im Aufsichtsrat der BHS durch Bentinck vertreten worden. Nach Stephans Ausscheiden und der Erhöhung ihres Anteils meldete Gräfin Batthyány 1954 ebenfalls einen Anspruch auf ein Aufsichtsratsmandat bei der BHS an und unterstrich derart nicht nur den gewachsenen Einfluss der Frauen in familiären Vermögensfragen, sondern auch das Selbstverständnis, diesen Einfluss nach außen kommunizieren und sichtbar zu machen.[330] Seit dem Geschäftsjahr 1955 ersetzte Margit Batthyány schließlich den langjährigen Familienanwalt Coert sen. im Aufsichtsrat der BHS.[331]

Über die Kaszony-Stiftung hatte sie wie ihre Geschwister bereits zuvor im Aufsichts- bzw. Verwaltungsrat der HAIC mitgewirkt. An den etwa vierteljährlichen Sitzungen des Verwaltungsrats der HAIC nahm Stephan Thyssen-Bornemisza – im Gegensatz zu seinen Schwestern – allerdings kaum teil, sondern ließ sich durch P. Sanders vertreten, einen niederländischen Rechtsanwalt. Freilich brachten auch Gaby und Margit neben ihren Ehemännern in der Regel ihre (niederländischen) Rechtsberater – Jhr. D.C. de Graeff[332] und Dr. C.R.C. Wijckerheld Bisdom – zu den Sitzungen mit oder ließen sich durch diese vertreten. Hans Heinrich nahm als Gesellschafter der HAIC selbst an den meisten Sitzungen ebenso teil wie sein Vertrauter Kamphuisen. Ferner wurden für einzelne Fragen sachkundige Gäste eingeladen, z.B. für Schweizer Angelegenheiten Robert van Aken und Joseph Groh, für niederländische Angelegenheiten Jacob »Jaap« Kraayenhof. Das mal auf Deutsch, mal auf Niederländisch verfasste Protokoll führte van Rossen vom RTK.[333]

Vertreter der deutschen Unternehmen traten in der HAIC nicht in Erscheinung. Dafür gab es mehrere Gründe. Zum ersten waren vor allem Thyssengas und die

---

[329] Derix, Thyssens, S. 452–456.
[330] Entwurf-Protokoll, 16.11.1954, S. 2-3, SIT TB 02344; vgl. vor allem Derix, Thyssens, S. 456.
[331] Verslag over het boekjaar 1955, S. 2, NL-HaNA 2.25.68, inv.nr. 9973.
[332] De Graeff kam wie viel andere TBG-Berater von der NHM, deren Agentschap Den Haag er seit den 1930er Jahren geleitet hatte, ehe er 1957 in die Direktion der Bank aufstieg. De Graaf, Voor Handel en Maatschappij, S. 287, 370.
[333] Vgl. hierzu die Protokolle in SIT TB 02339 und SIT TB 02344.

PWR mit Entflechtungsfragen beschäftigt, die Werften waren ohnehin nie sonderlich stark in Gruppenfragen eingebunden gewesen und die August-Thyssen-Bank war noch nicht wieder funktionsfähig, ihre Direktoren entweder zwangsweise entlassen oder in Gefangenschaft. Diese Fragen beanspruchten, zum zweiten, vor allem Roelen und Acker in großem Umfang, die daher auch nicht an gruppenübergreifenden Fragen mitwirken konnten. Zum dritten waren sie als bundesdeutsche Staatsangehörige in niederländischen Gesellschaftsgremien vorerst kaum zu vermitteln. Zum vierten schließlich dachte Hans Heinrich Thyssen-Bornemisza die von ihm geleitete Gruppe viel stärker von der Spitze her als sein Vater es getan hatte. Die deutschen Produktionsunternehmen verloren dadurch intern an Bedeutung. Anders als in Roelens Sichtweise der 1940er Jahre galten sie nicht mehr als Basis der niederländischen Handels- und Dienstleistungsunternehmen, sondern als deren Tochtergesellschaften. Hans Heinrich hatte immer wieder betont, dass er in erster Linie niederländisch orientiert sei, und er baute die TBG sukzessive in diese Richtung hin um, ohne freilich die Existenz oder die Bewegungsfreiheit der deutschen Gesellschaften in Frage zu stellen.

So behutsam die Änderungen in der Governance der TBG auch waren, die sie niederländischer und familiärer erscheinen ließen als zuvor, so weitreichend waren auf lange Sicht die Konsequenzen. Hans Heinrich Thyssen-Bornemisza trieb die Internationalisierung der TBG – und mit ihr die geographische Risikodiversifizierung voran. Die deutschen Produktionsunternehmen blieben als Beteiligungen bedeutsam, ihr Einfluss auf Gruppenentscheidungen schwand aber zusehends. Während zahlreiche gruppeninterne Finanzströme noch in den 1940er Jahren durch die Interessen der deutschen Produktionsunternehmen determiniert wurden, um stabile Einkünfte zu erzielen, legte Hans Heinrich den Schwerpunkt auf Ertragsoptimierung. Er wies keinen biographischen Bezug zu den deutschen Unternehmen auf, hatte seine Jugend in Den Haag verbracht, bei der BHS hospitiert und die Gruppencharakteristika und ihre die immanenten Probleme vor allem durch die Besprechungen mit Roelen, Lübke und seinem Vater zwischen 1940 und 1944 kennen gelernt. Es ist nicht ersichtlich, inwiefern ihn diese Erfahrungen tatsächlich geprägt haben, doch ist offensichtlich, dass er dadurch vor allem die negativen Effekte des Wirtschaftsnationalismus für die TBG kennen gelernt hatte. Möglicherweise auch deshalb trennte sich die Gruppe unter seiner Führung langfristig, wenngleich meist erst seit den 1970er Jahren, von den deutschen Beteiligungen.[334]

Stattdessen weitete die TBG seit 1963/64 ihre Aktivitäten bei Handel, Transport und Logistik aus.[335] Die N.V. Vulcaan investierte vor allem in den Niederlanden, aber auch in Frankreich, Australien und Neuseeland. Hans Heinrich gab dabei sukzessive – wie auch bei der Kooperation der Stahl- und Röhrenwerke Reisholz mit Mannesmann seit 1966[336] – das (unausgesprochene) Dogma seines Vaters auf,

---

[334] Vgl. für Beispiele die Kapitel zu den Einzelunternehmen.
[335] Vgl. Kapitel 5.2.2.
[336] Vgl. Kapitel 5.3.3.

4. Restitution, Entflechtung und Neugruppierung 111

Abb. 5: Rückkehr zum Weltmarkt: Hans Heinrich Thyssen-Bornemisza (Mitte) übernimmt die Führung, Wilhelm Roelen (rechts) beobachtet. Aufnahme anlässlich des Besuch von Bundeswirtschaftsminister Ludwig Erhard zur Inbetriebnahme des Schachts »Wilhelm« der Bergwerkgesellschaft Walsum mbH am 16.1.1956.

sämtliche Anteile von Unternehmen besitzen zu wollen. Doch mit einer Ausnahme – an der Europese Waterweg-Transporten N.V. hielt Vulcaan nur 40 Prozent – war die TBG weiterhin Mehrheitseignerin der neuen Beteiligungen. Sie behielt dadurch die strategische Kontrolle, reduzierte ihr unternehmerisches Risiko und band weniger Kapital. Die »überschüssigen« Mittel wurden für den Erwerb weiterer Beteiligungen frei, sodass Hans Heinrich das Vermögensrisiko insgesamt breiter streute.[337]

Die Gruppe wandelte sich unter seiner Führung von einem produktionsbasierten Familienunternehmen zu einer familiären Vermögensanlagegesellschaft bzw. von einer *organischen* zu einer Portfolio-*business group*, die sich vor allem hinsichtlich ihrer Zielsetzungen und Investitionshorizonte unterscheiden. Organische *business groups* verfolgen eine langfristige Diversifizierungsstrategie, während Portfolio-Groups das Risikomanagement in den Vordergrund rücken (vgl. Tab. 8): »Das unternehmerische Motiv war nun industrielle und geographische Diversifikation sowie eine optimale Auswertung der finanziellen Möglichkeiten.«[338]

---
[337] Thyssen-Bornemisza Group, Divisie Handel en Transport, 9.9.1970, SIT TB/947.
[338] Die Geschichte der Familie Thyssen und ihrer Aktivitäten. Rede von Hans Heinrich Thyssen-Bornemisza, 6.6.1979, S. 32, SIT TB/1.

Tab. 8: Drei Typen diversifizierter business groups (nach Schneider)

	Organisch	Portfolio	Politikinduziert
Strategische Ziele	Diversifizierung (Economies of Scope) (und vertikale Integration)	Risikomanagement	Politische Anreize
Reichweite der Diversifizierung	Enger	Sehr breit	Breit
Integration des Managements	Hoch	Flexibel	Flexibel
Zeithorizont der Beziehungen von Gruppe und Beteiligungen	Langfristig	Kurzfristig	Kurzfristig

Quelle: Schneider, Business Group and the State, S. 654.

Anders ausgedrückt: Hans Heinrich trennte sich von vergleichsweise immobilen, ortsgebundenen Kapitalanlagen und investierte in mobile, ortsungebundene Finanzanlagen, von denen man sich im absehbaren Misserfolgsfall leicht trennen konnte. Dies entspricht zugleich den Mustern, die Geoffrey Jones für britische Handelsgesellschaften beschrieben hat, die sich ausgehend vom Handelsgeschäft sukzessive zu globalen Investmentgesellschaften entwickelten.[339]

Der Prozess ging unter anderem von der BHS aus. Seit den 1920er Jahren hatten sich die Gewinnanteile des Wertpapiergeschäfts deutlich gegenüber jenen der Krediteinnahmen erhöht,[340] sodass es betriebswirtschaftlich sinnvoll erschien, die Wertpapiersparte der Bank zu stärken. Im Vergleich zu den gruppeninternen Beteiligungen war dieses Geschäft aber volatil, da die Informationsasymmetrien naturgemäß bei Gesellschaften höher waren, die die Gruppe nicht vollständig kontrollierte. Die BHS diversifizierte deshalb ihr Beteiligungsgeschäft. Sie investierte zunehmend in Wertpapiere mit unbestimmtem Anlagehorizont, bei denen Kursgewinne im Vordergrund standen. Daher beschloss der Verwaltungsrat der HAIC im Juni 1952, eine Investmentgesellschaft aus der BHS auszugründen. Explizites Ziel war dabei, das Risiko der BHS zu diversifizieren und die riskanteren Geschäfte – gedacht war indes nur an den Erwerb größerer Pakete etablierter Gesellschaften und keineswegs an den Einstieg in hochspekulative Anlagen – einer neuen Gesellschaft mit vergleichsweise geringem Grundkapital zu übertragen. Sie sollte vor allem niederländische und anglo-amerikanische Werte erwer-

---

[339] Jones, Merchants to Multinationals, S. 343-353; vgl. zur Rolle von Handelsgesellschaften im Globalisierungsprozess auch Ekberg/Lange, Business History.
[340] Vgl. Kapitel 5.7.1.

4. Restitution, Entflechtung und Neugruppierung

ben. Aus steuerlichen Gründen kam die HAIC selbst hierfür nicht in Frage, sodass das Lenkungsgremium sich für die Gründung einer neuen Gesellschaft entschied, die in der sperrigen langen Version als »*N.V. Hollandse en Internationale Investering Maatschappij te Rotterdam*« firmierte. Intern zog man freilich die Abkürzung HEINI vor, die nicht von ungefähr dem Spitznamen Hans Heinrichs entsprach.[341]

Die Internationalisierung – sowohl bei der BHS als auch bei der N.V. Vulcaan – war die Vorstufe für die globale Ausrichtung der Thyssen-Bornemisza-Group N.V., die 1971 aus der BHS hervorging. Zu diesem Zeitpunkt verfügte die TBG über vier Abteilungen: 1. Schifffahrt (Verwaltung in Emden und London), 2. Handel und Transport (Rotterdam), 3. »German Industries« (Düsseldorf), 4. Schiffbau (Hamburg). Die Beteiligungen in der Bundesrepublik hatten erkennbar an Bedeutung verloren. Die »German Industries« umfassten nur noch die Produktion und Distribution von Gas und Wasser durch Thyssengas. Auch der Schiffbau (Bremer Vulkan) sowie zugehörige Dienstleitungen (v.a. Reparaturen) erwiesen sich langfristig als Auslaufmodell. Zukunftsfähig waren hingegen vor allem die Geschäftsfelder, die August Thyssen weitsichtig bereits vor dem Ersten Weltkrieg in den Niederlanden aufgebaut hatte: Die Schifffahrt baute auf der Halcyon Lijn auf und die modernisierte N.V. Vulcaan organisierte Handel und Transport sowie die Hafendienstleistungen und Maschinenbau.[342]

Die Gründung der Thyssen-Bornemisza-Group N.V. symbolisierte letztlich die veränderten Handlungslogiken der TBG. Ein gutes Beispiel für gewandelte Prämissen ist ihre Restrukturierung 1974. Die TBG wollte ihre Vermögenswerte fortan zentral verwalten. Diese verteilten sich etwa gleichmäßig auf Europa und die USA. Hans Heinrich »kopierte« die niederländische HAIC, die bis dahin die Familieninteressen verwaltet hatte, und gründete in Luxemburg die HAIC S.A., die von denselben Managern geleitet wurde wie ihr niederländisches Vorbild. Der luxemburgischen Gesellschaft wurden fortan sämtliche familiären Vermögenswerte übertragen. Sie selbst gründete die Thyssen-Bornemisza N.V. in Curacao auf den niederländischen Antillen, wo für solche Investmentgesellschaften nur drei Prozent Körperschaftssteuer anfielen. Die Thyssen-Bornemisza Group N.V. erhielt sämtliche Anteile an der (niederländischen) HAIC und wurde Alleingesellschafterin der Thyssen-Bornemisza Inc. in Maryland, USA, die die amerikanischen Beteiligungen verwaltete. Mit den Behörden in Curacao einigte man sich zudem auf weitere Steuernachlässe dergestalt, dass die niederländischen Dividenden, die nach Curacao transferiert wurden, nicht doppelt besteuert wurden.[343] Nur kurze Zeit später, 1978, erwiesen sich die Luxemburger Steuern, die für Dividendenzahlungen an den *beneficial owner* Hans Heinrich in Höhe von umgerechnet

---
[341] Für Details siehe Notulen, 28.6.1952, S. 3; Protokoll, 12.9.1952, S. 8, SIT TB 02344, Entwurf-Protokoll, 9.12.1953, S. 4, SIT TB 02344.
[342] Vgl. Organization Structure o.D. (ca. 1971), SIT TB 02313.
[343] Restructuring of Thyssen-Bornemisza Group, o.D. (1974), SIT TB 02313.

0,5 Mio. hfl., zu zahlen waren, aus Sicht Thyssen-Bornemiszas als zu hoch. »Es hat sich deshalb als opportun erwiesen, einen nach steuerlichen Gesichtspunkten günstigeren Eigentumsträger zu finden. Nach mehrmaliger Rücksprache mit den Rechtsanwälten aus den Vereinigten Staaten, Bermuda und Luxemburg hat sich herausgestellt, dass Favorita diese Aufgabe« erfüllen konnte. Die gruppeneigene Favorita Holding Company Ltd. war 1961 als Favorita Shipping Company Ltd. in Bermuda inkorporiert worden. Sie wurde im Juli 1978 umfirmiert und erhielt zunächst bis 1986, nach weiteren Verhandlungen sogar bis 2006 Steuerfreiheit zugesichert.[344]

Ohne es an dieser Stelle vertiefen zu können, zeigen sich hier die seit den 1940er Jahren erlernten Möglichkeiten einer transnationalen *business group*, die sich mit Hilfe internationaler Expertise immer mehr aus nationalstaatlichen Kontexten zurückzog, was eben auch hieß, weniger Steuern zu zahlen und Unternehmenssitze in *tax havens* wie Luxemburg, die niederländischen Antillen und Bermuda zu verlegen. Es waren gewiss nicht nur die Erfahrungen der wirtschaftsnationalistischen Zwischenkriegs- und Kriegszeit, sondern sicher auch »seine ererbte Abneigung gegen das Zahlen von Steuern«,[345] die Hans Heinrichs finanzkapitalistische Unternehmensstrategie beeinflussten. Die Ziele, Muster und Netzwerke hatten sich seit den 1930er Jahren evolutionär entwickelt. Die Einbindung rechtlicher, steuerlicher und betriebswirtschaftlicher Expertise in mehreren Staaten, die erlernte Verhandlungsposition gegenüber Nationalstaaten in steuerlichen Fragen, die Ertragsmöglichkeiten durch rechtliche Arbitrage sowie die Erkenntnis, dass mobile Kapitalanlagen die Flexibilität gegenüber langfristigen Unternehmensbeteiligungen gerade in sich globalisierenden Kontexten erheblich erhöhten, bestimmten nicht nur die Handlungslogiken der TBG, sondern entsprechen auch den typischen Mustern jener *transnational capitalist class*, die Leslie Sklair gerade für die Zeit seit den 1970er Jahren beschreibt.[346] Historisch ist daran besonders relevant, dass es sich – zumindest bei der Thyssen-Bornemisza-Gruppe – um Instrumente handelte, die sie bereits unter völlig anderen, wirtschaftsnationalistischen, Rahmenbedingungen und als Reaktion auf diese ausgebildet hatte. In dieser Hinsicht erscheint der Wirtschaftsnationalismus der 1930er und 1940er

---

[344] HAIC–Favorita Transaktion 1978, SIT TB 02339. Für die Inkorporation und die Umänderung vgl. das Material in SIT TB/5433. Vgl. zur Strategie der Steueroptimierung auch Litchfield, Thyssen-Dynastie, S. 405-406, der Hans Heinrich mit den nicht ausschließlich selbstironischen Worten zitiert: »Ich bin professioneller Steuerhinterzieher.« (Ebd. S. 406).

[345] Litchfield, Thyssen-Dynastie, S. 275, 332.

[346] Die *Transnational Capitalist Class Theory* (TCC) unterstellt in globalisierungskritischer Perspektive die Existenz von vier miteinander agierenden Gruppen – Kapitalisten, Experten, Politiker, »Konsumenteneliten« –, die jenseits etablierter (nationaler) Politikmuster durch ihr Handeln, ihren Einfluss bzw. den unmittelbaren Zugang zu politischen Akteuren sowie durch Kommunikation die Institutionen des (globalen) Kapitalismus ergebnisoffen verändern und sich derart als transnationale Klasse mit ähnlichen Präferenzen jenseits des Nationalstaats konstituieren. Sklair, Transnational Capitalist Class, S. 34-112; Vgl. für das 19. Jahrhundert vor allem Jones, International Business; ferner Fitzgerald, Rise, S. 496-500.

Jahre gleichsam als Lehrmeister für Globalisierungsprozesse, gegen die er sich ursprünglich gewandt hatte. Eine solche Schlussfolgerung ist natürlich über die Maßen verkürzt und taugt gewiss nicht als allgemeines Theorem. Für die TBG trifft sie aber grundsätzlich zu.

4.4. Langwierige Restitutionen: Juristische Auseinandersetzungen in den USA und Großbritannien

Adolph Bentinck hatte als erfahrener Diplomat bereits im August 1946 angedeutet, wie sehr die formal lediglich juristische Frage der Restitution beschlagnahmten Vermögens politisiert war.[347] In einer Phase, in der in den Nürnberger Prozessen neue völkerrechtliche Maßstäbe entwickelt wurden, um das NS-Unrecht juristisch aufzuarbeiten, und in der aus (nachvollziehbaren) politischen Gründen vom fundamentalen Rechtsgrundsatz »nulla poena sine lege« abgewichen wurde, zeigte sich die politische Auflagung internationaler Rechtsprechung deutlich.[348]

Im kleineren Maßstab zeigte sich dies auch bei den Restitutionsansprüchen, die die Thyssen-Bornemisza-Gruppe bzw. vor allem die BHS nach dem Ende des Kriegs in Großbritannien und den USA sowie – in deutlich geringerem Umfang – in Brasilien, Kanada und Belgien geltend machte. In diesen Staaten waren Unternehmen und Vermögen durch die Feindvermögensverwaltungen beschlagnahmt worden. Die USA und Großbritannien hatten auf Grundlage ihrer Trading with the Enemy Acts *vesting orders* erlassen und das beschlagnahmte Vermögen einem *Custodian* unterstellt. Nach dem Krieg ließen sie zu, dass die ursprünglichen Eigentümer *claims* einreichten, d.h. ihre Vermögensansprüche geltend machten, über die anschließend befunden wurde. Dies gestaltete sich mal mehr (Großbritannien), mal weniger (USA) einfach.[349]

Der britische Beschluss, das Thyssen-Gold zu beschlagnahmen, datiert vom 3. Juli 1940, aber bereits am 24. Mai 1940 hatte sich die niederländische Exilregierung in London per Dekret grundsätzlich das Verfügungsrecht über Eigentum niederländischer Personen im nunmehr besetzten Staatsgebiet gesichert. Damit wollte sie verhindern, dass niederländisches Eigentum missbräuchlich bzw. nicht im niederländischen Sinne durch die Besatzer verwendet wurde. In dieser Sichtweise war die niederländische Regierung seit Mai 1940 z.B. Besitzerin der BHS. Am 2. Oktober 1944 einigten sich Großbritannien und die Niederlande zudem darauf, dass durch britische Behörden beschlagnahmtes Vermögen niederländischer Herkunft nach Kriegsende der niederländischen Regierung übertragen wurde.[350]

---

[347] Korte Notities vergadering Beheersinstituut, 12.8.1946, S. 5, 7, NL-HaNA 2.08.52, inv.nr. 13.
[348] Vgl. z.B. die Beiträge in Priemel/Stiller, Nürnberger Militärtribunale.
[349] Zu den Beschlagnahmungen siehe Kapitel 5.7.4.
[350] BHS vs. Charles Alan Slatford, 30.7.1951, NL-HaNA 2.05.117, inv.nr. 5815.

Mit der niederländischen Regierung war ein zusätzlicher Akteur im Spiel, der die gleichsam private Angelegenheit der BHS von Anbeginn an auf die diplomatische bzw. völkerrechtliche Ebene hob. Im Kern ging es fortan nicht mehr nur darum, ob die Beschlagnahme des Thyssen-Golds auf Grundlage des *Trading with the Enemy Acts* rechtens war, sondern auch darum, wie man die politischen Maßnahmen der niederländischen Regierung gewichtete, der die Briten im Londoner Exil Schutz gewährt hatten. Die Niederlande hatten intern wiederum bereits 1942 als Leitlinie formuliert, dass es für etwaige Restitutionen darauf ankommen werde, inwiefern die betreffenden Gesellschaften als niederländische Unternehmen betrachtet werden könnten. Auch deshalb sei es notwendig, deutschen Einfluss substantiell zu reduzieren.[351] Mit ähnlichen Erwägungen hatte das *Beheersinstituut* das lange Festhalten an der staatlichen Verwaltung der BHS gerechtfertigt: Je niederländischer die Gesellschaften waren, desto wahrscheinlicher schien ihm eine Restitution von Vermögen.[352]

Diese Sichtweise betraf auch die Interessen der TBG. Neben der Londoner Tochtergesellschaft der N.V. Vulcaan hatte die britische Feindvermögensverwaltung auch etwa 1.100 Barren Gold beschlagnahmt, darunter Kouwenhovens private Goldanlagen, die die BHS in London deponiert hatte.[353] Für die Feindvermögensverwaltung ergab sich nach 1945 das Problem, dass im wahrscheinlichen Fall von Klagen die ursprünglichen Begründungen, dieses Vermögen zu beschlagnahmen, kaum mehr haltbar waren. Nun rächte sich, dass sich das *Board of Trade* bei seinen Untersuchungen 1939/40 vornehmlich auf Fritz Thyssen konzentriert hatte. Die Frage, ob und inwiefern Heinrich Thyssen-Bornemisza als Feind einzuordnen war, stellte sich aufgrund der Erkenntnis, dass die BHS ihm gehörte, neu. Für die Anwälte der TBG ließ sie sich rasch mit »gar nicht« beantworten. Das Gold gehörte zu wesentlichen Teilen der BHS, einer niederländischen Bank, die auch keinem unbotmäßigen deutschen Einfluss unterstanden hatte, auf den der *Trading with the Enemy Act* letztlich abzielte. Heinrich Thyssen-Bornemisza war schließlich ungarischer Staatsbürger mit Wohnsitz in der Schweiz.[354]

Gleichwohl fanden die britischen Behörden zwei Ansatzpunkte, die nahelegten, dass die Beschlagnahmungen rechtmäßig gewesen seien: Erstens war Großbritannien seit dem 7. Dezember 1941 mit Ungarn im Krieg gewesen; ungarisches Vermögen galt daher – und bereits seit April 1941 – auch als Feindvermögen.[355] Zwar war das Gold schon vorher beschlagnahmt worden, aber der Friedensvertrag zwischen Ungarn und Großbritannien aus dem Jahr 1948 bot nachträglich

---

[351] Chef van de Afdeeling Juridische en Algemene Zaken an Minister van Buitenlandsche Zaken, 19.12.1942, NL-HaNA 2.09.06, inv.nr. 1383.
[352] Vgl. Kapitel 2.4.1.
[353] Vgl. Kapitel 5.7.4.
[354] Statement of Claim, 12.6.1950, S. 1, NL-HaNA 2.08.52, inv.nr. 15.
[355] BHS vs. Charles Alan Slatford, 30.7.1951, NL-HaNA 2.05.117, inv.nr. 5815

4. Restitution, Entflechtung und Neugruppierung 117

ein juristisches Einfallstor,[356] auf das das *Board of Trade* seine Argumentation stützen wollte. Grundsätzlich war durch den Friedensvertrag Eigentum von Ungarn, die in neutralen Staaten wie der Schweiz lebten, vorbehaltlos freigegeben worden, sofern es nicht nach *Section 7* des *Trading with the Enemy Acts* von 1939 beschlagnahmt worden war.[357] Die entsprechende Section 7 definierte Feindvermögen als »*any property for the time being belonging to or held or managed on behalf of an enemy or an enemy subject*«.[358] Das war der maßgebliche Ansatzpunkt für das *Board of Trade*. Es wollte die Gerichte zum einen davon überzeugen, dass die Gesellschafter eines Unternehmens auch ein unmittelbares Interesse an dessen Vermögen haben und daher *beneficial owner* seien. Zum anderen war »*the Thyssen family [...] so heavily involved in the early fortunes of the Nazi party, in the rearmament of Germany and, during the war, in the production of arms and munitions*«, dass es möglich schien, Heinrich Thyssen-Bornemisza als Feind zu betrachten.[359] Ferner galt Heinrich Thyssen-Bornemisza als »Volksdeutscher«, der daher eben doch – so die britischen Überlegungen – als Deutscher bzw. als Feind definiert werden könne. Diese Überlegung wurde aber nicht sonderlich intensiv weiterverfolgt, da das *Board of Trade* den Weg über »ungarisches Eigentum« für deutlich vielversprechender hielt.[360] »*Clearly, however, we are treating on extremely dangerous ground*«.[361]

Die Fragen ließen sich zwar politisch sondieren, aber nur juristisch klären. Dem *Board of Trade* war an einer juristischen Klärung gelegen, weil es sich um einen seltenen Präzedenzfall handelte, der künftig Rechtssicherheit schaffen konnte: »*We can never hope to get a case where the issue of ownership through a chain of intermediaries is more clearly displayed.*«[362]

Am 12. Juni 1950 verklagte die Anwaltskanzlei Hardman, Philipps & Mann, die bereits zuvor mit dem *Board of Trade* korrespondiert hatte, im Auftrag der Bank voor Handel en Scheepvaart vor dem *High Court of Justice* (London) Charles Alan Slatford in dessen Funktionen als *Custodian of enemy property for England and Wales* sowie als *Administrator of Hungarian Property* mit dem Ziel, die Beschlagnahmung des BHS-Golds (Thyssen-Gold) als unrechtmäßigen Ein-

---

[356] Im Kern ging es um die Frage, ob ein Individuum mit – in diesem Fall – ungarischer Staatsbürgerschaft unabhängig von seinem Wohnort als Feind gelten konnte, auch wenn es keine ungarische Gesellschaft vertrat. Reichte mithin also alleine die Staatsbürgerschaft eines Landes aus, in dem man sich seit 30 Jahren nicht mehr dauernd aufgehalten hatte, um als Feind zu gelten? Die Friedensverträge hatten dies nicht eindeutig geregelt, sodass eine gerichtliche Klärung notwendig war. Exemplarisch: Report (J. Francis Brown), 10.5.1949, TNA BT 271/574.
[357] Report o.D. (ca. 1949), Bl. 69, TNA BT 271/574.
[358] Section 7, Trading with the Enemy Act, 1939, http://www.legislation.gov.uk/ukpga/Geo6/2-3/89/enacted (2.5.2018).
[359] Report o.D. (ca. 1949), Bl. 69; Report (J. Francis Brown), 10.5.1949, TNA BT 271/574.
[360] Report (H.S. Gregory), 29.4.1949, TNA BT 271/574.
[361] Report (o.V.), 12.2.1949, TNA BT 271/574.
[362] Report (H.S. Gregory), 29.4.1949; vgl. Report o.D. (ca. 1949), Bl. 69, TNA BT 271/574.

griff in die Eigentumsrechte der Bank zu bewerten und das Vermögen restituiert zu erhalten.³⁶³

Der zuständige Richter Devlin entschied vollumfänglich zugunsten der Klägerin BHS. Er begründete dies zuvorderst damit, dass die BHS eine niederländische Bank gewesen sei und als solche nicht als Feindin deklariert werden könne. Das Gold habe sie vor 1939 »*as part of its ordinary business*« in London angelegt. Indem er freilich besonders darauf verwies, dass die britische Regierung die niederländische Exilregierung unterstützt habe und daher auch deren explizitem Willen Rechnung getragen werden müsse, schwingt eine deutliche politische Note bei diesem Urteil mit. Nach seiner Auffassung war der niederländische Staat durch den Erlass vom Mai 1940 zum rechtmäßigen Eigentümer des BHS-Golds geworden. Da aber, so das Urteil sinngemäß weiter, die Niederlande sich nie mit Ungarn im Krieg befunden hatten, konnte auch Heinrichs ungarische Staatsbürgerschaft kein Kriterium für die Rechtmäßigkeit der Beschlagnahmung sein.³⁶⁴

Dieses erstinstanzliche Urteil zugunsten der BHS hatte schließlich Bestand, auch wenn die juristischen und diplomatischen Auseinandersetzungen nach 1951 weitergingen,³⁶⁵ nicht selten mit der Unterstützung familiärer Netzwerke.³⁶⁶ Die Rechtsauffassung, die BHS sei eine niederländische Bank gewesen, war dabei wohl nicht ausschließlich juristisch begründet. Denn hätte ein Richter die Beschlagnahmung des BHS-Golds als rechtens anerkannt, hätte er gleichsam die Rechte der niederländischen Exilregierung, auf die Devlin explizit verwies, nachträglich in Frage gestellt. Daher war das Urteil zugunsten der BHS – zumindest in Teilen – auch ein politisch opportunes Urteil, das sich zudem, anders als vom *Board of Trade* gewünscht, nicht eindeutig zum *beneficial ownership* positionierte, sondern diesen Punkt als irrelevant klassifizierte und gar nicht weiter behandelte. Ob bei der Urteilsfindung auch eine Rolle spielte, dass Ungarn anders als beim Friedensschluss inzwischen ein kommunistischer Staat nach sowjetischem Vorbild geworden war, muss offenbleiben.

Für die BHS und Hans Heinrich Thyssen-Bornemisza waren solch juristisch hochspannende Fragen ohnehin von untergeordneter Bedeutung, da sie ihr primäres Ziel erreichen konnten und ihren Teil des beschlagnahmten Thyssen-Golds zurückerstattet erhielten. Die Entschädigungssumme lag schließlich bei £ 2.224.367, nachdem die BHS auf ein erstes, um etwa £ 126.000 geringeres Angebot nicht reagiert hatte. Auf diese Differenz sowie für den Zeitraum zwischen dem Urteilsspruch und der Auszahlung des Betrags, machte die BHS erfolgreich auch noch Zinsansprüche geltend.³⁶⁷

---

³⁶³ Statement of Claim, 12.6.1950, S. 1, NL-HaNA 2.08.52, inv.nr. 15.
³⁶⁴ BHS vs. Charles Alan Slatford, 30.7.1951, NL-HaNA 2.05.117, inv.nr. 5815.
³⁶⁵ Exemplarisch Aide-Memoire (der niederländischen Botschaft), 25.10.1951, NL-HaNA 2.05.117, inv.nr. 5815; BHS vs. Slatford, Court of Appeal, 3.11.1952, TNA BT 103/846.
³⁶⁶ Vgl. Derix, Thyssens, S. 457-458.
³⁶⁷ Scheepvaart Case. Amount of Interest payable under Section 17 of the Judgement Act 1938, o.D. (1954), TNA BT 103/854. Ferner standen die Auswirkungen von Währungsabwertungen und die

4. Restitution, Entflechtung und Neugruppierung 119

Damit hatte sich Bentincks Vorhersage, die Restitutionsansprüche seien in Großbritannien leichter zu klären als in den USA, bewahrheitet. Während das Thyssen-Gold 1952 zurückerstattet wurde, dauerte es noch bis 1970, ehe sich eine Lösung für das beschlagnahmte US-Vermögen der TBG fand. Sie war zudem bei Weitem nicht so vorteilhaft wie die britische Regelung. Im Gegensatz zur britischen Rechtsauffassung ordneten die US-Behörden das beschlagnahmte Vermögen nämlich nicht der niederländischen BHS zu, sondern dem ungarischen – und damit feindlichen – *beneficial owner* Heinrich Thyssen-Bornemisza. Sie argumentierten letztlich so wie es zuvor das britische *Board of Trade* bereits getan hatte. Sie mussten sich daher ebenfalls eine neue Begründung für die Beschlagnahmung einfallen lassen, nachdem die ursprünglichen *vestings* noch sehr stark auf die Beziehungen zu Fritz Thyssen und den deutschen Charakter der US-Beteiligungen abgezielt hatten.[368]

Bereits kurz nach der Beschlagnahmung der Union Banking Corporation (UBC), der New Yorker Filiale der BHS, 1942 hatte die niederländische (Exil-)Regierung versucht, ihre Eigentumsrechte an der Bank geltend zu machen, um später in bilateralen Verhandlungen zwischen den Niederlanden und den USA über die weitere Behandlung des beschlagnahmten Vermögens zu entscheiden.[369] Sie gründete dies auf ihr Dekret vom 24. Mai 1940 und machte die USA darauf aufmerksam, dass sie mit der BHS Eigentum eines befreundeten Staates beschlagnahmt habe.[370] Das US-Außenministerium antwortete zunächst dilatorisch und verwies auf laufende Verhandlungen zwischen den Niederlanden und den USA, die klären sollten, inwiefern das niederländische Dekret für Vermögen, das sich in den USA befand, überhaupt wirksam war. Freilich wiederholte es auch seine doppelte Fehleinschätzung, die BHS »*is, in fact, owned and controlled by nationals of Germany who are residing in enemy territory.*«[371] Die BHS wurde aber von einem Ungarn kontrolliert, der in der (neutralen) Schweiz lebte.

Das Eigentum der BHS in den USA war letztlich von Anbeginn an, d.h. seit der Beschlagnahmung durch den *Custodian*, eine diplomatische Angelegenheit. Weil die niederländische Regierung das Eigentum an der BHS und daher auch an der Union Banking Corporation (UBC) und der Holland-American Trading Corporation (HATC) für sich reklamierte, führte sie auch die Verhandlungen. Dabei ging es ihr nicht nur um die BHS, sondern vor allem auch darum, die eigene Rechtsposition durchzusetzen. Ihr Ziel war es letztlich, im Falle von Beschlagnahmungen niederländischer Unternehmen ein Mitspracherecht zu erhalten. Die BHS mit ihren komplizierten Eigentumsverhältnissen war in diesem Kontext

---

Gebühr für den Custodian ebenfalls zur Debatte. Re: N.V. Bank voor Handel en Scheepvaart Aide Memoire, 6.7.1951, NL-HaNA 2.05.44, inv.nr. 1988.
[368] Vgl. auch Kapitel 5.7.4.
[369] Aktennotiz (Loudon), 6.12.1942, NL-HaNA 2.05.80, inv.nr. 3155.
[370] Netherlands Embassy an State Department, 31.12.1942, NL-HaNA 2.05.80, inv.nr. 3155.
[371] Secretary of State an Netherlands Embassy, 20.4.1943, NL-HaNA 2.05.80, inv.nr. 3155.

wiederum der maßgebliche Präzedenzfall.[372] Vor diesem Hintergrund ist zumindest fraglich, ob vor allem der Leiter der US-Gesellschaften, Cornelis Lievense, mehr hätte tun können, als die niederländische Botschaft in Washington mit den nötigen Informationen zu versorgen.[373] Auch wenn Heida nachträglich die Meinung vertrat, Lievense habe sich zu wenig für die Vermögensinteressen Thyssen-Bornemiszas eingesetzt,[374] waren seine Handlungsmöglichkeiten doch sehr begrenzt: Jede Intervention hätte die Auffassung der niederländischen Exilregierung konterkariert, nur sie vertrete die Eigentumsrechte der BHS. Daher strebte sie unmittelbar nach Kriegsende auch Verhandlungen mit den US-Behörden an[375] und band dabei die aktuellen (niederländischen) *Bestuurders* der BHS, Kouwenhoven und Gröninger, ein.[376] Der *beneficial owner* Heinrich Thyssen-Bornemisza bzw. sein designierter Haupterbe Hans Heinrich blieben zunächst außen vor, während sich andere Familienmitglieder Gedanken über die weitere Entwicklung machten und dabei einige Unwissenheit offenlegten. Beispielsweise schrieb Margareta Thyssen-Bornemisza an ihren Sohn Stephan: »*I think it would be a great shame to let these three million dollars be confiscated by the Dutch without a fight for them to know why. Find out why the Rotterdam bank is on the black list, is it true that Nazis were leading it?*«[377]

Auch in den folgenden 25 Jahren spielte die Bank voor Handel en Scheepvaart als Akteur nur eine Nebenrolle bei den Restitutionsverhandlungen. Sie stimmte sich mit den niederländischen Behörden ab, die weiterhin die Federführung in den langwierigen Verhandlungen über die Freigabe des US-Vermögens übernahmen. In der kurzen Version der Geschichte ging es um die Frage des *beneficial ownership* zum Zeitpunkt der Beschlagnahmung. Die niederländische Regierung vertrat den Standpunkt, die BHS habe sich in ihrem Eigentum befunden, die US-Behörden sahen den Ungarn Heinrich Thyssen-Bornemisza als *beneficial owner*. Im ersten Fall wären die UBC, die HATC und die anderen Gesellschaften zu Unrecht, im zweiten Fall zu Recht beschlagnahmt worden, da Ungarn zweifelsfrei als Feind der USA galt. In der langen Version handelte es sich freilich um eine juristisch außerordentlich diffizile und daher völkerrechtlich umstrittene Fragestellung.[378]

---

[372] So die Einschätzung bei Lagebericht Heida an Roelen, 5.2.1946, SIT NROE/36: »Eine Mission der niederländischen Regierung war da längere Zeit, und ist vielleicht momentan noch da. Auch der Fall Mobiel war bei dieser Mission bekannt. Sogar ist die amerikanische Angelegenheit bei den Verhandlungen mit den Behörden im jetzigen Stadium gewissermassen der Hauptpunkt.«

[373] Ambassade Washington an Minister van Buitenlandsche Zaken, 17.7.1944, NL-HaNa 2.05.80, inv. nr. 3155.

[374] Lagebericht Heida an Roelen, 5.2.1946, SIT NROE/36.

[375] Minsterie van Buitenlandsche Zanken an Directie van Economische Zaken, 7.8.1945, NL-HaNa 2.05.80, inv.nr. 3155.

[376] Vgl. Kapitel 2.4.1.

[377] Margareta an Stephan Thyssen-Bornemisza, 25.10.1947, NL-HaNa 2.05.117 inv.nr. 5463.

[378] Vgl. hierfür aus US-Sicht die Übersicht James D. Hill, Problems of International Law involved in the Claims of Bank voor Handel en Scheepvaart, et al., 19.9.1958; für die niederländische Perspektive Kan

4. Restitution, Entflechtung und Neugruppierung 121

Zwar reichten beide Seiten gelegentlich Klagen bei US-amerikanischen und niederländischen Gerichten ein,[379] doch sie führten allenfalls zu partieller Rechtsfortbildung und irgendwann schlicht zu einem unauflösbaren Nebeneinander zweier jeweils fundierter nationaler Rechtsauffassungen, die im aushandlungsaffinen Völkerrecht auch grundsätzlich weiterhin nebeneinander bestehen konnten. Für die TBG war damit freilich nichts gewonnen – im doppelten Sinne. Da sich der zwischenstaatliche Konflikt juristisch nicht lösen ließ, strebte die BHS 1970 schließlich einen Vergleich mit dem US-*Custodian* an: Beide Seiten zogen ihre Klagen zurück und verzichteten auf weitere. Die BHS erkannte das materielle Ergebnis der Beschlagnahmungen an. Die TBG verlor dadurch dauerhaft die Holland-American-Trading Corporation, die Seamless Steel Equipment Corporation und die Union Banking Corporation inklusive deren Aktiva, sofern diese zum Zeitpunkt der Konfiskation auf US-amerikanischen Konten angelegt gewesen waren. Im Gegenzug erklärten sich die USA bereit, auf die – von ihnen eingeklagte – Herausgabe von Wertpapieranlagen und Depositen zu verzichten, die die US-amerikanischen TBG-Gesellschaften in den Niederlanden angelegt hatten.[380] Letztlich verlor die BHS damit ihre Eigenmittel in den USA vollständig, nachdem sie zwischenzeitlich immerhin – im Verbund mit der niederländischen Zentralbank – hatte erreichen können, dass Vermögen einzelner Kundinnen und Kunden freigegeben wurde.[381]

Gerade weil die britischen und US-amerikanischen Restitutionsverfahren trotz vergleichbarer Rechtssysteme zu konträren Ergebnissen führten, machen sie die inhärente Problematik der »Nationalität« von transnationalen Unternehmen besonders deutlich. In den USA galt die BHS erst als deutsch, dann als ungarisch; in Großbritannien und den Niederlanden als niederländisch. Juristisch wasserdicht war dies, soweit dies für Nicht-Juristen zu beurteilen ist, in allen Fällen nicht. Die USA hatten die Gruppenunternehmen zunächst als deutsch und erst nachträglich als ungarisch klassifiziert. Die ursprüngliche Beschlagnahmung war daher sachlich schlicht nicht fundiert, selbst die späteren Überlegungen, Heinrich als »Volksdeutschen« zu klassifizieren, waren nicht übermäßig begründet. Wohl auch, weil die US-Behörden dies wussten, nahmen sie gegenüber den Niederlanden eine harte Haltung ein, die sich hinter den ausdeutbaren Normen des Völkerrechts versteckte. Die niederländische Seite hatte mit dem Dekret vom 24. Mai 1940 ebenfalls ein

---

an Townsend, 28.8.1958, NARA RG 131, Entry P 13, Box 91; ferner das umfangreiche Material in: NL-HaNA 2.08.53, inv.nr. 48 bis 52; für eine problematisierende Chronologie der Vorgänge Office of Alien Property in the matters of BHS et al., 27.11.1957, S. 9, NL-HaNA 2.08.53, inv.nr. 48.

[379] Norma und BHS vs. Robert F. Kennedy und Katheryn O'Hay Granahan, 17.9.1963, NARA RG 131, Entry P 13, Box 91; Netherlands Supreme Court, Decision in United States v. Bank voor Handel en Scheepvaart, N.V., 17.10.1969, S. 758-768.

[380] Ruckelshaus an Vos van Steenwijk, 14.7.1970, Vos van Steenwijk an BHS, 21.7.1970, Notitie, 30.9.1970; Thyssen-Bornemisza Group N.V. an Gerard F. Charig, o.D. (1970), NL-HaNA 2.08.53, inv.nr. 51.

[381] Nederlandsche Bank an Office of Alien Property, 19.10.1955, NL-HaNA 2.08.75, inv.nr. 3385; für England auch Treasury, 5.7.1957, TNA BT 271/438.

zumindest fragwürdiges Instrument etabliert, um die Verfügungsgewalt über Unternehmen in einem Staatsgebiet zu erlangen, das sie nur noch formal vertrat. Die britischen Behörden wiederum erkannten exakt diese niederländischen Ansprüche vollumfänglich an, weil es politisch opportun schien. Die konkurrierenden Rechtspositionen sind wohl ohnehin im Wesentlichen politisch erklärbar. Vor allem zeigen sie, dass die »Nationalität« eines Unternehmens in erster Linie ein Konstrukt ist, das opportunistisch genutzt werden kann. Die fluide Nationalität half der TBG insgesamt aber deutlich mehr als sie ihr schadete. Sie war eine Möglichkeit, sich in Zeiten des Wirtschaftsnationalismus durchzulavieren, bot allerdings nicht in allen Fällen die gewünschte Sicherheit.

Im Ergebnis verlor die Thyssen-Bornemisza-Gruppe infolge des Zweiten Weltkriegs ihr Vermögen in den USA, die Hälfte ihrer kanadischen Anlagen und die immobilen Baustoffwerte in der Sowjetischen Besatzungszone. Für eine Gruppe, die 1945 nahezu *vollständig* enteignet war, war dies dennoch kein schlechtes Ergebnis.

4.5. Restitution auf Deutsch: Die Entflechtung der Thyssen-Bornemisza-Gesellschaften in der Bundesrepublik

Mit der bedingungslosen Kapitulation des Deutschen Reichs und der anschließenden Aufteilung in Besatzungszonen begann 1945 eine Phase der Ungewissheit für deutsche Unternehmen. Die alliierten Vorstellungen über die künftige Gestalt der deutschen Wirtschaft divergierten von Anbeginn an erheblich und auch maßgebliche deutsche Politiker waren keineswegs davon überzeugt, dass eine kapitalistische Marktwirtschaft als Wirtschaftssystem zu favorisieren sei. Besonders das Wirtschaftspotential des Ruhrgebiets und die dortigen Kartelle galten als Paradebeispiel für politisch abträgliche ökonomische Machtballung sowie als eine Ursache für den Erfolg des Nationalsozialismus. Trotz ihrer transnationalen Struktur und obwohl sie keineswegs ein typisches Montanunternehmen war, geriet auch die TBG ins Visier der Dekonzentrations-, Dekartellisierungs-, Demontage- und Sozialisierungspolitik der Nachkriegszeit. Ihre deutschen Unternehmen lagen überwiegend in der britischen Besatzungszone (PWR, Thyssengas, Walsum, Seismos, FSG), teils aber auch in der US-amerikanischen (Bremer Vulkan, Erlenhof) und der sowjetischen Besatzungszone (ATB, Rüdersdorf, Hornberger Kalkwerke, VBM).[382] Die sowjetische Militäradministration enteignete die Gesellschaften unverzüglich, die britische liebäugelte zumindest eine Zeitlang mit der Sozialisierung von Schlüsselindustrien. Anfangs schienen nur die US-amerikanischen Behörden Rücksicht auf private Eigentumsrechte nehmen zu wollen.

---

[382] Vgl. für Details zu den Unternehmen die entsprechenden Unterkapitel in Kapitel 5.

4. Restitution, Entflechtung und Neugruppierung

Die Herrschaft der Alliierten brachte zunächst erhebliche Eingriffe in die Eigentumsrechte mit sich, die freilich – retrospektiv betrachtet – nur transitorischer Natur waren. Auch bedeuteten sie nicht, dass Hans Heinrich Thyssen-Bornemisza die weitere Behandlung der Unternehmen nicht beeinflussen konnte. Neben eigenen politischen Interventionen konnten er und die zuständigen Manager bei den wegweisenden Entflechtungsfragen im rheinisch-westfälischen Industriegebiet über die Treuhandverwaltung bzw. die Stahltreuhändervereinigung, die Deutsche Kohlenbergbau-Leitung (DKBL) sowie im Falle des Bremer Vulkan über die *Shipbuilders Association of the Enclave* Prozesse mitgestalten.[383]

Diese Vereinigungen waren hybride Organisationen, die – verkürzt ausgedrückt – politisch unbelastete Expertise in den Dienst der alliierten Politik stellten. Die britische Besatzungsmacht hatte z.B. die PWR wie andere Stahlunternehmen der am 20. August 1946 gegründeten North German Iron and Steel Control (NGISG) unterstellt, die später um Vertreter der amerikanischen und französischen Besatzungsmacht erweitert wurde und seit 1949 als Combined Steel Group (CSG) firmierte. Die NGISG richtete am 15. Oktober 1946 die weisungsgebundene Treuhandverwaltung ein, die fortan die beschlagnahmten Aktien der Stahlunternehmen verwaltete und Pläne ausarbeiten sollte, wie die deutsche Stahlindustrie zu entflechten und neu zu ordnen sei. Sie wurde von Heinrich Dinkelbach, einem hochrangigen Manager der Vereinigten Stahlwerke, geleitet. Nachdem sich (sozialisierungsaffine) Briten und (privatkapitalistische) Amerikaner auf gemeinsame Ziele zur künftigen Behandlung der deutschen Montanindustrie geeinigt hatten und dabei im Wesentlichen amerikanischen Vorstellungen gefolgt waren, schuf am 10. November 1948 das Gesetz Nr. 75 über die Umgestaltung des deutschen Kohlenbergbaus und der deutschen Eisen- und Stahlindustrie eine erste Grundlage für den weiteren Entflechtungsprozess. Nach Gründung der Bundesrepublik erließ die Alliierte Hohe Kommission mit dem Gesetz Nr. 27 am 16. Mai 1950 eine neue bzw. finale Entflechtungsregelung für die Montanindustrie.[384]

An die Stelle der Treuhandverwaltung war bereits 1949 die Stahltreuhändervereinigung als ausführendes Organ getreten, das aus deutschen Vertretern der Eisen- und Stahlindustrie bestand, die von den Alliierten zu bestätigen waren. Sie arbeitete die materiellen Entflechtungspläne aus, die anschließend von der CSG formell genehmigt werden mussten.[385] Mit der DKBL und der Combined Coal Control Group (CCCG) existierten entsprechende Institutionen auch für den Bergbau. Ursprünglich war Wilhelm Roelen als Leiter der DKBL vorgesehen,[386] doch of-

---

[383] Vgl. am Beispiel des Eigentums bzw. Erbes Fritz Thyssens z.B. Bähr, Thyssen.
[384] Gesetz Nr. 27 über die Umgestaltung des deutschen Kohlenbergbaues und der deutschen Stahl- und Eisenindustrie, 16.5.1950, in: Amtsblatt der Alliierten Hohen Kommission für Deutschland. 20.5.1950, Nr. 20.
[385] Statt vieler Witschke, Gefahr, 118-120, 127-129.
[386] Roelen berichtete im September 1947, dass er die Leitung der DKBL bereits übernommen und zur Bedingung gemacht habe, dass er weiterhin in seiner alten Stellung bei Thyssengas wirken könne. Roelen an Hans Heinrich Thyssen-Bornemisza, 19.9.1947, SIT TB/2139. Am 28.11.1947 ließ der

fenbar war er den Gewerkschaften nicht genehm, weshalb Heinrich Kost, dem langjährigen Leiter der Haniel-Zeche Rheinpreußen, im November 1947 die Leitung der DKBL übertragen wurde.[387]

Im Entflechtungsprozess verfolgte die TBG naturgemäß das Ziel, die Verfügungsgewalt über die Unternehmen wieder vollständig übertragen zu erhalten. Dies konnte nur gelingen, wenn sie bzw. ihre Montanbeteiligungen nicht als übermäßige Ballung ökonomischer Macht bewertet wurden, wie dies etwa bei den VSt, der Gutehoffnungshütte, Hoesch, Klöckner, Krupp und den Mannesmannröhren-Werken der Fall war.[388] Diese Unternehmen standen allesamt auf der Liste A nach dem Gesetz 75 (der britischen Militärregierung) bzw. seit 1950 nach dem Gesetz 27 (der Alliierten Hohen Kommission) und sollten daher entflochten, d.h. konkret: aufgelöst werden. Ursprünglich war auch die TBG in diese Kategorie A eingruppiert worden. Damit stand ihr eigentumsrechtlicher Fortbestand umfassend in Frage.[389]

Dagegen protestierte vor allem die niederländische Regierung mehrfach bei den Alliierten mit materiellen und formellen Argumenten: Die TBG sei kein marktmächtiger Akteur, sondern bestehe aus funktional unabhängigen Gesellschaften, sie gehöre zu mehr als 50 Prozent niederländischen Eigentümern (v.a. der BHS), die Gruppe sei faktisch von den Niederlanden aus gesteuert worden und überdies ein substantieller Bestandteil der niederländischen Volkswirtschaft.[390]

Die Interventionen führten zunächst zu einem Teilerfolg. Als das Gesetz Nr. 27 im Mai 1950 in Kraft trat, fand sich die TBG auf der Liste E wieder. Die Liste führte Unternehmen auf, die noch eingehend untersucht werden sollten, bevor über ihre Zukunft befunden wurde. Am 5. November 1950 gelangte die Hohe Kommission schließlich zu der Überzeugung, dass die TBG keine unzulässige ökonomische Macht besitze, weshalb sie von Liste E auf Liste C übertragen wurde. Damit ging einher, dass sie fortan so behandelt werden sollte, als habe sie von Beginn auf der Liste C gestanden.[391]

Unternehmen der Kategorie C sollten interne Verflechtungen abbauen, als Einheitsgesellschaften geführt werden und nicht mehr vertikal integriert sein. Dies zielte zwar vor allem auf die Verbindung von Kohlenbergbau und Stahlindustrie, schloss aber gedanklich auch Verbindungen von Kohlenbergbau und Ferngas nicht grundsätzlich aus.[392] Wie diese Vorgaben umgesetzt werden sollten, blieb im

---

Industrieverband Bergbau in einem Rundschreiben verlauten, dass Roelen zwar lange als Kandidat diskutiert worden sei, nunmehr aber Heinrich Kost die Leitung übernehme. Informationsblatt No. 9, 28.11.1947, SIT TB/2139.

[387] Kroker, Heinrich Kost, S. 307.
[388] Hierzu etwa Bähr, Thyssen, S. 43; Bleidick, Ruhrgas, S. 154.
[389] BHS an Department van Buitenlandse Zaken, 2.2.1954, NL-HaNA 2.05.117, inv.nr. 11792.
[390] Memorandum, 12.4.1948, NL-HaNA 2.05.117, inv.nr. 5463; Memorandum (3rd draft), 27.12.1949, NL-HaNA 2.05.117, inv.nr. 27257.
[391] BHS an Department van Buitenlandse Zaken, 2.2.1954, NL-HaNA 2.05.117, inv.nr. 11792.
[392] Bleidick, Ruhrgas, S. 155.

4. Restitution, Entflechtung und Neugruppierung

Wesentlichen den Gesellschaften selbst überlassen. Sie konnten der Alliierten Hohen Kommission bzw. der CSG und der CCCG Vorschläge unterbreiten, wie den normativen Vorgaben Rechnung getragen werden sollte. Die alliierten Behörden mussten die Vorschläge genehmigen und entließen die Unternehmen im Erfolgsfall aus ihrer Kontrolle. Zudem sah das Gesetz Nr. 27 vor, dass für Umstrukturierungen und Vermögensübertragungen, die auf seiner Grundlage durchgeführt wurden, keine Steuern erhoben wurden.[393]

Mit der Entscheidung vom 5. November 1950 stand die Zukunft der TBG nicht mehr grundsätzlich in Frage. Vielmehr bot sich sogar »die einmalige Gelegenheit […], alle Veränderungen unter der Glocke von Gesetz 27 durchzuführen, die, sei es aus steuerlichen, betriebswirtschaftlichen oder gesellschaftsrechtlichen (z.B. Mitbestimmung) Gründen erwünscht ist.«[394] So hatten die Entflechtungspläne der TBG bereits vorgesehen, die Atunia zu liquidieren.[395] Überdies wollte die TBG beispielsweise nur dort mitbestimmte Gesellschaften vorsehen, wo es sich nicht vermeiden ließ, also nur bei Kohle (Walsum) und Stahl (PWR), nicht aber bei Thyssengas.[396]

Ferner stellte man Überlegungen an, wie sich der Lastenausgleich auswirkte bzw. wie sich die finanziellen Aufwendungen ggf. reduzieren ließen. Zudem galt die Steuerbefreiung von Gesetz 27 naturgemäß nur für den Geltungsbereich des Gesetzes, nicht aber etwa hinsichtlich ihrer Wirkungen auf die niederländischen Gesellschaften. So stand etwa bei einer Kapitalaufstockung bei Reisholz zu befürchten, dass in den Niederlanden Steuern anfielen. Daher stellte die TBG die keineswegs erzwungene Maßnahme gegenüber den niederländischen Finanzbehörden als durch die Neuordnung erzwungene Maßnahme dar.[397]

Die Vorhaben waren mithin mit zahlreichen Stellen innerhalb und außerhalb der TBG abzustimmen, u.a. der Combined Steel Group, der Combined Coal Control Group, der Stahltreuhändervereinigung, der Deutschen Kohlenbergbauleitung, dem Bundeswirtschaftsministerium, den Finanzministerien des Bundes und Nordrhein-Westfalens sowie – in Mitbestimmungsfragen – den Gewerkschaften. Intern bzw. zwischen den einzelnen Gesellschaften war vor allem zu klären, wie die zu übertragenden Gesellschaftsanteile zu bewerten und wie etwaige Forderungen auszugleichen waren.[398]

Für die TBG führten vor allem Roelen, Acker und der Rechtsanwalt Albert Stappert die Verhandlungen bzw. bereiteten sie inhaltlich vor. Vor allem Ackers

---

[393] Artikel 7, Gesetz Nr. 27 über die Umgestaltung des deutschen Kohlenbergbaues und der deutschen Stahl- und Eisenindustrie, 16.5.1950, in: Amtsblatt der Alliierten Hohen Kommission für Deutschland. 20.5.1950, Nr. 20.
[394] Aktenbericht, 10.12.1951, SIT TB/4481.
[395] Reorganization of German Part of »Thyssen-Bornemisza Group«, 13.2.1950, S. 6, SIT TB/2150.
[396] Aktenbericht, 10.12.1951, SIT TB/4481.
[397] Aktenbericht, 26.2.1952, S. 4-5, SIT TB/4481.
[398] Vgl. für die zahlreichen Einflussfaktoren und taktischen Erwägungen den umfassenden Aktenbericht, 26.2.1952, SIT TB/4481.

und Stapperts juristische Expertise war gefragt. Dennoch handelte es sich spätestens seit der Eingruppierung in die Kategorie C im Jahr 1950 nicht mehr im engeren Sinne um eine Gruppenangelegenheit, sondern um Fragen der PWR einerseits und von Thyssengas/Walsum andererseits.[399] Doch nachdem sowohl die Stahl- als auch die Energiesparte nach erfolgter Restrukturierung 1953 aus der alliierten Kontrolle entlassen worden waren, nutzte die TBG die angestoßenen Prozesse – und die aufgelaufene Expertise vor allem bei Acker und Stappert –, um die interne Kapitalverflechtung weiter abzubauen und noch offene Verschuldungsfragen zu klären.

Die erste Bereinigung betraf die kleineren Gesellschaften. Die Kaszony-Stiftung, das Hollandsch Trustkantoor und Hennickendorf (ehemals Rittergut Rüdersdorf) verkauften 1955 ihre Anteile an der Zucht- und Rennbetrieb Erlenhof GmbH an Thyssengas. Thyssengas hatte bereits 1952 mit Erlenhof einen Gewinnabführungsvertrag geschlossen, der vom Finanzamt Duisburg-Hamborn unter der Bedingung genehmigt worden war, dass bei nächster Gelegenheit die Erlenhof-Anteile auf Thyssengas übertragen wurden. Das geschah nun im Zuge der Vereinbarungen vom 30. April 1955. Hennickendorf, das bereits bei der Umwandlung der PWR deren Anteile auf die BHS übertragen hatte, verkaufte anschließend seine VBM-Beteiligung an die August-Thyssen-Bank. Die ATB leitete sie zusammen mit ihren bereits vorhandenen VBM-Anteilen an die BHS weiter, die mit »liberalisierten Kapitalguthaben« bezahlte. Dabei handelte es sich um Mittel, die in Zeiten der Devisenbewirtschaftung nicht ins Ausland transferiert werden konnten, auf Sperrmark-Konten verwaltet wurden und sukzessive für die Verwendung innerhalb der Bundesrepublik freigegeben wurden. Als Folge der Transaktion verfügte Hennickendorf über keine nennenswerten Unternehmensbeteiligungen mehr, nachdem das Unternehmen bereits sein Produktivvermögen in der SBZ/DDR verloren hatte. Entsprechend wurde das Gesellschaftskapital von 600.000 auf 20.000 DM herabgesetzt. Im Ergebnis führte diese interne Entflechtung dazu, dass alle TBG-Anteile der Bauunternehmen VBM (70,07 % des Gesamtkapitals) und Hennickendorf (100 %) unmittelbar bei der BHS konzentriert waren, während Thyssengas Alleineigentümerin von Erlenhof geworden war.[400]

Die beiden anderen Vorhaben ließen sich schwieriger realisieren. Sie betrafen zum einen die ATB, zum anderen den Bremer Vulkan. Im Kern waren vornehmlich Altschulden zu regeln, die Thyssengas aus den Krediten mit der Bank voor Handel en Scheepvaart noch in den Büchern stehen hatte. Grundlage für die Regelung der Auslandsschulden war das Londoner Schuldenabkommen aus dem Jahr 1953, dem die Niederlande jedoch erst 1958 beitraten. Da die TBG-Manager aber bereits 1955 vom baldigen Beitritt der Niederlande ausgingen, waren sie bestrebt, die gruppeninterne Schuldenfrage rasch zu lösen.

---

[399] Vgl. hierfür die Kapitel 5.1.6. und 5.3.3.
[400] Entwurf Vereinbarung (o.D.) Stiftung, Mobiel, HTK, Thyssengas, Thyssenbank, Hennickendorf, Erlenhof (April 1955); ATB an Landeszentralbank NRW, 3.8.1955, SIT TB/4813.

4. Restitution, Entflechtung und Neugruppierung

Im Rahmen der Entflechtung der PWR hatten die Kaszony-Stiftung und die BHS deren Anteile an der ATB und dem Bremer Vulkan übernommen, im Zuge der internen Entflechtungen sollten diese Anteile nun zunächst bei der BHS konzentriert werden. Hierfür sollte Kaszony der Rotterdamer Bank 3.774.000 DM Aktien des Bremer Vulkan bzw. 29 Prozent des auf 13 Millionen DM erhöhten Aktienkapitals (zu einem Kurs von 225 %) und anschließend 9,5 Mio. DM Aktien an der ATB (knapp 60 %) verkaufen. Dadurch wäre die BHS zur Alleinaktionärin der ATB geworden und hätte gemeinsam mit dieser die TBG-Beteiligung am Bremer Vulkan gehalten. Die ATB sollte Thyssengas anschließend ein DM-Darlehn in Höhe des Kaufpreises gewähren, Thyssengas wiederum den Kaufpreis auf ein Sonderkonto (liberalisiertes Kapitalmarktkonto) der BHS überweisen und die ATB ihre Forderungen an Thyssengas an die Kaszony-Stiftung abtreten. Der maßgebliche Effekt dieses Ringtauschs war, dass Thyssengas keinen Guldenkredit der BHS, sondern einen DM-Kredit der August-Thyssen-Bank erhielt, also Auslands- in Inlandsschulden umwandelte. Die BHS erhielt für ihre Guldenforderungen an Thyssengas, die nicht mobilisierbar waren, konvertibles DM-Guthaben. Die Kaszony-Stiftung hatte zwar formal Vermögenswerte abgegeben, dafür aber zum einen DM-Forderungen erhalten und zum anderen über ihr Eigentum an der HAIC und deren Eigentum an der BHS weiterhin Verfügungsgewalt über die an die BHS abgetretenen Anteile. Die ATB war nur Verrechnungsstelle.[401]

Diese Beschlüsse waren allerdings vorbehaltlich der Zustimmung der Gesellschaftsgremien sowie staatlicher Stellen gefasst worden. Während die Gesellschafterbeschlüsse problemlos zu organisieren waren, sah die Bank deutscher Länder keine Möglichkeit, den Vereinbarungen zuzustimmen, solange die Niederlande nicht dem Londoner Schuldenabkommen beigetreten waren. Überdies bewertete die Zentralbank die Transaktion als Auslandsinvestition, die angesichts des noch nicht liberalisierten Kapitalverkehrs in den 1950er Jahren nur unter bestimmten Bedingungen möglich war.[402] Da sich auch andere, u.a. von der BdL vorgeschlagene, Lösungen[403] nicht realisieren ließen, beschlossen die beteiligten Gesellschaften im Dezember 1956, diesen Teil der internen Entflechtung und Umschuldung nicht weiter zu verfolgen.[404]

Dennoch hatte die TBG ihre Eigentumsrechte im Vergleich mit den 1930er Jahren konsolidiert und in der Regel Beteiligungen bei einer oder zwei Gesellschaften konzentriert sowie funktionslose oder substituierbare Unternehmen liquidiert. Für die Vermögensverwaltung war die Kaszony-Stiftung nunmehr eindeutig in den Mittelpunkt der TBG gerückt, wenngleich nur mittelbar: Die Strategie bestimmte die zwischengeschaltete Holding HAIC. Sie kontrollierte das

---
[401] Entwurf Vereinbarung Stiftung, Mobiel, Thyssengas, Thyssenbank o.D. (April 1955), SIT TB/4813.
[402] Aktennotiz 22.8.1955, SIT TB/2019; Aktennotiz Besprechung bei der BdL am 4.11.1955, 5.11.1955, SIT TB/4813.
[403] Schema der geplanten neuen Transaktion, 22.11.1955, SIT TB/4813.
[404] Protokoll o.D. (Dezember 1956), SIT TB/4813.

Kapital der BHS, bei der sich wiederum die Beteiligungen konzentrierten, die nicht bei Kaszony lagen. Somit hatte sich am grundsätzlichen Aufbau der TBG gar nicht so viel verändert. Es gab weniger Gesellschaften und eine geringere Binnenverflechtung als 1936, aber die Eigentumsrechte liefen immer noch bei Kaszony/Hans Heinrich Thyssen-Bornemisza und der BHS zusammen, d.h. die deutschen Produktionsunternehmen verfügten weiterhin über niederländische Kapitaleigner, die wiederum einer Schweizer Stiftung gehörten. Diese Struktur hatte sich gerade in der Zeit nach dem Zweiten Weltkrieg bewährt und einen Großteil dazu beigetragen, dass die Gruppe die meisten politischen Eingriffe in die Eigentumsrechte überstand.

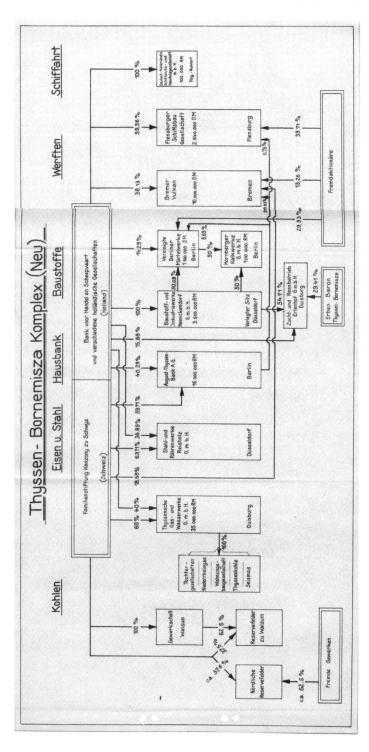

Grafik 8: Thyssen-Bornemisza-Komplex (neu) (vor 1955)
Quelle: SIT TB/4482.

3. FRAGILE EINHEIT? LEITUNGS-, KOMMUNIKATIONS- UND ENTSCHEIDUNGS-STRUKTUREN

Die Thyssen-Bornemisza-Gruppe entzieht sich als *business group* klassischen Ansätzen der Unternehmer- und Unternehmensgeschichte. *Business groups* zeichnen sich nicht zuletzt dadurch aus, dass ihnen keine klar identifizierbare unternehmerische Idee im engeren Sinne zugrunde liegt. Vielmehr fehlt ihnen häufig eine einheitliche Leitung ebenso wie ein einheitliches Produktportfolio. *Business groups* sind als Organisationsform eher divers als kohärent. Dennoch funktionieren sie als unternehmerische Organisation so gut, dass andere Inkorporierungsformen offenkundig keine Alternative darstellten. Gleichwohl unterscheidet sich die Art und Weise, wie diese Gruppen organisiert sind, wie strategische Entscheidungen auf Unternehmens- und Gruppenebene getroffen werden und wie die Einzelgesellschaften miteinander interagieren, von Fall zu Fall. Gemeinsam ist den *business groups* freilich, dass sie hybride Organisationen zwischen (strafferer) Hierarchie, etwa in Form des Konzerns, und (lockererem) Netzwerk sind.[1] Nicht von ungefähr greift die Forschung zu den *business groups* Konzepte der Netzwerktheorie auf und untersucht vor allem »ties« (Verbindungen) innerhalb der Gruppen. Horizontale Verbindungen bestehen dabei zwischen einzelnen Gesellschaften. Sie ergeben sich aus Kapital- und Personalverflechtungen, Produktionsbeziehungen sowie sozialen, mithin auch familiären Beziehungen.[2] Alle vier Formen horizontaler Verbindungen finden sich bei der TBG.[3]

Vergleichsweise enge horizontale Beziehungen auf der Managementebene und eine vergleichsweise straffe Kontrolle durch die Eigentümer entspricht gemäß der gängigen Typologie von *business groups* der M-Form, d.h. einer multidivisionalen Form mit einer zentralen Konzernleitung und abhängigen, aber weitgehend autonomen Tochtergesellschaften. Sie findet sich häufig bei Großunternehmen. Die M-Form bei *business groups* unterscheidet sich von diesen vor allem durch eine größere Diversität der Tochtergesellschaften. Diese konzernähnliche Governance ist typisch für familiäre *business groups* in Mittel- und Zentraleuropa, inklusive Deutschlands, sowie in Korea.[4]

---

[1] Zu den Netzwerken als Organisationsform exemplarisch Berghoff/Sydow, Unternehmerische Netzwerke, S. 10-12.
[2] Boyd/Hoskisson, Corporate Governance, S. 679.
[3] Vgl. vor allem Kapitel 2.1.
[4] Boyd/Hoskisson, Corporate Governance, S. 680-681. Neben der M-Form (Multidivisional) kennt die Typologie die H-Form (Holdingform: starker Eigentümer, geringe Beziehungen der Einzelgesellschaften), die C-Form (Club-Form, schwache vertikale und horizontale Beziehungen) und die

In gewisser Hinsicht sind sie folglich aus den dominanten nationalen Governancestrukturen abgeleitet und ein Indiz für unternehmenskulturelle Pfadabhängigkeiten, wie sie auch bei der TBG deutlich erkennbar sind. Hierzu gehörte vor allem die starke Position des Eigentümers innerhalb der Gruppengovernance, auch wenn sich die direkte Einflussnahme über die drei Unternehmergenerationen August, Heinrich und Hans Heinrich Thyssen(-Bornemsiza) sukzessive verringerte.

1. Unternehmerische Letztentscheidungskompetenz und Accounting: Die Steuerung der TBG durch Finanzströme

Das auffälligste Charakteristikum der TBG ist fraglos die Eigentumskonzentration, die alle Gesellschaften eindeutig einem einzigen Prinzipal zuordnete: Heinrich bzw. Hans Heinrich Thyssen-Bornemisza, letzterer freilich in Abstimmung mit seinen Miterbinnen und Miterben. Durch die Eigentumskonzentration ergab sich die unternehmerische Verantwortung für die TBG automatisch. Sie lag ausschließlich bei Thyssen-Bornemisza. Unternehmerische Verantwortung bedeutet freilich nicht zwangsläufig, dass Heinrich und Hans-Heinrich auch Unternehmer im analytischen Sinne waren. Vielmehr scheint das Gegenteil der Fall gewesen zu sein. Da sie weder kreative Zerstörer noch Informationsspezialisten noch gesellschaftlich eingebundene, vernetzte Wirtschaftsführer und Wirtschaftsbürger waren, sind gängige Unternehmerkonzepte auf Heinrich Thyssen-Bornemisza kaum sinnvoll anzuwenden.[5] Vielmehr fällt bereits bei der Betrachtung der Lebensläufe der beiden Thyssen-Bornemiszas auf, wie wenig sie mit den zeitgenössischen (deutschen) Unternehmern gemeinsam hatten. Mit dem bisweilen ostentativen (privaten) Reichtum, einem vergleichsweise unsteten Lebenswandel und den häufigen Eheschließungen widersprachen sie gleich auf mehreren Ebenen den Norm- und Wertvorstellungen des (deutschen) Wirtschaftsbürgertums, die sehr viel stärker auf dem Leistungsethos und der bürgerlichen Familie – im nationalen Rahmen – aufbauten.[6]

Alleine ein Blick auf die unterschiedlichen Karriereverläufe Heinrich Thyssen-Bornemiszas und seiner (bekannteren) Zeitgenossen – inklusive seines Bruders Fritz – zeigt das Besondere an Heinrichs Unternehmerbiographie.[7] Der »typische« Unternehmer der Zwischenkriegszeit inszenierte sich als »Wirtschaftsfüh-

---

N-Form (Netzwerk-Form, mit geringer vertikaler Einflussnahme und einem vergleichsweise hohen Maß an horizontaler Koordination).
[5] Vgl. Schumpeter, Theorie; Redlich, Unternehmer; Casson, Entrepreneur; Gehlen, Silverberg, S. 22-41.
[6] Exemplarisch Lesczenski, August Thyssen.
[7] Zum Vergleich vor allem de Taillez, Bürgerleben.

rer«, der nicht nur ein (großes) Unternehmen leitete, sondern über Verbandstätigkeit, politisches Engagement und Mitgliedschaft in sozialen und karitativen Vereinen dem (nationalen) Gemeinwohl zuträglich sein wollte.[8] Besonders ausgeprägt war dieses national-konstruktive Selbstverständnis in der rheinisch-westfälischen (Schwer-)Industrie, wie nicht zuletzt an der architektonischen Inszenierung unternehmerischer Macht – Krupps Villa Hügel, Thyssens Schloss Landsberg[9] – deutlich wurde. Doch obwohl Heinrich Thyssen-Bornemisza in diese großbürgerliche Sozialformation hineingeboren wurde, findet sich bei ihm nichts von alledem. Sein Lebensweg wich schon früh – sehr zum Leidwesen seines Vaters August Thyssen – von den innerhalb der Wirtschaftselite erwarteten Mustern ab. In dieser Hinsicht war die Annahme des (ungarischen) Adelstitels Baron de Kaszón 1907[10] programmatisch und die Distanzierung von der Lebenswelt des Vaters (und des Bruders) offenkundiger Ausdruck der angestrebten Unabhängigkeit. Der in Deutschland geborene ungarische Staatsbürger Heinrich Thyssen-Bornemisza wohnte zunächst im burgenländischen Rechnitz, das bis 1919 zu Ungarn und anschließend zu Österreich gehörte, seit 1919 in Den Haag und seit 1932 in Lugano – weit weg von den Produktionsunternehmen, die ihm einmal gehören sollten. Beruflich wurde er zwar im Konzern des Vaters sozialisiert, doch seine ersten Meriten erwarb er sich nicht in der deutschen Stahlindustrie, sondern in den niederländischen Handelsgesellschaften und der BHS. Diese kaufmännische Erfahrung prägte schließlich seine weitere unternehmerische Tätigkeit stärker als die Forschung bislang angenommen hat. Diese hob zwar Heinrichs kaufmännische Fähigkeiten und seine Leistungen zu Beginn der 1920er Jahre hervor, doch für die Zeit nach 1926 erscheint er als zunehmend entscheidungsschwacher, desinteressierter Akteur, für den die Bezeichnung »Unternehmer« fehl am Platz wirke.[11] Dafür gibt es auch gute Gründe, denn Heinrich Thyssen-Bornemisza trat faktisch nicht (mehr) in Erscheinung. Das Fehlen einer geschäftlichen Korrespondenz ist keineswegs nur auf die ungünstige Überlieferung zurückzuführen, sondern Heinrich Thyssen-Bornemisza korrespondierte schlicht in geschäftlichen Dingen nicht – oder nur in Ausnahmefällen.[12]

In Ermangelung unternehmerischer Sichtbarkeit ließen sich Heinrich und Hans Heinrich Thyssen-Bornemisza als Archetypen superreicher Kapitalisten beschreiben, die mit immer ausgefeilteren Methoden ihren privaten Reichtum mehrten, ohne sich in irgendeiner Form für politische und gesellschaftliche Zusammen-

---

[8] Vgl. exemplarisch den Überblick über die Zeitgenossen Heinrichs in Bormann u.a., Unternehmer.
[9] Vgl. Hassler u.a., August Thyssen und Schloss Landsberg, ferner auch Schanetzky/Gehlen, Feuerwehr.
[10] Hierzu Derix, Thyssens, S. 140. Heinrich hatte 1906 die ungarische Adelige Margareta Bornemisza geheiratet, sich von deren Vater Gábor adoptieren lassen, die ungarische Staatsbürgerschaft angenommen und im Jahr darauf den Adelstitel Baron verliehen bekommen.
[11] So vor allem bei Wixforth, Stahlkonzern, S. 231-233; ähnlich, aber differenzierter und weniger kategorisch bereits Rasch, August Thyssen und sein Sohn Heinrich, S. 64, 77.
[12] Aktenbericht (Roelen), 8.1.1948, SIT TB/2139; Exposé (Roelen) [1952], S. 8, SIT/NROE 15.

hänge zu interessieren oder dem (nationalen) Gemeinwohl zuzuarbeiten. Nicht von ungefähr diente beispielsweise die Kaszony-Stiftung nur familiären, nicht aber Gemeinwohlzielen.[13]

Die bisherige Literatur zu Heinrich-Thyssen-Bornemisza und seinem Sohn Hans Heinrich hat eine solche Sichtweise im Kern bestätigt. Heinrich und mehr noch Hans Heinrich Thyssen-Bornemisza waren sichtbar reich, ja »ultravermögend«. Ihr ererbtes Vermögen konstituierte ihren Lebenswandel, ihre Problemwahrnehmungen, ihre Präferenzen und strukturierte maßgeblich ihre (transnationalen) Sozialbeziehungen, wie vor allem Simone Derix eindrücklich herausgearbeitet hat.[14] Mit anderer Akzentuierung beschrieb auch David Litchfield die Thyssens bzw. die Thyssen-Bornemiszas als die eigene Vergangenheit (und damit Verantwortung) leugnende »gestörte Familie, die der Reichtum zusammenhält und die Gier trennt.«[15]

Diese Sichtweisen auf die Thyssen-Bornemiszas sind substantiiert, aber unvollständig, da die Studien aufgrund ihrer Fragestellungen gar nicht erst den Versuch unternahmen, Heinrich und Hans Heinrich als Unternehmer ernst zu nehmen bzw. zu verstehen. Doch wie ist es zu erklären, dass Heinrich Thyssen-Bornemisza einer der reichsten Unternehmenseigner seiner Zeit war, dem es mit den angestellten Managern gelang, sein individuelles Vermögen und sein unternehmerisches Eigentum in einer friktionsreichen Zeit (weitgehend) zu sichern, langfristig zu vermehren und gegen zahlreiche nationalstaatliche Ansprüche zu verteidigen oder – im Fall von Beschlagnahmungen und dergleichen – diese zumindest nachträglich (teilweise) zu revidieren? Vermögen allein und selbst Vermögen in Bourdieuscher Erweiterung, d.h. inklusive sozialem und kulturellen Kapital, ist gewiss keine hinreichende Erklärung.

Eine komplexe unternehmerische Organisation funktioniert schließlich nicht durch Eigentum allein und braucht – zumal in unruhigen Zeiten – Handlungsmaßstäbe, Kontrolle sowie Informations- und Entscheidungsroutinen. Besonders die Fähigkeit, strategische Entscheidungen zu treffen, stellt den Kern der Unternehmerfunktion dar.[16] Diesbezüglich verfügte Heinrich Thyssen-Bornemisza bereits in den 1920er Jahren über umfangreiche Kompetenzen, die sich aus seiner Eigentumsmacht ableiteten. Gleichwohl hatte er sich 1927 für die Atunia ein explizites Zustimmungsrecht bei allen strategischen Entscheidungen zusichern lassen.[17] Da die Atunia damals als Lenkungsgremium der TBG angedacht war, war diese Formalisierung programmatisch: Gegen seinen Willen konnten keine strategischen Entscheidungen getroffen werden. Zwar verlor die Atunia nach 1932 an

---

[13] Zu den verschiedenen Stiftungen siehe Derix, Thyssens, passim.
[14] Ebd., S. 471-476.
[15] Litchfield, Thyssen-Dynastie, S. 559.
[16] Gehlen, Silverberg, S. 24.
[17] Sitzung, 29.3.1927, S. 3, SIT NROE/41.

Bedeutung, aber an Heinrichs Anspruch, Letztentscheider zu sein, änderte dies nichts.[18]

In der Praxis war seine Letztentscheidungskompetenz freilich nur formal, nicht aber inhaltlich bedeutend. Weder setzte er sich inhaltlich mit den Problemen der Unternehmen intensiv auseinander noch entwickelte er selbst Entscheidungskonzepte. Dies ließ er die Leiter seiner Unternehmen erledigen. Seit 1932 führte er die TBG von Lugano aus. Sofern Heinrich bei seinen seltenen Reisen das Deutsche Reich besuchte, kümmerte er sich um die Erweiterung seiner Gemäldesammlung oder den Galoppsport, nahm aber kaum mehr an den Sitzungen der Gesellschaftsgremien teil. Er traf sich gleichwohl gelegentlich mit den Managern seiner Unternehmen.[19] 1937 war er anlässlich der Beerdigung von Franz Lenze, des langjährigen Vorstandsmitglieds von Thyssengas, in Deutschland gewesen, im Mai 1938 hatte er noch an der Hauptversammlung der PWR teilgenommen, ehe nicht zuletzt steuerliche Erwägungen – v.a. sein Status als beschränkt Steuerpflichtiger – es angeraten erscheinen ließen, Reisen ins Deutsche Reich bis auf Weiteres zu vermeiden.[20] Auch in die Niederlande reiste Heinrich zunehmend seltener. Roelen datierte die letzte Reise auf 1938.[21]

Während Heinrich sich persönlich vor allem zwischen 1932 und 1940 mithin mit der Übermittlung von – durchweg erfreulichen – Betriebsergebnissen zufriedengab, war er seit 1940 wieder stärker in die Entscheidungsfindung eingebunden. Seitdem reiste Wilhelm Roelen, in der Regel unterstützt von Heinrich Lübke, etwa einmal pro Quartal in die Schweiz, um mit Heinrich Thyssen-Bornemisza die Lage zu besprechen und strategische – bereits entscheidungsreif vorbereitete – Beschlüsse zu fassen. Ironischerweise ging mit Heinrichs nunmehr wieder verstärkten Einbindung in die Leitung der TBG einher, dass er formal seine Letztentscheidungskompetenz auf Wilhelm Roelen übertrug. Am 7. Juli 1940 stellte er ihm eine Generalvollmacht aus, die sich auch auf die Gesellschaften in den inzwischen besetzten Niederlanden erstreckte. Sie sollte verhindern, dass Heinrichs Unternehmen unter Feindvermögensverwaltung gestellt wurden. Da die Gesellschaften im Deutschen Reich faktisch niederländisches Eigentum waren und weil die BHS von Niederländern geleitet wurde, war das nicht zuletzt angesichts der Erfahrungen mit dem Vermögen Fritz Thyssens sowie der laufenden Steuerermittlungen wegen der »Hollandabgabe« notwendig geworden.[22]

---

[18] August-Thyssen-Bank AG: Thyssen-Bornemisza-Concern Reports, Report Kouwenhoven, 5.3.1948, S. 6-7, NARA M1922 Roll 0058.
[19] Krautheim berichtete, er habe sich vor dem Krieg ein paar Mal im Jahr mit Heinrich getroffen, dabei aber nicht nur Geschäftliches besprochen. Vernehmung Krautheim, 24.2.1947, S. 1, August-Thyssen-Bank AG: General Records, NARA M1922 Roll 0058.
[20] Vgl. hierzu Kapitel 4.
[21] Investigation Branch Finance Division, Report »Hendrick Jozef Kouwenhoven«, 5.4.1948, Appendix 4: Extract from Interrogation of Roelen and Acker (o.D., nach 1945), NL-HaNA 2.09.49, inv. nr. 530.
[22] Exposé (Roelen) [1952], S. 22-23, SIT/NROE 15.

Es handelte sich hierbei tatsächlich im Wesentlichen um eine Formalie, da Wilhelm Roelen überaus loyal war, in »unverbrüchlicher Treue«[23] agierte und sich ohnehin stets als Sachwalter Heinrichs – und August Thyssens – verstanden hatte. Daher holte er auch noch 1940 explizit Kouwenhovens Zustimmung in Angelegenheiten der TBG ein, obwohl er dazu nicht verpflichtet gewesen wäre.[24] Von ihm waren keine Entscheidungen zu erwarten, die nicht in Heinrichs Sinne waren. Gleichwohl vereinbarten beide, sich eng abzustimmen. Bezeichnenderweise ließ Heinrich die Manager für die Besprechungen zu sich nach Lugano – und an andere Orte in der Schweiz – kommen. Dafür gab es zwar durchaus sachliche Gründe – neben der Furcht vor den deutschen Steuerbehörden vor allem die Unterbrechung regulärer Post-Verbindungen –, doch es hatte noch einen symbolischen Nebeneffekt: Heinrich hielt gleichsam Hof. Die Manager informierten den Eigentümer bei diesen Routinegesprächen, etwa zwei Stunden pro Tag des meist viertägigen Aufenthalts, über die letzten Entwicklungen und legten ihm entscheidungsreife Konzepte vor, die er in der Regel anstandslos befürwortete.[25] Dieses Ritual einer präsidialen Letztentscheidung war zwar nicht mehr als eine Formalie – aber es war eine Formalie mit hoher Bindungs- und Symbolkraft. Sie zeigte, dass keine Entscheidung gegen Heinrichs Willen getroffen werden konnte bzw. durfte, selbst wenn er an der Entscheidungsfindung selbst, den sachlichen Hintergründen, den Entscheidungsalternativen überhaupt kein Interesse zu zeigen schien. Auch die Tatsache, dass er sich nicht aktiv nach der Lage erkundigte, sondern die Manager gleichsam um seine Gunst werben ließ, trägt eher Züge eines höfischen Zeremoniells als Züge modernen Unternehmertums.

Dennoch wäre es weit gefehlt, Heinrich als Unternehmer zu unterschätzen. Wilhelm Roelen erfasste die Spezifik von Heinrichs Unternehmertum zumindest im Ansatz: »Die Stellung von Herrn Baron Thyssen zu seinem Besitz war die eines Kapitalbesitzers und nicht die eines Unternehmers.«[26] Daraus und aus der Struktur der *business group* ergaben sich offensichtlich andere Anforderungen als an Leiter industrieller Großunternehmen. Die Diversität der Einzelunternehmen und ihrer jeweiligen Unternehmensumwelt machte es nötig, Entscheidungsgrundlagen zu schaffen, für die Sach- und Branchenkenntnis nicht zwingend erforderlich waren. Den Weg dahin hatte August Thyssen bereits vorgezeichnet, indem er eine finanzielle Berichterstattung zur Informationsgewinnung implementiert hatte.[27] Heinrich übernahm diese Form moderner Konzernführung und adaptierte sie für seine *business group* – und darüber hinaus: »Man sagt, daß er

---

[23] Traueransprache Dr. Roelen, o.D. [1947], SIT NROE/25.
[24] Exposé (Roelen) [1952], S. 24, SIT/NROE 15.
[25] Z.B. Aktenbericht 8.1.1948, SIT TB/2139; Exposé (Roelen) [1952], S. 29, SIT/NROE 15.
[26] Exposé (Roelen) [1952], S. 7, SIT/NROE 15.
[27] Vgl. Fear, Umsicht und Eifer.

1. Die Steuerung der TBG durch Finanzströme 137

auch in denjenigen Dingen, die er mehr als Passion betreibe, z.B. im Sammeln von Bildern und in der Führung eines Rennstalls sehr scharf kaufmännisch verfahre.«[28]

Voraussetzung für die finanzielle Steuerung der TBG war eine vergleichsweise moderne Form der Expertise, die rechtliche und ökonomische Aspekte gemeinsam berücksichtigte. So handelte es sich beispielsweise beim Rückzug der »Gruppe Fritz Thyssen« aus den niederländischen Gesellschaften ebenso wie bei der Eigentumssicherung durch Stiftungen in der Schweiz um Transaktionen mit hohem Komplexitätsgrad. Sie umfassten drei Rechtsräume, wurden durch neue Normen etwa der Devisenbewirtschaftung beeinflusst, vollzogen sich in einem ökonomisch schwierigen Umfeld, mussten trotzdem den »inneren Wert« der Wertpapiere bzw. Beteiligungen berücksichtigen und hatten überdies unterschiedliche familiäre Interessen in Einklang zu bringen. Kurzum: Sie erforderten ein hohes Maß an juristischer und betriebswirtschaftlicher Expertise. Diese war zwar bereits im alten Thyssen-Konzern in hohem Maße vorhanden gewesen, aber durch die Erbteilung gab es – theoretisch – das Problem der Lagerbildung. Carl Härle oder Heinrich Dinkelbach wären beispielsweise fachlich geeignete Sachwalter gewesen, aber sie waren als Manager aus Unternehmen der »Gruppe Fritz Thyssen« letztlich befangen.[29]

Nicht von ungefähr avancierte daher bei den Vermögenstransfers das Rotterdamsch Trustees Kantoor (RTK) zum zentralen Akteur. Es war 1921 von der BHS gegründet worden und übernahm gleichermaßen Funktionen für die Unternehmen und die Familie Thyssen. Mehrfach vermittelte das RTK bei den großen Vermögensfragen, so bei der Gründung der VSt und dem Rückzug der »Gruppe Fritz Thyssen«, fungierte als Treuhänder der Thyssengasanteile der BHS und als beauftragter Vermögensverwalter für Fritz Thyssens Pelzer-Stiftung und Heinrichs Kaszony-Stiftung und wirkte ferner bei Errichtung der Stiftung Schloss Landsberg mit.[30] Überdies trat es seit 1931 als Aktionärin der Faminta AG in Erscheinung, einer 1929 von Fritz Thyssen bzw. der »Gruppe Fritz Thyssen« in der Schweiz gegründeten Aktiengesellschaft. Diese verwaltete das Auslandsvermögen der August-Thyssen-Hütte und konnte als Schweizer Unternehmen, das die Faminta formal war, Auslandskredite z.B. für die VSt beschaffen.[31]

---

[28] Löb an Crena de Iongh, 19.1.1935, NL-HaNA 2.20.01, inv.nr. 4045.
[29] Zur betriebswirtschaftlichen Modernität des (alten) Thyssen-Konzerns, besonders im Controlling und Accounting siehe vor allem Fear, Organizing Control.
[30] Vernehmung Kouwenhoven, 1.8.1940, betr. N.V. Rotterdamsch Trustees Kantoor, S. 37, NARA RG 466, Entry A1 28, Box 63; ferner Derix, Thyssens, S. 261, 339, 341.
[31] Faminta ist die Kurzform der »Stiftung für Familieninteressen AG«. Wixforth, Stahlkonzern, S. 74. Zu deren Aktivitäten Derix, Thyssens, S. 355-358; Donges, Vereinigte Stahlwerke, S. 54; Vgl. August-Thyssen-Bank AG: Thyssen Report, Exhibit 5, S. 3-4, NARA M1922 Roll 0058; Deutsche Revisions- und Treuhandgesellschaft, Prüfung Thyssen-Konzern, 18.12.1939, S. 36-37, Prüfung Thyssen-Konzern, 21.2.1940, S. 74-92, BArch Berlin R 8135/4206. Dass das RTK Eigentümerin der Aktien war, ist eher unwahrscheinlich, vermutlich agierte es wie in anderen Fällen – wie erwähnt verwaltete das RTK treuhänderisch das Eigentum der BHS an Thyssengas – als Treuhänderin für Fritz Thyssen. Daher unterlagen die Aktien der Faminta AG wohl auch nicht der mittelbaren

3. Fragile Einheit?

Dem RTK kommt damit in der Tat eine maßgebliche und verbindende Rolle im Vermögensgeflecht der Thyssens zu. Es gehörte zu je 50 Prozent der BHS und der Immobilienverwaltungsgesellschaft »De Blaak«, die wiederum vollständig von der BHS beherrscht wurde. Das RTK war faktisch eine Tochtergesellschaft der Bank voor Handel en Scheepvaart und somit eigentumsrechtlich Heinrich Thyssen-Bornemisza zuzuordnen. Doch funktional stand das RTK auch über 1936 hinaus den Familienmitgliedern offen und diente insbesondere über die Stiftungen (Landsberg, Kaszony, Pelzer) gleichsam als einendes Band zwischen den Familiensträngen. In dieser Hinsicht erscheint das RTK als die zumindest implizit akzeptierte Mediatorin der Familie in Vermögensfragen.[32]

Doch damit ist die Funktion des RTK noch nicht vollständig erfasst. Es besaß als N.V. eine eigene Rechtspersönlichkeit, fungierte aber im Wesentlichen als Abteilung bzw. »*special department*« der BHS[33] – und vor allem *für* die BHS, wie Kouwenhoven, bis zu seiner Entlassung 1942 Vorstandsmitglieds des Kantoors, 1940 hervorhob: »Das R.T.K. ist eine Treuhändergesellschaft mit juristischen, kaufmännischen und technischen Spezialisten, die überwiegend ihre Aufträge von der Bank erhält.«[34]

Ohne es zu beabsichtigen, transportiert Kouwenhovens Aussage ein Missverständnis, das sich ähnlich in den zeitgenössischen Quellen über das RTK findet. So sprach Fritz Thyssen bereits 1935 von einer »Unterabteilung für Vermögensverwaltung der Bank voor Handel en Scheepvaart«[35], britische Reports klassifizierten es nahezu wortgleich als »*sub-department for property control*« der BHS[36] und die US-amerikanischen Behörden machten daraus gleich das »*trust department*« der Bank.[37] Darin spiegelt sich das Ziel der jeweiligen Untersuchungen wider, die vornehmlich an Vermögensfragen und -transfers interessiert waren. Entsprechend klassifizierten auch spätere Studien das RTK zuvorderst als »eine niederländische Form der Vermögensverwaltungsgesellschaft«.[38]

Verfügungsgewalt Heinrich Thyssen-Bornemiszas, wie Derix, Thyssens, S. 356, vermutet. Kouwenhoven z.B. fungierte häufiger als Treuhänder, so z.B. für 50.000 hfl. Anteile an der HAIC oder – vermutlich – für 200.000 hfl. der Norma. Vernehmung Kouwenhoven, 16.8.1940, S. 40-41, NARA RG 466, Entry A1 28, Box 63. Vgl. auch Report »Groep Bank voor Handel en Scheepvaart« (Kraayenhof), 17.1.1948, Bijlage I, S. 3, NL-HaNA 2.08.52, inv.nr. 13, der explizit darauf verweist, dass das RTK keine eigenen Beteiligungen besaß, sondern nur treuhänderisch für Heinrich und Kaszony agierte.

[32] Vgl. Derix, Thyssens, S. 341.
[33] August-Thyssen-Bank AG: Thyssen Report, S. 4, NARA M1922 Roll 0058; Statement Fritz Thyssen, August-Thyssen-Bank AG: Thyssen Report, Exhibit 2, S. 1, NARA M1922 Roll 0058; vgl. Derix, Thyssens, S. 336.
[34] Vernehmung Kouwenhoven, 1.8.1940, betr. N.V. Rotterdamsch Trustees Kantoor, S. 37, NARA RG 466, Entry A1 28, Box 63.
[35] Fritz Thyssen, Besprechung 23.5.1935, zit. n. August-Thyssen-Bank AG: Thyssen Report, Exhibit 5, S. 4, NARA M1922 Roll 0058.
[36] Report Dodge, 17.1.1946, TNA FO 837/1307.
[37] Memorandum (Blacklow), o.D. (ca. 1947), Vesting Order 8471, NARA RG 131 P 33 Box 207; vgl. auch Derix, Thyssens, S. 336.
[38] Derix, Thyssens, S. 336.

1. Die Steuerung der TBG durch Finanzströme 139

Das ist keineswegs falsch, da das RTK nachweislich Vermögen für diejenigen Kunden der BHS verwaltete, die aus steuerlichen oder anderen Gründen daran interessiert waren, ihre Beziehungen zur Bank zu verschleiern. Für sie trat das RTK als Kontoinhaber bei der BHS auf. Die Buchungen ließen sich nur für Eingeweihte über Nummern zu den tatsächlichen Eigentümern zurückverfolgen. Selbst die niederländische Zentralbank erhielt keine Informationen über diese Kunden, vermutete aber aus gutem Grund, dass es sich im Wesentlichen um Angehörige der Familien Thyssen handelte.[39]

Dennoch ist das RTK nicht ausschließlich als Vermögensverwaltungsgesellschaft zu klassifizieren. Hintergrund ist ein transnationales Sprachdilemma: Indem der niederländische Begriff »trustkantoor« im Deutschen mit »Treuhand« (so von Kouwenhoven) oder im Englischen mit »trust« übersetzt wurde, transportierte man damit auch implizit das jeweilige nationale Rechtsverständnis. Aber ein niederländischer Trustkantoor ist weder mit einem englischen »trust« noch mit einer deutschen Treuhandgesellschaft gleichzusetzen. Im Unterschied zu diesen organisiert ein niederländischer Trustkantoor in erster Linie Expertise für Unternehmen, etwa in rechtlichen, steuerlichen bzw. betriebswirtschaftlichen Fragen. Eine (durchaus mögliche) Treuhandtätigkeit steht jedoch nicht im Mittelpunkt seiner Tätigkeit. Im angelsächsischen Rechtsverständnis sind trusts hingegen tatsächlich primär auf die treuhänderische Verwaltung von Vermögen (unbekannter) Dritter ausgerichtet, doch dem niederländische Trustkantoor werden von einem konkreten Prinzipal administrative Aufgaben übertragen, d.h. die Verbindung zwischen Auftraggeber und Auftragnehmer ist deutlich enger als bei reinen Treuhandgesellschaften. Dem Wesen nach handelt es sich bei einem Trustkantoor um eine unternehmensnahe Beratungsgesellschaft.[40]

Exakt dies beschreibt auch der zweite Teil von Kouwenhovens Aussage über das RTK: Die BHS war die maßgebliche Auftraggeberin der juristischen, kaufmännischen sowie technischen Spezialisten und wurde dadurch auch zur administrativen Zentrale für die TBG. Beispielsweise liefen beim RTK die Informationen über die Beteiligungsverhältnisse sowie die Betriebsergebnisse zusammen; ferner fungierte es als Personalbüro für die Leitungsebene und verwaltete z.B. die Verträge der TBG-Manager.[41]

Wie wenig das RTK ein Unternehmen war, das selbst Vermögenswerte verwaltete, verdeutlicht ein Blick in die Bilanz: Bei einem – nur zu einem Zehntel eingezahlten – Gesellschaftskapital von 100.000 hfl. belief sich die Bilanzsumme 1940 auf gerade einmal gut 112.000 hfl. Die Passivseite der Bilanz bestand nahezu

---

[39] Bank voor Handel en Scheepvaart, Oktober 1929, S. 12, NL-HaNA 2.25.68, inv.nr. 12941.
[40] Vgl. van der Wulp, Trustsector, S. 5-10, 21-26, der explizit das »klassische Missverständnis« bei der Einordnung niederländischer Trustkantoors als angelsächsische trusts hervorhebt. Lediglich verwiesen sei an dieser Stelle darauf, dass »Trust« im angelsächsischen Sprachgebrauch neben »Treuhandgesellschaften« auch (marktbeherrschende) Konzerne meinen kann.
[41] Heinrich Thyssen-Bornemisza an Roelen, 31.1.1944, SIT TB/2148.

vollständig aus Reserven; Angaben zum Effektenbesitz fehlen völlig.[42] Das verwundert nicht, denn die (privaten) Finanztitel der Thyssens waren entweder bei der BHS angelegt oder in die Familienstiftungen eingebracht worden. Maßgebliches Organ war im Fall von Heinrichs Kaszony-Stiftung der Stiftungsrat. Ihm stand es frei, die Verfügungsrechte zu delegieren. Er hatte das RTK daher bereits bei Gründung der Stiftung 1926 widerruflich damit beauftragt, deren Vermögen zu administrieren.[43]

Das RTK sowie in geringerem Umfang der Hollandsch Trustkantoor (HTK) nahmen in der Thyssen-Bornemisza-Gruppe daher strategisch-beratende Funktionen (»administrative services«) wahr, *verwalteten* aber nicht im Auftrag Dritter Vermögen. Dies war Aufgabe der BHS. Vielmehr *berieten* sie vor allem die BHS und die Familienstiftungen Kaszony und Pelzer bei Anlageentscheidungen und wickelten entsprechende Transaktionen bisweilen ab.[44] Das ist nicht bloß ein sprachlicher Unterschied, sondern die Verfügungsrechte des RTK (und des HTK) waren formal begrenzt: Das Rotterdamsch Trustees Kantoor hatte zwar einen hohen *inhaltlichen* Gestaltungsspielraum, traf aber keine selbständigen unternehmens- oder vermögensrelevanten Entscheidungen, zumindest keine, die nicht mindestens nachträglich oder implizit durch seine Auftraggeber legitimiert wurden. Das Kerngeschäft des RTK war Expertise.[45]

Wie sehr sich das RTK als gruppeninterne Unternehmensberatung bewährt hatte, zeigen auch die Überlegungen, die Atunia zu einer Beratungsgesellschaft – »dem RTK wesensgleich, parallel wie als Ersatz und Nachfolge« – umzugestalten.[46] Zwar hatten die Atunia ihren ursprünglichen Gesellschaftszweck, die Interessen der Unternehmen der Thyssen-Bornemisza-Gruppe aufeinander abzustimmen, nie formal aufgegeben, aber funktional war die Gesellschaft spätestens seit 1932 kein Koordinationsgremium mehr; ohnehin war ihr Einfluss stets begrenzt gewesen.[47] In den 1930er Jahren war die Atunia weitgehend zur Patentverwaltung degradiert worden, die später auch kein eigenes Personal mehr beschäftigte, sondern

---

[42] RTK, Balans per 31.12.1940, August-Thyssen-Bank AG: Thyssen-Bornemisza-Concern Reports, Appendix 3, S. 29, NARA M1922 Roll 0058.
[43] Stiftungsurkunde, 18.12.1926, § IV, SIT TB/4483; auch: Values administered by RTK for Kaszony, 10.2.1943, Thyssen-Bornemisza-Concern Reports, Appendix 4, S. 29, NARA M1922 Roll 0058.
[44] Office of Alien Property (USA) in the matters of BHS u.a. (27.11.1957), S. 4, NL-HaNA 2.08.53, inv.nr. 48; Specification of Values administered by Rotterdamsch Trustees Kantoor N.V., Rotterdam, for Familienstiftung Kaszony, Schwyz, 10.2.1943, August-Thyssen-Bank AG: Thyssen-Bornemisza-Concern Report, Appendix 4, NARA M1922 Roll 0058; N.V. Handels en Transport Maatschappij »Vulcaan« Rotterdam. Report (Price, Waterhouse & Co.) on Ownership of Share Capital, 4.12.1939, S. 1, NL-HaNA 2.08.52, inv.nr. 13.
[45] In dieser Hinsicht mag es bezeichnend sein, dass bei Verhandlungen zwischen Thyssengas und der BHS 1931 der RTK-Accountant van Rossen als Vertreter der Thyssen-Seite geführt wurde und nicht als Vertreter der BHS. In diesem Fall hatte das RTK den Auftrag von Thyssengas und nicht von der Bank erhalten, was dann auch wiederum Bezeichnungen wie (abhängiges) »sub-department« der BHS fragwürdig erscheinen lässt. Vgl. Aktennotiz 5.8.1931, SIT NROE/61.
[46] Besprechung in Zürich, 26.-30.8.1943, S. 2, tkA FÜ/92.
[47] Wixforth, Stahlkonzern, S. 111-112.

1. *Die Steuerung der TBG durch Finanzströme* 141

Abb. 6: Prüfende Blicke: Marten van Rossen (Rotterdamsch Trustees Kantoor, Mitte) beim Besuch der Zeche Walsum am 2. April 1931 (links Peter Nacken (Leiter Tagesbetrieb), rechts Wilhelm Roelen).

auf Mitarbeiter von Thyssengas und PWR zurückgriff. Neben der Patentverwaltung wandte sich die Atunia freilich bereits in den 1930er Jahren zunehmend rechtlichen und steuerlichen Fragen zu.[48] Strukturell und funktional ähnelten sich Atunia und RTK daher bereits, auch wenn die Atunia hinsichtlich Personal, Sachkunde, Internationalität und Einfluss deutlich hinter der niederländischen Beratungsgesellschaft zurückstand. Doch da die TBG zu Beginn der 1940er Jahre ohnehin angehalten war, Unternehmerfunktionen und Eigentum aus den Niederlanden ins Deutsche Reich zu verlagern, lag es nahe, das niederländische RTK durch die deutsche Atunia zu ersetzen.[49]

Diese vagen Überlegungen wurden allerdings durch die Zeitläufte überholt und das RTK blieb die maßgebliche Beratungsgesellschaft innerhalb der Gruppe. Seine Tätigkeit erforderte ein spezifisches Wissen, das seit den 1920er Jahren nicht mehr einfach zu beschaffen war. Die Aktienmärkte bzw. die Börsenkurse fielen als Informationsquelle zur Unternehmensbewertung weitgehend aus, da insbesondere im Deutschen Reich zum einen die Verwerfungen in den Märkten und zum anderen eine regulatorisch unterstützte Intransparenz selbst ausgewiesene Experten der Börsenorgane vor erhebliche Problem stellten, Aktiengesellschaften

---

[48] August-Thyssen-Bank AG: Thyssen-Bornemisza-Concern Report, Exhibit A: The German Enterprises, S. 25, NARA M1922 Roll 0058.
[49] Vgl. Kapitel 2.3.

angemessen zu bewerten.⁵⁰ In den Niederlanden sah dies freilich kaum anders aus⁵¹ und nicht von ungefähr erlebten gerade Wirtschaftsprüfungsgesellschaften in dieser Zeit und dann besonders im Rahmen der nationalsozialistischen Aggressionspolitik einen Aufschwung: Die zunehmende Nationalisierung von Wirtschaftspolitik in der Zwischenkriegszeit, die gewollte Intransparenz, neue Bilanzierungsvorschriften und der fehlende Informationsaustausch zwischen Staaten vergrößerten die Informationsasymmetrien selbst zwischen benachbarten Volkswirtschaften. Um diese Lücken zu schließen, zog z.B. der NS-Staat Wirtschaftsprüfungsgesellschaften heran, die verwertbare Vermögen identifizieren und die Leistungsfähigkeit von Unternehmen einschätzen sollten.⁵²

Doch auch und gerade eine transnationale Konzern- und Privatbank wie die BHS benötigte Experten, die in der Lage waren, Unternehmen sowie Investitionschancen und Kreditrisiken angemessen zu bewerten. Die immer tiefergreifenden staatlichen Eingriffe in die Außenwirtschaftsbeziehungen, die zunehmenden Hürden beim Kapitaltransfer sowie nicht zuletzt die nationalen Finanz- und Steuergesetze werteten die Bedeutung des RTK innerhalb der Thyssen-Bornemisza-Gruppe weiter auf. Da diese zudem keine zentrale Führungsebene besaß, avancierte das RTK faktisch zum Informationszentrum der TBG. Es prüfte alle größeren Investitionen und Umstrukturierungen und bereitete derart unternehmerische Entscheidungen vor.⁵³

Die zentrale Stellung des RTK sowie seine Informationsverarbeitung und -verdichtung waren zugleich ein modernes Element der Unternehmensführung. Ähnlich wie die Ausweitung der volkswirtschaftlichen Statistik in der Zwischenkriegszeit⁵⁴ galt »Accounting«, ein ausdifferenziertes Rechnungswesen, als Ausweis betriebswirtschaftlicher Modernität. Die artifizielle, standardisierte Erhebung unternehmerischer Kennziffern strukturierte Information und beeinflusste Problemwahrnehmungen, Entscheidungsprozesse und deren Kontrolle. Einige Beobachter weisen dem »Accounting« gar einen organisationprägenden Charakter zu.⁵⁵

Bereits der Konzern August Thyssens hatte ein umfassendes Informationssystem etabliert, das es August Thyssen erlaubte, eine große Anzahl von Gesellschaften, Betrieben und Abteilungen zu koordinieren und zu kontrollieren. Sein dezentrales Konzept der Unternehmensführung ließ den Managern ein hohes Maß an Entscheidungsautonomie in den von ihnen geleiteten Einheiten. Durch die

---

[50] Vgl. hierzu Gehlen, Zielkonflikte; Selgert, Börsenzulassungsstellen.
[51] De Jong u.a., Evolving Role of Shareholders.
[52] Vgl. einführend Pothmann, Wirtschaftsprüfung, S. 42-61 sowie empirisch S. 145-274. Daher scheint es nachgerade folgerichtig, dass gerade deutsche Beamte des RFM die TBG auf die Expertise Kraayenhofs hinwiesen. Aktenbericht 5.3.1943, S. 1, tkA FÜ/92.
[53] Exemplarisch RTK an Thyssengas, 3.2.1931, SIT NROE/70. Dort geht das RTK dezidiert auf Investitionsvorhaben bei Walsum ein und verweist auf Widersprüche zu früheren Aussagen. Vgl. auch die Beispiele bei Wixforth, Stahlkonzern, S. 132-133, 143, 147. sowie ders., Konzernbank, S. 312.
[54] Siehe etwa Tooze, Wirtschaftsstatistik.
[55] Vgl. die einführenden Überblicke bei Boyns, Accounting; ferner Fear, Organizing Control, S. 770-787.

strukturierte finanzielle Berichterstattung ließ sich ihr Managementerfolg bemessen und vergleichen, durch die Aufstellung detaillierter Kosten-Nutzen-Rechnungen ließen sich Investitionsvorhaben bewerten und im Investitionsfall Kosten kontrollieren.[56]

Jeffrey Fear führt die Implementation dieser finanziell-kaufmännisch konzipierten Unternehmenskontrolle vor allem darauf zurück, dass August Thyssen vergleichsweise wenig auf Fremdkapital, v.a. aber nicht auf externe Eigenkapitalgeber zurückgriff, um seine Unternehmen zu finanzieren, sondern stattdessen über betriebswirtschaftliche Effizienz die Eigenfinanzierungsmöglichkeiten erhöhen wollte. Er kontrollierte mithin im Wesentlichen die Verwendung seines eigenen Gelds.[57]

Heinrich und, zumindest zu Beginn, Hans Heinrich Thyssen-Bornemisza übernahmen diese Prinzipien. Auch sie setzten auf Eigenfinanzierung und wollten sich nicht von Fremdkapitalgebern in die Unternehmenspolitik hineinreden lassen.[58] Investitionsmittel stammten aus eigenen Überschüssen oder, sofern eine »echte« Eigenfinanzierung nicht möglich war, aus den Überschüssen der rentablen Unternehmen der Gruppe. Das Investitionsvolumen bei Thyssengas/Walsum beispielsweise war immens und nicht aus laufenden Einnahmen zu bestreiten; deshalb fungierten andere Unternehmen der TBG als Finanziers. Beispielsweise veräußerte Thyssengas seine ATB-Aktien an die PWR und verwendete den Verkaufserlös, um den Ausbau Walsums zu finanzieren. Trotz des Verkaufs blieb Heinrich Thyssen-Bornemisza aber weiterhin der faktische Eigentümer. Eine vergleichbare Form der gruppeninternen Querfinanzierung war die »Hollandabgabe«, die über Mehrerlöse im Gasgeschäft ebenfalls den Ausbau Walsums mitfinanzierte.[59]

Häufig banden die TBG-Manager die beiden Konzernbanken BHS und ATB in die Querfinanzierung ein. Die Mehrerlöse aus den Gasverkäufen im Rahmen der »Hollandabgabe« wurden formal an die BHS überwiesen und von dort Thyssengas als Kredit zur Verfügung gestellt; ähnlich verfuhr man mit den Erträgen der PWR, die als Bankguthaben bei der ATB angelegt und als Kredit an Thyssengas weitergereicht wurden. Für die Konzernbanken war dies leicht verdientes Geld. Sie erhielten die Differenz zwischen Guthaben- und Kreditzinsen, ohne dafür die sonst obligatorischen Prüfungskosten aufwenden zu müssen, da die Informationen über die Kreditnehmer innerhalb der Gruppe bereits bekannt waren. Die Dimensionen der Querfinanzierungen waren beachtlich. Die »Holland-

---

[56] Fear, Organizing Control, S. 150-189, 716-730.
[57] Fear, Organizing Control, S. 737.
[58] So hielt etwa Hans Heinrich zwar im Zuge des Wiederaufbaus Investitionsmittel der Kreditanstalt für Wiederaufbau für erforderlich, wollte sie aber auf das Nötigste begrenzen und die Kredite schnellstmöglich zurückzahlen. Protokoll, 12.9.1952, S.4, SIT TB 02344.
[59] Vgl. Kapitel 2.3.1.

abgabe« summierte sich mit Zinsen auf knapp 35 Mio. RM,[60] das Guthaben der PWR, ihrerseits Großabnehmer von Thyssengas,[61] bei der ATB belief sich 1944 auf 26,7 Mio. RM, die zu großen Teilen dazu dienten, Thyssengas bzw. Walsum zu kreditieren.[62]

Die TBG unterschied sich vom Konzern des Vaters bzw. Großvaters vor allem hinsichtlich der Produktionsorganisation. Während August-Thyssen einen integrierten Montankonzern geschaffen hatte, fehlte Heinrich der integrative Stahlbereich. Für die Unternehmensführung und -kontrolle war dies freilich nicht weiter von Bedeutung, da die einzelnen Unternehmen der Thyssen-Bornemisza-Gruppe für sich genommen auch als selbständige Einheiten wettbewerbsfähig waren. Sie blieben zwar auf vor- oder nachgelagerte Produktionsstufen angewiesen, doch konnten sie die entsprechenden Waren und Dienstleistungen auch über den Markt beziehen. Lediglich für Thyssengas schien es anfangs mit Blick auf Kohlequalität und Versorgungssicherheit erfolgversprechender, den Rohstoff in Eigenregie bei Walsum zu fördern statt ihn über einen – syndizierten und vermachteten – Markt zu beziehen. Anhand geplanter Lieferbeziehungen von PWR und dem Bremer Vulkan zeigte sich aber beispielsweise, dass die Werft Röhren und andere benötigte Produkte günstiger von Wettbewerbern der Walzwerke beziehen konnte – und dies ebenso wie Thyssengas auch tat. Harald Wixforth hat dies als Beleg dafür angeführt, wie gering der Zusammenhalt innerhalb der Gruppe und wie wenig durchsetzungsfähig Heinrich Thyssen-Bornemisza gewesen sei.[63] Sie lässt sich freilich auch anders interpretieren. Sie legte, zum einen, ein Effizienzdefizit bei den PWR offen, da andere Anbieter das entsprechende Produkt günstiger produzieren konnten, zum anderen hätte ein gruppeninterner Bezug die Kosten bei Vulkan erhöht und möglicherweise die mangelnde Effizienz der PWR überdeckt. Heinrich konnte aber als Eigner beider Unternehmen daran gar kein Interesse haben, da der höhere Umsatz bei den PWR mit höheren Kosten bzw. geringeren Gewinnen beim Vulkan erkauft worden wäre. Aus diesem Grund erscheint es rational, wenn Heinrichs Interesse vornehmlich auf eine nachhaltige Wettbewerbsfähigkeit seiner Unternehmen ausgerichtet war als auf gruppeninternen Risikoausgleich.[64]

Wettbewerbsfähigkeit lässt sich messen – z.B. durch Benchmarking, bei dem die Entwicklung vergleichbarer Unternehmen oder Produkte herangezogen wird, um die Marktposition eines Unternehmens zu bestimmen und Defizite zu erken-

---

[60] Gutachten (o.D.), SIT NROE/36, S. 2-4.; Zinsen bis 31.12.1940 ergänzt nach Aktenbericht (Acker) betr. Hollandabgabe, 20.3.1944, S. 1, SIT TB/4816.
[61] Hierzu Wessel, Röhrenwerk Reisholz, S. 118.
[62] Report about the financial conditions of Press- und Walzwerke Aktiengesellschaft, Düsseldorf-Reisholz, S. 3-4. August-Thyssen-Bank-Interrogations Exhibit 7, NARA M1922 Roll 0058.
[63] Wixforth, Stahlkonzern, S. 173-178; freilich gibt es dort ebenso Hinweise auf gruppenökonomisch widersinnige Transaktionen. So bezog der Bremer Vulkan 1927 Bleche von den VSt, obwohl ihm die PWR das gleiche Produkt günstiger angeboten hatten. Ebd., S. 87-88.
[64] Exemplarisch Exposé (Roelen) [1952], SIT/NROE 15.

nen. Dies erfordert freilich eine entsprechende Kompetenz im Rechnungswesen. Diese war bereits im alten Thyssen-Konzern umfassend vorhanden. Indem Heinrich das ausgefeilte kaufmännisch-finanzielle »Accounting« und »Controlling« August Thyssens adaptierte und da er ohnehin stets ein deutlich größeres Interesse für kaufmännische als für technische oder produktionsorganisatorische Frage hatte, reichte ihm ein erheblich komplexitätsreduziertes, verdichtetes, vornehmlich finanzielles Reporting völlig aus, um seine Gruppe zu leiten.[65]

Nicht von ungefähr war er beispielsweise bei den VSt ursprünglich Mitglied der Finanz- und der Bilanzkommission des Aufsichtsrats,[66] ebenso war er beim Bremer Vulkan Mitglied der Finanzkommission und nahm anfangs auch regelmäßig an ihren Sitzungen teil.[67] Seit Mitte der 1930er Jahre verzichtete er zunehmend auf persönliche Kontrolle, und verließ sich stattdessen auf die Accountants des RTK, die regelmäßig die Bücher der deutschen Unternehmen prüften.[68]

Die Unternehmenskontrolle durch den Aufsichtsrat und die seit 1931 für deutsche Aktiengesellschaften obligatorische externe Pflichtprüfung wurden mithin innerhalb der TBG durch eine zusätzliche interne Kontrollinstanz, das RTK, ergänzt. Da die Accountants des RTK bei allen Unternehmen dieselben Maßstäbe anlegten, ließ sich die heterogene Produktionsstruktur der Gruppe in eine homogene Finanzstruktur übersetzen. Das RTK avancierte somit zum komplexitätsreduzierenden, informationsverdichtenden Kompetenzzentrum der TBG;[69] es genoss Heinrichs volles Vertrauen und ermöglichte ihm, seine Unternehmen ohne persönliche Anwesenheit in den Aufsichtsgremien zu kontrollieren. Das RTK blieb bis 1968 selbständig, ehe Hans Heinrich es im Vorgriff auf die Gründung der Thyssen-Bornemisza-Group N.V. 1971 mit dem Management der N.V. Vulcaan zusammenlegte. Damit war keine Abkehr von den bewährten Prinzipien der Unternehmensführung verbunden.[70]

Heinrichs vornehmlich finanzielle Perspektive irritierte allerdings einen Ingenieur wie Wilhelm Roelen anfangs umfassend. Er beklagte sich wiederholt über das kaum verhohlene Desinteresse Heinrichs, sich mit technischen oder organisatorischen Fragen auseinanderzusetzen, den entsprechenden Ausführungen überhaupt aufmerksam zuzuhören oder sich die Betriebe vor Ort selbst anzusehen,[71] doch wie die Manager technische oder organisatorische Probleme lösten, konnten – und

---

[65] Krautheim verwies darauf, dass die PWR Heinrich Thyssen-Bornemisza üblicherweise Quartalsberichte zukommen ließen, was nur während der Kriegsjahre nicht möglich war. Vernehmung Krautheim, 24.2.1947, S. 6, August-Thyssen-Bank AG: General Records, NARA M1922 Roll 0058.
[66] Reckendrees, Stahltrust, S. 305.
[67] Wixforth, Stahlkonzern, S. 142-147.
[68] Vgl. exemplarisch Bremer Vulkan 1933-1945, S. 3; StA Bremen 7,2121/1/1-1112.
[69] Selbst Hendrik Jozef Kouwenhoven, der als Vorstand der BHS im Zentrum des gruppeninternen Informationsnetzes stand, verwies für Bewertungs- und Beteiligungsfragen auf das RTK. Vernehmung Kouwenhoven, 14.7.1940, S. 3, NARA RG 466, Entry A1 28, Box 63.
[70] Thyssen-Bornemisza Group, Divisie Handel en Transport, 9.9.1970, S. 3, SIT TB/947.
[71] Z.B. Exposé (Roelen) [1952], S. 29, SIT/NROE 15. Dort führt er freilich zu Heinrichs »Verteidigung« auch den verschlechterten Gesundheitszustand des Barons an.

sollten – diese aus Heinrichs Sicht offenbar selbst entscheiden. Dafür wurden sie schließlich (gut) bezahlt.[72]

Über die Bilanzen und spezifische Rentabilitätsziffern stellte Heinrich sicher (oder ließ sicherstellen), dass mit seinem Kapital und seinem Geld behutsam gewirtschaftet wurde. Das Ergebnis konnte sich aus Sicht des Kaufmanns fraglos sehen lassen: Bis auf den Sonderfall der Flensburger Schiffsbau-Gesellschaft fehlte es den Gesellschaften der TBG weder an Investitionsmitteln noch gerieten sie in finanzielle Schwierigkeiten.[73]

Diese Form der Unternehmensführung hatte mit Unternehmertum im herkömmlichen Sinne nichts gemein. Heinrich Thyssen-Bornemisza agierte nicht, er reagierte – und gleichwohl regierte er die Gruppe über die Kontrolle von Finanzierungs- und Zahlungsströmen in nicht unbeträchtlicher Art und Weise. Vielleicht war dies auch nur eine sehr ehrliche Form von Unternehmertum, die auf die Selbstinszenierung als durchsetzungsstarker Alleskönner verzichtete und die Logik moderner (Groß-)Unternehmen anerkannte, dass strategische Entscheidungen letztlich die Summe umfassender Kommunikationsprozesse sind und nur in Ausnahmefällen geniale Ideen von Individuen darstellen.[74] Wenn er aber funktional ohnehin nur als Letztentscheider agieren musste, wozu sollte er sich dann die Mühe machen, sich in die spezifischen Probleme von Unternehmen in ganz unterschiedlichen Branchen mit je spezifischen Herausforderungen einzuarbeiten? Da schien es doch so abwegig nicht, weitreichende Verfügungsrechte an die Manager zu delegieren und sie am finanziellen Ergebnis ihrer Aktivitäten zu messen (und zu beteiligen). In dieser Hinsicht handelte es sich dann nicht um »inverse Prinzipal-Agent«-Beziehungen, bei denen die Manager der Gruppenunternehmen selbst zu Auftraggebern wurden, die beim »Agenten« Thyssen-Bornemisza für ihre Vorhaben werben mussten, sondern um eine besonders offensichtliche Akzeptanz des Prinzipal-Agent-Problems[75]: Wenn aufgrund der Komplexität der *business group* die Informationsasymmetrien zwischen Eigentümer und Managern so groß waren wie sie waren, lag eine Möglichkeit darin, den eigenen Aufwand zu erhöhen, d.h. Heinrich Thyssen-Bornemisza hätte sich in

---

[72] Vgl. Kapitel 3.2.
[73] Vgl. Kapitel 4.
[74] Vgl. Plumpe, Wie entscheiden Unternehmen, v.a. S. 147 ff. Es ist eine gleichermaßen spannende wie hypothetische Frage, den tatsächlichen Anteil von Unternehmern an strategischen Entscheidungen zu bemessen bzw. herauszufinden, wie weit diese Entscheidungen bereits durch Kommunikations- und Entscheidungsroutinen von Unternehmen vorbereitet wurden. Je größer der Anteil solcher Routinen wäre, desto mehr verkäme jede noch so detailversessene Arbeitsweise von Konzernlenkern zur Selbststilisierung, die eher kulturell (ins Unternehmen) als ökonomisch (auf dessen Erträge) wirkte.
[75] Vgl. Wixforth, Stahlkonzern, S. 238-239. – Beide Deutungen widersprechen einander nur vordergründig, da sie beide davon ausgehen, dass die Manager umfassende Verfügungsrechte besaßen und von Heinrich Thyssen-Bornemisza so gut wie keine Vorgaben erhielten. Es handelt sich vielmehr um eine theoretische Frage, wie das a-typische Unternehmertum Heinrichs erklärt werden kann. Sie ist allerdings nicht final zu klären, da es an aussagekräftigen Quellen mangelt.

1. Die Steuerung der TBG durch Finanzströme 147

die Details von etwa 75 Gesellschaften, mindestens aber von 11 Schlüsselunternehmen einarbeiten müssen, um eigenständige unternehmerische Entscheidungen treffen zu können. Die andere Möglichkeit lag darin, die Transaktionskosten dadurch zu reduzieren, dass qualitative durch quantitative Berichterstattung ersetzt wurde und letztlich die messbare Effizienz zum Maßstab der Unternehmensführung und -kontrolle wurde.

Am ehesten lässt sich daher Heinrich Thyssen-Bornemiszas Unternehmertum über die finanziell-kaufmännischen Aspekte seiner Gruppe erfassen. Nicht von ungefähr zielten auch seine wenigen dezidiert unternehmerischen Interventionen auf finanzielle Fragen. So wollte er beispielsweise 1931 wissen, warum es beim Ausbau Walsums zu Zeitverzögerungen und vor allem zu Abweichungen vom Kostenplan gekommen war.[76] Erschien ihm die Antwort nicht hinreichend oder wollte er sie validieren, schaltete er seine Accountants des RTK ein.[77] Auch Hans Heinrich ließ 1952 Rentabilitätsrechnungen Wilhelm Roelens überprüfen, freilich durch den »externen« Wirtschaftsprüfer Kraayenhof.[78]

Überzeugte Heinrich Thyssen-Bornemisza ein Vorschlag zur Problemlösung, stellte er umfangreiche Investitionsmittel zur Verfügung.[79] Voraussetzung war auch hier eine Kosten-Nutzen-Rechnung, wie sie vor allem für das größte Investitionsvorhaben, den Ausbau Walsums, nachgewiesen ist.[80] Diese Kaufmannsmentalität Heinrichs war zwar von August Thyssen bespöttelt worden, doch ganz offensichtlich eignete sie sich – entgegen Augusts expliziten Befürchtungen –, um eine diversifizierte, transnationale *business group* effektiv zu steuern.[81]

Diese Fixierung auf finanziell-kaufmännische Unternehmensführung und -kontrolle kann schließlich auch erklären, warum Heinrich grundsätzlich darauf verzichtete, schriftliche Anweisungen zu geben, zu korrespondieren, ein Sekretariat oder eine Registratur einzurichten: Für ihn lag die »Wahrheit« nicht im Wort, sondern in der Zahl. Am Ende zeigte sich sogar Wilhelm Roelen vom

---

[76] Lenze an Heinrich Thyssen-Bornemisza, 25.1.1931, SIT NROE/23. Lenze bezieht sich zu Beginn seiner umfassenden – der Brief ist ohne Anlagen 21 Seiten lang – Darlegung auf entsprechende Nachfragen Heinrichs in Besprechungen, Briefen und Telegrammen. Bereits der Umfang der Antwort, in der Lenze zum Abschluss darum bittet, die Mittel nachträglich zu bewilligen, verdeutlicht, wie ernst die Manager solche Nachfragen nahmen. Sie wussten genau, dass ihre Handlungsautonomie exakt an dem Punkt endete, an dem Finanzierungen fragwürdig wurden.
[77] RTK an Thyssengas, 3.2.1931, SIT NROE/70.
[78] Protokoll, 12.9.1952, S.4, SIT TB 02344. Kraayenhof bestätigte Roelens Berechnungen. Zur seiner hybriden Rolle in der Gruppe vgl. Kapitel 3.3.
[79] In dieser Hinsicht erscheint es auch folgerichtig, dass die Wünsche von Paul Thomas, dem Leiter der hochrentablen PWR, ins Leere liefen, die Stahlproduktion auszuweiten, und dass stattdessen in die Energiewirtschaft investiert wurde. Vgl. Wixforth, Stahlkonzern, S. 175-176.
[80] Roelen, Ausbaukosten für eine moderne Schachtanlage 1919/29, 17.10.1929, SIT NROE/47.
[81] »Du trittst nur als Bankier auf nicht als Hüttenmann, der (sic!) nur an der Erhaltung seiner Werke gelegen ist, während der Geldmann an die Flüßigkeit seiner Mittel denkt, deren Bedeutung ich nicht verkenne«; »nur bist Du nur Banquier aber kein Industrieller, verzeihe es mir darin stelle ich Dich in den Schatten.« August an Heinrich Thyssen, 7.7.1925 bzw. 19.8.1925, in: Rasch, Industriellenfamilie, S. 388, 401.

Mehrwert des Accountings überzeugt. Er empfahl Hans Heinrich Thyssen-Bornemisza in der unübersichtlichen Lage des Jahres 1946 explizit, »das in der Welt so sehr geschätzte System des Wirtschaftsprüfers [auszunutzen]. Es kommt dadurch manche Anregung herein, wenn auch das eine oder andere Geheime in Gefahr gebracht wird, des Schleiers beraubt zu werden. Die Führung und Überwachung einer Gesellschaft ist eine andere, je nachdem ob es sich um Eigengeschaffenes oder Übernahme oder Erwerb handelt, selbst dann, wenn man ein Menschenalter Lehrzeit ausnutzen konnte.«[82] Diese Aussage ist bemerkenswert für jemanden wie Wilhelm Roelen, der wie kaum ein anderer den Typus des technisch ausgebildeten ruhrindustriellen Managers verkörperte. Dass gerade er, für den sich unternehmerische Leistung im technisch Machbaren manifestierte, einer verwissenschaftlichten Betriebsführung das Wort redete, zeugt zum einen von Klugheit, zum anderen aber auch von Lernfähigkeit: Roelen hatte, gestützt auf die Erfahrungen der 1930er und 1940er Jahre, verstanden, dass eine komplexe *business group* anders geführt werden musste als integrierte Montanunternehmen und dass hierfür Accounting ein äußerst nützliches Instrument der Unternehmenssteuerung darstellte.[83]

2. Angestellte Unternehmer: Leitbilder, Hierarchien und Anreizsysteme im Management

Wilhelm Roelen war ein guter Kronzeuge, um die Entwicklungen der TBG einzuschätzen. Er kannte die Gruppe in den 1930er und 1940er Jahren am besten. Roelen gehörte zu jener Gruppe von Topmanagern, ohne die sich die Thyssen-Bornemisza-Gruppe nicht hätte führen lassen. Mit Hendrik Jozef Kouwenhoven war er der bedeutendste angestellte Unternehmer der TBG. Beide waren in der Tat angestellte Unternehmer, da sie über eine erhebliche Entscheidungsautonomie verfügten und die ihnen anvertrauten Gesellschaften letztlich nach eigenen Vorstellungen leiten konnten, sofern sie dabei den Interessen Heinrich Thyssen-Bornemiszas nicht zuwiderhandelten.

Seine Interessen formulierte Thyssen-Bornemisza nur in Ausnahmefällen explizit; Anweisungen oder gar ein verschriftlichtes Leitbild der TBG gab es nicht. Dennoch lässt sich ein solches Leitbild aus Äußerungen Roelens rekonstruieren:

> Die Gesellschaften sind organisch aufgebaut und verbunden, nämlich im Reich Produktion und Finanzen, in Holland Handel und Finanzen. Das war die Gründung von August Thyssen, der 1926 starb. Der Wille und die An-

---
[82] Roelen an HHTB, 15.12.1946, S. 8-9, SIT TB/2141.
[83] So auch Rasch, August Thyssen und sein Sohn Heinrich Thyssen-Bornemisza, S. 77-78.

2. Leitbilder, Hierarchien und Anreizsysteme

weisung seines Sohnes BTB [Baron Thyssen-Bornemisza, BG] gingen dahin, im Sinne des Vaters weiterzudenken und zu handeln, das Organische und Beständige zu halten und zu entwickeln, Fremdes beiseite zu lassen und im Kriege nichts Neues zu beginnen.[84]

Die Unternehmungen im Einzelnen waren selbständige Gesellschaften unter eigener Verantwortung ihrer Vorstände und Gremien.[85]

Diese wenigen Sätze umreißen die TBG treffend – strategisch und organisatorisch: Unter Heinrichs Leitung war sie eine organische Unternehmensgruppe mit einem langfristigen Investitionshorizont (Walsum), die nachweislich Verbundeffekte (*economies of scope*) ermöglichte und innerhalb einzelner Sparten vertikal integriert war (Baustoffe, Energie, Kohlenhandel). Die Diversifizierung vollzog sich in recht engen – und bereits vorgezeichneten – Bahnen und das Management war über vielfache Verknüpfungen – Personalverflechtungen, ähnliche Ausbildungswege, gelebte Unternehmenskultur – vergleichsweise stark integriert.[86]

Nicht nur die Unternehmenskultur, sondern auch generationelle Erfahrungen prägten das Managementhandeln; beides freilich nicht schematisch oder teleologisch, sondern mit individueller Akzentuierung. Mit wenigen Ausnahmen waren die meisten maßgeblichen Manager der TBG in den 1880er Jahren geboren worden. Sie waren damit nur unwesentlich jünger als ihr 1875 geborener Prinzipal Heinrich Thyssen-Bornemisza. Daher kann man der gesamten Leitungsebene ähnliche Erfahrungen ihrer Zeit unterstellen. Sie hatten in der Regel vor dem Ersten Weltkrieg ihre Karrieren begonnen, rückten aber erst nach 1918 in Leitungspositionen auf. Die Fundamentalzäsur des Ersten Weltkriegs prägte das Denken und Handeln zahlreicher leitender Akteure in der TBG. Mit dem Krieg endete eine prosperierende, integrative, modernisierende, freiheitliche und bürgerliche Globalisierungsphase, und es begann eine krisenhafte, desintegrative, sozial spannungsreiche und »sozialisierende« Phase der Re-Nationalisierung in der ersten Hälfte des 20. Jahrhunderts.[87]

Die Thyssens und ihre Unternehmen waren von diesen Entwicklungen nicht nur abstrakt, sondern bisweilen konkret betroffen. Beispielsweise war Heinrich Thyssen-Bornemisza durch den Zerfall Österreich-Ungarns mit der Gefahr des Vermögensverlustes durch die kommunistischen Umwälzungen um Béla Kun

---

[84] Memorandum Roelen (Entwurf), Ostern 1946, S. 1, SIT NROE/36.
[85] Exposé (Roelen) [1952], S. 2, SIT/NROE 15; vgl. als externe Bestätigung bzw. für die hohe Entscheidungsautonomie bei der BHS: Bank voor Handel en Scheepvaart N.V., 17.10.1945, S. 2, RG 131, Entry A1 247, Box 108 bzw. NL-HaNA 2.25.68, inv. nr. 12779.
[86] Damit erfüllt die TBG alle Merkmale einer typischen organischen *business group* nach Schneider, Business Groups and the State, S. 653-655.
[87] Die Auswirkungen des Ersten Weltkriegs auf unternehmerische Handlungs- und Denkmuster sind z.B. pointiert herausgearbeitet bei Abelshauser, Ruhrkohle und Politik, S. 97.

konfrontiert worden; er hatte deshalb Rechnitz verlassen.[88] Die deutsche Sozialisierungsdebatte nach 1918 und – zeitlich später – die Teilverstaatlichung deutscher Großbanken sowie der Vereinigten Stahlwerke in der »Gelsenbergaffäre« 1931/32, die nationalistischen Eingriffe in die unternehmerische Freiheit und die Eigentumsrechte – v.a. hinsichtlich der »Arisierung« –, die Beschlagnahmung von Feindvermögen innerhalb- und außerhalb des Deutschen Reiches und nicht zuletzt die Enteignung Fritz Thyssens fügten sich in diesen Erfahrungsraum ein, der (politisch instabile oder illiberale) Nationalstaaten als nahezu permanente Bedrohung von Eigentumsrechten erscheinen ließ.[89]

Dies galt ähnlich für Devisenkontrollen (und Transferverbote), die auch grenzüberschreitende Zahlungen innerhalb der TBG erschwerten – und intern nachweislich Zweifel an der Rechtssicherheit transnationaler Kredite aufkommen ließen.[90] Zudem hinterließ auch die Reparationspolitik ihre Spuren. Im »Ruhrkampf« wurde Fritz Thyssen wegen seines Widerstands gegen die französisch-belgischen Besatzungstruppen vor Gericht gestellt und als der Young-Plan 1929 den Transferschutz des Dawes-Plan aufhob, befürchteten viele Unternehmer, darunter wiederum Fritz Thyssen, dass fortan auch devisenbesitzende Unternehmen zu den Reparationsleistungen herangezogen werden könnten. Um dies zu verhindern, übertrug Fritz Thyssen sein Vermögen von der HAIC auf die Pelzer-Stiftung.[91]

Die Desintegration der Weltwirtschaft und des Kapitalverkehrs sensibilisierte die Zeitgenossen ferner dafür, dass auch Investitionskapital eine Nationalität besitzen und in erwünschtes (befreundetes) und unerwünschtes (feindliches) Kapital unterteilt werden konnte. Vor allem die in den 1920er Jahren diskutierte und auch von Fritz Thyssen im Rahmen der »Gelsenbergaffäre« geschürte Angst vor (finanzieller) Überfremdung[92] stellte eine transnationale *business group* vor große Herausforderungen, da sie sowohl Befindlichkeiten im *host* als auch im *home country* berücksichtigen musste. Die leitenden Manager strukturierten ihre Sozialbeziehungen zwar nicht nach Staatsangehörigkeit, sondern nach Geschäftsbeziehungen, doch wurden sie mit den oktroyierten Nationalitätsdiskursen permanent konfrontiert.[93]

---

[88] Rasch, August Thyssen und Heinrich Thyssen-Bornemisza, S. 40-41.
[89] Grundlegend Kobrak u.a., Business.
[90] Vgl. Kapitel 5.7.2.
[91] Interrogation Fritz Thyssen, 21.6.1947, S. 5a, August Thyssen Bank AG: American Thyssen Companies Report, Exhibit 10, NARA M1922, Roll 0057.
[92] Reckendrees/Priemel, Politik als produktive Kraft?, S. 89.
[93] Besonders absurd, aber gerade deshalb auch besonders eindrücklich war eine unternehmenshistorisch völlig nachrangige Episode aus dem Jahr 1948. Die N.V. Vulcaan hatte Roelen während des Kriegs zu seinem 25jährigen Dienstjubiläum einen Wandteppich geschenkt, den die niederländische Mission in Deutschland 1948 zurückforderte. Der niederländische Vertreter Beaufort machte geltend, der Teppich sei im Krieg geschenkt worden und daher zurückzufordern. Ihn interessierte dabei gar nicht, dass es sich um Vorgänge innerhalb einer *business group* handelte und dass dort solche Geschenke zwischen den Gesellschaften – in beide Richtungen – üblich waren. Er könne

2. Leitbilder, Hierarchien und Anreizsysteme

Diese Aufzählung ließe sich fortsetzen und etwa um sozialpolitische und steuerliche Aspekte erweitern, doch auch so erscheint die (politisch induzierte) Eigentumsgefährdung gewissermaßen als kollektiver Erfahrungsraum. Daher avancierten der Schutz des privaten Eigentums sowie unternehmerische Freiheit – »[Heinrich] war ein Mann, der die Freiheit liebte und die Freiheit kannte als die Urquelle der Würde des Menschen«[94] – auch zum stets mitgedachten Leitbild in der TBG. Zumindest für die deutschen Manager war der Schutz der Eigentumsrechte und damit auch das (ideelle) Erbe August Thyssens mithin sinnstiftend, nicht zuletzt, weil sie innerhalb der Thyssen'schen Unternehmensstrukturen sozialisiert worden waren.

Nicht von ungefähr zog Roelen in seinen retrospektiven Betrachtungen eine direkte Verbindungslinie von August Thyssen zu Heinrich Thyssen-Bornemisza, denn August Thyssens Prinzipien der Unternehmensführung galten auch für die TBG. Bereits der (alte) Thyssen-Konzern war kein zentralisiertes Großunternehmen gewesen, sondern mit Thyssen & Co. hatte eine Holding existiert, unter deren Dach sich einzelne Unternehmen wie die Gewerkschaft Deutscher Kaiser bzw. seit 1919 die ATH im jeweiligen Branchenwettbewerb bewähren sollten. Auch war August Thyssen beileibe nicht der »Herr-im-Hause«, als der er lange galt, sondern er managte vor allem seine Manager, die ihre Betriebsabteilungen – wie angestellte Unternehmer – selbstständig leiteten. August Thyssen verstand sich als Moderator (mit Letztentscheidungskompetenz) innerhalb eines kollegialen Führungssystems und entwickelte die Betriebe und Unternehmen des alten Thyssen-Konzerns im Dialog mit seinen Managern weiter. Er förderte unternehmerische Talente, delegierte ihnen bereits in jungen Jahren Verantwortung und berief sie auf Leitungspositionen, wenn sie sich bewährt hatten. Den Management-Erfolg bemaß bereits August Thyssen anhand von Accounting, das für ihn zum maßgeblichen Informations- und Kontrollinstrument avancierte; er griff nur ein, wenn die Betriebsergebnisse nicht stimmten oder seinen Erwartungen nicht entsprachen – dann freilich in der Regel sehr bestimmt und konsequent. Erfolgreiche Betriebsführung wurde indes prämiert: Neben einem fixen Grundgehalt verdienten die Manager vor allem am finanziellen Erfolg ihrer Betriebe. Da ein Teil ihres persönlichen Einkommens leistungsabhängig war – intern sprach man von Tantiemen –, ging von einem solchen Bezahlungssystem ein Anreiz aus, die geleiteten Einheiten wettbewerbsfähig zu halten.[95]

---

nicht verstehen, »wie ein Holländer einem Deutschen Geschenke machen konnte.« Wilhelm Acker, der die Angelegenheit für Roelen bearbeitete, antwortete auf Nachfrage, dass man auch Geschäftsfreunden aus England oder den USA – in die Sowjetunion unterhalte man keine Geschäftsbeziehungen – während des Kriegs Geschenke gemacht hätte, wenn es einen Anlass gegeben hätte. Dennoch blieb Beaufort bei seiner Meinung und Roelen musste den Teppich zurückgeben. Aktenbericht 6.2.1948, SIT TB/2139.

[94] Traueransprache Dr. Roelen, o.D. [1947], SIT NROE/25.
[95] Fear, Umsicht und Eifer, passim; umfassend ders., Organizing Control.

Dezentralität, Entscheidungsautonomie des Managements, leistungsbezogene Vergütung und Kontrolle durch Accounting waren mithin die maßgeblichen Prinzipien der Managementsteuerung im (alten) Thyssen-Konzern. Sie eigneten sich aber ebenfalls, um eine *business group* zu leiten, weshalb Heinrich diese Prinzipien übernahm – bis hin zum Tantiemensystem. Die Tantieme war deutlich mehr als eine Prämie für gute Leistungen. Sie war so konzipiert, dass sie in Normaljahren das Grundgehalt deutlich überstieg, d.h. die flexiblen Gehaltsbestandteile machten in der Regel den Großteil der Managereinkommen aus. Für Wilhelm Roelens Tätigkeit bei Thyssengas/Walsum lässt sich das Gehaltssystem im Detail nachvollziehen.

Sein Grundgehalt betrug 36.000 (1935 bis 1938) bzw. 60.000 RM (ab 1939) und er erhielt eine allgemeine Dienstaufwandentschädigung von zunächst 6.000, ab 1939 9.000 RM. Hinzu kam eine mietfreie Dienstwohnung. Die flexiblen Gehaltsbestandteile berechneten sich nach einem komplizierten Verfahren und nicht bloß am Gewinn des Unternehmens. Dieser war bei Thyssengas/Walsum alleine deshalb keine hinreichende Bezugsgröße, weil die umfangreichen Investitionen in den Ausbau der Zeche den Gewinn notwendigerweise schmälerten, d.h. Roelen wäre für seine unternehmerische Leistung, einen Energieverbund aufzubauen, letztlich »bestraft« worden, hätte nur der Gewinn seiner Tantieme zugrunde gelegen. Stattdessen wurden der Reingewinn der Thyssengasbilanz zum Ausgangspunkt weiterer Berechnungen genommen, Zinsen für Bankkredite sowie Abschreibungen, Aktivierungen und die Hollandabgabe hinzuaddiert und die Dividendenzahlungen an die ATB sowie eine Pauschalsumme für Abschreibungen in Höhe von einer Million RM abgezogen. Vom so errechneten Gewinn erhielt Roelen 1935 0,5 Prozent auf die ersten 2,5 Mio. RM. Überstieg der Gewinn 2,5 Mio. RM, erhielt er von der darüber liegenden Summe 1,1 Prozent. Die Prozentsätze stiegen stufenweise bis 1938 auf 1 Prozent (bis 2,5 Mio. RM) und 2,2 Prozent (ab 2,5 Mio. RM). Dieses Niveau galt auch in den Folgejahren, wurde aber um Förderprämien für Walsumkohle ergänzt: Für die ersten 500.000 t verwertbarer Förderung erhielt Roelen 2,5 Pfenning pro Tonne, für jede weitere Tranche von 500.000 t. jeweils 0,5 Pfenning pro Tonne zusätzlich. Damit definierte der Vertrag klare Vorgaben für die ergebnisabhängigen Zahlungen, die mithin objektivierbar und nicht vom »Goodwill« des Prinzipals abhängig waren. Zudem formulierte er eine Untergrenze: Mit allen monetären Gehaltsbestandteilen sollten Roelens jährliche Einkünfte 150.000 RM nicht unterschreiten. Das bedeutete letztlich auch, dass die flexiblen Gehaltsbestandteile angesichts eines Grundgehalts von 60.000 RM mindestens 90.000 RM ausmachten und somit höher angesetzt waren als die Grundvergütung.[96]

---

[96] Heinrich Thyssen-Bornemisza an Roelen, 31.1.1944, SIT TB/2148. Bei diesem Schreiben handelt es sich um eine Rekonstruktion von Roelens Dienstvertrag, der beim RTK hinterlegt und beim Brand des BHS-Gebäudes vernichtet worden war.

2. *Leitbilder, Hierarchien und Anreizsysteme*   153

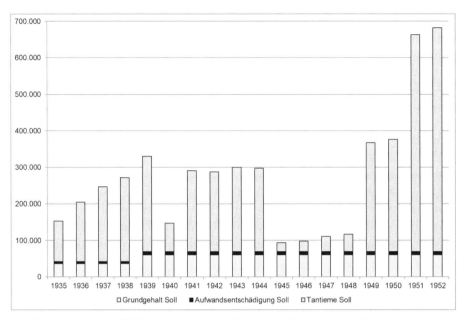

Grafik 9: Jahresgehalt Wilhelm Roelens bei Thyssengas/Walsum nach Einkunftsarten 1935 bis 1952 (RM/DM)
Quelle: Roelen an Hans Heinrich Thyssen-Bornemisza, 27.8.1953, SIT TB/2148.

Im Durchschnitt der Jahre 1935 bis 1952 verdiente Wilhelm Roelen bei Thyssengas/Walsum 280.000 RM/DM jährlich – indes mit deutlichen Ausschlägen. Vor allem die Jahre von Kriegsende bis zur Währungsreform waren – rechnerisch – schlechte Jahre für Thyssengas und Roelen, die aber durch die Zeit bis 1944 und nach 1948 kompensiert wurden. Diese Volatilität resultiert aus den dürftigen Betriebsergebnissen und war ein Ergebnis der leistungsabhängigen Managervergütung: Der Anteil der Tantieme lag bei durchschnittlich etwa 77 Prozent, 1945 lag der Wert mit 26 Prozent am niedrigsten, 1952 mit knapp 90 Prozent am höchsten.[97]

In »Normaljahren« lagen Roelens Einkünfte allein bei Thyssengas um 300.000 RM/DM und damit auf dem Niveau eines Großunternehmers wie Paul Silverberg, der als Generaldirektor der durchweg rentablen Rheinischen Aktiengesellschaft für Braunkohlenbergbau und Brikettfabrikation ebenfalls gut 300.000 und als Aufsichtsratsvorsitzender des Unternehmens gut 200.000 RM erhalten hatte, davon ca. 90 Prozent erfolgsabhängig.[98]

---

[97] Eigene Berechnungen nach Roelen an Hans Heinrich Thyssen-Bornemisza, 27.8.1953, SIT TB/2148.
[98] Gehlen, Silverberg, S. 157-158.

Allerdings waren dies nur Roelens Einkünfte bei seinem Stammunternehmen. Innerhalb der TBG konnte er über seine Aufsichtsratsmandate zusätzliche Einnahmen erzielen. Der Bremer Vulkan zahlte Aufsichtsratstantiemen im hohen vierstelligen Bereich, vereinzelt auch mehr, Reisholz sogar bis zu 25.000 RM[99], d.h. schätzungsweise erhöhte seine herausgehobene Position in der TBG Roelens Jahreseinkommen um weitere 50.000 RM/DM. Für seine Tätigkeit als Generalbevollmächtigter von 1940 bis 1945 erhielt er keine zusätzliche Vergütung; allerdings hatte Heinrich Thyssen-Bornemisza ihm in Aussicht gestellt, seine maßgebliche Funktion bei der BHS und Vulcaan seit 1943 nachträglich mit den doppelten Bezügen des jeweils anderen Vorstandsmitglieds zu vergüten.[100]

Das Grundgehalt war auch bei der BHS vergleichsweise gering. Schütte und Kouwenhoven erhielten Anfang der 1940er Jahre ein fixes Gehalt von 24.000 hfl., einer ihrer Nachfolger, Kortmulder, nur 18.000 hfl. Darüber hinaus erhielten Schütte, Kouwenhoven und Kortmulder ebenfalls Tantiemen sowie Vergütungen für ihre Aufsichtsratsmandate, die sich bei Kouwenhoven und Schütte auf mehrere zehntausend Gulden im Jahr belaufen haben sollen.[101] Legt man schematisch Roelens Gehaltsstruktur zugrunde und unterstellt, dass auch Kouwenhoven und Schütte 70 bis 80 Prozent ihres Jahresgehalts durch Tantiemen bezogen, hätten beide gut 100.000 hfl. allein bei der BHS verdient. Da diese allerdings hochrentabel war, scheint diese Summe im Vergleich mit Roelens Gehalt wohl zu niedrig angesetzt. Es ist nicht unwahrscheinlich, dass zumindest Kouwenhovens Einkommen ähnlich hoch wie das Roelens war. Dafür spricht auch, dass er substantielle Vermögensrücklagen bilden konnte. Kouwenhovens Anteil am »Thyssen-Gold« belief sich auf etwa 13,5 Prozent. Die BHS bewertete das gesamte Thyssengold mit gut 14 Mio. hfl., sodass Kouwenhovens Anteil etwa zwei Mio. hfl. wert war. Möglicherweise stammte ein Teil dieser Mittel aber auch aus Kouwenhovens zahlreichen Privatunternehmungen. Ohne es weiter auszuführen, hatte Roelen sich einmal gegenüber Heida sybillinisch über Nebengeschäfte, teils zu Lasten der

---

[99] Ergänzung zum Exposé über Aufbau und Entwicklungen im Kreise der Unternehmungen des Thyssen-Bornemisza-Komplexes in Deutschland und den Niederlanden (1953), Anlage 3 a-d, SIT NROE/16.
[100] Roelen an Hans Heinrich Thyssen-Bornemisza, 27.8.1953, SIT TB/2148.
[101] Beoordeling van Schilders accountants-rapport, Blad 8, in: J.F. Kortmulder versus Ned. Beheersinstituut, o.D., NL-HaNA 2.08.52, inv.nr. 13. Bei der Personalumstellung 1943 waren folgende Jahresgehälter vorgesehen worden. Acker bis 28.000 hfl., Heida bis 25.000 hfl., Kortmulder bis 24.000 hfl., Kimmel bis 15.000 hfl., Schlesinger (als Prokurist) bis 13.000 hfl. Tantiemen sollten sie erst erhalten, wenn sie sich bewährten. Da explizit darauf hingewiesen wurde, dass es sich um Jahresgesamteinkommen handelte und die Angaben durchweg mit »bis zu« versehen sind, stehen sie nicht unbedingt im Widerspruch zu Kortmulders geringeren Angaben über sein eigenes Gehalt. Aktenbericht 20.1.1943, S. 2, tkA FÜ/92. Freilich gab Kimmel nachträglich an, sein Gehalt bei der N.V. Vulcaan habe nur 500 hfl. pro Monat, d.h. 6.000 hfl. jährlich, betragen. Allerdings bezog Kimmel von Thyssengas ebenfalls Gehalt, das möglicherweise in die oben genannten Summen einbezogen wurde. Meine Tätigkeit für die N.V. Vulcaan (Kimmel), S. 1, 18.4.1946, SIT NROE/36.

2. Leitbilder, Hierarchien und Anreizsysteme

BHS, geäußert.[102] Nachweislich hatte Kouwenhoven 1928 die Rotterdamsche Agentuur- en Handel Maatschappij (RAHM) gegründet, die 1933 mit der belgischen Union Minieres, die in Zaire Kobalt gewann, vereinbarte, den niederländischen Markt als Vertriebspartnerin zu beliefern. Damit verstieß er freilich nicht gegen Geschäftsinteresse der BHS. Kouwenhoven leitete die RAHM nur kurz und zog sich rasch auf seine Position als Eigentümer des offensichtlich rentablen Handelsunternehmens zurück. Auch aufgrund dieser Einnahmequelle vererbte er seiner Familie 1948 ein Millionenvermögen.[103]

Unabhängig von der tatsächlichen Höhe der Managergehälter zeigt sich doch bei Roelen und Kouwenhoven/Schütte das etablierte Muster eines relativ niedrigen Grundgehalts und hoher Tantiemen gleichermaßen. Für die übrigen Unternehmen liegen vergleichbare Angaben nur aggregiert vor, doch das Muster bleibt gleich: So erhöhten sich die Vorstandsausgaben in guten Geschäftsjahren deutlich und gingen in schlechten zurück – Indikator für leistungsabhängige Vergütung.[104]

Das Anreizsystem der TBG hatte freilich auch Tücken, wenn es – anders als bei Roelen – nicht an die wirtschaftlichen Besonderheiten der Unternehmen angepasst wurde. Josef Spieß, der Alleinvorstand der Vereinigten Berlin Mörtelwerke, beklagte sich 1937 bei Franz Lenze über seine Bezahlung, die aus seiner Sicht zu gering war. Spieß, ein langjähriger Thyssen-Manager, der in den 1920er Jahre für die Cehandro und die Atunia gearbeitet hatte, war 1931 zu den VBM delegiert worden, um sie zu modernisieren. Bei der Atunia hatte er 14.000 RM Grundgehalt und darüber hinaus 8.000 RM für Beiratstätigkeiten bei Rüdersdorf und VBM erhalten, ferner Zuschüsse zur Pensionskasse, insgesamt 23.800 RM pro Jahr. Sein Gehalt bei den VBM betrug 24.000 RM (inkl. 6.000 RM garantierter Tantieme). Die Tantieme bei den VBM belief sich schematisch auf 5 Prozent der Dividendensumme. Bei einer Dividende von 6 Prozent, die aber in Spieß' Amtszeit nur 1938 und 1939 verteilt wurde, belief sich die Dividendensumme auf 132.000 RM, d.h. Spieß' Tantieme belief sich im besten Fall auf fünf Prozent von 132.000 RM, mithin nur auf 6.600 RM bzw. 600 RM über der Garantie-Tantieme. Da aber angesichts der Versäumnisse des – mit zusammen etwa 120.000 RM sehr gut bezahl-

---

[102] »Nicht klar ist es mir, auf welche Geschäfte Sie sich beziehen, wenn Sie der Ansicht sind, dass die Herren Kouwenhoven und Gröninger grössere Beträge verdient hätten mit Geschäften ausserhalb Mobiel und gegen die Interessen von Mobiel. Offenbar weiss auch Herr Kortmulder nicht davon. Leider waren Sie der Auffassung, dass hier bis jetzt nichts zu beweisen sei. Es würde mich jedoch wohl sehr freuen, wenn ich wissen würde, welche Geschäfte Sie ungefähr meinen.« Lagebericht Heida an Roelen, 5.2.1946, SIT NROE/36.

[103] »Commercie en Vendetta«, in: Economie, 8.6.1991, SIT TB/1.

[104] Dies ist das Ergebnis einer kursorischen Auswertung der Geschäftsberichte von TBG-Unternehmen. Auf eine detaillierte Wiedergabe muss hier verzichtet werden, da der konkrete Aussagewert begrenzt ist, weil beispielsweise die aggregierten Angaben in den Geschäftsberichten ab Anfang der 1930er Jahre auch Pensionsausgaben enthalten, sodass nicht klar ersichtlich ist, wie sich die Zahlungen auf welche Personen verteilten. Der Trend ist aber offensichtlich: Die FSG zahlte 1933 bei zwei aktiven Vorständen 24.000 RM, 1937 bei einem Vorstandsmitglied 39.000 RM, die ATB bei unveränderten Vorständen 1932 gut 43.000 RM, 1938 90.000 RM, die VBM bei einem Vorstand 1932 24.000, 1937 knapp 30.000 RM. Vgl. die jeweiligen Geschäftsberichte.

ten – alten Managements Lilge und Richter Investitionen Vorrang vor Ausschüttungen genießen mussten, lag das Gehalt von Spieß faktisch durchgängig bei 24.000 RM. Da seit 1932 seine Beiratsvergütung für Rüdersdorf wegfiel und er seine Pensionsrückstellungen in Höhe von 1.800 RM selber tragen musste, verdiente Spieß für seine verantwortungsvollere Position bei den VBM nominal weniger als bei seiner Tätigkeit bei der Atunia. Da die Lebenshaltungskosten in Berlin höher als in Düsseldorf waren, war nicht nur sein Nominaleinkommen niedriger als vorher, sondern sein Realeinkommen reduzierte sich zusätzlich.[105]

Formal war für die Ausstellung von Managerverträgen der Aufsichtsrat zuständig, der Vorstände berief oder abberief. Innerhalb TBG war diese Funktion freilich beim RTK zentralisiert, weshalb faktisch Kouwenhoven die Anstellungsverträge bewilligen musste. Bei Spieß, der bereits 1928 Konflikte mit den niederländischen Schwesterunternehmen ausgetragen sowie schließlich – gegen Abfindung – sein Mandat bei der Cehandro niedergelegt und damit einen wirtschaftlichen Schaden von 170.000 $ verursacht hatte,[106] war Kouwenhoven 1931, anders als 1928, allerdings nicht gewillt, Spieß entgegenzukommen. Über den Vorsitzenden des VBM-Aufsichtsrats, Fritz Jacke, ließ er ausrichten, dass er nicht vorhabe, die Tantiemenregelung bei den VBM abzuändern.[107]

Inwiefern persönliche Animositäten zwischen Kouwenhoven und Spieß dafür verantwortlich waren, ist nicht ersichtlich, aber da Kouwenhoven auch jegliche Aussprache ablehnte und Jacke als Aufsichtsratsvorsitzender offenbar keinen eigenen Handlungsspielraum besaß, erscheint ein persönlicher Faktor nicht ausgeschlossen. Auch in der Folge wurde Spieß' Gehalt nicht substantiell angehoben; 1941 wendete die VBM 27.600 RM (statt 24.000 zehn Jahre zuvor) auf, um ihren Alleinvorstand zu vergüten.[108]

Spieß machte kein Hehl daraus, dass er seine Bezahlung für unangemessen niedrig hielt, zumal er durch den Wechsel von der Atunia zu den VBM einen Teil seiner Pensionsansprüche verloren hatte. Er versuchte daher, sich anderweitig schadlos zu halten und wollte das Berliner Chaos des Jahres 1945 u.a. dazu nutzen, die VBM faktisch zu übernehmen. Im Juli 1945 suchte Spieß gemeinsam mit seinem Sohn Herbert und seinem Schwiegersohn, einem Tuchhändler namens Fischer, Curt Ritter auf. Fischer wollte den VBM 250.000 RM als Überbrückungskredit zur Verfügung stellen, da anderweitig liquide Mittel nicht zu erhalten waren, weil die ATB funktionsunfähig war. Faktisch sollte dieser Kredit aber in eine Beteiligung an den VBM umgewandelt werden, d.h. Fischer wollte keine Zinsen, sondern Aktien. Ritter lehnte dieses Ansinnen ab. Die Familie Spieß versuchte dann ihr Glück in Rüdersdorf, wo sie das Zuständigkeitsvakuum nutzen wollte, um sich Teile der Rittergut Rüdersdorf GmbH anzueignen. Auch dies

---

[105] Spieß an Lenze, 19.5.1937, SIT NROE/56.
[106] Wixforth, Stahlkonzern, 102-103.
[107] Spieß an Lenze, 19.5.1937, SIT NROE/56.
[108] GB VBM 1941, BArch Berlin R 8120/63.

misslang. Daraufhin versuchte Spieß erneut, der VBM habhaft zu werden, schwärzte die Mitglieder der Gesellschaftsorgane wegen deren NSDAP-Mitgliedschaft an und brachte – neben sich – seinen Sohn als kommissarischen Leiter ins Spiel. Der Berliner Magistrat enthob daraufhin tatsächlich die Aufsichtsratsmitglieder sowie Spieß' bisherigen Co-Direktor Hajo Bremer ihrer Ämter und setzte mit Kurt Brieske einen »eigenen« Manager neben Spieß als kommissarischen Leiter ein. Spieß lehnte es aber ab, mit Brieske zusammenzuarbeiten, weshalb der Magistrat schließlich an Curt Ritter herantrat, der einen Not-Aufsichtsrat vorschlagen konnte. Da angesichts der Reiseschwierigkeiten nur Personen aus Berlin in Frage kamen, schlug Ritter den Bankier Otto Scheurmann,[109] den Rechtsanwalt Bruno Dommer und den Unternehmer Johannes Wilczek vor. Nachdem der Magistrat diesen Vorschlag akzeptiert hatte, berief dieser neue Aufsichtsrat Josef Spieß am 29. September 1945 als Vorstandsmitglied ab. Sie warfen Spieß zahlreiche Verfehlungen vor, u.a. habe er sich und seinem Sohn enorm hohe Gehälter ausbezahlt, Mörtelverkäufe an die Firma Schatz & Co., deren Alleineigentümer Spieß war, zulasten der VBM abgewickelt, das Werk Niederlehme für eigene Zwecke missbraucht, Angestellten das Gehalt vorenthalten, Lohnsteuer hinterzogen und Mitwisser korrumpiert. Solch fragwürdige Transaktionen seien durch eine völlig undurchsichtige Buchhaltung verschleiert worden.[110]

Kurzum: Spieß hatte sich offenbar alles andere als loyal zu seinem alten Arbeitgeber verhalten, ehemalige Kollegen angeschwärzt, sich im Chaos des Zusammenbruchs auf Kosten der VBM bereichert und dafür das Machtvakuum – sowohl innerhalb der TBG als auch in Berlin – ausgenutzt. Es waren freilich harte Zeiten bar jeder Ordnung, die so manch negative Charakterzüge zum Vorschein brachten. Beispielsweise war auch der von Ritter im November 1945 noch hoch gelobte Kurt Brieske keineswegs verlässlicher als Josef Spieß, sondern auch er bereicherte sich auf Kosten der VBM, unterschlug 50.000 RM und wurde am 21. Oktober 1946 entlassen.[111] Schließlich stellte sich heraus, dass er seine Freundin als Sekretärin eingestellt hatte[112] und vorbestraft war.[113] Erst als Peter Frechen am 20. Januar 1947 zum Vorstandsmitglied bestellt wurde, waren die Personalprobleme bei den VBM bis auf weiteres behoben. Frechen war – wie Spieß – zuvor bei der Atunia tätig gewesen und wurde von Roelen deshalb als Kraft aus der »alten Schule« bezeichnet.[114]

---

[109] Vgl. hierzu Vernehmung Otto Scheurmann, 21.1.1947, NARA M 1922, Roll 0035. Scheurmann hatte für Kunden seiner Bank die Tresorräume der ATB mitgenutzt und stand daher bereits seit längerem in Kontakt zur Bank.
[110] Ritter an Krautheim, 21.11.1945, SIT TB/996; zum Wechsel im Aufsichtsrat auch GB VBM 1944-1949, SIT TB/460.
[111] Lagebericht Thyssenbank und Baustoffindustrie im Berliner Raum 1946, SIT NROE/36.
[112] Aktenbericht 23.8.1946, S. 9, SIT TB/2139.
[113] Ritter an von Borcke, 2.11.1946, SIT TB/995.
[114] Interrogation Roelen, 5.2.1947, August-Thyssen-Bank AG: General Records, NARA M1922 Roll 0058.

Angesichts der personellen Entwicklungen schrieb Ritter Ende 1946 recht unverblümt an Fritz Jacke: »Sie glauben nicht, mit was für einem Pack man sich jetzt manchmal herumschlagen muss.« Denn Brieske hatte zwischenzeitlich die Behörden auf etliche Vorgänge aufmerksam gemacht, die für die TBG zu einem Problem werden konnten, darunter die Operation Juliana, Zahlungen der August-Thyssen-Bank an Auslandspione sowie Beziehungen der ATB zu einigen NS-Größen.[115] Zudem belastete er vor allem Curt Ritter wegen dessen NSDAP-Mitgliedschaft, erschien aber nicht zur ersten Vernehmung und wurde bei der zweiten Verhandlung über Ritters Parteimitgliedschaft von insgesamt zehn Entlastungszeugen in maßgeblichen Punkten widerlegt. Obwohl Brieskes Glaubwürdigkeit nicht zuletzt aufgrund seiner Vorstrafe erheblich erschüttert war, blieb Ritters Berufsverbot bestehen, weil die Verflechtungen der ATB mit dem NS-Regime und der Abwehr (noch) zu schwer wogen.[116]

Ritter schilderte den Zerfall der Ordnung innerhalb und außerhalb der TBG in den Jahren 1945 und 1946 eindrücklich, aber nicht durchweg stringent. Überall sah er unter dem Eindruck der Zeitläufte Verschwörung, Undank und Untreue.[117] Auf langjährige Wegbegleiter wie Wilhelm Roelen machte Ritter einen angeschlagenen Eindruck; vor allem der Krieg schien ihm auch gesundheitlich zugesetzt zu haben und er sei »auch körperlich sehr schwerfällig geworden.« Zudem habe »zwischen Spiess und Ritter […] stets ein sehr gespanntes Verhältnis bestanden.«[118] Roelen erkannte zudem in Ritters Berichten »keine Linie«. Daher zeigte er sich auch – bestärkt durch Rudolf Krautheim – in der Causa Spieß deutlich versöhnlicher als Ritter: »Es dürfte anzunehmen sein, dass ein Herr von 70 Jahren nicht nach einem Lebenswerk bei derselben Gesellschaft dieser innerlich untreu werden könne.« Daher wollte sich Roelen auch bei Hans Heinrich Thyssen-Bornemisza für Spieß verwenden und stellte ihm eine einvernehmliche Pensionsregelung in Aussicht.[119]

Bereits 1941 hatte Roelen befürwortet, Spieß' Pensionsansprüche in dessen Sinne zu regeln: Spieß sollte pensioniert werden, sobald ein Nachfolger gefunden wurde, und anschließend als Aufsichtsrat und Berater fungieren und dafür 1.000 RM pro Monat erhalten.[120] 1946 hatte Roelens Entgegenkommen freilich noch eine politische Dimension. Spieß hatte wegen seiner Thyssen-Expertise inzwi-

---

[115] Exemplarisch Interrogation of Curt Brieske, 5.2.1947, August-Thyssen-Bank AG: General Records, NARA M1922 Roll 0058; die dortigen Ausführungen gingen freilich nicht über das hinaus, was die Alliierten schon wussten.
[116] Ritter an Jacke, 6.12.1946; Ritter an Krautheim, 27.12.1946, SIT TB/996.
[117] So explizit hinsichtlich von Borries (ATB). Ritter an von der Heydt, 13.5.1946, SIT TB/995.
[118] Memorandum August-Thyssen-Bank Berlin, 23.1.1947, Anlage 2b: »Mein Wissen über den Verbleib der des Besitzes an Wertpapieren der August-Thyssen-Bank« (Roelen), S. 1, 3, TNA FO 837/1158.
[119] Aktenbericht 23.8.1946, S. 9, SIT TB/2139; Roelen bezeichnete Spieß als »welterfahrenden, umsichtigen Kaufmann«. Memorandum August-Thyssen-Bank Berlin, 23.1.1947, Anlage 2b: »Mein Wissen über den Verbleib der des Besitzes an Wertpapieren der August-Thyssen-Bank« (Roelen), S. 4, TNA FO 837/1158.
[120] Aktenbericht 9.11.1941, S. 3, tkA FÜ/92.

2. Leitbilder, Hierarchien und Anreizsysteme

schen bei der US-amerikanischen *Decartelization Branch* eine neue Anstellung gefunden und war auch in die Untersuchung zur TBG eingebunden. Sein Vorgesetzter, Jerry A. Constant, »wünscht die Rehabilitierung von Herrn Spiess«, weshalb Roelen auf Ritter einwirkte, um den drohenden Gerichtsprozess der VBM gegen Spieß abzuwenden.[121] Anlässlich der Befragungen der *Decartelization Branch* im August 1946 bestätigte Spieß durchgängig Roelens Ausführungen zur Struktur und Arbeitsweise der TBG.[122]

So wenig loyal sich Spieß auch im Zusammenbruch zu verhalten haben schien, so wog die langjährige Zugehörigkeit zu den Thyssen'schen Unternehmungen intern offenbar schwerer. Trotz einiger Friktionen – Cehandro 1928, VBM 1945/46 – galt Spieß als Mitglied der »alten Schule«, das über 50 Jahre für die Thyssens gearbeitet hatte. Diese Loyalität sollte nun doch belohnt werden. Ähnlich verfuhr die TBG mit Carel Schütte, der zwar 1943 im Streit um die Entlassung Kouwenhovens aus der BHS ausschied, der aber seine Angelegenheiten ordentlich zu Ende brachte und deshalb auch großzügig abgefunden wurde. Dies gilt ähnlich auch für Johann Georg Gröninger, auch wenn sein Verhalten als *Bestuurder* der BHS Heida dem »Falle Jos. Spiess« vergleichbar schien.[123]

Ironischerweise profitierte auch der schärfste Kritiker von Spieß innerhalb der TBG, Curt Ritter, von der loyalitätsbelohnenden Unternehmenskultur. Da er nach 1945 aus politischen Gründen zunächst keine Funktion in Gesellschaftsorganen mehr ausüben durfte, engagierte ihn die TBG als Berater und Verwalter.[124]

Roelen selbst erhielt nach seinem Ausscheiden bei Thyssengas 1953 – neben einer Abfindung von 1,2 Mio. DM, die allerdings zu einem Gutteil aus bis dahin nicht abgerufenen Tantiemen resultierte und zusätzlichen 300.000 DM für den Bau eines Hauses – eine jährliche Pension von 50.000 DM sowie jährlich weitere 50.000 DM als Berater der TBG.[125] Die erkleckliche Summe war letztlich die monetäre Anerkennung für Roelens loyale Haltung und sein treuhänderisches Unternehmertum in schwierigen Zeiten. Sie dokumentiert aber zugleich Roelens zentrale Rolle innerhalb von Heinrich Thyssen-Bornemiszas Gruppe. Simone Derix hat mit Hilfe der Netzwerkanalyse bereits für die Vermögensberater der Thyssens versucht, Strukturen zu identifizieren und implizite Hierarchiemuster herauszuarbeiten, dabei aber für die Thyssens zu Recht auf den vornehmlich heuristischen und hilfswissenschaftlichen Nutzen solcher Analysen verwiesen.[126]

---

[121] Memorandum August-Thyssen-Bank Berlin, 23.1.1947, Anlage 2b: »Mein Wissen über den Verbleib der des Besitzes an Wertpapieren der August-Thyssen-Bank« (Roelen), S. 2-3, TNA FO 837/1158.
[122] Roelen an Ritter, 28.8.1946, SIT TB/997; Aktenbericht 23.8.1946, SIT TB/2139.
[123] Lagebericht Heida an Roelen, 5.2.1946, SIT NROE/36.
[124] Ritter an die Geschäftsführung, 13.12.1948, SIT TB/978; dort firmiert er als Finanzberater von Thyssengas; später fungierte er auch als »Treuhänder für die Verwaltung der im Bundesgebiet vorhandenen Vermögenswerte der August-Thyssen-Bank, Berlin«. Ritter an Office of Economic Affairs, 22.5.1950, NARA RG 466, Entry A1 28, Box 63.
[125] Vereinbarung, 28.10.1953, Hans Heinrich Thyssen-Bornemisza an Roelen, 10.9.1955, SIT TB/2148.
[126] Derix, Thyssens, S. 46, 365-368.

Tab. 9: Übersicht über die Manager der TBG

Name	Lebensdaten	Unternehmen	Vorstand	AR-Mandate in der TBG	Sonstige Funktion in der Gruppe
Acker, Wilhelm	2.10.1896-24.05.1980	HAIC Ruilverkeer Norma De Blaak Alg. Exporthandel Dunamis	1943-1945 1943-1945 1943-1945 1943-1945 1943-1945 1943-1945	BHS 1943-1945	Leitender Angestellter bei Thyssengas Geschäftsführer der Wohnungsbaugesellschaft 1929 – 1953.
Barking, Herbert	25.06.1912-20.09.1992	Thyssengas/Walsum	1945-1969		
Bauer, Jacob		FSG	1893 (?)-1931	FSG 1931-1938	
Büttner, Robert		FSG	1951-(1955)		
Bremer, Hajo		VBM	1944-1945		
Brieske, Kurt		VBM	1945-1946		
Elden, Willem van	15.4.1899-12.12.1983	BHS	1948-(1955)	Bremer Vulkan 1949-(1953) PWR 1949-1953 ATB 1952-1962 FSG 1949-1952 VBM 1951-(1954)	
Esser, Matthias	21.9.1879-23.1.1939	Bremer Vulkan	1922-1939		
Frechen, Peter	1903-?	VBM	1947-(1954)		
Gröninger, Johann Georg	4.2.1881-28.3.1971	BHS N.V. Vulcaan Vlaardingen Halcyon Vulcaan's Rijnreederei	1918-1921, 1945-1946 (1912-)1943 1920-1943 1920-1945 1928-1940	BHS 1921-1943 FSG 1927-1942 Bremer Vulkan 1925-1942	

2. Leitbilder, Hierarchien und Anreizsysteme 161

Name	Lebensdaten				Bemerkungen
Haensgen, Oskar		FSG	1931-1936		
Heida, Ede Homme Jeip	23.4.1901-7.7.1977	RTK	1937-(1945)	BHS 1943-1945 Halcyon 1943-1945 Vulcaan Coal 1943-1945	Juristischer Berater RTK seit 1923 Prokurist HAIC
Hooft, Cornelis Josephus	6.8.1876-16.7.1955	N.V. Vulcaan Halcyon Vlaardingen	1943-1945 1943-1945 1944-1945	BHS 1944-1945	
Jacke, Fritz	10.11.1876-20.1.1955			FSG 1942-1952 Bremer Vulkan 1931-1955 PWR 1943-1953 ATB 1928-1952 VBM (1928)-1945	Justiziar der TBG
Kabelac, Robert	19.10.1894-28.10.1976	Bremer Vulkan	1935-1960	Bremer Vulkan 1960-1965 FSG 1953	
Kauffmann, Walter	*1899	UBC HATC DFC Seamless Steel	1926-1943 1926-1943 1927-1943 1926-1943		
Kimmel, Hermann	2.7.1900-?	Denesuh N.V. Vulcaan	1942-1945	Bremer Vulkan 1941-1946	
Knauer, (Arthur L.) Wilhelm	11.10.1868–11.7.1935	Bremer Vulkan	1922-1932		

3. Fragile Einheit?

Name	Lebens-daten	Unternehmen	Vorstand	AR-Mandate in der TBG	Sonstige Funktion in der Gruppe
Knüttel, Ernst	9.7.1884-24.4.1945	Rüdersdorf Hornberg	1926-1945 1926-1945	ATB 1942-1945 VBM 1926-1945 PWR 1943-1945	
Kortmulder, Johannes Franciscus	6.7.1884-12.6.1955	BHS	1943-1946	Vulcaan 1943-1945 Halcyon 1943-1945 Ruilverkeer 1943-1945 Vulcaan Coal 1943-1945 HAIC 1943-1945 Dunamis 1943-1945 De Blaak 1943-1945 Alg. Exporthandel 1943-1945	Bis 1943 Prokurist der BHS
Kouwenhoven, Hendrik Jozef	27.11.1889-4.1.1948	BHS	1920-1942; 1945-1946	FSG 1927-1942 Bremer Vulkan 1935-1941 Oberbilk 1929-1942 Walsum 1937-1942 N.V. Vulcaan (1929)-1942 Halcyon (1929)-1942 ATB 1928-1941 Vlaardingen ?-1942	
Krautheim, Rudolf	1879-28.8.1955	PWR Thyssengas	1919-1953 1908/1937-1952	Bremer Vulkan 1941-1946 ATB 1935-1952	
Lempelius, Ove	13.4.1880-1959	FSG	1931-1952		
Lenze, Franz	5.11.1878-12.11.1937	Thyssengas		ATB 1928-1937	
Lievense, Cornelis	15.10.1890-22.9.1949	Norma UBC HATC	1921-1923 1924-1942 1924-1943	ATB 1928-1942	

2. Leitbilder, Hierarchien und Anreizsysteme

Lübke, Heinrich	5.3.1894-9.4.1962	ATB Rüdersdorf BHS	1926-1959 1927-1951 1942-1945	FSG 1942-1945 Bremer Vulkan 1941-1946 PWR 1942-1945 VBM (1943)-1945, 1951-(1954) De Blaak 1943-1945 Ruilverkeer 1943-1945 N.V. Vulcaan 1943-1945
Martin, Wilhelm	21.11.1879-23.11.1950	PWR	1930-1948	Bremer Vulkan 1934-1945 ATB 1940-1950
Meyer, Heinrich	12.11.1869-13.12.1942	Bremer Vulkan	1922-1938	FSG 1931-1937 Bremer Vulkan 1939-1942
Mirswa, Curt	3.6.1892-1986	FSG	1940-1947 (Stellv.) 1947-1953	
Müller, Hans	10.4.1902-	VBM	1945-1952	
Nalenz, Carl Leopold	17.8.1879-3.5.1942	N.V. Vulcaan Vlaardingen Vulcaan's Rijnreederei	(1929)-1942 (1929)-1942 1928-1942	Halcyon (1929)-1942
Nawatzki, Victor	8.6.1855-16.2.1940	Bremer Vulkan	1893-1922	Bremer Vulkan 1922-1939 FSG 1922-1936
Ritter, Curt	7.2.1880-23.12.1951	ATB Rüdersdorf	1926-1951 1927-1951	

Name	Lebens-daten	Unternehmen	Vorstand	AR-Mandate in der TBG	Sonstige Funktion in der Gruppe
Roelen, Wilhelm	8.7.1889-22.5.1958	Thyssengas/Walsum	1933-1953 (1933-1937 Geschäftsführer, seit 1937 Generaldirektor)	FSG 1938-1953 PWR 1938-1953 Bremer Vulkan 1940-1953 ATB 1938-1955 BHS 1943-1945 Vlaardingen 1943-1945 VBM 1942-1945; 1951-1955 N.V. Vulcaan 1943-1945 Ruilverkeer 1943-1945 HAIC 1943-1945 Dunamis 1943-1945 Alg. Exporthandel 1943-1945.	Generalbevollmächtigter der TBG (im deutschen Einflussbereich) 1940-1945
Roester, Hermann	5.10.1892-5.7.1979	Bremer Vulkan	1943-1957		
Rossen, Maarten van	31.8.1885-5.10.1965	RTK Norma	-???(1940)-		
Ruschewey, Otto		FSG	1940-1947 (Stellv.)		
Schütte, Diederich Carel	6.4.1878-29.4.1950	BHS	1918-1942	N.V. Vulcaan (1929)-1942 Halcyon (1929)-1942 ATB 1928-1940	Bis 1928 Cehandro, 1928-1931 Atunia
Spieß, Josef	ca. 1876-mind. 1946	VBM	1931-1945		Rechtsberater
Stappert, Albert	7.6.1900-7.6.1968			Bremer Vulkan (seit 1955) FSG 1952-(1956)	
Straatemeier, E.	9.3.1885-5.1.1954	BHS	1945-1948	Halcyon Lijn (1945)-1954	

2. Leitbilder, Hierarchien und Anreizsysteme 165

Suermondt Wzn, W.	18.4.1897-14.5.1976	BHS	1945-1948	
Swart, Dirk Maarten Adriaan	16.1.1903-9.11.1986	BHS	1948-	Bremer Vulkan 1949-1953 PWR 1949-1953 ATB 1952-1967 FSG 1949-(1956) VBM 1951-(1954)
Thomas, Paul	17.1.1870-4.10.1930	PWR	1906-1930	Bremer Vulkan
Thyssen-Bornemisza, Hans Heinrich	13.4.1921-27.4.2002			Bremer Vulkan 1952-1982 BHS 1948-(1970) ATB 1952-1970
Thyssen-Bornemisza, Heinrich	31.10.1875-26.6.1947			Oberbilker Stahlwerk AG 1925-1947 PWR 1926-1947 Bremer Vulkan 1920-1947 Walsum 1927-1947
Wimmer, Julius	18.3.1897-19.5.1973	Bremer Vulkan	1938-(1955)	

Anmerkung: Die Tabelle umfasst vor allem die Manager, die im Rahmen dieser Studie relevant wurden, und fokussiert vornehmlich auf die maßgeblichen Gesellschaften, d.h. die ATB, Thyssengas/Walsum, PWR, Bremer Vulkan, FSG, VBM, Rüdersdorfs, BHS, N.V. Vulcaan. Die Angaben sind so umfangreich wie möglich zusammengetragen worden, aber nicht vollständig. Mit Albert Stappert und Fritz Jacke wurden auch die beiden genuinen deutschen Rechtsberater der TBG berücksichtigt, weil sie in den Aufsichtsräten deutscher Gesellschaften vertreten waren.

Ihre Ergebnisse bestätigen sie darin letztlich. Sie erfasste für ihre Analyse ungewichtet formale Positionen ausgewählter Personen im Geflecht der familiären Vermögensangelegenheiten. Da beispielsweise Cornelis Lievense, Edward Roland Harriman und Walter Kauffmann in nahezu allen US-Gesellschaften der Thyssen-Bornemisza-Gruppe eine formale Position bekleideten, erscheinen sie aufgrund dieser Häufung auch als zentrale Akteure im Netzwerk. Dies wird ihrer – nachrangigen – Bedeutung innerhalb der TBG aber nicht gerecht. Die Gesellschaften hatten keine große Bedeutung, Harriman fungierte nur als Strohmann und Lievense und Kauffmann waren »bessere Buchhalter«.[127] Ähnlich verzerrt wäre das Bild beispielsweise gewesen, wenn man die niederländischen Holdinggesellschaften ab 1943 bei der Netzwerkanalyse berücksichtigt hätte. Dann hätten auf einmal Acker und Heida zentrale Netzwerkpositionen eingenommen, obwohl sie vornehmlich in weitgehend funktionslosen Gesellschaften als Vorstände angestellt waren. Entsprechend vorsichtig interpretiert Derix daher auch die Ergebnisse und plädiert für eine komplementäre qualitative Analyse. Ihre Anregung wird im Folgenden aufgegriffen, indem nachfolgend Hierarchien innerhalb des Managements beschrieben werden. Dabei werden die unterschiedliche Bedeutung der Unternehmen innerhalb der Gruppe gewichtet und die Beziehungsmuster aus der Perspektive der TBG verdeutlicht. Zunächst aber sind die Rekrutierungswege in den Blick zu nehmen.

Zwischen 1928 und 1955 leiteten etwa 40 Manager Unternehmen der TBG, einige nur sehr kurz, die meisten sehr lange (vgl. Tabelle 9). Sie wurden im Wesentlichen auf zwei Wegen rekrutiert, die sich mit »Bewährung« und »Bekanntschaft« umreißen lassen. Wie bereits der Konzern August Thyssens förderte auch die TBG gezielt Nachwuchsführungskräfte, die sich zunächst in nachrangigen Leitungspositionen bewähren mussten, dann aber rasch aufsteigen konnten, sofern Planstellen frei wurden. Denn in der TBG galt – unausgesprochen – ein Senioritätsprinzip, wodurch langjährige Führungskräfte ihre Leitungsposition bis zur Pensionierung behielten. Dieses Senioritätsprinzip bedeutete freilich nicht, dass ein hohes Dienstalter hinreichte, um Leitungspositionen zu besetzen. Beispielsweise delegierte der Direktor der ATH, Carl Rabes, seinen damaligen Sekretär Hermann Kimmel 1925 mit der Maßgabe zur N.V. Vulcaan, dereinst Carl Nalenz oder Johann Georg Gröninger im Vorstand des Unternehmens nachzufolgen. Auf Kimmels Hinweis, es gebe doch ältere Kollegen, die vor ihm an der Reihe seien, bemerkte Rabes mit Blick auf seine eigene Karriere lakonisch, »wenn er so gedacht hätte, stände er jetzt auch nicht an seinem jetzigen Platz.« Doch auch derart designierte Nachfolger mussten sich gedulden. Bei Kimmel dauerte es schließlich noch bis zum Tod von Carl Nalenz 1942, ehe er in den Vorstand der N.V. Vulcaan aufrückte.[128] Aus der »zweiten Reihe« gelangten neben Kimmel auch Peter Frechen und Josef

---

[127] Vgl. Kapitel 5.7.4.
[128] Meine Tätigkeit für die N.V. Vulcaan (Kimmel), 18.4.1946, S. 1, SIT NROE/36.

2. Leitbilder, Hierarchien und Anreizsysteme

Abb. 7: Deutsche Thyssen-Bornemisza-Manager (kursiv gedruckt) und lokale Honoratioren bei einer Treibjagd, 20.11.1934, hintere Reihe v. l. Classen (Oberbergrat), Hugo Rosendahl (Oberbürgermeister a. D.), Scheidt (Fabrikbesitzer), Forst (Hüttendirektor), *Rudolf Krautheim (Thyssengas/PWR)*, Carp (Bergrat), Schmidtmann (Senatspräsident), vordere Reihe v. l.: *Wilhelm Roelen (Thyssengas)*, Hubertus Graf von Spee, Friedrich Karl Niederhoff (Polizeipräsident), Karl Graf von Spee, Max Freiherr von Fürstenberg, *Stephan Thyssen-Bornemisza (Seismos)*, Julius Kalle (Hüttendirektor VSt), *Franz Lenze (Thyssengas)*, Adolph Hueck (Bergwerksdirektor VSt), Fritz Baum (Direktor Ruhrgas AG), Heinrich Kost (Generaldirektor Bergwerksgesellschaft Rheinpreußen).

Spieß in Leitungspositionen. Beide wechselten von der Atunia zu den VBM. Eine vergleichbare Hauskarriere durchlief in der ATB auch der Prokurist Schlesinger, ohne allerdings in die Leitung aufsteigen zu können; dafür wurde er als »rechte Hand« Lübkes seit 1943 auch in die Verwaltung der BHS eingebunden. Rudolf Krautheims Karriere fußte zwar ebenfalls auf Bewährung, war aber insofern ungewöhnlich, als ihm die Bewährung als kaufmännischer Direktor bei den PWR zusätzlich eine vergleichbare Position bei Thyssengas einbrachte. Nebenbei zeigte sich hierbei ein Vorteil des standardisierten Accountings. Die vergleichbaren Buchhaltungsprinzipien innerhalb der TBG erleichterten sowohl den Wechsel des (kaufmännischen) Personals zwischen einzelnen Gesellschaften als auch – wie bei Krautheim – Synergieeffekte durch Personalunion.

Über den Weg der Bekanntschaft, vor allem auch über den Weg der Verwandtschaft, kamen u. a. Cornelis Lievense, Maarten van Rossen und Herbert Barking zur TBG. Kouwenhoven protegierte Lievense, der zunächst »nur« sein Schulfreund, später auch sein Schwager war, in seinem Einflussbereich und macht ihn zum Leiter der US-Gesellschaften.[129] Mit van Rossen (RTK) war noch ein zweiter Schwager Kouwenhovens in der TBG tätig. Herbert Barking brachte eine doppelte familiäre Empfehlung mit. Sein Vater Hans Barking war bereits Bergwerksdirektor im alten Thyssen-Konzern gewesen[130] und sein Schwiegervater Wilhelm Roelen leitete den Energiebereich der TBG, in dem auch Barking 1943 explizit mit dem Verweis auf Nachwuchsförderung zum Vorstandsreferenten bei Thyssengas befördert[131] und 1952 technischer Vorstand bei Walsum wurde.[132] Die N.V. Vulcaan stellte 1944 den Sohn des damaligen Direktors Cornelis Josephus Hooft ein.[133] Bei der Suche von Kouwenhovens Nachfolger bei der BHS war mit Deknatel ein Cousin Heinrichs Lübkes Favorit gewesen, auch wenn schließlich aus politischen Gründen eine andere Lösung gefunden werden musste.[134] Die Rekrutierung über persönliche Nahbeziehungen ist gerade für Familienunternehmen keineswegs ungewöhnlich, bringen die Kandidaten doch die Empfehlung bewährter Mitarbeiter mit sich, die sowohl die Unternehmen als auch die individuellen Fähigkeiten verlässlich einschätzen können.[135]

Nur selten warb die TBG »fertige« Manager von anderen Unternehmen ab wie im Fall von Robert Kabelac, der 1935 von der Deschimag zum Bremer Vulkan wechselte.[136] Ende 1942 rekrutierten die VBM »zur Verbindung und Werbung« Hajo Bremer »aus einschlägiger Berliner Gesellschaft« als Prokuristen.[137] Im Bewährungsfall sollte er zum Vorstandsmitglied befördert werden. Im August 1943 stimmte Heinrich Thyssen-Bornemisza zu, Bremer zum (zweiten) Vorstandsmitglied zu befördern, den Zeitpunkt der Beförderung überließ er dem Ermessen des Aufsichtsratsvorsitzenden Fritz Jacke. Bremer wurde schließlich am 22. Mai 1944 in den Vorstand berufen, aber bereits 1945 nach Anschuldigungen seines Mitdirektors Josef Spieß aus politischen Gründen seiner Ämter enthoben.[138] Da er ein persönlicher Freund von Reichswirtschaftsminister Walther Funk war, einem Kunden der ATB, ist nicht auszuschließen, dass bei Bremers Berufung in den Vorstand auch

---

[129] Vgl. Kapitel 5.7.4.
[130] Rasch, August Thyssen und sein Sohn, S. 455.
[131] Aktenbericht 30.8.1943, S. 7, tkA FÜ/92.
[132] Vgl. Kapitel 5.1.6.
[133] Aktenbericht 10.10.1944, S. 3, tkA FÜ/92.
[134] Vgl. Kapitel 2.3.2.
[135] Dieses Prinzip war freilich tückisch, wenn Verwandtschaft über Eignung gestellt wurde wie dies etwa bei Stollwerck der Fall war. Die väterliche Liebe, möglicherweise mehr noch der väterliche Ehrgeiz führte dazu, dass die Stollwerck-Brüder Defizite der nachfolgenden Generation jeweils nur bei ihren Neffen, aber nicht bei ihren Söhnen erkannten. Dies führte nicht nur zu Animositäten zwischen den Brüdern, sondern stellte eine Ursache für den Niedergang als Familienunternehmen dar. Vgl. Junggeburth, Stollwerck, passim.
[136] Urban, Kabelac, S. 113.
[137] Aktenbericht 20.1.1943, S. 4-5, tkA FÜ/92.
[138] GB VBM 1944-1949, S. 3, SIT TB/460; Aktenbericht, 30.8.1943, S. 4, tkA FÜ/92; Ritter an Krautheim, 21.11.1945, SIT TB/996.

2. *Leitbilder, Hierarchien und Anreizsysteme* 169

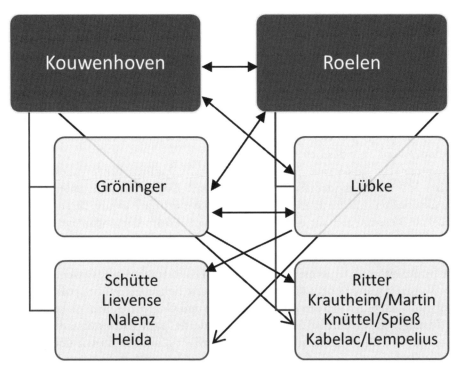

Grafik 10: Hierarchien und Kommunikationswege auf der Managementebene
der TBG (Schema)
Quelle: Eigene Darstellung

andere als sachliche Gründe eine Rolle gespielt haben könnten. Funk war jedenfalls erfreut, als er von der Beförderung seines Freundes erfuhr.[139] Eine Kombination aus »Freundschaft« und »Bewährung« brachte schließlich Dirk Swart die Leitungsposition bei der BHS ein, nachdem er sich bereits in seiner Funktion bei der Niederländischen Militärmission für die TBG-Interessen verwandt hatte.

Diese persönlichen Beziehungen verliefen gleichsam quer durch die Gruppe und bestimmten auch die Reichweite des Einflusses einzelner Manager mit. Besonders offensichtlich ist dies bei Hendrik Jozef Kouwenhoven, der mit van Rossen und Lievense gleich zwei Schwäger auf Leitungspositionen berief, die sich an neuralgischen Stellen seines Einflussbereiches befanden: dem RTK als maßgeblicher Informationsressource der BHS und dem Filialgeschäft der Bank in den USA. Während somit vor allem für den niederländischen Teil der TBG personales Vertrauen Voraussetzung für Aufstiegschancen zu sein schien, generierte im deutschen Teil häufig die gemeinsame Zugehörigkeit zu Thyssen-Unternehmen personales Ver-

---
[139] Roelen an Jacke, 22.4.1944, SIT TB/4816.

trauen – wie nicht zuletzt an Roelens verklärenden Worten in der Causa Spieß deutlich wurde.

Roelen und Kouwenhoven, beide Jahrgang 1889, lassen sich in Vielem als Gegenpole an der Spitze der TBG beschreiben: Auf der einen Seite der auf seinen Einflussbereich fokussierte niederländische Kaufmann und religiös sendungsbewusste, asketische Calvinist Kouwenhoven,[140] auf der anderen Seite der in Konzern- bzw. Gruppenzusammenhängen denkende deutsche Ingenieur und (rheinische) Katholik Wilhelm Roelen, der bei allem Pflichtbewusstsein auch den Annehmlichkeiten des Lebens zugetan war.[141]

Vereinfacht lassen sich drei Hierarchie- bzw. Einflussebenen innerhalb des TBG-Managements identifizieren, die auch die Kommunikation untereinander strukturierten. Auf der untersten Ebene befanden sich die Akteure, deren Tätigkeit sich im Wesentlichen auf einzelne Unternehmen oder Unternehmen derselben Sparte beschränkte. Diese Manager waren nur punktuell in Fragen eingebunden, die die TBG als Entität betrafen, meist wenn ihre Unternehmen betroffen waren. Selbst Krautheim, der immerhin bei zwei TBG-Unternehmen aus zwei Branchen im Vorstand war und über mehr als dreißig Jahre Führungserfahrung bei Thyssen aufwies, kannte die inneren Zusammenhänge und Gruppenlogiken nicht.[142]

Manager dieser unteren Ebene kommunizierten auch selten mit anderen Managern der TBG. Kommunikativ war die Berliner Baustoffindustrie über Personalverflechtungen an die ATB und Heinrich Lübke angebunden, das gleiche gilt für das ökonomisch nachrangige Gestüt Erlenhof. Thyssengas und PWR wurden teilweise in Personalunion (Krautheim) geführt, unterstanden aber beide vor allem Roelens Einflussbereich. Die Werften der TBG waren in vielerlei Hinsicht außen vor. Zwar saßen TBG-Manager in den dortigen Aufsichtsräten, erhielten daher Informationen und kontrollierten die Unternehmen, aber darin erschöpfte sich die personelle Beziehung. Anders als bei anderen TBG-Gesellschaften sind Überkreuzverflechtungen nicht feststellbar. Zwar delegierten auch der Bremer Vulkan und die FSG Vertreter in Aufsichtsräte von TBG-Unternehmen, aber ausschließlich wechselseitig in die Werften, die ihr Personal im Wesentlichen eigenständig rekrutierten. Dies dürfte in erster Linie auf die zu geringe Schiffbau-Expertise innerhalb der TBG zurückzuführen sein, die hingegen in Bremen und Flensburg (sowie an den übrigen Werftstandorten an Nord- und Ostsee) reichlich vorhanden war. Vor allem die spezifischen technischen Anforderungen des Schiffbaus ließen sich innerhalb der TBG nicht ohne weiteres generieren, während beispielsweise die technisch vergleichsweise niederschwellige Produktion in der Baustoffindustrie kein Hindernis darstellte, Kaufleute aus der TBG in die VBM oder nach Rüdersdorf zu entsenden.

---

[140] Zu diesem Punkt Derix, Thyssens, S. 373.
[141] Zu Roelen vor allem Burghardt, Roelen.
[142] Vernehmung Rudolf Krautheim, 24.2.1947, August-Thyssen-Bank AG: General Records, NARA M1922 Roll 0058.

2. Leitbilder, Hierarchien und Anreizsysteme

Aus diesen Gründen treten die Werften in TBG-Angelegenheiten als Akteure auch nicht in Erscheinung. Sie bzw. vor allem der Bremer Vulkan waren zwar als renditestarke Unternehmen Bestandteil des Finanzgeflechts TBG, ansonsten aber grundsätzlich noch freier als die übrigen TBG-Unternehmen. Wahrscheinlich gerade deshalb beschränken sich die wenigen Konflikte zwischen Aufsichtsrat und Vorstand auf die Werften, wo zumindest für den Bremer Vulkan für die 1920er Jahre einige Richtungsstreitigkeiten nachweisbar sind.[143] Aufgrund der relativen Autonomie der Werften und ihrer historisch gewachsenen Position jenseits der etablierten Thyssen-Unternehmen waren Eingriffe des Kontrollgremiums offensichtlich von Zeit zu Zeit nötig, um die Eigentümerinteressen zu explizieren.

Die übrigen TBG-Unternehmen brauchten solche »externen« Erinnerungen nicht. Bei ihnen waren die wechselseitigen Kommunikationsbeziehungen intensiver; sie wurden im Wesentlichen von vier Managern getragen: Hendrik Jozef Kouwenhoven, Johann Georg Gröninger, Wilhelm Roelen und Heinrich Lübke. Sie kommunizierten miteinander und – grenzübergreifend – auch mit den anderen Managern der TBG. Charakteristisch ist dabei freilich, dass keiner dieser vier Manager alle relevanten Informationen besaß. Diese liefen ausschließlich bei Heinrich Thyssen-Bornemisza zusammen. Roelen wusste z.B. wenig über die Eigentumsverhältnisse bei den niederländischen Gesellschaften, Kouwenhoven nahm die deutschen Gesellschaften PWR und Thyssengas im Wesentlichen als Kreditnehmerinnen wahr und zeigte sich wiederholt bemerkenswert desinteressiert an ihren Entwicklungen und Problemen. Obwohl ihm das RTK unterstand und er im Aufsichtsrat von acht TBG-Unternehmen saß, obwohl er mithin einen weit besseren Zugang zu relevanten Informationen hatte als etwa Wilhelm Roelen, nutzte er seine zentrale Stellung im TBG-Gefüge nicht, um sich als Informationsspezialist innerhalb der Gruppe zu positionieren. Dennoch war er lange Zeit, offenbar aufgrund ähnlicher kaufmännischer Präferenzen, Heinrich Thyssen-Bornemiszas wichtigste Bezugsperson. Bis 1938 reiste Kouwenhoven noch regelmäßig zu den Unternehmen ins Deutsche Reich und das Vertrauensverhältnis zu Heinrich war bis dahin offenbar so intakt, dass Rudolf Krautheim zu der Ansicht gelangte, alle maßgeblichen unternehmerischen Entscheidungen (zumindest für die PWR) hätten nur einvernehmlich mit Thyssen-Bornemisza und Kouwenhoven getroffen werden können.[144] Roelen gab an, Heinrich Thyssen-Bornemisza und Kouwenhoven hätten sich vor allem seit 1938 zunehmend entfremdet.[145]

Zumindest theoretisch war Kouwenhoven also lange der einflussreichste Manager der TBG, aber seine Aufsichtsratsmandate dienten offenbar nur dazu, die Kredite und die Beteiligungen der BHS zu überwachen, nicht aber dazu, die

---

[143] Wixforth, Kooperation und Kontrolle, S. 178-179.
[144] August-Thyssen-Bank AG: Thyssen-Bornemisza-Concern Reports, Report Kouwenhoven, 5.3.1948, S. 6-7, NARA M1922 Roll 0058.
[145] August-Thyssen-Bank AG: Thyssen-Bornemisza-Concern Reports, Report Kouwenhoven, 5.3.1948, Appendix 4: Extract from Interrogation Roelen, o.D., S. 2, NARA M1922 Roll 0058.

Gruppe als Ganzes weiterzuentwickeln. Mit seiner kaufmännisch-konsequenten, aber ausschließlich auf die Interessen der BHS fokussierten Perspektive, seiner harten Verhandlungsführung, die auf die Interessen der Tochter- und Schwesterunternehmen selten Rücksicht nahm und seiner eigenen strategischen Agenda (NHM-Übernahme) brachte er (nahezu) alle anderen Manager der TBG, ferner Fritz Thyssen und schließlich auch Heinrich Thyssen-Bornemisza gegen sich auf. Über keinen anderen Manager der TBG kursierten so viele Negativbeschreibungen wie über den 15fachen Familienvater aus Maasluis. Bereits August Thyssen hielt Kouwenhoven für »viel zu categorisch« und mahnte seinen Sohn Heinrich, die Eigensinnigkeit des Niederländers nicht zu unterstützen: »Herr Kuttler ist ein tüchtiger Mann mit dem man nicht herumspringen darf, wie das geschehen ist. Wenn Du und Herr Kowenhofen [sic!] in dieser Weise fortfahret, so werdet Ihr bald eine sehr schwierige Stelle unter den Beamten haben.«[146] In niederländischen Bankierskreisen galt Kouwenhoven als »rücksichtslos«[147], die britischen Behörden erkannten in ihm einen »first class crook«,[148] Fritz Thyssen beschrieb ihn als »widerspenstig« und hielt sein Gebaren für »peinlich«,[149] und schließlich deutete Roelens posthume Lakonie, der »Hasser Hendrik« sei verstorben, stellvertretend für die meisten TBG-Manager unverhohlen auf tiefe menschliche Gräben hin, die sich freilich vor allem durch Kouwenhovens Verhalten nach seiner Entlassung vertieft haben dürften.[150]

Besonders bei der NHM-Übernahme und beim »Thyssen-Gold« zeigte Kouwenhoven, dass er eine eigene Agenda verfolgte. Seine Loyalität zur TBG endete dort, wo er sich persönlich schlechter stellte; schließlich war er sogar bereit, Heinrich Thyssen-Bornemisza zu übervorteilen.[151] Dadurch unterschied er sich von Wilhelm Roelen, der sich trotz persönlicher Gefahren für Heinrichs Eigentum einsetzte, und von dem Vorstand der Rittergut Rüdersdorf GmbH, Ernst Knüttel, den die Verteidigung der Zementfabrik sogar das Leben kostete.[152]

Weil Kouwenhoven mithin gar keine Ambitionen zeigte, sich als Sachwalter *aller* TBG-Unternehmen zu verstehen, avancierte mit Wilhelm Roelen ein Mann zum wichtigsten angestellten Unternehmer der TBG, der erst 1937 nach dem Tod Franz Lenzes an die Spitze des Energieverbunds Thyssengas/Walsum aufgerückt war. Wie Roelen war auch der gebürtige Deutsche Johann Wilhelm Gröninger, der im Verlauf seiner Tätigkeit beim N.V. Vulcaan die niederländische Staatsangehörigkeit annahm, im Konzern August Thyssens groß geworden und dachte daher, anders als Kouwenhoven, in jenen »organischen« Zusammenhänge, die

---

[146] August Thyssen an Heinrich Thyssen-Bornemisza, 17.12.1924, in: Rasch (Hg.), Industriellenfamilie, S. 353-354. Rasch mutmaßt plausibel, dass mit Kuttler Ernst Knüttel gemeint war.
[147] Löb an Crena de Iongh, 19.1.1935, NL-HaNA 2.20.01, inv.nr. 4045.
[148] Jebb an Cobbold, 20.3.1940, TNA T 236/6780.
[149] Notiz über eine Unterredung mit Herrn Thyssen, 31.3.1936, tkA VSt/3891.
[150] Roelen an Hans Heinrich Thyssen-Bornemisza, 23.1.1948, SIT TB/2139.
[151] Vgl. Kapitel 5.7.
[152] Haupt an Roelen, 10.12.1945, SIT TB/1004.

2. Leitbilder, Hierarchien und Anreizsysteme

auch Wilhelm Roelen stets betonte. In den Niederlanden fungierte er gewissermaßen als Korrektiv des unberechenbaren Hendrik Jozef Kouwenhoven, der seine Karriere maßgeblich Gröningers Fürsprache verdankte.[153] Wohl auch deshalb schwand Gröningers Loyalität zur TBG, als sein Ziehsohn Kouwenhoven 1942 entlassen wurde; sie schwand nicht vollends, aber doch so, dass er sich mit Kouwenhoven solidarisch zeigte und sich zumindest symbolisch von der TBG abwandte, wenngleich er die ihm übertragenen Aufgaben bis zu seinem Ausscheiden pflichtbewusst erledigte. Dies gilt freilich für seine Rolle als *Bestuurder* nach 1945 nur sehr eingeschränkt, da er sich zwar nicht explizit gegen die TBG-Interessen stellte, aber doch Kouwenhovens Politik unterstütze, die Hans Heinrich Thyssen-Bornemiszas Interessen zuwiderlief.[154]

In seiner aktiven Zeit war Gröninger innerhalb der TBG der Spezialist für die Handelssparte und daher auch während des Kriegs regelmäßig im Deutschen Reich.[155] Heinrich Lübke, der über die Integration der von der Heydt's Bank in die TBG kam und zuvor in den Niederlanden gearbeitet hatte, bildete innerhalb der Gruppe das kaufmännische Pendant zu Wilhelm Roelen und pflegte zusammen mit dem Prokuristen Schlesinger die Verbindungen in die Niederlande.[156] Sowohl in den Niederlanden als auch im Deutschen Reich standen mithin je ein Bankier und ein Branchenfachmann sowie je ein »thyssensozialisierter« und ein »integrierter« Manager an der Spitze der Hierarchie.

Sie nahmen unternehmensübergreifend und grenzüberschreitend Funktionen innerhalb der TBG wahr. Die übrigen Manager beschränkten sich im Wesentlichen auf ihre Aufgaben in den Gesellschaften. Die Managerhierarchie entsprang keinen planmäßigen Überlegungen, sondern ergab sich aus einer kaum zu gewichtenden Mischung aus Kommunikationsbeziehungen, Bedeutung der geleiteten Unternehmen, individuellen Managerfähigkeiten sowie der Selbstermächtigung, entstandene und entstehende Gestaltungsmöglichkeiten auf Gruppenebene zu nutzen.

Als Heinrich Thyssen-Bornemisza 1947 starb, waren einige Manager, die seine Unternehmen geleitet oder als Berater begleitet hatten, ebenfalls bereits verstorben (Lenze, Nalenz, Knüttel), hatten das Pensionsalter schon erreicht oder erreichten es in absehbarer Zukunft. Kortmulder war 1947 63 Jahre alt, Gröninger 66, Ove Lempelius (FSG) und Ritter 67, Krautheim und Wilhelm Martin (PWR) 68, Schüt-

---

[153] Kouwenhoven war 1914 unter Gröningers Leitung als Hilfsbuchführer bei der N.V. Vulcaan eingestellt worden und stieg im Zuge der Ausgründung der BHS aus der N.V. Vulcaan 1918 in den Vorstand der Bank auf. Vernehmung Kouwenhoven, 24.7.1940, S. 2, NARA RG 466, Entry A1 28, Box 63.

[154] Vgl. Kapitel 2.4.1.

[155] August-Thyssen-Bank AG: Thyssen-Bornemisza-Concern Reports, Report Kouwenhoven, 5.3.1948, Appendix 4: Extract from Interrogation Roelen, o.D. (nach 1945), S. 1, NARA M1922 Roll 0058.

[156] Lübke und Schlesinger waren etwa fünf bis zehn Mal pro Jahr in die Niederlande gereist. Intra-Office-Memorandum (Emil Lang), 14.1.1947, S. 3, August Thyssen Bank AG: American Thyssen Companies Report, Exhibit 6, NARA M 1922, Roll 0057.

te 69, Spieß Anfang 70, Hooft und Jacke 71. Kouwenhoven und Roelen (beide 58) sowie Lievense (57) waren nur geringfügig jünger, sodass von den alten Führungskräften nur noch Kabelac und Lübke (beide 53) und Heida (46) für eine längere Zeit in Hans Heinrichs TBG theoretisch in Frage kamen. Alleine biographische Zwangsläufigkeiten legen mithin nahe, dass die TBG zur Mitte des 20. Jahrhunderts vor einem umfassenden personellen Umbruch, einem Generationswechsel, stand.[157]

Unternehmerische Erwägungen kamen hinzu. Kabelac und Lübke behielten ihre Leitungspositionen noch bis zum Beginn der 1960er Jahre, während Heida aus nicht ersichtlichen Gründen bereits Ende 1945 aus der TBG ausschied.[158] Er arbeitete anschließend als selbständiger Rechtsanwalt.[159] Sein Rückzug aus der TBG hing offenbar mit den Auseinandersetzungen um die Führung der BHS seit 1942 zusammen. Diese waren, wie dargelegt, auch der Grund, warum Kouwenhoven, Schütte, Lievense und selbst Gröninger aus grundsätzlichen Erwägungen nach 1945 gar nicht mehr als Manager der TBG in Frage kamen.[160]

Hans Heinrich begriff diese Konstellation als Chance, um mit der Berufung der beiden externen Manager van Elden und Swart in die BHS die Internationalisierung der TBG voranzutreiben und künftig nationale Frontstellungen innerhalb des Managements wie in den 1940er Jahren zu verhindern. Hans Heinrich akzeptierte für sich das materielle, nicht aber das ideelle Erbe August Thyssens. Nicht das Organische, die Verbindung von deutscher Produktion und niederländischem Handel, prägte die TBG unter seiner Leitung, sondern die sukzessive Abkehr von etablierten Strukturen und Personen, darunter auch die faktischen Degradierung der deutschen Produktionsunternehmen zu Beteiligungen.[161]

Für einen nicht nur selbsternannten Verwalter des ideellen Erbes wie Wilhelm Roelen, »der den Geist von August Thyssen überall und an jeder Stelle verficht«,[162] war für eine solche strategische Neuausrichtung auf lange Sicht kein Platz mehr. Roelen verkörperte die Ideale und Denkweisen August Thyssens wie kaum ein anderer, er war ein Mann der Montanindustrie und der industriellen Produktion überhaupt; zudem Anfang der 1950er Jahre wie viele seiner Wegbegleiter im Pensionsalter und überdies gesundheitlich angeschlagen.[163] Für einen Neuanfang unter dem jungen Hans Heinrich Thyssen-Bornemisza, bei Kriegsende gerade einmal 24 Jahre alt, war er nicht mehr der richtige Mann. Offenbar ahnte Roelen dies

---

[157] Zum Generationswechsel und seinen Implikationen auch Derix, Thyssens, S. 365-366.
[158] Handelskammer Rotterdam, Handelsregisterauszug BHS, 11.6.1951, TNA BT 103/853; Derix, Thyssens, S. 450.
[159] 1949 befragten ihn britische Behörden über seine Funktion bei der Pelzer-Stiftung. In diesem Zusammenhang bezeichnete er sich als »member of the Dutch bar«, d.h. als Mitglied der niederländischen Anwaltskammer (Nederlandse orde van advocaten). Statement Heida, 9.6.1949, TNA FO 192/220.
[160] Vgl. Kapitel 2.3.2.
[161] Vgl. Kapitel 2.4.3.
[162] Ansprache Baron [Hans Heinrich] Thyssen-Bornemisza, o.D. [1947], SIT NROE/25.
[163] Burghardt, Roelen, S. 447-448.

bereits, als er im Dezember 1946, unter der Büste August Thyssens stehend, einen bemerkenswerten Brief diktierte, der an Hans Heinrich gerichtet war und gleichsam als unternehmenskulturelles Vermächtnis August Thyssens und Heinrich Thyssen-Bornemiszas interpretiert werden kann:

> Beim Abschied von der Jugend fällt Ihnen in schwerster Zeit der Länder und Völker wie auch der eigenen Familie eine Aufgabe zu, die auch der in härtester Arbeit und Erfahrung Erprobte und vom Genius Ihres seligen Grossvaters erleuchtete Mann allein nicht meistern könnte. Die entscheidende Frage, die sie bewegt, ist wohl jene der Souveränität des Unternehmers. Ich habe das Vermächtnis Ihres seligen Grossvaters und Ihres Vaters so verstanden, dass die Selbständigkeit des Unternehmers erhalten bleiben soll, daher auch die Beschränkung auf die universelle Ökonomik und daher Verzicht auf Ausnutzung von Gelegenheiten und Gebilden aus Wunsch und Neigung. Das muss sicher zurücktreten in dem Augenblick, wo es um das Ganze geht. ›L'union fait la force!‹ Dessen sollten alle eingedenk sein. Das steht aber auch nicht in Gegensatz zu der Lebensmaxime Ihres seligen Grossvaters: ›Der Starke ist am mächtigsten allein!‹

Blumiger hätte man Hans Heinrich kaum ins Stammbuch schreiben können, wessen Erbe er antrat und dass der Name Thyssen zunächst einmal vor allem Verpflichtung war. Roelen empfahl dem designierten Eigner der TBG überdies noch, ein Lenkungsgremium mit drei »welterfahrenen Männern« einzurichten, sich beraten zu lassen bzw. sich vor allem auch durch Accountants beraten zu lassen, Entscheidungen sorgsam abzuwägen, um sie dann um so nachdrücklicher durchzusetzen: »Es fällt mir dabei ein bedeutendes Wort ein, das der Verstorbene [August Thyssen], der doch wie kein zweiter zu der Zeit war, brauchte, um nochmals Zeit zur Abwägung und Überlegung der Tragweite zu gewinnen: ›Das muss ich mit meinem Bruder Josef besprechen‹, denn vom Königswort sagt man: Man darf es nicht drehen noch deuteln!«[164]

Mit reichlich Emphase und Pathos hatte Roelen, ein Thyssen, der kein Thyssen war, mithin noch vor dem materiellen Erbe das ideelle Erbe der Unternehmerfamilie Thyssen, das er treuhänderisch hatte verwalten dürfen, an Hans Heinrich weitergegeben, symbolträchtig unter den Augen des genialen, einzigartigen und beratungsoffenen »König« August.

Hans Heinrich hatte Roelens Rat explizit erbeten, folgte dessen Leitlinien aber nur bedingt. Er selbst hatte überhaupt keinen biographischen Bezug zum Ruhrgebiet oder den deutschen Produktionsunternehmen. Seine berufliche Sozialisation erfolgte in den regelmäßigen Besprechungen zwischen 1940 und 1944 mitten im Zweiten Weltkrieg. Die instabilen, risikobehafteten Zeitläufte seiner berufli-

---
[164] Roelen an Hans Heinrich Thyssen-Bornemisza, 15.12.1946, SIT TB/2141.

chen Sozialisation – neben seiner materiell sorgenfreien, internationalen und elitären individuellen Sozialisation – sowie die Probleme, die aus einer zu starken Anbindung an Nationalstaaten resultierten, ließen Hans Heinrich nicht mehr an den Erfolg des langfristigen unternehmerischen Entwurfs seines Großvaters glauben, sondern die Zukunft in einer Strategie der internationalen Risikodiversifikation sehen. Indem er die TBG an der Spitze (durch die HAIC) stärker integrierte als zuvor, schwand auch die Bindung an die einzelnen Beteiligungen zusehends. Die TBG erhielt eine neue Gestalt.

3. Externe Berater und Netzwerke der TBG: Eine Skizze

Hans Heinrich Thyssen-Bornemisza war Wilhelm Roelens Ratschlägen zwar nicht in allem gefolgt, hatte aber dessen Hinweis beherzigt, sich beraten zu lassen und vor allem die Expertise von Accountants zu nutzen. Bereits Simone Derix hat zu Recht die grundsätzliche Bedeutung des Beratergeflechts für die Thyssens hervorgehoben und die vielfältigen »Gelegenheitsstrukturen« herausgearbeitet, die sich aus familiären, unternehmerischen und unternehmensnahen Vernetzungen ergaben. Rechtsanwälte, Steuer- und Vermögensberater waren, nicht selten in Personalunion, vor allem für die transnationalen familiären Vermögens- und Erbrechtsfragen wichtige Akteure für die Unternehmerfamilie.[165]

Dem ist an dieser Stelle nur wenig hinzuzufügen, weshalb im Folgenden lediglich kursorisch nach den Effekten der familiären Vernetzungen sowie der externen Expertise für die TBG gefragt wird. Unternehmenshistorisch wurde externe Expertise in dem Maße relevanter, wie sich nationale Rechtsräume voneinander abschotteten. Für eine transnationale *business group* war der Zugang zu lokaler Expertise (und lokalen Eliten) existentiell, um die ökonomischen Erfordernisse der Unternehmen mit dem jeweiligen nationalen Recht in Einklang zu bringen. Die Funktionen für die Privatpersonen und die Unternehmen überschnitten sich dabei bisweilen. Nicht von ungefähr brachten zu Beginn der 1950er die Miterben und Miterbinnen Hans Heinrichs ihre Anwälte zu den Sitzungen der HAIC mit oder ließen sich durch sie vertreten. Dabei ging es freilich vornehmlich darum, die Interessen von Hans Heinrichs Geschwistern zu wahren, ohne diese unmittelbar in die Unternehmenspolitik einzubinden.

Für die rechtlichen Fragen der Gruppe, die vor allem in den Restitutions- und Entflechtungsfragen der Nachkriegszeit großen Raum einnahmen, verfügte die TBG in den Niederlanden, in Deutschland und in der Schweiz über unternehmens- und devisenrechtliche Expertise. In den Niederlanden waren Vater und Sohn Coert, im Deutschen Reich und der entstehenden Bundesrepublik Fritz

---

[165] Derix, Hidden Helpers; dies., Thyssens.

Jacke und Albert Stappert und in der Schweiz Robert van Aken Berater der TBG. Sie kümmerten sich auch um steuerliche Fragen Heinrichs und Hans Heinrichs.

Sie waren freilich in unterschiedlichem Maße in die Unternehmen eingebunden. Der Rechtsanwalt Fritz Jacke nahm zahlreiche Aufsichtsratsmandate bei den deutschen Gesellschaften wahr und war mithin Teil der Gruppengovernance, ohne angestellt zu sein. Die Coerts waren lange »nur« Privatanwälte Heinrichs, wurden aber in der spezifischen Nachkriegssituation ebenfalls in den Aufsichtsrat der »neuen« BHS berufen. Im Gegensatz zu Jacke, der z.B. als Aufsichtsratsvorsitzender der VBM zumindest formal eine bedeutende Positionen bekleidete, diente die Berufung der Coerts nur dazu, die satzungsgemäße Anzahl Niederländer im Kontrollgremium zu erreichen. Albert Stappert war vor allem für die Reorganisation seit 1941 der Experte und blieb es für die ähnlich gelagerten Entflechtungsfragen. Damit hatte er zwar für gut zehn Jahre ein Dauermandat, erscheint aber ebenso eher als fakultativer Unternehmensberater wie Robert van Aken, dessen Rolle als Rechtsberater Heinrichs und Hans Heinrichs weit bedeutender war als seine Funktion für die TBG. Er hatte sich in Lugano auf die komplizierten transnationalen Vermögensfragen zwischen Deutschland und der Schweiz spezialisiert. Für die Kaszony-Stiftung prüfte er steuerliche Auswirkungen einer Sitzverlegung, handelte für Heinrich die Schweizer Steuerabkommen aus und beriet ihn auch in Scheidungs- und Testamentsangelegenheiten.[166]

Vor allem Fritz Jacke war als Rechtsanwalt und Aufsichtsratsmitglied in einer hybriden Position, die übrigen Anwälte eher klassische, vornehmlich auftragsgebundene Rechtsberater. Doch in allen Fällen waren auch hier »Bewährung« und »Bekanntschaft« maßgebliche Rekrutierungsmuster.

Dies ist auch für die Vergabe der seit 1931 obligatorischen Pflichtprüfung der Jahresabschlüsse feststellbar. Mit wenigen Ausnahmen stellte der Wirtschaftsprüfer Hermann Kleinen das Testat für die deutschen Aktiengesellschaften aus. Das ist freilich auch deshalb plausibel, weil sich in den TBG-Unternehmen die Bilanzierungspraktiken ähnelten und der größte Prüfungsaufwand naturgemäß bei einer Erstprüfung anfällt. Ist ein Wirtschaftsprüfer grundsätzlich mit den Spezifika der Gesellschaften und ihrer Bilanzen vertraut, sind die Folgeprüfungen zumeist Routinearbeiten.

Diese externe Expertise wurde im Deutschen Reich zwar durch gesetzlichen Zwang implementiert, doch die TBG hatte ihren grundsätzlichen Wert bereits lange zuvor erkannt. Vor allem die niederländischen Gesellschaften hatten mit dem RTK nicht nur eine interne Unternehmensberatung errichtet, sondern die Ergebnisse auch stets von einem unabhängigen Wirtschaftsprüfer testieren lassen. Dies war zunächst A. Schilder, seit 1943 dann Jacob Kraayenhof. Auch wenn Schilders interessengeleitetes Testat von 1945 einen gegenteiligen Eindruck erwe-

---

[166] Vgl. zu van Aken vor allem Derix, Thyssens, passim. Zu van Akens Klienten gehörte auch der nach Lugano emigrierte rheinische Braunkohleindustrielle Paul Silverberg. Vgl. Gehlen, Silverberg, S. 518.

cken könnte, waren Unabhängigkeit und Neutralität maßgebliche Eigenschaften von Wirtschaftsprüfern (und selbst Schilders fragwürdiger Report erfüllte diese Kriterien grundsätzlich).[167]

Für die strategische Entwicklung der TBG war die externe Expertise der Accountants, die durch das gruppeninterne RTK gleichsam gespiegelt wurde, von erheblicher Bedeutung. Formal war Jacob Kraayenhof zwar ein externer Berater, doch aus der Zusammenarbeit ergab sich rasch eine hilfreiche Vertrauensbeziehung zum beiderseitigen Vorteil, die die Grenzen zwischen Prinzipal und Agent bzw. zwischen TBG und dem Accountantbüro immer mehr verschwimmen ließen. Er verhandelte 1943/44 im Auftrag der TBG mit den niederländischen Behörden über die Reorganisation der Gruppe und verantwortete den entscheidenden Report, der sowohl US-Amerikanern als auch den Niederländern nachwies, dass die inkriminierten Transaktionen – v.a. die Operation Juliana – durchweg legitim gewesen waren.[168] Gerade, weil es sich um externe Expertise handelte, wirkte sie bei den Rezipienten besonders glaubhaft. Das gleiche gilt freilich auch für die Reports von Price, Waterhouse & Co., die im Auftrag der britischen Regierung die TBG bzw. Teile von ihr analysiert hatte und selbst für Schilders Testat.[169] Sie verweisen auf die gestiegene Bedeutung von Accounting und Consulting in Zeiten des Wirtschaftsnationalismus. Nicht nur Unternehmen griffen auf diese Formen externer Expertise zurück, sondern auch politische Akteure, weil sich nur so transnationale Informationsasymmetrien überbrücken ließen. Insofern bedingten die komplexe Organisationsstruktur der TBG und der Bedeutungszuwachs externer und unabhängiger Expertise einander.

Über die tatsächliche Unabhängigkeit von Wirtschaftsprüfern mag man streiten – sowohl Schilders Testat als auch Kraayenhofs Reports waren durchaus interessengeleitet, doch sie waren insofern transparent, als sie jeweils den Prüfauftrag und die Materialgrundlage explizierten und grundsätzlich nüchtern und faktenbasiert berichteten. Aus theoretischer Perspektive konnten es sich die Accountants bzw. Wirtschaftsprüfer auch nicht leisten, sich zum willfährigen Handlager eines Auftraggebers zu machen, da dies ihre Reputation und das darüber generierte Vertrauen erheblich beschädigt hätte. Gerade Wirtschaftsprüfer leben davon, dass sie vertrauenswürdig sind, und schreiben sich nicht von ungefähr Neutralität und Unabhängigkeit als professionelle Standards zu, die auch durch die Standesorganisationen überwacht werden. Denn nichts gefährdet das Geschäftsmodell von Wirtschaftsprüfern so sehr wie fragwürdige oder gar unglaubwürdige Testate. Aus diesem Grund mussten die Accountants selbst bei noch so großer Gewogenheit zum Auftraggeber Wert auf Transparenz und Unabhängig-

---

[167] Vgl. zu diesem Punkt Kapitel 2.4.
[168] Report »Groep Bank voor Handel en Scheepvaart« (Kraayenhof), 17.1.1948, NL-HaNA 2.08.52, inv.nr. 13.
[169] Report (Price, Waterhouse & Co.) on Ownership of Share Capital, 4.12.1939, S. 1, NL-HaNA 2.08.52, inv.nr. 13; Report Schilder, 14.8.1945, NL-HaNA 2.08.52 inv.nr. 13.

keit legen. Zumindest der weitere Karriereweg Jacob Kraayenhofs (1899–1982) legt nahe, dass er bei allem Nutzen, den er für die TBG hatte, sich von ihr nicht vereinnahmen ließ. Zusammen mit Pieter »Piet« Klynveld (1874–1945), dem Gründer des Accountantbüros, hatte er in der Zeit nach dem Ersten Weltkrieg eine der bedeutendsten europäischen Wirtschaftsprüfungsgesellschaften aufgebaut, war 1930 zum Partner aufgestiegen und seit 1942 firmierte die Gesellschaft als Klynveld, Kraayenhof & Co. Nach Klynvelds Rückzug 1939 übernahm Kraayenhof die Leitung der Gesellschaft und baute sie zum »Branchenprimus«[170] aus. Zu den Kunden gehörten unter anderem große niederländische Multinationals wie Royal Dutch Petroleum/Shell und Philips. Kraayenhof selbst stand von 1944 bis 1947 der niederländischen Standesorganisation vor (Nederlandsch Instituut van Accountants), beriet neben Unternehmen auch die niederländische Regierung und war weit über die Niederlande hinaus bekannt und anerkannt.[171] Angesichts der starken internationalen Ausrichtung von Klynveld, Kraayenhof & Co. machte er sich seit den 1950er Jahren erfolgreich dafür stark, die Regeln des Accounting international zu harmonisieren.[172] Analog arbeitete Klynveld, Kraayenhof & Co. zunehmend mit internationalen Wirtschaftsprüfungsgesellschaften zusammen, ging Partnerschaften ein und firmiert schließlich seit 1986 als Klynveld Peat Marwick Goerdeler, kurz: KPMG.[173]

Ähnlich wie bei Hans Heinrichs Lernprozess über das Verhältnis von Nationalstaaten, Steuersitzen und *business groups* bereiteten mithin auch hier die wirtschaftsnationalistischen Zwänge der Zwischenkriegszeit den Boden für Handlungsmuster bzw. Institutionen, ohne die spätere Globalisierungsprozesse nicht denkbar gewesen wären. Nicht von ungefähr hebt Christopher McKenna in seiner einschlägigen Studie den Aufschwung von Wirtschaftsprüfungsgesellschaften in dem seit den 1960er Jahren einsetzenden Globalisierungsprozess hervor und wird darin durch die Forschungen von Leslie Sklair bestätigt.[174]

In den USA und England war die TBG zwar nicht so stark verwurzelt wie in Deutschland, den Niederlanden und der Schweiz, aber auch dort konnte sie auf Unterstützung zählen. In den USA ermöglichten die Gebrüder Harriman nicht nur den Markteintritt von BHS und UBC, sondern auch Kontakte zu anderen US-Banken und stellten der TBG gleichsam ihre Reputation zur Verfügung. Der unmittelbare unternehmerische Nutzen war freilich nicht übermäßig hoch, jedoch

---

[170] So Lesczenski u.a., Von der Deutsch-Amerikanischen Treuhand-Gesellschaft zur KPMG, S. 18.
[171] Zu Kraayenhofs Karriere siehe Eintrag Jacob Kraayenhof, Chatfield/Vangermeersch, History, sowie Eintrag KPMG, in: Koopmans, Dictionary, S. 178.
[172] Camfferman/Zeff, Financial Reporting, S. 23-24.
[173] Ziegler, National ein Riese, S. 161-186, von Boeselager, Vertrauen, S. 190-191. 1979 schlossen sich Klynveld, Kraayenhof & Co., die Deutsch-Amerikanische Treuhand-Gesellschaft und acht weitere Wirtschaftsprüfungsgesellschaften zu »Klynveld Main Goerdeler (KMG)« zusammen, die 1986 mit Peat Marwick International (PMI) zu »Klynveld Peat Marwick Goerdeler (KPMG)« fusionierte und die damals größte Wirtschaftsprüfungsgesellschaft weltweit war.
[174] McKenna, World's Newest Profession, S. 145–164; Sklair, Transnational Capitalist Class.

waren die Kontakte, die sich aus den Netzwerkbeziehungen ergaben, politisch hilfreich – und damit mittelbar unternehmerisch von Nutzen. Beispielsweise ermöglichte die Eingliederung in die Netzwerke der New Yorker und auch der Londoner Wirtschaftseliten Kontakte zu hochrangigen Anwaltskanzleien, die später die Restitutionsansprüche der TBG geltend machten.

Der fakultative Rückgriff auf Netzwerkbeziehungen findet sich in allen Staaten, in denen die TBG aktiv war, und überrascht auch nicht sonderlich, da hilfreiche Kontakte und Gelegenheitsstrukturen Netzwerken inhärent sind. Allerdings stach bei der TBG heraus, dass sie über besonders hochrangige Kontakte verfügte, ohne sich dafür (ersichtlich) zu korrumpieren. Beziehungen zu Göring und Funk ergaben sich automatisch über die ATB und zumindest mit Funk traten Roelen und Lübke erwiesenermaßen in Kontakt, um sich der politischen Unterstützung für die Reorganisation zu versichern. Ferner erwähnte Stephan Thyssen-Bornemisza die Kontakte der Familie zu Göring, wenn ihm das vorteilhaft schien; aber auch unterhalb der Ministerebene reichten vor allem Roelens Kontakte in die Ministerialbürokratie hinein und eröffneten ihm zusätzliche Handlungsspielräume. Ähnliches gilt für Hans Heinrichs weitreichende Vernetzung mit den niederländischen Eliten, die – wie im Fall von Coert jr. – unmittelbar für die Unternehmen nutzbringend war (Operation Juliana), die bis an die Spitze des niederländischen Wirtschaftsministeriums reichte oder eine hochrangige Aufsichtsratsbesetzung der BHS ermöglichte.

Ohne dies im Detail auszuführen, eröffnete die Transnationalität von Familie und Unternehmen zusätzliche Handlungsspielräume, die aber – für die Unternehmen – nicht explizit strategisch – am ehesten noch beim Aufbau des US-Geschäfts – genutzt wurden, sondern eher in defensiven Situationen eine Möglichkeit darstellten, Schaden von den Unternehmen abzuwenden. In diesen Kontexten war Baron von Bentinck von unschätzbarem Wert, weil er als Botschafter über praktischen Einfluss verfügte, aber fast mehr noch aufgrund seines sozialen und kulturellen Kapitals Prozesse und Interventionen erfolgversprechend steuern konnte. Er griff nur selten unmittelbar zugunsten der TBG ein, versorgte sie aber mit nützlichem Wissen über Inhalte und Wege politischer Vorstöße. Dass er als Familienmitglied auch eigene Interessen verfolgte, ist unstrittig, doch er war weitsichtig genug, den Schein der Neutralität zu wahren sowie diplomatische Noblesse zu kommunizieren.

Für die Herausbildung der transnationalen Elitennetzwerke war die Familie letztlich eine maßgebliche Ressource, doch zugleich bereiteten die Unternehmen – vor allem in den USA – auch den Boden für die weitere Internationalisierung der Thyssens.[175] Diese Prozesse erscheinen daher interdependent. Sie waren freilich gerade für eine transnationale *business group* eine zusätzliche Ressource,

---

[175] Vgl. Derix, Thyssens, umfassend Kapitel 2, ferner für die USA auch die Hinweise z.B. auf S. 344, 404-405.

die im Bedarfsfall aktiviert werden konnte, aber selten mehr: Der ökonomische Ertrag TBG hing weiterhin im Wesentlichen von den seit langem etablierten Gesellschaften ab.

4. (K)EINE KONZERNBILANZ: GEWINNE, RENDITEN UND DIVIDENDEN

Heinrich Thyssen-Bornemisza steuerte und kontrollierte seine Gruppe über Finanzierungsströme. Das RTK fungierte in dieser Hinsicht, wie dargelegt, als betriebswirtschaftliche Zentrale der TBG, in der die Informationen über die Betriebsergebnisse zusammenliefen; das entsprechende Material ist allerdings nicht überliefert. Zudem bereiteten, soweit ersichtlich, weder das RTK noch eine andere Stelle innerhalb der Gruppe die Kennziffern und Daten zentral auf; eine »Konzernbilanz« im engeren Sinne existierte somit lange nicht. Erst mit den Überlegungen Anfang der 1940er Jahre, die TBG zu reorganisieren, erstellte der Stab um Roelen – vorübergehend – Konzernbilanzen, um zum einen die Gesamtsteuerlast der Gruppe mindern zu können und zum anderen, um für die anstehenden Verhandlungen mit niederländischen und deutschen Steuerbehörden über die steuerliche Bewertung der Restrukturierung Material zu sammeln. 1943 lag die erste Konzernbilanz vor – für das Geschäftsjahr 1941.[1] Doch noch bevor sich so etwas wie Bilanzkontinuität etablieren konnte, beendete der weitere Kriegsverlauf die zentralisierte Bilanzierung.

Dennoch lassen sich auch auf Grundlage der vorliegenden Einzelbilanzen maßgebliche finanzielle Entwicklungen innerhalb der Gruppe rekonstruieren – nicht lückenlos, aber hinreichend, um substantiierte Aussagen über Unternehmensstrategien und Eigentümerinteressen treffen zu können. Sowohl die niederländischen Naamloze Vennootschaps (N.V.) als auch die deutschen Aktiengesellschaften waren grundsätzlich publikationspflichtig. Bis auf die Geschäftsberichte und Bilanzen von Vulcaan N.V. sind die entsprechenden Unterlagen auch (nahezu) lückenlos überliefert.[2]

---

[1] Besprechung in Zürich, 26.-30.8.1943, S. 2, tkA FÜ/92. Die Bilanz selbst ist nicht überliefert; auch für andere Zeiträume liegt eine solche nicht vor, sodass davon auszugehen ist, dass mit der nicht umgesetzten Reorganisation 1944 auch die Konzernbilanzierung zunächst wieder aufgegeben wurde.

[2] Für die Zeit bis 1945 haben das Hamburger Weltwirtschaftsarchiv und das Institut für Weltwirtschaft in der »Pressemappe 20. Jahrhundert« (P 20) einen umfassenden Bestand von Geschäftsberichten, Bilanzen und Presseartikeln digitalisiert (http://webopac0.hwwa.de/Pressemappe20/docs/wia.cfm, 5.9.2017); ferner verfügt das Wirtschaftsarchiv der WiSo-Fakultät der Universität zu Köln über eine umfangreiche Sammlung (http://www.wirtschaftsarchiv.uni-koeln.de, 5.9.2017). Geschäftsberichte einzelner Gesellschaften sind zudem teils in der Stiftung Industriegeschichte Thyssen und im Bundesarchiv überliefert, die der BHS im Nationaalarchief in Den Haag; etwaige Lücken konnten über das Handbuch der deutschen Aktiengesellschaften geschlossen werden. Somit liegen für alle berichtspflichtigen Gesellschaften mit Ausnahme der N.V. Vulcaan Kennziffern vor. Trotz intensiver Recherche waren die Bilanzen der N.V. Vulcaan nicht zu ermitteln. Auch der wohl beste Kenner niederländischer Aktiengesellschaften, Abe de Jong, konnte sie nicht ausfindig machen. Für seine Unterstützung sei ihm herzlich gedankt. Punktuelle Angaben für die nicht publizierpflich-

Die Publizitätspflichten von Aktiengesellschaften dienten grundsätzlich dazu, Informationsasymmetrien zwischen (potentiellen) Aktionären und der Leitung der Gesellschaft abzubauen sowie die interessierte Öffentlichkeit über die Geschäftsentwicklung zu unterrichten. Doch besonders die Bilanzen nach dem Handelsgesetzbuch boten den Gesellschaften zahlreiche Möglichkeiten, Gewinne zu verstecken und stille Reserven anzulegen. Teils bewegten sich die Gesellschaften dabei in einer rechtlichen Grauzone, doch häufig räumte ihnen der Gesetzgeber gezielt erhebliche Bewertungsspielräume ein. Besonders die NS-Wirtschaftspolitik verstärkte die Anreize für Aktiengesellschaften, Gewinne zu thesaurieren und stille Reserven anzulegen.[3]

Das Kapitalanlagegesetz und in dessen Erweiterung das Anleihestockgesetz griffen seit 1934 in die Dividendenpolitik von Kapitalgesellschaften ein.[4] Aktiengesellschaften und Gesellschaften mit beschränkter Haftung durften fortan nur noch sechs Prozent des Reingewinns an die Aktionäre ausschütten und mussten den darüberhinausgehenden Betrag bei der Deutschen Golddiskontbank, einer Tochtergesellschaft der Reichsbank, in verzinslichen Reichsobligationen anlegen. Gesellschaften, die im vorangegangenen Geschäftsjahr eine höhere Dividende als sechs Prozent ausgeschüttet hatten, konnten auch weiterhin bis zu acht Prozent Dividende gewähren.[5] Dies betraf von den deutschen Aktiengesellschaften der TBG nur die Press- und Walzwerke Reisholz AG.

Das Anleihestockgesetz war zunächst als temporärer Eingriff in die Eigentumsrechte konzipiert; 1937 wurde der Anleihestock aufgelöst und die Gesellschaften erhielten Steuergutscheine, die sie aber erst 1941 einlösen konnte, d.h. faktisch waren die Mittel, die in den Anleihestock geflossen waren, für sieben Jahre der Verfügungsgewalt der Unternehmen entzogen. Der im Dezember 1937 neu aufgelegte Anleihestock ließ daher allmählich Zweifel an der zeitlichen Begrenztheit der staatlichen Maßnahmen aufkommen.[6]

1941 führte der Gesetzgeber eine Dividendenabgabenverordnung ein, die die Dividendensätze auf sechs Prozent beschränkte, zugleich aber einen Impuls gab, Kapitalerhöhungen durchzuführen. Da sich die Dividenden am Aktienkapital bemaßen, bedeutete ein höheres Grundkapital einer Gesellschaft, dass ein geringerer Dividendensatz ausreiche, um die gleiche Geldsumme den Aktionären zukommen zu lassen.[7]

---

tigen Gesellschaften sowie für die N.V. Vulcaan finden sich in August-Thyssen-Bank AG: Thyssen-Bornemisza-Concern Report, 25.3.1947, Exhibit C, NARA M1922 Roll 0058.

[3] Umfassend Spoerer, Von Scheingewinnen zum Rüstungsboom, S. 73-92.
[4] Vgl. hierzu v.a. Bähr, Unternehmens- und Kapitalmarktrecht, S. 57-66; Kopper, Marktwirtschaft und Dirigismus, S. 151-155; Spoerer, Von Scheingewinnen zum Rüstungsboom, S. 82-84.
[5] Gesetz über die Gewinnverteilung bei Kapitalgesellschaften (Anleihestockgesetz), 4.12.1934, in: RGBl. 1934, S. 1222-1223.
[6] Bähr, Unternehmens- und Kapitalmarktrecht, S. 58.
[7] Spoerer, Von Scheingewinnen zum Rüstungsboom, S. 87-89.

Der Effekt wird in der TBG besonders bei den Press- und Walzwerken Reisholz deutlich, die von 1933 bis 1939 durchgängig acht Prozent Dividende ausgeschüttet hatten, jeweils 455.200 RM.[8] 1941 erhöhten die PWR rückwirkend für das Geschäftsjahr 1940 und mit explizitem Verweis auf die Dividendenabgabenverordnung ihr Aktienkapital aus eigenen Mitteln um gut 17 Mio. RM auf 22.760.000 RM. Für diese Kapitalmaßnahme war eine Pauschalsteuer von knapp 3,5 Mio. RM abzuführen, die ebenfalls aus eigenen Mitteln aufgebracht wurde. Die PWR zahlten fortan eine Dividende von lediglich zwei Prozent, mithin einen Betrag von 455.200 RM – und damit exakt die gleiche Summe wie vorher.[9]

Solche und weitere staatliche Maßnahmen – v.a. die stetig steigenden Körperschaftssteuersätze bei freilich lange tolerierten Steuerschlupflöchern – wiesen zwar ideologische Elemente auf, indem sie vorgeblich die Gewinnmöglichkeiten des »Großkapitals« einschränkten, doch überwogen die praktischen Gesichtspunkte deutlich: Kapitalgesellschaften wurden nachgerade angehalten, Gewinne zu thesaurieren und entweder Rücklagen auszuweisen oder stille Reserven zu bilden.[10]

Die Kapitalmarkt- und Steuerpolitik des »Dritten Reichs« begünstigte demnach in erheblichem Maße die Selbstfinanzierung von Unternehmen und schaltete sie damit als Nachfrager auf den Kapitalmärkten gleichsam aus, sodass Kapitalmarktmittel vornehmlich staatlichen Zwecken zugutekamen. Überdies kreditierten die Kapitalgesellschaften über den Anleihestock das Reich in einem gewissen Umfang mit.[11] In den Niederlanden galten vergleichbare Dividendenbeschränkungen ebenfalls, allerdings erst seit 1940. Sie beliefen sich faktisch auf zunächst sechs, seit 1946 wieder auf neun Prozent, darüber hinausgehende Dividendenerträge wurden prohibitiv besteuert.[12]

Die staatlichen Anreize zur Gewinnthesaurierung kamen der Strategie Thyssen-Bornemiszas entgegen, die – jedenfalls hinsichtlich der Produktionsunternehmen – nicht auf kurzfristige Gewinnmaximierung, sondern auf nachhaltige Eigentumssicherung und -verzinsung ausgerichtet war. Sie ließen sich zudem opportunistisch interpretieren und dem jeweiligen Zeitgeist anpassen. Roelen argumentierte beispielsweise 1940 gegenüber NS-Stellen, dass die deutschen Unternehmen nur vergleichsweise geringe Dividenden zahlten und mithin nicht unzulässigerweise überhöhte Summen an den Aktionär ausschütteten, sondern – im Gegenteil – umfassend im Deutschen Reich investierten.[13] 1948 hob er hingegen vor allem hervor, die TBG-Gesellschaften seien im NS-Staat selbständige

---

[8] Vgl. Tab. 10.
[9] Berichtigter Jahresabschluss der Press- und Walzwerk Aktiengesellschaft Düsseldorf-Reisholz 1940, S. 3.
[10] Spoerer, Von Scheingewinnen zum Rüstungsboom, S. 82-92.
[11] Bähr, Unternehmens- und Kapitalmarktrecht, S. 62.
[12] RTK an Hans Heinrich Thyssen-Bornemisza, van Aken und Kraayenhoof, 19.11.1947, SIT TB/16.
[13] Aktenbericht für die Gesellschafter (Aussprache Roelen/von Schroeder), 8.8.1940, S. 4, SIT TB/978.

Steuersubjekte gewesen und hätten mithin nicht sämtliche Möglichkeiten der Steuerersparnis ausgeschöpft.[14]

Mit den üblichen Einschränkungen, die bei Roelens opportunistischer narrativer Taktik immer gemacht werden müssen, trafen die Aussagen auch zu. Sie verdeutlichen aber darüber hinaus, dass die NS-Politik genügend Spielraum für die TBG bot, sich durchzulavieren. Dafür waren bisweilen taktische Zugeständnisse notwendig, doch aus Sicht des *beneficial owners* änderte sich so viel nicht. Da Heinrich seine Unternehmen kapitalmäßig beherrschte, stellten auch die thesaurierten Gewinne bzw. die stillen Reserven einen faktischen Vermögenszuwachs dar, da sie das Eigenkapital der Gesellschaften erhöhten. Der NS-Staat erzwang mithin lediglich eine Konversion seines Vermögens, indem er die Ausschüttung liquider Mittel begrenzte und zugleich den »inneren« Wert der Unternehmen erhöhte. Besonders deutlich wird dieser Effekt durch die staatlich induzierten Kapitalerhöhungen u.a. bei Thyssengas, freilich ein Sonderfall,[15] bei den Press- und Walzwerken Reisholz und bei Rittergut Rüdersdorf.[16] 1939 belief sich das von Heinrich Thyssen-Bornemisza akkumulierte Gesellschaftskapital seiner maßgeblichen deutschen Unternehmen nominell auf gut 37 Mio. RM, 1942 auf knapp 90 Mio.[17]

Das Ausmaß der Selbstfinanzierung war im »Dritten Reich« enorm. Gewinne (gemäß der Steuerbilanz) wurden nach 1934 zunehmend im Unternehmen belassen und nicht ausgeschüttet. Die Ausschüttungsquote lag 1939 nur noch bei knapp 31 Prozent. Doch auch die publizierten Handelsbilanzen ließen sachkundige Beobachter erahnen, wie gut die Aktiengesellschaften verdienten.[18]

Vor ihrer Kapitalerhöhung galten auch die PWR der Wirtschaftspresse als »in hohem Grade unterkapitalisiert« und hatten offensichtlich »ein Maximum an Selbstfinanzierung erreicht«. Erst ein gutes Jahr zuvor, 1939, hatten die PWR vom preußischen Fiskus jene 30 Prozent der August-Thyssen-Bank übernommen, die aus der Enteignungsmasse von Fritz Thyssen stammten. PWR übernahm diese nominell 4,8 Mio. RM Aktien zu einem Kurs von 120 Prozent; die 5,76 Mio. RM zahlten sie ebenso aus Eigenmitteln wie den Erwerb eines kleineren Aktienpakets des Bremer Vulkan.[19]

---

[14] Exemplarisch: Memorandum (Roelen), 10.1.1948, SIT TB/2139.
[15] Siehe hierzu Kapitel 2.3.1 und 5.1.4.
[16] Rüdersdorf hatte das Gesellschaftskapital ebenfalls unter explizitem Verweis auf die Dividendenabgabenverordnung rückwirkend zum 31.12.1941 auf 3,6 Mio. RM erhöht. Vgl. Gesellschafterbeschluss, 16.7.1942, SIT TB/1004. Zuvor erwog die TBG sogar eine Erhöhung auf sechs bis acht Millionen RM. Aktenbericht 9.11.1941, S. 2, tkA FÜ/92.
[17] Eigene Berechnungen nach Deutsche Gesellschaften der Thyssen-Bornemisza-Gruppe, 1.1.1949, SIT NROE/13.
[18] Spoerer, Von Scheingewinnen zum Rüstungsboom, S. 110 (Übersicht 18) und S. 116-118.
[19] »Eine interessante Bilanz«, in: Die deutsche Volkswirtschaft Nr. 19, Juli 1941, HWWA P 20; »Eine ungewöhnlich flüssige Bilanz«, in: Deutsche Bergwerks-Zeitung 135, 13.6.1940, HWWA P 20. Zum Übernahmekurs vgl. Report about the financial conditions of Press- und Walzwerke Aktiengesellschaft, Düsseldorf-Reisholz, S.3. August-Thyssen-Bank-Interrogations Exhibit 7, NARA M1922 Roll 0058.

4. (K)eine Konzernbilanz   187

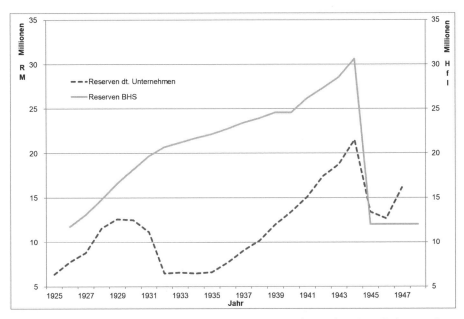

Grafik 11: Ausgewiesene Reserven der deutschen Unternehmen der TBG (linke Y-Achse) und der BHS (rechte Y-Achse)
Quelle: Eigene Berechnungen nach: Deutsche Gesellschaften der Thyssen-Bornemisza-Gruppe, 1.1.1949, SIT NROE/13; für die BHS eigene Berechnungen nach: Jaarverslag Bank voor Handel en Scheepvaart NV 1919-1969, NL-HaNA 2.25.68 inv. nr. 9972, 9973).[20]

In nur zwei Jahren konnten die PWR für den Erwerb von Beteiligungen, eine enorme Kapitalerhöhung und die fälligen Steuern ohne Schwierigkeiten aus Eigenmitteln mehr als 25 Mio. RM aufbringen – und dennoch Ende 1942 eine Summe in nahezu derselben Höhe als Rückstellung ausweisen.[21] Alleine die ausgewiesenen Reserven bei den Unternehmen der Gruppe lassen die Dimensionen der Gewinnthesaurierung erahnen.

Bei den deutschen Gesellschaften zeigt sich das von Mark Spoerer beschriebene Bild der Reservenbildung deutlich (vgl. Grafik 11). Vor allem seit 1935 stiegen die Rücklagen erkennbar an. 1944 beliefen sich demnach allein die ausgewiesenen Rücklagen bei den deutschen Gesellschaften auf über 20 Mio. RM. Die Reserven

---
[20] Die Quelle führt für Thyssengas 1941 eine Reserve von knapp 35 Mio. RM auf, die nur in diesem Jahr sichtbar wird und zur Kapitalerhöhung herangezogen wurde. Diese Mittel stammten aus der »Holland-Abgabe«, die bis zur Aufdeckung durch die deutschen Finanzbehörden eine stille Reserve darstellte. Aus Gründen der Übersichtlichkeit wurde sie aus der obigen Darstellung heraus gerechnet. Ferner bestehen Zweifel, ob die interne Übersicht alle Reserven berücksichtigt. Die PWR, die nachweislich Reserven auswies, wird in der Übersicht als »reservenlos« dargestellt.
[21] »Jahresabschluss am 31. Dez. 1942«, in: Deutscher Reichsanzeiger und Preußischer Staatsanzeiger Nr. 116, 21.5.1943, HWWA P 20.

der PWR fehlen allerdings in dieser internen Übersicht aus nicht erkennbaren Gründen. Rechnet man diese 20 bis 25 Millionen RM hinzu, beliefen sich die ausgewiesenen Reserven gegen Ende des Zweiten Weltkriegs auf mehr als 40 Mio. RM. Sie sind in weiten Teilen dem Vermögen Heinrichs zuzurechnen, auch wenn er nicht bei allen Unternehmen Alleingesellschafter war. Zusammen mit dem nominellen Gesellschaftskapital von etwa 90 Mio. RM belief sich das *erkennbare* Vermögen, das in den *deutschen* Unternehmen platziert war, 1943/44 auf etwa 125 bis 130 Millionen RM. Das eingezahlte Aktienkapital der beiden wichtigsten niederländischen Unternehmen belief sich 1944 auf 12 (BHS) bzw. 5 Mio. Gulden (Vulcaan), die Reserven der BHS auf über 30 Mio. hfl. Dies machte zusammen umgerechnet gut 62 Mio. RM aus.[22]

Da für Vulcaan nur wenige Angaben über Reserven – für 1941 umgerechnet etwa 46 Mio. RM – vorliegen[23] und etliche Unternehmen in Deutschland und den Niederlanden nicht berücksichtigt sind, lässt sich der »Wert« der Unternehmen Heinrich Thyssen-Bornemiszas 1943/44 – sehr vorsichtig geschätzt und die Rückstellung für Risikoposten berücksichtigend – auf mindestens 250 Millionen RM taxieren; der tatsächliche Wert dürfte jedoch weit darüber gelegen haben. Zum Vergleich: Johannes Gramlich schätzte den Wert von Heinrichs umfassender Kunstsammlung etwa zur selben Zeit (1941) auf 50 bis 60 Mio. RM.[24]

So notwendig eine erweiterte, über die Unternehmen hinausgehende Perspektive auf das familiäre Vermögen auch ist, um neue Forschungsfragen zu adressieren,[25] so ist doch zu betonen, dass das produktive Vermögen der Unternehmen die substantielle Voraussetzung der Thyssen'schen Vermögensdiversifizierung war. Dafür spricht nicht nur seine absolute Dimension, sondern auch die Tatsache, dass die in den Niederlanden verwalteten Gelder gerade nicht »unproduktiv ruhten«,[26] sondern – freilich über vielfältige Verschachtelungen – in den Handels- und Produktionsunternehmen der Gruppe angelegt waren – und durch entsprechende Renditen verzinst wurden. Dies führte nicht nur zu einem – in der Summe aller Unternehmen kontinuierlichen – Vermögenszuwachs, sondern durch die Dividendenzahlungen auch zu kontinuierlichem – und liquiden – Einkommen.

Nicht berücksichtigt sind bei obiger Schätzung die stillen Reserven. Sie dürften erheblich gewesen sein, lassen sich jedoch aus den vorliegenden Bilanzen nicht rekonstruieren.[27] Die stillen Reserven waren kein auf Deutschland beschränktes

---

[22] Umrechnungskurs 100 hfl = 132,70 RM (Durchschnittskurs der Berliner Börse für telegrafische Auszahlung Amsterdam/Rotterdam).
[23] Handelsbilanz zugleich Steuerbilanz NV »Vulcaan«, 31.12.1941, August-Thyssen-Bank AG: Thyssen-Bornemisza-Concern Reports, Appendix 3, S. 25, NARA M1922 Roll 0058. Die deutsche Steuerfahndung schätzte das Vermögen der N.V. Vulcaan allein 1940 auf mindestens 100 Millionen RM. Jansen an Special Finance Detachement, 19.3.1948, S. 2, TNA FO 1046/451.
[24] Gramlich, Thyssens, S. 211.
[25] Derix, Thyssens, S. 14.
[26] So Houwink ten Cate, Mannen, S. 165, und Derix, Thyssens, S. 337.
[27] Zur vergleichsweise geringen Aussagekraft der deutschen Bilanzen nach dem Handelsgesetzbuch siehe Spoerer, Von Scheingewinnen zum Rüstungsboom, S. 62-73, der für seine Zwecke daher die

4. (K)eine Konzernbilanz

Phänomen, sondern auch in den Niederlanden Usus.[28] Dennoch lassen die publizierten Bilanzen einige Schlüsse bezüglich der finanziellen Entwicklung der TBG zu. Bis zu den Aktienrechtsreformen von 1931 (Notverordnung) und 1937 (Gesetzesnovelle) gab es allerdings kaum normative Vorgaben für das Bilanzschema. Freilich waren die Geschäftsjahre der Gesellschaften identisch und umfassten das Kalenderjahr. Nur vereinzelt wich die TBG davon ab: Das Geschäftsjahr der Stahl- und Röhrenwerk Reisholz AG, der 1947 im Zuge der Entflechtung eingeführten Einheitsgesellschaft für die PWR und Oberbilk, lief vom 1.10. bis zum 30.9. Anlässlich der Umwandlung in eine GmbH sollte es aber auf das Kalenderjahr umgestellt werden, »da der Bilanzstichtag für alle übrigen deutschen Gesellschaften und Gewerkschaften des Thyssen-Bornemisza Komplexes der 31. Dezember ist.«[29]

Wenngleich die industriellen Unternehmungen der TBG bereits vor 1931 ihre Kennziffern recht ähnlich präsentierten, sind unmittelbare Vergleiche schwierig, zumal die Banken sowie die niederländischen Gesellschaften abweichende Bilanzstrukturen aufwiesen. Dennoch lassen die erhobenen Daten es zu, einige vergleichende Aussagen zu treffen und Muster herauszuarbeiten. Drei Kennziffern werden dafür eingehender betrachtet. Erstens lässt eine Aufstellung der ausgewiesenen Gewinne oder Verluste erkennen, ob die Unternehmen der Gruppe profitabel wirtschafteten oder nicht. Zweitens lassen sich über die (einfache) Kapitalrendite (Bilanzgewinn/Aktienkapital) Aussagen darüber treffen, wie rentabel die Unternehmen waren. Für einen Kapitaleigner wie Heinrich Thyssen-Bornemisza war dies letztlich die maßgebliche Orientierungsgröße. Sie zeigte, wie sich sein in Aktien angelegtes Vermögen verzinste. Sie stellt freilich in dieser einfachen Berechnung und der spezifischen Konstellation in der TBG nur die Mindestverzinsung des Vermögens dar. Theoretisch wäre es ertragreicher, die Eigenkapitalrentabilität insgesamt zu berechnen, wie Mark Spoerer dies anhand der Steuerbilanzen deutscher Unternehmen gemacht hat. Da seriell für die Unternehmen der TBG jedoch nur die Handelsbilanzen vorliegen, ist dies hier nicht möglich. Stattdessen soll aber zumindest die einfache Eigenkapitalrendite nach den Handelsbilanzen aufgeführt werden, nicht zuletzt, um sie mit den Daten von Alexander Donges für die VSt vergleichbar zu machen. Die Art der Berechnung ist daher identisch.[30]

Von ähnlicher Bedeutung wie die Kapitalrendite sind für einen Kapitaleigner – drittens – die Dividenden, also der an die Aktionäre ausgezahlte Teil des Gewinns.

---

aussagekräftigeren Steuerbilanzen heranzog; diese lagen aber für die Gesellschaften der TBG nicht vor.

[28] Vgl. Kapitel 5.7.1. Jansen an Special Finance Detachement, 19.3.1948, S. 2, TNA FO 1046/451.
[29] Kaszony an Finanzminister NRW, 13.1.1953, S. 13-14, SIT NROE/14.
[30] Donges rechnet neben dem »Grundkapital« auch die »Rücklagen einschließlich gesetzlicher Reservefonds« sowie »Rückstellungen für die Neuzustellungen von Hochöfen« hinzu. Letztere gab es bei den meisten TBG-Unternehmen nicht, wohl aber Rückstellungen für andere Neubauten. Diese Posten der Bilanz wurden dem Eigenkapital zugerechnet. Die Eigenkapitalrendite ergibt sich entsprechend aus dem Quotienten von Jahresüberschuss und dem so errechneten Eigenkapital. Vgl. Donges, Vereinigte Stahlwerke, S. 106-113, 409.

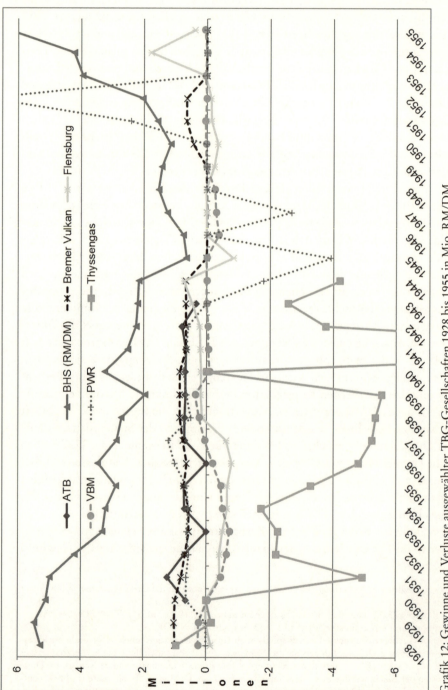

Grafik 12: Gewinne und Verluste ausgewählter TBG-Gesellschaften 1928 bis 1955 in Mio. RM/DM
Quelle: GB der Unternehmen, div. Jgge. Keine Angaben für ATB 1928-1930, 1944-55, Thyssengas 1945-55, PWR 1928-29 und ab 1953 (in Liquidation). Die Angaben für die BHS wurden umgerechnet.

4. (K)eine Konzernbilanz

Aus Sicht Heinrich Thyssen-Bornemiszas machte es zwar theoretisch keinen Unterschied, ob der Gewinn eines Unternehmens im Unternehmen verblieb oder an die Aktionäre – in den meisten Fällen also ausschließlich ihn (oder eines seiner Unternehmen) – ausgeschüttet wurde, da in beiden Fällen sein Vermögen anwuchs. Doch nur die ausgezahlten Dividenden stellten die liquide Form des Vermögenszuwachses dar; nur sie konnten zur Finanzierung seiner Lebenshaltungskosten, zur privaten Geldanlage oder z.B. für den Ausbau seiner Gemäldesammlung genutzt werden.

Angesichts der eingangs geschilderten Anreize für (deutsche) Aktiengesellschaften, Gewinne klein zu rechnen, stellt Grafik 12 auch nur näherungsweise ein realistisches Bild über die Erträge dar. Deutlich wird, dass die ATB, die BHS, der Bremer Vulkan und die PWR bis mindestens 1943 konstant Gewinne auswiesen, während die Flensburger Werft und die Vereinigte Berliner Mörtelwerke teils erhebliche Bilanzverluste hatten. Während bei den VBM anzunehmen ist, dass die Verluste nicht zuletzt aus Verträgen resultierten, die für das Unternehmen ungünstig, für die TBG aber günstig waren,[31] war die FSG in der Weltwirtschaftskrise praktisch insolvent und konnte nur mit großen Mühen und mittelbaren staatlichen Hilfen überleben. Das Unternehmen profitierte anschließend erkennbar von der Staats-, namentlich der Rüstungskonjunktur.[32]

Gleichwohl waren die rüstungswirtschaftlichen Anstrengungen des NS-Staates für die deutschen Unternehmen der TBG eher ein willkommener Nebeneffekt als eine strategische Einflussgröße. Dies lässt sich z.B. auch an ihrem Investitionsverhalten zeigen. Bis 1935/36 überwogen die Abschreibungen die Anlageinvestitionen – sicherlich auch ein regulatorischer Effekt, da Abschreibungen ein maßgebliches Instrument waren, um stille Reserven zu bilden. Der rechnerische Verschleiß von Maschinen und Gebäuden überstieg den tatsächlichen, sodass der Wert von Anlagen meist höher war als der in der Bilanz angegebene.[33]

Seit 1936/37 investierten die Unternehmen wieder vermehrt in ihre Anlagen. Dabei handelte sich aber in aller Regel um Ersatz- und Modernisierungs- und nicht um Erweiterungsinvestitionen – selbst bei rüstungsrelevanten Unternehmen wie den Werften und den PWR. Das größte Investitionsprojekt, Ausbau Walsums, war bereits Mitte der 1920er Jahre angedacht worden und nachweislich kein NS-induziertes Vorhaben.[34] Entsprechend hob Wilhelm Roelen aus guten Gründen retrospektiv hervor, dass die TBG keine expansive Strategie verfolgt habe.[35]

---

[31] Vgl. Kapitel 5.5.2.
[32] Vgl. Kapitel 5.4.1.
[33] Spoerer, Von Scheingewinnen zum Rüstungsboom, S. 115-117. Damit unterschied sich das Muster der TBG-Unternehmen deutlich vom allgemeinen volkswirtschaftlichen Investitionsverhalten, bei dem der Tiefpunkt 1932 lag, während ab 1933 ein Aufschwung bis etwa 1940 festzustellen ist, d.h. die TBG hinkte diesem Muster um etwa vier Jahre hinterher. Vgl. Banken, Hitlers Steuerstaat, S. 444.
[34] Vgl. die Kapitel zu den einzelnen Unternehmen.
[35] Exposé (Roelen) [1952], S. 13, SIT/NROE 15.

Tab. 10: Renditen und Dividenden ausgewählter Unternehmen der TBG

Jahr	Vulcaan			ATB			BHS			Vulkan		
	EKR	KR	Div.	EKR	KR	Div.	EKR	KR	Div.	EKR	KR	Div.
1928	2,9%	28,0%	10,0%			6,0%	11,6%	26,1%	10,0%	9,0%	9,8%	8,0%
1929			10,0%			6,0%	11,3%	27,1%	10,0%	8,5%	10,1%	8,0%
1930				4,6%	4,8%	4,0%	10,0%	25,3%	10,0%	8,2%	9,8%	8,0%
1931				4,1%	4,3%	4,0%	9,2%	24,6%	10,0%	6,5%	7,9%	7,0%
1932				4,0%	4,3%	4,0%	7,5%	20,6%	10,0%	5,6%	6,7%	6,0%
1933				4,2%	4,5%	4,0%	5,8%	16,3%	10,0%	4,6%	5,6%	5,0%
1934				4,2%	4,5%	4,0%	5,6%	15,8%	10,0%	4,6%	5,5%	5,0%
1935				4,0%	4,3%	4,0%	5,0%	14,2%	9,0%	5,9%	7,1%	6,0%
1936				4,0%	4,3%	4,0%	6,2%	18,0%	11,0%	5,1%	6,3%	6,0%
1937			10,0%	3,9%	4,2%	4,0%	5,9%	17,3%	10,0%	5,5%	7,4%	7,0%
1938			20,0%	3,8%	4,2%	4,0%	5,5%	16,4%	10,0%	6,0%	8,5%	8,0%
1939			20,0%	3,8%	4,1%	4,0%	4,0%	12,3%	7,0%	5,7%	8,5%	8,0%
1940	2,8%	23,5%	8,0%	4,5%	4,5%	4,0%	6,7%	20,4%	7,0%	5,5%	8,5%	8,0%
1941	2,9%	23,3%	6,0%	1,8%	2,0%	0,0%	4,9%	15,7%	6,0%	4,1%	6,5%	6,0%
1942				3,5%	3,9%	0,0%	4,3%	14,1%	4,0%	3,9%	6,5%	6,0%
1943				3,7%	4,3%	0,0%	4,1%	13,7%	4,0%	3,8%	6,6%	6,0%
1944							3,8%	13,5%	0,0%	3,7%	6,6%	0,0%
1945							2,0%	4,0%	0,0%	0,0%	0,1%	0,0%
1946							2,3%	4,7%	0,0%	0,0%	-0,1%	0,0%
1947							4,0%	7,9%	0,0%	0,0%	0,0%	0,0%
1948							5,1%	10,2%	4,0%	0,0%	0,0%	0,0%
1949							5,4%	10,8%	0,0%	0,0%	0,0%	0,0%
1950	2,7%	16,5%	8,0%				4,3%	8,6%	0,0%	0,0%	0,0%	0,0%

Quelle: eigene Berechnung auf Grundlage der Geschäftsberichte der ATB, der BHS, des Bremer Vulkan, der FSG, der VBM und der PWR. EGK = Eigenkapitalrendite (Ausgewiesener Jahresgewinn/Aktienkapital zzgl. Reserven und Rückstellungen (sofern nicht für »ungewisse Schulden«)); KR = Kapitalrendite (Ausgewiesener Jahresgewinn/Aktienkapital); Div. = Dividende.

FSG			VBM			PWR		
EKR	KR	Div.	EKR	KR	Div.	EKR	KR	Div.
-5,4%	-5,4%	0,0%	10,3%	11,3%	9,0%			10,0%
0,1%	0,1%	0,0%	9,9%	10,9%	9,0%			10,0%
0,0%	0,0%	0,0%	-1,7%	-1,9%	0,0%	10,4%	11,3%	10,0%
-15,8%	-15,8%	0,0%	-18,9%	-20,8%	0,0%	5,3%	11,1%	10,0%
-15,5%	-15,5%	0,0%	-26,3%	-28,9%	0,0%	4,5%	9,8%	8,0%
-19,3%	-19,3%	0,0%	-29,8%	-33,1%	0,0%	4,6%	10,9%	8,0%
-24,6%	-24,6%	0,0%	-22,6%	-23,0%	0,0%	4,3%	10,1%	8,0%
-24,6%	-24,6%	0,0%	-19,9%	-20,7%	0,0%	4,4%	11,0%	8,0%
-30,0%	-30,0%	0,0%	-8,2%	-8,8%	0,0%	5,5%	17,7%	8,0%
-23,4%	-23,4%	0,0%	2,5%	2,5%	0,0%	5,7%	21,3%	8,0%
4,9%	5,2%	4,0%	10,1%	10,9%	6,0%	2,0%	8,8%	8,0%
6,1%	7,0%	5,0%	14,7%	16,4%	6,0%	2,1%	11,2%	8,0%
5,2%	6,7%	5,0%	-3,7%	-4,4%	0,0%	2,2%	12,8%	8,0%
4,8%	7,3%	5,0%	-2,1%	-2,3%	0,0%	1,3%	2,7%	2,0%
4,6%	8,1%	5,0%	-1,8%	-2,0%	0,0%	1,2%	2,6%	2,0%
9,3%	17,6%	5,0%				0,0%	0,0%	2,0%
13,4%	27,2%	5,0%				-3,3%	-7,9%	0,0%
-15,7%		0,0%				-7,3%	-17,2%	0,0%
		0,0%		-17,3%		0,0%	0,0%	0,0%
		0,0%		-13,1%		-5,2%	-11,7%	0,0%
0,3%	0,7%	0,0%	-9,7%	-11,6%				
-6,4%	-8,7%	0,0%	1,6%	1,7%	0,0%			
-10,7%	-13,2%	0,0%	2,5%	2,6%	0,0%			

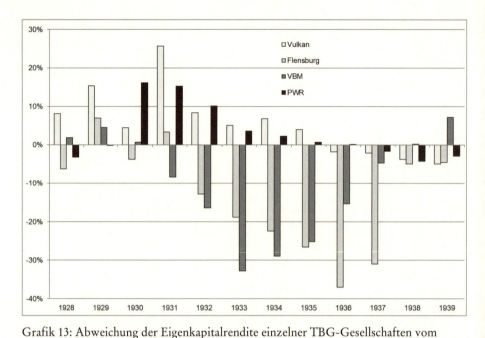

Grafik 13: Abweichung der Eigenkapitalrendite einzelner TBG-Gesellschaften vom Branchentrend 1928 bis 1939
Quelle: Eigene Berechnungen nach Tabelle 10; Branchenrenditen nach Spoerer, Scheingewinne, S. 177-178. Die Angaben können freilich nur eine grobe Richtung andeuten, da sich die Berechnungsmethoden graduell unterscheiden und die vorgegebene Branchenstruktur der Reichsstatistik eine eher grobe Systematik darstellt. Die Kernaussage der Abbildung, dass die TBG-Gesellschaften bis Anfang der 1930er Jahre über- und danach unterdurchschnittlich rentabel waren, kann aber auch mit den vorliegenden Daten getroffen werden.

Seine Ausführungen, die TBG habe sich vor allem organisch weiterentwickelt, treffen auch grundsätzlich zu; lediglich die beiden Sonderfälle Erlenhof und Seismos erweiterten das Produktionsspektrum der TBG nach 1932.[36] Die Prämisse, langfristig Erträge zu erwirtschaften und auf kurzfristige opportunistische Mitnahmeeffekte zu verzichten, zeigte sich etwa daran, dass die Rentabilität der TBG-Unternehmen im Vergleich mit dem Branchentrend zu einem Zeitpunkt abnahm, als die Rüstungskonjunktur auf Hochtouren lief. Vor allem nach Beginn des Vierjahresplans 1936 wirtschafteten alle Unternehmen weniger rentabel als ihre Konkurrenz, d.h. ganz offensichtlich nutzten sie nicht alle Chancen, die ihnen die Rüstungskonjunktur bot. Die Betrachtung der einzelnen Unternehmen legt

---

[36] Hierzu Kapitel 5.1.5. und 5.6.

4. (K)eine Konzernbilanz

dies ebenfalls nahe.[37] Die Abweichungen vom Branchentrend waren freilich kein Indiz für Unternehmenskrisen – im Gegenteil, denn Tabelle 10 zeichnet grosso modo das Bild einer durchgängigen Rentabilität und einer verstetigten Dividendenpolitik.

Die Dividenden überstiegen in der Regel die (einfache) Kapitalrentabilität nicht, d.h. Dividenden wurden aus den laufenden Erträgen und – nur in absoluten Ausnahmefällen wie bei der N.V. Vulcaan seit 1942[38] – aus der Substanz bezahlt. Das ist zwar für ein Familienunternehmen kein außergewöhnlicher Befund, zeigt aber deutlich, dass die Belange der Unternehmen über die des Aktionärs gestellt wurden, der somit selbst am dauerhaften Erhalt seines unternehmerischen Vermögens interessiert war. Anders ausgedrückt, kam eine Finanzierung der familiären Lebenshaltung zu Lasten der Unternehmen für Heinrich Thyssen-Bornemiszas nicht in Frage. Freilich hatte Heinrich bei aller kaufmännischen Vorsicht auch seine persönlichen Interessen im Blick. Vor allem beim Bremer Vulkan hatte er in den 1920er Jahren auf der Auszahlung (mäßiger) Dividenden bestanden, während der Vorstand die Überschüsse lieber nutzen wollte, um die Reserven zu erhöhen. Angesichts der langfristigen finanziellen Entwicklung des Vulkans schätzte Heinrich – bestärkt durch die Accountants des RTK – die Leistungsfähigkeit des Unternehmens freilich keineswegs falsch ein. Die durch Eigentumsmacht durchgesetzten Dividendenzahlungen belasteten den Vulkan finanziell nicht im Geringsten.[39]

Dieser Konflikt um höhere Dividendenzahlungen blieb die Ausnahme. Dass Heinrich Thyssen-Bornemisza seine persönlichen Einkünfte im Blick behielt, kann freilich nicht überraschen. Wie hoch sein »Unternehmergewinn« tatsächlich war, lässt sich nicht exakt ermitteln, aber zumindest näherungsweise schätzen.

Diese TBG-Daten sind freilich nicht die Nettoeinkommen Heinrich Thyssen-Bornemiszas, da die Dividenden selten an ihn direkt gezahlt wurden, sondern an die aktienbesitzenden Muttergesellschaften. Nur bei wenigen Unternehmen waren Heinrich und die Kaszony-Stiftung unmittelbar dividendenberechtigt, darunter aber bei den renditestarken Unternehmen wie N.V. Vulcaan, BHS und PWR, sodass die rechnerischen, indes teils geschätzten Dividendeneinnahmen in Friedenszeiten bei etwa einer Million RM jährlich gelegen haben dürften.

Im Großen und Ganzen korrespondieren diese Schätzungen auch mit den nachgewiesenen Zahlungen deutscher Gesellschaften an Heinrich und die Kaszony-Stiftung, die allerdings nur für die Kriegsjahre vorliegen.

Verfügen konnten Heinrich Thyssen-Bornemisza und die Kaszony-Stiftung über ihre Einnahmen freilich nur eingeschränkt, da diese aufgrund der Devisenbeschränkungen nicht in die Schweiz (oder die Niederlande) transferiert werden durften.

---

[37] Vgl. im Einzelnen Kapitel 5.
[38] Vgl. Kapitel 5.2.2.
[39] Wixforth, Stahlkonzern, S. 144-146.

Tab. 11: Schätzung der Dividendeneinnahmen (nominal, in RM, teils umgerechnet) der TBG, der Kaszony-Stiftung und Heinrich Thyssen-Bornemiszas 1925 bis 1943

Jahr	Dividendeneinnahmen TBG	Dividendeneinnahmen Kaszony	Dividendeneinnahmen HTB	Kaszony + HTB Zusammen
1925	2.340.106,25	439.997,80	273.358,80	713.356,60
1926	3.856.611,40	515.664,80	462.450,15	978.114,95
1927	4.089.921,40	513.425,80	463.273,65	976.699,45
1928	4.578.972,60	745.751,80	434.910,60	1.180.662,40
1929	4.583.890,60	745.830,10	435.142,80	1.180.972,90
1930	3.887.024,00	665.777,90	462.807,00	1.128.584,90
1931	3.692.198,80	666.491,30	465.057,90	1.131.549,20
1932	3.197.135,80	595.150,62	466.567,65	1.061.718,27
1933	3.236.746,80	594.846,12	465.606,90	1.060.453,02
1934	3.232.386,60	594.472,02	464.426,55	1.058.898,57
1935	3.165.463,44	579.086,94	424.216,80	1.003.303,74
1936	4.951.122,00	600.645,54	475.972,20	1.076.617,74
1937	4.520.410,00	866.605,02	353.692,20	1.220.297,22
1938	6.002.622,80	926.484,12	398.728,20	1.325.212,32
1939	5.364.119,60	888.243,27	297.143,25	1.185.386,52
1940	4.180.968,80	528.036,21	243.869,79	771.906,00
1941	3.322.165,60	464.546,12	214.177,80	678.723,92
1942	3.020.372,80	631.656,32	145.704,60	777.360,92
1943	2.138.676,00	333.456,32	136.946,40	470.402,72

Quelle: Eigene Berechnungen nach den Angaben in Deutsche Gesellschaften der Thyssen-Bornemisza-Gruppe, 1.1.1949, SIT NROE/13; ergänzt durch Angaben aus den Geschäftsberichten. Für die Schätzung wurden die deutschen Produktionsunternehmen (ohne Erlenhof), die BHS und die N.V. Vulcaan herangezogen. Bei letzterer liegen nur vereinzelt Angaben über Dividenden vor. Sie wurden aufgrund der in Kapitel 5.2.2. dargelegten Überlegungen für die Zeit von 1925 bis 1927 und 1930 bis 1938 auf 15 Prozent und für 1943 auf null Prozent geschätzt. Nicht berücksichtigt wurde die grundsätzlich dividendenstarke Halcyon-Lijn (vgl. Kapitel 5.2.2). Die anteiligen Dividenden von Heinrich und der Kaszony-Stiftung wurden auf Basis der Beteiligungen von 1944 geschätzt. Soweit bekannt sind Beteiligungsveränderungen (v.a. BHS, Vulcaan und ATB) berücksichtigt worden.

Tab. 12: Nachgewiesene Zahlungen von Dividenden und Aufsichtsratstantiemen deutscher TBG-Unternehmen an Heinrich Thyssen-Bornemisza und die Kaszony-Stiftung 1939 bis 1945 (RM)

	Thyssengas		PWR		Bremer Vulkan		Σ
	HTB (Div.)	Kaszony	HTB (AR)	Kaszony (Div.)	HTB (AR)	Kaszony	
1939	360.000	0	25.000	24.418,80	10.659,84	0	420.077,84
1940	360.000	0	25.000	24.418,80	7.671,33	0	417.089,33
1941	0	0	25.000	24.418,80	7.373,88	0	56.792,68
1942	108.000	0	25.000	24.418,80	3.995,96	0	161.414,76
1943	300.000	0	25.000	24.418,80	3.679,00	0	353.097,80
1944	0	0	25.000	0	4.615,18	0	29.615,18
1945	0	0	5.000	0	0	0	5.000,00
Σ	1.128.000	0	130.000	122.094,00	37.985,19	0	1.418.079,19
	1.128.000		252.094		37.985,19		

Quelle: Ergänzung zum Exposé über Aufbau und Entwicklungen im Kreise der Unternehmungen des Thyssen-Bornemisza-Komplexes in Deutschland und den Niederlanden (1953), Anlage 3 a-d, SIT NROE/16.

Die Gesellschaften aus den Niederlanden konnten zumindest in den 1930er Jahren noch Kredite in die Schweiz vergeben.[40] Die deutschen Unternehmen zahlten hingegen die Dividenden ihrer ausländischen Aktionäre sowie Heinrichs Aufsichtsratstantiemen auf Sperrkonten bei der ATB.[41]

Obwohl er seine Mandate in den Aufsichtsräten und Grubenvorständen in den 1930er und 1940er Jahren nicht aktiv wahrnam, blieb Heinrich Thyssen-Bornemisza Mitglied der Gremien. Bei den PWR und der AG Oberbilker Stahlwerk war er Vorsitzender, beim Bremer Vulkan stellvertretender Vorsitzender des Aufsichtsrats; ferner war er Mitglied der Grubenvorstands der Gewerkschaft Walsum sowie den Gewerkschaften der Reservefelder.[42]

Aufgrund der Devisenbeschränkungen schien es Heinrich auch nach 1932 sinnvoll, die Positionen formal zu bekleiden, da er so für seine gelegentlichen Aufent-

---
[40] Vgl. z.B. Kapitel 5.7.2.
[41] Ergänzung zum Exposé über Aufbau und Entwicklungen im Kreise der Unternehmungen des Thyssen-Bornemisza-Komplexes in Deutschland und den Niederlanden (1953), Anlage 3 a-d, SIT NROE/16.
[42] Neu-Eversael, Hiesfeld XVI, XVIII und XXI, Görsicker sowie Eppinghoven; für diese Mandate sowie für das bei Walsum erhielt er keine Vergütung, während ihm satzungsgemäß bei den PWR 15.000, bei Oberbilk 10.000 und beim Vulkan 4.600 RM pro Jahr zustanden. Anlage 6: Mitgliedschaft in Aufsichtsräten und sonstigen Gremien deutscher Gesellschaften (o.D.), SIT NROE/15.

halte im Reich – etwa bei Pferderennen – auf liquide Mittel in Reichsmark zurückgreifen konnte und keine Wertminderung durch eingeführte Devisen befürchten musste. Für diese gelegentlichen Aufenthalte hatte er sich dauerhaft ein Zimmer im Hotel Esplanade in Berlin gemietet. Beides, Zimmer und Einkünfte, veranlassten die deutschen Steuerbehörden, den steuerlichen Status' von Heinrich Thyssen-Bornemisza zu überprüfen. Wilhelm Roelen vermutete sogar, dass der Fiskus Heinrich zum »unbeschränkt Steuerpflichtigen [...] stempeln« wollte, um auch die ausländischen Einkünfte Thyssen-Bornemiszas der Steuerpflicht im Reich zu unterwerfen. Dies war freilich nicht ohne weiteres möglich, da Heinrich erstens Ausländer (Ungar) war, zweitens im Ausland wohnte (Schweiz) und drittens nicht in die Unternehmensführung der deutschen Gesellschaften eingebunden war. Deshalb ließ sich die Reichsabgabenordnung, die grundsätzlich ausländische Unternehmensleiter der Steuerpflicht unterwarf, nicht auf Heinrich anwenden. Indem die Steuerbehörden freilich Heinrichs Berliner Hotelzimmer als ständigen Wohnsitz bewerteten, fanden sie einen Ansatzpunkt, ihn doch als unbeschränkt Steuerpflichtigen zu veranlagen. Angesichts dieser fragwürdigen Bewertung des Finanzamts Berlin-Tiergarten suchte Wilhelm Roelen 1937 die Verständigung mit dem Fiskus, was im Übrigen vom Reichsfinanzminister befürwortet wurde. Rückwirkend für die Jahre 1931 bis 1936 zahlte Heinrich Thyssen-Bornemisza Vermögenssteuer (für die Beteiligung bei Thyssengas) in Höhe von 90.000 RM sowie Einkommensteuer auf seine Aufsichtsratstantiemen; er kündigte vorsorglich das Hotelzimmer und ließ die dortigen Möbel abtransportieren. Um für künftige Steuerzahlungen Rechtssicherheit zu erhalten, handelten Wilhelm Roelen und Wilhelm Acker ein Pauschalsteuerabkommen mit dem Finanzamt aus, das von Anfang 1937 bis zum Jahresende 1946 galt. Im Kern ging es Heinrichs Unterhändlern darum, seinen Status als beschränkt Steuerpflichtiger festzuschreiben und die ausländischen Einkünfte dem Zugriff der deutschen Steuerbehörden dauerhaft zu entziehen.[43]

Das Steuerabkommen schrieb mit 25 Prozent einen Steuersatz auf Heinrichs Kapitaleinkünfte im Reich fest, der über den üblichen Steuersätzen lag. Dies war der (Auf-)Preis für den Status als beschränkt Steuerpflichtiger. Zudem regelte das Abkommen, dass Heinrich im Reich Räumlichkeiten – auch dauerhaft – anmieten konnte, ohne seinen Steuerstatus einzubüßen, es sei denn, er hielt sich länger als sechs Monate in Folge im Reich auf.[44]

Die Mehrzahlungen waren für Heinrich persönlich zunächst keine zusätzliche Belastung, da die Steuern explizit auch von den Unternehmen direkt abgeführt werden konnten. Durch das Abkommen schmälerten sich mithin Heinrichs persönliche Einkünfte nicht, sondern belasteten nur die deutschen Gesellschaften. Beispielsweise führte Thyssengas zwischen 1939 und 1945 gut 4,4 Mio. RM an die

---

[43] Exposé (Roelen) [1952], S. 10-11, SIT/NROE 15.
[44] Anlage 8, Pauschalsteuerregelung mit Herrn Dr. H. Baron Thyssen-Bornemisza von Kaszony, 24.9.1938/18.10.1938, SIT/NROE 15.

Finanzkasse Duisburg-Hamborn ab. Davon resultierten freilich gut 4,2 Mio. RM aus den Sondereffekten der Kapitalerhöhung 1942. In Normaljahren lagen die für Heinrich Thyssen-Bornemisza abgeführten Steuern um 50.000 RM.[45] Auch die übrigen Gesellschaften übernahmen die Steuerzahlungen für ihren Eigner, 1942 zahlte Heinrich selbst 28.255 und 1943 86.383 RM Steuern im Reich.[46]

Neben dem Steuerabkommen handelte Roelen auch ein komplementäres Devisenabkommen mit dem Oberfinanzpräsidium in Düsseldorf aus. Heinrich galt explizit als Ausländer, durfte seine Einkünfte – inländische Aufsichtsrats- und Grubenvorstandstantiemen sowie Kapitalerträge – aber (natürlich) nicht ins Ausland transferieren, sondern musste sie auf ein Sonderkonto bei der ATB einzahlen lassen. Die jährlichen Zuflüsse waren – nach Abzug von Steuern – auf 360.000 RM beschränkt und ferner die Verfügungsgewalt dergestalt begrenzt, dass er maximal 180.000 RM für seinen Lebensunterhalt im Deutschen Reich und weitere 180.000 RM für Schenkungen und Sonstiges, namentlich auch für Zuwendungen zur Vollblutzucht, verwenden konnte.[47]

Trotz der erheblichen ökonomischen und rechtlichen Einschränkungen im Zweiten Weltkrieg blieb Heinrichs persönliche Einkommens- und Vermögenslage grundsätzlich intakt, auch wenn vor allem die Transferschwierigkeiten für Probleme sorgten. Bis zum Beginn der 1940er Jahre verdienten seine Unternehmen (und mithin er) sehr gut, nicht zuletzt, aber keineswegs ursächlich wegen der Rüstungs- und Kriegswirtschaft. Die Kehrseite der Rüstungskonjunktur zeigte sich für viele seiner (deutschen) Unternehmen aber spätestens mit Beginn des Bombenkriegs, da rüstungsrelevante Betriebe zu den Hauptzielen der Fliegerangriffe gehörten. Durch die Angriffe entstanden nicht nur Sachschäden an Gebäuden, Maschinen und Material, für die keine Versicherung aufkam, sondern auch Nutzungsschäden, d.h. insbesondere Verdienstausfälle durch eingeschränkte Produktionskapazitäten oder – wie im Schiffbau – (temporäre) Produktionsverbote nach Ende des Kriegs.

Das Entschädigungsrecht differenzierte in Deutschland und den Niederlanden zwischen In- und Ausländern. Heinrich Thyssen-Bornemisza war freilich weder deutscher noch niederländischer Staatsangehöriger. Im Deutschen Reich konnten Heinrichs Unterhändler um die Jahreswende 1943/44 unter Verweis auf die kriegswirtschaftliche Bedeutung der Unternehmen eine Sonderregelung aushandeln. Das NS-Regime verständigte sich mit Ungarn auf ein Gegenseitigkeitsabkommen, sodass Heinrichs deutsche Unternehmen zumindest hinsichtlich der Sachschäden vorbehaltlos gleichgestellt wurden. Zwar hieß es intern, die Konzernbelange seien »bestens gewahrt«, doch offenbar bezog sich das Abkommen nur auf die Sach-, aber nicht auf die Nutzungsschäden. Es galt mithin nicht »ohne

---

[45] Ergänzung zum Exposé über Aufbau und Entwicklungen im Kreise der Unternehmungen des Thyssen-Bornemisza-Komplexes in Deutschland und den Niederlanden (1953), Anlage 3 a-d, SIT NROE/16.
[46] Vgl. Anlage 6: Steuererklärungen Heinrich Thyssen-Bornemiszas 1942 und 1943, SIT NROE/16.
[47] Anlage 9, Oberfinanzpräsident Düsseldorf (Devisenstelle) an Roelen 28.9.1938, SIT NROE/15.

Tab. 13: Kriegsbedingte Sach- und Nutzungsschäden bei Unternehmen der Thyssen-Bornemisza-Gruppe

	Sachschäden	Nutzungsschäden
Thyssengas	17.561.167,83 RM	20.000.000,00 RM
PWR	9.814.139,78 RM	1.265.592,84 RM
Vulkan	7.769.300,00 RM	2.685.000,00 RM
Flensburg	5.647.433,00 RM	
VBM	325.000,00 RM	
Vulcaan	4.305.970,15 hfl.	
Vlaardingen-Oost	315.680,47 hfl.	
Kunstdüngergesellschaften	268.214,80 hfl.	
Gesamt (umgerechnet)	46.936.156,51 RM	23.950.592,84 RM

Quellen: Erklärungen der dt. Konzerngesellschaften über Kriegsschäden (1953) (Anlage 2 a-d), SIT/NROE 16; Notitie betr. oorlogsschade N.V. »Vulcaan«, Kunstmestmaatschappijen en »Vlaardingen-Oost« N.V., 18.10.1948, NL-HaNA 2.08.52, inv.nr. 13; punktuelle Ergänzungen. Für die Ermittlung der Gesamtsumme wurden die Gulden-Angaben in RM/DM umgerechnet. Grundlage war der Wechselkurs zum Zeitpunkt der Erfassung 1948 (100 hfl. = 125,65 RM).

Vorbehalt«.[48] Roelen begründete dies damit, dass Heinrich offiziell als Volksdeutscher galt, aber dennoch – wie im Steuerabkommen festgelegt – Steuerausländer war.[49]

Die kriegs- bzw. volkswirtschaftliche Bedeutung diente auch den Niederlanden als Maßstab für Entschädigungen nicht-niederländischer Personen und Unter-

---

[48] Ministerialrat Quecke hatte Roelen explizit bestätigt, »die Kriegsschädenregelung für Ungarn sei in Deutschland die gleiche wie für Deutsche«. Aktennotiz Kriegsschädenregelung für Ungarn, 15.1.1944; SIT TB/4815. Vgl. »Aktenbericht, 2.2.1944, S. 9, tkA FÜ/92; Urban, Kabelac, S. 129-130; vgl. Kriegssachschädenverordnung, 30.11.1940, in: RGBl. 1940, S. 1547-1556.

[49] Memorandum 10.1.1948, SIT TB/2139. Darin führt Roelen aus, dass die Sachschäden erst erstattet wurden, nachdem die Behörden den Begriff »Volksdeutscher« präzisierten. Nutzungsschäden wurden nicht ersetzt, wenn »Volksdeutsche« im Ausland lebten, wie dies bei Heinrich der Fall war. In einer späteren Darstellung präzisierte Roelen dies dahingehend, dass bis zum Gegenseitigkeitsabkommen mit Ungarn Entschädigungszahlungen nur unter Vorbehalt der Rückforderung an Ausländer gezahlt wurden. 1942 hatte das Reich diesen Vorbehalt für »Volksdeutsche« gestrichen, sodass Roelen den Vorbehalt aus den bereits erhaltenen Entschädigungsbescheiden streichen lassen konnte, indem er – ohne Heinrichs Wissen – darauf verwies, dass Thyssen-Bornemisza »Volksdeutscher« sei. Dagegen wurden Anträge auf die Erstattung von Nutzungsschäden vom Regierungspräsidenten in Düsseldorf abschlägig beschieden, weil Heinrich diesbezüglich als »Ausländer« galt. Exposé (Roelen) [1952], S. 13-14, SIT/NROE 15.

nehmen. Sie konnten beantragt werden, wenn damit niederländischen Interessen (»Nederlands belang«) gedient war.[50]

Rechnerisch beliefen sich die kriegsbedingten Verluste (ohne die Demontagen in der SBZ/DDR) auf knapp 71 Mio. RM, entschädigt wurden bis 1953 in Deutschland knapp 17 Mio.[51] und in den Niederlanden der gesamte Betrag, da die Unternehmen dort schließlich als niederländisch eingestuft wurden,[52] sodass – grob überschlägig – knapp 48 Mio. RM »Nettoverlust« übrig blieben. Diese Zahlen sind freilich nur sehr vorsichtig zu interpretieren, verdeutlichen aber, dass zumindest temporär durch Kriegs- und Nachkriegsschäden den Gruppenunternehmen erhebliche Betriebsmittel entzogen worden waren. Existenzbedrohend waren diese Verluste allerdings auch deshalb nicht, weil die akkumulierten Reserven der Unternehmen ein hinreichendes Finanzpolster boten.

---

[50] 6. Ausführungsbestimmung zum Besluit op de Materiële Oorlogsschade (Artikel 2 (1)), zit. n. Notitie betr. oorlogsschade N.V. »Vulcaan«, Kunstmestmaatschappijen en »Vlaardingen-Oost« N.V., 18.10.1948, NL-HaNA 2.08.52, inv.nr. 13.

[51] Eigene Berechnungen nach: Erklärungen der dt. Konzerngesellschaften über Kriegsschäden (1953) (Anlage 2 a-d), SIT/NROE 16. Für eine frühere Aufstellung der Kriegsschäden (inkl. der demontierten Anlagen in Rüdersdorf sowie Verlusten bei der Seismos GmbH) siehe Zusammenstellung der Kriegssachschäden der Gesellschaften des Interessenkreises der Kaszony-Stiftung zu Schwyz, Anlage zum Aktenbericht 15.1.1948, SIT TB/2139.

[52] Commissariat voor Oorlogsschade an Ministerie van Fincancien, 23.6.1949, NL-HaNA 2.05.117, inv.nr. 5463; 1952 zeigte sich die TBG-Führung mit der Entschädigung für den Hafen Vlaardingen zufrieden, Protokoll, 17.12.1952, SIT TB 02344.

5. GESCHÄFTSMODELLE UND STRATEGIEN DER TBG-UNTERNEHMEN

1. Das Herz von »Thyssen Neu«? Die Kohle- und Energiewirtschaft

Die Strategien der meisten Einzelunternehmen der TBG veränderten sich durch die Aufteilung des (alten) Thyssen-Konzerns 1926 nicht. Sie führten auch unter neuer Eigentümerstruktur ihre Geschäftsmodelle fort. Dies galt zwar grundsätzlich auch für die Thyssen'schen Gas- und Wasserwerke sowie die Niederrheinischen Gas- und Wasserwerke, doch in ihrem Fall zerriss die Erbteilung auch Produktionszusammenhänge. Bis dahin hatte Thyssengas das Kokereigas im Wesentlichen von den Kokereien der Zeche Friedrich Thyssen bezogen, es aufbereitet und als Ferngas über das eigene Leitungsnetz vertrieben. Da »Friedrich Thyssen« 1926 wie die übrigen Kohlenzechen des alten Thyssen-Konzerns in die VSt eingebracht worden war, konnte Thyssengas seinen Rohstoff nicht mehr konzernintern beschaffen, sondern war auf den Markt angewiesen und mithin von dessen Wandlungen abhängig.

In dieser Konstellation entschloss sich die TBG, das Gas nicht dauerhaft über den Markt zu beziehen, sondern künftig wieder im eigenen Unternehmen bzw. in der Gruppe selbst zu produzieren, um die Transaktionskosten zu senken oder zumindest zu verstetigen. Die Verhandlungsposition von Thyssengas war 1926 so vorteilhaft, dass sich die Thyssen-Bornemisza-Gesellschaft bei den VSt einstweilen sehr günstige Konditionen für den Gasbezug – die Verträge liefern über 45 Jahre[1] – sichern konnte. Diese Regelung war eine Voraussetzung dafür, dass Heinrich Thyssen-Bornemisza der Gründung der VSt zustimmte. Er nutzte seine faktische Veto-Position vor allem, um die besten Voraussetzungen dafür zu schaffen, dass Thyssengas dauerhaft im expandierenden Ferngasmarkt bestehen konnte.[2]

Ähnlich wie die Elektrizitäts- entwickelte sich auch die Gasversorgung seit dem Ersten Weltkrieg zu einer Boombranche mit großen Gewinnaussichten. Wie alle Netzwirtschaften tendierten beide Märkte zum natürlichen Monopol, d.h. Skalenerträge führten (theoretisch) dazu, dass auf lange Sicht das größte Unternehmen die günstige Kostenstruktur aufwies und allen Wettbewerbern überlegen war. In der Regel greift daher der Staat regulierend in natürliche Monopole ein, um

---

[1] Exposé (Roelen) [1952], S. 18, SIT/NROE 15.
[2] Wixforth, Stahlkonzern, S. 45.

Wettbewerb zu ermöglichen, oder errichtet gleich selbst ein Staatsmonopol, um (private) Monopolgewinne zu vermeiden. Historisch bildete sich jedoch in beiden Märkten im Deutschen Reich eine hybride Marktordnung aus, die weder regulierten Wettbewerb ermöglichte noch ein Staatsmonopol vorsah, sondern letztlich staatlich sanktionierte Gebietsmonopole teils staatlicher, teils privater Versorgungsunternehmen etablierte.[3]

Diese hybride Marktordnung war nicht zuletzt ein Ergebnis wirtschaftlicher Verhandlungsmacht, denn vor allem im Ruhrgebiet hatten die großen Unternehmen der Kohlen-, Eisen- und Stahlindustrie bereits frühzeitig in die Energiewirtschaft investiert und bis in die 1920er Jahre leistungsfähige Versorgungsunternehmen aufgebaut. Zu den Pionieren der Energiewirtschaft gehört auch August Thyssen, der 1902 mit Hugo Stinnes das Rheinisch-Westfälische Elektrizitätswerk (RWE) übernommen und innerhalb seines eigenen Konzerns eine Wasser- und Gasversorgung eingerichtet hatte. Die beiden letztgenannten Sparten entwickelten sich zunächst getrennt voneinander. 1903 gründete Thyssen & Co. die Wasserwerk Thyssen & Cie. GmbH aus, verkaufte sie mit dem inzwischen errichteten Wasserwerk in Mülheim aber 1912 an die Rheinisch-Westfälische Wasserwerk GmbH. Das andere Wasserwerk der GmbH in Duisburg-Beeckerwerth brachte August Thyssen in die Gewerkschaft Deutscher Kaiser ein und bündelte sie mit den dortigen Gasinteressen: Seit 1904 verkaufte die Kokerei 4 der Gewerkschaft Deutscher Kaiser den Gemeinden Walsum und Hamborn überschüssiges Kokereigas. Die Wassersparte wurde 1923 um ein zweites Wasserwerk in Beeckerwerth erweitert und versorgte das nordwestliche Ruhrgebiet mit Trinkwasser. 1919 gründete der alte Thyssen-Konzern aus Sorge vor einer möglichen Sozialisierung seine Umlandversorgung aus. Seitdem belieferte die Niederrheinische Gas- und Wasserwerke GmbH die Umlandgemeinden mit Gas und Wasser, während die 1921 gegründete Gasgesellschaft mbH, aus der 1927 die Thyssen'sche Gas- und Wasserwerke GmbH hervorging, sich auf die Ferngas- und Fernwasserversorgung konzentrierte. Sie betrieb ein expandierendes überregionales Leitungsnetz, um Städte und Kommunen zunächst vor allem des rheinisch-westfälischen Industriegebiets sowie industrielle Großabnehmer beliefern zu können. 1928 übernahm sie die Niederrheinische Gas- und Wasserwerke GmbH als Tochtergesellschaft.[4]

Mitte der 1920er Jahre existierten im Ruhrgebiet vier große Ferngasunternehmen: die Vereinigte Elektrizitätswerke Westfalen, ein Zusammenschluss kommunaler Stadtwerke, das gemischtwirtschaftliche RWE mit privaten und kommunalen Anteilseignern sowie die privatwirtschaftlichen Unternehmen Thyssengas und Aktiengesellschaft für Kohlenverwertung (AGKV), ein Zusammenschluss der

---

[3] Bleidick, Ruhrgas, S. 64-69, 95-98; Gehlen, »Franckensteins Monster«; vgl. ferner Stier, Staat und Strom.
[4] Rasch, Was wurde aus August Thyssen Firmen, S. 237-238, 267-268; vgl. Böse/Farrenkopf, Zeche, S. 90.

1. Die Kohle- und Energiewirtschaft

gasproduzierenden Zechen, die im RWKS organisiert waren; seit 1928 firmierte dieses Unternehmen als Ruhrgas AG.[5]

Inzwischen zeigte sich überdeutlich, dass eine zentrale Gasversorgung deutlich kosteneffizienter war als die bis dahin übliche, in der Regel von städtischen Betrieben getragene dezentrale Allokation.[6] Da die Kommunen aber nicht nur eigene Versorgungsunternehmen besaßen, sondern auch über das Wegerecht verfügten – d.h. der Bau von Leitungen zur Durchleitung sowie zu den Endabnehmern oblag ihrer Genehmigung –, bildeten Gaslieferverträge zwischen privaten oder gemischtwirtschaftlichen Unternehmen mit den Kommunen das Mittel der Wahl, um Versorgungsgebiete zu erschließen oder günstiges Ferngas zu beziehen.[7] Aus dieser Gemengelage zwischen privatem Gewinnstreben, kommunalen Versorgungsinteressen und staatlichem Ordnungswillen entwickelte sich schließlich, wenn auch regional höchst unterschiedlich, die hybride Marktordnung, die mit dem Energiewirtschaftsgesetz von 1935 auf lange Zeit festgeschrieben wurde.

Unternehmenshistorisch hatte diese Entwicklung vielfältige Implikationen. Der wirtschaftliche Erfolg hing von der Ausdehnung des Liefergebiets, einem gesicherten und (preislich) stabilen Rohstoffbezug sowie rationeller Produktion ab, die wiederum eine Voraussetzung war, um den potentiellen Kunden günstige Abnahmepreise in Aussicht stellen zu können. Die strategisch maßgeblichen Entscheidungen fielen dabei allesamt schon in den 1920er Jahren. Erstens definierte Heinrich Thyssen-Bornemisza die Gasfernversorgung grundsätzlich als strategischen Kernbereich seiner deutschen Unternehmen und war daher bereit, die erforderlichen Investitionen zu ermöglichen. Damit formulierte er eine Unternehmensstrategie, die in der familiären Traditionslinie stand, auf den bestehenden Strukturen des alten Thyssen-Konzerns aufbaute und dessen begonnene Diversifizierung nachhaltig fortführte. Zweitens ging damit die Grundsatzentscheidung einher, eine eigene Steinkohlebasis – durch Abteufung der Zeche Walsum – zu schaffen. Diese wurde, drittens, als neuartiges bzw. auf neuere bergtechnische Ideen zurückgehendes Verbundbergwerk konzipiert. Die Idee stammte vom »zweiten Mann« der Thyssen'schen Energiesparte Wilhelm Roelen. Sie war von den Rationalisierungsideen der 1920er Jahre inspiriert. Das Bergwerk stand im Mittelpunkt der Konzeption, dem die Verwaltung, Werkstätten, Lager und auch die Energieversorgung angegliedert sein und das sich durch verkehrsgünstige Lage und hohen Mechanisierungsgrad auszeichnen sollte.[8] Viertens sicherten 1926 für eine (lange) Übergangszeit von 45 Jahren die Lieferverträge mit den VSt den Bezug von Kokereigas. Da die VSt-Zechen jedoch mehrheitlich der Ruhrgas AG

---

[5] Bleidick, Ruhrgas, S. 38-39, 50-51.
[6] Beispielsweise errechnete die Stadt Barmen 1910, dass sie selbst bei einer umfassenden Modernisierung ihres Gaswerks höhere Stückkosten aufwies als bei einem Gasbezug über Thyssen. Vgl. o.V. Thyssengas in Wuppertal, S. 21.
[7] Vgl. für die Verhandlungen von Thyssengas Ende der 1920er Jahre Wixforth, Stahlkonzern, S. 99-100.
[8] Böse/Farrenkopf, Zeche, S. 120-122.

angehörten, war es, fünftens, erforderlich, sich mit Ruhrgas, und zunächst auch noch mit dem RWE, über die Interessensphären abzustimmen (oder den freien Wettbewerb entscheiden zu lassen).[9]

Dem Zeitgeist entsprach es dabei, Demarkationsgebiete abzustecken, in denen sich die Unternehmen keine Konkurrenz machten oder die sie – nach Absprache – gemeinsam belieferten. Wie im Strommarkt bestimmte ein eigentümliches Wechselspiel zwischen Kooperation und Konkurrenz das Verhältnis der Versorgungsunternehmen. Seit 1926 verhandelten die AGKV, RWE und Thyssengas über Kooperationsmodelle, nachdem es der AGKV nicht gelungen war, Franz Lenze, der als maßgeblicher Vordenker der Gasfernversorgung galt, von Thyssengas abzuwerben.

1928 übernahm Ruhrgas schließlich das Gasfernversorgungsnetz des RWE einschließlich der Lieferverträge; mit Thyssengas hatte sich der neue Gasgigant bereits im September 1927 auf eine Zusammenarbeit verständigt, die für Thyssengas den Status quo sicherte und der Ruhrgas eine weitere Expansion ermöglichte. Die Vereinbarung, die bis ins Jahr 2000 galt, sicherte Thyssengas im bereits bestehenden Versorgungsgebiet die (faktische) Monopolstellung,[10] und sorgte für ein abgestimmtes Vorgehen u.a. hinsichtlich der Versorgung des Kölner Umlands und der noch nicht versorgten übrigen Rheinprovinz, der Pfalz, von Hessen, Baden und Württemberg.[11] Im Gasmarkt nahm Thyssengas mithin eine ähnliche Position ein, wie sie die Rheinische AG für Braunkohlenbergbau und Brikettfabrikation im Strommarkt innehatte: als kleinerer, aber leistungsstarker Wettbewerber in einem privatkartellierten Markt.[12]

1.1. Begrenztes Wachstum: Thyssengas im »verhandelten« Ferngasmarkt der 1930er Jahre

Thyssengas war freilich weit weniger rentabel als die rheinische Schwester im Geiste. Während Rheinbraun ihr Geschäftsmodell ausgehend vom Rohstoff entwickelt hatte und so erhebliche Kostenvorteile realisieren konnte, fehlte es bei Thyssengas an dieser Rohstoffbasis. Ihr Aufbau erforderte hohe Investitionen. Es kennzeichnet Bergbau- und Versorgungsinvestitionen, dass sie einen langen Zeithorizont aufweisen. Nicht von ungefähr wurden der Vertrag mit Ruhrgas für

---

[9] Vgl. hierzu auch Rasch, Was wurde aus August Thyssens Firmen, S. 240.

[10] Da die Vereinbarungen nur zwischen diesen beiden Unternehmen geschlossen wurden, war theoretisch der Markteintritt Dritter möglich, angesichts der Marktmacht von Thyssengas aber unwahrscheinlich. Das Versorgungsgebiet umfasste demnach linksrheinisch die Gebiete nördlich von Moers, den Aachener Wirtschaftsraum inkl. Eschweiler, Stolberg, Jülich, Düren bis an den Kölner Wirtschaftsraum heran; in Westfalen gehörten Ahaus, Borken, Coesfeld, Münster, Steinfurt und Recklinghausen zum Versorgungsgebiet. Vgl. Bleidick, Ruhrgas, S. 55.

[11] Umfassend zu den Kooperationsbemühungen der Gaswirtschaft Bleidick, Ruhrgas, S. 50-56.

[12] Vgl. hierzu Gehlen, Silverberg, S. 163-167.

73 Jahre und die Lieferverträge mit den VSt für 45 Jahre geschlossen, und mit der BHS vereinbarte Thyssengas 1933 ferner, dass der Erlös aus Walsum-Kohle für 50 Jahre als Kreditsicherheit dienen sollte.[13]

Solche strategischen Investitionsvorhaben bergen naturgemäß Gefahren, zumal in wirtschaftlichen und politischen Krisenzeiten. So überstieg das Investitionsvolumen rasch die ursprünglichen Finanzierungspläne. Die Bank voor Handel en Scheepvaart hatte Thyssengas einen Kontokorrentkredit von bis zu 38 Mio. RM eingeräumt, um den Ausbau Walsums finanzieren zu können. Sie hatte sich im Gegenzug das Exklusivrecht bei der Unternehmensfinanzierung gesichert. Thyssengas nahm unter Führung Franz Lenzes beide Abmachungen aber nicht sonderlich genau, sondern baute mit den Kreditmitteln nicht nur Walsum, sondern auch das Ferngasnetz aus und verhandelte zudem mit anderen Kreditgebern über zusätzliche Darlehn, etwa mit der Dresdner Bank und 1930 mit der Kölner Privatbank A. Levy unter Führung des rührigen Louis Hagen. Dies verärgerte mit einigem Recht Kouwenhoven und die BHS,[14] die ihrerseits entsprechend wenig Entgegenkommen zeigten, als Thyssengas nach der Bankenkrise vom Juli 1931 nicht mehr auf andere Kreditquellen zurückgreifen konnten. Bereits 1930 hatte Kouwenhoven der Bankers Trust Company (New York) bzw. deren Berliner Filiale nur unzureichende Informationen zukommen lassen, wodurch deren Interesse, Thyssengas zu kreditieren, rasch erlosch.[15]

Dennoch waren das Interesse der Bankers Trust Company und die Bereitschaft der Dresdner Bank sowie des – freilich hochgradig risikofreudigen – Bankhauses A. Levy, Thyssengas auf dem Höhepunkt der Weltwirtschaftskrise Kreditmittel zur Verfügung stellen zu wollen, ein gutes Zeichen: Die Banken glaubten offenbar an den Erfolg des Geschäftsmodells. Dafür gab es gute Gründe. Die Effizienzvorteile von Ferngasnetzen gegenüber den lokalen bzw. kommunalen Netzen ließen in Verbindung mit steigender Gasnachfrage sichere Erträge erwarten. Die Ruhrgas wies beispielsweise in den 1930er Jahren Wachstumsraten beim Gasabsatz – mit einer Ausnahme 1932 – zwischen zehn und mehr als zwanzig Prozent aus.[16]

Diese Zahlen sind zwar nicht verallgemeinerbar, verdeutlichen aber das Marktpotential gerade von Ferngasunternehmen. Anders als Ruhrgas lag der Versorgungsschwerpunkt von Thyssengas zu einem Großteil bei den Kommunen, nicht bei Industrieunternehmen – mit Ausnahme der PWR und der Hüttenbetriebe der VSt. In der Regel war die Versorgung von Privathaushalten – und dort vor allem der Gasherde – weniger konjunkturempfindlich als die Industrieabnahme, da sie eine bestimmte Schwelle nicht unterschritt: Viel niedriger als in der Weltwirt-

---

[13] Entwurf, 21.7.1933, SIT NROE/61.
[14] BHS an Thyssengas, 30.1.1930, SIT, NROE/61; siehe hierzu und zu den teils erheblichen Dissonanzen vor allem Wixforth, Stahlkonzern, S. 125-127.
[15] Vgl. hierzu die Korrespondenz in BArch Berlin R 111/181.
[16] Bleidick, Ruhrgas, S. 105.

schaftskrise könne die kommunale Gasabnahme gar nicht sinken, teilte daher auch Franz Lenze Heinrich Thyssen-Bornemisza mit, als dieser sich Anfang 1931 um die finanzielle Lage von Thyssengas/Walsum sorgte. Aus dem genannten Grund seien auch die anstehenden Investitionen in den Ausbau des Netzes nicht riskant, sondern aufgrund bestehender Lieferpflichten zwingend geboten. Wie zu Zeiten August Thyssens kalkulierte Lenze die Neuanlagen so, dass die Erträge einen Kapitaldienst von 15 Prozent ermöglichten, d.h. selbst bei den hohen Zinsen etwa des Kontokorrentkontos bei der BHS (9,875 Prozent) ermöglichten die laufenden Einnahmen nach dieser Kalkulation noch eine Tilgung von mehr als fünf Prozent.[17] Da die Lieferverträge mit den Kommunen in der Regel mehrere Jahrzehnte liefen, waren die Konditionen klar und die Einnahmeseite entsprechend kalkulierbar. Dies ermöglichte Thyssengas (und anderen Versorgern) letztlich, die Einnahmen bereits für die Finanzierung von Gaswerken und Leitungsnetzen einzuplanen. Nach Lenzes Modell deckten die Einnahmen grundsätzlich die Kapitalkosten, sodass eine Expansion kaum Finanzrisiken barg.[18] Bereits beim Vertrag mit Barmen 1910 konnte Lenze sogar die eigenen Kapitalkosten auf die Abnehmer abwälzen und Gas immer noch günstiger anbieten als das städtische Gaswerk.[19]

Voraussetzung für das Geschäfts- und das Finanzmodell aber war, dass Lieferverträge mit den Kommunen ausgehandelt wurden und dass hinreichend Lieferkapazitäten zur Verfügung standen. Unter anderem deshalb errichtete Thyssengas 1930 ein Ferngaswerk in Alsdorf, das Gas von der Kokerei Anna des Eschweiler Bergwerksvereins bezog. Zudem baute es in Hamborn einen Gasometer, in dem sich eine Schwankungsreserve von 300.000 m³ Ferngas speichern ließ.[20]

Durch die Kooperation mit Ruhrgas konnte Thyssengas auch sein Leitungsnetz sukzessive ausbauen bzw. neue Liefergebiete erschließen, z.B. Köln (1929) und Bonn, die gemeinsam beliefert wurden. Von dort aus sollten gemeinsam mit Ruhrgas Frankfurt und das Rhein-Main-Gebiet über Siegen an das Ferngasnetz angeschlossen werden. Aufgrund kommunaler Widerstände dauerte es jedoch bis 1938, ehe die federführende Ruhrgas AG den Großraum Frankfurt mit Ferngas

---

[17] Lenze an Thyssen-Bornemisza, 3.2.1931, SIT NROE/70.
[18] Beispielsweise kalkulierte er für den Anschluss des Aggertals mit »bereits gesicherter Abnahme« von 20 Mio. cbm. 8 Pfennig der Einnahmen von 10 Pfennig/cbm waren für den Kapitaldienst vorgesehen, insgesamt 160.000 RM pro Jahr. Auf die Baukosten von einer Million ergab sich somit eine Kapitaldeckung von 16 %; für Bonn rechnete er mit Baukosten von bis zu zwei Millionen und jährlichen, kapitaldienstfähigen Einnahmen von 400.000 RM, d.h. einer Abdeckung von 20 %. Lenze an Thyssen-Bornemisza, 25.1.1931, S. 18-19, SIT NROE/23.
[19] Barmen zahlte Thyssen für das Gas 3,5 Pfennig/m³ und weitere 1,24 Pfennig/m³ an Verwaltungs- und Kapitalkosten. Mit 4,74 Pfennig lag das Angebot deutlich unter den Selbstkosten des kommunalen Gaswerks (5,5 Pfennig/m³). Bei einem Ausbau des bestehenden Werkes (4,76 Pfennig) oder dem Bau eines neuen Werkes (4,89 Pfennig) hätte Barmen die Selbstkosten des Thyssen'schen Gaswerks zwar näherungsweise erreicht, dafür aber zwei (Ausbau) oder 6,5 Mio. M. (Neubau) aufwenden müssen. Vgl. o.V., Thyssengas in Wuppertal, S. 21.
[20] Rasch, Was wurde aus August Thyssens Firmen, S. 242; Bösen/Farrenkopf, Zeche, S. 159.

1. Die Kohle- und Energiewirtschaft

Abb. 8: Aufwendiger Netzausbau: Bau einer Ferngasleistung in Duisburg durch Thyssengas 1929.

beliefern konnte.[21] Die Zeichen standen fraglos auf Wachstum, doch es gab zu Beginn der 1930er Jahre auch zahlreiche Probleme: Die Weltwirtschaftskrise, die schwierige (Finanz-)Lage der öffentlichen Hand und der Wettbewerb mit der Elektrizität, ferner die zunehmende Materialknappheit beim Ausbau Walsums und schließlich die Tatsache, dass die Zeche, anders als erwartet, in den vergleichsweise leicht zugänglichen Schichten keine verkokbare Kohle führte, machten den Ausbau von Thyssengas zu einer größeren Herausforderung als 1927 zu erahnen war.

Bereits Ende 1930, Anfang 1931 hatte Heinrich Thyssen-Bornemisza das Projekt hinterfragt, nachdem ihn finanzielle Kennziffern und vor allem die Abweichungen vom Kreditplan alarmiert hatten. Franz Lenze musste ihn umfassend über die Ursachen aufklären und Heinrich ließ das RTK die Angaben von Thyssengas überprüfen. Hauptursachen für das Missverhältnis zwischen Soll und Ist waren der Nachfragerückgang der VSt, der nicht zuletzt aufgrund hoher Fixkos-

---

[21] Aktenbericht betr. Thyssen'sche Gas- und Wasserwerke und Gewerkschaft Walsum im Aufgabenkreis des Vierjahresplans, 22.1.1937, S. 2, SIT NROE/57. Vgl. für die einzelnen Bauvorhaben, die mit der Gutehoffnungshütte durchgeführt wurden, z.B. Verlegung der Ferngasleitung Rheinbrücke Bonn 1937-1938, RWWA 130-404116/18; Maschinenhaus Bergisch Gladbach 1936, RWWA 130-404123/98. Vgl. für die konfliktreichen Verhandlungen mit den Kommunen am Ende der 1920er Jahre Bleidick, Ruhrgas, S. 70-79, mit etlichen Verweisen auf Thyssengas.

ten bei Thyssengas mit Mindereinnahmen von 1,6 Mio. RM zu Buche schlug, Schwierigkeiten bei der Akquise industrieller Neukunden selbst bei befreundeten Unternehmen wie der ehemaligen Thyssen-Hütte in Meiderich und dem Walzwerk in Dinslaken, Verzögerungen beim Bau von Gasleitungen als Folge von Unstimmigkeiten bei der Trassenführung durch Düsseldorf, daraus resultierenden Folgekosten bzw. Mindereinnahmen durch Lieferverzögerungen, im Vergleich zum Kostenansatz leistungsfähigere Rohre mit größerem Durchmesser und substantielle Mehrkosten beim Ausbau Walsums. Die Mehrkosten bei Walsum waren vornehmlich Opportunitätskosten, die auf den Erwerb zusätzlicher, in der Depression vergleichsweise günstiger Grundstücke für 1,3 Mio. RM sowie das raschere, technisch sinnvolle Abteufen des zweiten Schachts bei Walsum mit Mehraufwendungen von 2,1 Mio. RM zurückzuführen waren. Beide Posten waren mithin vorgezogene Ausgaben, die früher oder später ohnehin getätigt werden mussten und somit den Kostenplan künftig entlasten konnten.[22]

Heinrich Thyssen-Bornemisza ließ sich von Lenzes – durchweg substantiierten – Argumenten wiederholt überzeugen und genehmigte die Ausbaupläne auch in ihrer neuen Form. Es war wohl tatsächlich eher Lenzes valide Argumentation, die Heinrich überzeugte, als eine Kapitulation aufgrund fehlender Sachkenntnis.[23] Dafür spricht allein die mit umfassendem Zahlenmaterial und Kalkulationen versehene Begründung Lenzes, die besonders auf Heinrichs finanzielle Präferenzen abzielte. Gewiss fiel es ihm schwer, die technischen Begründungen im Detail nachzuvollziehen, aber da Lenze stets auch die finanziellen Auswirkungen beschrieb und da auch das RTK, wenn auch mit einigen kritischen Anmerkungen, »grünes Licht« gab,[24] war Heinrich grundsätzlich bereit, die festgelegte Unternehmensstrategie auch unter erschwerten Bedingungen fortzuführen. Allerdings dachte er daran, Lenzes Handlungsautonomie einzuschränken, indesm er künftig vorab Verhandlungen über Lieferverträge sowie gegebenenfalls die Vertragsschlüsse explizit genehmigen wollte. Lenze gab zu bedenken, dass dies seine Handlungsfreiheit erheblich einschränke und daher nicht im Interesse von Thyssengas liege, »zumal bei dem heute ausserordentlich scharfen Wettbewerb zwischen den Gesellschaften – Continentale und Thüringer Gasgesellschaft – und Gasfernversorgungsgesellschaften.«[25]

Es ist nicht ersichtlich, ob Heinrich sein Vorhaben, sich stärker in das operative Geschäft von Thyssengas einzubringen, tatsächlich mit Nachdruck verfolgte. Wahrscheinlich war dies aber nicht der Fall, zumindest nicht mehr, nachdem sich die Konjunktur erholt hatte und der Ausbau der Energiesparte mehr oder minder planmäßig verlief. Die großen Linien – Versorgung Kölns, Bonns, des Rhein-

---

[22] Detailliert Lenze an Thyssen-Bornemisza, 25.1.1931, SIT NROE/23; vgl. Wixforth, Stahlkonzern, S. 137-139.
[23] So Wixforth, Stahlkonzern, S. 139.
[24] RTK an Thyssengas, 3.2.1931, SIT NROE/70.
[25] Lenze an Thyssen-Bornemisza, 3.2.1931, SIT NROE/70.

1. Die Kohle- und Energiewirtschaft

Main-Gebiets – waren bereits in Lenzes Darlegungen skizziert worden, sodass neue Vertragsschlüsse bis zur Mitte der 1930er Jahre ohnehin nicht mehr anstanden.

Zwischenzeitlich passte die TBG intern – nicht ohne Friktionen – die Finanzierungsbedingungen an die politischen Umstände an. Bereits im September 1931 hatte es Unstimmigkeiten zwischen der BHS und Thyssengas gegeben. Die BHS fürchtete wegen der staatlichen Devisenbewirtschaftung um ihre Kreditpositionen und wünschte höhere Sicherheiten. Thyssengas lehnte dies ab und merkte an, dass die Zinskonditionen bereits jetzt ein Wettbewerbsnachteil seien, da die Konkurrenten – v.a. die Ruhrgas AG – ihre Kredite zu günstigeren Konditionen erhielten.[26] Trotz der unterschiedlichen Positionen, einigten sich Thyssengas und die BHS 1933 auf eine Finanzierungsregelung, die der Devisenbewirtschaftung Rechnung trug: Die Bank stundete Thyssengas jene Mittel aus dem Kapitaldienst, die nicht in die Niederlande transferiert werden konnten. Sie verpflichtete sich, die zugesagten Gelder zum Ausbau Walsums bereitzustellen, wählte aber den Umweg über die ATB, die als Devisenbank anerkannt war.[27] Im Gegenzug verpfändete Thyssengas der BHS die Kohlenförderung Walsums. Der Vertrag war auf 50 Jahre bis 1983 angelegt und konnte mit einer Frist von zehn Jahren gekündigt werden. Das Projekt Thyssengas/Walsum stand seitdem gruppenintern nicht mehr infrage.[28]

Auch der von Lenze erwähnte scharfe Wettbewerb im Ferngasmarkt schwächte sich spätestens mit dem Energiewirtschaftsgesetz vom 13. Dezember 1935 ab. Es bezog die Gaswirtschaft ein, regelte aber im Wesentlichen die Elektrizität. Sofern gaswirtschaftliche Belange behandelt wurden, profitierten vornehmlich die beiden großen Ruhrunternehmen Thyssengas und Ruhrgas, weil das Gesetz auf Effizienzsteigerung abzielte, bei der die Größenvorteile der Verbundwirtschaft und der Großtechnik zum Tragen kamen.[29]

Das Energiewirtschaftsgesetz regelte allerdings den Wettbewerb zwischen Gas und Elektrizität nicht. Gas und Strom sind aber partiell substitutive Energien, v.a. in Privathaushalten. Der Wettbewerb um Privatkunden verschärfte sich. Thyssengas beschwerte sich daher 1936 wiederholt bei Fritz Thyssen in dessen Funktion als Aufsichtsrat des RWE über einen »unlauteren« Verdrängungswettbewerb des Essener Elektrizitätsproduzenten. Das RWE hatte – wie andere Stromanbieter auch[30] – zunehmend Privathaushalte sowie kleinere Handwerks- und Gewerbebetriebe damit als Kunden geworben, dass sie diesen günstigere Stromkonditionen – 8 statt 30 Pfenning/kwH – gewährten, wenn sie ihre Herde, Heizungen oder

---

[26] Aktennotiz 5.8.1931; Lenze an Kouwenhoven, 23.9.1931; Aktennotiz Verpfändung von Forderungen, 25.9.1931, SIT NROE/61.
[27] Lenze an ATB, 30.7.1934, SIT TB/2030.
[28] Entwurf, 21.7.1933, SIT NROE/61.
[29] Bleidick, Ruhrgas, S. 98-99, 113.
[30] RWE an Fritz Thyssen, 30.4.1936, SIT NROE/11.

die Warmwasserbereitung statt mit Kohle bzw. Gas fortan mit Elektrizität betrieben; teils übernahm das RWE auch Umrüstungskosten. Da Privathaushalte ohnehin meist Strom bezogen, um die Wohnung zu beleuchten, diente die RWE-Strategie weniger der Kundenbindung als vielmehr der Verdrängung der Gasversorger.[31] Da Fritz Thyssen nicht nur im Aufsichtsrat des RWE, sondern auch im Grubenvorstand Walsums war, schien er der ideale Kandidat, um zwischen den beiden Konkurrenten zu vermitteln. Er zog es freilich vor, sich zugunsten des RWE zu positionieren, indem er sein Mandat bei Walsum niederlegte.[32]

Ferner stellten die Kommunen ihre öffentlichen Beleuchtungssysteme zunehmend von Gas auf Elektrizität um und blieben mit ihren fiskalisch bedeutsamen Stadtwerken ein Konkurrent bei der kommunalen Gasversorgung. Die kommunalen Versorger waren zwar weniger effizient als die privaten, aber politisch einflussreich. Deshalb expandierte die Ferngaswirtschaft nicht so, wie ihre Protagonisten dies gewünscht und vorausgesagt hatten. Obwohl der Markt insgesamt durchaus wuchs, blieb er in der NS-Zeit ein »verhandelter Markt« mit zahlreichen Akteuren und unterschiedlichen Interessen.[33]

1.2. Unternehmerische Ratio, politischer Opportunismus: Auf- und Ausbau der Zeche Walsum und die Konflikte mit dem RWKS

Mitte der 1930er Jahre rückten weitere Probleme in den Vordergrund, die sich wiederum nur politisch lösen ließen. Wilhelm Roelen hatte bereits bei den Planungen Walsums geschickt agiert und in der Kommunalpolitik – für das Zentrum saß er 1932/33 im Dinslakener Kreistag – und bei zuständigen Behörden günstige Konditionen ausgehandelt. Sein Verhandlungsgeschick nutzte ihm auch unter gewandelten politischen Vorzeichen seit 1933. Roelen wurde als ehemaliges Mitglied des Stahlhelms automatisch SA-Mitglied, lehnte die ihm angetragene NSDAP-Mitgliedschaft aber ab. Persönlich stand er dem NS-Regime aufgrund seiner katholischen Prägung distanziert gegenüber, ohne sich tatsächlich zu distanzieren. Er lavierte sich durch und machte sich die NS-Logik dort zu eigen, wo sie Vorteile für die von ihm geleiteten Unternehmen brachte. Derart erhielt er auch nach 1933 Zugang zu wichtigen politischen Stellen. Ganz im Sinne der (neuen) Zeit betonte er daher fortan weniger die regionale und stärker die volkswirtschaftliche Bedeutung von Thyssengas/Walsum. Auch deshalb konnten die TBG-Unternehmen abgekürzte Enteignungsverfahren durchführen und wurden beim Reinhardt-Programm berücksichtigt, mit dessen Arbeitsbeschaffungsmitteln Walsum Deichbauten finanzierte.[34]

---

[31] Thyssengas an Fritz Thyssen, 3.3.1936; Lenze an Fritz Thyssen, 13.3.1936, SIT NROE/11.
[32] Lenze an Fritz Thyssen, 16.3.1936, SIT NROE/11.
[33] Bleidick, Ruhrgas, S. 108-124, spricht von einem »vielschichtigen Konkurrenzsystem«. Ebd., S. 113.
[34] Böse/Farrenkopf, Zeche, S. 130, 136-136, 139, 144.

Roelens opportunistische Haltung nutzte Walsum und Thyssengas mehr als dass sie ihnen schade. Roelen hatte keine Skrupel, für die Aufnahme beider Unternehmen in den Vierjahresplan zu werben. Ihm war dabei völlig klar, dass der Vierjahresplan bezweckte, die deutsche Wirtschaft binnen vier Jahren kriegsfähig zu machen. Im August 1936 erzielte er bei ersten Sondierungen »über die Bedeutung der Ferngaswirtschaft im Rahmen der militärischen Aufgaben« Einvernehmen mit den zuständigen Stellen und zerstreute deren Bedenken, die aus der – militärisch sensiblen – linksrheinischen Lage des Gaswerks Alsdorf resultierten. Zudem stellte er in Aussicht, dass bei einem zügigeren Ausbau Walsums die Arbeitslosigkeit im Ruhrbergbau rascher abgebaut werden könne. Schließlich warb Roelen explizit mit dem Rationalisierungspotential der privaten Ferngasversorgung. Sie ermögliche es, die unrentableren Stadtwerke zu schließen. Dies erhöhe in gesamtwirtschaftlicher, nationaler Perspektive nicht nur die Versorgungseffizienz, sondern setze auch dringend benötigte Fachkräfte für rüstungswirtschaftliche Ziele, v.a. die Kohlehydrierung, frei.[35]

Roelen machte sich unzweifelhaft bei diesen Besprechungen die NS-Wirtschaftspolitik (rhetorisch) zu Nutze, um durch eine Aufnahme in den Vierjahresplan die Materialversorgung für den Ausbau Walsums zu verbessern. Tatsächlich wurde Walsum als einzige Steinkohlenzeche in den Plan aufgenommen. Der Antrag von Thyssengas wurde hingegen dilatorisch behandelt, weil der Vierjahresplan der Gasfernversorgung nur eine untergeordnete Rolle zugestand. Walsum profitierte indes nicht wie gewünscht: Die Materiallieferungen der Vierjahresplanbehörde blieben hinter deren Zusagen zurück; später wurden die Kontingente sogar gekürzt.[36]

Auch bei anderen Gelegenheiten argumentierte Roelen gegenüber den Behörden mit der nationalen oder kriegswirtschaftlichen Bedeutung der von ihm geleiteten Unternehmen, wenn es opportun schien,[37] z.B. bei der Beschaffung zunächst von deutschen Arbeitskräften, später auch von ausländischen Zwangsarbeitern für Walsum: Seit 1943 waren etwa zwei Drittel der Belegschaft Ausländer und mehr als die Hälfte stammte aus der Sowjetunion.[38] Roelens Opportunismus

---

[35] Aktenbericht betr. Thyssen'sche Gas- und Wasserwerke und Gewerkschaft Walsum im Aufgabenkreis des Vierjahresplans, 22.1.1937, S. 2, SIT NROE/57.
[36] Böse/Farrenkopf, Zeche, S. 148-149; zur Gaswirtschaft auch Bleidick, Ruhrgas, S. 99.
[37] Exemplarisch in den Besprechungen mit von Schröder, als es um die Zukunft der August-Thyssen-Bank bzw. den Kauf der Fritz-Thyssen-Anteile ging. Aktenbericht für die Gesellschafter (Aussprache Roelen/von Schroeder), 8.8.1940, S. 3, SIT TB/978. 1941 unterzeichnete Walsum ein Schreiben an die Reichsvereinigung Kohle entgegen der sonstigen Gepflogenheiten mit »Heil Hitler«. Walsum an Reichsvereinigung Kohle, 17.6.1941, ähnlich auch Roelen an Pleiger, 16.6.1941, SIT NROE/31. Da Walsum im Rahmen der RWKS-Verhandlungen damit argumentierte, ohne Beitritt zum Syndikat rascher und umfassender Kohle fördern zu können, dürfte diese Großformel funktionalen Charakter gehabt haben, um keine Zweifel an der eigenen Verlässlichkeit aufkommen zu lassen.
[38] Vgl. Urban, Zwangsarbeit, S. 98-102. Der »Ausländeranteil« bei Walsum war überproportional hoch, was damit zu erklären ist, dass die Zeche nicht über eine Stammbelegschaft verfügte bzw. eine solche erst bei verknapptem Arbeitskräfteangebot seit Mitte der 1930er Jahre aufbauen musste.

beschränkte sich freilich im Wesentlichen auf anbiedernde Rhetorik, sie basierte nicht auf innerer Überzeugung.[39] Bisweilen nutzte er persönliche Kontakte, um nationalsozialistische Interessen gezielt zu hintergehen. So beschaffte er sich – an den Parteistellen vorbei – Genehmigungen für Reisen in die Schweiz. Sein Helfer im Reichswirtschaftsministerium, Ministerialrat Quecke, wurde im Februar 1945 als Widerständler von der SS erschossen.[40]

Roelens Maßstab war nicht der NS-Staat, sondern die Thyssen-Bornemisza-Gruppe. Dieser Maßstab machte Roelen freilich zum Komplizen des NS-Staats, denn er wusste genau, welchen Zwecken – Aufrüstung, Kriegsführung und Kriegsverlängerung – er *auch* diente. Dennoch oder gerade deshalb zweifelten die Parteistellen an seiner politischen Zuverlässigkeit: »Dr. Roelen hat bis heute noch nicht den Beweis erbracht, dass er gewillt ist, sich für den nationalsozialistischen Staat einzusetzen. […] [Er] scheint uns als Wehrwirtschaftsführer nicht geeignet, da er nicht die Gewähr bietet, dass er sich jederzeit rücksichtslos für den nationalsozialistischen Staat einsetzt.«[41]

Trotz Roelens taktischer Avancen bei den NS-Behörden blieb der Materialmangel – vor allem von Stahl – ein Problem beim weiteren Ausbau Walsums. Deshalb versuchte die TBG, das Problem zu beheben, indem sie ihre transnationale Stellung nutzte: Die N.V. Vulcaan konnte 1937 etwa 40.000 bis 50.000 Tonnen vornehmlich algerisches Eisenerz besorgen, wollte dieses mit Devisen bezahlen und anschließend Thyssengas zur Verfügung stellen. Thyssengas sollte den faktischen Devisenkredit der N.V. Vulcaan über etwa 500.000 hfl. durch Kohlenlieferungen abtragen, was die Devisenbilanz des Reichs nicht belastet hätte.[42] Thyssengas machte bei den Behörden zur Bedingung, dass der Stahl, den die August-Thyssen-Hütte aus diesem Eisenerz herstellen sollte, ausschließlich für den Ausbau Walsums genutzt werden sollte. Das Geschäft ermöglichte mithin einen devisenneutralen Rohstoffimport für ein wichtiges Rüstungsunternehmen. Die staatlichen Stellen stimmten den Anträgen daher zu.[43]

Da aber das Rheinisch-Westfälische Kohlensyndikat bei Fragen des Kohlenexports angehört werden musste, kam ein Akteur ins Spiel, der Walsum nicht wohlgesonnen war.[44] Bereits am 6. September 1933 hatte das RWKS Walsum zu Bei-

---

Zudem stieg im Rahmen des Zechenausbaus der Arbeitskräftebedarf stetig und stärker an als bei Zechen, die bereits mit voller Leistung Kohle förderten.

[39] Er selbst gab nach 1945 an, er habe gelegentlich Anträgen »aus Zweckmäßigkeitsgründen eine der damaligen Psychose Rechnung tragende Fassung gegeben.« Exposé (Roelen) [1952], S. 14, SIT/NROE 15.

[40] Aktenbericht, 6.1.1948, S. 2, SIT TB/2139; Anlage 16: Erklärung zur Person (Roelen, o.D.), S. 6, SIT NROE/15.

[41] Gauleitung Essen an Außenstelle des Reichs-Wirtschaftsministeriums, (ORR Greyer), 25.8.1938, SIT NROE/15.

[42] N.V. Vulcaan an Thyssengas, 4.11.1937; Thyssengas an Göring, 17.6.1937, SIT NROE/28.

[43] Aktenbericht, 6.8.1941, S. 1, SIT NROE/31.

[44] Vgl. zu den Konflikten zwischen Walsum und dem RWKS Böse/Farrenkopf, Zeche, S. 144-146, 149-150, 170-172.

trittsverhandlungen eingeladen. Lenze und Roelen kontaktierten daraufhin den Reichskohlenrat. Sie wollten zunächst klären, ob das RWKS Walsum aufgrund gesetzlicher Bestimmungen (Kohlenwirtschaftsgesetz 1919) zu einem Beitritt zwingen könne. Berghauptmann a.D. Bennhold bestätigte für den Reichskohlenrat die Rechtsauffassung Walsums, dass nur das Wirtschaftsministerium eine Zeche zum Syndikatsbeitritt zwingen könne. Er riet, trotzdem mit dem RWKS zu verhandeln, da er glaubte, das Syndikat werde ähnlich wie der Reichskohlenrat die Besonderheiten Walsums hinreichend berücksichtigen.[45]

Daraufhin verständigten sich Lenze und Roelen intern mit Kouwenhoven und Gröninger auf drei Verhandlungsziele. Erstens sollte die Zeche solange außerhalb des RWKS bleiben, bis ihr Ausbau abgeschlossen war. Zweitens war eine Beteiligungsziffer auszuhandeln, die eine Förderung von mindestens drei Millionen Tonnen pro Jahr erlaubte. Drittens sollte der Beitrittsvertrag dem Sonderstatus Walsums Rechnung tragen, d.h. insbesondere die Interessen von Thyssengas und der N.V. Vulcaan berücksichtigen.[46]

Am 5. April 1934 trafen sich Lenze und Roelen mit Vertretern des RWKS. Diese erkannten Walsums Sonderrolle tatsächlich an, wünschten aber dennoch einen baldigen, im Einzelfall sogar einen sofortigen Beitritt. Lenze und Roelen machten allerdings deutlich, dass zum gegenwärtigen Zeitpunkt ein Beitritt für Walsum nicht in Frage komme. Die Besprechungen endeten mit dem Ergebnis, dass über einen Beitritt Walsums vorerst nicht verhandelt werden solle. Statt dessen wollte sich das RWKS zunächst ein Bild vom Ausbauzustand und der Kohlenqualität der Zeche machen.[47]

Bereits diese initialen Besprechungen deuteten an, wie zäh die Beitrittsverhandlungen werden würden. Das RWKS konnte Walsum nicht zum Beitritt zwingen und deshalb wurde dieser zunächst dilatorisch behandelt. Ende 1936 nahm der RWKS-Aufsichtsratsvorsitzende Hermann Kellermann (GHH), der in dem gesamten Beitrittsverfahren eine wichtige Mittlerrolle einnahm, einen weiteren Anlauf. Er verwies darauf, dass die Mitglieder des Syndikats zunehmend auf einen Beitritt Walsums drängten. Zugleich machte Kellermann deutlich, die Quotenforderung von drei Millionen Tonnen »übersteige alles bisher dagewesene«; die höchste Zechenquote liege gegenwärtig bei etwa der Hälfte. Lenze und Roelen verwiesen darauf, dass Walsum nur bei einem solchen Output rentabel betrieben werden könne und dass sich der Ausbauzustand seit 1934 nicht entscheidend verändert habe. »Es erscheine nicht richtig, die Zeche im embryonalen Zustande schon in die Zwangsjacke des Syndikats zu nehmen.«[48]

Die Vorstellungen lagen weiterhin deutlich auseinander. Das RWKS erblickte ein knappes Jahr später in seiner Zustimmungspflicht zu dem vorgeschlagenen

---

[45] Aktenbericht, 26.10.1933, SIT NROE/35.
[46] Aktenbericht, 27.10.1933, SIT NROE/35.
[47] Aktenbericht, 5.4.1934, SIT NROE/35.
[48] Aktenbericht 28.12.1936, SIT NROE/35.

Erzimport schließlich eine Möglichkeit, Druck auf Walsum in der Beitrittsfrage auszuüben. Formal fand es auch einen Grund. Anders als Walsum betrachtete das RWKS den angedachten Kohlentransport in die Niederlande nicht als »zusätzliches Geschäft«, sondern fürchtete vielmehr, dass die N.V. Vulcaan, die ihre Bunkerkohlen bislang vom RWKS bezog, künftig nur noch vom Kartellaußenseiter Walsum beliefert werde.[49] Da sich weder Walsum noch das RWKS in dieser Frage bewegen wollten, kam der Erzimport nicht zustande. Das Materialproblem Walsums bestand fort; die Zeche trat weiterhin dem RWKS nicht bei.[50]

Auch aufgrund des gescheiterten Erzimports förderte Walsum weit später als geplant Steinkohle. Die ursprünglichen (Vor-) Planungen gingen 1925 von einer künftigen Tagesförderung von 3.000 bis 4.000 Tonnen aus, für 1929 kalkulierte man intern bereits mit 8.000 Tonnen, für das Folgejahr mit 10.000 Tonnen pro Tag im Regelbetrieb. Tatsächlich förderte Walsum 1938, teils noch im vorläufigen Betrieb, nur gut 200.000 Tonnen pro Jahr und 1939, nach Anlaufen des Regelbetriebs, immerhin 300.000 Tonnen. Damit förderte die Zeche – nicht zuletzt aufgrund der Schwierigkeiten bei ihrem Ausbau – nur etwa ein Viertel der 1929 prognostizierten Menge. Mit einer Tagesförderung von 930 Tonnen erreichte die Zeche nur etwa ein Zehntel der anvisierten Höchstleistung. Diese sollte aber planmäßig ohnehin erst nach 1939 erreicht werden.[51]

In den Folgejahren gelang es Walsum zwar, nicht zuletzt durch den umfangreichen Einsatz von Zwangsarbeiten, die Produktion von diesem relativ niedrigen Niveau zu steigern (vgl. Tab. 14), doch die ursprünglichen Zielvorgaben wurden weiterhin ebenso verfehlt wie die 1939 angepassten Planziffern.

Auch das Konzept des Verbundbergwerks erwies sich als zu optimistisch. Die geplante Kokerei wurde nicht errichtet, weil es Walsum an verkokbaren Kohlen fehlte. Bereits 1927 hatten einige Manager der zweiten Leitungsebene auf mögliche Probleme bei der künftigen Kohlenförderung verwiesen, weil keine hinreichenden geologischen Informationen über die Grubenfelder vorlagen. Es war daher bereits 1927 fraglich, ob Walsum künftig überhaupt Kohlensorten fördern könne, die sich für die Verkokung eigneten. Zwar hatte Thyssengas mit dem Thyssen-Galoscy-Verfahren einen Prozess eingeführt, mit dem auch weniger geeignete Kohlensorten effizient vergast werden konnten,[52] dennoch stand die Strategie – Aufbau einer eigenen Versorgung mit Kokereigas – von Beginn an unter Vorbehalt.[53] Sie wurde schließlich nicht realisiert.

---

[49] RWKS an RWM, 6.10.1937, SIT NROE/44; Aktenbericht Walsum-RWKS-Rohstoffbeschaffung, 15.10.1937, SIT NROE/28, RWKS an RWM, 21.12.1937, RWWA 130-400101320/63.
[50] Böse/Farrenkopf, Zeche, S. 149-150.
[51] Böse/Farrenkopf, Zeche, S. 120, 159; 1949 förderte die Zeche 3.000 t pro Tag, für 1957 war eine Förderung von drei Mio., für die Zeit danach von 3,6 Mio. Tonnen in Aussicht genommen. Memorandum Zeche Walsum, 17.3.1949, S. 2-3, BArch Koblenz B 109/3663, Bl. 177-178.
[52] Combined Intelligence Objectives (CIOS), Sub-Committee, Report Thyssen'sche Gas- und Wasserwerke u.a. (1945), Appendix I, S. 3, NARA RG 319, Entry NM 3 82, Box 680.
[53] Böse/Farrenkopf, Zeche, S. 106.

1. Die Kohle- und Energiewirtschaft

Tab. 14: Fördermengen (Soll/Ist) der Zeche Walsum 1930-1943

	Fördermenge (Plan 1929)	Fördermenge (Plan 1939)	Fördermenge (Ist)	Arbeitskräfte
1930	3.000 t		1.850 t	
1933	300.000 t		51.040 t	
1934			78.010 t	
1935			108.605 t	
1936			127.000 t	
1937			211.350 t	
1938	1.950.000 t		222.000 t	800
1939			301.000 t	1.039
1940	2.400.000 t	600.000 t	570.000 t	1.412
1941		1.050.000 t	731.000 t	1.695
1942		1.350.000 t	820.000 t	2.892
1943		1.800.000 t	951.000 t	2.636

Quellen: Walsum-Zahlen, 20.12.1939 (Produktion), RWWA 130-400101320/63; Exposé (Roelen) [1952], S. 32, SIT/NROE 15; Verlauf der bisherigen Verhandlungen, 24.10.1938, RWWA 130-400101320/63; Böse/Farrenkopf, Zeche, S. 159, 165, 172, 174, 177; Urban, Zwangsarbeit, S. 101.

Da sich Ende der 1930er Jahre immer deutlicher abzeichnete, dass sich Walsum-Kohle nicht verkoken ließ, musste Thyssengas seine eigene Strategie bzw. vor allem jene der Bergbau-Tochter Walsum anpassen und stärker auf die Vermarktung der Kohle setzen, d.h. die Steinkohleförderung Walsums konnte nicht mehr als Rohstoffbasis für Thyssengas dienen, sondern sollte fortan im Markt verkauft werden. Zu diesem Zweck gründete Thyssengas mit Anlaufen des Regelbetriebs bei Walsum 1939 die Thyssensche Kohlen- und Energiewirtschafts Gesellschaft mbH.[54]

Das missfiel dem RWKS, das angesichts der ungelösten Beitrittsfrage ohnehin nicht gut auf Walsum zu sprechen war. Das Kohlensyndikat störte sich vor allem an der Außenseiterstellung der neuen Zeche und an deren Bestreben, sich selbst Märkte zu erschließen. So kritisierte es unter anderem, dass Walsum zunehmend einwandfreie Kohle über die N.V. Vulcaan in die Niederlande verschiffte – im ersten Quartal 1937 über 10.000 t. Seit 1936 bat das RWKS Walsum diesbezüglich wiederholt um Aufklärung, erhielt aber nur ausweichende Antworten. Das Kohlensyndikat beklagte daher einen nutzlosen und »unfruchtbaren Schriftwechsel«. Walsum beantwortete zudem Einladungen zu weiteren Beitrittsverhandlungen

---

[54] »Neugründung im Thyssen-Konzern«, Berliner Börsenzeitung 29.9.1939, RWWA 130-400101320/63.

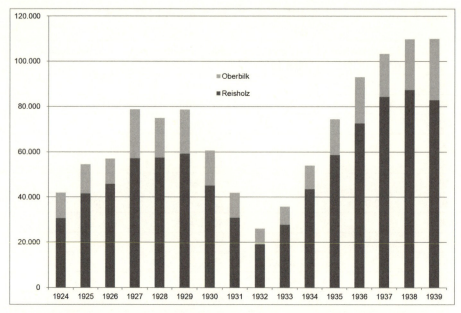

Grafik 14: Einnahmen (RM) von Thyssengas nach Geschäftsfeldern 1927 bis 1944
Quelle: HK RWE G2/289-315; eigene Berechnungen, 1930 und 1940 keine Angaben.

nicht bzw. äußerte sich erst nach wiederholtem Drängen, gab unbefriedigende Auskünfte oder wartete mit zusätzlichen, kaum erfüllbaren Forderungen auf.[55]

Das offenkundige Zeitspiel der Walsum-Manager widersprach dem institutionalisierten gemeinwirtschaftlich-kartellierten Geist der Kohlenmärkte. Doch ähnlich wie bei den Zementkartellen war es vor allem betriebswirtschaftlich motiviert: Angesichts des enormen Investitionsvolumen in die Zeche Walsum und eingedenk der Verzögerungen beim Ausbau war es ratsam, *returns on investment* nicht länger als nötig hinauszuzögern, sondern bald Einnahmen zu generieren. Wie bedeutend die Kohlenvermarktung für Thyssengas/Walsum war, zeigt sich bei den Betriebseinnahmen der Gewinn- und Verlustrechnung, die seit 1941 getrennt für Kohle und Gas/Wasser ausgewiesen wurden: Der Anteil Walsums an den gesamten Betriebseinnahmen der Gas-, Wasser- und Kohlensparte betrug 1941 bereits ein Drittel und stieg bis 1944 auf 39 Prozent, während das originäre Gas- und Wassergeschäft prozentual immer weniger zum Ertrag beitrug (vgl. Grafik 14).[56] Besonders die Exportmärkte waren für den Kohlenabsatz bedeutend: Von der Mai-Förderung Walsums 1941 (68.000 t) dienten 27,5 Prozent dem Selbst-

---

[55] Verlauf der bisherigen Verhandlungen, 24.10.1938, RWWA 130- 400101320/63
[56] Eigene Berechnungen nach Bilanzen Thyssengas 1941-1944, HK RWE G2/312-315.

verbrauch (bei Walsum und Thyssengas), 12 Prozent wurden im Inland verkauft und gut 60 Prozent exportiert, v.a. in die Niederlande und nach Dänemark, kleinere Kontingente auch nach Norwegen und Belgien.[57]

Ein weiterer Aspekt ergab sich aus der Gruppen-Logik. Da Thyssengas die eigene Walsum-Kohle nicht verwerten konnte, lag es nahe, diese zu vermarkten und die angedachte Wertschöpfungskette zu verändern: An die Stelle des Selbstverbrauchs durch Thyssengas traten Transport- und Handelsmargen der Kohlenhandelsgesellschaften und vor allem der N.V. Vulcaan, die 1930 durch weitsichtige Abmachungen mit dem RWKS und der Steenkolen Handelsvereeniging (SHV) eine vergleichsweise hohe Bewegungsfreiheit in den Niederlanden aufwies.[58]

Der (deutsche) Markt war durch das RWKS syndiziert, d.h. Walsum konnte in den Absatzgebieten des Kartells keine eigene Kohle veräußern oder musste Mitglied des Syndikats werden. Die Alternative bestand für Walsum darin, dem Syndikat weiterhin fernzubleiben und die Kohle nicht in dessen Absatzgebieten zu verkaufen. Dies missfiel dem RWKS, das die zunehmende Vermarktung der Walsum-Kohle (im Ausland) zum Anlass nahm, 1940 erneut den Beitritt der Zeche anzumahnen.[59]

Um den Druck auf Walsum zu erhöhen, schaltete das RWKS 1940 den Reichskohlenkommissar Paul Walter ein. Er lud am 3. August 1940 zu einer Besprechung. Für das Syndikat begründete dessen Vorstandsmitglied Albert Janus den neuerlichen Vorstoß damit, »dass es für das RWKS unerträglich sei, dass ein starker Aussenseiter wie Walsum bestehe, der letzten Endes wie Sprengstoff wirke.« Walter war sichtlich bemüht, eine Verständigung herbeizuführen. Er schlug den Beitritt Walsums zum RWKS vor und ermahnte beide Kontrahenten, sich inhaltlich zu bewegen: Das Syndikat müsse Rücksicht auf die junge Zeche und ihre Besonderheiten nehmen und Walsum dürfe in der Handelsfrage keine überzogenen Forderungen stellen. Die Beteiligten verständigten sich darauf, in diesem Sinne bis Oktober 1940 einen Beitrittsvertrag auszuhandeln.[60]

Das RWKS kam Walsum in vielen Punkten entgegen, doch Roelen, Krautheim, Gröninger und Kouwenhoven gingen die Vorschläge nicht weit genug. Vor allem im Handelsgeschäft wollte sich Walsum weiterhin größere Freiheiten sichern als das RWKS zugestehen wollte.[61] Walsum wollte letztlich ein vollständig selbständiges Exportgeschäft betreiben.[62] Die Verhandlungen blieben kompliziert. Die Mitgliederversammlung des RWKS billigte am 3. Dezember 1940 vorsorglich den Entwurf eines Beitrittsvertrags und ermächtigte den Syndikats-Vorstand, die Ver-

---

[57] Roelen an Reichsvereinigung Kohle, 17.6.1941, S. 2, SIT NROE/31.
[58] Vgl. Kapitel 5.2.1.
[59] Kellermann an Roelen, 26.3.1940: Besprechung vom 20.8.1940, RWWA 130-400101320/66.
[60] Aktenbericht, 20.8.1940, SIT NROE/27; Walter war Walsum wohlgesonnen, wie auch Roelen lobend gegenüber von Schröder hervorhob. Aktenbericht für die Gesellschafter (Aussprache Roelen/ von Schroeder), 8.8.1940, S. 1-2, SIT TB/978.
[61] Aktenbericht, 13.11.1940, SIT NROE/27.
[62] Bericht über die Besprechungen am 2.1. und 3.1.1941, SIT NROE/31.

Abb. 9: Kontrahenten unter sich: Vertreter des RWKS beim Besuch der Zeche Walsum am 11. Oktober 1937: v. l. Ernst Buskühl (Vorstandsvorsitzender der Harpener Bergbau AG), Albert Janus (Vorstandsvorsitzender des RWKS), Hermann Kellermann (Vorstandsmitglied der Gutehoffnungshütte AG, Vorsitzender des Aufsichtsrats des RWKS), Franz Lenze (Thyssengas), Ernst Herbig (Vorstandsmitglied des RWKS), Wilhelm Roelen (Thyssengas), Gustav Knepper (Vorstandsvorsitzender der Gelsenkirchener Bergwerks AG), Willi Huber (Raab Karcher).

handlungen auf dieser Basis zu Ende zu führen. Doch Walsum brach sie mit Brief vom 17. Dezember 1940 ab, weshalb sich das RWKS nunmehr genötigt sah, den Reichskohlenkommissar Walter zu bitten, einen Zwangsbeitritt Walsums zu veranlassen.[63]

Walter wurde allerdings kurz darauf entmachtet und die Reichsvereinigung Kohle unter Leitung von Paul Pleiger (Reichswerke Hermann Göring) zum maßgeblichen wirtschaftspolitischen Gremium für Kohlefragen.[64] Obwohl Pleiger nicht als Freund des RWKS galt,[65] zeigte er für die Argumente des Syndikats mehr Verständnis als sein Vorgänger Walter. Pleiger war nicht bereit, mehr als die bis-

---

[63] Roelen und Krautheim an RWKS, 17.12.1940, SIT NROE/27, RWKS an Reichskohlenkommissar (Entwurf), Dezember 1940 [27.12.1940], RWWA 130-400101320/66.

[64] RWM an Reichskohlenverband, 19.3.1941; Erlaß, 21.4.1941; RWM an Pleiger, 25.4.1941, RWWA 130-400101320/66. Zu diesen Vorgängen auch Priemel, Macht der Syndikate, S. 159, 171-178; Mollin, Montankonzerne, S. 135.

[65] Vgl. zu den vielfältigen Konflikten Pleigers mit dem RWKS und der Ruhrindustrie z.B. Mollin, Montankonzerne, S. 147-173.

herigen Sonderregelungen für Walsum zu akzeptieren.[66] Im Juni 1941 verurteilte Pleiger ferner Bemühungen Walsums, Kohle in die Schweiz zu exportieren, »aufs Schärfste«, gab sich aber mit Roelens vermutlich unzutreffender Erläuterung rasch zufrieden, man habe lediglich sondiert, inwieweit sich Walsum-Kohle für Schweizer Gaswerke eignete. Dennoch war Pleigers Nachfrage deutliches Indiz dafür, dass Walsum unter besonderer Beobachtung stand.[67]

Am 9. Juli 1941 stellte das RWM schließlich fest, dass die Vorbedingungen für einen Beitritt Walsums nunmehr gegeben seien.[68] Damit war klar, dass das Wirtschaftsministerium Walsum im Zweifelsfall zum Syndikatsbeitritt zwingen würde. Kellermann fürchtete zwar noch, Roelen wolle den Beitritt weiterhin mit allen Mitteln hinauszögern, präferierte aber gleichwohl einen formal freiwilligen Beitritt Walsums und mithin weitere Verhandlungen.[69] Bei diesen Besprechungen versuchte Roelen nach wie vor, die eigenen Handelsgesellschaften zu stärken, für Vulcaan eine höhere Quote in den Niederlanden durchzusetzen sowie eigenständig exportieren zu dürfen, ohne das RWKS einbinden zu müssen.[70] Darauf ließ sich das Syndikat aber nicht ein. Angesichts der klaren politischen Konstellation – und wohl auch aufgrund sehr deutlicher Drohungen Paul Pleigers[71] – trat Walsum dem Syndikat schließlich zum 1. Oktober 1941 »freiwillig« bei. Walsum wurde nach anfänglichem Zögern ebenfalls Mitglied der N.V. Malbe (Anteil: 1,3 %), einer gemeinsamen Holding von RWKS-Mitgliedern, die deren Anteile an der SHV verwaltete.[72] Die Handelsfrage war damit zwar nicht im Sinne der TBG gelöst worden, aber Kellermann hatte in einem Telefonat mit Roelen eine Hintertür geöffnet und in Aussicht gestellt, weiterhin an einer Lösung im Sinne Walsums mitzuwirken.[73]

---

[66] RWKS an Pleiger, 15.5.1941; Kellermann an Pleiger, 20.6.1941, RWWA 130-400101320/66.
[67] Pleiger an Walsum 12.6.1941, Roelen an Pleiger, 16.6.1941, SIT NROE/31. Vgl. Besprechung, 23.-27.5.1941, tkA FÜ/92. Dort findet sich zudem ein kryptischer Hinweis, Heinrich habe die Kohlenlieferungen über Herrn Hoch von Schweizer Bankverein vermittelt.
[68] Erlaß vom 9.7.1941 zitiert bei Roelen an RWKS, 12.8.1941, S. 4, SIT NROE/31.
[69] Besprechung bei der Bergabteilung des RWM in Berlin, 5.8.1941, RWWA 130-400101320/64.
[70] Entwurf eines Antwortbriefes an Walsum, 24.7.1941, RWWA 130-400101320/64.
[71] Roelen sprach nachträglich von »Lebensbedrohung«, Einiges über Aufbau und Entwicklungen bei den Gesellschaften, Mai 1946, S. 4, 11, SIT NROE/36. Formaler Aufhänger war die Kriegswirtschaftsverordnung, nach der die Behinderung kriegswirtschaftlicher Ziele mit dem Tod bestraft werden konnte. Vgl. Exposé (Roelen) [1952], S. 16, SIT/NROE 15. Leo Kluitmann vom Bergbauverein bestätigte persönliche Angriffe Pleigers auf Roelen und gab 1953 über eine Besprechung Anfang 1945 zu Protokoll: »Pleiger wies darauf hin, dass er schon einmal Anlass gehabt habe, Herrn Dr. Roelen zu verwarnen. Das sei die letzte Verwarnung. An dem Ernst der Ausführung von Herrn Pleiger konnte kein Zweifel sein.« Aktenvermerk Leo Kluitmann, 8.1.1953, SIT NROE/15. Dass Pleiger nicht zimperlich war, um seine Ziele erreichen, ist auch anderweitig belegt. Aktenvermerk über eine Fernsprechunterhaltung mit Herrn Pleiger, 20.7.1939, RWWA 130-400101320/179. Dennoch muss offen bleiben, ob er tatsächlich drohte, Roelen zu liquidieren, oder ob er es nur bei vielsagenden Hinweisen beließ, die Roelen – gewiss zu Recht – als bedrohlich empfand.
[72] Aktenvermerk (Kellermann), 13.8.1941, RWWA 130-400101320/64; Vulcaan an Walsum, 16.9.1941, Beitritt der Gewerkschaft Walsum, Entwurf, 12.8.1941, SIT NROE/31. Lübsen an die Malbe-Zechen, 1.12.1942, RWWA 130-229-2. Zur Malbe siehe auch Kapitel 5.2.1.
[73] Aktenbericht, 12.8.1941, SIT NROE/31.

Verhandlungsbedarf gab es auch noch in einer anderen Angelegenheit. Walsum war zwar dem RWKS beigetreten, erfüllte aber ein wichtiges Kriterium nicht. Mitgliedszechen des RWKS mussten Handelsgesellschaften als Tochterunternehmen besitzen, um das Selbstverbrauchsrecht zugestanden zu bekommen. Walsum war aber an der Handelsgesellschaft N.V. Vulcaan gar nicht beteiligt, sondern nur über den gemeinsamen Eigentümer Heinrich Thyssen-Bornemisza mit ihr verbunden. Daher erwirkte Roelen im Zusammenhang mit den Plänen, den Konzern zu reorganisieren,[74] eine Ausnahmegenehmigung für die TBG. Für die Dauer des Kriegs gestand das RWKS Gesellschaften, die Walsum nahe standen, das Selbstverbrauchsrecht zu und machte lediglich zur Bedingung, dass diese Gesellschaften denselben Eigentümer haben müssen.[75]

Da das RWKS mit dem Ende des Kriegs Geschichte war, musste die TBG letztlich nie ihre Beteiligungen nach den Vorgaben des Syndikats umstrukturieren. Roelens dilatorische Strategie zahlte sich auf lange Sicht aus. Seine nachträgliche Erzählung hob freilich vor allem darauf ab, dass die TBG kartellfeindlich gewesen sei. Dabei bestimmten weniger dogmatische als unmittelbar betriebswirtschaftliche Gründe die Haltung Roelens. Für Walsum selbst, vor allem aber für die TBG als Gruppe mit ihren transnationalen Verflechtungen (N.V. Vulcaan) war der Nutzen einer Außenseiterposition höher als der einer Mitgliedschaft im RWKS. Das bestritt Roelen keineswegs, aber aus der Nachkriegsperspektive war es besonders opportun, diese Motivation ins Gewand einer generellen Kartellfeindlichkeit zu kleiden.

1.3. *Transnationale Kopplung? Thyssengas im Zweiten Weltkrieg*

Aufgrund langfristiger Lieferverträge mit den VSt war es für Thyssengas zunächst kein Problem, keine eigene Steinkohlebasis zu besitzen, wie sie mit dem Ausbau Walsums eigentlich geschaffen werden sollte. Doch trotz des gesicherten Rohstoffbezugs wuchs Thyssengas langsamer als die Ruhrgas AG. Diese verfolgte eine expansivere und riskantere Strategie als Thyssengas, die sie vor allem in der Weltwirtschaftskrise in erhebliche finanzielle Schwierigkeiten brachte.[76]

Die Wassersparte von Thyssengas zeigte ein ähnliches Bild. Sie wuchs im »Dritten Reich« kontinuierlich, aber weniger stark als die der regionalen Konkurrenz, die Wasserwerk für das nördliche westfälische Kohlenrevier AG. Das Unternehmen hatte seinen Sitz in Gelsenkirchen und war daher als »Gelsenwasser« be-

---

[74] Vgl. Kapitel 2.3.3.
[75] Aktennotiz: Zur Zechenbesitzerversammlung am 27.4.1942, RWWA 130-400101320/3; Aktenvermerk betr.: Gewerkschaft Walsum, 23.4.1942, RWWA 130-400101320/64. Zum Vorgang und zur Unterstützung durch Dr. Mojert, der die volkswirtschaftliche Bedeutung der Reorganisation gegenüber dem RWKS explizit hervorhob. Roelen an Kellermann, 13.4.1942, Mojert an Kellermann, 20.4.1942, RWWA 130-400101320/64.
[76] Bleidick, Ruhrgas, S. 84-85.

Tab. 15: Gasabgabe von Thyssengas und Ruhrgas 1930-1944

Jahr	Thyssengas		Ruhrgas	
	Gasabgabe (in Mio. cbm)	Index (1930=100)	Gasabgabe (in Mio. cbm)	Index (1930=100)
1930	468	100,0	718	100,0
1935	740	158,1	1.672	232,9
1939	1.023	218,0	2.949	410,7
1944	800	170,9	3.206	446,5

Quelle: Exposé (Roelen) [1952], S. 32, SIT/NROE 15.

kannt. Die Wasserförderung stieg bei Thyssengas zwischen 1930 und 1944 um gut 28 Prozent, während Gelsenwasser um gut 56 Prozent wuchs.[77] Der Vergleich mit den Wachstumsraten der beiden konkurrierenden Partner Gelsenwasser und Ruhrgas suggerierte ein unterdurchschnittliches Wachstum – und sollte es auch. Wilhelm Roelen führte diese Zahlen nach 1945 als impliziten Beleg dafür an, dass sich »die Unternehmungen [...] keiner besonderen Förderung durch das Regime erfreut« hätten.[78] Das war freilich nur die halbe Wahrheit, denn Thyssengas setzte anders als die (regionalen) Marktführer auf langsameres und nachhaltiges Wachstum. Ferner war das Unternehmen vor allem durch den Aufbau Walsums finanziell so eingespannt, dass eine aggressive Expansionsstrategie mit einem entsprechenden Ausbau des Leitungsnetzes kaum möglich gewesen wäre. Überdies verfügte Thyssengas vor allem im Vergleich mit Ruhrgas über ein Rohstoffproblem, da die Gesellschaft nur auf drei Lieferkokereien zurückgreifen konnte, während die Ruhrgas AG ihr Gas 1930 von 23 und 1945 von 51 Kokereien bezog.[79] Thyssengas war es zumindest im Ruhrgebiet gar nicht möglich, von weiteren Kokereien Gas zu beziehen, da diese durchweg in der Ruhrgas AG organisiert bzw. an dieser beteiligt waren. Da zudem keine eigene Kokerei auf Walsum gebaut werden konnte, weil verkokbare Kohlen fehlten, war es keineswegs die angeblich geringe Förderung durch das NS-Regime, die das Wachstum von Thyssengas verlangsamte, sondern vor allem die Pfadabhängigkeiten des Rohstoffbezugs.[80]

Im Aachener Steinkohlerevier gab es allerdings ungenutzte Kapazitäten. 1938 beantragte Thyssengas bei der Reichsgruppe Energiewirtschaft den Bau einer Leitung von Palenberg nach Alsdorf, um die Kokerei der Gewerkschaft Carolus Magnus über das Gaswerk in Alsdorf an ihr Ferngasnetz anzuschließen. Alsdorf

---

[77] Exposé (Roelen) [1952], S. 32, SIT NROE/15.
[78] Exposé (Roelen) [1952], S. 15, SIT NROE/15.
[79] Exposé (Roelen) [1952], S. 31, SIT NROE/15.
[80] Vgl. zu Roelens Strategie des »Kleinrechnens« auch Böse/Farrenkopf, Zeche, S. 219.

speiste jährlich 78 Mio. m³ ins Netz von Thyssengas, weitere 32 Mio. ins Gemeinschaftsnetz Thyssengas/Ruhrgas. Der Rohstoff wurde von der Kokerei Anna bezogen, die ihre Normalleistungsfähigkeit aber bereits überschritt. Daher deuten die Pläne von Thyssengas, nun auch Carolus Magnus anzuschließen, nicht auf eine Ausweitung der Kapazitäten bzw. der Gaslieferungen hin, sondern auf eine Entlastung der Kokerei Anna. Ziel war es, den bereits eingegangenen Lieferverpflichtungen nach Aachen und Köln – mit einer Abnahme 50.000 bzw. 150.000 m³ pro Tag – sicher nachkommen zu können. Das Oberkommando der Wehrmacht erhob allerdings Einwände gegen die projektierte Leitung und begründete dies mit der militärisch sensiblen Kopplung von links- und rechtsrheinischem Gasnetz.[81]

Die Interessen der Wehrmacht verzögerten wiederholt einen raschen Ausbau des Netzes, während die Reichsgruppe Energiewirtschaft und das RWM die – meist kleinteiligen – Vorhaben in der Regel ohne Vorbehalte befürworteten.[82] Die Bauarbeiten, die die Kokerei Anna an das Ferngasnetz anschließen sollten, begannen daher erst 1943. Weil die Kokerei 1944 durch Kriegseinwirkungen zerstört wurde, konnten die Leitungen im Zweiten Weltkrieg nicht mehr genutzt werden. Das Alsdorfer Gaswerk und das Leitungsnetz überstanden die Kampfhandlungen aber nahezu unbeschadet.[83]

Der Krieg eröffnete Thyssengas allerdings doch noch eine Expansionsmöglichkeit. Am 22. Mai 1940, zehn Tage nach Beginn des deutschen Überfalls auf die Niederlande, forderte der Reichswirtschaftsminister Funk Thyssengas auf, das deutsche mit dem niederländischen Ferngasnetz zu verbinden und das Kokereigas der niederländischen (Staats-)Zechen Emma (Heerlen) und Maurits (Sittard-Geleen) über die Gaswerke in Alsdorf und Aachen in das deutsche Ferngasnetz einzuspeisen. Thyssengas sollte dafür zwei Leitungen von Vaals nach Aachen und von der Heerlener Kokerei Emma nach Alsdorf projektieren.[84]

Die Idee, das limburgische mit dem Aachener Revier zu verbinden und die Gasnetze zu koppeln, lag ökonomisch nahe. Dass das Gasunternehmen der deutsch-niederländischen Thyssen-Bornemisza-Gruppe beauftragt wurde, dessen Netz bis an die niederländische Grenze reichte, war ebenso folgerichtig. Thyssengas hatte daher keine grundsätzlichen Bedenken gegen das Projekt, doch Roelen »war sich von Anfang an mit seinem holländischen Kollegen Professor van Iterson in Heerlen darüber einig, daß ein solches Unternehmen nur auf rein ökonomischer Basis und in voller freiwilliger Übereinkunft zwischen den beiden Partnern möglich sei.«[85] Frederik Karel Theodoor van Iterson (1877–1957) leite-

---

[81] Thyssengas an Reichsgruppe Energiewirtschaft, 5.10.1938; Oberkommando der Wehrmacht an RWM, 1.11.1938; Reichsgruppe Energiewirtschaft an RWM, 3.11.1938; Thyssengas an RWM, 18.11.1938; RWM an Thyssengas, 17.12.1938, BArch Berlin R 4604/416.
[82] Vgl. für Details die Anträge und Bescheide in BArch Berlin R 4604/418.
[83] Edward A. Tenenbaum, Memorandum: The Parasite Industries of Alsdorf (Confidential), 2.2.1945; NARA RG 226, NM 54 19/A, Box 92; Exposé (Roelen) [1952], S. 32, SIT NROE/15.
[84] RWM an Thyssengas, 22.5.1940, SIT NROE/15.
[85] Exposé (Roelen) [1952], S. 33, SIT NROE/15.

1. Die Kohle- und Energiewirtschaft

te seit 1913 die niederländischen Staatsmijnen in der Provinz Limburg, die an die Region Aachen grenzte.

Da auch die deutsche Besatzungspolitik in den Niederlanden in wirtschaftlichen Fragen grundsätzlich auf eine Verständigung mit den niederländischen Stellen abzielte,[86] war Roelens Prämisse nicht ungewöhnlich; sie verhinderte aber – neben anderem – eine rasche Umsetzung des Projekts. Zunächst musste das Ferngaswerk in Alsdorf ausgebaut werden, um die zusätzlichen Gaslieferungen verarbeiten zu können. Materialengpässe bzw. -kontingentierungen sorgten für Verzögerungen, im April 1944 waren die Arbeiten noch nicht abgeschlossen. Parallel hatte sich Thyssengas mit dem Generalinspektor für Wasser und Energie, Speer, dem Reichskommissariat in den Niederlanden und den Staatsmijnen über grundsätzliche infrastrukturelle Fragen der Trassenführung und des Leitungsbaus verständigt, so dass von deutscher Seite die Voraussetzungen für die Kopplung der Netze im Großen und Ganzen geschaffen worden waren. Die niederländische Seite sorgte sich freilich um die Rentabilität ihrer Anlagen und stellte Forderungen auf, die sich kaum erfüllen ließen. Erstens benötigten die niederländischen Kokereien zusätzliche Kokskohle, um ihre Kapazitäten auszulasten, zweitens sollte der Absatz dieser Kokskohle gesichert werden, drittens sollte die niederländische Gasversorgung auf Dauer Vorrang vor der Gasabgabe ins deutsche Netz haben und viertens wirtschafteten die Werke in den Niederlanden nur dann rentabel, wenn sie einen doppelt so hohen Preis verlangten wie ihn deutsche Abnehmer bislang bezahlten.[87]

Nachdem Anfang 1944 mehrere Besprechungen[88] zwischen Thyssengas, den Staatsmijnen und Vertretern deutscher wie niederländischer Behörden die offenen Fragen nicht lösen konnten, wies der Generalinspektor für Wasser und Energie am 18. März 1944 Thyssengas an, wirtschaftliche Erwägungen hintanzustellen und unverzüglich mit dem Bau der Leitung beginnen.[89] Die Zeit drängte, da durch Bombenangriffe auf Arnheim, Enschede und Nijmwegen die dortigen Gaswerke beschädigt bzw. im Falle Arnheims zerstört worden waren. Die Städte versuchten daher, ihren Gasbedarf fortan über die Kokereien in Limburg zu decken, was deren Fähigkeit, Gas nach Deutschland zu liefern, beeinträchtigte.[90]

Doch auch der erhöhte politische Druck führte nicht mehr zum gewünschten Ergebnis. Am 11. September 1944 telegraphierte der Generalinspektor, dass die »ferngasleitung heerlen – alsdorf [...] wegen der militärischen ereignisse zurzeit nicht weiter gebaut« werde.[91] Das Aachener Revier versank anschließend im Chaos. Instruktiv hierfür ist eine Schilderung Roelens aus dem Oktober 1944, in der

---

[86] Vgl. Kapitel 2.3.4.
[87] Thyssengas an Generalinspektor für Wasser und Energie (Entwurf), 24.4.1944, S. 1-2; BArch Berlin R 4604/418; Zusammenfassende Darstellung (Roelen), 14.2.1944, S. 1, BArch Berlin R 4604/420.
[88] Aktennotiz, 15.2.1944, über eine Besprechung am 11.2.1944, BArch Berlin R 4604/420.
[89] Generalinspektor für Wasser und Energie an Thyssengas, 18.3.1944, BArch Berlin R 4604/420.
[90] Roelen an Lohmann, 1.3.1944; Roelen an Lohmann, 3.3.1944, BArch Berlin R 4604/420.
[91] Generalinspektor für Wasser und Energie an Einsatzgruppe Hansa, 11.9.1944, BArch Berlin R 4604/420.

er auf widersprüchliche Anweisungen der (lokalen) Parteistellen und des Rüstungsministeriums verwies. Während die Gauleitung verfügte, Zechen zu schließen, Fremdarbeiter abzog und deutsche Arbeitskräfte an den Westwall in die Eifel delegierte, hatten Rüstungsminister Speer und Pleiger (Reichsvereinigung Kohle) die Weisung ausgegeben, die Produktion so lange wie möglich aufrecht zu erhalten. Dies war zwar eher einer der letzten Belege für die Dysfunktionalitäten im polykratischen NS-System sowie ein eindeutiges Zeichen für den Staatszerfall, doch durch die geschaffenen Fakten lag die Kohleförderung im Aachener Revier und damit auch die Produktion von Kokereigas für das Gaswerk in Alsdorf bereits seit Anfang September 1944 darnieder.[92] Kurze Zeit später, im Oktober 1944, ruhte auch die Produktion bei Thyssengas in Hamborn als Folge umfangreicher Bombardements. Das Gaswerk war zwischen 1942 und Dezember 1944 Ziel von fünf Bombenangriffen, die Wasserwerke wurden sieben Mal bombardiert (1942, 1944 und 1945); ihre schwersten Schäden resultierten von den letzten Bombardements im März 1945.[93]

Die Anlagen im Aachener Revier waren nach Kriegsende weitgehend intakt. Somit konnte auch die vom Reichswirtschaftsministerium initiierte Kopplung des deutschen mit dem niederländischen Ferngasnetz umgesetzt werden – unter anderen Vorzeichen: Die britischen Besatzungsbehörden verfügten, dass Thyssengas Ferngas in die Niederlande lieferte statt, wie ursprünglich angedacht, niederländisches Ferngas in das deutsche Netz zu speisen. Dieser politische Anstoß wurde schließlich privatrechtlich durch einen Liefervertrag zwischen Thyssengas und den Staatsmijnen geregelt. Da Thyssengas aber nicht genug Kokereigas beziehen konnte, musste das Unternehmen die Ruhrgas AG in das Vertragswerk aufnehmen,[94] obwohl vor allem Roelen keine übermäßig hohe Meinung über den Konkurrenten mehr hatte: »Der machtpolitische und monopolistische Gedanke vom alten Syndikat und den sogenannten Gemeinschaftsunternehmen, dabei Ruhrgas voran, sitzt nach wie vor in den Gehirnen, und es tut not, dass diese Weltfremden die Grenzen der Realität rasch erfahren.«[95]

Im Ergebnis machte sich Roelens Haltung seit 1940, den Anschluss durch freie Vertragsgestaltung nach kaufmännischen Prinzipien zu gestalten, gleichwohl bezahlt, da die niederländischen Stellen Thyssengas unter den neuen politischen Gegebenheiten nach 1945 ebenfalls kaufmännisch fair behandelten.[96]

---

[92] Persönliche Niederschrift über die Vorgänge zur Stilllegung von Ferngaswerk Alsdorf (Roelen), 10.10.1944, S. 1-4, SIT TB/2140.
[93] Aktennotiz Statistische Erhebung der Militär-Regierung, 6.8.1945, S. 2-3, NARA RG 243 Entry 6 Box 390; dort auch detaillierte Aufstellungen über den monatlichen Ausstoß der Gas- und Wasserwerke sowie geleistete und ausgefallene Arbeitsstunden.
[94] Thyssengas an RTK, 18.8.1947, SIT TB/2139.
[95] Roelen an Hans Heinrich Thyssen-Bornemisza, 13.3.1948, SIT TB/2139.
[96] Exposé (Roelen) [1952], S. 33, SIT NROE/15; allerdings war Roelen bei den Besprechungen nicht mehr involviert, sondern Hans Heinrich Thyssen-Bornemisza hatte die Führung übernommen, auch weil er im Zweifel als »Holländer« zu vermitteln war und, anders als Roelen, auch in die Niederlande reisen durfte. Vgl. Bericht zur Besprechung im Haager Wirtschaftsministerium,

1.4. Facetten transnationaler Selbstfinanzierung: Investitionen bei Thyssengas/Walsum

Die finanzielle Entwicklung von Thyssengas wich von jener der übrigen Thyssen-Bornemisza-Gesellschaften deutlich ab. Das Unternehmen erwirtschaftete aufgrund des großen Investitionsprogramms – von 1927 bis 1948 wurden allein in den Ausbau Walsums 80 Mio. RM investiert[97] – seit 1929 durchgängig Verluste, baute Reserven ab und war nicht in der Lage, die Neuanlagen aus eigenen Mitteln oder laufenden Einnahmen zu finanzieren.

Das Anlagevermögen wuchs durch die Investitionen kontinuierlich an; die Delle von 1939 auf 1940 resultiert aus einem veränderten Bilanzschema, das überdies den Entwicklungen um die »Hollandabgabe«[98] Rechnung trug. Diese bzw. die folgenden Neubewertungen waren auch für den größten Verlust von Thyssengas mit gut 16,7 Mio. RM (1941) verantwortlich. Das entsprach exakt der Summe der Steuernachzahlungen.

Auch jenseits der »Hollandabgabe« war Thyssengas ein Sonderfall in der TBG: Schon die PWR galten mit einem Aktienkapital von gut fünf Millionen RM und einem Anlagevermögen von etwa der Hälfte um 1940 als unterkapitalisiert, für Thyssengas galt dies erst recht: 1939 belief sich das Anlagevermögen auf 120 Millionen RM, das Gesellschaftskapital hingegen nur auf drei Millionen RM; auch das gesamte Eigenkapital war mit neun Millionen RM bescheiden.[99] Die Konsequenz aus dieser Unterfinanzierung war eine formal hohe Abhängigkeit von externen Geldgebern. Während die Fremdkapitalquote, der Anteil von Fremdkapital an den Aktiva, mit 65 bis 70 Prozent noch an der Obergrenze dessen lag, was heutzutage als betriebswirtschaftlich angemessen gilt, deutete der Verschuldungsgrad, das Verhältnis vom Fremd- zum Eigenkapital, mit bis zu 1.200 Prozent auf eine Überschuldung von Thyssengas hin.

Allerdings waren die externen Fremdkapitalgeber bei Thyssengas tatsächlich interne Eigenkapitalgeber – nicht formal, sondern faktisch. Beispielsweise wies die Bilanz von Thyssengas zum 31. Dezember 1938 ein Fremdkapital von gut 90 Mio. RM aus, darunter knapp 79 Mio. RM Kreditoren.[100] Von diesen Darlehn stammten etwa 60 Mio. RM von den verschiedenen Kreditkonten der BHS (inklusive der »Hollandabgabe«), ein weiterer Teil direkt von der August-Thyssen-Bank, die 1934 mit Genehmigung der Behörden knapp acht Millionen RM Thyssengaskredite von der BHS übernommen hatte.[101] Zudem stellte die ATB

  8.11.1947, SIT TB/2143; Roelen an Hans Heinrich Thyssen-Bornemisza, 13.3.1948, SIT TB/2139. Zugute kam der TBG gewiss auch, dass Iterson die Bedeutung der Verflechtung beider Wirtschaftsregionen explizit herausstellte. Over Ijzer-Staal-Cokes en bijzonderheden, 25.6.1945 (Iterson), NL-HaNA 2.05.86, inv.nr. 270.

[97] Memorandum Zeche Walsum, 17.3.1949, S. 3, BArch Koblenz B 109/3663, Bl. 178.
[98] Vgl. Kapitel 2.3.1.
[99] Eigene Berechnung nach Bilanz Thyssengas zum 31.12.1939, HK RWE G2/308.
[100] Bilanz Thyssengas zum 31.12.1938, HK RWE G2/306.
[101] Bericht des Devisenprüfers Damaschke, 28.7.1939, S. 2, SIT TB/2019.

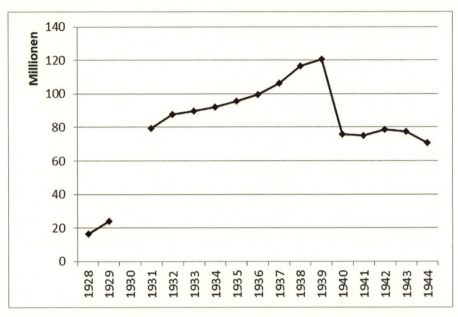

Grafik 15: Entwicklung des Anlagevermögens von Thyssengas 1928 bis 1944 (RM)
Quelle: HK RWE G2/289-315; eigene Berechnungen, 1930 keine Angabe.

Thyssengas Mittel aus den Bankguthaben der PWR zur Verfügung, die diese bei der Konzernbank angelegt hatten.[102] 1941 kreditierte die ATB das Energieunternehmen mit 4,6 Mio. hfl. und gut 7,7 Mio. RM über das ausgewiesene Darlehnskonto von Thyssengas, mit weiteren 13,3 Mio. RM über ein zusätzliches Konto.[103] Bei diesem letzten Posten dürfte es sich um die weitergeleiteten PWR-Guthaben gehandelt haben. Das Düsseldorfer Unternehmen wies in der Bilanz von 1941 gut 15 Mio. RM Bankguthaben aus.[104]

Damit vergaben nahezu ausschließlich Gruppenunternehmen Kredite an Thyssengas. Verkürzt ausgedrückt, finanzierte Heinrich das Vorhaben mithin selbst. Mit der (erzwungenen) Kapitalerhöhung 1942 bzw. der bereits ein Jahr zuvor bilanziell wirksamen Umwandlung der »Hollandabgabe« von Fremd- in Eigenkapital ergab sich bei einem Verschuldungsgrad von unter 200 Prozent schließlich ein realistischeres Bild; freilich brachte weiterhin die TBG dieses »Fremdkapital« auf.

Noch bei einem zweiten Punkt weichen die Thyssengas-Bilanzen von den Gruppenmustern ab. Grundsätzlich bezahlte keines der Unternehmen Dividen-

---

[102] Report about the financial conditions of Press- und Walzwerke Aktiengesellschaft, Düsseldorf-Reisholz, S. 3-4. August-Thyssen-Bank-Interrogations Exhibit 7, NARA M1922 Roll 0058.
[103] Kontenübersicht ATB zum 31.12.1943, SIT TB/991.
[104] Eintrag Press- und Walzwerk, Handbuch der deutschen Aktiengesellschaften 1941/II, S. 3678-3679.

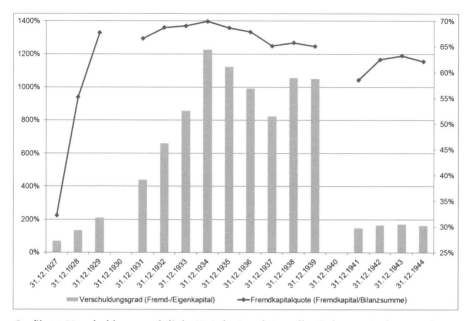

Grafik 16: Verschuldungsgrad (linke Y-Achse) und Fremdkapitalquote (rechte Y-Achse) bei Thyssengas 1927 bis 1944
Quelle: HK RWE G2/289-315; eigene Berechnungen, 1930 und 1940 keine Angaben.

den aus der Substanz, sieht man von der begründbaren und nur temporären Ausnahme der N.V. Vulcaan ab.[105] Da die niederländische Gesellschaft zuvor umfangreiche Reserven aufgebaut hatte, handelte es sich ohnehin eher um verstetigte Dividendenzahlungen als um einen Abbau der Substanz. Thyssengas hingegen zahlte trotz kontinuierlicher Bilanzverluste und aufgezehrter (ausgewiesener) Reserven in den Jahren 1937 bis 1939 sowie 1941 und 1942 Dividenden. Bis auf das Jahr 1941, als nur 180.000 RM ausgeschüttet wurden, bewegte sich die Dividendensumme zwischen 500.000 und 600.000 RM.[106]

Dies wirkte für einige Zeitgenossen so, als zahlte Thyssengas diese Dividenden aus der Substanz an Heinrich Thyssen-Bornemisza. Aus der Sicht des NS-Staates handelte es sich mithin um eine »Gewinnabsaugung« zugunsten eines Ausländers. In NS-Kreisen galt Heinrich Thyssen-Bornemisza deshalb »nicht als deutschfreundlich«. Roelen konnte solche Bedenken aber zerstreuen, indem er für die deutschen Gesellschaften der TBG auf den »vollsten Übereinklang mit den staatspolitischen Interessen« verwies und darlegte, dass die Dividendenzahlungen an

---
[105] Vgl. Kapitel 5.2.2.
[106] Eigene Berechnungen nach Deutsche Gesellschaften der Thyssen-Bornemisza-Gruppe, 1.1.1949, SIT NROE/13.

Heinrich Thyssen-Bornemisza ausschließlich im Deutschen Reich verwendet würden, v.a. für die Stiftung Schloss Landsberg sowie die Vollblutzucht (Erlenhof).[107]

Das Vorgehen war betriebswirtschaftlich sinnvoll, denn theoretisch hätten auch die deutlich ertragsstärkeren PWR Mittel für Heinrichs private Belange bereitstellen können. Doch bei Reisholz griffen Dividendenbeschränkungen, bei Thyssengas nicht. Da die Überschussmittel der PWR ohnehin dazu dienten, Thyssengas zu kreditieren, war der Umweg über eine Thyssengasdividende auch eine Möglichkeit für die PWR, faktisch eine höhere Dividende auszuschütten. Zumindest nachträglich hielten die Steuerbehörden eine solche Querverbindung implizit für wünschenswert, da sie 1944 die Organschaft zwischen den PWR und Thyssengas anerkannten.[108]

1.5. Zwischen Familienzwist und Großraubwirtschaft: Stephan Thyssen-Bornemisza und die Seismos GmbH

Im April 1921 hatten einige deutsche Bergbauunternehmen, darunter spätere Gründungsgesellschaften der VSt, die Seismos Gesellschaft mit beschränkter Haftung zur Erforschung von Gebirgsschichten und nutzbaren Lagerstätten gegründet, um ein von Ludger Mintrop entwickeltes Verfahren zur Ermittlung des Aufbaus von Gebirgsschichten wirtschaftlich zu verwerten. Die Gesellschaft etablierte sich rasch als international anerkanntes Unternehmen für angewandte Geophysik. Es stellte vor allem wissenschaftliche Expertise bereit, um natürliche Ressourcen wie Kohle, Erze, Salze oder (zunehmend) Erdöl zu identifizieren und Kosten einer möglichen Erschließung zu projizieren.[109]

1932 war der naturwissenschaftlich ausgebildete Stephan Thyssen-Bornemisza bei der Seismos GmbH eingetreten, die damals noch nicht zum Einflussbereich seines Vaters Heinrich gehörte. Nach dem Ausscheiden Mintrops rückte Stephan in der Unternehmenshierarchie auf, wurde 1933 (oder 1935)[110] Geschäftsführer und war maßgeblich an der Entwicklung des Thyssen'schen Gravimeters beteiligt, einem innovativen Messgerät, das auf der Pariser Weltausstellung mit der Goldmedaille ausgezeichnet wurde und in den 1930er und 1940er Jahren bei der Erschließung neuer Rohstoffvorkommen half. Nach Differenzen mit Fritz Thyssen drohte der damalige Alleingeschäftsführer Stephan Thyssen-Bornemisza 1937

---

[107] Aktenbericht für die Gesellschafter (Aussprache Roelen/von Schroeder), 8.8.1940, S. 2-4, SIT TB/978.
[108] Vgl. oben Kapitel 2.3.4.
[109] »Fünf Jahrzehnte deutsche angewandte Geophysik«, in: Prakla-Seismos Report 1971, S. 2-7, vgl. Keppner, Mintrop.
[110] Derix, Thyssens, S. 184, verweist auf widersprüchliche Angaben Stephan Thyssen-Bornemiszas. Da Mintrop 1933 aus der Geschäftsführung ausschied, ist es wahrscheinlich, dass Stephan ihm unmittelbar nachfolgte.

allerdings, Seismos zu verlassen. In dieser Situation ließ Heinrich die Gesellschaft durch Thyssengas für 1,5 Mio. RM erwerben.[111] Er gliederte sie in seine Gruppe ein und erlangte somit wieder (unternehmerische) Kontrolle über seinen Sohn, zu dem er stets ein spannungsreiches Verhältnis hatte.[112]

Trotz des vergleichsweise hohen Kaufpreises stellte die Beteiligung für Heinrich keine verlorene Investition dar, die nur mit familiären Erwägungen erklärt werden könnte. Seismos erwirtschaftete in den Folgejahren hohe Erträge – und schüttete sie aus: Von 1938 bis 1942 zahlte Seismos bei einem Gesellschaftskapital von 128.000 RM Dividenden zwischen 137 und 355 Prozent, zusammen gut 1,6 Mio. RM. In nur fünf Jahren hatte sich der Kaufpreis mithin amortisiert. Da Seismos in derselben Zeit die eigenen Reserven nicht erhöhte, weichen sowohl Dividendenausschüttung als auch Reservebildung von den Usancen der anderen Gruppenunternehmen deutlich ab.[113] Dies unterstützt Simone Derix' Einschätzung, Heinrich habe den Seismos-Erwerb auch dazu genutzt, die väterliche Macht gegenüber seinem Sohn zu demonstrieren. Kaufmann, der Heinrich nun einmal war, ließ er sich die vergiftete Gefälligkeit gegenüber Stephan durch Seismos bezahlen. Stephan konnte zwar in verantwortungsvoller Position weiterarbeiten, aber Heinrich beschränkte seine Verfügungsrechte und stellte ihm zwei Geschäftsführer zur Seite. Hinsichtlich der finanziellen und unternehmerischen Dispositionsfreiheit waren Stephan mithin enge Grenzen gesetzt worden.[114] Wie wenig Seismos eine strategische Bedeutung hatte, zeigt sich auch daran, dass Heinrich 1941 erwog, das Unternehmen wieder zu verkaufen.[115]

Eine geschäftliche Beschränkung hatte sich bereits infolge der Weltwirtschaftskrise ergeben. Unmittelbar waren Aufträge aus dem Ausland ausgeblieben und mittelbar stimulierte die Abkopplung des Deutschen Reichs vom Weltmarkt eine importsubstituierende Rohstoffpolitik. Dazu gehörte neben den Anstrengungen, synthetische Rohstoffe herzustellen (Buna als Kunstkautschuk, Benzin durch Kohlenhydrierung), auch die Erschließung von Rohstoffvorkommen im Deutschen Reich (»geophysikalische Reichsaufnahme«). Sie erstreckte sich im Zweiten Weltkrieg auch auf die besetzten Gebiete.[116] Die Autarkiebestrebungen als besonders drastische Form des Wirtschaftsnationalismus erwiesen sich als Arbeitsbeschaffungsprogramm für die Seismos GmbH, die deutlich mehr Aufträge erhielt,

---

[111] Konkret erwarb Thyssengas 75 % der Seismos GmbH. Deren Tochter, die Niederrheinischen Gas- und Wasserwerke, übernahm die übrigen 25 % von der ATH und Thyssen & Co., die zuvor jeweils 50 % der Seismos-Anteile besessen hatten. August-Thyssen-Bank AG: Thyssen-Bornemisza-Concern Report, Exhibit A: The German Enterprises, S. 25, NARA M1922 Roll 0058.
[112] Derix, Thyssens, S. 183–188.
[113] Übersichten über die deutschen Gesellschaften der TB-Gruppe zum 1.1.1949, SIT NROE/13.
[114] Derix, Thyssens, S. 185-186.
[115] Aktenbericht, 9.11.1941, S. 2, tkA FÜ/92.
[116] Vgl. exemplarisch mit einigen Bezügen zu Seismos, Kockel, Ölpolitik, 25, 112-113, 164-166.

als sie abwickeln konnte. Daher wurde ihr von Staats wegen 1937 die Gesellschaft für Praktische Lagerstättenforschung (Prakla) an die Seite gestellt.[117]

Die (Staats-)Auftrags- und die Ertragslage von Seismos waren unter diesen Bedingungen äußerst günstig.[118] Im Juli 1940 berichtete Roelen, dass die Gesellschaft in den Ostgebieten »gut beschäftigt« sei und dass die Kapitalrendite etwa 20 Prozent betrage.[119] 1942 waren die Auftragsbücher von Seismos weiterhin voll und die Erträge ebenfalls stabil, wenngleich weniger sichtbar. Der Preiskommissar erkannte die Organschaft mit Thyssengas an, sodass die (hohen) Gewinne von Seismos mit Verlusten von Thyssengas verrechnet werden konnten und daher nicht Gefahr liefen, als unzulässiger Kriegsgewinn abgeschöpft zu werden.[120] Mit der Kriegswende 1943 reduzierte sich auch das Geschäftsvolumen von Seismos, aber die wirtschaftliche Lage war zunächst »doch noch befriedigend«[121] und trotz zunehmender Störungen erwirtschaftete Seismos auch 1943 und 1944 Gewinne.[122] Noch im Oktober 1944 galt Seismos als »zunächst noch ausreichend beschäftigt.«[123]

Wenn es opportun schien, so vor allem bei den Verhandlungen um den Konzernumbau 1943/44, stellte auch die TBG die »kriegsentscheidende Aufgabe« der Seismos GmbH und ihre vorrangige Behandlung durch die deutschen Behörden heraus.[124] An der exponierten Stellung der Seismos GmbH in der Kriegswirtschaft und Expansionspolitik des »Dritten Reichs« besteht kein Zweifel. Im Gegensatz zu anderen staatlich geförderten Vorhaben im Grenzbereich zwischen Wissenschaft und Wirtschaft funktionierte das Geschäftsmodell von Seismos keineswegs nur unter den spezifischen Bedingungen des Nationalsozialismus, sodass das Ende des NS-Systems für Seismos keine Zäsur darstellte. 1946 arbeiteten die 85 Mitarbeiter, darunter auch weiterhin Geschäftsführer Stephan Thyssen-Bornemisza – vornehmlich an Aufträgen der North German Oil Control.[125] Wie Seismos war auch die Prakla unmittelbar nach Kriegsende vor allem für deutsche Erdölgesellschaften tätig geworden. Beide Unternehmen, die sich lange ergänzt hatten, schlossen sich schließlich 1963 zusammen, um (wieder) für globale Anforderungen gerüstet zu sein.[126]

Mag man die Tätigkeit der Seismos GmbH im und für den Nationalsozialismus noch damit erklären können, dass sich aufgrund der weltwirtschaftlichen und

---

[117] »Fünf Jahrzehnte deutsche angewandte Geophysik«, in: Prakla-Seismos Report 1971, S. 6-7.
[118] Derix, Thyssens, S. 187.
[119] Besprechungsordnung, 9.7.1940, tkA FÜ/92.
[120] Aktenbericht, 30.3.1942, S. 5, tkA FÜ/92; zur Gewinnabschöpfung und den wechselnden Zuständigkeiten von Preiskommissar und RFM Spoerer, Von Scheingewinnen zum Rüstungsboom, S. 90-91; vgl. neuerdings Banken, Hitlers Steuerstaat, S. 405-406.
[121] Aktenbericht, 30.8.1943, S. 5, tkA FÜ/92.
[122] Aktenbericht, 6.11.1943, S. 5, Aktenbericht 2.2.1944, S. 7, tkA FÜ/92.
[123] Aktenbericht 10.10.1944, S. 5, tkA FÜ/92.
[124] Aktenbericht Neugruppierung des Konzerns, 24.4.1944, S. 7-8, SIT TB/4815.
[125] August-Thyssen-Bank AG: Thyssen-Bornemisza-Concern Report, Exhibit A: The German Enterprises, S. 25, NARA M1922 Roll 0058.
[126] »Fünf Jahrzehnte deutsche angewandte Geophysik«, in: Prakla-Seismos Report 1971, S. 6-7.

weltpolitischen Entwicklungen seit Anfang der 1930er Jahre die Aufträge des Unternehmens lediglich geographisch verschoben hatten und somit die Alternative zur Kooperation mit dem NS-Staat allenfalls im Konkurs bestanden hätte, lässt sich das Verhalten ihres Geschäftsführers, Stephan Thyssen-Bornemisza, nicht als einfaches Mitläufertum beschreiben. Auf Grundlage seiner Tätigkeit bei der Seismos GmbH boten sich ihm im NS-Staat vielfältige Karrierechancen. So strebte er, indes wenig erfolgreich, eine wissenschaftliche Karriere an, vernetzte sich in Hannover, dem Sitz von Seismos, mit lokalen NS-Eliten, verfügte in Parteikreisen über einen guten Leumund und knüpfte insgesamt im korrumpierenden Gefälligkeitssystem des Nationalsozialismus zahlreiche Kontakte. Sie nutzten ihm gesellschaftlich und geschäftlich – und ließen ihn derart zu einem Akteur der NS-Expansionspolitik werden. Stephan Thyssen-Bornemisza reiste nach 1938 häufig in die besetzten Gebiete und ließ sich dafür auch von seinen Lehrauftrag an der Universität Münster entbinden.[127] Diese Reisen standen zwar häufig im Zusammenhang mit seiner Tätigkeit bei der Seismos GmbH, doch er nutzte sie auch, um sich in Österreich und Ungarn ein Bild der Wirtschaft vor Ort zu machen, dort Unternehmen zu besuchen und zu bewerten, Informationen zusammenzutragen und weiterzuleiten.[128]

Stephan Thyssen-Bornemisza nutzte diese Reisen freilich vor allem, um lukrative Anlagemöglichkeiten für sein privates Vermögen zu identifizieren. Mit seinem Patenonkel, August Thyssen jr., hatte er einen Erbvertrag geschlossen, der es ihm ermöglichte, bereits zu Lebzeiten August jr. – dieser starb 1943 – Kredite auf das Erbe aufzunehmen. Mit diesen Darlehn wollte er sein Vermögen diversifizieren und wertsichern. Beispielsweise erwarb Stephan zwischen 1940 und 1944 Schmuck und Diamanten im Wert von etwa 600.000 RM, ferner Unternehmensbeteiligungen, Grundbesitz, Obligationen und Hypotheken.[129]

Mit dem damaligen Leiter der Leipziger Filiale der Deutschen Bank, Walter Tron, fanden Stephan Thyssen-Bornemisza und sein Berater Paul Langkopf, der Vermögensverwalter von August jr., einen sachkundigen Vermittler von Vermögensanlagen. Tron wechselte 1942 zur Österreichischen Credit-Anstalt, die im Zuge der deutschen »Großraubwirtschaft« eine maßgebliche Rolle bei der »Arisierung« jüdischen Vermögens sowie bei der ökonomischen Durchdringung Südosteuropas spielte.[130]

---

[127] Derix, Thyssens, S. 187-193.
[128] Exemplarisch Stephan Thyssen-Bornemisza an Paul Langkopf, 11.11.1940, HIDB V02/0012; Stephan Thyssen-Bornemisza an Tron, 23.8.1943, HIDB V02/0019.
[129] Derix, Thyssens, S. 446-447.
[130] Bis zum »Anschluss« Österreichs war die Bank eng mit dem Bankhaus Rothschild verbunden gewesen, ehe ihre Kapitalmehrheit von der reichseigenen VIAG und von der Deutschen Bank übernommen wurde. Die VIAG besaß Anfang 1942 50,92 Prozent der Aktien, die Deutsche Bank 36 Prozent. Im April 1942 erwarb die Deutsche Bank schließlich 25 Prozent von der VIAG, sodass sie mit 61 Prozent Mehrheitseignerin wurde, während die VIAG mit 25,92 Prozent eine Sperrminorität behielt. Damit formalisierte die Berliner Großbank letztlich die bereits zuvor bestehende, enge

Dies hieß auch, Informationen über »nicht-arische« Vermögen beizubringen, die »freiwillige« Abtretung des Eigentums zu organisieren und Käufer für die enteigneten oder »arisierten« Vermögensgegenstände zu finden.[131] Mangels Belegen vermutet Simone Derix plausibel, dass sich unter den Diamanten, die Stephan Thyssen-Bornemisza erwarb, auch ehemals jüdisches Eigentum befand, das u.a. durch Tron vermittelt wurde.[132] Nachweislich war dies bei einigen unternehmerischen Beteiligungen der Fall. Beispielsweise unterzeichnete Stephan Thyssen-Bornemisza am 8. November 1940 einen Vorvertrag zum Erwerb von nominell drei Millionen Kronen Aktien der Jungbunzlauer Spiritus- und Chemische Fabrik in Prag, die – wie weitere Spiritus- und Likörfabriken in Wien, Lembery, Györ, Trenenzin – zum »arisierten« Lederer-Konzern gehörte.[133] Das treuhänderisch verwaltete Kapital war zu einem Großteil im Besitz der jüdischen Familie Lederer gewesen, die teils ungarische, teils österreichische Staatsbürger waren.[134] Die einzelnen Gesellschaften des Konzerns waren untereinander kapitalverflochten, z.B. besaß die Jungbunzlauer Spiritus- und Chemische Fabrik AG Wien, 45 Prozent des Prager Unternehmens. Ursprünglich war daran gedacht, den Konzern als Ganzes zu veräußern, allerdings protestierte der ungarische Staat gegen das Vorhaben. Nicht zuletzt »aufgrund seiner ungarischen Staatsangehörigkeit und seiner ausgezeichneten Beziehungen zu den ungarischen Behörden« wähnte sich Stephan Thyssen-Bornemisza in einer guten Position, die Anteile beider Familienzweige – gemeinsam mit einem nicht näher bezeichneten zweiten Investor[135] – übernehmen zu können. Wenig dezent verwies die Leipziger Filiale der Deutschen Bank zudem darauf, dass Stephan Thyssen-Bornemisza mit Hermann Göring gut bekannt sei.[136]

Die Verhandlungen waren kompliziert, weil der Treuhänder des Wiener Familienzweigs, Direktor Berchthold, offensichtlich versuchte, im Sinne seiner Mandanten die zahlreichen Kaufinteressenten gegeneinander auszuspielen. Mit Dr. Biesenbach, dem Vertreter der ungarischen Familienmitglieder, schienen die Verhandlungen einfacher zu sein, sodass Stephan im November 1940 noch damit rechnete, sich zumindest an zwei Unternehmen des Lederer-Konzerns beteiligen zu können.[137] Dafür hatte er auch eine Beteiligung an der C. Schember & Söhne, Brückenwaagen und Maschinenfabriken AG, verworfen, die ihm ebenfalls von Tron angedient worden war.[138]

---

geschäftspolitische Zusammenarbeit mit der Credit-Anstalt im Osten und Südosten Europas. Feldman, Austrian Banks, S. 99-116.
[131] Vgl. konzis Ziegler, Erosion der Kaufmannsmoral.
[132] Derix, Thyssens, S. 447.
[133] Vorvertrag, 8.11.1940, HIDB V02/0013.
[134] Exposé Lederer-Konzern, o.D. HIDB V02/0012.
[135] Aktenvermerk Objekte in der Ostmark, 31.5.1940, HIDB V02/0012.
[136] Deutsche Bank Leipzig an Regierungsrat Dr. von Coelln (RWM), 16.7.1940, HIDB V02/0012.
[137] Stephan Thyssen-Bornemisza an Paul Langkopf, 11.11.1940, HIDB V02/0012.
[138] Feldman, Austrian Banks, S. 347-349.

1. Die Kohle- und Energiewirtschaft

Im Frühjahr 1941 präsentierten die Behörden im Protektorat Böhmen und Mähren mit der Wiener Spiritusindustrie AG einen Kaufinteressenten für die Prager Fabrik des Lederer-Konzerns, der ihnen angenehmer war als Thyssen-Bornemisza. In dieser Konstellation sollte sich Stephan rasch entscheiden, ob er den im Raum stehenden Kaufpreis von 1,35 Mio. RM für 50 Prozent oder 3 Mio. RM für 100 Prozent der Anteile bezahlen werde. Dieser Kaufpreis war bis dahin nur aufgrund eines technischen Gutachtens ermittelt worden; ein kaufmännisches fehlte noch. Deshalb konnte sich Stephan Thyssen-Bornemisza nicht dazu durchringen, das Kaufangebot schriftlich zu fixieren. Das Geschäft kam nicht zustande.[139]

Etwa zur selben Zeit, im Frühjahr 1941, interessierte sich Stephan Thyssen-Bornemisza auch für die Berlin-Gubener Hutfabrik, eine »arisierte« Aktiengesellschaft, an der er sich mit gut 1,6 Mio. RM beteiligen wollte. Doch auch hier bestand er zunächst auf eine abschließende kaufmännische Prüfung des Kaufpreises.[140] Andere Vorhaben, z.B. eine Beteiligung an der Riemer AG, einer Papiergroßhandlung in Prag, ließen sich ebenfalls nicht rasch realisieren, doch brachten sie Stephan Thyssen-Bornemisza mit einem Herrn Hinze in Kontakt, der sich mit Thyssen-Bornemisza an der Riemer AG beteiligen wollte. Hinze war Alleininhaber des Papierhandlung F.A. Wölbling und suchte 1942 nach einem stillen Teilhaber, den er schließlich in Stephan Thyssen-Bornemisza fand.[141] Bei der Köllmann Getriebebau GmbH, die aufgrund von Rüstungsaufträgen florierte, war Stephan Thyssen-Bornemisza ebenfalls Gesellschafter.[142] Auf Vermittlung Trons hatte er zuvor schon nominell 950.000 RM Aktien der Nordhäuser Maschinen- und Apparatebau AG (Mabag) erworben, die umfangreich in die Rüstungswirtschaft eingebunden war.[143]

Stephan Thyssen-Bornemisza interessierte offenbar weder die Herkunft von Unternehmensbeteiligungen noch die Art und Weise, womit die Unternehmen ihr Geld verdienten, sondern lediglich, ob seine Beteiligungen dauerhaft ertragreich waren. Eine unternehmerische Zielsetzung verfolgte er dabei nicht. Stephan Thyssen-Bornemisza beteiligte sich nur als Kapitalgeber und nahm Mandate in den Kontrollgremien wahr, verzichtete aber auf jegliche Unternehmerfunktion. Er suchte im Zuge seiner Vermögensdiversifizierung nach lukrativen Anlagemöglichkeiten, die ihm Tron bereitwillig andiente. Seine Beteiligungen folgten vornehmlich Opportunitäts- und Rentabilitätserwägungen. Er investierte sowohl in Unternehmen der Rüstungs- als auch in solche der Konsumgüterindustrie. Dass dabei »arisierte« Unternehmen breiten Raum einnahmen, lag in der Natur der Sache: Ihre Anteile waren verfügbar und der Kaufpreis in der Regel günstig. Der Kaufpreis war

---

[139] Deutsche Bank Leipzig an Deutsche Bank Berlin, 25.6.1941, HIDB V02/0013.
[140] Tron an Stephan Thyssen-Bornemisza, 11.3.1941, Stephan Thyssen-Bornemisza an Tron, 8.5.1941; Deutsche Bank Leipzig an Deutsche Bank Berlin, 30.5.1941, HIDB V02/0011.
[141] Tron an Stephan Thyssen-Bornemisza, 5.6.1942; Notar Noske an Tron, 27.11.1942, HIDB V02/0016.
[142] Tron an Bergmann, 7.8.1941; Tron an Stephan Thyssen-Bornemisza, 8.8.1941; HIDB V02/0017.
[143] Tron an Langkopf, 25.1.1941, HIDB V02/0268. Vgl. Litchfield, Thyssen-Dynastie, S. 203-205, der allerdings annimmt, Stephans Aufsichtsratsmandat bei der MABAG sei auf eine Kapitalbeteiligung Heinrichs (über die ATB oder die BHS) zurückzuführen.

Abb. 10: Stephan Thyssen-Bornemisza, hier in Uniform der Artillerie des ungarischen Heeres (ca. 1930), überschritt Grenzen.

freilich nicht allein ausschlaggebend, da das Beispiel des Lederer-Konzerns zeigte, dass Stephan Thyssen-Bornemisza eine hinreichend objektivierte Entscheidungsgrundlage in Form eines kaufmännischen Gutachtens für unabdingbar hielt.[144]

Dennoch hatte er keine Skrupel, sich auch an solchen Unternehmen zu beteiligen, die von den ursprünglichen Eigentümern nicht freiwillig, sondern nur unter dem Druck der Zeitläufte veräußert wurden. Derart verwob er sich mit den Netzwerken der ökonomischen Ausbeutung von Juden sowie den (süd-)osteuropäischen Volkswirtschaften. In eigenartiger Weise nutzte er dabei seine transnationale Stellung – als ungarischer Staatsbürger und Deviseninländer des Deutschen Reichs – für eigene Zwecke aus. Wenn es zweckdienlich schien, verwies er auf seine guten Beziehungen zu Göring und gab etwa bei den Verhandlungen über den Lederer-Konzern vor, sich für die »national-wirtschaftlichen« Interessen des Deutschen Reichs zu verwenden, um im gleichen Atemzug seine ungarische Staatsbürgerschaft als politische Ressource ins Spiel zu bringen.[145] Stephan Thyssen-Bornemisza war ein umworbener Akteur in der ökonomischen Verflechtungspolitik, weil sein Cousin Géza von Bornemisza (1895–1983) mit Unterbrechungen seit 1935 als ungarischer Industrieminister fungierte. Entsprechend vermittelte Stephan 1943 zugunsten der Deutschen Bank bzw. der Thüringer

---

[144] Freilich folgten die Gutachten etwa der Deutschen Treuhand-Gesellschaft nicht selten den Vorgaben und Interessen der Auftraggeber und waren insofern keineswegs dezidiert neutrale Wertschätzungen. Vgl. Pothmann, Wirtschaftsprüfung, passim.

[145] Deutsche Bank Leipzig an Regierungsrat Dr. von Coelln (RWM), 16.7.1940, HIDB V02/0012.

Gasgesellschaft bei seinem Vetter und wurde dafür mit einem Sitz im Verwaltungsrat der zuvor »arisierten« Karpathischen Elektrizitätswerke AG belohnt.[146]

Diese Episoden haben mit der Geschichte von Heinrichs TBG nur am Rande zu tun, da Stephan Thyssen-Bornemisza zwar als Geschäftsführer der Seismos GmbH der Gruppe angehörte, aber nicht in dieser Funktion in die Unternehmen investierte, sondern als Privatmann.[147] Gleichwohl zeigt sich hier besonders eindrücklich, wie sich Kapitalismus und NS-Politik wechselseitig korrumpierten, voneinander profitierten und dennoch der Anschein erweckt wurde, es handele sich um »normale« Unternehmensbeteiligungen. Bei einigen der Beteiligungen war dies auch der Fall, bei anderen aber eindeutig nicht. Nicht zuletzt diese schleichende Verabschiedung von Eigentumsrechten und Vertragsfreiheit bzw. die Normalisierung eines durch vorgeblich rechtmäßiges Vorgehen etablierten Unrechts hat Dieter Ziegler so treffend als »Erosion der Kaufmannsmoral« beschrieben.[148]

1.6. Neuorientierung und Entflechtung

Die alliierten Neuordnungsvorstellungen machten vor Thyssengas/Walsum nicht Halt. Ähnlich wie bei den PWR half die Entflechtungspolitik dabei, nicht nur politisch, sondern auch betriebswirtschaftlich überkommene Verschachtelungen zu bereinigen und zwei Gesellschaften juristisch voneinander zu trennen, die nie zu jener ökonomischen Einheit zusammengewachsen waren, die 1927 mit dem Plan des Energieverbunds konzipiert worden war. Da die Zeche Walsum bei Kriegsende ihr Wachstumspotential bei Weitem noch nicht ausgeschöpft hatte, Thyssengas aber nicht zuletzt aufgrund des begrenzten Rohstoffbezugs kaum expandieren konnte, avancierte aus der Perspektive des Jahres 1945 die Tochter Walsum zum Motor der TBG-Energiesparte, nicht die Muttergesellschaft Thyssengas.

Beide Unternehmen konnten auch getrennt voneinander existieren, da die Produktionsbeziehungen nicht sonderlich eng waren. Daher blickte die TBG der Entflechtung auch einigermaßen gelassen entgegen, nachdem sie als Ganzes 1950 als unbedenklich eingestuft und in die Kategorie C eingruppiert worden war. Somit konnte sie Vorschläge für die eigene Reorganisation auf Grundlage der alliierten Vorgaben unterbreiten. Steuerliche Hindernisse gab es nicht. Wie erwähnt, waren

---

[146] Gillesen an Stephan Thyssen-Bornemisza, 17.8.1943; Stephan Thyssen-Bornemisza an Tron, 23.8.1943, HIDB V02/0019.
[147] Zum weiteren Werdegang Stephan Thyssen-Bornemiszas nach 1945 siehe Derix, Thyssens, S. 427-430. Ob Stephan tatsächlich kein Kapitalvermögen besaß (ebd., S. 430), müsste wohl noch einmal konkret geklärt werden, da seine in den 1940er Jahren erworbenen Beteiligungen durchaus beträchtlich waren. Allerdings lagen die meisten Unternehmen im Ausland bzw. der SBZ/DDR, sodass nicht unwahrscheinlich ist, dass sie nach 1945 enteignet wurden.
[148] Ziegler, Erosion.

Maßnahmen steuerbefreit, die im Rahmen der Entflechtung bzw. auf Grundlage des Gesetzes Nr. 27 getroffen wurden.[149]

Freilich begrenzte das Gesetz über die Montanmitbestimmung vom Mai 1951 die Dispositionsfreiheit der Unternehmer in gewissem Umfang, aber es galt nur für den Bergbau und die eisen- und stahlerzeugende Industrie, nicht aber für die Energiewirtschaft. Auch deshalb schien der TBG eine eigentumsrechtliche Trennung von Thyssengas und Walsum erstrebenswert, da Thyssengas derart außerhalb der Mitbestimmung gehalten werden konnte.[150] In diesem Sinne und unter explizitem Bezug auf Gesetz Nr. 27 verständigten sich Thyssengas, Walsum und die IG Bergbau im Juli 1952 auf einen Verbundwirtschaftsvertrag. Er hatte letztlich die doppelte Funktion, die Entflechtung gemäß Gesetz Nr. 27 und die Montanmitbestimmung gemeinsam zu regeln.[151]

Der Vertrag sah vor, die Gewerkschaft Walsum, die bis dahin nur das Nutzungsrecht an den Grubenfeldern (Berechtsame) verwaltet hatte, organisatorisch zu verselbständigen und ihr das Bergwerkseigentum zu übertragen, das bis dahin Thyssengas gehört hatte. Der Vertrag beschränkte die Mitbestimmung auf Walsum bzw. bestimmte explizit, »dass dieses Gesetz (Montanmitbestimmungsgesetz, BG) auf Thyssengas im Übrigen Anwendung nicht findet.« Dies geschah wohlgemerkt im Einvernehmen mit den Gewerkschaften. Überdies hielt der Vertrag am Grundgedanken der Verbundwirtschaft fest – Walsum sollte z.B. vorerst weiterhin für Rechnung von Thyssengas wirtschaften –, formulierte ihn allerdings wachsweich: »Thyssengas und die Gewerkschaft Walsum werden sich zur Verwirklichung der erstrebten Verbundwirtschaft gegenseitige Hilfe geben, je nachdem ob der Schwerpunkt des Ausbaus im Energiewirtschaftssektor oder beim Kohlenbergbauunternehmen liegt.«[152]

Da Thyssengas bis dahin Walsum mitverwaltet hatte, war die Gremienbesetzung der Gewerkschaft nur formaler Natur gewesen; eine unternehmerische Funktion besaßen die Gesellschaftsorgane bis 1952 nie. Dies änderte sich nun. Dem neuen Vorstand gehörten als kaufmännischer Vorstand Leo Kluitmann und als technischer Vorstand Herbert Barking an, Wilhelm Roelens Schwiegersohn.[153] Beide kamen von Thyssengas und arbeiteten eine Zeitlang noch für beide Gesellschaften parallel. Die durch die Montanmitbestimmung implementierte Funktion des Arbeitsdirektors übernahm der Bergmann Hermann Weber.[154] Den nun ebenfalls für mitbestimmte Gewerkschaften obligatorischen Aufsichtsrat bildeten für die Eigentümerseite alte Bekannte: Hans Heinrich Thyssen-Bornemisza, Wilhelm Roelen, Dirk Swart (für die BHS), Fritz Jacke und Albert Stappert. Für die Ar-

---

[149] Vgl. Kapitel 2.4.5.
[150] Aktenbericht, 10.12.1951, SIT TB/4481.
[151] Vgl. Böse/Farrenkopf, Zeche, S. 219-221.
[152] Vereinbarung (Verbundwirtschaftsvertrag) (Abschrift), 24.7.1952, SIT TB/4483.
[153] Zur persönlichen Beziehung Roelens und Barkings siehe Roelen an Hans Heinrich Thyssen-Bornemisza, 19.9.1947, SIT TB/2139.
[154] Böse/Farrenkopf, Zeche, S. 221-222.

1. Die Kohle- und Energiewirtschaft

beitnehmer saßen Hugo Born, Heinrich Losemann, Wolfram Stoecker, Walter Schmidt und Ernst Weinbrenner im Kontrollgremium. Als elftes, formal »neutrales« Mitglied fungierte der Diplomat – und offensichtliche Vertraute Hans Heinrichs – Karl Werkmeister, der von 1940 bis 1944 an der deutschen Botschaft in Ungarn tätig gewesen war, seit 1950 deutsche Interessen bei der OEEC in Paris vertrat und die dortige Delegation seit 1951 leitete.[155]

Mit diesen Maßnahmen war die Entflechtung konfliktfrei vorgezeichnet, aber noch nicht abgeschlossen. Nach dem üblichen bürokratischen Abstimmungsprozess genehmigten die Behörden schließlich 1953 den im Mai eingereichten Neuordnungsplan für die Energie- und die Kohlensparte der TBG.[156] Dieser sah vor, das Bergwerkseigentum der Gewerkschaft Walsum zunächst wieder auf Thyssengas zurück zu übertragen, nur um es anschließend mit den Reservefeldern in die mit einem Kapital von 30 Mio. DM und einer Reserve von 3 Mio. DM neu zu gründende Bergwerksgesellschaft Walsum m.b.H. einzubringen. Die Anteile an der neuen GmbH wurden im gleichen Verhältnis wie bei Thyssengas auf deren Eigentümerinnen übertragen, d.h. fortan besaßen die Kaszony Stiftung je 60 Prozent und die BHS je 40 Prozent an Thyssengas *und* Walsum.[157] Das Kapital der Thyssen'sche Gas- und Wasserwerke GmbH wurde auf 10 Mio. DM reduziert, da ihr bisheriges Bergwerkseigentum an Walsum überging. Da die TBG über die Stahl- und Röhrenwerk GmbH Reisholz noch weiteres Bergwerkseigentum besaß, wurde der Verkauf von nominell 1.120.000 DM Anteilen an der Consolidation Bergbau AG auch in den Entflechtungsplan von Thyssengas/Walsum aufgenommen, sachlich aber durch die komplementären Pläne für Reisholz geregelt.[158] Am 28. Juli 1953 genehmigte die Hohe Kommission die Neuregelungspläne, am 27. Oktober 1953 wurde die Satzung der neuen Bergwerksgesellschaft Walsum m.b.H. beschlossen und die Gesellschaft am 5. November 1953 in das Handelsregister des Amtsgerichts Dinslaken eingetragen. Damit wurde das Kohlenvermögen – die Energiesparte selbst war bereits »frei« – der TBG automatisch aus der alliierten Kontrolle entlassen.[159]

Vollständig abgeschlossen war die Entflechtung damit aber noch nicht, da die Neuordnungskonzeption sich vorbehalten hatte, die Gaslieferverträge von Thys-

---

[155] »Unternehmungen«, in: Die Zeit, Nr. 11, 1953; für 1953, als Kluitmann aus dem Vorstand ausgeschieden war, auch Vorschlag über die Besetzung von Vorstand und Aufsichtsrat der Bergwerksgesellschaft Walsum GmbH, 29.5.1953, RG 466, Entry A1 28, Box 63; vgl. zu Werkmeisters Funktion bei der OEEC Bührer, Westdeutschland in der OEEC, S. 226.
[156] Plan für die Neuordnung der Kohlen-Vermögensgegenstände des Thyssen-Bornemisza-Komplexes, 29.5.1953, TNA FO 1028/357 (auch: BArch Koblenz B 102/60718). Vgl. auch Böse/Farrenkopf, Zeche, S. 224-225.
[157] Vgl. für die Durchführung u.a. Protokoll Teilung und Abtretung von Geschäftsanteilen, 27.11.1953, SIT TB/4483.
[158] Vgl. Kapitel 2.3.3.
[159] Stappert an Bundesminister für Wirtschaft, 26.11.1953, BArch Koblenz B 102/60718.

240 5. Geschäftsmodelle und Strategien

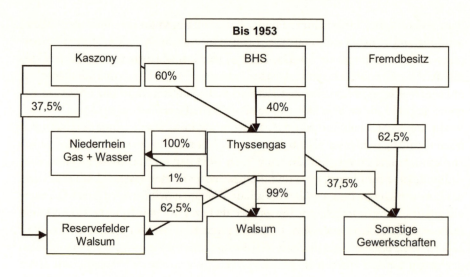

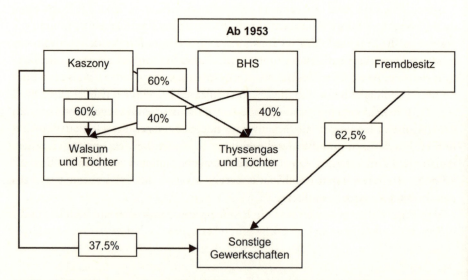

Grafik 17: Beteiligungsstrukturen der Kohlen- und Energiesparte der TBG vor (1945) und nach der Entflechtung (1953) (vereinfacht)
Quelle: Anlage 33: Kohlensektor (Neu), SIT TB/4483.[160]

---

[160] Zu den Reservefeldern zählten Neu Eversael, Hiesfeld XVI, XVIII und XXI, Görsicker und Eppinghoven, die sonstigen Gewerkschaften waren Nordlicht, Lippermulde, Dorsten, Lohberg II, Hiesfeld (verschiedene Konzessionen) und Friedrichsfeld. Reorganization of German Part of »Thyssen-Bornemisza Group«, 13.2.1950, S. 2, SIT TB/2150.

1. Die Kohle- und Energiewirtschaft

sengas mit den VSt teilweise abzulösen und die daraus resultierenden Entschädigungen an die Gesellschafter von Thyssengas auszuschütten.¹⁶¹

Die VSt befanden sich allerdings in Liquidation. Die Lieferverträge betrafen daher ihre Rechtsnachfolger, konkret: August Thyssen Hütte-AG, Hamborner Bergbau AG, Friedrich Thyssen Bergbau AG, Hüttenwerke Phoenix AG, Rheinische Röhrenwerke AG, Eisenwerke Mülheim/Meiderich AG und die Westfälische Union AG für Eisen- und Drahtindustrie.¹⁶² Diese Unternehmen weigerten sich, ihren vertraglichen Verpflichtungen vollumfänglich nachzukommen. Sie zweifelten an, dass die Verträge von 1926 formell und materiell rechtmäßig waren, und sahen sich auch aus betriebswirtschaftlichen Gründen veranlasst, die Lieferverträge in Frage zu stellen. Aufgrund der veränderten Rahmenbedingungen stellten die für Thyssengas sehr günstigen Lieferverträge für die VSt-Rechtsnachfolger eine substantielle Belastung dar. Zudem wollten sie zuvorderst die eigenen Anlagen mit Kokereigas beliefern. Diese Prioritätensetzung hätte angesichts der Gasknappheit aber dazu geführt, dass Thyssengas bis zu 70 Prozent der vertraglich zugesicherten Lieferungen nicht erhalten hätte. Da die Gaslieferungen aber nach wie vor die wichtigste Bezugsquelle für den Rohstoff waren, hätte Thyssengas die eigenen Lieferverpflichtungen gegenüber den Endkunden ebenfalls nicht mehr aufrechterhalten können.¹⁶³

Alle Versuche, diese Probleme durch Verhandlungen zu lösen, blieben erfolglos. Einig war sich Thyssengas mit den Kontrahenten nur darüber, dass man nicht übereinstimmte. Die Rechtsauffassungen unterschieden sich erheblich.¹⁶⁴ In dieser Situation erblickte Thyssengas einen Ausweg nur noch darin, die Gültigkeit juristisch klären zu lassen – entweder durch bundesdeutsche Gerichte oder durch die Alliierte Hohe Kommission. Letztgenannte fühlte sich dem Schutz von Gläubigern, die durch Entflechtungsmaßnahmen negativ betroffen waren – dies galt für Thyssengas – besonders verpflichtet. Die Hohe Kommission entschied den Rechtsstreit schließlich 1955, indem sie die Verträge von 1926 mit allen Ergänzungen außer Kraft setzte, eine Neuregelung bis zum 31. Dezember 1955 forderte und Thyssengas eine Entschädigungssumme zwischen 17 und 20,5 Million DM zusprach, die an die Kaszony-Stiftung und die BHS auszuschütten waren.¹⁶⁵

---

¹⁶¹ Plan für die Neuordnung der Kohlen-Vermögensgegenstände des Thyssen-Bornemisza-Komplexes, 29.5.1953, S. 2, TNA FO 1028/357 (auch: BArch Koblenz B 102/60718).
¹⁶² Anordnung, 28.4.1955, S. 3, BArch Koblenz B 102/60718.
¹⁶³ Vermerk Verträge der Thyssen'schen Gas- und Wasserwerke, 19.3.1954, BArch Koblenz B 102/60718; zur Abhängigkeit von den Gaslieferungen auch Rasch, Was wurde aus August Thyssens Firmen, S. 242.
¹⁶⁴ Für die unterschiedlichen Rechtsauffassungen siehe vor allem das Material in BArch Koblenz B 109/791; ferner für die Sicht der VSt-Nachfolgeunternehmen die umfangreiche Überlieferung in tkA BIW/684 bis BIW/695; für frühere Differenzen bei der Preisgestaltung auch tkA VSt/2688.
¹⁶⁵ Für die Kurzform Anordnung, 28.4.1955, NARA RG 466, Entry A1 28, Box 63. Zugleich verfügte die Kommission, dass Walsum einen Teil der Grubenfelder Neu-Eversael und Zollhaus an die Hamborner Bergbau AG veräußern oder dieser zur Nutzung überlassen sollte, da andernfalls die Zeche Beckerwerth, die der Hamborner Bergbau AG gehörte, nicht mehr wirtschaftlich hätte be-

Damit war die Gaslieferung bis auf Weiteres wieder geregelt, doch Gasproduktion auf der Basis von Kokereigas war ein Auslaufmodell. An seine Stelle trat zunehmend Erdgas.[166] Dieser Wandel machte sich auch bei Thyssengas bemerkbar. Hans Heinrich Thyssen-Bornemisza wandelte Thyssengas 1965 in eine AG um und nahm für 50 Prozent des Aktienkapitals zwei starke Partner – Shell und Esso/Exxon – mit ins Boot, die über umfangreiche Erdgasressourcen u.a. in den Niederlanden verfügten. Von dort bezog die Thyssengas AG schließlich den Großteil des Gases; seit 1971 vertrieb das Unternehmen dann ausschließlich Erdgas. Zehn Jahre später, nach dem Verkauf der inzwischen wieder als GmbH firmierenden Thyssengas an die VIAG, endete das Kapitel Gas für die Thyssen-Bornemisza-Group. Das Bergwerk Walsum war bereits 1969 an die Steinkohlen-Elektrizitäts AG verkauft worden. Seit 1960 hatte Walsum ein Kraftwerk betrieben, das auf der Basis von Steinkohle Elektrizität produzierte, und war so schließlich doch noch verbundwirtschaftlich tätig geworden. Die Wassersparte, die zwischenzeitlich vollständig auf die Niederrheinische Gas- und Wasserwerk GmbH übergegangen war, wurde 1973 vom nunmehr ehemaligen Konkurrenten Gelsenwasser erworben.[167]

2. Wandel im Handel, Konstanz im Ertrag: Die Handels- und Logistiksparte

August Thyssen stieg vor dem Ersten Weltkrieg aus zwei miteinander verknüpften Motiven in den Handel mit Kohlen und Erzen ein. Zum ersten erweiterte und sicherte er die Bezugsmöglichkeiten von (Eisen-)Erzen für seine Werke. Zum zweiten bot das internationale Handelsgeschäft in der Internationalisierungswelle vor 1914 zusätzliche Gewinnchancen.[168] Mit dem Einstieg in den Handel begann die Internationalisierung des Konzerns, vornehmlich durch Einbindung von Agenten an zentralen Kohlen- und Erzumschlagplätzen von England über den Mittelmeerraum bis ans Schwarze Meer. Insbesondere die Handelsbeziehungen nach Großbritannien, dem Hauptkonkurrenten deutscher Unternehmen in den Kohlenexportmärkten, legen dabei nahe, dass es Thyssen nicht ausschließlich darum ging, den Erzbezug zu sichern, sondern dass der Handelssparte unter

---

trieben werden können. Für die Gasverträge existierte noch eine umfassendere, juristisch stärker ins Detail gehende Anordnung, 28.4.1955, BArch Koblenz B 102/60718.

[166] Umfassend hierzu Bleidick, Ruhrgas, S. 207-270; ebd., S. 224-242, zur Bedeutung des niederländischen Erdgases für die bundesdeutschen Energiemärkte.

[167] Rasch, Was wurde aus August Thyssens Firmen, S. 242-244, 268; für Walsum siehe umfassend auch Böse/Farrenkopf, Zeche, S. 321-336.

[168] Lesczenski, August Thyssen, S. 96-97.

Leitung von Carl Rabes eine eigenständige strategische Bedeutung zugedacht war.[169]

2.1. Pfadabhängigkeiten: Die Handelsgesellschaften Thyssens zwischen Konzern- und Syndikatsinteressen bis 1932

Die N.V. Handels en Transport Maatschappij Vulcaan avancierte langfristig zum Kernunternehmen der Thyssen'schen Handelssparte. Sie war bereits 1906 als Rotterdamer Niederlassung der Transportkontor Vulkan GmbH gegründet worden, ehe sie in 1910 in eine eigenständige Naamloze Vennootschap (N.V.) mit einem Kapital von 250.000 hfl. umgewandelt wurde. Das Kapital stieg bis 1917 auf fünf Mio. hfl. an und blieb fortan unverändert. Daneben erlangte die am 17. April 1913 mit einem Kapital von 200.000 hfl. gegründeten Kohlen- und Schiffsbedarfshandelsgesellschaft Vulcaan Coal Company N.V. (Vulcaan Kolen Maatschappij) einige Bedeutung; ihr Gesellschaftskapital wurde noch im selben Jahr auf 500.000 hfl. erhöht.[170] Während die Vulcaan Coal Company eine reine Handelsgesellschaft war, die vor allem Kohlen für jene Konzernzechen exportierte, die außerhalb des RWKS standen, verfügte die N.V. Vulcaan zusätzlich über eigene Transportkapazitäten. Anfangs konzentrierte sich Vulcaan auf den Seehandel. Die Schiffe wurden aber im Ersten Weltkrieg versenkt bzw. in dessen Folge beschlagnahmt. Vulcaan baute seitdem eine Rhein- und Kanalflotte auf, und Thyssen übertrug das Überseegeschäft auf die Halcyon Lijn.[171] Diese war im Juli 1920 mit einem Kapital von einer Mio. hfl. durch die BHS gegründet worden.[172] Um nach dem Ersten Weltkrieg die Vulcaan-Interessen im Deutschen Reich zu wahren, gründete Thyssen am 29. September 1919 die Deutsch-Niederländische Schiffahrts- und Handelsgesellschaft mbH (Denesuh) in Duisburg-Ruhrort und deren Niederlassung in Mannheim.[173]

Seit 1919 leitete Heinrich Thyssen-Bornemisza die niederländischen Gesellschaften. Er baute das Handelsgeschäft sukzessive aus. Zum Jahresende verselbständigte er die Havenbedrijf »Vlaardingen-Oost« N.V. Bereits seit 1911 hatte Thyssen in der Gemeinde Vlaardingen, die zum Rotterdamer Hafenkomplex

---

[169] Fear, Organizing Control, S. 322-323; Rasch, Was wurde aus August Thyssens Firmen, S. 270–272.
[170] August-Thyssen-Bank AG: Thyssen-Bornemisza-Concern Reports, Exhibit B: Enterprises in other Countries, S. 9, NARA M1922 Roll 0058.
[171] Rasch, August Thyssen und Heinrich Thyssen-Bornemisza, S. 63, 518-519; ders., Was wurde aus Augst Thyssens Firmen, S. 270-272.
[172] August-Thyssen-Bank AG: Thyssen-Bornemisza-Concern Reports, Exhibit B: Enterprises in other Countries, S. 7, NARA M1922 Roll 0058.
[173] Aktenbericht (Kimmel), 4.10.1950, S. 16-19, NL-HaNA 2.05.117, inv.nr. 5107. Vgl. Kapitel 5.2.2.

gehört, ein Gelände besessen, das seit 1914 zunächst als Privathafen fungierte und wenig später um Werft- und Reparatureinrichtungen erweitert wurde.[174]

Die N.V. Vulcaan war neben der Bank voor Handel en Scheepvaart die strategisch maßgebliche niederländische Gesellschaft innerhalb der TBG und funktionales Zentrum des Kohlen- und Erzhandels. Vor und kurz nach dem Ersten Weltkrieg bestimmte vor allem der Erzbezug die strategischen Überlegungen. Noch 1920 schlossen die August-Thyssen-Hütte und Vulcaan einen auf 15 Jahre angelegten Exklusivvertrag über die Erzversorgung der Thyssen'schen Hüttenbetriebe.[175]

Die Aufnahme des Erz-Handels mit eigener Reederei führte zu Leerfrachten – ein typisches Problem von Logistikunternehmen. Um die daraus resultierenden Kosten zu reduzieren, transportierten die Thyssen'schen Handelsunternehmen Bunkerkohlen, die zum Antrieb von Schiffen benötigt wurden. Weil mitgeführte Bunkerkohle den Lagerraum für die eigentlich zu transportierenden Güter verknappte, war es für viele Reedereien betriebswirtschaftlich ratsam, möglichst wenig Bunkerkohle mitzuführen, d.h. nur so viel Brennmaterial auf das Schiff zu laden, dass der nächste Zielhafen sicher erreicht werden konnte. Die N.V. Vulcaan transportierte mit eigener Flotte Bunkerkohle in ihre seit 1912 in internationalen Hafenstädten errichteten Niederlassungen, die die Kohle lagerten und verkauften. Der Bunkerkohlenhandel war zwar nur ein Nischenmarkt, doch aus Sicht Thyssens verringerte er die Anzahl der Leerfahrten und reduzierte somit die Kosten für den Erzimport.[176]

Während der Kohlenhandel somit den Erzhandel zunächst nur ergänzte, verschoben sich die Gewichtungen während der 1920er Jahre. Dafür gaben zwei Entwicklungen den Ausschlag: Zum ersten die Gründung der Vereinigten Stahlwerke 1926. Diese organisierten ihren Handel selbst und wickelten ihn nicht mehr (anteilig) über Vulcaan ab.[177] Die Vulcaan-Manager schätzten daher, die VSt-Gründung führe zu jährlichen Umsatzeinbußen in Höhe von zwei bis drei Millionen RM.[178] Zum zweiten ergaben sich im Kohlenhandel neue Absatzmöglichkeiten. Die europäischen Kohlenmärkte wandelten sich seit dem Ersten Weltkrieg strukturell. Im Deutschen Reich veränderten widerstreitende Interessen im Rheinisch-Westfälischen Kohlensyndikat sowie Staatsinterventionismus in Form von »Kohlenzwangswirtschaft« und administrierter bzw. kontrollierter Preise die Rahmenbedingungen des Kohlenhandels. Die Eingriffe betrafen in erster Linie die Produktion und Preisgestaltung der Kohle, berührten die Absatzorganisation aber nicht. Dies veränderte die unternehmerische Wertschöpfung: Nicht mehr der

---

[174] Rasch, August Thyssen und Heinrich Thyssen-Bornemisza, S. 491; August-Thyssen-Bank AG: Thyssen-Bornemisza-Concern Reports, Exhibit B: Enterprises in other Countries, S. 8, NARA M1922 Roll 0058; Roelevink, Organisierte Intransparenz, S. 288.
[175] Aktenbericht (Kimmel), 4.10.1950, S. 12, NL-HaNA 2.05.117, inv.nr. 5107.
[176] Vgl. Rasch, Was wurde aus August Thyssens Firmen, S. 271–272.
[177] Reckendrees, Stahltrust, S. 218-221.
[178] Wixforth, Stahlkonzern, S. 44.

2. Die Handels- und Logistiksparte

Verkauf von Kohle versprach den größten Gewinn, sondern der Handel und der (Schiffs)Transport, da Frachtraten weitgehend frei ausgehandelt werden konnten. Weil zudem die Utrechter Steenkolen Handelsvereeniging (SHV), die vor dem Ersten Weltkrieg den Vertrieb von RWKS-Kohle in den Niederlanden monopolisiert hatte, zumindest zeitweise an Einfluss verlor, ergaben sich seit Beginn der 1920er Jahre Marktchancen außerhalb des syndizierten Kohlenhandels.[179]

Bereits vor dem Ersten Weltkrieg hatte die N.V. Vulcaan die nicht verkokbaren Kohlen der seit 1903 bzw. 1905 aufgeschlossenen Gewerkschaften Lohberg und Rhein I in den Niederlanden verkauft. Da die Zechen damals noch nicht Mitglied des RWKS waren, konnten sie Syndikatsbestimmungen legal umgehen. Nachdem der Staat Thyssen 1915 gezwungen hatte, beide Zechen, denen eigentlich eine Außenseiterrolle zugedacht war, ins RWKS einzubringen, setzte sich die opportunistische Kartell- und Syndikatspolitik in den 1920er Jahren fort. Vor allem Fritz Thyssen kritisierte aus konzernstrategischen Gründen – Absicherung der umfangreichen Investitionen in den Aufschluss von Lohberg und Rhein I sowie in den Aufbau und die Expansion der niederländischen Handels- und Transportgesellschaften – beständig die enge Beziehung von RWKS und SHV. Dies geschah nicht aus grundsätzlichen Erwägungen, sondern Thyssen wollte vornehmlich die Profite seiner eigenen Gesellschaften erhöhen; dem stand aber die Marktposition des SHV in den Niederlanden entgegen. Mit seinen Forderungen, den Handel mit den Niederlanden vollständig zu liberalisieren, setzte sich Fritz Thyssen aber nicht durch. Im RWKS zeichnete sich stattdessen 1925 eine Mehrheit dafür ab, die SHV weiterhin Syndikats-Kohle in den Niederlanden vertreiben zu lassen. Die interessierten Syndikatsmitglieder schlossen sich deshalb in einer Holding, der N.V. Malbe, zusammen, die 49,75 Prozent des SHV-Kapitals besaß; die Thyssen-Zechen blieben allerdings zunächst außen vor.[180]

Im Jahr darauf veränderten die Aufteilung des alten (August-)Thyssen-Konzerns und die Gründung der Vereinigten Stahlwerke den strategischen Handlungsrahmen maßgeblich: Erstens gingen die Kohlenzechen an Fritz Thyssen über, während das Handelsgeschäft bei Heinrich verblieb, zweitens reorganisierten und konzentrierten die VSt den Bezug von Erzen und drittens wollten sie den Kohlenhandel ihrer Mitgliedsunternehmen vereinheitlichen und die Beziehung zum RWKS klären. Kurzum: Das Geschäftsmodell der N.V. Vulcaan als exklusive Konzernhandelsgesellschaft hatte sich (vorerst) überlebt, wie auch Wilhelm Roelen konstatierte: Durch die Erbteilung und die VSt-Gründung »ging die Basis für Schiffahrt und Handel verloren und wandelte sich in eine reine Vertragsangelegenheit, die hinfort den Zufälligkeiten der Auslegung unterworfen war.«[181]

---

[179] Umfassend Roelevink, Organisierte Intransparenz.
[180] Ebd., S. 160-161, S. 283-287, 289-292.
[181] Einiges über Aufbau und Entwicklung bei den Gesellschaften, Mai 1946, S. 10, SIT NROE/36.

Die komplexen Verhandlungen mit den VSt und dem RWKS sind an anderen Stellen bereits eingehend beschrieben worden.[182] Die für die TBG maßgeblichen Ergebnisse waren: der Verkauf der N.V. Centrale Handelsvereeniging Rotterdam (Cehandro), einer gemeinsamen Tochtergesellschaft von BHS und Vulcaan, an die VSt, der Holland-Vertrag des RWKS, die Einigung mit Raab Karcher im Kohlenhandel sowie die Vereinbarungen zwischen Vulcaan und der Steenkolen Handelsvereeniging 1925 und 1930.

Die Cehandro exportierte im ursprünglich arbeitsteilig organisierten Handel der Thyssen-Gesellschaften Fertigprodukte in außereuropäische Länder, während Vulcaan seinen Arbeitsschwerpunkt in Europa besaß und im Wesentlichen Rohstoffe handelte. Die TBG verkaufte 1927 die Cehandro und deren Tochtergesellschaft Compania Industrial y Mercantil Thyssen Ltda. für sechs bzw. 4,8 Mio. hfl. an die VSt – offensichtlich ohne Widerstände von BHS und Vulcaan.[183] Zudem übernahmen die VSt die bisherigen Verträge der Thyssen'schen Handelsgesellschaft mit der N.V. Vulcaan, die den Kohlenbezug, den Handel mit Düngemitteln und die Lieferung von Erzen zum Gegenstand hatten. Die VSt verpflichteten sich unter anderem, 34,24 Prozent ihrer Auslandserze (ohne Minette) über die N.V. Vulcaan zu beziehen.[184]

Der Holland-Vertrag von RWKS und SHV regelte 1932 das beidseitige Verhältnis neu, nachdem das Jahrzehnt zuvor von zahlreichen Interessenkonflikten geprägt war, die nicht zuletzt von (Fritz) Thyssen geschürt worden waren. Die SHV erhielt das Alleinvertriebs- und das Alleintransportrecht für Syndikatskohle in den Niederlanden. Im Gegenzug verpflichtete sie sich, ausschließlich RWKS-Kohle zu vertreiben. Dem Abkommen traten alle Mitglieder des Syndikats bei, mithin auch die alten Thyssen-Zechen.[185]

Im Vorfeld dieser Abmachung musste aber zunächst die Beziehung der N.V. Vulcaan zu Raab Karcher, der Handelsgesellschaft der Gelsenkirchener Bergwerks AG (GBAG), geklärt werden. Während Thyssen eine Bindung an die SHV lange abgelehnt hatte, gehörten die GBAG bzw. Raab Karcher zu den Verfechtern der Holland-Strategie des RWKS; Raab Karcher war beispielsweise der N.V. Malbe beigetreten. Angesichts dieser Gegensätze war die Frage, wie die VSt den Kohlenhandel organisieren wollten, bei deren Gründung zunächst ausgeklammert worden. Stattdessen fand sich ein dilatorischer Kompromiss: Raab Karcher fungierte als Kohlenhandelsgesellschaft der VSt, aber die Sondervereinbarungen zwischen Vulcaan und den ursprünglichen Thyssen-Zechen bestanden fort. Dadurch wurde das Syndikatsrecht beträchtlich gebeugt. Erst nach dieser »Lösung«

---

[182] Wixforth, Stahlkonzern, S. 38-53; Roelevink, Organisierte Intransparenz, S. 282-319; vgl. Reckendrees, Stahltrust, S. 218-221.
[183] Wixforth, Stahlkonzern, S. 179-188; vgl. zur Übertragung und der Abwicklung des Geschäfts das Material in tkA BIW/657.
[184] Niederschrift, 30.4.1926, tkA VSt/934.
[185] Roelevink, Organisierte Intransparenz, S. 178-182.

traten die VSt-Zechen dem RWKS zum 1. Juni 1926 bei. Das RWKS akzeptierte somit abermals eine Sonderrolle der N.V. Vulcaan, weil es den Beitritt der VSt-Zechen zum Syndikat keinesfalls gefährden wollte.[186]

Den Beteiligten dürfte klar gewesen sein, dass dieser Zustand nicht von Dauer sein konnte. Die Sonderrolle der N.V. Vulcaan sorgte für Ungewissheit: Beispielsweise wertete die Gutehoffnungshütte, die den Vereinigten Stahlwerken nicht beigetreten war, deren Zechen aber Mitglied des RWKS waren, den Eintritt von Albert Vögler, dem Vorstandsvorsitzenden der VSt, und von Fritz Thyssen, dem Vorsitzenden des Aufsichtsrats, in den Aufsichtsrat der Bank voor Handel en Scheepvaart als Signal für eine dauerhafte Sonderstellung der N.V. Vulcaan zu ihren Lasten: »Ich halte es für wahrscheinlich, dass sich die Beziehungen zwischen den Vereinigten Stahlwerken und dem Baron Thyssen (bezw. ›Vulcaan‹) allmählich immer freundschaftlicher gestalten, und dann haben die Vereinigten Stahlwerke in Holland eine Sonderstellung, während wir als Rheinzechen an die St.H.V. [=Steenkolen Handels-Vereeniging, BG] gebunden sind.«[187]

Die Skepsis richtete sich mithin nicht allein gegen die N.V. Vulcaan, sondern auch gegen die Marktmacht der Vereinigten Stahlwerke. Daher verhandelten – neben anderen – Gröninger für die N.V. Vulcaan mit Kauert (VSt), Huber (GBAG) und Fentener van Vlissingen (SHV), um ihre Beziehungen dauerhaft neu zu justieren.[188] Die Verhandlungen führten zu einer Flurbereinigung: Die N.V. Vulcaan gab 1930 ihren Sonderstatus auf und akzeptierte den Grundgedanken des angedachten Holland-Abkommens, v.a. das Alleinvertriebsrecht der SHV in den Niederlanden. Dies klärte für lange Zeit das Verhältnis von Vulcaan zum RWKS. Die VSt sagten der N.V. Vulcaan zu, deren Interessen im RWKS sowie gegenüber der SHV und Raab Karcher zu wahren, damit die N.V. Vulcaan nach ihrem Verzicht auf ihren Sonderstatus nicht übervorteilt wurde. »Die Thyssenfrage war damit bereinigt.«[189]

Dies galt jedoch nur für den deutschen Markt bzw. die deutschen Organisationen. Über den niederländischen Markt musste noch verhandelt werden. Bereits 1925 hatten sich das RWKS und die SHV einerseits und die Gewerkschaften Friedrich Thyssen, Lohberg und Rhein I sowie die N.V. Vulcaan andererseits über die Rolle der Thyssen'schen Handelsgesellschaften in den Niederlanden verständigt.[190] Eine neue Vereinbarung zwischen Vulcaan und der SHV ersetze 1930 die alte Abmachung. Sie wertete die Position der N.V. Vulcaan im niederländischen Markt auf, erhöhte deren Handlungsspielräume und wies ihr einen Anteil am

---

[186] Roelevink, Organisierte Intransparenz, S. 307, 312-314.
[187] Aktennotiz betr. Erneuerung des Kohlen-Syndikats, 26.3.1929, RWWA 130-400101223/7a.
[188] Aktenvermerk, Besprechung in Utrecht, 21.6.1930, tkA VSt/4087.
[189] Roelevink, Organisierte Intransparenz, S. 316-318 (Zitat S. 318).
[190] Vereinbarung (28.8.1925), SIT TB 011025.

niederländischen Markt zu, der in etwa zehn Prozent des Umsatzes der SHV betrug. Die Vereinbarung galt, solange das RWKS bestand.[191]

N.V. Vulcaan sollte demnach vornehmlich Bunkerkohle verkaufen; dafür waren zwei Drittel ihres Absatzes vorgesehen. Die SHV erhielt das Alleinvertriebsrecht für RWKS-Kohle in den Niederlanden zugesprochen; wollte die N.V. Vulcaan RWKS-Kohle verkaufen, musste sie diese zum Einkaufspreis über die SHV beziehen. Damit entfiel der zuvor geltende (geringe) Preisaufschlag von 0,05 hfl. pro Tonne für Lieferungen von der SHV an Vulcaan. Zudem durfte die N.V. Vulcaan fortan in allen niederländischen Häfen – außer in Vlissingen – Bunkerkohle lagern; zuvor war ihr das nur in Vlaardingen und – falls die dortigen Kapazitäten nicht ausreichten – in Rotterdam und Schiedam erlaubt. Im Rahmen ihrer Quote konnte die N.V. Vulcaan nach freiem Ermessen disponieren, verpflichtete sich aber zur engen Abstimmung mit der SHV.[192]

Die weitaus größte strategische Bedeutung erlangte jedoch – neben der Einführung des Quotenkartells im niederländischen Markt – Absatz 3 der Vereinbarung: »Vulcaan ist berechtigt, innerhalb seiner Quote, Kohlen irgendwelcher Herkunft einzukaufen, zu verkaufen bezw. zu vertreiben.«[193] Die Vereinbarung von 1925 hatte hingegen noch explizit verboten, englische Kohle in den Niederlanden zu vertreiben, solange die SHV, Raab Karcher u.a. dies taten.[194]

Die Implikationen dieses Passus waren weitreichend. Zum ersten unterstützte er die Internationalisierungsstrategie der N.V. Vulcaan. Statt wie bis dahin obligatorisch deutsche Syndikatskohle zu beziehen, konnte die N.V. im Einkauf nun frei disponieren, überall auf der Welt Kohle erwerben und im Rahmen der Quoten – zehn Prozent des SHV-Umsatzes, zwei Drittel Bunkerkohle – in den Niederlanden veräußern. Diese Regelung verwies Vulcaan somit stärker als bislang auf die globalen Kohlenmärkte und rückte zudem den Kohlenhandel ins Zentrum der Strategie. Vor diesem Hintergrund wird auch der relativ reibungslose Verkauf der Cehandro an die VSt erklärbar: Da ohnehin die Wertschöpfungskette zwischen Stahlproduktion und Handel durch die Erbteilung aufgebrochen worden war und weil mit der Zentralisierung des Stahlexports durch die VSt ein künftiger Stahl- (und letztlich auch Erz-)Handel erheblich eingeschränkt wurde, lag es für die TBG nahe, den Kohlenhandel zu stärken. Ein zweiter maßgeblicher Aspekt kam hinzu: Seit 1927 hatte die TBG die Abteufung der Zeche Walsum und den Aufbau von Hafenanlagen am Rhein wiederaufgenommen. Die Zeche sollte zwar in der bis dahin »kohlenlosen« TBG als Kohlenbasis für Thyssengas dienen, je-

---

[191] Laut Vereinbarung vom 11.12.1930 wurde Vulcaan ein Absatz 720.000 t zugestanden. Die Bezugsgröße für die Quote war ein SHV-Absatz von 7.785.836 t. Daraus ergibt sich eine Quote von 9,25 %. Roelen berichtete nach dem Zweiten Weltkrieg über eine Quote von 10,08 % Einiges über Aufbau und Entwicklungen bei den Gesellschaften, Mai 1946, S. 12, SIT NROE/36.
[192] Vereinbarung (11.12.1930) Abschrift (21.10.1932), SIT TB 011025.
[193] Ebd., S. 1, SIT TB 011025.
[194] Absatz 7, Vereinbarung (28.8.1925), SIT TB 011025.

doch auch jene Kohlensorten, die sich nicht für die Gasproduktion eigneten, am Markt veräußern.[195]

Noch war Walsum dem RWKS nicht beigetreten, hatte dies auch nicht vor, und daher war Walsum-Kohle noch keine RWKS-Kohle. Diese syndizierte Kohle hätte in den Niederlanden nur von der SHV vertrieben werden dürfen. Solange Walsum Außenseiter des RWKS blieb, konnte die TBG eigene Kohle (Walsum) mit eigenen Schiffen (Vulcaan) transportieren und durch eigene Handelsgesellschaften (Vulcaan) veräußern. Heinrich Thyssen-Bornemisza adaptierte folglich die Außenseiterstrategie seines Vaters aus der Zeit vor 1915: Aufbau rheinnaher Zechen inklusive nicht-syndizierter Handelsstrategie.[196]

Durch die Quotierung des niederländischen Marktes herrschte Planungssicherheit für die TBG. Zwar bemaß sich der absolute Kohlenabsatz prozentual am Absatz des SHV, d.h. Vulcaan konnte nicht mit festen Absatzmengen planen, aber dennoch sorgte der kartellierte Markt für einen grundsätzlich gesicherten Absatz, dessen Volumen sich in erster Linie durch konjunkturelle Schwankungen ergab. In dieser Hinsicht kam die Neujustierung des deutschen und des niederländischen Kohlenmarkts freilich zur Unzeit. Mitten in der Weltwirtschaftskrise sprach in der Tat nicht viel dafür, dass die Handels- und Logistikunternehmen der TBG zu neuen Hoffnungsträgern avancierten.[197]

2.2. Handelszentrum Rotterdam: Vlaardingen-Oost, N.V. Vulcaan und Halcyon Lijn

Die TBG besaß eigene Hafenanlagen in Vlaardingen, einer Gemeinde in der Metropolregion Rotterdam. Am Ufer der Nieuwe Maas, einem Teil des Rheindeltas, gelegen, verfügte die N.V. Havenbedrijf Vlaardingen-Oost über direkten Zugang zur Nordsee, fungierte als Umschlagplatz zwischen Rhein- und Hochseeschifffahrt und war über einen privaten Bahnanschluss an das niederländische Eisenbahnnetz angeschlossen.[198]

Entlang des Rheins gehörten der TBG – neben den Werkshäfen in Duisburg – weitere Fazilitäten. Der Rheinau-Hafen in Mannheim (Rheinau IV) war mit eigenen Umschlag- und Lagerkapazitäten Vlaardingens südwestdeutsches Pendant. Mit einer Brücke und zwei Kränen ließen sich in Mannheim knapp 50.000 t Güter monatlich umschlagen. In St. Goarshausen, Oberlahnstein und Straßburg hatte

---

[195] Einiges über Aufbau und Entwicklungen bei den Gesellschaften, Mai 1946, S. 11, SIT NROE/36.
[196] Zur Problematik des RWKS-Beitritt Walsums und der Behandlung von Vulcaan vgl. Kapitel 5.1.2.
[197] So Wixforth, Stahlkonzern, S. 192.
[198] Die N.V. Havenbedrijf Vlaardingen-Oost wurde am 31.12.1919 mit einem Kapital von 250.000 hfl. gegründet; 1922 wurde das Kapital dauerhaft auf 1 Mio. hfl. erhöht. Vgl. Wixforth, Stahlkonzern, S. 35; Rasch, August Thyssen und Heinrich Thyssen-Bornemisza, S. 491; August-Thyssen-Bank AG: Thyssen-Bornemisza-Concern Reports, Exhibit B: Enterprises in other Countries, S. 8, NARA M1922 Roll 0058.

die Vulcaan-Tochter Denesuh Umschlagplätze errichtet, betrieb aber keine zusätzlichen Hafeneinrichtungen.[199]

Für das eigene Geschäft waren eigene Hafenanlagen zwar hilfreich, aber nicht unbedingt erforderlich: Beispielsweise nutzten vornehmlich nicht-niederländische Frachtunternehmen die Hafenanlagen in Vlaardingen.[200] Doch auch die beiden Thyssen-Bornemisza-Reedereien, N.V. Vulcaan und Halcyon-Lijn, schlugen dort Güter um, löschten oder bevorrateten sie: So lagerten in Vlaardingen 1940 eigene Kohlenreserven im Umfang von 46.887 t.[201]

Neben den Umschlag- und Lagerplätzen gehörte eine Reparaturwerft zum Hafenbetrieb, die ebenfalls zu einem Großteil von externen Reedereien in Anspruch genommen wurde.[202] Freilich wurden dort auch gruppeneigene Schiffe überholt.[203] Ebenfalls verfügte der Hafenkomplex in Vlaardingen über eine eigene Werkzeugfabrik. Zusätzlich gründete die N.V. Vulcaan am 12. April 1940 dort die N.V. »Gerfa« Gereedschappenfabriek mit einem Kapital von 100.000 hfl.[204] Die Gerfa stellte Werkzeuge und industrielle Vorprodukte her, während die hafeneigene Werkzeugfabrik zumindest kurz nach dem Zweiten Weltkrieg unter anderem Material für den Brückenbau lieferte.[205]

Die Gerfa erwirtschaftete in ihrem ersten Geschäftsjahr einem Verlust von 14.000 hfl., aber schon im Folgejahr einen Gewinn in etwa derselben Höhe.[206] Die Maschinenfabrik Vlaardingen war 1942 voll ausgelastet.[207] Neben eigenen Unternehmen hatten sich auch gruppenfremde Gesellschaften in Vlaardingen-Oost niedergelassen. Seit Beginn der 1930er Jahre destillierte ein Unternehmen auf angemieteten Flächen in Vlaardingen Teer.[208]

Die Geschäftsentwicklung des Hafenbetriebs war stabil. Zwar reduzierte sich der gesamte Güterumschlag von etwa 3,5 (1930) auf etwa 3 Millionen Tonnen 1938, doch dürften hier zum einen die Strukturwandlungen im Gütertransport der N.V. Vulcaan zum Tragen kommen, namentlich der Rückgang der Eisenerztransporte und die Zunahme des Kunstdüngers, zum anderen besagt die Tonnage

---

[199] Aktenbericht Kimmel, 4.10.1950, S. 2, 8-9, 18-19, NL-HaNA 2.05.117, inv.nr. 5107.
[200] Memorandum, 12.4.1948, S. 6, NL-HaNA 2.05.117, inv.nr. 5463. In den frühen 1920er Jahren war mit einer Grangesberger Erzfirma auch ein schwedisches Unternehmen an Vlaardingen beteiligt, schied aber noch vor 1925 aus. Vernehmung Kouwenhoven, 14.7.1940, S. 6, NARA RG 466, Entry A1 28, Box 63.
[201] Vulcaan an Ministerie voor Handel en Nijverheid, 17.11.1945, S. 2, NL-HaNA 2.06.056, inv.nr. 376.
[202] Memorandum, 12.4.1948, S. 6, NL-HaNA 2.05.117, inv.nr. 5463.
[203] Dossier no. 10637: Schip Pacto 6, eigenaar N.V. Handel en transport Mij. »Vulcaan«, NL-HaNA 2.16.66, inv.nr. 30.
[204] August-Thyssen-Bank AG: Thyssen-Bornemisza-Concern Reports, Exhibit B: Enterprises in other Countries, S. 11-12, NARA M1922 Roll 0058.
[205] Straatemeier/Suermondt an Commissariat voor Oorlogsschaden, 24.9.1947, S. 2, NL-HaNA 2.08.52, inv.nr. 13.
[206] Handelsbilanz »Gerfa«, 31.12.1941, Thyssen-Bornemisza-Concern Reports, Exhibit C, S. 22, NARA M1922 Roll 0058.
[207] Aktenbericht, 24.10.1942, S. 3, tkA FÜ/92.
[208] Vulcaan an Thyssengas, 18.1.1933, SIT NROE/56.

Tab. 16: Güterumschlag, Kapazitäten und Auftragsvolumen der N.V. Vlaardingen-Oost (inkl. Maschinenfabrik und N.V. Gerfa) 1930 bis 1946

	1930	1934	1938	1946
Güterumschlag Schwimmkräne	1.709.600 t	1.911.724 t	2.315.960 t	117.030 t
Güterumschlag Landbrücken	1.841.700 t		729.961 t	-
Anzahl Schwimmkräne	6 á 10 t		4 á 10 t 2 á 17,5 t	1 á 10 t 1 á 17,5 t 3 in Reparatur
Anzahl Landkräne	1 á 5 t		1 á 5 t	2 á 5 t
Anzahl Landbrücken	2 á 30 t		2 á 30 t	Gesprengt
Anzahl Schleppboote	3		2	-
Wert Aufträge der Maschinenfabrik	725.512 hfl.		986.961 hfl.	2.452.400 hfl. inkl. Gerfa
Arbeiter	531	400	580	441

Quelle: Straatemeier/Suermondt an Commissariat voor Oorlogsschaden, 24.9.1947, S. 1, NL-HaNA, 2.08.52, inv.nr. 13. BHS an Colyn (sic!), 24.10.1935, NL-HaNA 2.25.68, inv. nr. 12941.

allein nichts über die Umsätze: Offenbar war der Umsatz pro Tonne beim Handel mit Kunstdünger höher als beim Handel mit Erz, denn auch die N.V. Vulcaan erwirtschaftete trotz eines Rückgangs der Gesamttonnage stabile Gewinne. 1934, einem Jahr mit vergleichsweise geringen Umsätzen, legten 365 See- und 1.631 Binnenschiffe in Vlaardingen an.[209]

Die übrigen Angaben zu Vlaardingen-Oost deuten zudem auf eine Ausweitung der Ladekapazitäten hin, so hinsichtlich der Schwimmkräne. Angesichts der grundsätzlich vorsichtigen Investitionspolitik der TBG ist dies ein Indiz für dauerhafte Ertragserwartungen. Ferner sprechen Umsatzsteigerungen der Maschinenfabrik und die Errichtung der Gerfa für eine insgesamt zufriedenstellende Entwicklung des Hafenterrains. Die wenigen Bilanzdaten legen dies ebenfalls nahe: Das Anlagevermögen des Hafens belief sich – bei einem Aktienkapital von nur einer Million hfl. – 1941 auf 3,6 Mio. hfl., in diesem Jahr war das Betriebsergebnis mit einem Verlust von 10.000 hfl. allerdings negativ.[210] 1952 und 1953 erwirtschafte Vlaardingen Oost Gewinne von 550.000 bzw. 650.000 hfl.[211]

---
[209] BHS an Colyn (sic!), 24.10.1935, NL-HaNA 2.25.68, inv.nr. 12941.
[210] Bilanzen »Vlaardingen-Oost«, 31.12.1941, Thyssen-Bornemisza-Concern Reports, Exhibit C, S. 27, NARA M1922 Roll 0058.
[211] Bericht (13), April/Mai 1954, S. 8, SIT TB 02339.

Die Kriegseinwirkungen trafen Vlaardingen-Oost hart. Unter anderem demontierten die Reichswerke Hermann-Göring 1943 einen großen Schwimmkran – gegen den Willen der Thyssen-Bornemisza-Vertreter; allerdings wurde die TBG finanziell entschädigt. Die Überreste des Krans wurden im September 1944 beim Rückzug der deutschen Besatzungstruppen ebenso zerstört wie weitere Anlagen des Hafens.[212] Anfang 1944 interessierten sich die Reichswerke Hermann Göring für eine Ladebrücke Vlaardingens. Sie waren bereit, den Hafen mit 80.000 RM zu entschädigen. Die Geschäftsführer, Hooft und Kimmel, lehnten dies ab, da sie den Neuwert einer solcher Brücke auf 780.000 RM taxierten, mithin das Zehnfache der angebotenen Entschädigung.[213]

Die N.V. Vlaardingen-Oost beschäftigte zu Hochzeiten knapp 600 Mitarbeiter. Ihre Anzahl war unmittelbar nach dem Zweiten Weltkrieg aufgrund des darniederliegenden Handelsgeschäfts zwar zurückgegangen, aber bereits 1948 fanden wieder 560 Personen Beschäftigung im Hafen. Im selben Jahr arbeiteten für die Halcyon-Lijn 400 Mitarbeiter und die N.V. Vulcaan dürfte 1948 ähnlich wie Vlaardingen-Oost etwa den Stand von 1938 (700) wieder erreicht haben; 1946 hatten nur 529 Menschen für das Handelskontor und die Flotte von Vulcaan gearbeitet.[214] Insgesamt beschäftigte die TBG mithin mehr als 1.500 Mitarbeiter in ihrer Rotterdamer Transport- und Logistik-Sparte, die im Wesentlichen von den Erträgen der beiden Reedereien Vulcaan und Halcyon bestimmt wurde.

Das Handelsgeschäft der Thyssen-Bornemisza-Gruppe gründete auf drei Gütern: Steinkohle, Eisenerz und Kunstdünger. Es entsprach der typischen Arbeitsteilung innerhalb der »Rheinökonomie«, dass niederländische Logistikunternehmen Dienstleistungen für deutsche Produktionsunternehmen erbrachten, den Rhein als Transportweg nutzten und das rheinisch-westfälische Industriegebiet über den Hafen in Rotterdam in die globalen Handelsstrukturen einbanden.[215] Aus deutscher Sicht war Steinkohle samt ihrer Derivate ein Export-, Eisenerz hingegen ein Importgut; die Handelsflotte transportierte daher grundsätzlich Kohle rheinabwärts und Erze rheinaufwärts. So vermied sie Leerfrachten. N.V. Vulcaan ergänzte dieses Muster in zweierlei Hinsicht: Zum ersten erschloss sie seit den 1920er Jahren das südwestdeutsche Absatzgebiet für die Steinkohle zunehmend, sodass Steinkohle auch rheinaufwärts bis nach Mannheim transportiert wurde. Zum zweiten erschloss sich die N.V. Vulcaan seit etwa 1923/24 – ausgehend von der Verwertung von Thomasschlackenmehl und anderen Nebenprodukten der Stahlherstellung – mit dem Kunstdüngerhandel ein Feld, das nicht auf Produktionsunternehmen ausgerichtet war, sondern auf die niederländische (In-

---

[212] Thyssen-Bornemisza-Concern Reports, S. 10, NARA M1922 Roll 0058.
[213] Besprechung im Hotel »De Zalm«, 23.1.1944, S. 4, SIT TB/4815.
[214] Memorandum, 12.4.1948, S. 6, NL-HaNA 2.05.117, inv.nr. 5463; Straatemeier/Suermondt an Commissariaat voor Oorlogsschaden, 24.9.1947, S. 1, NL-HaNA 2.08.52, inv.nr. 13. 1950 waren es 723. Nota voor de Directie inzake de BHS, 19.11.1951, S. 15, NL-HaNA 2.25.68, inv.nr. 12779.
[215] Vgl. hierzu die konzeptionellen Überlegungen bei Banken/Wubs, The Rhine.

Abb. 11: Profitable Handelsgesellschaft mit eigener Flotte: Die N.V. Vulcaan.

tensiv-)Landwirtschaft.[216] Zu diesem Zweck gründet N.V. Vulcaan etwa ein Dutzend Handelsniederlassungen, meist in agrarischen Provinzen der Niederlande wie Friesland oder Groningen.[217] Die Niederlassungen wurden über niederländische Binnenhäfen mit Kalisalzen, Phosphaten und Stickstoffdünger beliefert und veräußerten die Düngemittel an lokale Landwirtschaftsbetriebe. Üblicherweise lagen zwischen Auslieferung und Zahlungsziel einige Monate, sodass die Vulcaan-Töchter über den Kunstdüngerhandel die Bauern zugleich kreditierten. Der Marktanteil der N.V. Vulcaan lag je nach Düngerart zwischen 20 und 30 Prozent.[218]

Der Kunstdüngerhandel ergänzte als dritte Säule das traditionelle Geschäft mit Kohle und Erz. Dies zeugt davon, dass die Handelsunternehmen auch als »Agenten des Wandels« fungierten, indem sie über Geschäftskontakte Nachfragelücken identifizierten, um anschließend das Angebot der N.V. Vulcaan erweitern zu können: Seit den 1950er Jahren nahm Vulcaan ferner den Handel mit Baustoffen, Holz, Erdöl bzw. Erdölprodukten und Flüssiggas auf.[219]

[216] Niederschrift, 30.4.1926, S. 1, tkA VSt/934.
[217] Vgl. die Übersicht bei August-Thyssen-Bank AG: Thyssen-Bornemisza-Concern Reports, Exhibit B: Enterprises in other Countries, S. 16-19, NARA M1922 Roll 0058.
[218] Straatemeier/Suermondt an Commissariat voor Oorlogsschaden, 24.9.1947, S. 2, NL-HaNA 2.08.52, inv.nr. 13.
[219] Vgl. N.V. Handels- en Transportmaatschappij »Vulcaan« Rotterdam; Geschiedenis N.V. Vulcaan (1963), S. 13, SIT TB/4692 (Flüssiggas).

Das Handelsgeschäft selbst – Makeln sowie Fuhrbetrieb – verteilte sich organisatorisch auf drei Gesellschaften: N.V. Vulcaan, Halcyon Lijn N.V. und die Deutsch-Niederländische Schiffahrts- und Handels G.m.b.H. (Denesuh). Die Denesuh war ein Kind des Wirtschaftsnationalismus: Sie wurde 1919 in Duisburg-Ruhrort als »verlängerter Arm« der N.V. Vulcaan gegründet. Da in der wirtschafts- und außenpolitisch angespannten Situation nach dem Ersten Weltkrieg nicht absehbar war, wie ausländische Unternehmen fortan im Deutschen Reich agieren konnten, stellte sich der Thyssen-Konzern auf diese Unwägbarkeit ein: Die Denesuh sollte die Vulcaan-Transporte in Deutschland überwachen, den Betrieb der Flotte sicherstellen und Brennstoffe sowie sonstige Ausrüstung im Deutschen Reich organisieren, im Bedarfsfall zusätzliche Kapazitäten anmieten und Aufträge vermitteln. Ihre Tätigkeit war funktional vollständig auf das Vulcaan-Geschäft ausgerichtet. Die Denesuh war eine reine Handelsgesellschaft, die bis auf einen Hafenschlepper keine eigene Flotte besaß. Zwischen 1928 und 1944 überwachte sie für die N.V. Vulcaan den Transport von 10 Millionen Tonnen stromauf- und von 31 Millionen Tonnen stromabwärts.[220]

Die N.V. Vulcaan selbst übernahm die Binnenschifffahrt mit eigener Flotte, d.h. die Transporte zwischen Rotterdam und den deutschen Rheinhäfen. Von 1927 bis 1940 war die Flotte in die N.V. Vulcaans Rijnreederij (Kapital: 250.000 hfl.) ausgegliedert worden, weil sich die N.V. Vulcaan nur so an innerdeutschen Transporten beteiligen konnte.[221] Das RWKS hatte auch im Inland regionale Absatzgebiete definiert, von denen das der Rheinischen Kohlenhandel- und Rhederei Gesellschaft GmbH (Kohlenkontor) das wichtigste war.[222] Die Absatzquote bemaß sich an der Leistung der Zeche, in deren Eigentum sich das Transportunternehmen befand (und befinden musste). Da die TBG-Zeche Walsum bis 1941 kein RWKS-Mitglied war, ergab sich lange das Problem, dass ihre Handelsgesellschaft (Vulcaan) nicht mehr am inländischen Absatz des Kohlenkontors beteiligt werden konnte. Diese Regelung umging die TBG zum einen durch eine Kooperation mit Raab Karcher, die N.V. Vulcaan an ihrer Kohlenkontor-Quote beteiligte. Zum anderen wurde die Rheinflotte (Vulcaans Rijnreederij) durch eine Vereinbarung zwischen Vulcaan/Denesuh und der Thyssen'schen Handelsgesellschaft m.b.H. (Thyssenhandel) ins Eigentum des letztgenannten Unternehmens überführt; Vulcaan erhielt ein Rückkaufrecht.[223]

Thyssenhandel gehörte zum Erbe Fritz Thyssens und damit zu den Vereinigten Stahlwerken. Sie verfügte daher über eine entsprechende Zechenbeteiligung im Kohlenkontor. Durch die fingierte Eigentumsübertragung war es möglich, dass die

---

[220] Aktenbericht (Kimmel), 4.10.1950, S. 16-19, NL-HaNA 2.05.117, inv.nr. 5107.
[221] Geschiedenis N.V. Vulcaan (1963), S. 10, SIT TB/4692; zur Gründung am 17.10.1927 durch Heida und Gröninger vgl. NL-HaNA 2.09.46, inv.nr. 37161.
[222] Roelevink, Organisierte Intransparenz, S. 70-73.
[223] Aktenbericht (Kimmel), 4.10.1950, S. 3-4, 11, NL-HaNA 2.05.117, inv.nr. 5107; Bank vor Handel en Scheepvaart, Bylage, 1929, S. 2-3, NL-HaNA, 2.25.68, inv.nr. 12941.

2. Die Handels- und Logistiksparte

N.V. Vulcaan am Absatz des Kohlenkontors partizipierte, indem sie faktisch die Thyssenhandel-Quote übernahm. Das Abkommen zwischen Thyssenhandel und Vulcaan endete am 31. Dezember 1938, kurz bevor ohnehin über den Eintritt der Thyssen-Bornemisza-Zeche Walsum ins RWKS verhandelt wurde. Bei diesem Verhandlungen einigten sich die Parteien darauf, Vulcaan eine Sonderstellung zu gewähren, obwohl sich die Reederei nicht im Eigentum der Zeche Walsum befand.[224] Roelen begründet dies für die TBG damit, dass Walsum und N.V. Vulcaan faktisch demselben Letzteigentümer – Heinrich Thyssen-Bornemisza – gehörten. Solange diese Eigentumsstruktur bestand, erhielt Vulcaan eine Reedereibeteiligung im Kohlenkontor bzw. übernahm faktisch die Quote der Thyssen'schen Handelsgesellschaft in Höhe von 1.036.850 t Kahn- und 1.083.000 t Schleppbeteiligung; 1942 und 1943 transportierte die N.V. Vulcaan im innerdeutschen Kohlenhandel daher etwa zwischen 60.000 und 90.000 t monatlich – mit teils deutlichen Ausreißern.[225] Bereits ein Jahr zuvor, 1940, war die N.V. Vulcaans Rijnreederij funktionslos geworden und die Flotte formal wieder ins Eigentum der N.V. Vulcaan übergegangen.[226]

Mit deutlich weniger regulatorischen Einschränkungen war die Hochseereederei der TBG konfrontiert: Die Halcyon Lijn N.V. steuerte mit eigener Flotte vornehmlich von Rotterdam aus Überseehäfen an. Sie befand sich zwar vollständig im Eigentum der BHS, war aber funktional ebenso eine »Tochtergesellschaft« der N.V. Vulcaan wie die Denesuh.[227] Entsprechend wurden Vulcaan und Halcyon auch in Personalunion geführt.[228]

In finanzieller Hinsicht war die N.V. Vulcaan seit ihrer Gründung ein erfolgreiches Unternehmen, erwirtschaftete mit Ausnahme einiger Jahre im Zweiten Weltkrieg durchweg Gewinne, zahlte stets Dividenden und bildete erhebliche Rücklagen, auch wenn die 1930er Jahre weniger golden waren als das Jahrzehnt zuvor.[229] Doch im Großen und Ganzen lassen die (wenigen) vorliegenden Daten auf eine konstante Geschäftsentwicklung schließen.

Seit Mitte der 1920er Jahre veränderten sich Anzahl der Vulcaan-Schiffe und deren Transportvolumen nicht substantiell; in den 1930er Jahre zeigen sich ebenfalls nahezu keine Änderungen der Flotte. Erst der Zweiten Weltkrieg wirkte sich negativ auf den Schiffsbestand der N.V. Vulcaan aus; ferner stellte sich um 1950 allmählich als Problem heraus, dass Vulcaan zu wenig Kanalschiffe besaß. Nur ein Fünftel der Flotte war für den Transport auf Kanälen geeignet.[230] Dennoch entwickelte sich der Rheintransport insgesamt stabil. Die Schiffe der N.V. Vulcaan

---

[224] Aktennotiz: Zur Zechenbesitzerversammlung am 27.4.1942, RWWA 130-400101320/3. Vgl. Kapitel 5.1.2.
[225] Aktenbericht (Kimmel), 4.10.1950, S. 3-4, 11, NL-HaNA 2.05.117, inv.nr. 5107.
[226] Geschiedenis N.V. Vulcaan (1963), S. 10, SIT TB/4692.
[227] Rasch, August Thyssen und Heinrich Thyssen-Bornemisza, S. 63, 518-519; Rasch, Was wurde aus August Thyssens Firmen, S. 270–272.
[228] Geschiedenis N.V. Vulcaan (1963), S. 9, SIT TB/4692.
[229] Geschiedenis N.V. Vulcaan (1963), S. 6, 10, SIT TB/4692.
[230] Aktenbericht (Kimmel), 4.10.1950, S. 10, NL-HaNA 2.05.117, inv.nr. 5107.

Tab. 17: Entwicklung der Rheinflotte der N.V. Vulcaan 1913 bis 1950

	Schleppschiffe		Schleppboote		
	Anzahl	Tonnage	Anzahl	Imperial Peck	Liter
1913	5	k.A.	1	k.A.	k.A.
1918	35	85.000	15	5.500	50.007
1927	60	91.000	19	10.600	96.377
1930	68	106.400	17	10.050	91.376
1934	68	105.526	17	10.050	91.376
1938	68	107.100	17	9.900	90.013
1946	34	55.700	13	6.000	54.553
1948	53	88.451	21	11.180	101.651
1950	k.A.	82.945	k.A.	k.A.	k.A.

Quelle: Eigene Zusammenstellung nach Geschiedenis N.V. Vulcaan (1963), SIT TB/4692; Straatemeier/Suermondt an Commissariat voor Oorlogsschaden, 24.9.1947, S. 1, NL-HaNA 2.08.52, inv.nr. 13; Memorandum, 12.4.1948, S. 5, NL-HaNA 2.05.117, inv.nr. 5463; Aktenbericht (Kimmel), 4.10.1950, S. 10, NL-HaNA 2.05.117, inv.nr. 5107. BHS an Colyn (sic!), 24.10.1935, NL-HaNA 2.25.68, inv.nr. 12941. »Imperial Peck« ist ein britisches Volumenmaß; ein Peck entspricht 9,09218 Litern.

transportieren in den 1920er Jahren zwischen 3,5 bis 4 Mio. Tonnen jährlich[231] und lagen 1930 mit 3,8 Mio. und 1938 mit 3,3 Mio. Tonnen im selben Korridor; 1946 lag der Transport mit 320.000 t weitgehend darnieder.[232]

Freilich verschoben sich in den 1930er Jahren die Güterstrukturen. Der Kohlenhandel blieb trotz leichter Rückgänge bis in die 1950er Jahre hinein weitgehend konstant, doch das Bunkerkohlengeschäft verlor sukzessive an Bedeutung, weil immer mehr Schiffe über Verbrennungsmotoren verfügten und nicht mehr mit Kohle betrieben wurden. Durch die Verträge mit der SHV blieben Kohlenabsatz und Handelsspannen aber grundsätzlich stabil: Von 1930 bis 1939 setzte die N.V. Vulcaan gut 1,9 Mio. Tonnen deutscher Kohlen in den Niederlanden ab, ferner gut 2,6 Mio. Tonnen deutscher Bunkerkohlen, von denen 800.000 Tonnen dem Antrieb niederländischer Schiffe dienten. Zwischen 1937 und 1939 lag der durchschnittliche jährliche Absatz sogar höher als im Durchschnitt des gesamten Jahrzehnts: bei etwa 220.000 Tonnen Kohle,[233] 340.000 Tonnen Bunkerkohle (davon 104.000 Tonnen für

---

[231] Geschiedenis N.V. Vulcaan (1963), S. 9, SIT TB/4692.
[232] Straatemeier/Suermondt an Commissariat voor Oorlogsschaden, 24.9.1947, S. 1, NL-HaNA 2.08.52, inv.nr. 13.
[233] 1937: 245.139 t, 1938: 201.038 t, 1939: 210.656; 1937 bis 1939: 656.833 t. Hierzu: Vulcaan an SHV, 13.9.1946, NL-HaNA 2.06.056, inv.nr. 376.

niederländische Schiffe). Überdies verkaufte die N.V. auch geringere Mengen britischer, US-amerikanischer und polnischer Steinkohle in den Niederlanden.[234]

Der Marktanteil der N.V. Vulcaan beim Absatz deutscher Kohlen in den Niederlanden lag bei gut fünf Prozent (5,057 %). Die Verträge mit der SHV, die eine Quote von gut zehn Prozent vorsahen, scheinen dem zu widersprechen. Während die N.V. Vulcaan bei ihren Berechnungen den Absatz an allen importierten Kohlen aus Deutschland zugrunde legte, bezogen sich die Verträge auf den gesamten Umsatz der SHV, d.h. auf den Handel mit deutschen und nicht-deutschen Kohlen sowie Bunkerkohlen.[235] Da Vulcaan 10,08 Prozent des SHV-Umsatzes zustanden, wovon aber nur ein Drittel normale und zwei Drittel Bunkerkohlen sein sollten, ergab sich rechnerisch ein zugedachter Marktanteil von 3,36 Prozent für den Inlandsabsatz deutscher Kohlen.[236] Ob dies nur eine Frage der Berechnungsgrundlage war oder ob die N.V. Vulcaan ihren Marktanteil mithilfe nicht-syndizierter Walsum-Kohle tatsächlich ausgedehnt hatte, ist weder ersichtlich noch wahrscheinlich: In einer Besprechung zwischen Vulcaan, RWKS und SHV im November 1939 stimmten Vertreter aller Parteien explizit darin überein, dass die Walsum-Kohle bei der Quotierung zu berücksichtigen war, d.h. es war gar nicht möglich, mit Walsum-Kohle den Marktanteil zu erhöhen.[237]

Die Diskrepanz zwischen den Angaben bestimmte nach 1945 die Verhandlungen beider – nunmehr ehemaliger – Vertragspartner über den niederländischen Kohlenmarkt. Da das RWKS 1945 aufgelöst worden war, ergab sich eine neue Situation: Die SHV betrachtete die Verträge mit der N.V. Vulcaan als gegenstandslos, da sie nur durch die Existenz des RWKS begründet waren. Das Utrechter Unternehmen zeigte sich aber grundsätzlich bereit, die N.V. Vulcaan im Rahmen der Quote von 3,36 Prozent weiterhin am Handel zu beteiligen.[238]

Für Vulcaan war diese Auffassung problematisch, da die SHV nach Auflösung des RWKS die Kohleneinfuhr aus Deutschland gleichsam als staatliches Regal zugestanden bekommen hatte. Angesichts der Kohlenknappheit sollte sich daran nach Auffassung der niederländischen Behörden zunächst auch nichts ändern.[239] Die N.V. Vulcaan bemühte sich daher beim Rijkskolenbureau und bei den zuständigen Ministerien darum, wieder in den Handel mit deutschen Kohlen eingebunden zu werden. Sie wollte nicht unbedingt selbst Kohle importieren, wohl aber absetzen. Die N.V. Vulcaan strebte einen Marktanteil an, der in etwa dem Vorkriegsstand entsprach – nach eigenen Berechnungen also 5,057 Pro-

---

[234] Vulcaan an Ministerie voor Handel en Nijverheid, 17.11.1945, S. 2, NL-HaNA 2.06.056, inv.nr. 376.
[235] Rijkskolenbureau an Vulcaan, 16.10.1946, NL-HaNA 2.06.056, inv.nr. 376.
[236] Schrijver an Rijkskohlenbureau, 12.12.1946, NL-HaNA 2.06.056, inv.nr. 376.
[237] Besprechung, 1.11.1939, S. 1-2, RWWA 130-400101320/63.
[238] SHV an Vulcaan, 22.9.1945, NL-HaNA 2.06.056, inv.nr. 376.
[239] Rijksolenbureau an Minister van Verkeer en Energie, 4.5.1946; Rijkskolenbureau an SHV, 4.2.1947, NL-HaNA 2.06.056, inv.nr. 376.

zent.²⁴⁰ Da sich Vulcaan und SHV nicht einigen konnten, legte schließlich das Rijkskolenbureau im Februar 1947 eine Quote – rückwirkend zum 1. August 1945 – fest, die der Forderung der N.V. Vulcaan entsprach. Damit verlängerte sich gleichsam der Kartellvertrag zwischen SHV und Vulcaan bis zu einer künftigen Liberalisierung des Kohlenhandels. Aus Sicht der SHV profitierte die N.V. Vulcaan sogar von verbesserten Konditionen.²⁴¹ Dennoch einigten sich beide Unternehmen 1950 schließlich auf ein neues Abkommen, in dem die Fünf-Prozent-Klausel für deutsche Importkohle festgeschrieben wurde. Vulcaan bezog diese weiterhin direkt von der SHV. Darüber hinaus sollte der gesamte Marktanteil der N.V. Vulcaan in den Niederlanden – unter Einschluss nichtdeutscher Kohlen – 7,5 Prozent nicht übersteigen. Der Absatz der N.V. Vulcaan war damit bis auf Weiteres gesichert.²⁴²

Wie beim Kohlenabsatz zeigte sich beim Kohlentransport seit Ende der 1920er Jahre ebenfalls ein einigermaßen stabiles Bild (vgl. Tab. 18). Hingegen brach der Erzhandel ein, während der Transport von Kunstdünger zunahm. In den 1950er Jahren hing der Geschäftserfolg der N.V. Vulcaan sogar maßgeblich vom Kunstdüngerhandel ab, während die beiden ursprünglichen Standbeine – Kohle und Erz – größere Probleme bereiteten. 1954 galt die N.V. Vulcaan sogar als »zorgenkind« der Gruppe, obschon sie weiterhin Gewinne erwirtschaftete. Zu den Schwierigkeiten im Erz- waren ebensolche im Kohlenhandel hinzugekommen, weil sich, zum einen, bereits abzeichnete, dass Öl Kohle als Primärenergieträger ablösen würde. Zum anderen belastete die Gründung der Europäischen Gemeinschaft für Kohle und Stahl 1952 das Handelsgeschäft, weil Großabnehmer direkt bei den Zechen einkaufen konnten. Ihr künftiges Heil suchte die N.V. Vulcaan daher im Aufbau neuer Handelsabteilungen für Baumaterial sowie für Eisen und Stahl.²⁴³ Da der Erfolg dieser Maßnahmen ausblieb, reorganisierte die N.V. Vulcaan 1963 die Kunstdünger- und Rheinschifffahrtsabteilung und ging in beiden Fällen strategische Kooperationen ein. 1966/67 fusionierte sie ihre Kunstdüngerabteilung samt der 20 Tochtergesellschaften mit Mekog/Albatros zur N.V. Verenigde Kunstmesthandelmaatschappij »Vulcaan« (VKV). Die Rheinflotte legte sie 1968 mit jener des SHV zur Europese Waterweg-Transporten N.V. (ETW) zusammen. Zudem beteiligte sich die N.V. Vulcaan zwischen 1964 und 1970 an weiteren Handelsgesellschaften, etwa der Gastankvaartmaatschappij Chemgas N.V. (Flüssiggastransport), spezialisierten Industrieunternehmen, z.B. an den Landmaschinenbauern Boeke en Huidekooper N.V. und Zweegers Landbouwmachinefabrieken N.V., sowie an Dienstleistungsunternehmen, allen voran der Frans Swarttouw's

---

²⁴⁰ Vulcaan an Ministerie voor Handel en Nijverheid, 17.11.1945, S. 2; Directie Herstel en Voorziening an Ministerie voor Handel en Nijverheid, 12.6.1946; Vulcaan an Rijkskolenbureau, 8.11.1946, NL-HaNA 2.06.056, inv.nr. 376.
²⁴¹ Rijkskolenbureau an SHV, 4.2.1947, NL-HaNA 2.06.056, inv.nr. 376.
²⁴² Vertrag SHV und Vulcaan, 18.8.1950/15.9.1950, SIT TB 011025.
²⁴³ Notulen 8.7.1954, S. 2, SIT TB 02344.

Tab. 18: Transporte des N.V. Vulcaan nach Hauptgütergruppen 1924 bis 1953 (in t)

	Kohle	Erz	Kunstdünger
1924			32.000
1929			282.000
1930	1.581.400	2.592.000	266.378
1934	1.203.457	746.625	221.006
1935			253.000
1938	1.482.700	399.000	310.800
1939		144.000	363.000
1945			62.000
1946	96.800	9.400	193.200
1947			323.000
1949			353.000
1951			367.000
1952	380.000	450.000	350.000
1953	300.000	340.000	401.000

Quelle: wie Tab 16. sowie Bericht (13), April/Mai 1954, S. 6, SIT TB 02339.

Havenbedrijf Group in Rotterdam. Zudem stieg die N.V. Vulcaan in die Immobilienverwaltung ein. Die Zeichen standen gerade in der Handelssparte der TBG auf Expansion, weil sich das ursprünglich schwerindustrielle Geschäftsmodell der N.V. Vulcaan seit dem Ende der 1950er Jahre erkennbar überlebt hatte.[244]

Anzeichen dafür gab es schon zuvor. Das Erzgeschäft ging deutlich früher als das Kohlengeschäft zurück. Die Verträge über Erzlieferungen, in die die VSt 1926 eingetreten waren, liefen zwar bis mindestens 1934, wurden aber in der Weltwirtschaftskrise ausgesetzt und damit faktisch beendet. Die traditionelle Verbindung zwischen der N.V. Vulcaan und der rheinisch-westfälischen Stahlindustrie spielte fortan nur noch eine untergeordnete Rolle. Als die Nachfrage nach Eisenerzen als Folge der Aufrüstung im Deutschen Reich anzog, blieb die N.V. Vulcaan weitgehend außen vor, weil sie die benötigten Erzsorten und Erzqualitäten nicht im Angebot hatte. Die alten Geschäftsverbindungen zu den Erzpartnern der VSt waren schließlich gekappt worden. Auch in späteren Jahren gelang es nur unzureichend, auf den globalen Erzmärkten verlässliche Lieferanten zu finden. Mitte der 1950er Jahre klagte die Leitung der TBG beispielsweise über erhebliche Pro-

---

[244] Thyssen-Bornemisza Group, Divisie Handel en Transport, 9.9.1970, SIT TB/947.

bleme, vertraglich zugesicherte Manganerze aus Goa auch tatsächlich zu erhalten.[245]

In den 1930er Jahren war das Logistikunternehmen teils von niederländischen Disponenten geschnitten worden, die sich weigerten, Rasenerz aus den Provinzen Groningen und Drenthe mit Vulcaan-Schiffen zu versenden, sodass diese leer zurückfahren mussten. Aus diesem Grund bat die N.V. Vulcaan Thyssengas beim Erwerb von Rasenerz die Anbieter zu verpflichten, Vulcaan-Schiffe zu nutzen.[246] Wie bereits erwähnt, scheiterte ein anderes Geschäft über 20.000 t Eisenerz 1937 am Widerstand des RWKS, das nicht zulassen wollten, dass der daraus gewonnene Stahl exklusiv zum Ausbau Walsums genutzt wurde.[247] Nicht zuletzt aufgrund der Devisenknappheit im Deutschen Reich, nutzten die deutschen Stahlhersteller zudem zunehmend (minderwertige) inländische Eisenerze, mit denen sie Importe substituierten.[248]

Im Erzgeschäft machten sich für die N.V. Vulcaan mithin die Aufteilung des Thyssenkonzerns sowie die Autarkiebestrebungen im Deutschen Reich langfristig negativ bemerkbar. Obwohl der Vulcaan-Verbund als Handelsunternehmen grundsätzlich international ausgerichtet war, blieb er doch zu großen Teilen vom Geschäft mit dem Deutschen Reich abhängig. Das war für eine Rheinreederei allein aus geographischen Gründen auch nicht verwunderlich.

Gerade in den ursprünglichen, langfristig rückläufigen Geschäftsbereichen Erz- und Kohlenhandel blieben die Verflechtungen mit dem rheinisch-westfälischen Wirtschaftsgebiet maßgeblich. Eine Ausnahme stellte hierbei das Exportgeschäft dar, d.h. der Verkauf in nicht-syndizierte ausländische Absatzgebiete. Dorthin verkaufte die N.V. Vulcaan im Wesentlichen niederländische und englische Kohlen; der Export deutscher Kohlen wurde auch dadurch erschwert, dass deutsche Exporteure die Umsatzsteuer zurückvergütet erhielten, wodurch sie die Vulcaan-Frachten unterbieten konnten.[249]

Obwohl sich das Handelsvolumen vor allem bei Erzen verringerte, wirtschaftete die N.V. Vulcaan durchgängig profitabel. Es liegen zwar nur wenige Bilanzdaten vor, doch mit qualitativen Aussagen und verstreuten quantitativen Angaben ergibt sich ein einigermaßen rundes Bild: 1928 lag die Kapitalrendite bei gut 28 Prozent, die ausgewiesene Eigenkapitalrendite bei knapp drei Prozent. In den 1920er Jahren zahlte die N.V. Vulcaan gleichwohl nur eine durchschnittliche Dividende von zehn Prozent. Sie wurde von der niederländischen Zentralbank mit Recht als »mäßig« bezeichnet, weil die Ertragskraft des Unternehmens deutlich höher war. Statt die Erträge auszuschütten, thesaurierte Vulcaan die Mittel, um

---

[245] Geschiedenis N.V. Vulcaan (1963), S. 15-16, SIT TB/4692, Entwurfs-Protokoll 1.12.1955, S. 2; Protokoll 5.11.1956, S. 3, SIT TB 02344.
[246] Vulcaan and Thyssengas, 1.7.1935, SIT NROE/56.
[247] Vgl. Kapitel 5.1.2.
[248] Exemplarisch für die VSt Donges, Vereinigte Stahlwerke, S. 186-187.
[249] Aktenbericht (Kimmel), 4.10.1950, S. 12, NL-HaNA 2.05.117, inv.nr. 5107.

Tab. 19: Anteile des Deutschlandgeschäfts am Gesamtumsatz niederländischer Gesellschaften (1944)

Unternehmen	Sparte	Umsatz mit Deutschland (in % des Gesamtumsatzes)
Vulcaan	Erze	85-95
	Kohle (Holland)	93
	Kohle (Belgien)	82
	Bunkerkohle (Holland)	96
	Bunkerkohle (Belgien)	100
	Bunkerkohle (Export)	26
	Kunstdünger dt. Herkunft	30
Vlaardingen	Hafenbetrieb und Werft	95-98
Halcyon Lijn	Seehandel	76
BHS		100

Quelle: Exposé »Wirtschaftliche Notwendigkeit«, 25.7.1944 (Anlage 14), S. 4-5, SIT NROE/15.

sie der Bank voor Handel en Scheepvaart zur Verfügung stellen zu können, d.h. die unterbliebene Gewinnausschüttung diente dem Aufbau der BHS.[250] In den 1930er Jahren deutete sich ein Wandel der Dividendenpolitik an, nachdem die BHS auf eine zusätzliche Zufuhr von Kapital nicht mehr angewiesen war. 1937 zahlte die N.V. Vulcaan eine Dividende von »nur« zehn Prozent, doch 1938 und 1939 waren es 20 Prozent. 1940 und 1941 reduzierte sie sich auf 8 bzw. 6 Prozent, weil seit 1940 die »deutschen« Dividendenbegrenzungen auch in den Niederlanden galten.[251] 1950 lag die Kapitalrendite bei 16,5 Prozent, die Dividende bei acht Prozent.[252] 1941 wäre es betriebswirtschaftlich noch problemlos möglich gewesen, eine Dividende von 20 Prozent (und mehr) zu zahlen, da die Kapitalrendite bei 23,3 Prozent lag.[253]

Im selben Jahr betrug die ausgewiesene Eigenkapitalrendite ähnlich wie 1928 freilich nur 2,9 Prozent, was in erster Linie auf die enorme Reservenbildung bei der N.V. Vulcaan zurückzuführen war: Die Bilanz wies alleine 1941 knapp

---

[250] Bank vor Handel en Scheepvaart, Bylage, 1929, S. 2-3, 7, 15 NL-HaNA, 2.25.68, inv.nr. 12941.
[251] RTK an HHTB, van Aken und Kraayenhoof, 19.11.1947, SIT TB/16; Angaben für 1937 und 1938 nach Report Price Waterhouse & Co. on Ownership, 4.12.1939, NL-HaNA 2.08.52, inv.nr. 13.
[252] Nota voor de Directie inzake de BHS, 19.11.1951, S. 15, NL-HaNA 2.25.68, inv.nr. 12779.
[253] Handelsbilanz zugleich Steuerbilanz NV »Vulcaan«, 31.12.1941, August-Thyssen-Bank AG: Thyssen-Bornemisza-Concern Reports, Appendix 3, S. 25, NARA M1922 Roll 0058.

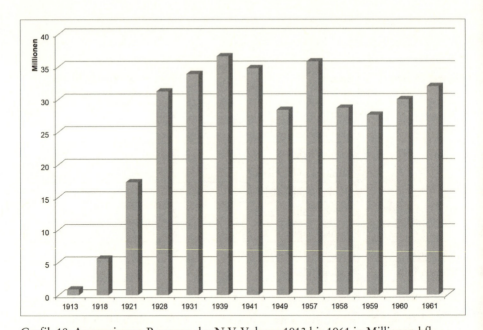

Grafik 18: Ausgewiesene Reserven der N.V. Vulcaan 1913 bis 1961 in Millionen hfl. (nominal)
Quellen: Geschiedenis N.V. Vulcaan (1963), S. 6, SIT TB/4692; Handelsbilanz zugleich Steuerbilanz NV »Vulcaan«, 31.12.1941, August-Thyssen-Bank AG: Thyssen-Bornemisza-Concern Reports, Appendix 3, S. 25, NARA M1922 Roll 0058; Bank vor Handel en Scheepvaart, Bylage, 1929, S. 2-3, NL-HaNA, 2.25.68, inv.nr. 12941

35 Mio. hfl. – das Siebenfache des Aktienkapitals – als Reserven aus; diese Höhe war in den in den 1930er und 1940er Jahren eher die Regel als die Ausnahme, wenngleich die N.V. Vulcaan in den 1940er Jahren als eines der wenigen Gruppenunternehmen auch Dividenden aus der (umfangreichen) Substanz bezahlte und sich daher die Reserven in den 1940er Jahren leicht verringerten. Das lag insbesondere an den schwierigen Rahmenbedingungen im internationalen Transportgeschäft: Handel- und Transport – v.a. im See-, aber auch im Binnenverkehr – waren spätestens seit 1942/43 aufgrund von Kriegseinwirkungen erheblich beeinträchtigt; 1942 erwirtschaftete Vulcaan einen Verlust, 1943 fußte das Geschäft der N.V. Vulcaan im Wesentlichen auf dem Vertrieb der RWKS-Kohle.[254]

Der »innere Wert« der Reserven, vor allem der stillen Reserven – für 1928 sind stille Reserven in Höhe von 10 Mio. hfl. nachgewiesen[255] –, dürfte weit höher gewesen sein, denn auch die N.V. Vulcaan nutzte Abschreibungsmöglichkeiten weid-

---

[254] Aktenbericht, 5.5.1943, S. 5; Aktenbericht, 30.8.1943, S. 3, Aktenbericht, 6.11.1943, S. 2, tkA FÜ/92.
[255] Bank vor Handel en Scheepvaart, Bylage, 1929, S. 2-3, NL-HaNA, 2.25.68, inv.nr. 12941.

lich aus und bewertete das Vermögen – wie alle TBG-Gesellschaften – sehr niedrig: Beispielsweise standen die meisten Schiffe mit nur je einem Gulden in der Bilanz. Zwischen 1924 und 1940 erhöhte sich somit das Vulcaan-Vermögen deutlicher als die Bilanzen es aussagen. Die deutsche Steuerinspektion schätzte, dass alleine durch die Bilanzierungspraxis der N.V. Vulcaan Fritz Thyssens Vermögen 40 bis 50 Mio. RM höher war als in seiner Steuererklärung angegeben worden war – und das, obwohl er bereits seit 1936 nicht mehr dividendenberechtigt war. Bei Hans und Julius Thyssen, die 1933 aus den niederländischen Unternehmungen ausgeschieden waren, belief sich die entsprechende Summe auf etwa 15 Mio. RM.[256]

Bedenkt man, dass 1939 – zumindest im Erzhandel – ein recht bescheidenes Geschäftsjahr für Vulcaan war und die Gewinne dennoch hinreichten, um eine Million Gulden auszuschütten, vergegenwärtigt man ferner den Gewinn des Jahres 1941 sowie die weitgehend konstante Zunahme der ausgewiesenen Reserven und berücksichtigt man die Aussagen von Steuerinspektor Jansen sowie die Angaben im geschichtlichen Überblick, dass N.V. Vulcaan von 1909 bis 1963 meist Gewinne erwirtschaftete und jährlich Dividenden zahlte, spricht sehr viel für eine insgesamt stabile finanzielle Entwicklung und eine hohe Rentabilität. Daher ist anzunehmen, dass auch und gerade in den »Normaljahren« hohe Gewinne erzielt wurden und eine Dividende in Höhe zwischen 15 und 20 Prozent eher die »natürliche« Zielgröße der N.V. Vulcaan als eine Ausnahme gewesen ist; auch für 1953 ist eine entsprechende Dividende überliefert.[257]

Neben den Gewinnen der N.V. Vulcaan trugen die Denesuh und die Halcyon Lijn ebenfalls zur positiven Bilanz des Handelsgeschäfts innerhalb der Gruppe bei. Während die recht bescheidenen Gewinne der Denesuh, die meist zwischen 20.000 bis 40.000 RM jährlich lagen,[258] zu 80 Prozent direkt der N.V. Vulcaan zuflossen, war die Halcyon Lijn – als hundertprozentige Tochter der BHS – bilanziell separiert. Halcyon war eine Trampreederei, d.h. sie verkehrte nicht linienmäßig, sondern nach Bedarf. Vor dem Zweiten Weltkrieg bestand ihre Flotte aus zwölf Frachtern mit einer Kapazität von 86.230 (1934)[259] bzw. 107.000 Tonnen (1939), zwei weitere Schiffe waren 1939 im Bau. Die Flotte befuhr unter niederländische Flagge alle sieben Weltmeere.[260] Sie war durchweg gut beschäftigt und nur in Ausnahmefällen lag zwischen 1920 und 1952 ein Schiff einmal auf.[261]

Mit Beginn des Zweiten Weltkriegs wurden die Schiffe am 4. September 1939 der niederländischen Regierung zur Verfügung gestellt. Zum Zeitpunkt des deutschen Überfalls (Mai 1940) befanden sich zehn Schiffe außerhalb der Niederlande und fuhren fortan für die Alliierten. Sechs Frachter wurden während des Zweiten

---

[256] Report (Interrogation Steuerinspektor Jansen), 27.8.1946, S. 3, August Thyssen Bank AG: American Thyssen Companies Report, Exhibit 13, NARA M1922, Roll 0057.
[257] Notulen, 8.7.1954, S. 2, SIT TB 02344.
[258] Aktenbericht Kimmel, 4.10.1950, S. 21; NL-HaNA 2.05.117, inv.nr. 5107.
[259] BHS an Colyn (sic!), 24.10.1935, NL-HaNA 2.25.68, inv.nr. 12941.
[260] Memorandum, 12.4.1948, S. 6, NL-HaNA 2.05.117, inv.nr. 5463.
[261] Protokoll, 12.9.1952, S. 3, SIT TB 02344.

Weltkriegs versenkt, sodass 1948 nur noch zehn Schiffe mit einer Kapazität von 90.000 Tonnen für die Halcyon-Lijn im Einsatz waren.[262] Die Schäden für die TBG, die zwischenzeitlich den Verlust von acht Frachtern befürchtet hatte, hielten sich freilich in Grenzen, da die Schiffe versichert waren und nach dem Krieg ersetzt werden konnten, ohne eigene Mittel aufzuwenden.[263] 1955 verfügte die Reederei wieder über 14 Schiffe mit 140.000 t Kapazität, inklusive dreier, die sich im Bau befanden.[264]

Der Beitrag der Halcyon Lijn zum finanziellen Gruppen-Ergebnis ist nur zu erahnen; er dürfte substantiell gewesen sein, denn bereits in den 1920er Jahren war der Seehandel noch profitabler als der Binnenhandel, d.h. die Halcyon Lijn dürfte beträchtliche Dividenden an die BHS abgeführt haben.[265] Die Gesellschaft schloss (bis 1952) nur ein Geschäftsjahr mit einem Verlust ab.[266] 1941 überstiegen ihre Reserven (2,2 Mio. hfl.) das eingezahlte Aktienkapital (1 Mio. hfl.) deutlich.[267] 1951 erwirtschaftete sie einen Gewinn von etwa 5,6 Mio. hfl., zahlte eine Dividende von 100 Prozent und konnte trotzdem 4,5 Mio. hfl. den Reserven zuführen.[268] 1953 schüttete Halcyon 500.000 hfl. aus, d.h. eine Dividende von 50 Prozent; der Gewinn vor Steuern hatte in den ersten drei Quartalen des Jahres bei 1,2 Mio. hfl. gelegen.[269]

Für einen internationalen Handelsverbund, wie ihn die N.V. Vulcaan und die Halcyon Lijn darstellten, lag eine internationale Vernetzung in der Natur der Sache. Daher verfügte die N.V. Vulcaan über Niederlassungen in Belgien, Italien, Brasilien und Großbritannien (vgl. Tab. 20). Die Londoner Niederlassung wurde freilich erst im Februar 1939 errichtet, um Geschäfte mit Eisenerz zu vermitteln.[270]

Über die Gesellschaften ist kaum etwas bekannt; sie fungierten offensichtlich als Zwischenhändlerinnen in den Ländern ihres Sitzes, bezogen Güter von der N.V. Vulcaan und veräußerten diese weiter. Als hundertprozentige Vulcaan-Töchter dürften sie ihre Erträge an die Mutter weitergereicht haben. Entsprechend niedrig war z.B. 1947 das (beschlagnahmte) Vermögen der Ghent Coal Company (76.812,80 bfrs.) und der Vulcaan Bunkering Company (219.245,86 bfrs.), das jeweils niedriger als das Gesellschaftskapital war. Die Vulcaan Commerciale et Maritime in Antwerpen war hingegen mit einem Vermögen von 3,6 Mio. bfrs.

---

[262] Memorandum, 12.4.1948, S. 6, NL-HaNA 2.05.117, inv.nr. 5463.
[263] Aktenbericht, 30.8.1943, S. 3, tkA FÜ/92.
[264] Entwurfs-Protokoll, 1.12.1955, S. 2, SIT TB 02344.
[265] Geschiedenis N.V. Vulcaan (1963), S. 8, SIT TB/4692.
[266] Protokoll, 12.9.1952, S. 3, SIT TB 02344.
[267] Halcyon-Lijn, Proef-Saldibalans, 31.12.1941, August-Thyssen-Bank AG: Thyssen-Bornemisza-Concern Reports, Appendix 3, S. 23, NARA M1922 Roll 0058.
[268] Bericht 1.4.1952-30.6.1952, August 1952, S. 3, SIT TB/2218.
[269] Notulen 8.7.1954, S. 2; Entwurfs-Protokoll, 9.12.1953, SIT TB 02344.
[270] Report Trading with the Enemy Department, Februar 1947, August-Thyssen-Bank AG: American Thyssen Companies Report, Appendix 4, S. 24, NARA M1922 Roll 0057.

Tab. 20: Tochtergesellschaften der N.V. Vulcaan außerhalb der Niederlande und des Deutschen Reichs

Gesellschaft	Sitz	Kapital
Compania Thyssen do Brasil	Sao Paulo (Brasilien)	500.000 Milreis
Ghent Coal Company S.A.	Gent (Belgien)	300.000 bfrs.
Vulcaan Bunkering Company S.A.	Antwerpen (Belgien)	250.000 bfrs.
Vulcaan Coal Ltd.	London (England)	5.000 GBP
Vulcaan Commerciale et Maritime S.A.	Antwerpen (Belgien)	1 Mio. bfrs.
Vulcaan S.A. Gia Unione Consomatori de Carbone	Genua (Italien)	500.000 Lire

Quelle: August-Thyssen-Bank AG: Thyssen-Bornemisza-Concern Report, Exhibit B, S. 21-23, NARA M1922 Roll 0058.

deutlich wertvoller; vermutlich handelte es sich hierbei nicht um eine reine Handelsniederlassung.[271]

Die größte Aufmerksamkeit der alliierten Ermittlungsbehörden erfuhr die Domestic Fuel Corporation (DFC). Sie war ein Joint Venture der N.V. Vulcaan und der Deutsche Kohlendepot GmbH, die für das RWKS das Bunkerkohlengeschäft abwickelte.[272] Die DFC wurde 1927 in New York gegründet (Kapital 50.000 US-Dollar), um Koks und Kohle aus Europa in die USA zu importieren. Das Deutsche Kohlen-Depot hielt 50 Prozent des Gesellschaftskapitals, die N.V. Vulcaan und Holland-American-Trading Corporation, eine weitere Thyssen-Bornemisza-Gesellschaft, je 25 Prozent.[273]

Das Kohlen-Depot übertrug 1937 15 Prozent seiner Anteile an ihre eigene Tochtergesellschaft Riberena del Plata S.A. Die übrigen 35 Prozent, nominell 17.500 US-Dollar, wollte das Kohlen-Depot 1938 devisenneutral an die N.V. Vulcaan »ausleihen«, um angesichts des erwarteten Kriegs die britischen und US-amerikanischen Trading with the Enemy Acts zu umgehen.[274] Der Aufsichtsrat der N.V. Vulcaan sprach sich aber gegen die von ihrem Vorstandsmitglied Gröninger befürwortete Transaktion aus.[275] Stattdessen schloss das Kohlen-Depot

[271] BHS an Miniterie van Financien, 26.8.1948, NL-HaNA 2.08.52, inv.nr. 14.
[272] Dazu Roelevink, Organisierte Intransparenz, S. 254.
[273] Examiners Report, 21.10.1942, S. 1-3, NARA RG 131, P 33, Box 30.
[274] Deutsches Kohlen-Depot an Devisenstelle Hamburg, 22.9.1938, August-Thyssen-Bank AG: Thyssen Report, Exhibit 12, NARA M1922 Roll 0058.
[275] Vermerk RWM, September 1938, August-Thyssen-Bank AG: Thyssen Report, Exhibit 14, NARA M1922 Roll 0058.

1939 mit Franz Haniel & Cie. einen Treuhandvertrag über die 35 Prozent-Beteiligung sowie weitere ausländische Besitzungen ab.[276]

Das Geschäftsmodell der DFC war mäßig spannend. Die Gesellschaft importierte unter der Leitung von Cornelis Lievense Kohle und Koks aus dem Deutschen Reich, Wales und Belgien sowie in geringerem Umfang aus den Niederlanden, der Sowjetunion und Polen. Ferner exportierte sie US-amerikanische Kohle nach Spanien, Portugal und Brasilien. 1942 wies das Unternehmen ein Vermögen von 1,2 Mio. US-$ auf, bei Verbindlichkeiten gegenüber der N.V. Vulcaan und den übrigen Gesellschaftern in etwa derselben Höhe. Im Geschäftsjahr 1942 erwirtschaftete die DFC einen geringen Verlust in Höhe von etwa 7.000 $. Allerdings arbeitete die DFC seit längerem mit Verlust und der Wert ihres Kapitals reduzierte sich von 50.000 auf 14.000 US-$ bis 1942.[277] Diese negative Geschäftsentwicklung teilte sie kriegsbedingt mit den meisten Tochtergesellschaften der N.V. Vulcaan.[278]

Freilich war das Unternehmen nicht als gewinnorientierte Gesellschaft konzipiert worden, sondern – wie die übrigen Vulcaan-Töchter auch – als »nationale« Anlaufstelle im Kohlenhandel. Entsprechend bestand das Leitungspersonal der DFC auch fast ausschließlich aus US-Bürgern. Ihr Interesse richtete sich dabei weniger auf den US-amerikanischen, sondern vielmehr auf den kanadischen Markt. Mit Abstand größte Abnehmerin der DFC war die Cooperative Catholique des Consommateurs de Combustible Limitee (CCCC), an der die Domestic Fuel Corporation maßgeblich beteiligt war. Die CCCC verfügte über ein Gesellschaftskapital von 420.000 kanadischen Dollar, von denen 316.480 Dollar platziert worden sind. Sie hatte ihren Sitz in Quebec, war aber vornehmlich in Montreal tätig. Sie verkaufte in den 1930er Jahren russische, niederländische, walisische und deutsche Kohle in Kanada, die sie von der DFC oder im Fall der niederländischen und der deutschen Kohle direkt von Vulcaan bezog. 1940 beschlagnahmten kanadische Behörden Kohle im Wert von 700.000 kanadischen Dollar als Feindvermögen. Die Gesellschaft verfügte zu diesem Zeitpunkt über Barmitteln in etwa derselben Höhe – bei einer Bilanzsumme von gut 1,2 Mio. kanadischen Dollar. 1939 hatte das Unternehmen einen Gewinn von etwa 12.000 $ erwirtschaften können. Die größten Gläubiger waren Vulcaan und Franz Haniel & Cie., die jeweils etwa 600.000 $ Außenstände aus Kohlenlieferungen geltend machen; das Kohlendepot spielte zu diesem Zeitpunkt als Kohlenlieferant keine Rolle mehr.

Die Domestic Fuel Company finanzierte zudem die Lieferungen aus der Sowjetunion und Wales vor, agierte mithin als Kreditgeberin auf Kommissionsbasis. Weil der kanadische Winter 1937 vergleichsweise mild gewesen war, geriet die

---

[276] US-amerikanische Behörden waren 1942 davon ausgegangen, dass das Kohlen-Depot diesen Anteil an die Franz Haniel & Cie GmbH verkauft habe, was das Unternehmen 1945 aber dementierte, stattdessen aber auf einen Treuhand-Vertrag von 1939 verwies. Examiners Report, 21.10.1942, S. 1-3, NARA RG 131, P 33, Box 30; Erklärungen (Haniel & Cie.), 6.12.1945; Treuhandvertrag, 21.9.1939, August-Thyssen-Bank AG: Thyssen Report, Exhibits 15-17, NARA M1922 Roll 0058.
[277] Examiner's Report, 21.10.1942, V.O. 512, NARA RG 131, Entry P 33, Box 30.
[278] Roelen an RWKS, 12.8.1941, S. 3, SIT NROE/31.

CCCC in Absatzschwierigkeiten und die Einnahmen reichten nicht aus, die Schulden bei der Domestic Fuel Company zu begleichen. Die Liquidität wurde schließlich durch Kredite von Vulcaan an die CCCC (und nicht an die Domestic Fuel Company) sichergestellt. Mit der erzwungenen Auflösung der CCCC 1940 verlor somit die N.V. Vulcaan die noch ausstehenden Kredite (vorerst).[279] Nach dem Zweiten Weltkrieg machte das Unternehmen den Vermögensschaden geltend und erhielt schließlich 1964 50 Prozent der aus der Liquidation der CCCC erlösten Erträge zurückerstattet, konkret: 377.610$. dies entsprach in etwa dem Anteil des Vulcaan an den Außenständen der CCCC 1940.[280]

3. Vereinigte Stahlwerte: Die Press- und Walzwerk AG (PWR) und die Oberbilker Stahlwerk AG

Die Press- und Walzwerk AG in (Düsseldorf-)Reisholz und die Oberbilker Stahlwerk AG in (Düsseldorf-)Oberbilk waren keine Gründungen August Thyssens, sondern er übernahm die kriselnde PWR 1911 und stattete sie mit zusätzlichem Kapital aus. Im Inflationsjahr 1923 ließ er die PWR einen Großteil des Aktienkapitals der Oberbilker Stahlwerke erwerben, den er selbst seit 1910 besaß. Oberbilk produzierte u.a. Räder und sonstiges Eisenbahnmaterial, lieferte aber vor allem mit seinen drei Siemens-Martin-Öfen jenen Qualitätsstahl, den die PWR – zu diesem Zeitpunkt drittgrößter deutscher Stahlrohrproduzent mit etwa 2.500 Mitarbeitern – zu Rohren, Zylindern und Maschinen(teilen) weiterverarbeiteten. Die Unternehmen waren nicht nur kapitalverflochten, sondern wurden auch einheitlich von Reisholz aus verwaltet. Sie waren seit 1923 nur noch auf dem Papier zwei selbständige Aktiengesellschaften; damit waren die Stahlwerte, die zu Heinrichs Erbteil gehörten, bereits vorab vereinigt worden.[281]

Die PWR produzierten Röhren nach dem Erhardt-Verfahren – der Ingenieur Heinrich Erhardt hatte das Unternehmen mitgegründet. Im Vergleich zum Mannesmann-Verfahren konnten damit zwar nur kurze nahtlose Rohre produziert werden, doch es war das kosteneffizientere Verfahren, weil es geringere Stahlqualitäten benötigte und weniger Ausschuss produzierte als das Verfahren der Gebrüder Mannesmann. Die PWR und Mannesmann bedienten unterschiedliche Segmente des Röhrenmarktes, der seit 1925 durch die Röhren-Verband GmbH

---

[279] Die Domestic Fuel Corporation besaß 87.900 der 120.000 Stammanteile (73,25 %) und 2.722 der 19.648 (13,85 %) ausgegebenen Vorzugsanteile. Memorandum 9.12.1958, S. 1-2. NL-HaNA 2.05.156, inv.nr. 216.
[280] Department of External Affairs an Royal Netherlands Embassy, 26.8.1964, NL-HaNA 2.05.156, inv.nr. 216; BHS an Directie Generale Thesaurie Bewindvoering, 15.7.1964, NL-HaNA 2.08.53, inv. nr. 128.
[281] Wessel, Röhrenwerk Reisholz, S. 106, 109-113; Rasch, Was wurde aus August Thyssens Firmen, S. 273-275.

kartelliert war. Die PWR war mit einer anfänglichen Quote von 6,4 Prozent Mitglied Röhrenkartells und gehörte ihm nach der Erbteilung 1926 weiter an. Auch in den übrigen Kartellen der Branche waren die PWR organisiert: dem 1932 aufgelösten Schweißrohrverband (7,82 %), der Deutschen Stahlgemeinschaft (je nach Produkt 5–8 %), der Schmiedestück-Vereinigung (9,4 % im Inlands-, 6,7 % im Auslandsgeschäft) und der Vereinigung für rohgeschmiedete Stäbe (3,3–3,6 %). Die relativ niedrigen Quoten – den Röhrenverband dominierten die VSt und Mannesmann mit je über 40 Prozent – weisen darauf hin, dass die PWR in erster Linie ein Nischenprodukt waren.[282]

3.1. Einträgliche Nischenstrategie, defensive Rüstungsproduktion: Die PWR in den 1930er und 1940er Jahren

Strategisch waren beide Unternehmen innerhalb der TBG auf sich allein gestellt. Zu Zeiten, als die Gruppen-Manager noch versucht hatten, ihre Interessen in der Atunia zu koordinieren, drangen der Direktor der PWR, Paul Thomas, bzw. nach dessen Tod 1930 seine beiden Nachfolger Rudolf Krautheim und Wilhelm Martin mit ihren Anliegen nur selten durch und beschwerten sich wiederholt darüber, dass andere TBG-Firmen Aufträge an die Konkurrenz vergaben.[283] Freilich verkrafteten die PWR die fehlenden Aufträge vor allem der Werften gut, zumal sie mit der – freilich nicht nachhaltig boomenden – Automobilindustrie eine aufstrebende Branche belieferten.[284] Die Press- und Walzwerke waren seit Mitte der 1920er Jahre das rentabelste Produktionsunternehmen der TBG. Sie zahlten stabile Dividenden und bauten erhebliche Reserven auf. Reisholz war die »Cash Cow« der deutschen Gruppenunternehmen. Selbst die sonst so nüchterne Wirtschaftspresse wies wiederholt auf die erhebliche Unterkapitalisierung hin und staunte, dass der jährliche Zugang bei den offenen Reserven bisweilen das Aktienkapital überstieg. Überhaupt falle der PWR-Abschluss »völlig aus dem herkömmlichen Rahmen von Industriebilanzen.«[285]

Die Zeitgenossen dürfte besonders erstaunt haben, wie wenig Mühe sich die PWR gaben, die Erträge in der Bilanz zu verstecken: Seit 1939 wies die Bilanz z.B. Bankguthaben im zweistelligen Millionenbereich aus. Die Frage war dabei weni-

---

[282] Quoten nach Rudolf Krautheim, Geschichtliche Entwicklung der Preß- und Walzwerk Aktiengesellschaft, Düsseldorf-Reisholz, 12.6.1947, S. 19-22, Salzgitter AG Konzernarchiv M 30.076; Wessel, Röhrenwerk Reisholz, S. 103-104, 114-115; Wixforth, Stahlkonzern, S. 173; 1939 gehörte PWR der Röhrenverband GmbH, dem Großröhrenverband GmbH, dem Verband für nahtloses Präzisionsstahlrohr, dem Verband für geschweißte Stahlrohre, der Deutschen Stahlgemeinschaft GmbH, der Schmiedestück-Vereinigung GmbH und der Vereinigung für rohgeschmiedete Stäbe an. Vgl. GB 1939, HWWA P 20.
[283] Wixforth, Stahlkonzern, S. 175.
[284] Wessel, Röhrenwerk Reisholz, S. 115.
[285] Preß- und Walzwerk Reisholz, in: Berliner Börsen-Zeitung 255, 4.6.1941, HWWA P-20.

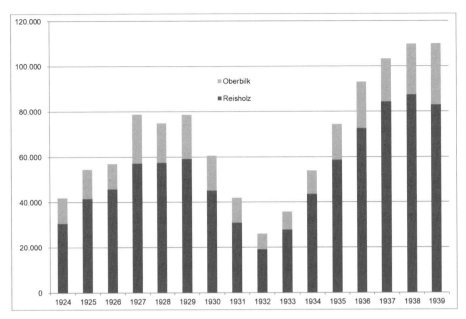

Grafik 19: Versand der Preß- und Walzwerk Reisholz und der Oberbilker Stahlwerke
AG 1924 bis 1943 (in t)
Quelle: Rudolf Krautheim, Geschichtliche Entwicklung der Preß- und
Walzwerk Aktiengesellschaft, Düsseldorf-Reisholz, 12.6.1947, S. 25-26, 35,
Salzgitter AG Konzernarchiv M 30.076.

ger, warum sie überhaupt ausgewiesen wurden, sondern warum Reisholz 25 bis 45 Prozent seiner Bilanzsumme in liquiden Bankguthaben v.a. bei der ATB hielt. Die Antwort ist vergleichsweise simpel: Die ATB wandelte die Guthaben von Reisholz in Kredite an Thyssengas für den Ausbau Walsums um. Das war eine Selbstfinanzierung der etwas anderen Art, da die Investitionsmittel nicht beim investierenden Unternehmen (Thyssengas), sondern bei einem anderen Unternehmen der TBG (PWR) aufgebracht wurden.[286]

Auch wenn die Thyssen-Bornemisza-Gruppe alles andere als ein systematisch aufeinander abgestimmter Konzern war, zeigen solche internen Transaktionen doch, dass das Gebilde als Ganzes gedacht wurde. Nicht von ungefähr richteten die PWR ihr Energiekonzept seit Ende der 1920er, Anfang der 1930er Jahre auf Ferngas aus, welches sie von Thyssengas bezogen.[287] Rudolf Krautheim personifizierte die Verflechtung der beiden Unternehmen, da er sowohl bei Thyssengas als

---

[286] Report about the financial conditions of Press- und Walzwerke Aktiengesellschaft, Düsseldorf-Reisholz, S. 3-4. August-Thyssen-Bank-Interrogations Exhibit 7, NARA M1922 Roll 0058.
[287] Wessel, Röhrenwerk Reisholz, S. 117-118.

auch bei Reisholz kaufmännischer Vorstand war.[288] August Thyssen hatte Krautheims Talent früh erkannt: Nachdem er die PWR 1911 erworben hatte, entsandte er ihn als Prokuristen nach Reisholz. Krautheim hatte zuvor den Übernahmeprozess kaufmännisch vorbereitet und die PWR analysiert. Zum 1. Januar 1919 berief ihn der Aufsichtsrat der PWR schließlich zum Vorstandsmitglied.[289]

Trotz eines merklichen Absatzrückgangs seit 1929 überstanden PWR und Oberbilk die Weltwirtschaftskrise außergewöhnlich gut. Sie wirtschaften überdies bereits im schwierigen konjunkturellen Umfeld der Weimarer Zeit profitabel: Im Durchschnitt der Jahre 1930 bis 1936 betrug die (einfache) Eigenkapitalrendite der PWR 5,6 Prozent, die Kapitalrendite sogar 11,7 Prozent.[290]

Die PWR funktionierten mithin bereits im »zivilen« Rahmen, profitierten freilich von der NS-Staatskonjunktur und dem Röhrenbedarf für den Ausbau der Infrastruktur vor allem im Straßen- und Wohnungsbau.[291] Als stahlverarbeitendes Unternehmen waren sie naturgemäß rüstungswirtschaftlich relevant, sodass ein Teil der Gewinne seit Mitte der 1930er Jahre rüstungs- und kriegsinduziert war. Beispielsweise »beklagte« das Unternehmen 1940 die hohe Auslastung seiner Anlagen und verwies darauf, dass die Beanspruchung des Werks dringende Rationalisierungsmaßnahmen – den Ersatz des Walzwerks für nahtlose Stahlhohlkörper – verhinderte.[292]

Ob dabei allerdings die Rüstungs- die Friedensproduktion tatsächlich verdrängte, wie Horst A. Wessel vermutet,[293] ist fraglich. Die Press- und Walzwerke waren kein genuiner Rüstungsbetrieb und produzierten selbst weder Waffen noch Munition. Allerdings lieferte das Unternehmen Vorprodukte, die für die Waffenherstellung – Zünder, Panzerfäuste – genutzt wurden, sowie Eisenbahn-, U-Boot- und Flugzeugmaterial, das der Aufrüstung diente. Zudem fertigte es als Auftragsarbeit Granatenrohlinge aus Fremdmaterial und lieferte – ebenfalls rüstungsrelevant – der chemischen Industrie Rohre für die Herstellung von Flugbenzin und Buna.[294]

Da die Kapazitäten der Röhrenproduzenten im Deutschen Reich nicht mehr hinreichten, um die erforderliche Menge an Hochdruckhohlkörpern für die Hydrierung sowie die Buna- und Stickstoffherstellung herzustellen, sondierte die Vierjahresplan-Behörde seit Ende 1936 mit deutschen Stahlherstellern, u.a. mit Krupp und dem Dortmund-Hoerder Hüttenverein, die Möglichkeiten eines Ka-

---

[288] Vernehmung Krautheim, 24.2.1947, S. 1, August-Thyssen-Bank AG: Interrogation, NARA M1922 Roll 0058.
[289] Rudolf Krautheim, Geschichtliche Entwicklung der Preß- und Walzwerk Aktiengesellschaft, Düsseldorf-Reisholz, 12.6.1947, S. 7, 9. Salzgitter AG Konzernarchiv M 30.076.
[290] Eigene Berechnung nach Tab. 10.
[291] Rudolf Krautheim, Geschichtliche Entwicklung der Preß- und Walzwerk Aktiengesellschaft, Düsseldorf-Reisholz, 12.6.1947, S. 27, Salzgitter AG Konzernarchiv M 30.076.
[292] GB PWR 1940, HWWA P-20.
[293] Wessel, Röhrenwerk Reisholz, S. 119-120.
[294] Aktennotiz über Kriegsproduktion bei der Press- und Walzwerk A.G. Düsseldorf-Reisholz (20.1.1953), SIT/NROE 16.

Abb. 12: Einträgliche Nischenstrategie: Nahtlos gepresste und gezogene Behälter der Press- und Walzwerke Reisholz (ca. 1923).

pazitätsausbaus bis 1940; sie gewährte schließlich einigen Unternehmen wirtschaftliche Garantien, weil nicht absehbar war, ob die zusätzlich aufgebauten Kapazitäten dauerhaft rentabel sein würden.[295]

Vermutlich wurden auch die PWR in die Überlegungen der Vierjahresplan-Behörde einbezogen, da sie über das nötige Know-how verfügten. Doch auch für den Fall, dass es entsprechende Verhandlungen gab, führten sie nicht zum Erfolg, da die PWR ihre Kapazitäten nicht ausweiteten.[296] Andernfalls wäre die Produktion von Hohlkörpern auch schneller gestiegen, als Tabelle 19 nahelegt. Ferner zeigt ein Vergleich mit der Branchenentwicklung – wie bei anderen Unternehmen der TBG auch –, dass sich die Eigenkapitalrendite seit Mitte der 1930er Jahre unterdurchschnittlich entwickelte. Sie lag bei Reisholz 1937 1,6 Prozent, 1938 4,3 Prozent und 1939 2,9 Prozent unter den Eigenkapitalrenditen der Eisen- und Stahlindustrie.[297] Mit Beginn der forcierten Rüstungsbemühungen durch den Vierjahresplan fielen die PWR mithin hinter den Branchentrend zurück; das ist eher ein Indiz für einen

---

[295] Scherner, Logik, S. 139-141.
[296] Die – lückenhafte – Überlieferung zu den PWR enthält keine Hinweise auf diese Vorgänge oder entsprechende Korrespondenz. Mündliche Auskunft Dr. Kornelia Rennert (Salzgitter AG Konzernarchiv), 18.6.2018. Es ist aber höchst unwahrscheinlich, dass gerade ein auf die gewünschten Produkte spezialisiertes Unternehmen wie die PWR bei den staatlichen Überlegungen keine Rolle spielte.
[297] Eigene Berechnungen nach Tab. 10 in Kapitel 4 sowie Spoerer, Scheingewinne, S. 177-178.

Tab. 21: Anteile der Rüstungsproduktion bei PWR (inkl. Oberbilk)

	Granaten-Rohlinge	Präzisionsrohre für Rüstungszwecke	Rohteile für Rüstungszwecke (u.a. Hohlkörper)	Zusammen
1939	0,1 %	0,2 %	0,5 %	0,8 %
1940	6,3 %	1,5 %	2,4 %	10,2 %
1941	0,0 %	1,8 %	3,5 %	5,7 %
1942	4,4 %	3,3 %	5,1 %	12,7 %
1943	10,2 %	3,3 %	6,7 %	20,2 %
1944	10,8 %	6,0 %	9,0 %	25,8 %

Quelle: Aktennotiz über Kriegsproduktion bei der Press- und Walzwerk A.G. Düsseldorf-Reisholz (20.1.1953), SIT/NROE 16.

defensiven als für einen offensiven Umgang mit den Möglichkeiten, die die Aufrüstung bot. Freilich stellte die TBG die Rüstungsleistungen gegenüber staatlichen Stellen anders dar: Die PWR seien »modernste Spezialrüstungsbetriebe« und hätten »kriegsentscheidende und nationalwirtschaftliche Bedeutung«. Diese Emphase diente 1944 freilich vor allem dazu, die Behörden für eine kostengünstige Lösung des (nicht realisierten) Konzernumbaus zu gewinnen.[298]

Zwischen 1939 und 1944 produzierten die PWR insgesamt 566.000 t Güter, von denen interne Berechnungen 66.400 t oder 11,8 Prozent Rüstungszwecken zuordneten. Je länger der Krieg dauerte und besonders im Zuge der Rüstungsoffensive seit 1943 nahm der Anteil aber deutlich zu. 1944 machte die Rüstungsproduktion etwa ein Viertel der Gesamtproduktion in Reisholz (und Oberbilk) aus (vgl. Tab. 21).[299] Übermäßig einträglich war das Rüstungsgeschäft aber offenbar nicht, da, wie erwähnt, die Eigenkapitalrendite der PWR seit 1937 unter dem Branchendurchschnitt lag und das Unternehmen in den letzten Kriegsjahren erhebliche Bilanzverluste auswies, die freilich zum Teil auch aus Kriegsschäden resultierten.[300]

Auch wenn die nachträglich aufbereiteten Angaben über die Kriegsproduktion mit einiger Vorsicht zu genießen sind, legen sie doch nahe, dass die Rüstungs- und Kriegsanstrengungen des »Dritten Reichs« für die PWR keine eigenständige strategische Bedeutung erlangten. Soweit ersichtlich, richtete das Unternehmen weder seine Produktion konsequent auf die staatliche Nachfrage hin aus noch veränderte es von sich aus das Produktionsprogramm oder buhlte um staatliche Aufträge. Trotz hoher Auslastung verzichtete die Unternehmensleitung auch darauf, die

---

[298] Aktenbericht, 15.6.1944, S. 9, SIT/NROE 16.
[299] Aktennotiz über Kriegsproduktion bei der Press- und Walzwerk A.G. Düsseldorf-Reisholz (20.1.1953), SIT/NROE 16.
[300] Vgl. Kapitel 4.

Kapazitäten zu erweitern, da sie offensichtlich davon überzeugt war, dass die Kriegskonjunktur nur von kurzer Dauer sein würde.[301]

Stattdessen legte das Unternehmen überschüssige Mittel in Anteilen anderer Unternehmen an. Am 30. April 1940 beschloss der in Rotterdam zusammengetretene Aufsichtsrat, den Vorstand zu ermächtigen, nominell 2,9 Mio. RM Aktien des Bremer Vulkan, 1 Mio. RM Aktien der IG Farben, 500.000 RM Aktien der VSt und knapp 550.000 RM Anteile an Gelsenwasser von der ATB zu erwerben.[302] Offensichtlich entschied sich die PWR kurzfristig um, da spätere Aufstellungen keine IG-Farben-, sondern nominell 3,36 Mio. RM Mannesmannröhren-Werke-Aktien im Portefeuille auswiesen.[303] Die PWR waren mit 2,1 Prozent fortan der größte deutsche Einzelaktionär der Mannesmannröhren-Werke AG – offenbar aus strategischen Gründen: Sie wollten zum einen Einblick in die Geschäfte des größten Wettbewerbers erhalten und zum anderen – vermutlich ausschlaggebend – die (künftigen) Produktstrategien aufeinander abstimmen. Mannesmann und die PWR produzierten zwar jeweils Röhren, bedienten aber unterschiedliche Marktsegmente. Während Mannesmann über eine große Produktpalette verfügte, war Reisholz ein vergleichsweise spezialisierter Röhrenhersteller. Durch die Beteiligung bei Mannesmann versprach sich die Unternehmensführung offensichtlich, die eigene Nischenstrategie in Abstimmung mit der marktmächtigen Konkurrenz fortführen zu können und ggf. Aufträge an Mannesmann weiterreichen zu können. Die Alternative wäre offensichtlich gewesen – so stellte es jedenfalls Roelen retrospektiv dar –, die eigenen Anlagen zu erweitern und auf Sicht in Teilmärkten mit Mannesmann zu konkurrieren. Dies wäre 1940 angesichts des Nachfrageüberhangs kein größeres Problem gewesen, langfristig, d.h. aufgrund wahrscheinlicher Überkapazitäten in einem normalen Marktumfeld, allerdings eines geworden. Angesichts des »Anlagenotstands« der PWR war daher die strategische Beteiligung offenbar die bessere Alternative als der Kapazitätsausbau. Entsprechend bewertete man intern die Beteiligung auch als Anlage- und nicht als Wertpapiervermögen.[304]

Die übrigen Beteiligungen der PWR hatten ebenfalls strategische Bedeutung und sicherten Geschäftsbeziehungen ab: Die Beteiligung an der IG Farben wurde zwar nicht realisiert, doch nahm der Chemiegigant von der PWR Rohmaterial und Röhren für die Buna-Produktion ab; das Wasserwerk Gelsenkirchen bezog ebenfalls Rohre und der Bremer Vulkan U-Boot-Vorprodukte. Bei den festverzinslichen Wertpapieren zeigt sich ein ähnliches Muster, sofern es sich nicht um Staatsanleihen handelte. Zum 31.12.1945 befanden sich u.a. Obligationen der

---

[301] Zur Skepsis, den Krieg zu gewinnen, vgl. vor allem den (nachträglichen) Aktenbericht (Roelen) betr. U.S.A: Decartelization Branch, 23.8.1946, S. 6, SIT TB/2139.
[302] Niederschrift Aufsichtsratssitzung PWR, 30.4.1940, August-Thyssen-Bank AG: Thyssen-Bornemisza-Concern Reports, Report Kouwenhoven, 5.3.1948, Appendix 5, NARA M1922 Roll 0058.
[303] Wessel, Röhrenwerk Reisholz, S. 121.
[304] Kaszony und BHS an den NRW-Finanzminister NRW, 13.1.1953, Anlage 23, SIT TB/2153.

Ruhrgas AG, der Union Rheinischen Braunkohlen-Kraftstoff AG, der Rheinischen AG für Braunkohlenbergbau und Brikettfabrikation, der Essener Steinkohlenbergwerke, der ATH, der AG Kraftstoff-Anlagen in Dresden und der Bergbau AG König Ludwig, mithin Kohle- und Energieunternehmen, die teils in der Kohlehydrierung tätig waren (und Rohre benötigten), teils traditionell Beziehungen zu Thyssen-Unternehmen aufwiesen.[305] Auf diese Weise kreditierten die PWR einen Teil ihrer Abnehmer, sicherten die Finanzierung der an sie erteilten Aufträge ab und erhielten zusätzlich Anleihezinsen.

3.2. Die Auslandsbeteiligungen Bulgarska Trabna Industria AG und Seamless Steel Equipment Corporation

Zu diesem Zeitpunkt, Ende 1945, ruhten zwei andere Beteiligungen bereits. Wie die übrigen Mitglieder des Röhren-Verbands hatten sich die PWR an einem bulgarischen Röhrenhersteller, Bulgarska Trabna Industria AG (BTI) in Sofia, beteiligt – mit 3,8 Prozent bzw. 380.000 Lew.[306] Diese konzertierte Beteiligung stand zwar durchaus im Zusammenhang mit den Versuchen der (deutschen) Montanindustrie, ihren Einfluss in Südosteuropa auszuweiten,[307] doch das bulgarische Unternehmen war bereits 1931 durch das Kontinentale Röhrenkartell gegründet worden. Internationale Kartelle waren durchaus ein Signum der Zwischenkriegszeit: Unternehmen aus einer Branche, aber verschiedenen Staaten wollten durch transnationale Kooperation ihren Rohstoffbezug oder ihren Absatz sichern. Sie reagierten damit auf den Strukturwandel der Weltwirtschaft, einen durch Überkapazitäten verursachten Preisverfall und wirtschaftsnationalistische Verzerrungen des internationalen Handels.[308] Die BTI war entsprechend ein internationales Joint Venture, an dem sich deutsche, tschechoslowakische, polnische, französische, belgische, saarländische und ungarische Unternehmen beteiligten. Die Mehrheit mit etwas über fünfzig Prozent lag beim deutschen Röhrensyndikat, der Röhren-Verband GmbH.[309]

Die BTI hatte ursprünglich einen defensiven Zweck: Sie sollte als »Abschreckungsmaßnahme« des europäischen Kartells im umkämpften südosteuropäischen Markt dienen und eine weitere Expansion genuin bulgarischer Röhrenproduzen-

---

[305] Aufstellung über die am 31.12.1945 im Depot der ATB befindlichen Wertpapiere der PWR, August-Thyssen-Bank-Interrogations Appendix 3, NARA M1922 Roll 0058.
[306] Wessel, Röhrenwerk Reisholz, S. 121; Höhe der Beteiligung nach: Declaration 5.6.1945, August-Thyssen-Bank AG: Thyssen-Bornemisza-Concern Reports, Appendix 2, NARA M1922 Roll 0058.
[307] Vgl. hierzu bereits Herbst, Krieg und die Unternehmensstrategie, S. 118-133, zu den ökonomischen Beziehungen zwischen dem Deutschen Reich und Bulgarien nun auch Asemova, German Economic Exploitation.
[308] Vgl. exemplarisch Wurm, Internationale Kartelle; Fear, Cartels, S. 276-277.
[309] Aktennotiz betr. Bulgarska Trabna Industria A.G., 11.4.1940, Salzgitter AG Konzernarchiv M 16.410.

ten verhindern. Alleine ihre Gründung sollte den bulgarischen Marktakteuren signalisieren, dass sie den Interessen des Kartells besser nicht die Quere kämen. Entgegen der ursprünglichen Absicht, es bei einer Gründung ohne operatives Geschäft zu belassen, trat die BTI aber doch nach einer vorangegangen öffentlichen, nationalistisch aufgeladenen Kampagne gegen ihre Gesellschafter aktiv – und aggressiv – in den Markt ein.[310] 1932 zahlten die deutschen Röhrenhersteller ihre Aktien voll ein.[311] Das kleine Unternehmen – 1933 beschäftigte es gut 20 Arbeiter[312] – betrieb eine Fabrik, in der geschweißte Wasserleitungsröhren aus Bandeisen hergestellt wurden, ferner eine Sauerstofffabrik; es war überdies im Röhrenhandel tätig.[313]

Angesichts des Preiskampfes im bulgarischen Röhrenmarkt verfolgte die BTI eine Doppelstrategie, vor allem nachdem das kontinentale Röhrenkartell 1935 auseinandergebrochen war. Zum einen suchten sie die Verständigung mit dem Marktführer, der Balkan AG (Plovdiv), zum anderen sollte die konkurrierende »Traba« vom Bezug dringend benötigter (deutscher) Vorprodukte abgeschnitten und vom Markt verdrängt werden.[314] Allerdings schlug dieses Vorhaben fehl, weil die bulgarischen Konkurrenten kompensatorisch durch polnische Werke beliefert werden konnten. Erst mit der deutschen Besetzung Polens 1939 und der erzwungenen Eingliederung der dortigen Unternehmen in die deutsche Kriegswirtschaft, fiel diese Möglichkeit weg, und die Konkurrenz der mehrheitlich »deutschen« BTI wurde dadurch letztlich geschwächt.[315] Nicht von ungefähr schrieb die BTI erst seit dem Ende der 1930er Jahre schwarze Zahlen. Bis 1938 konnte sie ihre bis dahin aufgelaufenen Verluste wettmachen und mit den Gewinnen das abgeschmolzene Eigenkapital (über Reserven) wieder aufstocken. Für die Anteilseigner war es dennoch keine lohnende Investition, da das Unternehmen bis 1941 keine Dividende zahlte[316] und erst 1942 eine Ausschüttung an die (deutschen) Aktionäre vornahm.[317]

---

[310] Abise – Geschäftsstelle des kontinentalen Röhrenverbands an VSt, 8.6.1932, Salzgitter AG Konzernarchiv R 1.51.97.2, Band 2.
[311] Röhren-Verband an Mannesmann-Röhrenwerke, 4.1.1935, Salzgitter AG Konzernarchiv M 16.410. In diesem Schreiben teilte der Röhren-Verband, dass die Aktien nunmehr voll eingezahlt seien und verweist auf eine entsprechende Vorinformation aus dem Jahr 1932. Zudem verweist die Mannesmannröhren-Werke AG in diesem Jahr auf den Erwerb entsprechender Anteile. Vgl. GB Mannesmannröhren-Werke AG 1932, S. 10, HWWA P20.
[312] Aktennotiz B.T.I. Sofia, 22.1.1934, Salzgitter AG Konzernarchiv R 1.51.98.1, Band 2.
[313] Aktennotiz für von der Tann, 3.10.1942, Salzgitter AG Konzernarchiv M 16.410. Vgl. Statuten der Buglarska Trabna Industria AG, Salzgitter AG Konzernarchiv R 1.15.95, Band 3.
[314] Bericht über das Jahr 1935, S. 1-2, Salzgitter AG Konzernarchiv R 1.51.98.2, Band 3 und 4.
[315] Aktennotiz für von der Tann, 3.10.1942, Salzgitter AG Konzernarchiv M 16.410. Vgl. Statuten der Buglarska Trabna Industria AG, Salzgitter AG Konzernarchiv R 1.15.95, Band 3.
[316] Aktennotiz Abt. Beteiligungen, 15.11.1941, Salzgitter AG Konzernarchiv M 16.410, sowie umfassend Protokolle der Generalversammlungen (1938-1943) und der Verwaltungsratssitzungen (1935-1943), ebd.
[317] Akten-Notizen, 19.4.1943 und 5.8.1943, Salzgitter AG Konzernarchiv M 16.410. Umgerechnet waren dies etwa 344 RM pro Anteil. Die PWR hielten 1943 mit 38 Anteilen 3,8 % an der BTI. Somit nahm sie gut 13.000 RM ein.

Die Beteiligung der PWR ist auch daher nicht als Bestandteil der aggressiven Expansions- und Ausbeutungspolitik seit Ende der 1930er Jahre zu werten.[318] Für die PWR war die BTI strategisch bedeutungslos. Die Press- und Walzwerke waren durch ihre Mitgliedschaft im Röhren-Verband zu einer Unterbeteiligten des Unternehmens geworden und ließen ihre Eigentumsrechte daher auch durch Vertreter des Röhren-Verbands ausüben. Die Aktien waren den Mitgliedern des Röhren-Verbands gar nicht erst ausgehändigt worden, sondern das Syndikat verwaltete die Anteile treuhänderisch. Auch schränkte der Röhren-Verband die Veräußerungsmöglichkeiten der Aktien ein, die allenfalls an Mitglieder des Kartells, nicht aber an Externe verkauft werden durften. Aufgrund der geringen strategischen Bedeutung für Reisholz entsandten die PWR weder eigene Vertreter in den Verwaltungsrat der BTI noch zu deren Generalversammlungen in Sofia.[319]

Auch wenn sich bei der BTI eher der Wandel der internationalen Metall(waren)märkte spiegelt und sie kein genuines Instrument der Expansionspolitik deutscher Unternehmen war, zeigten sich schließlich auch bei der Bulgarska Trabna Industria die bekannten und verwerflichen Muster der ökonomischen Durchdringung Südosteuropas. Alteigentümer, jüdische zumal, wurden sukzessive aus ihren Unternehmen gedrängt und ihre Werke von deutschen Röhrenherstellen übernommen – die PWR blieben hierbei jedoch außen vor.

Von Anfang an, seit 1931, war beispielsweise die Bergbau- und Eisenhütten-Gewerkschaft Witkowitz an der Bulgarska Trabna Industria mit etwa sieben Prozent beteiligt. Die Gewerkschaft Witkowitz war eines der größten südosteuropäischen Montanunternehmen und bereits weit vor der Okkupation der Tschechoslowakei ins strategische Visier deutscher Unternehmen geraten. Nach 1938/39 »arisierten« die Reichswerke Hermann Göring mit Hilfe der Dresdner Bank den Komplex sukzessive gegen den Widerstand der jüdischen Eigner (Rothschild, Gutmann).[320] Analog drängte der Röhren-Verband mit konstruierten Vorwürfen seit 1940 aktiv jüdische Vertreter aus den Gremien der BTI, etwa Samuel Rintel, der die nunmehr als »ehemals tschechisch« klassifizierten Werke im Verwaltungsrat vertrat, sowie Mitglieder der Firma Biro, Weimann & Co., die für die »ehemaligen polnischen Werke« im Aufsichtsgremium der Bulgarska Trabna Industria saßen.[321]

---

[318] Vgl. hierzu etwa Mollin, Montankonzerne, S. 183-198.
[319] Rundschreiben betr. Bulgarska Trabna Industria AG, 11.6.1937 sowie die Protokolle der Generalversammlungen (1938-1943) und der Verwaltungsratssitzungen (1935-1943) in Salzgitter AG Konzernarchiv M 16.410.
[320] Vgl. Wixforth, Expansion, S. 286-305; zum Eigentum Witkowitzes an der Bulgarska Trabna Industria Radant, Vikowitzer Berg- und Eisenhütten Gewerkschaft, S. 24; Protokoll der IV. Generalversammlung, 12.4.1935, Salzgitter AG Konzernarchiv M 16.410.
[321] Auszug aus dem Brief von Carl Becker, 24.6.1940; Nyssen an Lamarche und Köcke, 1.7.1940, Salzgitter AG Konzernarchiv M 16.410, sowie den weiteren Schriftverkehr in dieser Angelegenheit ebd.

An diesen Vorgängen waren Vertreter der PWR nicht beteiligt, wie sich generell kein Reisholzer Interesse am bulgarischen Röhrenhersteller nachweisen lässt. Das Unternehmen war wirtschaftlich und finanziell unbedeutend; seine Existenz lässt sich überhaupt nur mit den internationalen Verzerrungen des Röhrenmarkts der Zwischenkriegszeit erklären. Der Unternehmenszweck wandelte sich allerdings insofern, als der deutsche Einfluss nach dem Ende des kontinentalen Röhrenkartells 1935 und durch die wirtschaftliche Durchdringung Ostmittel- und Südosteuropas seit 1938 zunahm, wodurch die BTI auch den Logiken der NS-Expansionspolitik unterworfen wurde. Nicht nur aus diesem Grund beschlagnahmte der bulgarische Staat das Unternehmen nach dem Ende des Kriegs. Die PWR reagierten auf den Verlust ihrer Beteiligung leidenschaftslos und schrieben sie innerlich unverzüglich ab: Sie wurde lediglich als Erinnerungsposten für etwaige Entschädigungen in der Bilanz aufgeführt. Die PWR selbst verzichteten auf ihre Ansprüche, die stattdessen im Entschädigungsfall direkt an ihre Aktionäre, d.h. an Thyssen-Bornemisza, ausbezahlt werden sollten.[322]

Dies galt ähnlich für die zweite Auslandsbeteiligung der PWR, die im Gegensatz zur BTI strategisch motiviert gewesen war. Am 19. November 1926 gründeten die Press- und Walzwerke gemeinsam mit der BHS im Staat New York die Seamless Steel Equipment Corporation mit einem Kapital von $50.000 als Importgesellschaft für Stahlrohre. Cornelis Lievense, der Statthalter der BHS in den USA, führte auch bei Seamless Steel formal die Geschäfte. Der deutsch-niederländische Ursprung des Unternehmens war nicht leicht zu erkennen. Den Vorstand (board of directors) bildeten mit Ausnahme von Hendrik Jozef Kouwenhoven ausschließlich US-Bürger (Cornelis Lievense, Walter Kauffmann, Minet Batka und Tom Garret).[323]

Seamless Steel war dezidiert als »neutrale« Stahlhandelsgesellschaft gegründet worden, weshalb sie auch rasch versuchte, US-amerikanische Produkte, etwa der Union Boiler and Manufacturing Company, zu vertreiben. Rheinmetall Borsig AG wickelte ebenfalls Geschäfte über Seamless Steel ab.[324] Ein ähnliches Muster zeigte sich gruppenintern auch bei der Domestic Fuel Corporation im Kohlensektor.[325] Die Gesellschaft war mithin vornehmlich, aber nicht ausschließlich eine Verkaufsgesellschaft der PWR.[326]

Als Seamless Steel mit Beginn des Zweiten Weltkriegs nicht mehr aus dem Deutschen Reich bzw. Europa beliefert werden konnte, wollte die Gesellschaft

---

[322] Bewertung der sonstigen Wertpapiere des Anlagevermögens (o.D., 1952), BArch Koblenz B 109/1033, Bl. 77.
[323] Examiner's Report, 7.10.1942, NARA RG 131, Entry P 33, Container 19.
[324] Vgl. am Beispiel eines Dreiecksgeschäfts von Rheinmetall, Seamless Steel und einer chinesischen Handelsfirma: Supplemental Report, 23.6.1945 und Vesting Order 5202, 4.9.1946, RG 131, Entry P 33, Container 167.
[325] Vgl. Kapitel 5.2.2.
[326] Hierzu Report Press- und Walzwerke Düsseldorf-Reisholz (o.D.), S. 5, August-Thyssen-Bank Interrogations, NARA M1922 Roll 0058.

diesen Ausfall durch US-Produkte im US-Markt zumindest teilweise auffangen. Versuche, US-amerikanische Stahlrohre in Südamerika zu vertreiben, schlugen aber fehl. Finanziell war Seamless Steel nicht zuletzt deshalb kein Erfolg. Seit 1932 erwirtschaftete das Unternehmen ausschließlich Verluste und das nominelle Gesellschaftskapital von $50.000 war 1942 nur noch $6.000 wert.[327]

Dies mag zum Teil mit dem Wegfall des europäischen Geschäfts seit 1939 sowie den Auswirkungen der Weltwirtschaftskrise seit 1929 erklärt werden können. Denkbar erscheint freilich auch, dass Seamless Steel nur geringe Handelsmargen berechnete und der Absatz von Stahlrohren aus Reisholz in den USA gruppenintern als die eigentliche Einnahmequelle gesehen wurde, dass also Seamless Steel gar nicht primär als gewinnorientiertes Unternehmen konzipiert worden war, sondern als Dienstleister für die PWR, bei der auch etwaige Handelsgewinne verbucht wurden. Darüber kann freilich nur gemutmaßt werden, weil die Überlieferung äußerst dürftig ist und wohl nur deshalb überhaupt existiert, weil Seamless Steel am 28. Oktober 1942 als Feindvermögen durch den *Alien Property Custodian* auf Grundlage des *Trading with Enemy Acts* beschlagnahmt wurde.[328]

Trotz des bescheidenen Ertrags von Seamless Steel zeigt sich auch hier, dass die Thyssen-Bornemisza-Gruppe bereits seit den 1920er Jahren versuchte, neue Märkte – vornehmlich in den USA – zu erschließen, um die Abhängigkeit vom europäischen Geschäft zu reduzieren. Zu diesem Zweck bedienten sich die PWR der etablierten Niederlassungen und des Personals der BHS in New York, die formal selbständige US-amerikanische Firmen gründeten. Dass auch Rheinmetall auf Seamless Steel zurückgriff, lag wohl daran, dass die deutschen Röhrenproduzenten ohnehin sehr eng miteinander kooperierten. Daher war es rational, die bereits etablierte, nicht auf Anhieb als deutsche Gesellschaft erkennbare Seamless Steel mit zu nutzen. Immerhin verfügte die transnationale – bzw. multinationale – Thyssen-Bornemisza-Gruppe über offensichtliche Organisationsvorteile, weil sie US-amerikanische Staatsbürger in den eigenen Reihen beschäftigte.

3.3. Kriegsende, Entflechtung, Restrukturierung

Am 14. April 1945 besetzten alliierte Truppen die Press- und Walzwerke Reisholz; fortan ruhte der Betrieb des intakten Werks.[329] Reisholz war »wie durch ein Wunder« von den alliierten Bombenangriffen verschont geblieben und auch das Stahlwerk in Oberbilk, das in der Nähe des stark bombardierten Hauptbahnhofs lag, war mit einem Zerstörungsgrad von etwa 50 Prozent einigermaßen glimpflich

---

[327] Examiner's Report, 7.10.1942, NARA RG 131, Entry P 33, Container 19.
[328] Vesting Order 259, 28.10.1942, NARA RG 131, Entry P 33, Container 19. Im Bestand der Press- und Walzwerke im Salzgitter AG Konzernarchiv gibt es keinerlei Hinweise auf Seamless Steel. Mündliche Auskunft Dr. Kornelia Rennert, 18.6.2018.
[329] Wessel, Röhrenwerk Reisholz, S. 122.

davon gekommen. Die mechanischen Werkstätten waren zwar zerstört, aber das eigentliche Stahlwerk intakt.[330]

Dennoch waren die Zukunftsaussichten zunächst wenig rosig, da das Werk keine Betriebserlaubnis der Alliierten besaß, in der unmittelbaren Nachkriegszeit durch die Demontagepolitik vor allem der britischen Besatzungskräfte bedroht war und es allenthalben Versorgungsengpässe gab. Hans Heinrich Thyssen-Bornemisza bat daher am 26. Februar 1946 den niederländischen Außenminister Eelco van Kleffens um Unterstützung und ersuchte ihn, den niederländischen Botschafter in London zu beauftragen, sich für eine Betriebserlaubnis der »niederländischen« Besitzungen PWR und Oberbilk zu verwenden.[331] Es bedarf nur wenig Phantasie, dass dieser Verfahrensvorschlag von Hans Heinrichs Schwager, Adolph von Bentinck, stammte, der zu dieser Zeit als Botschaftsrat in London tätig war und als Vertrauter van Kleffens galt.[332] Der Vorstoß war erfolgreich: Bereits einen Tag später, am 27. Februar 1946, erhielten PWR und Oberbilk den »Permit« und konnten, wenn auch zunächst nur in geringem Umfang, die Produktion wieder aufnehmen.[333]

Monatlich produzierte Reisholz seitdem etwa 1.000 Röhren, bezog den Stahl von Oberbilk, wo seit September 1946 in einem der drei Öfen wieder Stahl produziert werden durfte. Da maßgebliche Röhrenwerke im britischen Besatzungsgebiet, u.a. Mannesmann, nicht oder nur eingeschränkt produzieren durften und zugleich die Nachfrage nach Röhren immens war, konnte Reisholz einigermaßen zuversichtlich in die Zukunft blicken. Allerdings konnte das Werk die Nachfrage kaum befriedigen, weil zum einen keine hinreichende Energieversorgung gewährleistet war und zum anderen die Alliierten einen großen Teil der Werkshallen als Lager nutzten.[334]

Das war freilich nur die operative Seite der Besatzungspolitik, die auch strukturell in die Eisen- und Stahlindustrie eingriff.[335] Mit der Beschlagnahmung durch die britische Besatzungsmacht waren die PWR (und Oberbilk) der unmittelbaren Verfügungsmacht Thyssen-Bornemiszas zunächst entzogen worden. Zum 1. August 1947 hatten die beiden Unternehmen einen Betriebsnutzungsvertrag mit der am 28. Juli 1947 mit einem Kapital von 100.000 RM – später auf 100.000 DM umgestellt – neu gegründeten Einheitsgesellschaft »Stahl- und Röhrenwerk Reisholz AG«[336] geschlossen. Am 12. März 1948 trat ein neuer Betriebsbenutzungsbetrag in Kraft.

---

[330] Lagebericht (Roelen), 20.10.1945, S. 5, SIT TB/2140; Erwägungen zur Entwicklung, 30.10.1946, S. 2, SIT TB/2140, auch SIT/NROE 36.
[331] Hans Heinrich Thyssen-Bornemisza an Minister van Buitenlandsche Zaken, 26.2.1946, SIT TB/2143.
[332] Zum Verhältnis von Kleffens und Bentinck Roelen an Ritter, 23.4.1946, SIT TB/997; vgl. Derix, Thyssens, S. 438; Wels, Bentinck van Schoonheeten.
[333] Wessel, Röhrenwerk Reisholz, S. 122.
[334] Erwägungen zur Entwicklung, 30.10.1946, S. 1-2, SIT TB/2140, auch SIT/NROE 36.
[335] Vgl. Kapitel 2.4.5.
[336] Gründung der Stahl- und Röhrenwerk Reisholz A.G., 28.7.1947; NGISC an Dinkelbach, 21.7.1947, BArch B 109/713, Bl. 174-175.

In beiden Fällen handelte es sich freilich nicht um freie Vertragsschlüsse, sondern im Kern um Regelungen, um das beschlagnahmte Vermögen im alliierten Sinne einheitlich zu verwalten. Die PWR und Oberbilk bestanden als eigenständige Aktiengesellschaften zunächst weiter, verpachteten ihr Anlagevermögen aber vollständig an die Stahl- und Röhrenwerk Reisholz AG und verkauften ihr das Vorratsvermögen. Das neue Unternehmen übernahm mithin das operative Geschäft und war zudem fortan (nahezu) paritätisch mitbestimmt: Neben fünf Vertretern der Kapitalseite entsandten auch die Arbeitnehmer fünf Mitglieder; das elfte Mitglied wurde von Treuhandverwaltung entsandt und stand daher der Kapitalseite nahe.[337]

Nachdem die TBG in die Kategorie C des Gesetzes Nr. 27 eingeordnet worden war, intensivierte sie ihre Überlegungen zur Umstrukturierung ihres Stahlbereichs.[338] Bereits Ende 1944 hatte man intern überlegt, PWR und Oberbilk zu fusionieren und damit rechtlich nachzuvollziehen, was praktisch bereits seit Jahren etabliert war: die Einheit der Thyssen-Bornemisza'schen Stahlwerte.[339] Da mit den Stahl- und Röhrenwerken Reisholz AG bereits eine Einheitsgesellschaft bestand, lag es nahe, diese zum Ausgangspunkt der weiteren Überlegungen zu machen. Da die anvisierte Lösung der Stahlfrage sich jedoch in die Überlegungen zur Umstrukturierung der TBG insgesamt einfügte, waren deutlich mehr Probleme – rechtlicher, steuerlicher und betriebswirtschaftlicher Art – aus dem Weg zu räumen als die finale Lösung nahelegt.[340]

Mit Anordnung vom 15. April 1953 genehmigte die *Combined Steel Group* den vorgelegten Plan, die Düsseldorfer Stahlbeteiligungen steuerbefreit neu zu ordnen. Die bisherigen Eigentümer waren die Kaszony Stiftung (63,11 %), die BHS (17,57 %) und die Baustoff- und Industriewerke Hennickendorf GmbH (19,32 %). Da Hennickendorf (ehemals: Rittergut Rüdersdorf) sich vollständig im Eigentum der BHS befand, übertrug das Baustoffunternehmen seine Anteile an den PWR auf das Mutterunternehmen, wodurch die BHS fortan 36,89 Prozent der PWR besaß. Anschließend veräußerte die Stahltreuhändervereinigung das gesamte Stammkapital der Stahl- und Röhrenwerk Reisholz AG (100.000 DM) an die Press- und Walzwerk AG, die es aber sofort im Verhältnis 36,89:63,11 an die BHS bzw. die Kaszony-Stiftung weiterreichte. Die PWR übernahmen anschließend die Vermögenswerte ihrer bisherigen Töchter AG Oberbilker Stahlwerk und der Grundstücksverwertungs GmbH. Sie übertrug danach dieses Vermögen – Oberbilk, Grundstücksgesellschaft, ihr Anlage- sowie große Teile des Umlaufvermögens – auf die Stahl- und Röhrenwerk Reisholz AG und wurde anschließend liquidiert. Durch diese Maß-

---

[337] Wessel, Röhrenwerk, S. 123; Handbuch Aktiengesellschaften 1952, S. 2182–2183; Kaszony an Finanzminister NRW 13.1.1953, S. 2, SIT NROE/14.

[338] Hohe Kommission an Blankenhorn, 18.10.1951; Verordnung Alliierte Hohe Kommission (Oktober 1951), BArch Koblenz B 109/643, Bl. 5-6; zur Implikation der Überführung auf Liste C für die Neuregelung der Stahlwerte vgl. Aktennotiz (Rechtsabteilung), 31.5.1950, BArch Koblenz B 109/643, Bl. 11-13.

[339] Niederschrift über eine Besprechung bei der PWR AG, 2.12.1944, S. 2, tkA VSt/4186.

[340] Vgl. Kapitel 2.4.5.

3. Vereinigte Stahlwerte 281

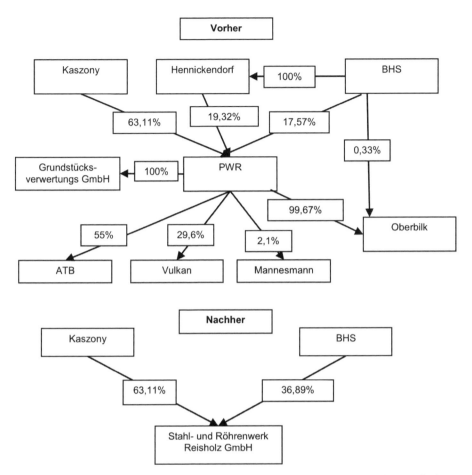

Grafik 20: Beteiligungsstrukturen im Stahlbereich der TBG vor und nach der Entflechtung (1945/1953) (vereinfacht)
Quelle: Eigene Darstellung nach Anordnung, 15.6.1953, Schweizerisches Bundesarchiv E2001E#1969/121#4907.

nahmen wurden sämtliche Eisen- und Stahlbeteiligungen der Thyssen-Bornemisza-Gruppe in der Stahl- und Röhrenwerke Reisholz AG zusammengefasst, die fortan nur noch zwei Anteilseigner besaß (Kaszony, BHS) und schließlich in eine GmbH mit einem Kapital von 30 Mio. DM und 3 Mio. Reserven umgewandelt wurde.[341]

Reisholz (neu) verpflichtete sich überdies, die strategische Beteiligung an den Mannesmannröhren-Werken, die sich in Liquidation befanden, bzw. die daraus

---

[341] Anordnung, 15.6.1953, Schweizerisches Bundesarchiv E2001E#1969/121#4907, auch enthalten in: BArch Koblenz B 102/60718.

resultierenden Verfügungsrechte an der Mannesmann AG, der Consolidation Bergbau AG und der Stahl- und Maschinenbau AG, auf Sicht zu veräußern und für mindestens fünf Jahre keine Vorstände oder Aufsichtsräte in andere Einheitsgesellschaften der Montanindustrie zu entsenden. Damit war die Entflechtung des Stahlbereichs abgeschlossen, doch für die TBG ergaben sich weitere Konsequenzen: Die PWR hatte nur ihre Stahlbeteiligungen in die Stahl- und Röhrenwerke eingebracht, nicht aber ihre übrigen Vermögenswerte, d.h. 55 Prozent der August-Thyssenbank, knapp 30 Prozent des Bremer Vulkan und eine Darlehnsforderung gegen Thyssengas. Diese wurden im Prozess der Liquidation auf die Gesellschafter der PWR, d.h. Kaszony und BHS, verteilt.[342]

Derart entflochten und entkernt wurden die Thyssen-Bornemisza'sche Stahlunternehmen in die Freiheit entlassen. Bereits während der Entflechtungsverhandlungen hatten die PWR bzw. Stahl- und Röhrenwerk Reisholz an die wirtschaftlichen Erfolge der Vorkriegszeit anknüpfen können und war dabei der Nischen- und Qualitätsstrategie treu geblieben. Die PWR produzierten 1948 etwa 36.000 t; das entsprach fünf Prozent der bundesdeutschen Röhrenproduktion; die Oberbilker Stahlwerke erzeugten weniger als ein Prozent des bundesdeutschen Stahls.[343] Im »Wirtschaftswunder« weitete das Stahl- und Röhrenwerk seine Produktion aus und das Kapital stieg von 30 auf 60 Mio. DM an. Seit 1966 verlor Reisholz dann sukzessive seine Selbständigkeit, ging zunächst eine Kooperation mit den aus der Phoenix-Rheinrohr AG hervorgegangenen Thyssen Röhrenwerke AG ein, die fortan die Hälfte des Gesellschaftskapital hielten. Als deren Muttergesellschaft, die August-Thyssen-Hütte, 1969 mit der Mannesmann AG kooperierte, gingen diese 50 Prozent auf die (neue) Mannesmannröhren-Werke AG über. Zum 1.1.1973 übertrug die inzwischen gegründete Thyssen-Bornemisza-Group N.V. im Zuge ihrer globalen Neuausrichtung schließlich die übrigen 50 Prozent auf die Mannesmannröhren-Werke AG. Damit war das Kapitel Stahl für Thyssen-Bornemisza beendet.[344]

4. Handelsschiffbau im Wirtschaftsnationalismus: Die Werften

Mit Beginn einer »Flottenpolitik« im Kaiserreich avancierte die deutsche Werftindustrie zu einem Großabnehmer von Stahl und entsprechend waren die großen deutschen Stahlkonzerne bestrebt, Werften vertikal zu integrieren. August Thyssen war in dieser Hinsicht keine Ausnahme, konzentrierte sich aber vor allem auf

---

[342] Anordnung, 15.6.1953, Schweizerisches Bundesarchiv E2001E#1969/121#4907. Vgl. Kapitel 2.4.5.
[343] Memorandum Entflechtung »Thyssen-Bornemisza-Gruppe«, 4.12.1948, BArch Koblenz B 109/3663, B. 162-174, Bl. 164.
[344] Wessel, Röhrenwerk Reisholz, S. 127-132. Vgl. Rennert, Wettbewerber, S. 234-235, 271-272.

die zivile Nachfrage, d.h. den Bau von Handelsschiffen. Im Ersten Weltkrieg stieg er 1916 bei der Bremer Vulkan Schiffbau und Maschinenfabrik AG, Bremen-Vegesack, sowie 1918 bei der Flensburger Schiffsbau-Gesellschaft ein. Da im Ersten Weltkrieg ein beträchtlicher Teil der Handelstonnage zerstört worden war, konnten die Werften mit umfangreichen Neubauaufträgen nach Kriegsende rechnen. Bis dahin produzierte freilich auch der Bremer Vulkan seit 1916 ausschließlich für die Marine.[345]

Mit dem Ende des Ersten Weltkriegs verschlechterten sich allerdings die Rahmenbedingungen für deutsche Werften nachhaltig. Die Kriegsmarine fiel aufgrund der Bestimmungen des Versailler Vertrags als Nachfragerin bis auf Weiteres aus, die Branche hatte vor allem nach der Inflation mit erheblichen Überkapazitäten zu kämpfen und der weltweit verfügbare Frachtraum stieg schneller als der Welthandel; dies führte zu geringeren Frachttarifen und reduzierte die weltweite Nachfrage nach Schiffsneubauten.[346]

Als Heinrich Thyssen-Bornemisza die Schiffbau-Beteiligungen seines Vaters erbte, stand die Branche vor großen Herausforderungen, die – dem Zeitgeist entsprechend – durch Rationalisierungsverbünde und Fusionen bewältigt werden sollten. Zwar waren die Thyssen-Werften mehrfach in entsprechende Verhandlungen eingebunden, blieben aber letztlich selbständig; auch eine grundsätzlich erwogene Zusammenlegung des Bremer und des Flensburger Unternehmens wurde nicht realisiert – nicht zuletzt, weil die Bremer Manager gegen solche Pläne mit guten Argumenten opponierten.[347]

Die Geschäfte der beiden Werften entwickelten sich in den 1920er Jahren gegensätzlich. Während der Bremer Vulkan selbst in der Weltwirtschaftskrise nie weniger als fünf Prozent Dividende ausschüttete, war die FSG seit Anfang der 1930er Jahre ein Sanierungsfall; Heinrich Thyssen-Bornemisza hatte das Unternehmen offenbar bereits aufgegeben. Er war nicht bereit, zusätzliche Mittel zur Verfügung zu stellen,[348] und hätte seine Beteiligung von nominal 1.591.920 RM wohl abgeschrieben, wäre ihm nicht die Staatskonjunktur der 1930er Jahre zu Hilfe gekommen.

---

[345] Rasch, Was wurde aus August Thyssens Firmen, S. 229–232; Wixforth, Kooperation und Kontrolle.
[346] Albert, Vom Blauen Band zur Grundberührung, S. 162-166, vgl. für die Strukturwandlungen im Schiffbau und im Seehandel in den 1920er und 1930er Jahren die nützlichen statistischen Übersichten bei Rübner, Konzentration und Krise, S. 440-469.
[347] Rasch, Was wurde aus August Thyssens Firmen, S. 232. Wixforth, Stahlkonzern, S. 152-161; ders., Kooperation und Kontrolle. vgl. zur Krisenkooperation mit dem Norddeutschen Lloyd auch ders., Unternehmensstrategien, S. 286-292.
[348] Wixforth, Stahlkonzern, S. 164.

4.1. Rettungsanker Staatskonjunktur: Die Wiederbelebung der Flensburger Schiffsbau-Gesellschaft (FSG)

Die schwierige Lage der Flensburger Schiffsbau-Gesellschaft seit Beginn der 1920er Jahre ist eher mit exogenen Einflüssen als mit Managementfehlern zu erklären.[349] Zwei Entwicklungen machten der Werft vor allem zu schaffen: Erstens war die Stadt Flensburg infolge der Volksabstimmung in Schleswig zu einer Grenzstadt geworden, nachdem die Bevölkerung des nordschleswigschen Landesteils mehrheitlich für eine Loslösung vom Deutschen Reich und eine Integration nach Dänemark votiert hatte. Damit verlor die Flensburger Schiffsbau-Gesellschaft einen großen Teil ihres angestammten Hinterlands und mit ihm traditionelle Auftraggeber. Zweitens blieben auch inländische Aufträge zunehmend aus, weil vor allem Bremer und Hamburger Reedereien – unterstützt von der Kommunalpolitik – meist nur noch Bremer und Hamburger Werften beauftragten, ihre Handelsschiffe zu bauen. In einer ohnehin angespannten Lage der Branche erwiesen sich beide Faktoren als schwere Hypothek. Trotz allen Bemühens, neue Aufträge für die Werft zu gewinnen, gelang es dem Alleinvorstand Jacob Bauer nicht, eine tragfähige Strategie zu entwickeln. Unter anderem kam eine Kooperation mit dem Schwesterunternehmen Bremer Vulkan über Ansätze nicht hinaus. Bauer wurde schließlich 1931 durch Ove Lempelius und Oscar Haensgen abgelöst, durfte aber noch den Aufsichtsratsvorsitz übernehmen. Daran zeigt sich auch, wie wenig Heinrich Thyssen-Bornemisza noch an eine erfolgreiche Zukunft der Werft glaubte, da er darauf verzichtete, für Vertreter aus dem inneren Zirkel seiner Gruppe wie Gröninger oder Kouwenhoven den (stellvertretenden) Vorsitz im Aufsichtsrat zu beanspruchen.[350]

Ende 1930 war die FSG eine beschäftigungslose Werft. Neubauaufträge konnten nicht akquiriert werden und selbst die (bescheidenen) Reparaturaufträge der Vorjahre blieben nun aus. Von den vormals 1.500 Beschäftigten standen nur noch 200 in Lohn und Brot. In dieser Phase erwarb die Stadt Flensburg etwa 25 Prozent des Aktienkapitals der FSG am Markt, da sie fürchtete, dass andernfalls die als Rationalisierungskonzern gegründete Deschimag bei der FSG einsteigen würde, um sie zu majorisieren, zu liquidieren und den Werftstandort Flensburg aufzugeben.[351] Für Heinrich Thyssen-Bornemisza wäre es vermutlich nur eine Frage des Preises gewesen, die Aktien eines zwar funktionsfähigen, aber unter den gegebenen Marktverhältnissen nicht wettbewerbsfähigen Unternehmens abzugeben. Anders als bei den (gescheiterten) Verhandlungen über eine Zusammenarbeit von

---

[349] Vgl. Lempelius, 75 Jahre, S. 51.
[350] GB 1931-1933, BArch Berlin, R 8127/7337; Wixforth, Stahlkonzern, 163-164, Keitsch, Krise und Konjunktur, S. 145-146.
[351] Keitsch, Krise und Konjunktur, S. 144.

Deschimag und Bremer Vulkan hätten Heinrichs Unterhändler bei Flensburg nicht aus einer Position der Stärke argumentieren können.[352]

Für die Stadt Flensburg waren freilich sozialpolitische Überlegungen maßgeblich. Aus ihrer Sicht war ihre Zukunft aufs Engste mit dem Schicksal der Flensburger Schiffsbau-Gesellschaft verknüpft. Die FSG war der größte industrielle Arbeitgeber der Hansestadt. Gewerbe und Handel vor Ort hingen maßgeblich von der Nachfrage des Unternehmens und der Kaufkraft der Werftarbeiterinnen und Werftarbeiter ab. Die desaströse Lage der FSG belastete den Kommunaletat Flensburgs somit direkt und indirekt: Sie führte zu Steuerausfällen und sozialen Mehrausgaben infolge höherer Arbeitslosigkeit. In dieser Situation knüpfte die Stadt – offenbar im Einverständnis mit den Vertretern Thyssen-Bornemiszas – ihre Hoffnungen an einen subventionierten Neubauauftrag der Flensburger Reederei H.C. Horn. Damit sei die »letzte Möglichkeit gegeben […], um eine Liquidation der Werft zu verhindern.« Da die Stadt selbst allerdings seit dem 31. Juli 1931 zahlungsunfähig war, beantragte sie finanzielle Hilfe beim Reichsfinanzministerium.[353]

Das Finanzministerium gewährte schließlich Ende August einen »verlorenen Zuschuss« in Höhe von 675.000 RM. Er sollte den bereits in Auftrag gegebenen Neubau bei der FSG finanzieren und direkt an H.C. Horn ausgezahlt werden. Allerdings meldeten das Reichsarbeitsministerium gegen diese Subvention eines privaten Erwerbsunternehmens grundsätzliche und das Landesfinanzamt Schleswig-Holstein ganz konkrete Bedenken an: Das Finanzamt ermittelte gegen die Reederei Horn wegen Steuerhinterziehung. Nicht nur, aber besonders im Sommer 1931 war es gewiss keine gute Idee, einem Unternehmen, das im Verdacht stand, Steuern hinterzogen zu haben, beträchtliche Subventionen zukommen zu lassen. Nach außen hin wurde die Subvention deshalb als Hilfe für die notleidende Kommune kommuniziert, wie überhaupt einige bürokratische Winkelzüge nötig waren, um die Transaktion zu ermöglichen. Freilich war dies unmittelbar nach der Bankenkrise kein seltenes Vorgehen, wie auch interne Vermerke der Reichsbürokratie nahelegen.[354]

Der Neubauauftrag sorgte neben kleineren Arbeiten im Rahmen eines staatlichen Abwrackprogramms dafür, dass die Flensburger Schiffsbau-Gesellschaft wieder in einem überschaubaren Umfang beschäftigt war. Dadurch ließen sich vorerst weitere Bilanzverluste verhindern.[355] Doch die Talsohle war noch lange nicht durchschritten. 1933 und 1934 blieben Aufträge weitgehend aus und die Werft hielt sich mit Notstandsarbeiten und fachfremden Aufträgen, etwa dem Bau von Turn-

---

[352] Vgl. zu den Verhandlungen mit der Deschimag Wixforth, Stahlkonzern, S. 158-161.
[353] Oberbürgermeister Flensburg (Fritz David von Hansemann) an RFM (Dr. Poerschke), 1.8.1931 (Zitat S. 4), BArch Berlin R 2/18408.
[354] Vgl. Notiz für Direktor I., 26.8.1931; Erlass RFM, 26.8.1931; RAM an RFM, 31.8.1931, Vermerk Landesfinanzamt Schleswig-Holstein, 31.8.1931; Erlass RFM, 2.9.1931, BArch Berlin R 2/18408.
[355] Lempelius, 75 Jahre, S. 52.

hallenteilen, notdürftig über Wasser. 1933 belief sich das Umlaufvermögen nur noch auf gut 400.000 RM und das Anlagevermögen war mit etwa 1,8 Millionen RM bereits so niedrig bewertet, dass es keinen Ansatzpunkt mehr für weitere Abschreibungen gab;[356] immerhin gelang es Ende 1934, von Hamburger Reedereien Neubauaufträge für vier Frachtschiffe zu erhalten, die 1934 mit gut 700.000 RM und 1935 mit knapp 6 Millionen RM als Kundenanzahlungen in die Bilanz einflossen; auch das Umlaufvermögen erhöhte sich 1935 auf knapp 6 Millionen.[357]

Diese zivilen Aufträge kamen freilich nur dank staatlicher Subventionen zustande. Reedereien und Werften profitierten bereits zur Weimarer Zeit von staatlichen Fördermaßnahmen;[358] diese wurden in der Weltwirtschaftskrise nochmals ausgebaut und im Nationalsozialismus fortgeführt. Der NS-Staat stellte alleine Häfen und Reedereien bis 1937 zwei Milliarden Reichsmark zur Verfügung.[359] Die Werften profitierten nicht nur mittelbar durch Aufträge der Reedereien von staatlichen Hilfen, sondern bisweilen auch unmittelbar: Bereits 1930 hatte die Flensburger Schiffsbau-Gesellschaft eine Reichsausfallbürgerschaft für einen Exportauftrag in die Niederlande erhalten.[360] 1933 bemühte Lempelius sich erneut um staatliche Unterstützung. Andernfalls drohte ein Auftrag der Hamburger Reederei Ernst Russ an einen ausländischen Konkurrenten vergeben zu werden. Die Wettbewerbsposition deutscher Werften hatte sich deutlich verschlechtert, nachdem die Leitwährung der internationalen Schifffahrt, das Pfund Sterling, 1931 abgewertet worden war. Das Reichsfinanzministerium befürwortete daher im Einvernehmen mit dem Reichsarbeitsministerium den Antrag.[361]

Zudem erwog der FSG-Aufsichtsrat in der Unternehmenskrise im Mai 1933, von der bisherigen Fokussierung auf zivile Aufträge abzurücken und empfahl, sich zusätzlich um Aufträge der Marine zu bemühen.[362] Diese Anträge entlarven Aussagen, die Thyssen-Bornemisza-Gruppe bzw. konkret die FSG habe niemals Subsidien erhalten, als falsch.[363] Dennoch sind sie nicht ohne weiteres als Lüge zu identifizieren, denn erstens lagen zwischen den Aussagen (1953) und den

---
[356] Exemplarisch GB 1933, BArch Berlin R 8127/7337.
[357] Vgl. GB 1935, BArch Berlin R 8127/7337.
[358] Hier vor allem Rübner, Konzentration und Krise, passim; ebd. S. 194, Hinweise auf die »Zinsverbilligungsaktion«, aus der der Bremer Vulkan (staatliche) Kreditmittel von acht Millionen, die FSG von 2,25 Millionen RM erhielt.
[359] Rübner, Rettungsanker, S. 310; vgl. ferner z.B. Kiekel, Handelsschifffahrt, S. 67-74; auch Lehmann, Staatsgelder.
[360] Vermerk 15.8.1930, BArch Berlin R 2/16774.
[361] FSG an RFM (Poerschke), 4.9.1933; Vermerk 8.11.1933, BArch Berlin R 2/18669.
[362] Keitsch, Krise und Konjunktur, S. 159.
[363] Flensburger Schiffsbau Gesellschaft. Erklärung. Kriegsproduktion für Rüstungszwecke (19.1.1953), SIT NROE/16. Vgl. auch Exposé (Roelen) [1952], S. 14, SIT/NROE 15. Auch der langjährige Vorstand Ove Lempelius bekräftigte noch 1951, die Werft habe die Weltwirtschaftskrise »ohne fremde Hilfe« überstanden; allerdings verwies er vor allem darauf, dass die FSG ihre Selbständigkeit bewahren konnte statt – wie andere Werften – zu fusionieren. Offensichtlich waren staatliche Subventionen so selbstverständlich, dass sie nicht explizit als fremde Hilfe angesehen wurden. Vgl. Lempelius, 75 Jahre, S. 63.

4. Die Werften

Tab. 22: Umsatz-, Gewinn- und Belegschaftsentwicklung der FSG 1935 bis 1945

	Umsatz	Bruttogewinn	Nettogewinn	Belegschaft
1935	8.933	32	-	740
1936	14.514	-142	-142	1.290
1937	8.751	469	175	1.570
1938	10.296	1.746	755	1.570
1939	13.990	844	154	1.740
1940	14.707	1.071	122	1.811
1941	22.218	1.776	150	2.071
1942	22.670	1.490	153	2.170
1943	24.275	1.587	381	2.530
1944	20.971	1.528	387	2.198
1945	9.781	821	k.A.	1.748

Quelle: Geschichte der Flensburger Schiffsbau-Gesellschaft in Flensburg in der Zeit von 1935-1945, Anlage 1, FSM 0001 (Finanzielle Angaben in 1.000 RM); die Daten weichen von jenen der Geschäftsberichte ab; es handelt sich hierbei offenbar um Aufstellungen aus dem operativen Geschäft.

fraglichen Vorgängen (1930 ff.) mehr als 20 Jahre, zweitens waren diese Subventionen ein grundsätzliches Phänomen der Branche – von Schifffahrt und Schiffbau – und die Flensburger Schiffsbau-Gesellschaft profitierte daher nicht allein oder aufgrund besonders guter Beziehungen von den Stützungsmaßnahmen. Drittens fielen die Aussagen 1953 im Kontext von Fragen nach gezielter Zusammenarbeit mit dem NS-Staat und insbesondere nach aktiver Einbeziehung von NS-Zielen in die Unternehmensstrategie. Beides konnte die Thyssen-Bornemisza-Gruppe – mit guten Gründen – verneinen. Gleichwohl besteht kein Zweifel daran, dass die FSG ohne öffentliche Hilfen und ohne die Staatskonjunktur der 1930er Jahre wirtschaftlich nicht überlebt hätte.

In der zweiten Hälfte des Jahrzehnts erwirtschaftete die Werft schließlich wieder Gewinne. Die Belegschaft verdoppelte sich in Friedenszeiten auf knapp 1.600 Beschäftigte (vgl. Tab 22). Dieser Aufschwung war allerdings noch nicht nachhaltig. 1936 lastete die FSG ihre Kapazitäten z.B. nur zu 60 Prozent aus, führte etliche Aufträge nicht kostendeckend durch und musste jene Investitionen – aus Eigenmitteln – nachholen, die in der Weltwirtschaftskrise unterblieben waren.[364]

---

[364] GB 1936, BArch Berlin R 8127/7337; auch Keitsch, Krise und Konjunktur, S. 160.

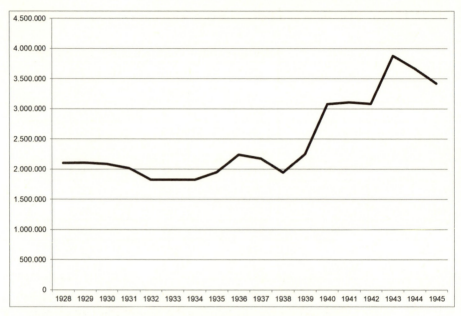

Grafik 21: Entwicklung des Anlagevermögens der FSG 1928 bis 1945 (in RM)
Quelle: GB FSG 1928–1948.

Heinrich Thyssen-Bornemisza blieb auch bei der FSG seiner Linie treu, die Substanz der Unternehmen langfristig zu erhalten und Investitionen aus Eigenmitteln zu tätigen: Trotz der Überschüsse im operativen Geschäft wiesen die Bilanzen noch bis einschließlich 1937 Verluste aus; erst seit 1938 zahlte das Unternehmen wieder mäßige Dividenden von zunächst vier, ab 1939 dann fünf Prozent. Gleichwohl lagen die Eigenkapitalrenditen der FSG von 1929 bis 1939 permanent und teils erheblich unter dem Branchendurchschnitt.

Sieht man von den branchenüblichen staatlichen Stützungsmaßnahmen ab, überlebte die FSG allerdings tatsächlich aus eigener Kraft und ohne die Unternehmensstrategie zu verändern. Die Werft baute bis 1938 nahezu ausschließlich Handelsschiffe – darunter wiederholt für die gruppeneigene Halcyon-Lijn[365] – und konnte in diesem Jahr sogar wieder einen gruppen-externen Auftrag aus dem Ausland (Norwegen) akquirieren. Der Auftragsbestand erreichte Ende 1938 mit 20 Schiffen ein lange ungekanntes Ausmaß. Vor diesem Hintergrund legte die FSG ein Modernisierungsprogramm im Umfang von sechs Millionen RM auf; entsprechend erhöhte sich das Anlagevermögen der FSG nach zehn Jahren Stagnation deutlich (vgl. Grafik 21). Die FSG konnte aber nicht alle Neubauaufträge auch durchführen, da mit Beginn des Zweiten Weltkriegs die Prioritäten nicht mehr auf

---

[365] Hierzu BHS und Vulcaan an Rutgers van der Loeff, 1.7.1946, NL-HaNA 2.05.117, inv.nr. 27063.

dem Handelsschiffbau lagen. In geringem Umfang hatte sich die FSG bereits seit 1936 von der rein zivilen Produktion verabschiedet und Verhandlungen mit der Marine über den Bau von drei »C-Booten« aufgenommen. Diese vergleichsweise kleinen Sperrfahrzeuge wurden 1938 ausgeliefert. Solche Aufträge ergänzten das Handelsschiffbauprogramm der FSG nur und zeugten nicht von einem Strategiewechsel. Daher ist auch das Modernisierungsprogramm des Jahres 1938 nicht als Vorgriff auf einen erwarteten Krieg zu interpretieren, sondern als nachholendes Modernisierungsprogramm für den Handelsschiffbau.[366]

4.2. Krisenresistenz und Selbständigkeit: Der Bremer Vulkan in den 1930er Jahren

Ähnlich wie die FSG hatte der Bremer Vulkan seine Selbständigkeit in der Weltwirtschaftskrise bewahrt, obwohl nicht zuletzt die Bremer Politik eine Fusion mit der Deutschen Schiff- und Maschinenbau AG (Deschimag), einem Rationalisierungszusammenschluss acht norddeutscher Werften, befürwortet hatte. Für die angeschlagene Deschimag wäre dies anders als für den rentablen Bremer Vulkan eine betriebswirtschaftlich sinnvolle Lösung gewesen, an der die Thyssen-Bornemisza-Gruppe aber kein Interesse hatte. Auch wenn die Wirtschaftskrise am Vulkan nicht spurlos vorrüberging, Aufträge – u.a. der kriselnden Großkunden Hapag und Norddeutscher Lloyd – ausblieben, Arbeitskämpfe stattfanden und zahlreiche Arbeitskräfte entlassen wurden (vgl. Tab. 23), war die Werft grundsätzlich intakt und zahlte stabile Dividenden zwischen fünf und sieben Prozent.

Da der Schiffbau kapitalintensiv und der Fixkostenanteil entsprechend hoch ist, liegt ein Schlüssel zum ökonomischen Erfolg in einer regelmäßigen Auslastung der Kapazitäten. Der Bremer Vulkan hatte u.a. mit der Bremen-Vegesacker Fischerei-Gesellschaft eine informelle Absprache getroffen, nach der die Fischerei-Gesellschaft gleichsam als Überbrückungsnachfrager fungierte, der bei geringem Auftragsbestand der Werft Heringslogger bestellte. Das war zwar kein übermäßig lukratives Geschäft für den Bremer Vulkan, doch sicherte es seine Beschäftigung auf niedrigem Niveau. Anders als die FSG stellte der Vulkan daher in der großen Wirtschaftskrise seinen Betrieb nicht ein.[367]

Seit 1934 profitierte die Werft von der weltweiten konjunkturellen Erholung und erhielt zahlreiche ausländische Aufträge zum Bau von Tankern, Fracht-, Kühl-, Fisch- und Walfangschiffen. In Friedenszeiten lag der Anteil des Auslands- am Gesamtgeschäft des Vulkans stets über fünfzig Prozent,[368] Mitte der 1930er Jahre sogar noch darüber: Die Bestellungen vor allem aus Großbritannien und Norwe-

---
[366] Keitsch, Krise und Konjunktur, S. 159-164; Lempelius, 75 Jahre, S. 63-64.
[367] GB Bremer Vulkan 1932, WiSo-Fakultät C7/8; Vgl. Roder, Bremer Vulkan im Dritten Reich, S. 130.
[368] Bremer Vulkan 1933-1945, S. 1, StA Bremen 7,2121/1/1-1112; GB Bremer Vulkan 1938, WiSo-Fakultät C7/8.

Tab. 23: Belegschaftsentwicklung beim Bremer Vulkan 1932 bis 1945

Jahr	Belegschaft
1932	1.116
1933	697
1934	1.415
1935	2.601
1936	3.341
1937	3.938
1938	3.968
1939	4.224
1940	4.364
1941	4.389
1942	4.362
1943	4.382
1944	5.067
1945	2.126

Quelle: Bremer Vulkan 1933-1945, S. 11, StA Bremen 7,2121/1/1-1112; 1944 inklusive 500 abkommandierte Marinesoldaten sowie 1.350 Fremdarbeiter. Vgl. mit geringfügig anderen Zahlen (Monatsdaten) Urban, Zwangsarbeit, S. 80-85.

gen machten etwa siebzig Prozent des Auftragsvolumens in den Jahren 1936 und 1937 aus. Dies war nicht nur betriebs-, sondern auch außenwirtschaftlich bedeutend, da der Bremer Vulkan derart Devisen erwirtschaftete, die im Deutschen Reich dringend benötigt wurden. Anders als viele Konkurrenten war der Bremer Vulkan nicht auf die Staatskonjunktur angewiesen, sondern besetzte als Hersteller von Spezialschiffen eine Nische im Weltmarkt. Ähnlich wie die PWR verfolgte der Vulkan mithin keine Strategie der expansiven Massenproduktion, sondern eine Spezialisierungsstrategie, die nicht zuletzt auf technologischen Vorteilen gründete: Beispielsweise setzte der Vulkan bereits frühzeitig auf den innovativen Dieselmotor als Schiffsantrieb und entwickelte ferner Tankschiffe für Öl, dem Energieträger der Zukunft; auch in der Produktionstechnologie war er auf dem Stand der Zeit und konnte 1937 sein erstes ganzgeschweißtes Schiff vom Stapel lassen.[369]

Ironischerweise waren die technischen Innovationen durch den Versailler Vertrag induziert worden, der den Schiffbau im Deutschen Reich beschränkte. Da sich Beschränkungen am Gewicht bemaßen, entwickelten deutsche Ingenieure

---

[369] Roder, Bremer Vulkan im Dritten Reich, S. 133-136.

4. Die Werften 291

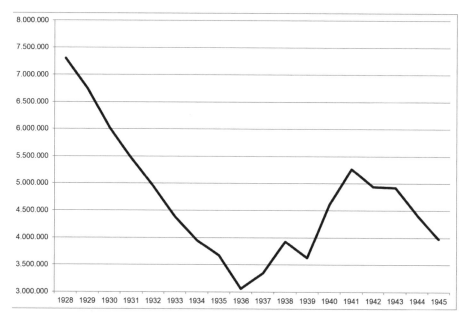

Grafik 22: Entwicklung des Anlagevermögens beim Bremer Vulkan 1928 bis 1945
Quelle: GB Bremer Vulkan 1928 bis 1945; eigene Berechnungen.

innovative Schweißverfahren, die das Gewicht im Vergleich zu genieteten Schiffen deutlich reduzierten. Auch bei der Entwicklung neuer Antriebstechniken und Schiffstypen standen die deutschen Werften der Weltmarktkonkurrenz, v.a. den britischen Wettbewerbern, in Nichts nach und waren ihnen technisch in den 1920er und 1930er Jahren insgesamt sogar überlegen.[370]

Da der Bremer Vulkan vornehmlich Handelsschiffe für den internationalen Markt baute, konnte er sich auch in einem Branchenumfeld mit Überkapazitäten und Nachfragerückgängen behaupten. Jenen deutschen Wettbewerbern, die stark von Marineaufträgen abhängig waren, war er überlegen, weil die Nachfrage in seinem Marktsegment nicht politisch begrenzt worden war, und der internationalen Konkurrenz war der Vulkan überlegen, weil er technisch hochwertige und neuartige Schiffstypen (v.a. Tankschiffe) im Angebot hatte. Er profitierte letztlich von seiner zivilen Strategie und seiner internationalen Ausrichtung.

Die finanziellen Kennziffern zeugen entsprechend von einer außerordentlichen Stabilität in einem schwierigen Marktumfeld. Bilanzgewinne und Dividenden entwickelten sich ähnlich kontinuierlich wie bei den PWR. Auch das Anlagevermögen zeigt eine konstante Entwicklung – nach unten.

---

[370] Albert, Vom Blauen Band, S. 164.

Die Entwicklung überrascht auf den ersten Blick, doch vor allem die lineare Entwicklung deutet auf planmäßige Abschreibungen hin. Der Verschleiß der durchweg ordentlich bis sehr gut ausgelasteten Werft wurde entsprechend stark bilanziell geltend gemacht;[371] die gesetzlich induzierten Abschreibungsmöglichkeiten dürften ein Übriges getan haben. Seit Mitte der 1930er Jahre waren daher Modernisierungsinvestitionen notwendig, zumal die Werft allmählich weniger rentabel wirtschaftete als die (deutsche) Konkurrenz. Seit 1936 baute der Bremer Vulkan daher das Verwaltungsgebäude um, errichtete zusätzliche Werkswohnungen und investierte in die Modernisierung, nicht aber in die Ausweitung der Produktionskapazitäten.[372]

Der kontinuierliche Rückgang des Anlagevermögens seit den 1920er Jahren wies keineswegs auf eine Schwäche des Unternehmens hin. Vielmehr verfügte die Werft über einen vergleichsweise jungen Kapitalstock, der durch Investitionen vor und nach dem Ersten Weltkrieg sukzessive modernisiert worden war. In den 1920er und frühen 1930er Jahren profitierte sie von ihren relativ modernen Anlagen, während andere Werften gezwungen waren, zu rationalisieren.[373]

Der langjährige Modernisierungsvorsprung des Bremer Vulkan lässt sich auch an der Entwicklung der Eigenkapitalrendite ablesen. Bis 1935 wirtschaftete der Vulkan rentabler als der Branchendurchschnitt, während anschließend Rationalisierungseffekte bei den übrigen Werften zum Tragen kamen und der Bremer Vulkan relativ hinter den Branchentrend zurückfiel. Dies lag freilich auch daran, dass der Vulkan nicht in dem Maß in die Rüstungsinvestitionen der Marine einbezogen worden war wie andere Werften. Interne Aufstellungen aus der Nachkriegszeit legen nahe, dass im Stichjahr 1940 die Flensburger Schiffsbau-Gesellschaft (2 Mio. RM) und der Bremer Vulkan gemeinsam mit den Bremer Atlas-Werken (je 5 Mio. RM) am Ende einer staatlichen Investitions-Rangliste standen, die von der Deschimag (80 Mio. RM), der Schichau-Werft (70 Mio. RM), den Howaldtwerken und der Danziger Werft (je 50 Mio. RM) angeführt wurde.[374] Auch wenn fraglich ist, ob die aus Erinnerung zusammengetragenen Zahlen tatsächlich valide sind, dürfte doch zumindest die Tendenz kaum zu bezweifeln sein: Die Werften der Heinrich Thyssen-Bornemisza-Gruppe gehörten gewiss nicht zu den größten Empfängern von Rüstungsinvestitionen.

4.3. Kriegswirtschaft und U-Boot-Bau

Gleichwohl produzierten sowohl die Flensburger Schiffsbau-Gesellschaft als auch der Bremer Vulkan Rüstungs- und Kriegsgüter. Ähnlich wie bei den PWR

---

[371] Exemplarisch GB Bremer Vulkan 1936, WiSo-Fakultät C7/8.
[372] GB Bremer Vulkan 1937, 1938, WiSo-Fakultät C7/8.
[373] Vgl. Roder, Schiffbau, S. 4-5, 43-46.
[374] Bremer Vulkan 1933-1945, S. 10, StA Bremen 7,2121/1/1-1112.

war auch für die beiden Werften eine Integration in die Kriegswirtschaft vorgezeichnet, denn bereits im Ersten Weltkrieg hatten sie Kriegsschiffe und U-Boote für die Marine produziert. Daher war absehbar, dass sie mit Beginn des Zweiten Weltkriegs ihre strategische Ausrichtung auf den Handelsschiffbau nicht vollständig würden aufrechterhalten können. Diese diente aber intern weiterhin als Maßstab, nicht zuletzt, weil die Gewinne auf Rüstungsaufträge auf fünf Prozent begrenzt waren, während der Bremer Vulkan im Handelsschiffbau mit einer Marge von zehn bis zwölf Prozent kalkulierte.[375]

Entsprechend mahnte Kurt von Sydow, der Direktor der Hamburger Filiale der Deutschen Bank, in seiner Funktion als Aufsichtsratsmitglied der FSG an, trotz aller notwendigen Umstellungen auf die Produktion von Kriegsschiffen dafür Sorge zu tragen, dass die Werft dauerhaft weiterhin Handelsschiffe bauen könne.[376] Ove Lempelius machte nach dem Krieg für sich geltend, sich staatlichen Wünschen so weit wie möglich entzogen zu haben.[377] Unter den gegebenen Bedingungen hieß dies freilich, dass sich die FSG in den Verhandlungen, die sie seit Ende 1939 mit dem Oberkommando der Marine führte, vorteilhafte Konditionen sicherte; an eine generelle Weigerung, Kriegsschiffe herzustellen, war nicht zu denken. Die Marine beteiligte sich etwa zur Hälfte an den 1,3 Mio. RM, die für die Umstellung der Produktion nötig waren. Die FSG beteiligte sich insgesamt am Bau von 34 U-Booten des Typs VII-C, von denen sie bei einem Gutteil lediglich die Endmontage übernahm. 1943 schied das Unternehmen aus der U-Boot-Montage aus, weil es gegenüber der Marine glaubhaft versichern konnte, dass seine Anlagen für den nun geforderten Sektionsbau größerer U-Boote nicht geeignet waren. Als Reparaturwerft wurde sie aber weiterhin für militärische Zwecke genutzt.[378]

Auch der Bremer Vulkan hatte noch 1938 die Hoffnung, seinen Charakter als Werft für Handelsschiffe aufrecht erhalten zu können, obwohl er bereits zwei Jahre zuvor in die Mobilmachungspläne der Marine einbezogen worden war. Seine Anlagen waren allerdings ebenfalls nicht auf den Bau von Kriegsschiffen ausgerichtet. Der Vulkan erhielt daher ca. sechs Mio. RM als verlorenen Zuschuss für den Aus- und Umbau der Werft.[379] Für die rüstungswirtschaftlichen Zwecke gründete der Bremer Vulkan mit der Vegesacker Werft GmbH eine Tochtergesellschaft, die auf zwei Hellingen des Werftgeländes U-Boote vom Typ VII B/C nachbauen sollte.[380]

Gemessen am Gesamtumsatz der Jahre 1940 bis 1945 entfielen bei der Flensburger Werft knapp 75 Prozent auf Rüstungsgüter. Der Bremer Vulkan lieferte von 1939 bis 1944 Handelsschiffe im Wert von gut 27 Mio. RM aus und produ-

---

[375] Erklärungen der dt. Konzerngesellschaften über Kriegsschäden (Anlage 2 c) (1953), SIT/NROE 16.
[376] Keitsch, Konjunktur und Krise, S. 167.
[377] Geschichte der Flensburger Schiffsbau-Gesellschaft in Flensburg in der Zeit von 1935-1945, Anlage 1, Blatt 3-4, FSM 0001.
[378] Keitsch, Krise und Konjunktur, S. 167-169.
[379] Bremer Vulkan 1933-1945, S. 10, StA Bremen 7,2121/1/1-1112.
[380] GB Bremer Vulkan 1938, WiSo-Fakultät C7/8; Roder, Bremer Vulkan im Dritten Reich, S. 142.

Tab. 24: Anteil der Rüstungsproduktion am Umsatz der FSG 1940 bis 1945

Jahr	Umsatz für Kriegsproduktion in RM	Gesamtumsatz in RM	Anteil der Kriegsproduktion am Gesamtumsatz
1940	7.941.780,--	14.707.000,--	54,0 %
1941	16.308.120,--	22.218.000,--	73,4 %
1942	20.108.290,--	22.670.000,--	88,7 %
1943	20.391.000,--	24.275.000,--	84,0 %
1944	16.294.467,--	20.971.000,--	77,7 %
1945	4.489.479,--	9.781.000,--	45,9 %

Quelle: Flensburger Schiffsbau Gesellschaft. Erklärung. Kriegsproduktion für Rüstungszwecke, 19.1.1953, SIT NROE/16.

zierte im selben Zeitraum 74 U-Boote mit einen Wert von knapp 170 Mio. RM, d.h. etwa 86 Prozent der Neubauten entfielen gemessen an den Erlösen auf die Kriegsproduktion. Ab 1944 fertigte der Bremer Vulkan keine U-Boote mehr, sondern nur noch Bauteile, die auf anderen Werften endmontiert wurden. Ihr Wert summierte sich immerhin auf etwa 146 Mio. RM bis Kriegsende.[381]

Es ist somit unstrittig, dass die beiden Werften der TBG kriegswichtige Rüstungsunternehmen waren; dennoch versuchten sie, im Rahmen des Möglichen am Handelsschiffbau festzuhalten. Der Bremer Vulkan lieferte im Krieg immerhin noch acht Handelsschiffe aus, davon zwei 1939 und 1940 ins (neutrale) Norwegen,[382] doch seit Kriegsbeginn spielte der Handelsschiffbau nur noch eine untergeordnete Rolle: Die FSG musste z.B. bereits teilfertiggestellte Handelsschiffe bei niederländischen bzw. dänischen Werften endmontieren lassen, um die eigenen Kapazitäten für den Bau von Kriegsschiffen nutzen zu können; auch musste sie bestehende Inlandsaufträge für Handelsschiffe annullieren.[383] Das waren mehr oder minder staatlich oktroyierte Entscheidungen, bei denen die Handlungsspielräume beider Werften eng begrenzt waren, zumal in Zeiten bewirtschafteter Rohstoffe. Offenbar war der Kriegsschiffbau tatsächlich kein strategisch gewünschtes Ziel der Werften und im Rahmen ihrer Aushandlungsmöglichkeiten gelang es den Vorständen in Bremen und Flensburg, sich einer vollständigen Integration in die

---

[381] Aktennotiz über Rüstungswirtschaft und Produktionsziffern beim Bremer Vulkan Schiffbau und Maschinenfabrik, Bremen-Vegesack, 16.1.1953, SIT NROE/16. United States Strategic Bombing Survey, Submarine Branch, Plant Report No. 9: Bremer Vulkan, 30.10.1945, S. 3-5, TNA AIR 48/222; vgl. Roder, Bremer Vulkan im Dritten Reich, S. 144; Röll/Busch, U-Boot-Bau, S. 219-221.

[382] Bremer Vulkan 1933-1945, S. 1, StA Bremen 7,2121/1/1-1112; Aktennotiz über Rüstungswirtschaft und Produktionsziffern beim Bremer Vulkan Schiffbau und Maschinenfabrik, Bremen-Vegesack, 16.1.1953, SIT NROE/16

[383] Keitsch, Krise und Konjunktur, S. 170.

Kriegswirtschaft zu entziehen. Dass die offiziösen Darstellungen von Ove Lempelius und Robert Kabelac nach Ende des Zweiten Weltkriegs das Bild einer widerwilligen Kooperation mit dem NS-Staat zeichneten, überrascht gewiss nicht. Sie betonten die entlastenden Fakten und verschwiegen problematischere Aspekte. So passen etwa Robert Kabelacs Rolle beim Bau des U-Boot-Bunkers Valentin, bei dessen Errichtung unzählige zwangsrekrutierte KZ-Häftlinge und Kriegsgefangene ihr Leben ließen, seine ambivalente Haltung beim Einsatz von Zwangsarbeitern generell sowie die grundsätzliche Bereitschaft, die Leistungsfähigkeit der Werft aufrecht zu erhalten, nicht durchgängig in ein exkulpierendes Narrativ.[384]

Als Unternehmen waren die beiden Thyssen-Bornemisza-Werften – besonders im Vergleich mit anderen Werften – kriegswirtschaftlich dennoch nicht so bedeutend wie es möglich gewesen wäre. Zusammen waren FSG und Bremer Vulkan am Bau von 108 U-Booten beteiligt, d.h. an nur etwa sieben Prozent aller im Deutschen Reich gebauten – schätzungsweise 1.500 – U-Boote. Auch die direkten Zahlungen von der Marine fielen deutlich geringer aus als bei anderen Werften (s.o.), d.h. sowohl der staatliche Input als auch der privatwirtschaftliche Output war bei beiden Werften vergleichsweise gering.[385]

Einschätzungen der US-Militärbehörden legen dies ebenfalls nahe. Sie zeigten sich nachgerade irritiert, dass vor allem der Bremer Vulkan nicht noch stärker in die Kriegsproduktion einbezogen worden war: »The yard's position in the German War Economy was less than appropriate to the shipbuilding facilities it was equipped. It appears to have been the exception to the general German practice of fully utilizing all plant equipment for war production.« Ferner überraschte die Analysten des United States Strategic Bombing Surveys, dass der Vulkan nur für den Schiffbau, aber trotz bester Voraussetzungen nicht für den Bau von Schiffsantrieben eingesetzt worden war.[386]

Dies spricht durchaus dafür, dass die Leitung des Bremer Vulkan um den in der Branche hervorragend beleumundeten Robert Kabelac tatsächlich ihren Wissensvorsprung gegenüber der Reichsmarine nutzen konnte, um weniger stark als möglich in die Kriegswirtschaft einbezogen zu werden. Man konnte den staatlichen Stellen glaubhaft versichern, nicht hinreichend leistungsfähig für die militärisch gewünschten Schiffbauten zu sein. Ferner sind etliche Konflikte mit staatlichen Stellen überliefert. Der Bremer Vulkan verstieß wiederholt gegen Vorschriften, weil sie ihm betriebswirtschaftlich unsinnig erschienen. 1941 geriet der Bremer Vulkan ins Visier der Behörden, weil er unerlaubterweise vergünstigten Dieselkraftstoff bezogen hatte. Freilich handelte es sich hierbei um eine Nachlässigkeit beim immer stärker administrierten Rohstoffbezug, die nicht zuletzt durch orga-

---

[384] Urban, Kabelac, S. 140-141; Roder, Bremer Vulkan im Dritten Reich, S. 149-151; vgl. Lempelius, 75 Jahre.
[385] Bremer Vulkan 1933-1945, S. 10, 12, StA Bremen 7,2121/1/1-1112.
[386] United States Strategic Bombing Survey, Submarine Branch, Plant Report No. 9: Bremer Vulkan, 30.10.1945, S. 8, TNA AIR 48/222.

nisatorische Defizite des Zentralbüros für Mineralöl hervorgerufen worden waren, und nicht um eine vorsätzliche Täuschung. Daher sah das zuständige Hauptzollamt Bremen-West schließlich auch von einer Anzeige bei der Staatsanwaltschaft ab.[387]

Zudem ignorierte der Bremer Vulkan bewusst Bestimmungen für den Einsatz von Fremdarbeiterinnen, die nicht direkt im Schiffbau eingesetzt werden durften, beim Bremer Vulkan jedoch zu Vorarbeiten beim Nieten herangezogen wurden. Ferner umging er gegen Kriegsende strikte Lebensmittelrationierungsvorschriften, um die Versorgungslage der Werftarbeiterinnen und Werftarbeiter graduell zu verbessern (und ihre Arbeitskraft und damit die Leistungsfähigkeit der Werft zu erhalten).[388]

Seit 1944 nahmen die Konflikte zwischen dem Bremer Vulkan und dem Reichsministerium für Rüstung und Munition bzw. dem rüstungswirtschaftlichen Koordinationsgremium, dem Hauptausschuss Schiffbau, zu. Kabelac gehörte dem Hauptausschuss selbst an und leitete auf Wunsch von Rudolf Blohm den Unterausschuss Kriegsschiffbau.[389] Blohms Nachfolger als Leiter des Hauptausschusses, Otto Merker, beschwerte sich bei Rüstungsminister Albert Speer mehrfach über den zu geringen Output beim U-Boot-Bau. Speer sah sich schließlich im Juli 1944 genötigt, persönlich einzugreifen, und unter anderem Kabelac mehr oder minder deutlich aufzuzeigen, was der NS-Staat vom Bremer Vulkan verlangte: »[…] ich muss erwarten, dass Sie in Würdigung der entscheidenden Aufgaben Ihre Werft bis auf's Aeusserste einsetzen. Demzufolge muss ich verlangen, dass Sie die Sektionen so abliefern, wie sie der Hauptausschuss Schiffbau von Ihnen verlangen muss. Ich muss Sie ernstlich auf die Folgen aufmerksam machen, welche durch Versager irgendwelcher Art entstehen könnten.«[390] Das war 1944 mehr als nur eine ernste Ermahnung; nach eigener Darstellung entging Kabelac sogar nur knapp einer Verhaftung bzw. dem Konzentrationslager. Diese wohl unbegründete Einschätzung stand offenbar unter dem Eindruck des Schicksals von Franz Stapelfeldt (Deschimag AG »Weser«), der im gleichen Zusammenhang von der Gestapo verhaftet wurde. Wenngleich Kabelac wohl keine unmittelbare Gefahr für Leib und Leben drohte, so musste er zumindest um seine persönliche Stellung beim Bremer Vulkan fürchten.[391]

Diese Episoden belegen keineswegs widerständiges Verhalten per se, sondern zeugen eher davon, dass der Bremer Vulkan betriebswirtschaftliche Motive ideologisch begründeten Vorgaben vorzog, ohne dabei freilich den Konflikt mit dem NS-Regime eskalieren zu lassen. Oberstes Ziel des Vulkans blieb eine effiziente Produktionsorganisation, nicht die Zuarbeit zu den NS-Zielen. Indem die Werft

---

[387] Prüfungsbericht Bremer Vulkan, 11.2.1941, BArch Berlin R 8-VII/110.
[388] Urban, Kabelac, S. 124, 126-127.
[389] United States Strategic Bombing Survey, Submarine Branch, Plant Report No. 9: Bremer Vulkan, 30.10.1945, S. 10, TNA AIR 48/222; Urban, Zwangsarbeit, S. 83.
[390] Speer an Kabelac, 26.7.1944, BArch Berlin R 3/1585, Bl. 7485.
[391] Roder, Bremer Vulkan im Dritten Reich, S. 149; Bremer Vulkan 1933-1945, S. 9, StA Bremen 7,2121/1/1-1112. Überzeugende Einordnung bei Urban, Kabelac, S. 120-123; Urban, Zwangsarbeit, S. 84.

4. Die Werften

allerdings an ihre Leistungsgrenze ging, trug sie gerade dazu bei, den Krieg zu verlängern. Das waren allerdings keine untypischen Begleiterscheinungen des inzwischen als Mythos entlarvten Speer'schen »Rüstungswunders«.[392] Der Bremer Vulkan konnte bereits 1943 und 1944 seine Kapazitäten nicht mehr voll auslasten, obwohl die Wochenarbeitszeit kontinuierlich bis auf 69 Stunden erhöht worden war und Aufholschichten üblich waren. Dennoch erreichte der Vulkan die Zielvorgaben immer seltener. Die Gründe dafür waren zahlreich: Der Mangel an Facharbeitern konnte durch Fremd- und Zwangsarbeit nicht dauerhaft kompensiert werden, Arbeitsbedingungen und Versorgungslage verschlechterten sich, krankheitsbedingte Ausfallzeiten nahmen zu und die wiederholten Luftangriffe bzw. vor allem Fliegeralarme störten die Produktion zusätzlich. Ferner erwies sich vor allem der unzulängliche Nachschub von Schiffsrümpfen und anderen Vorprodukten durch die Stahlindustrie als Engpassfaktor des Schiffbaus. Trotzdem gelang es der Werftführung, die Anzahl produktiver Arbeitsstunden zu erhöhen. Anders als die deutsche Rüstungsadministration 1944 waren die US-Militärbehörden daher voll des Lobes (»remarkable tribute«) für die unter den erschwerten Bedingungen nahezu störungsfrei durchgehaltene Produktionstätigkeit.[393]

Dies alles hinterlässt das – inzwischen gewohnt – ambivalente Bild bei Rüstungsunternehmen. Auf der einen Seite sind die Bemühungen des Bremer Vulkan, auch innerhalb der NS-Kriegswirtschaft seine Leitungsfähigkeit unter Beweis zu stellen – er wurde entsprechend im Januar 1943 zum »Kriegsmusterbetrieb« ernannt[394] –, deutlich zu erkennen, auch wenn er dabei nicht alle Grenzen der Moral im Krieg überschritt.[395] Auf der anderen Seite gibt es keine Hinweise darauf, dass sich der Bremer Vulkan (und die FSG) die kriegswirtschaftlichen Ziele strategisch zu Eigen machten bzw. expandieren oder Konkurrenten übernehmen wollten. Stattdessen schimmerte das Ziel, baldmöglichst zum etablierten Handelsschiffbau zurückkehren zu wollen, immer wieder durch.

Die Gelegenheit hierzu bot sich noch im Krieg – mit einem kriegswirtschaftlichen Einschlag. Die deutsche Handelsflotte war durch Zerstörung und unterbliebenen Neubau erheblich in Mitleidenschaft gezogen worden, sodass seit Beginn der 1940er Jahre nicht mehr hinreichend Handelsschiffe für den Import dringend benötigter Rohstoffe, v.a. von Eisenerz, zur Verfügung standen. In dieser Situation legte die neu gegründete Schiffahrts-Treuhand GmbH, ein Zusammenschluss grö-

---

[392] Scherner/Streb, Ende eines Mythos?
[393] United States Strategic Bombing Survey, Submarine Branch, Plant Report No. 9: Bremer Vulkan, 30.10.1945, S. 13-16 (Zitat S. 13), TNA AIR 48/222; vgl. Roder, Bremer Vulkan im Dritten Reich, S. 144-149.
[394] Urban, Zwangsarbeit, S. 69–70.
[395] Dies betrifft vor allem die Weigerung, KZ-Häftlinge für die Produktion heranzuziehen. Für die Beseitigung von Bombenschäden waren freilich auch KZ-Häftlinge eingesetzt worden. Der unter massenhaftem Einsatz von KZ-Häftlingen und Kriegsgefangenen errichtete U-Boot Bunker Valentin sollte nach Fertigstellung vom Bremer Vulkan betrieben werden – offenbar auch mit Rückgriff auf KZ-Häftlinge; er konnte jedoch nicht mehr fertiggestellt werden. Vgl. umfassend und abwägend Urban, Zwangsarbeit, S. 77-97.

ßerer Reedereien, mit Unterstützung des Reichs das »Hansa-Bauprogramm« auf, in dessen Rahmen seit 1942/43 standardisierte Handelsschiffe gebaut werden sollten, um die kriegswichtigen Rohstoffe ins Deutsche Reich transportieren zu können. Beide Thyssen-Bornemisza-Werften wirkten als traditionelle Hersteller von Handelsschiffen am Hansa-Bauprogramm mit. Da das Programm aber erst Ende 1943 die gleiche kriegswirtschaftliche Priorität besaß wie der U-Boot-Bau und weil die Schwierigkeiten beim Rohstoffbezug dieselben waren wie beim Kriegsschiffbau, konnte der angepeilte Output von 200 Handelsschiffen nicht annähernd erreicht werden; bis Kriegsende bauten Werften in Deutschland und in den besetzten Gebieten nur 58 standardisierte Handelsschiffe. Die FSG stellte bis Mai 1945 lediglich zwei 3.000 Tonnen-Schiffe fertig, der Bremer Vulkan fünf 5.000-Tonner.[396]

Rüstungsunternehmen wie die FSG und der Bremer Vulkan waren strategische Ziele des alliierten Bombenkriegs. Der Bremer Vulkan überstand die ersten sechs Angriffe der britischen Royal Air Force seit Oktober 1940 weitgehend unbeschadet, doch das Bombardement durch 97 Bomber der US-Luftstreitkräfte am 18. März 1943 setzte dem Werk erheblich zu und kostete mehr als 100 Menschen das Leben; der letzte Angriff vom Oktober 1943 zerstörte lediglich einen Öltank. Die materiellen Schäden konnten jeweils rasch behoben werden, sodass die Bremer Werft bei Kriegsende voll funktionstüchtig war.[397]

Die FSG war 1942 und 1943 fünf Mal Ziel alliierter Bombenangriffe, zuletzt am 19. Mai 1943. Bei diesem schwersten Bombardement trafen 48 Bomben das Werk, zerstörten Gebäude und Maschinen, kosteten aber dank intakter Luftschutzbunker »lediglich« drei Menschen das Leben. Bis Kriegsende konnte auch die FSG die materiellen Kriegsschäden weitgehend, wenn auch teils nur provisorisch, beseitigen.[398] Wenn Lempelius den Luftschutz besonders hervorhob, hatte dies einen persönlichen Beigeschmack, denn im Anschluss an den Angriff vom 24. September 1942 ermittelten die Behörden gegen ihn, weil er von Betriebsangehörigen angeschwärzt worden war, zu wenig für den Luftschutz getan zu haben. Vor Gericht stellten sich diese Zeugenaussagen aber als falsch heraus; es konnte keine Versäumnisse beim Luftschutz feststellen.[399]

Auf lange Sicht waren die Wirkungen des Bombenkriegs betriebswirtschaftlich kein größeres Problem. Auch aufgrund der staatlichen Entschädigungen gelang es der FSG und dem Vulkan, ihre Gebäude und Anlagen weitgehend unbeschadet durch den Zweiten Weltkrieg zu bringen. Die Nutzungsschäden durch Produktionsausfälle wurden bei beiden Werften, wie erwähnt, nicht entschädigt, da Heinrich Thyssen-Bornemisza als Volksdeutscher keinen Anspruch auf solche Formen der Entschädigung hatte (vgl. Tab. 25).

---

[396] Keitsch, Krise und Konjunktur, S. 169-173; Roder, Bremer Vulkan im Dritten Reich, S. 151-152.
[397] United States Strategic Bombing Survey, Submarine Branch, Plant Report No. 9: Bremer Vulkan, 30.10.1945, S. 11-12, TNA AIR 48/222.
[398] Lempelius, 75 Jahre, S. 74-75.
[399] Keitsch, Krise und Konjunktur, S. 180-181.

Tab. 25: Sach- und Nutzschäden durch direkte und indirekte Kriegseinwirkungen sowie erhaltene Entschädigungen beim Bremer Vulkan und der FSG 1940 bis 1945

	Bremer Vulkan				Flensburger Schiffsbau-Gesellschaft			
	Sachschäden		Nutzungsschäden		Sachschäden		Nutzungsschäden	
	Schaden	Entschädigung	Schaden	Entschädigung	Schaden	Entschädigung	Schaden	Entschädigung
1940	81.379	81.379						
1941	101.172	100.286						
1942	170.023	84.234			1.586.688	1.265.614		
1943	5.547.426	5.232.678	2.685.000		4.060.745	2.837.409		
1944								
1945	1.869.300	921.600						
Gesamt	**7.769.300**	**6.420.177**	**2.685.000**		**5.647.433**	**4.103.023**		

Quellen: Erklärungen der dt. Konzerngesellschaften über Kriegsschäden (1953) (Anlage 2 a-d), SIT/NROE 16; Daten über Nutzungsschäden beim Bremer Vulkan liegen nur aggregiert für 1940 bis 1945.

Seit 1943 waren die Thyssen-Bornemisza-Werften kein Ziel von Bombenangriffen mehr. Hartmut Roder erwähnt in diesem Zusammenhang Gerüchte, nach denen diese Schonung auf den ausländischen Eigentümer Heinrich Thyssen-Bornemisza zurückzuführen sei, hält dies aber selbst eher für Legendenbildung; Ove Lempelius führt als Begründung an, die Alliierten hätten die FSG nicht mehr als Ziel angesteuert, weil diese seit 1943 nur noch Handelsschiffe baute.[400] Es mag tatsächlich nur Glück gewesen sein, dass von Heinrichs großen Industriebetrieben – Bremer Vulkan, FSG, Reisholz, Oberbilk, Thyssengas/Walsum – lediglich das Oberbilker Stahlwerk so große Bombenschäden davontrug, dass es auch nach Ende des Zweiten Weltkriegs im Gegensatz zu den anderen Werken nicht zumindest weitgehend funktionsfähig war, doch auffällig ist es allemal. Da sich die niederländische Exilregierung nachweislich bereits seit Dezember 1942 für die Interessen der Thyssen-Bornemisza-Gruppe einsetzte,[401] scheint zumindest nicht ausgeschlossen, dass sie auch versuchte, sich für das »deutsche« Eigentum Heinrichs zu verwenden. Belegbar ist dies freilich nicht, doch über die Eigentumsverhältnisse der TBG war die Diplomatie hinreichend unterrichtet, um die kurzen Wege im Londoner Exil zu nutzen. Insofern könnten auch die von Roder erwähnten Gerüchte durchaus mehr Substanz gehabt haben als retrospektiv zu erkennen ist.[402]

Obwohl die beiden Werften seit 1943 nicht mehr bombardiert wurden, wirkten sich die Kriegsereignisse weiterhin negativ auf die Werke aus. Die Schäden des Bremer Vulkan im Jahr 1945 resultierten aus Plünderungen und Requisitionen und auch die Flensburger Werft wurde durch ein mehr oder minder kriegsbedingtes Unglück im Juni 1945 in Mitleidenschaft gezogen. Durch eine Explosion von Wasserbomben auf der benachbarten Marinestation Mürwik bzw. die dadurch ausgelösten Druckwellen entstand der FSG ein Sachschaden von etwa 750.000 bis

---

[400] Roder, Bremer Vulkan im Dritten Reich, S. 145; Keitsch, Krise und Konjunktur, S. 170; Geschichte der Flensburger Schiffsbau-Gesellschaft in Flensburg in der Zeit von 1935-1945, Anlage 1, FSM 0001.

[401] Anlass war die Beschlagnahmung von Eigentum der Bank voor Handel en Scheepvaart in den USA. Netherlands Embassy an Secretary of State, 31.12.1942, NL-HaNA 2.05.80, inv.nr. 3155.

[402] Ein weiteres Indiz dafür ist, dass die ATB angesichts des Vormarschs der Roten Armee Ende 1944 einen Teil ihrer Dokumente zum Bremer Vulkan verlagerte, um sie dort in Sicherheit zu bringen. Es ist zumindest auf den ersten Blick merkwürdig, Unterlagen ausgerechnet bei einem nachweislichen Rüstungsunternehmen zu deponieren. Dies könnte dafür sprechen, dass gruppenintern nicht mehr mit Angriffen auf die Werft gerechnet wurde. Da der Tresor der ATB als besonders sicher galt, dürften die funktionstüchtigen Bunkeranlagen des Vulkans als Begründung für die Verlagerung eher ausscheiden. Möglicherweise wollte aber die TBG auch nur sicherstellen, dass im Falle der wahrscheinlichen Kriegsniederlage westliche Alliierte die Kontrolle über das Vermögen übernahmen. Dies war in Bremen deutlich wahrscheinlicher als im Osten Deutschlands. Vgl. zur Verlagerung: Memorandum August-Thyssen-Bank Berlin, 23.1.1947, Anlage 2b: »Mein Wissen über den Verbleib der des Besitzes an Wertpapieren der August-Thyssen-Bank« (Roelen), S. 4, TNA FO 837/1158.

einer Million Reichsmark, der weder durch Versicherungen abgedeckt war noch vom Staat erstattet wurde.[403]

Die Werftleitung des Bremer Vulkan um Robert Kabelac widersetzte sich in den letzten Kriegstagen dem »Nero-Befehl« Hitlers, die Anlagen zu sprengen. Stattdessen lavierten sich Kabelac und andere Bremer Industrielle durch die letzten Kriegswochen. Statt des Zerstörungs- erging am 21. April 1945 ein Lähmungsbefehl, gemäß dem vor allem die (staatlichen) U-Boot-Sektionen, nicht aber die Produktionsanlagen gesprengt werden mussten. Auch wenn der tatsächliche Anteil Kabelacs an der dilatorisch-widerständigen Politik im Frühjahr 1945 nicht verlässlich einzuschätzen ist, so sehr war das Ergebnis in seinem Sinne: Das Eigentum Heinrich Thyssen-Bornemiszas war weitgehend erhalten geblieben.[404]

4.4. Startvorteile nicht-deutscher deutscher Werften im Wiederaufbau

Die alliierten Bestimmungen trafen den deutschen Schiffbau besonders hart, wenn auch die anfangs strikten Restriktionen bis zum Beginn der 1950er Jahre sukzessive zurückgenommen wurden. Das Potsdamer Abkommen verbot 1945 zunächst den Neubau von Schiffen. Der erste Industrieplan vom 28. März 1946 erlaubte den Bau von Binnenschiffen und die Durchführung von Reparaturen, untersagte aber weiterhin den Bau von Seeschiffen. Nach dem Washingtoner Abkommen vom 13. April 1949 durften deutsche Werften wieder Küsten- und schließlich kleinere Hochseeschiffe (bis 7.200 Bruttoregistertonnen) bauen. In den beiden Folgejahren fielen bis auf wenige Ausnahmen – vor allem den Bau von Passagierschiffen – alle weiteren Produktionsbeschränkungen. Kapazitätserweiterungen blieben aber genehmigungspflichtig. Die Alliierten bestanden aus sicherheitspolitischen Überlegungen, teils auch aus Konkurrenzerwägungen, darauf, die deutschen Werftkapazitäten zu begrenzen. Sie demontierten daher knapp 40 Prozent der Vorkriegskapazitäten, freilich vornehmlich auf den ohnehin stark zerstörten Rüstungswerften wie Blohm und Voss (Hamburg), Deutsche Werft (Hamburg), Deutsche Werke (Kiel), Germaniawerft (Kiel) sowie bei der weniger zerstörten Deschimag (Bremen). Insgesamt spricht viel dafür, dass der deutsche Schiffbau aufgrund von Demontagen und temporären Produktionsbeschränkungen diejenige Branche war, die wirtschaftlich am stärksten negativ von der alliierten Politik betroffen war.[405]

Dies gilt für die Thyssen-Bornemisza-Werften allenfalls eingeschränkt. Sowohl die in der britischen Besatzungszone liegende FSG als auch der in der US-ameri-

---

[403] Erklärungen der dt. Konzerngesellschaften über Kriegsschäden (1953) (Anlage 2 a-d), SIT/NROE 16, vgl. Lempelius, 75 Jahre, S. 75.
[404] Roder, Nachkriegszeit, S. 81-82; Urban, Kabelac, S. 132-133.
[405] Albert, Wettbewerbsfähigkeit, S. 72-78; vgl. Kuckuck, Westdeutscher Schiffbau; zur alliierten Schiffbaupolitik siehe v.a. Wend, Recovery and Restoration.

kanischen Besatzungszone beheimatete Bremer Vulkan behaupteten sich in der kaum überschaubaren Gemengelage unmittelbar nach Kriegsende vergleichsweise erfolgreich. Ähnlich wie Wilhelm Roelen im Ruhrgebiet avancierte auch Robert Kabelac in Bremen zum Vertrauensmann der Alliierten. Sie ernannten ihn zum Vorsitzenden der »Shipbuilders Association of the Enclave«, dem Zusammenschluss aller Werften in der Bremer Enklave der US-Zone. Dadurch waren die Wege zwischen dem Leiter des Bremer Vulkan und den Besatzungsbehörden kurz und der Gestaltungsspielraum groß. Seine Position war zwar zwischenzeitlich gefährdet, da er bereits 1940 zum »Wehrwirtschaftsführer« ernannt worden war. Dieser NS-Ehrentitel überschattete Kabelacs Entnazifizierungsverfahren, doch wie in vielen dieser Verfahren fehlte es auch dem Direktor des Bremer Vulkan nicht an hilfreichen Entlastungszeugen, sodass er 1946 schließlich als politisch unbelastet eingestuft wurde.[406]

Während Kabelac die pragmatische US-Besatzungspolitik auch dazu nutzte, Interessen des Bremer Vulkan zu vertreten, stießen die Vertreter der FSG bei den britischen Besatzungsbehörden, die anfangs eine sehr viel dogmatischere Besatzungspolitik verfolgten, kaum auf Gehör. So verhinderten die Briten im Juni 1946, dass ein weit fortgeschrittenes Schiff zu Ende gebaut werden konnte, und forderten am 8. Oktober 1946 Reparationsleistungen, deren Wert sich auf eine Million Reichsmark summierte und die die Werft technisch um mehr als dreißig Jahre zurückgeworfen hätte.[407]

Drei Tage später intervenierte die niederländische Militärmission in Person von J. Coert jr. bei der Reparations, Deliveries, and Restitutions (RD&R) Division in Minden gegen die geplanten Demontagen und sonstige Reparationsleistungen bei der FSG. Noch bevor die Alliierten ihre Demontageliste am 26.10.1946 veröffentlichten, verwahrte Coert sich auch gegen eventuelle Eingriffe beim Bremer Vulkan. Er wies darauf hin, dass sich die FSG unmittelbar und der Bremer Vulkan mittelbar im Eigentum niederländischer Gesellschaften befanden.[408]

Die FSG wurde daraufhin im Juli 1947 von der Demontageliste gestrichen[409] und auch der Bremer Vulkan tauchte 1947 nicht (mehr) als zu demontierende Werft auf.[410] In der Übergangszeit erhielten beide Werften zahlreiche Reparatur- und Instandsetzungsaufträge, die durch den ersten Industrieplan 1946 erlaubt worden waren. Für den Bremer Vulkan war die anlaufende Marshallplanhilfe dann von besonderer Bedeutung. Mit ihren Mitteln fertigte die Werft dringend benötigten Lokomotiven.[411] Gleichwohl kompensierten diese Ersatzaufträge die Fehlbeträge aufgrund des Schiffbauverbots nicht. So bezifferte der Bremer Vulkan für

---

[406] Urban, Kabelac, S. 133-136.
[407] Keitsch, Krise und Konjunktur, S. 188-190; Lempelius, 75 Jahre, S. 76-77.
[408] Coert an RD&R Division, 11.10.1946 (FSG), Coert an RD&R Division, 22.10.1946 (Bremer Vulkan), NL-HaNA 2.05.117, inv.nr. 11792.
[409] Vgl. das Schreiben an die BHS, 1.7.1947, NL-HaNA 2.08.52, inv.nr. 13.
[410] Albert, Wettbewerbsfähigkeit, S. 76;
[411] Wend, Recovery and Restoration, S. 63-64, 99.

die Jahre 1945 bis 1950 den finanziellen Ausfall auf etwa 2,4 Mio. RM/DM jährlich.[412]

Die FSG hielt sich in dieser Phase mit dem Bau einfacher Fischdampfer über Wasser.[413] Trotz der fühlbaren Einschränkungen im Stammgeschäft, dem Handelsschiffbau, überstanden beide Thyssen-Bornemisza-Werften die Nachkriegszeit besser als viele Konkurrentinnen. Sie waren intakt geblieben und konnten ihre Kapazitäten anfangs leidlich, seit Beginn der 1950er Jahre dann zunehmend umfangreicher auslasten. Sie profitieren nicht zuletzt von ihren Startvorteilen, die aus interdependenten, kaum zu gewichtenden Faktoren wie ausländischem Eigentümer, traditionellem Handelsschiffbau, vergleichsweise geringem Beitrag zur Rüstungsproduktion, vergleichsweise geringen Bombenschäden und unterbliebenen Demontagen resultierten. Die FSG berichtete zu Beginn der 1950er Jahre über volle Auftragsbücher, darunter Aufträge der Halcyon-Lijn,[414] investierte umfangreich in die Modernisierung ihrer Anlagen und erhöhte zu diesem Zweck 1954 auch das Gesellschaftskapital von 2,64 auf 4,4 Mio. DM. Hierzu mobilisierte sie im Wesentlichen eigene Mittel, löste stille Reserven auf und konnte so einen Bilanzgewinn von gut 1,7 Mio. DM ausweisen, der abzüglich der Kapitalertragsteuer gut 400.000 DM als Dividende ausgeschüttet wurde. Die Aktionäre konnten auf eine Barauszahlung der Dividende verzichten und stattdessen neu ausgegebene Aktien der FSG erhalten.[415] Auch der Bremer Vulkan wählte 1955 den Weg, über Bonusausschüttungen an seine Aktionäre das Kapital von 10 auf 13 Mio. DM zu erhöhen.[416]

Dennoch war die Lage der Flensburger Werft gerade zu Beginn der 1950er Jahre nicht übermäßig rosig. Intern beklagten sich die Thyssen-Bornemisza-Vertreter über die schlechte Finanzlage und die geringe Liquidität. Das Gesellschaftskapital galt als zu gering, um die Aufträge abwickeln zu können. Bisweilen annullierten Auftraggeber sogar ihre Bestellungen, teils konnten die Schiffe nur mit operativem Verlust gebaut werden, weil die von der Werft akzeptierten Fixpreise die Kosten nicht deckten.[417] Während die TBG dem Bremer Vulkan Überbrückungskredite, v.a. durch Reisholz, gewährte, waren Hans Heinrich und seine Vertrauten zunächst nicht bereit, die FSG zu kreditieren. Ganz unverhohlen spekulierten sie darauf, dass das Interesse der Stadt Flensburg als weiterem Großaktionär der FSG wie schon 1931 dazu führen werde, dass die Kommune nötige Investitionsmittel zur Verfügung stellen würde.[418]

---

[412] Erklärungen der dt. Konzerngesellschaften über Kriegsschäden (1953) (Anlage 2 a-d), SIT/NROE 16.
[413] Keitsch, Krise und Konjunktur, S. 191-192.
[414] Entwurfs-Protokoll 2.3.1955, S. 2, SIT TB 02344.
[415] GB FSG 1954, WiSo-Fakultät C7-3.
[416] Protokoll, 1.6.1955, S.2, SIT TB 02344.
[417] Protokoll, 28.6.1952, S.4, SIT TB 02344.
[418] Entwurf Protokoll, 17.12.1952, S. 3; Protokoll 9.12.1953, S. 3, SIT TB 02344.

Erst nachdem Ove Lempelius, dem man intern eine zu risikoreiche Geschäftspolitik vorwarf, zum 31.12.1952 aus dem Vorstand ausgeschieden und durch Robert Büttner ersetzt worden war, wuchs in der »TBG-Zentrale« die Zufriedenheit mit der FSG wieder.[419] Zuvor hatte man bereits Robert Kabelac in den Aufsichtsrat der FSG entsandt und Lempelius de facto übergeordnet, um die »altmodische« FSG zu modernisieren.[420] Weil sich durch diese Maßnahmen – sowie durch den globalen Schiffbauboom – die Zustände bei der FSG rasch besserten, ignorierte Hans Heinrich Thyssen-Bornemisza auch eine Offerte, seinen Flensburg-Anteil zu veräußern.[421] Stattdessen befürwortete er die erwähnte Kapitalerhöhung und stellte der FSG 1956 sogar persönlich einen Kredit über zwei Millionen DM zu Verfügung, um die weitere Modernisierung der Werft zu ermöglichen.[422]

Der Bremer Vulkan war von Beginn das kleinere Problemkind. Er produzierte standardisierte Frachter und Tanker, blieb seiner Spezialisierungsstrategie treu und profitierte ebenfalls nachhaltig vom Nachkriegsboom des Schiffbaus, der 1952 volle Fahrt aufgenommen hatte.[423] Auch die Spitze der TBG um Hans Heinrich Thyssen-Bornemisza zeigte sich mit den Ergebnissen sowie dem Kommunikationsverhaltens des Managements hochzufrieden.[424] Von 1949 bis 1953 stieg das Umlaufvermögen der Werft von etwa 11 auf 90 Mio. DM – Indiz für volle Auftragsbücher. Seit 1950 wies das Unternehmen wieder Gewinne in der Bilanz aus und zahlte seit 1951 Dividenden von zunächst vier, seit 1952 sechs und 1954 acht Prozent. Der Bremer Vulkan war seitdem wieder ein verlässlicher Dividendengarant in der Thyssen-Bornemisza-Gruppe. Wohl auch deshalb blieb die Werft länger in ihrem Eigentum als die PWR und die FSG, von der sich Hans Heinrich schließlich 1973 trennte. Erst seit Anfang der 1980er Jahre zog er sich dann auch sukzessive vom Bremer Vulkan zurück. Managementfehler hatten die Bremer Werft in Schieflage gebracht und die Strukturveränderungen im globalen Schiffbau setzten dem Vulkan zusätzlich zu. Hans Heinrich überließ einen Teil der Aktien der Stadt Bremen, zog sich 1982 aus dem Aufsichtsrat zurück und reduzierte nach und nach seine Kapitalbeteiligung. Auch sein Sohn Georg Heinrich verließ 1984 das Kontrollgremium. Fortan bestimmte der Stadtstaat Bremen die Unternehmenspolitik, doch die zahlreichen Sanierungsversuche konnten nicht verhindern, dass am 1. Mai 1996 der Konkurs eröffnet wurde.[425]

---

[419] Entwurf-Protokoll, 25.6.1953, S. 2, Protokoll, 1.6.1955, S.2, SIT TB 02344.
[420] Entwurf-Protokoll, 28.6.1952, S. 4, SIT TB 02344.
[421] Notulen, 8.7.1954, S. 3, SIT TB 02344.
[422] Darlehnsvertrag (Entwurf), Dezember 1956, SIT TB/4813.
[423] Vgl. zur wirtschaftlichen Nachkriegsentwicklung v.a. Roder, Nachkriegszeit, 89-106.
[424] Protokoll, 12.9.1952, S.6, SIT TB 02344.
[425] Rasch, Was wurde aus August Thyssens Firmen, S. 232-234, 236-237.

5. Solides Fundament: Die Baustoffunternehmen

Kurz vor dem Ersten Weltkrieg hatte August Thyssen aus persönlichen und ökonomischen Motiven Unternehmen der Baustoffwirtschaft übernommen. Zunächst hatte sein Sohn August jr. das bei Berlin gelegene Rittergut Rüdersdorf (Kreis Niederbarnim) erworben, sich aber wirtschaftlich übernommen. Aus der Konkursmasse erwarb die Mannheimer Färberei GmbH, deren geschäftsführender Gesellschafter August Thyssen (sen.) war, das Rittergut. Die Mannheimer Gesellschaft firmierte sich anschließend in Rittergut Rüdersdorf GmbH um. Mit Blick auf den boomenden Berliner Baumarkt errichtete Rüdersdorf ein Zementwerk, dem später ein Kalksandsteinwerk und Ziegeleien folgten. Im Zusammenhang mit dem Einstieg in die Zementproduktion erwarb August Thyssen ferner einen Kalksteinbruch in Elbingerode (Harz), der fortan als Hornberger Kalksteinwerke GmbH firmierte.[426]

5.1. Entwicklung und Struktur des Zementverbunds

1916 kontaktierte Rüdersdorf die Vereinigten Berliner Mörtelwerke AG (VBM). Seit 1917 vertrieben die VBM im Rahmen des Kartellvertrags des Norddeutschen Cement-Verbands den Zement der Rittergut Rüdersdorf GmbH im Berliner Abrechnungsgebiet. Im Gegenzug übernahm der Thyssen-Konzern in einem konfliktreichen Prozess sukzessive die Aktienmehrheit der VBM – offenbar zunächst im Verborgenen.[427] Doch auch die Adler Portland-Zementfabrik AG, die ebenfalls in Rüdersdorf ansässig war, versuchte, Einfluss auf die VBM (wieder) zu gewinnen. Dies geschah vor dem Hintergrund, dass der Norddeutsche Cement-Verband zum 31.12.1925 ebenso auslief, wie die vertraglichen Beziehungen zwischen Rittergut Rüdersdorf und den VBM. Offensichtlich wollte die Adler AG nicht zulassen, dass Rittergut Rüdersdorf die anstehenden Kartellverhandlungen ausnutzte, um für sich eine höhere Quote auszuhandeln.[428]

Da sich die Thyssen-Vertreter und die Adler-Fabriken nicht auf eine Aufsichtsratsbesetzung einigen konnten, die ihren jeweiligen Beteiligungen entsprach, kam es zum offenen Konflikt. In der Generalversammlung 1924 setzten sich die Thys-

---

[426] Zum Vorstehenden vgl. Lesczenski, August Thyssen, S. 136-138; August Thyssen an Heinrich Thyssen-Bornemisza, 10.10.1922, in: Rasch (Hg.), Industriellenfamilie, S. 158-161; ebd., S. 529 (Eintrag Rittergut Rüdersdorf GmbH), S. 559 (Eintrag Vereinigte Berliner Mörtelwerke AG). Die archivalische Überlieferung zu den drei Unternehmen der Bauwirtschaft ist äußerst ungünstig.

[427] Der Aktienprospekt anlässlich der Kapitalerhöhung 1922 erwähnt zwar den Liefervertrag mit Rüdersdorf, führt aber keinen Thyssen-Vertreter im Aufsichtsrat auf. Dies wäre aber bei einer signifikanten Beteiligung oder gar der Mehrheitsbeteiligung üblich gewesen. Vgl. Prospekt Vereinigte Berliner Mörtelwerke, September 1922, BArch Berlin R 3118/1023, Bl. 93.

[428] Vgl. hierzu weiter unten.

sen-Kandidaten mit 78 Prozent der anwesenden Stammaktien und 100 Prozent der Vorzugsaktien durch; die bisherigen Aufsichtsräte Max Hirschel und Anton Piper, beide Vertreter der Adler-Fabriken, wurden abgewählt.[429] Die Beschlüsse focht Justizrat Hirschel nachträglich an und erhielt im Oktober 1924 erstinstanzlich Recht. Aufhänger waren formale Versäumnisse bei vorangegangenen Aufsichtsratswahlen gewesen, doch im Kern klagten die Vertreter der Adler Zementfabrik mit dem Ziel, ihre vormals einflussreiche Position bei den VBM wiederzuerlangen.[430]

Der juristische Sieg führte freilich nicht zum gewünschten Erfolg. Der angefochtene Jahresabschluss der Generalversammlung wurden in einer außerordentlichen Generalversammlung im Januar 1925 erneut zur Abstimmung gestellt, eine Neubesetzung des Aufsichtsrats mit den Thyssen-Vertrauten Ernst Knüttel (Rittergut Rüdersdorf) und Graf Wilhelm von Arco (Telefunken) erfolgte in der nächsten regulären Generalversammlung im Juni 1925. Entsprechend berichtete auch die Presse, dass Thyssen nunmehr die allein maßgebliche Kraft bei den VBM war.[431]

Bis dahin war Thyssens operativer Einfluss offensichtlich gering und die neuen Aufsichtsratsvertreter benötigten einige Zeit, um sich mit den maßgeblichen Vertragsbeziehungen der VBM vertraut zu machen. Unklar war ihnen vor allem die Beziehung zwischen den VBM und der Verkaufsstelle Berliner Mörtelwerke GmbH. Die VBM hielten etwa 40 Prozent der Anteile des lokalen Mörtelsyndikats. Offensichtlich hatte der Vorstand den neuen Aufsichtsratsmitgliedern keine befriedigenden Antworten geben können, weshalb sie als Vertreter des Mehrheitsaktionärs Heinrich Thyssen-Bornemisza in der Generalversammlung 1926 der vorgelegten Bilanz für 1925 die Zustimmung verweigerten, obwohl sie im Aufsichtsrat für deren Annahme votiert hatten. Dieser Vorgang irritierte berechtigterweise die übrigen Aktionäre sowie die Presse, zumal die Begründung recht dürftig war. Da sich zuvor bereits langjährige Aktionäre darüber beklagt hatten, dass die VBM zu hohe Abschreibungen vorgenommen habe und keine Dividende ausschüttete, obwohl vier Prozent durchaus möglich gewesen wären, warf die Generalversammlung letztlich mehr Fragen auf als sie beantwortete.[432] Entsprechend sprach die Wirtschaftspresse ebenfalls von einem enttäuschenden Abschluss.[433]

---

[429] »Kampf um die Ver. Berliner Mörtelwerke A.-G.«, Frankfurter Zeitung Nr. 499, 6.7.1924. HWWA P-20.
[430] Frankfurter Zeitung Nr. 781, 18.10.1924. HWWA P-20.
[431] Vgl. »Vereinigte Berliner Mörtelwerke«, Frankfurter Zeitung Nr. 58, 22.1.1925; Frankfurter Zeitung Nr. 280, 23.5.1925; Deutsche Allgemeine Zeitung Nr. 239, 24.5.1925; Deutsche Allgemeine Zeitung Nr. 272, 25.6.1925, HWWA P-20.
[432] »Mehrheitsopposition bei den Vereinigten Berliner Mörtelwerken«, Deutsche Allgemeine Zeitung Nr. 338, 24.7.1926. HWWA P-20.
[433] »Der enttäuschende Abschluss der Vereinigten Berliner Mörtelwerke«, Deutsche Allgemeine Zeitung Nr. 318, 13.7.1926. HWWA P-20.

Beide Vorgänge – Vertagung der Bilanzbeschlüsse und Veränderung der Bilanzierungsprinzipien – deuten darauf hin, dass die VBM erst seit der 1924/25 geklärten Mehrheitsposition in die Thyssen-Bornemisza-Gruppe integriert wurden – gegen offensichtliche Widerstände und mit teils fragwürdigen Mitteln. Denn obwohl die Bilanz 1925 im Dezember 1926 nachträglich genehmigt wurde,[434] riss die Serie skurriler Generalversammlungen auch 1927 nicht ab. Zwar hatten die VBM für 1926 wieder eine Dividende vorgesehen. Sie lag aber mit sechs Prozent deutlich niedriger als frühere Ausführungen des stellvertretenden Aufsichtsratsvorsitzenden, Wilhelm von Arco, hatten vermuten lassen. Er hatte zu Jahresbeginn eine doppelt so hohe Dividende in Aussicht gestellt und wurde wider besseres Wissen nicht öffentlich vom Vorstand, Curt Lilge und Adolf Richter, korrigiert. Die beiden langjährigen Vorstände der VBM wollten es sich mit von Arco als Vertreter des neuen Mehrheitsaktionärs nicht verderben, um ihre Weiterbeschäftigung nicht zu gefährden. Entsprechend überzeugten auch die äußerst dünnen Begründungen des Vorstands für die geringere Dividende weder Minderheitsaktionäre noch kundige Beobachter. Die Anteilseigner reagierten enttäuscht; einige von ihnen, die etwa acht Prozent des Aktienkapitals vertraten, gründeten einen Schutzverband und beauftragten einen Rechtsanwalt mit der Wahrung ihrer Interessen. Der Schutzverband warf der Unternehmensleitung vor, Gewinne – letztlich auf Kosten der Minderheitsaktionäre – ungebührlich klein zu rechnen und Mittel zu thesaurieren, um keine Kapitalerhöhung durchführen zu müssen. An der Börse gab die VBM-Aktie deutlich nach.[435]

Die Vorgänge von 1924 bis 1927 zeugen von einem Richtungsstreit innerhalb der VBM, der letztlich zugunsten der Thyssen-Bornemisza-Gruppe entschieden wurde, was angesichts der Mehrheitsverhältnisse auch kaum überrascht. Das strategische Ziel war, den Baustoffverbund zu festigen und die VBM funktional und eigentumsrechtlich zu einem Tochterunternehmen der Rittergut Rüdersdorf GmbH umzugestalten – gegen den Widerstand der Bestandsaktionäre, die kaum andere Möglichkeiten hatten, als sich in der Generalversammlung gegen eine mehr oder minder offensichtliche Übervorteilung zu positionieren und Rechtsmittel einzulegen. Die TBG focht dies nicht an, da sie zwar die Konflikte und die durchaus negative Presseberichterstattung aushalten musste, aber aufgrund ihrer Eigentumsmacht kaum angreifbar war. Entsprechend übertrugen die Vertreter der TBG zunächst die vorsichtige, thesaurierende Finanzpolitik auf das Unternehmen, das fortan nur noch »im Notfall« Dividenden ausschütte, d.h. wenn die Erträge so gut ausfielen, dass sie sich mit den bewährten Mitteln nicht mehr in der Bilanz kaschieren ließen. Damit übervorteilten die VBM immerhin etwa 30 Prozent ihrer

---

[434] »Vereinigte Berliner Mörtelwerke«, Deutsche Allgemeine Zeitung Nr. 598, 24.12.1926, HWWA P-20.

[435] »Opposition bei der Ver. Berliner Mörtelwerke A.-G.«, Frankfurter Zeitung Nr. 401, 1.6.1927; »Opposition bei den Berliner Mörtelwerken«, Deutsche Allgemeine Zeitung Nr. 277, 18.6.1927; Magazin der Wirtschaft Nr. 25, 23.6.1927, HWWA P-20.

Abb. 13: Im Zentrum des Baustoffverbunds: Das Portland-Zementwerk der Rittergut Rüdersdorf GmbH.

Eigentümer in nicht unerheblichem Maße, da sie sich um deren Interessen, in erster Linie eine angemessene Dividendenzahlung, gar nicht mehr kümmerten. Entsprechend kritisierte etwa die Kölnische Zeitung noch 1941 die Verwaltung des Unternehmens – zu dieser Zeit den Alleinvorstand Josef Spieß – unter anderem dafür, kursrelevante Informationen, etwa das Ausbleiben von Dividenden, nicht rechtzeitig zu kommunizieren, sich stattdessen über Monate in Stillschweigen zu hüllen und mit der Vorlage des Jahresberichts länger als nötig zu warten. Da das Unternehmen nun einmal an der Berliner Börse notiert sei, müsse es auch Kurspflege betreiben. Die mangelnde Informationspolitik führe dazu, dass die Aktie der VBM in Berlin seit Jahren zu den besonders volatilen Werten gehörte. Weil die Dividenden stets unter den Erwartungen der Aktionäre blieben und selbst in sehr guten Geschäftsjahren geringer als möglich ausfielen – 1938 und 1939 schütteten die VBM je sechs Prozent aus, obwohl die ausgewiesene Eigenkapitalrendite bei gut 10 bzw. 14 Prozent lag – avancierte die Aktie letztlich an der Börse zu einem reinen Spekulationspapier.[436]

Die Thyssen'sche Baustoffindustrie bestand seit den Auseinandersetzungen um die Führung der VBM in den 1920er Jahren aus drei miteinander verflochtenen

---

[436] »Was geht bei Berliner Mörtel vor? Um die Auskunftspflicht der Verwaltung«, Kölnische Zeitung Nr. 378, 28.7.1941; vgl. Kapitel 4.

Unternehmen, in deren Zentrum die Rittergut Rüdersdorf GmbH stand. Sie war jeweils Mehrheitsaktionärin der Hornberger Kalkwerke und der Vereinigten Berliner Mörtelwerke. Die übrigen 50 Prozent der Hornberger Kalkwerke hielten die VBM, an der – neben Rittergut Rüdersdorf – beide Konzernbanken (BHS und ATB) und die externen Aktionäre beteiligt waren.

Die Baustoffindustrie bot sich für eine Verbundwirtschaft fraglos an. Kalk bzw. Zement, Sand und Wasser sind die maßgeblichen Bestandteile für die Produktion von Mörtel, der in flüssiger Form »verarbeitet« wird, um dann rasch auszuhärten. Entsprechend verträgt er keine langen Transportwege; die industrielle Mörtelproduktion war daher zunächst vornehmlich ein städtisches Phänomen, da nur dort die Wege hinreichend kurz und die Nachfrage hinreichend groß war. Mit der Verbindung der Zementproduktion in Rüdersdorf mit der Mörtelproduktion der VBM gelang es, innerhalb der Kartellstrukturen des Norddeutsche Cement-Verbands den Rohstoffbezug der Mörtelwerke zu sichern. Der Vertrag lief zunächst bis 1922 und wurde bis Ende 1925 verlängert, dem Ablaufdatum des Kartellvertrags.[437] Als das Kartell bis 1930 verlängert wurde, wurden auch die Vertragsbeziehungen zwischen Rüdersdorf und VBM bestätigt und liefen sogar bis 1932.[438]

5.2. Krise und Boom der Bauwirtschaft

Die Baubranche ist typischerweise konjunkturreagibel. Seit Ende der 1920er Jahre verschlechterte sich die wirtschaftliche Lage der Branche daher zusehends. Der Output der VBM reduzierte sich beispielsweise von 360.000 (1929) auf 60.000 (1932) Kubikmeter Mörtel, ihr Umsatz schrumpfte 1931 auf ein Drittel des Vorjahreswerts. Zudem kamen viele Baugesellschaften ihren Verpflichtungen gegenüber den Vereinigten Berliner Mörtelwerken nicht mehr nach. Mit dem Wirtschaftsaufschwung der frühen 1930er Jahre änderte sich die Situation merklich. Die VBM profitierten nicht zuletzt von den nationalsozialistischen Arbeitsbeschaffungsmaßnahmen – der Anteil öffentlicher an allen Bauten stieg von ca. 30 Prozent am Ende der 1920er Jahre auf über 60 Prozent seit 1934[439] – sowie den ambitionierten Plänen Speers für Berlin, die die offizielle Festschrift so euphorisch begrüßte wie es 1939 opportun schien.[440]

Ende 1931 reagierte der Aufsichtsrat auf die – teils auch hausgemachten – Probleme des Unternehmens und entließ die bisherigen Direktoren der VBM, Curt Lilge und Adolf Richter. An ihre Stelle trat der erfahrene Josef Spieß als einziges

---

[437] Zum Ablaufdatum des Kartellvertrags u.a. Schiedsspruch, 11.2.1938, S. 1-2, SIT TB/1006; das in der Deutsche Allgemeine Zeitung Nr. 239, 24.5.1925, HWWA P-20, angegebene Ablaufdatum 31.12.1924 scheint nicht zu stimmen, ebenso wenig das in der Festschrift angegebene Datum 31.12.1926. Vgl. 50 Jahre VBM, S. 26-27, BArch Berlin, R 8120/63.
[438] Deutsche Allgemeine Zeitung Nr. 239, 24.5.1925, HWWA P-20.
[439] Niebuhr, Stellung der deutschen Zementindustrie, S. 21-23.
[440] 50 Jahre VBM, S. 31, 34, BArch Berlin, R 8120/63; zu den Plänen Speers ebd., S. 35-43.

Tab. 26: Umsätze der VBM 1932 bis 1936

	1932	1933	1934	1935	1936
Mörtel (cbm)	81.121	151.956	205.827	237.902	293.502
Zement (Sack)	65.205	176.063	349.828	517.567	867.142
Sand (cbm)	7.855	2.995	11.457	2.547	5.298
Kies (cbm)	3.345	4.066	11.552	9.558	13.464
Weißkalk (cbm)	408	696	1.122	1.314	2.062
Gips (Sack)	14.564	21.341	40.197	38.547	47.797
Rohkalk (Zentner)	17.838	11.565	12.334	12.367	10.655
Hydrl. Kalk (Sack)	--	--	--	2.650	2.186
Gipsdielen (qm)	5.269	5.747	2.760	2.911	1.955
Koksasche-platten (qm)	--	--	--	722	3.050
Rohrgewebe (Bund)	977	1.111	1.969	1.249	1.302
Steine (Stück)	--	--	3.762.918	1.806.710	5.650.515
Umsatz RM	1.111.087,-	1.873.456	3.100.997,67	3.584.816,70	4.688.984,54

Quelle: Spieß an Lenze, 19.5.1937, SIT NROE/56.

Vorstandsmitglied; er war zuvor bei als Direktor bei der Cehandro sowie bei den August-Thyssen'schen Unternehmungen des In- und Auslands beschäftigt gewesen und zum Zeitpunkt seiner Versetzung bereits seit 35 Jahren für die Thyssens tätig.[441]

Ebenfalls Ende 1931 wurde auch die Zentralverkaufsstelle Berliner Mörtelwerke liquidiert, obwohl der Syndikatsvertrag 1927 ursprünglich bis 1936 verlängert worden war.[442] Die VBM reagierten auf das Ende des Mörtelkartells, indem sie ihren Vertrieb umstrukturierten und fortan durch Vertreter um Aufträge werben ließen. Dies wurde erschwert, weil sich die Konkurrenten in einer Interessengemeinschaft gegen die VBM zusammenschlossen. Trotz der widrigen Rahmenbe-

---

[441] Wixforth, Stahlkonzern, S. 109.
[442] »Vereinigte Berliner Mörtelwerke«, Deutsche Allgemeine Zeitung Nr. 251, 2.6.1927 (Verlängerung Syndikat); »Mörtelabsatz 36 Proz. des Vorjahres«, Deutsche Tageszeitung Nr. 227, 16.8.1932 HWWA P-20; Spieß an Lenze 19.5.1937, SIT NROE/56 (Liquidation Verkaufsstelle).

dingungen erholten sich die VBM seit Beginn der 1930er Jahre; der Umsatz vervierfachte sich binnen fünf Jahren.

Die Effekte des Aufschwungs waren auch anderweitig rasch sichtbar: Die Belegschaft stieg von 100 (1932) auf gut 250 Mitarbeiterinnen und Mitarbeiter an (1939), das zwischenzeitlich stillgelegte Mörtelwerk in Phöben wurde 1936 nach einer Modernisierung reaktiviert, eines in Fohrde bei Brandenburg neu errichtet; auch in die übrigen Anlagen investierten die VBM, u.a. in die Verbesserung von Maschinen, in Transportanlagen und in den Fuhrpark. Die VBM verwalteten 1936 vier Mörtelwerke, drei Ausladehäfen, verfügte über 18 Kähne, drei Dampfer, etwa 50 Automobile und Traktoren nebst Anhängern sowie 22 Pferde. Neu- und Umbauten bilanzierte das Unternehmen 1935 mit gut 60.000 RM und das Maschinenkonto der Bilanz wuchs von 65.000 RM (1935) auf 182.000 RM (1937) an. 1936 und 1937 überstiegen die Neuanlagen die Abschreibungen deutlich und das Unternehmen wies (Netto-)Investitionsquoten von knapp vier bzw. gut 21 Prozent aus.[443] 1937 bis 1939 erwirtschafteten die VBM nach längere Zeit wieder Gewinne und wirtschaftete kurzfristig ähnlich rentabel wie der Branchendurchschnitt.[444]

1939 verfügte die Gesellschaft über 43.000 qm Grundbesitz im Kreis Zauch-Belzig und 1,6 Mio. qm im Kreis Beeskow-Storkow, die einen Teil der Sandbasis der Mörtelwerke darstellten. Die beiden größten Werke befanden sich in Niederlehme und Charlottenburg; Niederlehme besaß eigene Sandvorräte, einen Kleinbahnanschluss sowie dreißig Werkswohnungen mit Garten. Das Werk belieferte auch das Werk Salzufer mit Sand auf dem Wasserweg. Hinzu kamen Mörtelwerke in Spandau und Phöben, letzteres mit eigener Sandbasis. Beide Werke versorgten die westlichen Vororte Berlins mit Mörtel, während das noch weiter westlich liegende Werk Fohrde Rathenow und die Stadt Brandenburg als Absatzgebiet definiert hatte. Mit einer gewissen Euphorie resümierte daher die Festschrift 1939, dass überdies die »Rohstoffprobleme und Transportfragen […] in vollkommenster Weise gelöst« seien, »so dass die Berliner Mörtelwerke in der Lage sind, selbst den größten Ansprüchen des neubelebten Berliner Baumarktes in vollstem Umfange zu genügen.«[445]

Den neben Sand wichtigsten Rohstoff Kalk bezogen die VBM von den Hornberger Kalkwerken und der Rittergut Rüdersdorf GmbH, die als Einheit zu begreifen sind, selbst wenn sie rechtlich selbständig waren. Ein Blick auf die Beteiligungsverhältnisse und die bekannten Lieferbeziehungen legt dabei nahe, dass der

---

[443] GB VBM 1935, HWWA P-20; GB VBM 1936, 1937, BArch Berlin, R 8120/63; 50 Jahre VBM, S. 34, BArch Berlin, R 8120/63; Spieß an Lenze, 19.5.1937, SIT NROE/56; damit folgten die VBM dem Branchentrend, da zahlreiche Unternehmen der Zementindustrie Mitte der 1930er Jahre ihre Anlagen modernisierten. Niebuhr, Stellung der deutschen Zementindustrie, S. 25.

[444] Diese Aussagen sind freilich mit Vorsicht zu genießen, aber die Kapitalrendite der VBM lag in den Jahren 1938 und 1939 eins bzw. knapp neun Produzent über den ausgewiesenen Eigenkapitalrenditen der Baustoffindustrie. Vgl. dazu Spoerer, Von Scheingewinnen zum Rüstungsboom, S. 177 f.; zu den Renditen der VBM vgl. Kapitel 4.

[445] 50 Jahre VBM, S. 44-46 [Zitat S. 46], BArch Berlin, R 8120/63.

Bauverbund vom Rohstoff her gedacht wurde. Rittergut Rüdersdorf war eine hundertprozentige Tochter der BHS, deren unmittelbare Interessen offenbar von der Schwesterbank ATB im Vorstand vertreten wurden: Heinrich Lübke war sowohl Vorstandsmitglied bei der August-Thyssen-Bank als auch bei Rüdersdorf. Rüdersdorf hielt mit 50 Prozent die Aktienmehrheit der VBM, inklusive der Anteile der ATB und BHS verfügte die TBG über gut 70 Prozent der Mörtelwerke. Diese verarbeiteten den Rohstoff Kalk zu Mörtel weiter. Gewinne konnte innerhalb des Verbunds demnach an zwei Stellen realisiert werden: durch den Verkauf fertigen Mörtels durch die VBM sowie durch den Verkauf von Kalk durch Hornberg und Rüdersdorf an die VBM. Ein Blick auf die betriebswirtschaftlichen Kennziffern zeigt, dass die VBM nur selten Gewinne erwirtschafteten, während die beiden Kalkproduzenten fast durchweg profitabel und zugleich hochrentabel wirtschafteten. Sie zahlten durchweg (teils hohe) zweistellige, bisweilen sogar dreistellige Dividenden. Zwar war gerade Rüdersdorf bis 1941 in erheblichem Maße unterkapitalisiert und zahlte nach der Kapitalerhöhung – einer Verzwölffachung – nur noch mäßige Dividenden von gut fünf Prozent, konnte aber weiterhin hohe Reserven bilden; die hohen Dividenden waren zuvor demnach keineswegs aus der Substanz bezahlt worden. Wie schon bei den übrigen Unternehmen überstieg offenbar auch bei den Kalkwerken die Dividendensumme die Erträge nicht, wie allein das Wachstum der Reserven verdeutlicht.[446] Gleichwohl fällt auf, dass bei den Hornberger Kalkwerke GmbH die Reserven nur mäßig anwuchsen. Sie betrugen zwar 1939 60 Prozent des Gesellschaftskapitals und seit 1940 das 1,2-fache, aber nominell war das finanzielle Polster bei Rüdersdorf deutlich höher.

Die Diskrepanz zwischen den hohen Erträgen der Kalk- und Zementwerke und der schwächeren Entwicklung der Mörtelwerke ist erklärungsbedürftig. Denkbar erschiene, dass die Lieferverträge zwischen den VBM und Kalkwerken so gestaltet worden wären, dass die VBM dauerhaft einen erhöhten Kalk- bzw. Zementpreis zahlten. Damit wären zwar die Kosten der VBM, aber auch die Erträge der beiden Kalkwerke gestiegen. Da Hornberg und Rüdersdorf jeweils zu hundert Prozent der Thyssen-Bornemisza-Gruppe gehörten, während dreißig Prozent der Anteile der VBM von externen Aktionären gehalten wurden, wären mithin jede Reichsmark Gewinn bei Hornberg und Rüdersdorf eine Reichsmark Gruppengewinn gewesen, bei den VBM indes nur 70 Pfennig.

Diese naheliegende Erklärung ist freilich mit einigen Vorbehalten versehen: Auch wenn sich in den Akten ein Hinweis findet, dass bei Hornberg – explizit mit Einverständnis von Gesellschaftern und Geschäftsführung – einigen Abnehmern »fingierte höhere Preise in Rechnung gestellt« wurden, die freilich bei Be-

---

[446] Für die Hornberger Kalkwerke kann dies punktuell für das Geschäftsjahr 1934 auch belegt werden. Vom Jahresgewinn in Höhe von 85.141,74 RM wurden 80.000 RM ausgeschüttet und die Differenz auf das neue Geschäftsjahr vorgetragen. Gesellschafterversammlung Hornberger Kalkwerke GmbH, 10.7.1935 (Abschrift), SIT TB/1005.

Tab. 27: Dividenden und Reserven der Rittergut Rüdersdorf GmbH, der Hornberger Kalkwerke GmbH und der Vereinigten Berliner Mörtelwerke AG 1928 bis 1945

	Rüdersdorf		Hornberg		VBM		Zement-industrie
	Reserven (RM)	Div. (%)	Reserven (RM)	Div. (%)	Reserven (RM)	Div. (%)	Div. (%)
1928	3.317.166,65	235,30	-	70,00	200.000,00	9,00	10,7
1929	3.317.166,65	233,30	-	80,00	220.000,00	9,00	8,8
1930	3.317.166,65	135,50	-	60,00	220.000,00	-	5,0
1931	3.037.067,35	116,70	-	-	220.000,00	-	1,0
1932	3.037.067,35	-	-	50,00	220.000,00	-	0,6
1933	3.037.067,35	33,30	-	80,00	246.300,00	-	3,0
1934	3.037.067,35	33,30	-	80,00	40.780,00	-	5,1
1935	3.037.067,35	33,30	-	40,00	83.061,26	-	5,4
1936	3.937.067,35	46,70	-	70,00	162.474,90	-	5,8
1937	3.937.067,35	59,80	-	-	169.325,05	-	6,4
1938	3.937.067,35	59,90	-	-	457.717,35	6,00	7,4
1939	4.687.067,35	60,30	60.000,00	-	387.787,28	6,00	7,1
1940	5.077.067,35	60,30	120.000,00	32,00	408.121,20	-	5,6
1941	5.074.067,35	5,03	120.000,00	80,00	414.819,62	-	4,8
1942	5.074.067,35	5,03	120.000,00	50,00	409.638,62	-	2,1
1943	5.074.067,35	5,03	120.000,00	-	-	-	-
1944	5.074.067,35	-	120.000,00	-	709.176,87	-	-
1945	-	-	120.000,00	-	690.198,02	-	-

Quelle: Deutsche Gesellschaften der Thyssen-Bornemisza-Gruppe, 1.1.1949, SIT NROE/13; Dividenden der Zementindustrie nach: Kühn, Konjunktur und Bilanz der Zementindustrie, S. 68 (bis 1935); Everke, Portland-Zementindustrie, S. 217.

zahlung durch einen »Bonus oder Rabatt« gleich wieder ermäßigt wurden,[447] setzten die Kartellverträge zumindest Rüdersdorf enge Grenzen bei der Preisgestaltung. Der Norddeutsche Cement-Verband, dem Rüdersdorf seit dessen Gründung angehörte, übernahm den gesamten Absatz für seine Mitglieder und ließ nur wenige Ausnahmen zu, die auf Rüdersdorf aber nicht zutrafen.[448] Freilich hatte Rüdersdorf seinen Vertrieb im Rahmen des Zement-Kartells praktisch an die

[447] Aktennotiz, 11.2.1930, SIT TB/1005.
[448] Kommissions-Vertrag § 2, 4, Anlage zum Gesellschaftsvertrag (o.D., 1926 mit Ergänzungen), SIT TB/1006.

VBM weitergereicht,[449] sodass die entsprechenden Einnahmen zu Kartellpreisen wohl bei den Mörtelwerken anfielen und zu Konditionen, die zwischen den VBM und Rüdersdorf ausgehandelt worden waren, an die Rittergut Rüdersdorf weitergereicht wurden, d.h. die VBM verkauften den nicht selbst genutzten Kalk von Rüdersdorf zu Kartellpreisen an externe Abnehmer und Rüdersdorf erhielt im Gegenzug den Erlös aus den Kalkverkäufen plus Aufschlag von den VBM überwiesen. Belegbar ist dies freilich nicht.

Möglicherweise war diese Art der Vertragsgestaltung für die Spannungen zwischen den Adler-Zementwerken und der Thyssen-Seite 1924 verantwortlich. Die Wirtschaftspresse verwies auf den schwelenden Konkurrenzkampf der beiden Rüdersdorfer Zementwerke, ohne dies freilich zu konkretisieren.[450] Doch offensichtlich schien die Zusammenarbeit der Rittergut Rüdersdorf GmbH mit den Mörtelwerken so lukrativ zu sein, dass die Adler-Werke eine Fortsetzung der Kooperation am liebsten verhindert hätten. Schließlich sprächen für eine Verschiebung von Gewinnen von den VBM zu Rüdersdorf auch die wiederholten Klagen der Altaktionäre über zu geringe Dividenden und Gewinnthesaurierung sowie jene der Presse über die mangelnde Pflege des Börsenkurses.[451]

Gleichwohl können auch rein betriebswirtschaftliche Entwicklungen für die unterschiedliche Gewinnentwicklung der Gesellschaften ausschlaggebend gewesen sein. Während Rüdersdorf durch Rationalisierung Kosten senken konnte und vom stabilen sowie sukzessive steigenden Kartellabsatz profitierte, belasteten die VBM offensichtlich die Fehler der 1920er Jahre länger als gedacht und ließen sich auch durch Spieß' Rationalisierungsprogramm nicht beheben; ferner erhöhte sich durch das Scheitern des Mörtelkartells die Marktunsicherheit.[452]

Beide Varianten – interne Gewinnverschiebung und Rationalisierungsfolgen – sind letztlich denkbar, aber nur plausibel zu vermuten. Aus Sicht der TBG war es ohnehin nur von untergeordneter Bedeutung, wo die Gewinne tatsächlich anfielen, solange sie anfielen, denn faktisch stellte der Baustoffverbund eine Einheit aus drei Unternehmen dar.

5.3. Die Kartellfrage

In der offiziösen Deutung Wilhelms Roelens dienten die Thyssen'schen Baustoffunternehmen als Beleg für eine generelle Kartellaversion der TBG.[453] Doch wie

---

[449] Prospekt Vereinigte Berliner Mörtelwerke, September 1922, BArch Berlin R 3118/1023, Bl. 93.
[450] »Kampf um die Ver. Berliner Mörtelwerke A.-G.«, Frankfurter Zeitung Nr. 499, 6.7.1924, HWWA P-20.
[451] »Was geht bei Berliner Mörtel vor? Um die Auskunftspflicht der Verwaltung«, Kölnische Zeitung Nr. 378, 28.7.1941, HWWA P-20.
[452] Vgl. Spieß an Lenze, 19.5.1937, SIT NROE/56.
[453] August-Thyssen-Bank AG: Thyssen-Bornemisza-Concern Report, 25.3.1947, S. 8, NARA M1922 Roll 0058.

5. Die Baustoffunternehmen

schon beim Beitritt Walsums zum RWKS oder bei der völlig friktionsfreien Mitgliedschaft der PWR in mehreren Branchenkartellen konnte auch im Fall von Rittergut Rüdersdorf von einer dogmatisch kartellfeindlichen Haltung keine Rede sein. Wiederum kennzeichnete Opportunismus die Beziehungen zwischen den Thyssen-Unternehmen und den Kartellen. Bereits August Thyssen hatte 1914 seine erste Zementfabrik in Rüdersdorf zunächst nicht in Betrieb genommen, sondern auf Drängen der Zementzentrale Berlin die Produktion in den ersten beiden Jahren vollständig ruhen lassen. Im dritten Jahr (1916) sollte Rüdersdorf lediglich ein Drittel der Produktionskapazität (d.h. 300.000 von 900.000 Faß) veräußern. Für sein Entgegenkommen erhielt Thyssen eine Entschädigung von gut 1,5 Mio. M.[454]

Zwischenzeitlich war 1916 auf Anregung des Bundesrats ein Vertrag über den Norddeutschen Cement-Verband ausgearbeitet worden. Er regelte den Absatz von Zement, trat zum 1.1.1917 in Kraft und lief bis zum 31.12.1925. Die Kartellquoten berechneten sich anhand der Leistungsfähigkeit der Werke im Zeitraum 1911 bis 1913. Sie wurden auf 75 bis 80 Prozent der Kapazitäten festgelegt. Da sich die drei Zementöfen von Rittergut Rüdersdorf 1916 noch im Bau befanden, wurde Rüdersdorf antragsgemäß mit einer Kapazität bzw. Quote von 153.000 t in den Vertrag aufgenommen, was der damaligen Leistungsfähigkeit der Werke auch entsprach.[455]

Die Zementindustrie war zwar kartelliert, aber bei Weitem nicht so straff organisiert wie etwa die Kohlensyndikate. Außenseiterquoten von 20 Prozent waren selbst im Norddeutschen Cement-Verband keine Seltenheit, obwohl er nach zeitgenössischer Meinung als der stabilste regionale Zusammenschluss galt. Der Kartellvertrag wurde 1926 daher auch ohne nennenswerte Schwierigkeiten bis 1935 verlängert. Zum Zeitpunkt des Vertragsschlusses gehörten alle Zementfabriken des Kartellgebiets, also auch jene Thyssen-Bornemiszas, dem Norddeutsche Cement-Verband an; die Außenseiter traten erst seit der Weltwirtschaftskrise auf den Markt.[456]

Rüdersdorf war es allerdings gelungen, im Vorfeld der Vertragsverlängerung höhere Quoten und bessere Konditionen auszuhandeln. Das Unternehmen begründete den gewachsenen Anspruch mit Rationalisierungserfolgen, durch die sich die Kapazitäten auch ohne Neubauten erhöht hätten. Rüdersdorf knüpfte damit an eine Praxis an, die bereits vor dem Ersten Weltkrieg die Branche prägte: Manche Hersteller bauten im Verborgenen neue Kapazitäten auf, um bei den Kartellverhandlungen höhere Quoten begründen zu können. Zwar hatte die Bun-

---

[454] Kemmler, Struktur und Organisation, S. 91 f.; Brachwitz, Zusammenschlüsse, S. 59.
[455] Schiedsspruch, 11.2.1938, S. 1-2, SIT TB/1006.
[456] Brachwitz, Zusammenschlüsse, S. 37-44; Aschpurwis, Konzentrationsbewegung, S. 33-36. Zu den Inhalten vgl. Gesellschaftsvertrag Norddeutscher Cement-Verband G.m.b.H., SIT TB/1006.

desratsverordnung von 1917 Neubauten explizit verboten, aber zu wenig bedacht, dass sich die Kapazitäten auch durch rationellere Produktion erhöhen konnten.[457]

Da nicht nur Rüdersdorf, sondern auch andere Zementwerke derart ihre Kapazitäten ausgeweitet hatten, lehnte der Cement-Verband die Forderung des Thyssen-Bornemisza-Unternehmens grundsätzlich ab. Um allerdings die Vertragsverlängerung nicht zu gefährden und um zu verhindern, dass das zweitgrößte Unternehmen im Berliner Abrechnungsgebiet (nach der »Adler« Deutsche Portland-Cementfabrik AG) zu einem marktmächtigen Außenseiter avancierte, kam der Norddeutsche Cement-Verband der Rittergut Rüdersdorf GmbH entgegen und räumte ihr zudem ein Sonderkündigungsrecht ein: Das Unternehmen konnte aus dem Syndikat austreten, wenn der Absatz des Verbands im Durchschnitt von vier Jahren unter 58 Prozent der Verbandskapazität sank. Dies war in der Weltwirtschaftskrise der Fall und Rüdersdorf kündigte die Kartellmitgliedschaft Anfang 1933 zum Jahresende.[458]

Dies missfiel den neuen Machthabern. Der NSDAP-Verbindungsstab wirkte entsprechend auf die staatlichen Stellen ein. Das Reichs- und Preußische Wirtschaftsministerium ordnete daraufhin unter Verweis auf die Zwangskartellgesetzgebung die Mitgliedschaft Rüdersdorfs im Cement-Verband für ein weiteres Jahr (1934) an. Nachdem diese befristete Anordnung ausgelaufen war, erklärten sich einige Werke des Cement-Verbands bereit, zugunsten Rüdersdorfs auf Anteile zu verzichten. Zugleich lief 1935 freilich das bis dahin gültige Neubauverbot für Zementwerke aus. Rüdersdorf errichtete einen – seit längerer Zeit projektierten – vierten Zementofen und ignorierte dabei sogar Warnungen des Wirtschaftsministeriums.[459]

Unter Verweis auf die dadurch erneut gestiegenen Produktionskapazitäten forderte die Rittergut Rüdersdorf GmbH wiederum ein höheres Kontingent, als 1935 über eine zweijährige Verlängerung des Kartellvertrags debattiert wurde. Nachträglich begründete Ernst Knüttel das Vorgehen unter anderem damit, dass andere Möglichkeiten, die eigene Quote zu erhöhen, nicht realisiert werden konnten. So sei es z.B. nicht möglich gewesen, unrentable Werke aufzukaufen, diese anschließend stillzulegen und die Quote auf Rüdersdorf zu übertragen. Dies sah der Norddeutsche Cement-Verband freilich anders und zählte etliche Werke auf, die Rüdersdorf seines Erachtens problemlos hätte übernehmen können.[460]

Erneut beugte sich das Kartell dem Druck Rüdersdorfs, um seinen eigenen Fortbestand zu gewährleisten. Das Kontingent Rüdersdorfs war nunmehr auf 230.000 t angehoben worden und lag damit bereits um etwa 50 Prozent höher als 1916. Doch die Rittergut Rüdersdorf GmbH war damit noch nicht saturiert, sondern forderte anlässlich der kurz darauf erfolgenden Neuverhandlungen ein

---

[457] Vgl. Pierenkemper, Kartellbußen, S. 35.
[458] Schiedsspruch, 11.2.1938, S. 2-3, SIT TB/1006.
[459] Ebd., S. 3-4.
[460] Niederschrift Schiedsgerichtssache, 9.2.1938, S. 3-4, SIT TB/1006.

Kontingent von 330.000 t und damit mehr als Doppelte der ursprünglichen Quote. Der Cement-Verband war nunmehr freilich nicht mehr bereit, sich weiterhin von Rüdersdorf vor sich hertreiben zu lassen und wollte nur noch die ursprünglichen 153.000 t zugestehen.[461] Beide Parteien einigten sich schließlich darauf, den Sachverhalt in einem verbindlichen Schiedsgerichtsverfahren klären zu lassen.[462]

Freiwillig unterwarf sich Rüdersdorf dem Schiedsgericht aber offenbar nicht. Nach dem Zweiten Weltkrieg berichtete unter anderem Wilhelm Roelen, dass der Generalbevollmächtigte für Steine und Erden, Kranefuss, Rüdersdorf vor die Wahl gestellt habe, sich entweder dem Zwangskartell vorbehaltlos zu unterwerfen oder aber mit der gesamten Bandbreite staatlicher Zwangsmaßnahmen konfrontiert zu werden.[463] Diese Drohung hatte dadurch an Brisanz gewonnen, dass der (preußische) Staat selbst in die Zementproduktion eingetreten war. Der staatliche Rohstoff- und Energiekonzern Preussag besaß bereits seit geraumer Zeit einen Großteil der Kalkvorkommen in Rüdersdorf. Bis 1933/34 beschränkte sich das Unternehmen jedoch vornehmlich darauf, den Kalk als Rohstoff an die örtlichen Zementwerke, u.a. die Rittergut Rüdersdorf GmbH, zu liefern. Der Bauboom veranlasste die Preussag aber schließlich, selbst in die Zementproduktion einzusteigen – trotz des Protests der Baustoffverbände und -kartelle. Durch staatliche Hilfe – etwa die Aussetzung des seit dem 29. Februar 1936 eigentlich wieder geltenden Neubauverbots[464] – und informelle Absprachen konnte die Preussag seit 1937 insgesamt Kapazitäten für 350.000 t Zement projizieren.[465] Damit entstand, gleichsam am Reißbrett, ein Konkurrent auf Augenhöhe für Rittergut Rüdersdorf, dessen Kapazität im Mai 1940 ebenfalls auf 350.000 t Portlandzement angewachsen war.[466]

Die Preussag-Tochter war als wehrwirtschaftlich wichtiges Unternehmen von staatlichen Rohstoffkontingentierungen nicht betroffen und da sie faktisch die Rüdersdorfer Kalksteinproduktion kontrollierte, war ihre Marktmacht immens.[467] Besonders die Kontrolle der Kalksteinvorräte gefährdete die Strategie von Rittergut Rüdersdorf und hätte über kurz oder lang einen Marktaustritt erzwingen können. So sehr die Verhandlungsmacht gegenüber dem Cement-Verband auch gewachsen war, so sehr wurde sie durch die Strategie der Preussag wieder eingeschränkt.[468]

---

[461] Schiedsspruch, 11.2.1938, S. 3-4, SIT TB/1006.
[462] Niederschrift Schiedsgerichtssache, 9.2.1938, SIT TB/1006.
[463] August-Thyssen-Bank AG: Thyssen-Bornemisza-Concern Report, 25.3.1947, S. 8, NARA M1922 Roll 0058.
[464] Anordnung Reichswirtschaftsministerium, 28.9.1936, SIT TB/1006; bis mindestens 31.12.1937 galt demnach ein Neubauverbot für Zementanlagen.
[465] Stier/Laufer, Preussag, S. 213–216.
[466] Einschätzung Rittergut Rüdersdorf, 30.5.1940, SIT TB/1006.
[467] Stier/Laufer, Preussag, S. 300–302.
[468] In den 1920er und 1930er Jahren war es keineswegs unüblich, marktmächtige öffentliche Unternehmen als Instrument der Marktordnung einzusetzen. Vgl. am Beispiel der Preußenelektra z.B. Stier, Staat und Strom, S. 313-331.

In dieser Situation schien daher die politisch gewünschte Verständigung mit dem Kartell für Rüdersdorf die beste und einzige Alternative zu sein. Der Schiedsrichter, Oberregierungsrat Dr. Roegner, urteilte einigermaßen salomonisch und legte für Rüdersdorf eine Quote von 240.000 t fest. Er machte sich dabei zwar das Argument des Cement-Verbands zu eigen, dass Rüdersdorf trotz Warnungen des Wirtschaftsministeriums die Kapazitäten auf eigenes Risiko erhöht habe, insgesamt unsolidarisch vorgegangen sei und dadurch die Existenz des Kartells gefährdet habe, verwies aber zugleich darauf, dass der Cement-Verband 1935 die erweiterten Kapazitäten Rüdersdorf prinzipiell als quotenwirksam anerkannt habe. Daher müsse nunmehr auch weiterhin die erhöhte Kapazität Rüdersdorf im Gesellschaftsvertrag berücksichtigt werden. Da eine amtliche Enquête 1935 für Rüdersdorf – inklusive des vierten Ofens – eine Kapazität von 300.000 t festgestellt hatte und gemeinhin 80 Prozent der Kapazitäten für die Quoten im Verband zugrunde gelegt wurden, ließen sich die 240.000 t für Rüdersdorf sachlich angemessen begründen.[469]

Die Regelung wurde auf der im September 1938 folgenden Gesellschafterversammlung des Cement-Verbands verabschiedet; Die Quote galt rückwirkend ab dem 1.1.1938.[470] Ein Jahr später trat auch die Preussag dem Norddeutschen Cement-Verband bei, sodass die beiden dominierenden Zementwerke des Berliner Absatzgebiets fortan unter einem Dach wirtschafteten.[471] Wenige Tage später genehmigten die Behörden Rittergut Rüdersdorf den Bau einer neuen Zementmühle mit einer Kapazität von 86.500 t. Allerdings handelte es sich hierbei offensichtlich um eine Ersatzinvestition, da der Bau an die Auflage geknüpft worden war, die Zementproduktion insgesamt nicht auszuweiten. Bis Mai 1940 hatte Rüdersdorf so seine Kapazitäten auf 350.000 t Portlandzement, 340.000 t Portlandklinker sowie Reservekapazitäten von 165.500 t ausgeweitet. In dieser Hinsicht hatte sich die opportunistische Kartellstrategie Rüdersdorfs mithin ausgezahlt.[472]

Der gesamte Vorgang hat gleichwohl nichts mit einer generellen Ablehnung von Kartellen zu tun, vielmehr nutzte die Rittergut Rüdersdorf GmbH – ähnlich wie Walsum – die inhärente Instabilität von Kartellen, um betriebswirtschaftliche Eigeninteressen durchzusetzen, Kapazitäten zu erhöhen und vorteilhafte Vertragsbedingungen auszuhandeln. Damit produzierte die Rittergut Rüdersdorf GmbH freilich (und wohl auch wissentlich) Widerstände – im Cement-Verband sowie bei staatlichen Stellen. Diese übten entsprechenden Druck auf Rüdersdorf auf, dem Kartell nicht nur formal anzugehören, sondern auch im Kartellsinne zu agieren. Vertreter der TBG deuteten diese Aushandlungsprozesse im Nachhinein als kartellablehnende Haltung. Dafür gab es gewiss auch substantielle Anhalts-

---

[469] Schiedsspruch, 11.2.1938, S. 4-5, SIT TB/1006.
[470] Notarielles Protokoll, S. 4, Anlage zur Niederschrift Werksbesitzer- und Gesellschafter-Versammlung, 6.9.1938, SIT TB/1006.
[471] Niederschrift Werksbesitzer- und Gesellschafter-Versammlung, 16.11.1939, SIT TB/1006.
[472] Einschätzung Rittergut Rüdersdorf, 30.5.1940, SIT TB/1006.

punkte, denn der NS-Staat hat nachweislich die Handlungsspielräume Rüdersdorf eingeengt und das Unternehmen letztlich »auf Linie« gebracht, um die Marktordnung zu stabilisieren. Eine andere, ebenfalls zulässige Lesart ist freilich, dass die TBG weniger kartellfeindlich war als sie nachträglich proklamierte. Sowohl beim Norddeutschen Cement-Verband als auch beim RWKS schuf sie Fakten gegen das Kartellinteresse, veränderte die Handlungsparameter und produzierte derart erst jene wirtschaftspolitischen Widerstände, über die sie sich nachher beklagte.

5.4. Transformationen im Chaos: Der Baustoffverbund in den letzten Kriegs- und den ersten Nachkriegsjahren

1943 beschäftigte die Rittergut Rüdersdorf GmbH 250 Arbeiter, über den Anteil (und die Lebensbedingungen) der – sehr wahrscheinlich beschäftigten – Zwangsarbeiter ist wie bei allen Baustoffunternehmen der TBG hingegen nichts bekannt.[473]

Die Baustoffbranche war – bis auf Ausnahmen wie eine Preussag-Tochter, die Splitterbomben für die Luftwaffe baute[474] – nicht unmittelbar rüstungs- oder kriegsrelevant. 1940 klagten die VBM daher über einen Nachfragerückgang. Seit Kriegsbeginn hatten sich die Prioritäten in der NS-Wirtschaftslenkung verschoben. Entsprechend wiesen auch die VBM darauf hin, dass sie Baumaßnahmen und Reparaturen nicht im gewünschten Umfang durchführen konnten, weil Ersatzteile fehlten.[475]

1941 übernahm das Unternehmen freilich noch die Kalksandsteinfabrik Harsleben und eine 50prozentige Beteiligung an der bereits zur Thyssen-Bornemisza-Gruppe gehörenden Hornberger Kalkwerke GmbH,[476] ferner beteiligte sich Rüdersdorf mit 1.300 RM an der Portland-Cementfabrik Rudelsburg GmbH.[477] Offensichtlich baute Rüdersdorf diese Beteiligung in der Folge noch aus; 1951 war die inzwischen in Baustoff- und Industriewerke Hennickendorf umfirmierte Rittergut Rüdersdorf GmbH mit etwa 72.000 RM am Rudelsburger Gesellschaftskapital von gut 1,5 Mio. RM beteiligt gewesen und hielt entsprechend nach einer Kapitalherabsetzung auf 8 Prozent 1951 5.770,- DM am Kapital von 120.350,- DM. Gleichwohl war der Anteil mit 4,79 Prozent zu gering, als dass diese Beteiligung strategische Bedeutung gehabt hätte.[478]

Die VBM reagierten auf die kriegsbedingt eingeschränkten Geschäftsmöglichkeiten und stellten 1942 30.000 RM für einen späteren Wiederaufbau ihrer Anla-

---
[473] August-Thyssen-Bank AG: Thyssen-Bornemisza-Concern Report, 25.3.1947, Exhibit A: The German enterprises, S. 16, NARA M1922 Roll 0058; Urban, Zwangsarbeit, S. 35.
[474] Stier/Laufer, Preussag, S. 302.
[475] Angaben nach GB VBM 1940 bis 1942, BArch Berlin, R 8120/63.
[476] GB VBM 1941, BArch Berlin, R 8120/63.
[477] No. 505 der Urkundenrolle 1944, 1.12.1944, SIT TB/1010.
[478] Gesellschafterversammlung Rudelsburg, 28.6.1951, SIT TB/1010.

gen zurück und nahmen überdies lediglich Ersatzinvestitionen vor.[479] Rittergut Rüdersdorf und die VBM produzierten erwiesenermaßen, die Hornberger Kalkwerke sehr wahrscheinlich nicht für Kriegszwecke.[480] Das Kriegsende und der Einmarsch der Roten Armee stellten für die Baustoff-Unternehmen der Thyssen-Bornemisza-Gruppe einen tiefgreifenderen Einschnitt dar als für andere TBG-Unternehmen. Rüdersdorf und Elbingerode, der Standort der Hornberger Kalkwerke, lagen in der SBZ; die VBM-Werke Niederlehme, Phöben und Forde ebenso. Von diesen war 1946 nur noch das Werk Niederlehme betriebsfähig. Zudem kontrollierte die sowjetische Besatzungsmacht die Wasserstraßen, sodass auch der Transport unterbunden wurde. Die in den westlichen Sektoren Berlins liegenden Werke Spandau und Salzufer waren 1946 intakt, litten aber unter Rohstoffmangel. Gleichwohl konnten im Frühjahr 1946 zumindest kurzfristig wieder fünfzig Prozent der Friedensproduktion erreicht werden. Die Verwaltung der VBM befand sich im britischen Sektor; sie teilte sich die Bürogebäude mit der ATB, deren Bürogebäude in der Behrensstraße komplett zerstört worden war. Die räumliche Konzentration bot den Vorteil, dass entscheidungsrelevante Entwicklungen an Roelen und Thyssen-Bornemisza berichtet werden konnten. Allerdings war die Personalsituation problematisch, da der Berliner Magistrat am 29. September 1945 einen externen Verwalter, Kurt Brieske, für die VBM eingesetzt hatte, der sich nicht nur als untauglich erwies, sondern auch noch 50.000 RM unterschlug; er wurde am 21. Oktober 1946 fristlos entlassen und fortan leiteten Direktor Hans Müller (seit dem 29.9.1945) und Prokurist Peter Frechen (seit dem 20.1.1947) – letzterer ursprünglich bei den August Thyssen'schen Unternehmungen des In- und Auslandes beschäftigt – die Werke.[481]

Während die VBM zumindest noch einen Teil ihrer Werksanlagen kontrollieren konnten, war den Managern der TBG die Verfügung über Rüdersdorf und Hornberg weitgehend entzogen worden. Die Werksleiter und Vorstände wurden abgesetzt oder – im schlimmsten Fall – erschossen. Bei den Hornberger Kalkwerken verlief dieser Prozess noch weitgehend friedlich: Der kommunistische Betriebsrat erkannte nach dem Einmarsch der Alliierten den bisherigen Direktor, Ernst Schneider, nicht mehr als legitimen Leiter der Werke an und setze ihn ab. Schneider wurde formal am 4. April 1946 aus seiner Stellung entlassen und Friedrich Spormann, der seit 1912 für die Kalkwerke arbeitete, als Treuhänder eingesetzt;

---

[479] Angaben nach GB VBM 1940 bis 1942, BArch Berlin, R 8120/63.
[480] Hennickendorf an Bürgermeister Hennickendorf, 29.11.1945 (betr. Befehl Nr. 124), SIT TB/1004; August-Thyssen-Bank AG: Thyssen-Bornemisza-Concern Report, 25.3.1947, Exhibit A: The German Enterprises, S. 16, 19, NARA M1922 Roll 0058. Die Angaben zu den Hornberger Kalkwerken sind wenig aussagekräftig, da weder im Stab Roelens noch durch die Alliierten die gewünschten Informationen zu beschaffen waren. Alle Kontakte zu den Kalkwerken waren nach Kriegsende abgerissen.
[481] Aktennotiz betr. Lage der Betriebe um Berlin, 25.10.1946 (Roelen), SIT NROE/36; vgl. Ritter an Thyssen-Bornemisza, 26.3.1946, SIT TB/2142, Ritter an Thyssen-Bornemisza, 15.5.1946, SIT TB/996; GB VBM 1944-1949, S. 3, SIT TB/460. Vgl. auch Kapitel 3.2.

ihm war es allerdings verboten, mit den Managern der TBG in Kontakt zu treten,[482] die auch sonst keinerlei Informationen über das Werk erhielten.[483]

Die Kalkwerke wurden am 3. März 1948 zum Volkseigenen Betrieb erklärt und am 6. September desselben Jahres formal enteignet. Freilich erkannten die Alteigentümer das Vorgehen u.a. der Landesregierung von Sachsen-Anhalt nicht an; sie setzten ihrerseits Peter Frechen und Otto Scheurmann, einen befreundeter Berliner Privatbankier, als Geschäftsführer ein. Vor allem Frechen versuchte von (West-)Berlin aus, die Ansprüche Thyssen-Bornemiszas zu wahren. Vom 15. Januar bis zum 18. März 1948 und erneut seit Anfang 1949 firmierte Hornberg wieder als GmbH; die Gesellschaft wechselte mithin gleich mehrfach zwischen Sozialismus und Kapitalismus hin und her. Ursächlich hierfür waren in erster Linie die ungeklärten Eigentumsverhältnisse bzw. vor allem die Tatsache, dass Hornberg sich mittelbar in niederländischem Eigentum befand. Daher intervenierte auch in diesem Fall die niederländische Militärmission.[484]

In Rüdersdorf zeigte sich die inhärente Gewalt des Rückzugs der Wehrmacht und des Einmarschs der Roten Armee weit deutlicher. Ernst Knüttel, der langjährige Vorstand der Rittergut Rüdersdorf GmbH, war trotz eindringlicher Warnungen am 20. April 1945 vor Ort geblieben, um die beabsichtigte Sprengung des Werks durch deutsche Einheiten zu verhindern.[485] Diesen Einsatz für das Eigentum Heinrich Thyssen-Bornemiszas bezahlte er mit seinem Leben. Er wurde von Soldaten der vorrückenden Roten Armee an seinem Schreibtisch erschossen; auch weitere Angestellte starben. Die überlebenden Prokuristen Haupt und Wegener arbeiteten fortan unter sowjetischem Befehl, was zunächst hieß, die Demontage des Rüdersdorfer Zementwerks zu organisieren.[486] So fanden immerhin 150 Arbeiter vorübergehend Beschäftigung; auch gelang es, einige Betriebsteile – so die Dachziegelfabrik – wieder für die Produktion zu nutzen. Die Gebäude in Rüdersdorf überstanden die Kriegs- und unmittelbare Nachkriegszeit unbeschädigt. Freilich zeigten sich die chaotischen Verhältnisse insbesondere der Berliner Zusammenbruchgesellschaft deutlich. Im Wirrwarr von Zuständigkeiten und Ansprüchen wurden Güter beschlagnahmt, Eigentumsrechte in Frage gestellt und Anlagen demontiert. Die Geschäftsleitung lavierte daher mehr schlecht als recht zwischen den Interessen des Alteigentümers, der Belegschaft und den verschiedenen politischen und administrativen Stellen.[487]

---

[482] Auszug aus dem Prüfungsbericht vom 19.4.1949 wegen Hornberger Kalkwerke G.m.b.H., 9.6.1949 und Protokoll vom 8.6.1949, BArch Berlin DC 1/1690; Aktennotiz betr. Lage der Betriebe um Berlin, 25.10.1946 (Roelen), SIT NROE/36.
[483] Vereinigung Volkseigener Betriebe der Bau- und Baustoffindustrie Sachsen-Anhalt an Hennickendorf, 21.11.1949, SIT TB/1010.
[484] Auszug aus dem Prüfungsbericht vom 19.4.1949 wegen Hornberger Kalkwerke G.m.b.H., 9.6.1949 und Protokoll vom 8.6.1949, BArch Berlin DC 1/1690; Aktennotiz betr. Lage der Betriebe um Berlin, 25.10.1946 (Roelen), SIT NROE/36.
[485] Haupt an Roelen, 10.12.1945, SIT TB/1004.
[486] Ritter an Thyssen-Bornemisza, 23.8.1945, SIT TB/2142.
[487] Ritter an Thyssen-Bornemisza, 26.1.1946, SIT TB/2142.

Am 20. Oktober 1945 firmierte sie z.B. die Rittergut Rüdersdorf GmbH in Baustoff-Industriewerke Hennickendorf G.m.b.H. um, weil sie zum einen häufig mit den anderen Zementwerken in Rüdersdorf – Preussag, Adler – verwechselt und zum anderen die Bezeichnung »Rittergut« mit Blick auf die drohende Bodenreform als Belastung wahrgenommen wurde. Man fürchtete, die Verwaltung könne die Rittergut Rüdersdorf GmbH für ein reines Rittergut halten und entsprechend behandeln.[488] Angesichts der unübersichtlichen Lage schien Vorsicht durchaus geboten: »Es passieren eben immer wieder die verrücktesten Übergriffe! Wenn man dann nicht gleich jemand zur Hand hat, ist die Angelegenheit kaum ins Reine zu bringen, nicht mal mit dem so beliebten Schnaps.«[489]

Für die eigentlich gut vernetzte TBG galten nun andere »Gesetze« als vorher. Auch diplomatische Interventionen der Niederlande mit dem Ziel, das niederländische Eigentum zu schützen,[490] blieben nicht nur erfolglos, sondern beschleunigten die Demontagen in Rüdersdorf sogar noch: Zwar habe »der Oberst Ihres Freundes aus Rotterdam an höchster russischer Stelle Eingaben gemacht, die aber leider den Erfolg hatten, dass sie mit erneuter Kraft draußen jetzt auch die Kalksandsteinfabrik abbauen.«[491]

Die VBM konnten trotz des verlorenen Anlagevermögens bereits kurz nach der Währungsreform zumindest über eine zufriedenstellende Geschäftsentwicklung berichten[492] und seit 1949 kontinuierlich bescheidene Gewinne ausweisen, die allerdings vorerst nicht ausgeschüttet wurden.[493] Die in der SBZ verbliebenen Betriebsteile, etwa das Werk Niederlehme, wurden unter staatliche Verwaltung gestellt.[494] Die Einschnitte bei Rüdersdorf/Hennickendorf waren freilich noch gravierender als bei den VBM, die nur Teile ihres Anlagevermögens verloren hatten. Rechnerisch schrumpfte die wirtschaftliche Substanz zwischen Kriegsende und Oktober 1946 v.a. durch Demontagen und den Verlust (Hornberg) bzw. der Schwächung (VBM) von Beteiligungen auf ein knappes Fünftel (vgl. Tab. 28).

1950 verlegte Hennickendorf den Sitz des Unternehmens nach Düsseldorf, die Werke verblieben in der DDR. Hennickendorf verwaltete nur noch das Altvermögen. Bis 1952 gehörte dazu etwa die Beteiligung an der Press- und Walzwerke

---

[488] Bericht (Ritter) über die Baustoff-Industriewerke Hennickendorf, 26.1.1946; Hennickendorf an Provinzialverwaltung Mark Brandenburg, 15.2.1946, SIT TB/1004.
[489] Ritter an Thyssen-Bornemisza, 26.3.1946, SIT TB/2142.
[490] Doormann (Leiter der niederländischen Militärmission beim Alliierten Kontrollrat) an Marshall Zhukov, 19.2.1946, NL-HaNA 2.05.117, inv.nr. 6084.
[491] Ritter an Thyssen-Bornemisza, 26.3.1946, SIT TB/2142. Der »Freund aus Rotterdam« war offenbar Dirk M.A. Swart, nachmaliges Vorstandsmitglied der BHS. Vgl. Ritter an Thyssen-Bornemisza, 15.5.1946, SIT TB/996.
[492] GB VBM 1944-49 inkl. Umstellungsbericht zur DM-Eröffnungsbilanz, S. 3, SIT TB/460.
[493] Die ausgewiesene Eigenkapitalrendite betrug 1,59 % (1949), 2,52 % (1950), 3,97 % (1951), 0,58 % (1952) und 3,06 % (1953). Vgl. Kapitel 4.
[494] Exemplarisch Beschlussvorlage 11.11.1954, BArch Berlin DN 9/18.

Tab. 28: Bilanz der Demontage Rüdersdorf/Hennickendorf

	Bestand am 20.4.1945	Bestand 1.10.1946 nach Demontage
1. Grundbesitz	3.524.950,00	3.328.350,00
2. Alte Tonziegelei	882.260,00	428.200,00
3. Kalkstandsteinfabrik	806.975,00	61.550,00
4. Zementfabrik	9.789.338,80	1.024.500,00
5. Neue Tonziegelei	925.750,00	315.000,00
6. Lokomotiven u. Wagen	174.700,00	6.300,00
7. Eisenbahn-Anschluß	70.000,00	50.000,00
8. Herzfelder Kleinbahn	216.000,00	54.000,00
9. Elektrische Zentrale	909.700,00	165.200,00
10. Kfz, Gespanne u. Wagen	17.901,50	1.750,00
11. Fertig-, Halbfabrikate, Kohle usw.	158.062,05	0,00
Σ 1-11	17.475.637,35	5.434.850,00
Beteiligungen, Bankguthaben etc.	10.114.061,05	80.000,00
Gesamt	**27.589.698,40**	**5.514.850,00**

Quelle: Zusammenstellung des Besitzes der Firma Baustoff-Industriewerke Hennickendorf GmbH, SIT TB 012713.

Reisholz AG, die sie aber im Zuge der Entflechtung abgeben musste.[495] Ferner war Hennickendorf noch substantiell am Gestüt Erlenhof beteiligt.

6. Das beste Pferd im Stall? Das Gestüt Erlenhof als Wirtschaftsbetrieb

Das Gestüt Erlenhof gehörte erst seit November 1933 zur Thyssen-Bornemisza-Gruppe. Ausgangspunkt für den Erwerb war eine unzweifelhafte, wenngleich atypische »Arisierung«. Am 23. September 1933 war der Frankfurter Industrielle Moritz James Oppenheimer, Eigentümer der Mitteldeutschen Papierwarenfabrik und Inhaber des Gestüts Erlenhof, auf Veranlassung des Präsidenten der Industrie- und Handelskammer Frankfurt, Carl Lüer, mit der Begründung verhaftet

---
[495] Deppendorf an Stadtsteueramt Düsseldorf, 3.8.1954, SIT TB/1004.

worden, er sei überschuldet und könne seinen Zahlungsverpflichtungen nicht mehr nachkommen. Lüer war überzeugter Nationalsozialist, seit 1927 Mitglied der NSDAP und am 1. April 1933 von Gauleiter Jakob Sprenger zum IHK-Präsidenten bestimmt worden. Als politischer Überzeugungstäter war er bei der »Arisierung« von Oppenheimers Vermögen eine treibende und rigorose Kraft, ohne sich aber selbst bereichern zu wollen. Er ließ z.B. Oppenheimers nicht-jüdische Ehefrau, die ihm einen Tilgungsplan erläutern wollte, abweisen, da er mit Juden nichts zu tun haben wolle. Oppenheimer wurde daraufhin gezwungen, seine Zahlungsunfähigkeit zu erklären, und Max Ernst Cuntz übernahm die Konkursverwaltung – ein linientreuer Anwalt, »der nach und nach die Vermögensteile weit unter Wert verschleuderte«.[496]

Darunter befanden sich auch das Gestüt Erlenhof in Bad Homburg und ein angegliederter Rennstall in Berlin-Hoppegarten, der in der jüngeren Vergangenheit große Erfolge im Galoppsport erzielt hatte, u.a. 1929 der prestigeträchtige Sieg beim Deutschen Derby in Hamburg. Da Heinrich Thyssen-Bornemisza bereits seit Mitte der 1920er Jahre auf seinem Gut Rohoncz (Rechnitz) und vor allem mit dem Stall Landswerth in Kottingbrunn bei Wien über erste Erfahrungen in Pferdezucht und -sport verfügte, bot ihm der Erwerb von Erlenhof eine Möglichkeit, in die Spitzenklasse deutscher Züchter aufzusteigen. Entsprechend nutzte der sonst eher öffentlichkeitsscheue Heinrich Thyssen-Bornemisza das Gestüt sowie die großen Erfolge der Rennpferde in den 1930er und 1940er Jahren auch zur Selbstinszenierung. Dabei ist Pferdezucht keineswegs notwendigerweise ein Zuschussgeschäft. Sie kann einträglich sein, auch wenn sie – ähnlich wie der Kunstmarkt – stark von Projektionen bzw. der sozialen Konstruktion des Marktes abhängt.[497] Herausragende Vollblutpferde sind ein knappes Gut und ermöglichen über Preisgelder bei Rennsiegen und Zuchtprämien substantielle Einnahmen. Zudem waren sie gerade in unsicheren ökonomischen Zeiten ein Instrument der Vermögenssicherung und -diversifizierung, da sie – ähnlich wie Kunst oder Wein – als distinktives Statussymbol einer globalen Elite gleichsam auch einen globalen (und wertbeständigen), wenngleich in der Regel symbolischen Preis besaßen.[498]

Über die Anbahnung des Erlenhof-Kaufs ist wenig bekannt. Zwischen der erzwungenen Enteignung Oppenheimers und dem Erwerb durch Heinrich

---

[496] Rebentisch, Schwere Zeiten, S. 201, 210; zu Cuntz als Konkursverwalter siehe Protokoll ueber die ausserordentliche Generalversammlung, 20.11.1933, SIT TB 011061.
[497] In der plausiblen Sichtweise der jüngeren Marktsoziologie sind die Abweichungen vom neoklassischen Preismodell das Ergebnis »imaginierter Zukünfte« bzw. »fiktionaler Erwartungen«, d.h. dass im Wesentlichen kulturelle Projektionen (z.B. einzelner sozialer Gruppen) den Wert von Gütern jenseits des Grundbedarfs bestimmen und nicht Angebot und Nachfrage. Vgl. hierzu pointiert Beckert, Historizität fiktionaler Erwartungen, S. 8-9 (dort am Beispiel von Wein) sowie umfassend ders., Imagined Futures. Vgl. Gramlich, Thyssens, S. 51-55.
[498] Vgl. für den sozialen und kommunikativen Rahmen des Galoppsports de Taillez, Bürgerleben, S. 163-170.

6. Das Gestüt Erlenhof

Thyssen-Bornemisza lagen aber nur zwei Monate. Oppenheimer selbst wollte das Gestüt offenbar an Richard Kaselowsky verkaufen, das maßgebliche Vorstandsmitglied des Lebensmittelkonzerns Dr. Oetker. Kaselowsky führte mit dem Gestüt Ebbesloh bereits erfolgreich einen Renn- und Zuchtbetrieb und hatte Oppenheimer 1930 ein Darlehn über 100.000 RM – mit einem für damalige Verhältnisse günstigen Zinssatz von vier Prozent – zur Verfügung gestellt; es wurde durch Pferde (bzw. ihren Wert) besichert. Oppenheimer bot Kaselowsky das Gestüt an, um nach seinem Konkurs die Schulden zu tilgen. Das Geschäft kam aber nicht zustande, auch weil Kaselowsky vom Interesse Thyssen-Bornemiszas erfahren hatte und vor dessen aggressivem Verhandlungsstil gewarnt worden war. Zudem hätte Kaselowsky mit einem zweiten Spitzengestüt Ebbesloh Konkurrenz gemacht.[499]

Heinrich Thyssen-Bornemisza trat selbst nicht als Käufer auf, sondern wickelte das Geschäft über den Hollandsch Trustkantoor ab. Am 20. November 1933 beschloss die außerordentliche Generalversammlung des Kantoors, das Gestüt Erlenhof und den Rennstall Hoppegarten für maximal 350.000 RM (ohne Steuern) zu erwerben.[500] Der Kaufvertrag datiert vom 23. November 1933, am 24. November erwarb der Trustkantoor für 85.000 RM zusätzlich von Adrian von Borcke Villa, Stallungen, Garagen, lebendes und totes Inventar in Hoppegarten. In den beiden darauffolgenden Jahren arrondierte Heinrich Thyssen-Bornemisza den Besitz und erwarb zusätzliche Grundstücke – Wiesen und Waldflächen – in Bad Homburg und prüfte darüber hinaus noch weitere Erwerbungen, die aber offensichtlich nicht realisiert wurden.[501]

Adrian von Borcke (1902–1985), ein aufstrebender Trainer, soll Heinrich Thyssen-Bornemisza überzeugt haben, das Gestüt zu erwerben,[502] und verfolgte dabei durchaus Eigeninteressen. Der »schöne Adrian«, wie ihn den Der Spiegel spöttisch nannte, ersetzte den bisherigen Erlenhof-Trainer Fritz Fösten und war nunmehr für die über die 60 Pferde des Gestüts verantwortlich, darunter zahlreiche vielversprechende Pferde, die in den Folgejahren bis 1945 unter anderem vier Mal das Deutsche Derby gewinnen sollten.[503]

Damit ist das Geschäftsmodell Erlenhofs angedeutet. Anders als bei den übrigen Unternehmen der Gruppe war nicht finanzielle Rendite der Maßstab der Geschäftsführung, sondern größtmögliche sportliche Rendite bei größtmöglicher kaufmännischer Solidität. Auch deshalb gründete die TBG 1935 die Zucht- und Rennbetrieb Erlenhof als GmbH. Borcke fungierte als »sportlicher« Geschäftsführer, Heinrich Lübke, der Direktor der ATB, achtete als kaufmännischer Geschäftsführer auf die Wirtschaftlichkeit des Unternehmens. Seit 1939 war Lübke

---
[499] De Taillez, Bürgerleben, S. 164-165.
[500] Protokoll ueber die ausserordentliche Generalversammlung, 20.11.1933, SIT TB 011061.
[501] Vgl. die Kaufverträge in SIT TB 011056.
[502] So de Taillez, Bürgerleben, S. 165.
[503] »Otto soll's gewesen sein«, in: Der Spiegel, 20.8.1952, S. 25; de Taillez, Bürgerleben, S. 167.

Abb. 14: Züchterstolz mit Fragezeichen: Heinrich Thyssen-Bornemisza mit der ›Wunderstute Nereide‹ anlässlich ihres Siegs beim ›Braunen Band von Deutschland‹, 26. Juli 1936.

alleiniger Geschäftsführer, Borcke blieb weiterhin Trainer und für die Bewirtschaftung war zunächst Gestütsmeister Hellberg und seit dessen Pensionierung 1944 Landesstallmeister Albert zuständig.[504]

Das Gestüt Erlenhof trug sich finanziell selbst. Es benötigte keine gesonderten Zuwendungen, zahlte aber auch keine Dividenden, sondern thesaurierte die Überschüsse. 1938 erliefen die Pferde des Gestüts Preisgelder von gut 100.000 RM,[505] 1942 erwirtschaftete das Gestüt Gewinne, bis Mitte August des Jahres waren allein 335.000 RM Renn- und 60.000 RM Züchterprämien auf der Einnahmeseite zu verbuchen gewesen, woraus ein Überschuss von gut 200.000 RM resultierte.[506] Im selben Jahr beschloss die TBG, die beiden Gestüte Landswerth und Erlenhof zusammenzulegen und das Kapital der Zucht- und Rennbetrieb Erlenhof GmbH durch eine Sacheinlage zu erhöhen.[507] Heinrich Thyssen-Bornemisza brachte die Landswerther Pferde – 22 Mutterstuten, 15 Jährlinge – mit einem Wert von 375.000 RM ein. Bis 1942 konnten nur natürliche Personen oder Züchter Sieg- oder Platzprämien ausbezahlt bekommen. Nachdem diese Regel geändert und die GmbH

---

[504] Zum Personal siehe Borcke an Hans Heinrich Thyssen-Bornemisza, 26.6.1946, SIT TB/995; Aktennotiz, 6.11.1943, S. 3, tkA FÜ 92.
[505] De Taillez, Bürgerleben, S. 168.
[506] Aktenbericht, 29.8.1942, S. 3, tkA FÜ 92.
[507] Aktenbericht, 30.3.1932, S. 12, tkA FÜ 92.

prämienberechtigt geworden war, fasste die TBG die beiden Gestüte und die Rennställe organisatorisch zusammen.[508] Das Kapital betrug fortan 850.000 RM.[509]

Die GmbH wirtschaftete finanziell durchweg solide und wurde 1943 von den Steuerbehörden daher als Unternehmen eingestuft, da es nicht zuvorderst der Pferdezucht diente, sondern Gewinn erzielte. Die TBG sah dies naturgemäß anders.[510] In der Tat stand nicht die Gewinnerzielung im Vordergrund, wie überhaupt Heinrichs finanzielles Interesse an Erlenhof begrenzt war. So drohte er offenbar wirkungsvoll 1938, seinen Rennstall aufzulösen, weil ihm Nachforschungen des Union-Klubs, der maßgeblichen deutschen Pferdezuchtorganisation, missfallen hatten. Nachdem der Union-Klub, der sich kaum leisten konnte, eines der besten deutschen Gestüte zu verlieren, die Sache auf sich beruhen ließ, zog auch Heinrich seine Drohung zurück. Sie konnte nur so wirkungsvoll sein, weil bekannt war, dass Heinrich aus finanziellen Gründen nicht auf Einnahmen aus dem Pferdesport angewiesen war.[511]

Als sich seit 1943 die Rahmenbedingungen für den Pferdesport verschlechterten, hielt Heinrich trotz absehbarer Verluste an Erlenhof fest. »Zucht und Rennbetrieb soll als ideeller Wert der Gruppe erhalten bleiben«.[512] Der Pferdesport hatte für Heinrich folglich primär ideellen Wert: Nicht von ungefähr interessierte er sich für die Entwicklung Erlenhofs auch inhaltlich deutlich mehr als für seine übrigen Unternehmen.[513]

Nach dem Ende des Kriegs war die Zukunft Erlenhofs ungewiss. Die US-Amerikaner beschlagnahmten das Gestüt und am 1. Oktober 1945 vier Pferde, darunter den Hengst Nordlicht, den Derby-Sieger von 1944. Die wiederholten Hinweise, bei Erlenhof handele es sich nicht um deutsches, sondern um ausländisches Eigentum, verfingen bei den US-Offizieren nicht. Vielmehr nahmen einige von ihnen bei der Rückkehr in die USA noch Mobiliar mit. Der materielle Verlust hielt sich aber Grenzen. Borcke taxierte den Wert der vier Pferde auf 625.000 RM, die US-Amerikaner boten 290.000 RM. Das hessische Finanzministerium zahlte im Vergleichswege schließlich 400.000 RM Entschädigung an Erlenhof.[514]

Borcke hielt diese finanzielle Entschädigung für angemessen, zumal die Pferde aus seiner Sicht – ebenso wie zwei weitere, die 1946 beschlagnahmt wurden – nicht oder nicht mehr dringend für die Zucht benötigt wurden.[515] Er sorgte sich vielmehr darum, dass sich in der TBG niemand für das Schicksal des Gestüts inter-

---

[508] Ritter an die Atuina, 2.12.1946, SIT TB/995
[509] Von 1935 bis 1940 lag es bei 150.000, 1941, 1942 bei 600.000 RM. Vgl. hierzu Eigene Berechnungen nach: Deutsche Gesellschaften der Thyssen-Bornemisza-Gruppe, 1.1.1949, SIT NROE/13.
[510] Aktenbericht, 30.4.1944, S. 3, tkA FÜ 92.
[511] Litchfield, Thyssen-Dynastie, S. 153-156.
[512] Aktenbericht, 6.11.1943, S. 3, tkA FÜ 92.
[513] Exposé (Roelen) [1952], S. 29, SIT/NROE 15.
[514] Borcke an BHS, 6.3.1948, NL-HaNA 2.05.117, inv.nr. 27213.
[515] Borcke an Hans Heinrich Thyssen-Bornemisza, 26.6.1946, SIT TB/995.

essierte, zumal Heinrich Thyssen-Bornemisza aus gesundheitlichen Gründen nicht mehr in der Lage war, sich für Erlenhof zu verwenden. Hans Heinrich und Roelen hatten freilich 1945/46 andere Sorgen, als sich um das ökonomisch nachrangigste Unternehmen der TBG zu kümmern, das zudem in der US-Zone lag, die aus der britischen Zone nicht ohne Weiteres zu erreichen war.[516] Anderweitige Unterstützung blieb aus: Der einzige Geschäftsführer Lübke war in Gefangenschaft, die Unterlagen zu Erlenhof weitgehend vernichtet und Landesstallmeister Albert galt als politisch belastet, weil er 1937 in die NSDAP eingetreten war. Daher war von Borcke in Bad Homburg auf sich allein gestellt. Da er aber mit dem verbliebenen Rennstall von Berlin nach München übergesiedelt war, konnte auch er die Interessen der TBG vor Ort nicht wirksam vertreten.[517]

Weil aber auch die US-Ermittler 1946 nicht so recht wussten, wie sie das Gestüt in die Thyssen-Bornemisza-Gruppe einordnen konnten und ob es sich überhaupt um ein dekartellierungsrelevantes Objekt handelte, unternahmen sie zunächst nichts.[518] Dennoch drohte Ungemach, da die US-Behörden erwogen, das Gestüt umzuwidmen und es landwirtschaftlich sowie als Flüchtlingslager zu nutzen. Landestallmeister Albert machte für diese Pläne niemand Geringeren als den ehemaligen Eigentümer Erlenhofs, Oppenheimer, bzw. dessen Nachfahren verantwortlich und hielt dies in mehr oder minder offensichtlicher Denktradition für einen jüdischen Komplott: »Hinter der ganzen Sache [steht, BG] Oppenheimer über einen Herrn Katz, der als der allgewaltige Mann für diese Dinge bei der Regierung Newmann zuständig ist.«[519] Auch Borcke fürchtete, dass es um die Vorgänge von 1933 »noch einmal einen ziemlich Tanz geben« werde, auch wenn er sicher war, rechtlich nichts befürchten zu müssen.[520]

In der Tat interessierten sich die US-Ermittler für den Erwerb von Erlenhof 1933 und wollten überprüfen, ob es sich um einen »Arisierung«-Fall handelte.[521] Übermäßig nachhaltig waren diese Bemühungen aber nicht, denn in den späteren Dokumenten der US-Behörden tauchen die Vorgänge nicht mehr auf. Allerdings machten die Erben Oppenheimers 1948 Ansprüche gegen Erlenhof geltend. Oppenheimer selbst hatte sich infolge der fortgesetzten Verfolgung durch das NS-Regime, das ihn mit fragwürdigen Argumenten faktisch enteignet und juristisch belangt hatte, das Leben genommen.[522] Noch zu Lebzeiten hatte er wiederholt verlauten lassen, dass der Kaufpreis von 350.000 RM viel zu niedrig gewesen

---

[516] Borcke an Ritter, 14.12.1945, SIT TB/995; Ritter an Hans Heinrich Thyssen Bornemisza, 9.6.1946, SIT TB/2142.
[517] Borcke an Hans Heinrich Thyssen-Bornemisza, 26.6.1946, SIT TB/995; Ritter an Hans Heinrich Thyssen-Bornemisza, 15.5.1946, S. 6, SIT TB/996.
[518] Memorandum (Avery), 27.11.1946, BArch Koblenz Z 45 F, Shipment 17, Box 244-1, Folder 11.
[519] Albert an Erlenhof, 17.2.1947, SIT TB/978.
[520] Borcke an Ritter, 22.8.1946, SIT TB/995.
[521] Memorandum (Avery), 27.11.1946, BArch Koblenz Z 45 F, Shipment 17, Box 244-1, Folder 11.
[522] Rebentisch, Schwere Zeiten, S. 210.

sei. Alleine der Deckhengst Graf Isolani sei 180.000 RM wert gewesen.[523] Hans Heinrich Thyssen-Bornemiszas Anwälte ließen sich auf eine solche Argumentation, die auch von den Erben Oppenheimers vorgetragen worden war, nicht ein und verwiesen darauf, das Gestüt im Konkursverfahren zum angemessenen Preis erworben zu haben. Es falle daher nicht unter die Bestimmung des Rückerstattungsgesetzes.[524]

Formal war eine solche Sicht wohl auch richtig, da das zwischengeschaltete Konkursverfahren die Verantwortung für die Preisbildung dem Konkursverwalter übertragen hatte, der entweder aus politischen Gründen keinen höheren Preis verlangte oder in den Ausläufern der Weltwirtschaftskrise keinen solventen Käufer für ein nicht gerade alltägliches (Luxus-)Gut fand. Wahrscheinlicher ist die erste Variante, da auch Dieter Rebentisch explizit darauf verweist, Cuntz habe Oppenheimers Vermögen verschleudert. In der Sache hätte daher wohl der Konkursverwalter der Adressat von Entschädigungsansprüchen sein müssen. Dennoch ist nicht ernsthaft zu bezweifeln, dass der Kaufpreis überaus günstig war. Selbst wenn man die Zusatzaufwendungen für die Erwerbungen in Bad Homburg und Hoppegarten hinzurechnet, zahlte Heinrich für die etwa 54 Hektar bei Erlenhof, die übrigen Grundstücke in Bad Homburg, die Ställe, Wohnhäuser, die Grundstücke und die Villa in Hoppegarten sowie teils herausragende Pferde gut 532.000 RM.

Der Wert der vier 1945 beschlagnahmten Pferde wurde durch von Borcke mit 625.000 RM angegeben, 1948 kursierten Gerüchte, dass der Derby-Sieger Nordlicht, der laut Borcke 1945 alleine 300.000 RM Wert gewesen sein soll, in den USA sogar für 350.000 $ angeboten wurde.[525] Tatsächlich wurde Nordlicht 1949 für 20.300 $ (gut 85.000 DM) verkauft, was Der Spiegel immer noch für eine »enorme Summe« hielt.[526]

Das verdeutlicht zum einen, dass Preisbildung für Pferde kein einfaches Unterfangen war, und zum anderen, dass alleine der Wert des lebenden Inventars bei Erlenhof 1933 über jenen 350.000 RM gelegen haben dürfte, die Thyssen-Bornemisza bezahlte, selbst wenn der Bestand noch nicht die Qualität hatte wie unter von Borckes Leitung. Legt man etwa die Bewertung der US-Behörden für die beiden günstigsten beschlagnahmten Pferde (20.000 RM) zugrunde, wären der 1933 übernommene Bestand von 60 Pferden bereits 1,2 Mio. und die zu Beginn der 1950er Jahre vorhandenen 40 Pferde etwa 800.000 RM wert gewesen. Im – freilich besonders erfolgreichen – Jahr 1942 lagen alleine die Rennprämien auf der Höhe des Verkaufspreises von 1933. Ferner schätzte der US-Ermittler Constant aufgrund von Feuerversicherungsunterlagen den Wert Erlenhofs 1946 auf 800.000 RM, bezog sich

---

[523] Vgl. de Taillez, Bürgerleben, S. 165-166.
[524] Litchfield, Thyssen-Dynastie, S. 334-335.
[525] Borcke an BHS, 6.3.1948, NL-HaNA 2.05.117, inv.nr. 27213.
[526] »Bis zur Krawatte«, in: Der Spiegel, 22.6.1950, S. 33-34.

dabei aber nur auf die Grundstücke und Immobilien.⁵²⁷ Die Bilanz zum 31. Dezember 1942, noch vor der Zusammenlegung mit Landswerth, bewertete die Immobilien zwar nur mit gut 113.000 RM und die Grundstücke mit gut 14.000 RM, aber das lebende Inventar immerhin mit etwa 409.000 RM.⁵²⁸ Selbst wenn man diese, vermutlich stark unterbewertete Bilanz heranzieht, erweist sich der Kaufpreis von 350.000 RM bzw. 532.000 RM mindestens als günstig. Schließlich deutet auch die Entwicklung des Stammkapitals auf zunächst 600.000, seit 1943 dann 850.000 RM auf die hohe und steigende wirtschaftliche Substanz Erlenhofs hin, zumal in einer Unternehmensgruppe, die nachweislich zur Unterkapitalisierung tendierte.

Diese fragmentarischen Informationen legen nahe, dass Heinrich Thyssen-Bornemisza ein lukratives Geschäft gemacht hatte, als er das über den Umweg Konkurs »arisierte« Gestüt erwarb. Der Preis lag unterhalb des wirtschaftlichen (und des ideellen) Werts. In dieser Hinsicht war er ein »Arisierungs«-Profiteur, wenngleich kein »Arisierungs«-Akteur, da er mit der Ausbootung Oppenheimers selbst nichts zu tun hatte. Er profitierte allerdings von den durch diesen Vorgang geschaffenen Fakten. Dennoch erweist sich auch hier Roelens nachträgliche Schilderung als euphemistisch: »Er (=Heinrich, BG) lehnte jegliche Teilnahme an Arisierungen und sonstigen Erwerb jüdischen oder sonst beschlagnahmten Vermögens ab, zumal er auch gegen alle Erweiterungen, insonderheit während des Krieges, war.«⁵²⁹

Roelens Darlegung trifft nur für die Zeit der systematischen »Arisierungswellen« zu, nicht aber für den Fall Oppenheimer, der 1933 den willfährigen Erfüllungsgehilfen der IHK Frankfurt zum Opfer gefallen war und mithin keinen typischen »Arisierungsfall« darstellte. Allerdings kannte man innerhalb der TBG die Hintergründe der Transaktion zumindest in ihren Grundzügen wie die Ausführungen Alberts und von Borckes nahelegen. Insbesondere von Borcke war von Anfang dabei gewesen und vielleicht sogar das Züngchen der Waage, warum Heinrich Erlenhof erwarb. Daher muss man wohl ausschließen, dass er 1946 seine Bedenken nur äußerte, weil die Restitution jüdischen Vermögens grundsätzlich auf die politische Agenda kam, sondern vielmehr ahnte er, dass die Transaktion von 1933 zumindest moralische Fragezeichen hinterließ. Die TBG um Hans Heinrich Thyssen-Bornemisza fochten die moralischen Fragen des niedrigen Preises freilich nicht an, sondern – auch dies hatte von Borcke ausgeführt – man wähnte sich juristisch im Recht und agierte entsprechend.

Die goldenen Zeiten Erlenhofs waren 1948 ohnehin fürs Erste vorbei. Nach der Währungsreform, seit Mitte 1948, kümmerte sich dann auch Roelen um das Gestüt und zog nur ein verhalten positives Fazit. Erlenhof habe die schwierigen Zeiten einigermaßen überstanden. Nur der Rennstall, der aus Hoppegarten (SBZ) zwi-

---

⁵²⁷ Memorandum (Constant), 21.11.1946, BArch Koblenz, Z 45 F, Shipment 17, Box 244-1, Folder 11
⁵²⁸ Steuerbilanz per 31. Dezember 1942, August-Thyssen-Bank AG: Thyssen-Bornemisza-Concern Reports, Appendix 3, S. 19, NARA M1922 Roll 0058.
⁵²⁹ Exposé (Roelen) [1952], S. 13, SIT/NROE 15.

schenzeitlich nach München verlagert worden war, sorgte für Probleme, da die Pferde das bayerische Klima nicht gut vertrugen. Auch deshalb verlegte man den Rennstall schließlich nach Dortmund. Dennoch war die Saison 1948 mehr oder minder ein Totalausfall. Es wurden kaum Renngewinne erlaufen, sodass Thyssengas einen Überbrückungskredit über 40.000 DM bewilligte, um die laufenden Kosten Erlenhofs zu decken.[530]

Die finanzielle Unterdeckung bestand dennoch weiter. Die Preisgelder, die in der Bundesrepublik gezahlt wurden, reichten nicht aus, um die steigenden Kosten zu decken. Im europäischen Vergleich waren die deutschen Züchter zudem nur unterdurchschnittlich an den Wetteinnahmen der Branche beteiligt. Daher gerieten auch andere bundesdeutsche Gestüte seit den 1950er Jahren immer mehr in Schieflage und zugleich waren bundesdeutsche Pferde international kaum mehr konkurrenzfähig.[531] 1954 beriet das Lenkungsgremium der TBG, die Gesellschafter der HAIC, über die Zukunft des Gestüts, das bei aller konzedierten Qualität von Landesstallmeister Albert vor allem über das Missverhältnis von (steigenden) Kosten (1952 ca. 200.000 DM) und (geringeren) Erträgen (ca. 100.000 DM) klagte. Doch auch atmosphärisch lag einiges im Argen. So hatte sich beispielsweise Adrian von Borcke mit Otto Schmidt, dem mit 2.200 Rennsiegen damals erfolgreichsten deutschen Jockey, überworfen, weil er ihn für ein prestigeträchtiges, aber sportlich aussichtsloses Rennen 1952 in Ascot gegen stärkste ausländische Konkurrenz nicht als Reiter vorgesehen hatte und erst auf Druck von Hans Heinrich Thyssen-Bornemisza doch nominierte. Für das schlechte Abschneiden machte von Borcke schließlich Schmidt verantwortlich und griff diesen auch öffentlich ungewöhnlich scharf an.[532]

Daher schien auch dem TBG-Koordinationsgremium »eine kräftige Leitung erwuenscht«. Hans Heinrichs Schwester Margit Batthyány übernahm fortan die Geschäftsführung. Grundsätzlich schloss das Gremium nicht aus, Erlenhof zu verkaufen, doch Gräfin Batthyány erhielt hinreichend Zeit, das Gestüt nach ihren Vorstellungen zu führen.[533] Es gelang ihr, nicht zuletzt durch die Erfolge der Pferde, die Einnahmen Erlenhofs beträchtlich auf gut 450.000 DM (1963) zu steigern, allerdings gelang es auch ihr nicht, das Kostenproblem in den Griff zu bekommen. Die Lösung lag daher darin, den Rennstall nach Paris zu verlegen, um von den deutlich besseren Einnahmemöglichkeiten in Frankreich zu profitieren.[534]

Die Zucht- und Rennbetrieb Erlenhof GmbH war gewiss kein typisches Unternehmen der Thyssen-Bornemisza-Gruppe, aber es war eigentumsrechtlich mit ihr verbunden und wurde auch kaufmännisch von TBG-Managern geführt. Den-

---

[530] Roelen an Hans Heinrich Thyssen-Bornemisza, 29.9.1948, SIT TB/2139.
[531] »Zuflucht am Golfstrom«, in: Der Spiegel 28/1964, S. 64-65. 1953 lag der Verlust von Erlenhof bei gut 220.000 DM, die durch den Organschaftsvertrag mit Thyssengas abgedeckt waren. Vgl. Bericht (13), 1.10.1953-31.12.1953, S. 12, SIT TB 02339.
[532] »Otto soll's gewesen sein«, in: Der Spiegel, 20.8.1952, S. 25-26.
[533] Entwurf-Protokoll, 8.7.1954, TB 02339.
[534] »Zuflucht am Golfstrom«, in: Der Spiegel 28/1964, S. 64-65.

noch waren neben dem fraglos und fragwürdig günstigen Verkaufsangebot Prestigeerwägungen sowie Vermögensdiversifizierung und -sicherung ausschlaggebend für den Einstieg bei Erlenhof. In rein wirtschaftlicher, sich in Dividenden ausdrückender Hinsicht war das Gestüt jedenfalls nicht das beste Pferd im »Stall« Heinrich Thyssen-Bornemiszas; es sollte es aber – ganz anders als die Bank voor Handeln en Scheepvaart – auch gar nicht sein.

7. Schaltzentrale und transnationaler Konfliktherd: Die Bank voor Handel en Scheepvaart (BHS)

Die am 5. Juli 1918 errichtete und am 5. Oktober 1918 zugelassene Bank voor Handel en Scheepvaart (BHS) trug ihren Namen nicht von ungefähr. Sie wurde aus dem Handels- und Schifffahrtsunternehmen N.V. Handels- en Transport-Maatschappij »Vulcaan« ausgegründet und übernahm anschließend die Aktienmehrheit der N.V. Vulcaan.[535] Dadurch verfügte die BHS über die umfassenden Reserven des Handels- und Schifffahrtsunternehmens, die mit dessen beständigen Gewinnen die Grundlage für das Bankgeschäft bildeten. Dieses Geschäft war in den 1920er Jahren auf Deutschland und die Niederlande ausgerichtet und ruhte zu Beginn auf drei, mehr oder minder miteinander verflochtenen Säulen: Erstens vergab die BHS Kredite an abhängige Unternehmen, v.a. die N.V. Vulcaan, zweitens an weitere Unternehmen August Thyssens, später auch an die Vereinigten Stahlwerke, und führte, drittens, Transaktionen mit Familienmitgliedern durch. Kunden ohne Thyssen-Bezug waren (und blieben) eine seltene Ausnahme.[536]

7.1. Geschäftsmodell Thyssen: Die BHS als Holding, Konzern- und Familienbank

Von einem normalen Bankgeschäft konnte bei der BHS daher nicht die Rede sein. Sie erfüllte drei Funktionen für die Thyssens: Erstens hielt sie unmittelbar Anteile »produktiver« TBG-Unternehmen – N.V. Vulcaan, PWR, Rittergut Rüdersdorf, FSG, Union Banking Corporation – und über zwischengeschaltete Gesellschaften weitere Beteiligungen. In dieser Hinsicht war die BHS eine Holding. Sie entsandte daher maßgeblichen Manager – die beiden *Bestuurders* (Vorstandsmitglieder) Hendrik Jozef Kouwenhoven und Carel Schütte sowie den *Commissaris* (Aufsichtsrat) Johann Georg Gröninger – in die Aufsichtsräte abhängiger Unternehmen. Kouwenhoven etwa saß in den Kontrollgremien von PWR, Oberbilk,

---

[535] Wixforth, Stahlkonzern, S. 33-34; vgl. Litchfield, Thyssen-Dynastie, S. 76-77.
[536] Bank voor Handel en Scheepvaart, Oktober 1929, S. 3, 13, NL-HaNA 2.25.68, inv.nr. 12941; Vernehmung Kouwenhoven, 14.7.1940, S. 3, NARA RG 466, Entry A1 28, Box 63.

FSG, Bremer Vulkan, ATB, Walsum, Neu-Eversael, Hiesfeld XIV, XVIII, XXI, Görsicker und Eppinghoven,[537] Carel Schütte war bei der ATB vertreten und Gröninger, der starke Mann bei der N.V. Vulcaan, kontrollierte im Wesentlichen die beiden Werften in Flensburg und Bremen.[538] Zwar war die BHS keine Holding in Reinform, da sie weder ausschließlich als solche fungierte noch sämtliche Beteiligungen der TBG verwaltete, doch sie war gerade in ihrer Brückenfunktion zwischen den niederländischen und deutschen Unternehmen am ehesten so etwas wie eine Gruppenzentrale, vor allem in Verbindung mit den Accountants des RTK.

Zweitens war die Bank ein maßgeblicher Kreditgeber für die deutschen und die niederländischen Gesellschaften. Die Kreditarten unterschieden sich jedoch. Gemessen am Volumen war die N.V. Vulcaan 1928 mit knapp sechzig Prozent die größte Schuldnerin der BHS, doch handelt es sich hierbei in der Regel um kurz- und mittelfristige Handelskredite, mit denen Vulcaan das Transportgeschäft vorfinanzierte. Zugleich war die N.V. Vulcaan mit umfangreichen Kontokorrent- und Terminguthaben auch die größte Gläubigerin der Bank.[539]

Aus betriebswirtschaftlicher Sicht hätte die N.V. Vulcaan auf die Bank gewiss verzichten können. Für die gesamte Gruppe hatte die Bankgründung aber positive Effekte, da die BHS eine – für Banken typische – Transformationsfunktion innehatte. Sie nahm überschüssige »Spargelder«, in erster Linie liquide Mittel der N.V. Vulcaan, an, verzinste diese und vergab auf dieser Basis langfristige Kredite an die deutschen Produktionsunternehmen, um deren Investitionen zu finanzieren. Als Bank war die BHS wenig bedeutend, für die Finanzierung der TBG war sie es aber nicht. Unter den Kreditnehmern befanden sich 1928 daher auch nur Unternehmen aus dem Thyssen-Umfeld.[540]

Drittens verwaltete die BHS Vermögen. Sie legte Eigenmittel in Wertpapieren an und führte Depots für Dritte, v.a. für die Thyssens, für Manager und Pensionskassen der Gruppe.[541] Über die Verteilung des »Privatkundengeschäfts« lässt sich freilich wenig sagen, da die BHS die Kundenbeziehungen anonymisierte. Statt einzelner Familienmitglieder stand das RTK als Kunde in den Büchern der Bank. Für August Thyssen jr. sind jedoch einige Angaben erhalten. In seinem

---

[537] Investigation Branch, Hendrick Josef Kouwenhoven, 5.3.1948, S. 3, NL-HaNA 2.09.49, inv.nr. 530.
[538] Vgl. die Geschäftsberichte der ATB, der FSG und des Bremer Vulkan.
[539] Bank voor Handel en Scheepvaart, Oktober 1929, S. 5, 28, NL-HaNA 2.25.68, inv.nr. 12941
[540] VSt, ATH, Companhia Thyssen do Brasil, Thyssengas, Atunia, Bergbau- und Hütten A.G. Friedrichshütte Herdorf, Deutsche Edelstahlwerke AG, Oberbilk, RTK, Nedexpimo, Cehandro, Vulcaan Coal, Carl Rabes (vermutlich für die VSt), Wilh. Uebel Mannheim (vermutlich für Vulcaan/DeNeSuH) und J.W. Scheidt. Lediglich die Handel Maatschappij Santos gehörte nicht zum engeren Thyssen-Netzwerk. Bank voor Handel en Scheepvaart, Oktober 1929, S. 27, NL-HaNA 2.25.68, inv.nr. 12941.
[541] So gehörte etwa das Depot QQ 38 Ernst Knüttel, QQ 41 Paul Thomas und QQ 42 Rudolf Krautheim, QQ 101 Franz Lenze, QQ 79 war ein Gemeinschaftsdepot von Fritz, Hans und Julius Thyssen. Statement Meijer, 9.9.1954, TNA, BT 271/438; zu den Pensionskassen siehe Claim No. 42717, NARA RG 131, Entry P 33, Container 18.

vom RTK verwalteten Depot bei der BHS lagerten 1940 etwa 2,3 Millionen RM RWE-Aktien und mehrere festverzinsliche Dollar-Anleihen mit einem Nominalwert von zusammen 76.400 $, u.a. von Telekommunikationsunternehmen (American Telephone and Telegraph Company (AT&T), International Telephone and Telegraph Corporation (ITT)), Eisenbahnen (Southern Pacific, Canadian Pacific, Union Pacific), der Bethlehem Steel Corporation, des RWE und des Deutschen Reichs.[542]

Neben der Vermögensverwaltung nutzten einige Familienmitglieder die Bank, um politische Gefälligkeiten zu finanzieren. Beispielsweise gab Fritz Thyssen zu Protokoll, sich bei der BHS dafür verwandt zu haben, der Deutschen Bank einen Devisenkredit im Gegenwert von 350.000 RM einzuräumen, der für Rudolf Heß bestimmt war.[543]

Als Familienbank wurde die BHS (bzw. das RTK) in die familiären Vermögensauseinandersetzungen hineingezogen.[544] Nicht immer agierte sie dabei im Interesse ihrer Kunden. Beispielsweise weigerte sich die Bank, Wertpapiere aus dem Depot von August Thyssen jr. nach Deutschland zu übermitteln. Sie verschanzte sich dabei hinter – fragwürdigen – formalen Argumenten, obwohl der neue Bevollmächtigte von August jr., der Hannoveraner Rechtsanwalt Dr. Paul Langkopf, wiederholt darauf hinwies, dass einem Transfer des gesamten Depots nichts entgegenstehe, sondern – im Gegenteil – dieser von den deutschen Behörden ausdrücklich gewünscht werde.[545]

Wie hoch das familiäre Vermögen war, das die BHS verwaltete, ist kaum zu schätzen. Alle Anlagen des RTK bei der BHS zusammen – für die Familie wie für familiennahe Unternehmen wie die Cehandro und Wodan – beliefen sich 1928 insgesamt auf knapp 8,5 Mio. hfl.[546] Für die spätere Zeit liegen vergleichbare Angaben nicht mehr vor. Um 1950 verwaltete die Bank insgesamt aber immerhin knapp 250 Wertpapierdepots – ein Indiz dafür, dass sie auch Anlaufstelle für eine

---

[542] Tatbestand betreffend Verwaltung des in Holland lagernden Vermögens des Herrn August Thyssen jun., 26.8.1940, HIDB F88/1505.
[543] Interrogation of Fritz Thyssen, 5.11.1945, S. 4, NARA M 1922 Roll 0074.
[544] Vgl. Derix, Thyssens, S. 341-342.
[545] Langkopf an RTK, 10.9.1940, HIDB, F88/1505. Dort verweist er auf frühere Schreiben. Die Sache war insofern kompliziert, als August Thyssens (jr.) Verfügungsrechte tatsächlich eingeschränkt waren. Durch Vertrag vom 9.1.1924 waren sie auf einen Treuhänder übertragen worden. Ferner legte dieser fest, dass August jr. für eine lange Zeit kein Recht hatte, die Aktien ausgehändigt zu bekommen. Diese Begrenzung endete für 75 Prozent des Depots vor 1940, während die übrigen 25 Prozent weiterhin treuhänderisch verwaltet werden mussten. Von 1926 bis Anfang 1939 fungierte Carl Härle als Treuhänder. Daher bestand das RTK auf seiner Unterschrift (und jener Fritz Thyssens). Aber nachdem Härle sein Mandat niedergelegt hatte, übernahm Paul Langkopf die Vermögensverwaltung, für die RWE-Aktien gemeinschaftlich mit Stephan Thyssen-Bornemisza. Tatbestand betreffend Verwaltung des in Holland lagernden Vermögens des Herrn August Thyssen jun., 26.8.1940, HIDB F88/1505.
[546] Bank voor Handel en Scheepvaart, Oktober 1929, S. 28, NL-HaNA 2.25.68, inv.nr. 12941.

vermögende Privatkundschaft war, die sich wohl nicht ausschließlich aus Familienmitgliedern rekrutierte.[547]

Bei den eigenen Effekten verfolgte die Bank eine konservative Anlagestrategie. Die Wertpapiere – mehr Obligationen als Aktien – lauteten auf Gulden, Mark, französischen und belgischen Franc, britisches Pfund, US-Dollar und ungarischen Pengö, d.h. die Bank streute das Währungsrisiko. Zum Portefeuille gehörten Staats-, Eisenbahn- und Industrieanleihen, darunter auch Dollar-Obligationen der VSt. Die meisten Werte waren kurzfristig liquidierbar. Ferner hinterlegte die BHS ihre Mittel bei anderen Banken, darunter bei der Nederlandsche Bank, Nederlandsche Handel- en Maatschappij, der Banco de Bilbao, der Danat-Bank, der ATB, der Union Banking Corporation und Skand. Kredit A.B. Die Anlagen bei spanischen und schwedischen Banken dienten dazu, Erzlieferungen in Landeswährung zu bezahlen.[548]

In den 1930er Jahren erweiterte die BHS ihr Anlagespektrum um Obligationen der Canadian Pacific Railway, der IG Farben und der Wasserwerke (für das nördliche westfälische Kohlenrevier) AG (Gelsenwasser), die mit Thyssengas zusammenarbeitete, ferner um eine Beteiligung an der Koninklijke Olie, d.h. der N.V. Koninklijke Nederlandse Petroleum Maatschappij, dem niederländischen Part von Royal Dutch Shell.[549]

Freilich waren die Möglichkeiten der BHS, andere Geschäftsfelder als »Thyssen« zu erschließen, lange eingeschränkt. Die Nederlandsche Bank weigerte sich noch 1923, der BHS das Recht einzuräumen, ihre Wechsel bei der Zentralbank zu diskontieren (und derart den Kreditspielraum der Bank zu erhöhen). Sie begründete dies damit, dass sie als niederländische Zentralbank niederländischen Interessen zu dienen habe. Die BHS gelte aber trotz niederländischer Rechtsform und Vorstandsmitglieder als deutsche Bank. Angesichts angespannter Kreditmärkte sah die Nederlandsche Bank deshalb davon ab, einer »ausländischen« Bank zusätzliche Kreditmittel zu beschaffen.[550] Weil somit der finanzielle Handlungsspielraum der BHS maßgeblich davon abhing, dass sie als niederländisches Kreditinstitut wahrgenommen wurde, war es seit Mitte der 1920er Jahre das Ziel von Hendrik Jozef Kouwenhoven, der Bank ein »ausschließlich holländisches Gepräge« zu geben.[551]

Dies gelang ihm zumindest in Ansätzen: 1929 erlaubte die Zentralbank der BHS, Wechsel zu diskontieren – allerdings nur Wechsel niederländischen Ur-

---

[547] Nota voor de Directie inzake de BHS, 19.11.1951, S. 3, NL-HaNA 2.25.68, inv.nr. 12779.
[548] Bank voor Handel en Scheepvaart, Oktober 1929, S. 23-25, NL-HaNA 2.25.68, inv.nr. 12941. Die Aktien der FSG führte die Bank im Übrigen unter Wertpapieranlagen und nicht unter Beteiligungen.
[549] Nota inzake den Maandstaat per ult Januari 1941 van de BHS, März 1941, S. 15, Nota voor de Directie inzake de BHS, 19.11.1951, S. 9, NL-HaNA 2.25.68, inv.nr. 12779.
[550] Bezoek van de heeren Schutte en Kouwenhoven, 18.12.1923; Bezoek by het bestuur van den heer G. Vlug, 31.12.1923, NL-HaNA 2.25.68, inv.nr. 12779.
[551] Vernehmung Kouwenhoven, 24.7.1940, S. 12, NARA RG 466, Entry A1 28, Box 63.

Abb. 15: Innenansichten der ›heimlichen‹ TBG-Zentrale: Der Schalterraum der Bank voor Handel en Scheepvaart, 1938

sprungs.[552] Sie zögerte indessen im selben Jahr, der BHS auch den Akzeptkredit zu ermöglichen. Die BHS wollte auf dieser Grundlage ihr Geschäft diversifizieren, aber bei der Nederlandsche Bank war es Usus, Akzeptkredite nur Banken mit bereits diversifizierter Geschäftspolitik zu gewähren. Angesichts der kreditwirtschaftlichen Besonderheiten der BHS wich die Zentralbank doch von dieser Prämisse ab. Sie gewährte Akzeptkredite vollumfänglich für gruppenfremde Geschäfte bzw. schränkte sie für gruppeninterne Transaktionen ein. Ziel der Nederlandsche Bank war es, der BHS eine Diversifizierung zu ermöglichen, nicht aber die Finanzierung der Thyssen-Bornemisza-Gruppe zu erleichtern. Sie war sich bewusst, dass es sich hierbei um eine Gratwanderung handelte und befristete die Zulassung zu Akzeptkrediten zunächst für ein Jahr.[553] Die Zentrale der Nederlandsche Bank in Amsterdam trug sich unter dem Eindruck der Verwerfungen an den Kredit- und Kapitalmärkten 1931 mit dem Gedanken, die Genehmigung zu widerrufen, aber die Rotterdamer Filiale machte sich für die BHS stark, sodass sie auch weiterhin Akzeptkredite erhielt.[554]

---

[552] Nederlandsche Bank an Bybank van Nederlandsche Bank, Rotterdam, 15.8.1929, NL-HaNA 2.25.68, inv.nr. 12779.
[553] Nota i.z. de Bank voor Handel en Scheepvaart, 12.11.1929, NL-HaNA 2.25.68, inv.nr. 12941.
[554] Bybank van Nederlandsche Bank, Rotterdam, an Nederlandsche Bank, 13.11.1931; Bybank van Nederlandsche Bank, Rotterdam, an Nederlandsche Bank, 21.12.1933; NL-HaNA 2.25.68, inv.nr. 12779.

7. Die Bank voor Handel en Scheepvaart

Obwohl es der BHS somit grundsätzlich möglich war, langfristig ihr Geschäftsmodell zu ändern, sich aus der Abhängigkeit des TBG-Geschäfts zu lösen und zu einer »normalen« Bank zu entwickeln, blieb ihre Struktur, insbesondere der Fokus auf die Thyssens, in den 1930er und 1940er Jahren unverändert. Mit einer niederländischen Versicherung sowie einigen Handelsfirmen und Reedereien aus Amsterdam und Rotterdam konnte sie Geschäftsbeziehungen etablieren. Teils handelte es sich allerdings um niederländische Gesellschaften mit Fokus auf das Deutsche Reich, so etwa der 1939 in finanzielle Schwierigkeiten geratene Amsterdamer Wollhändler Fuhrmann & Co. Die Handelsgesellschaft gehörte zum Einflussbereich des Essener Textilunternehmens Scheidt. Insgesamt blieb mithin das Thyssen-Geschäft nach wie vor maßgeblich.[555] Eine kurz nach dem Beginn des Zweiten Weltkriegs erstellte interne Notiz der Nederlandsche Bank hielt entsprechend fest, die BHS »behartigt […] bijna uisluitend Duitsche zaken […] Een Nederlandsche cliëntèle schijnt de Bank niet te hebben.«[556]

Dennoch gab es einige – langfristig bedeutsame – Strukturverschiebungen im Geschäft der Bank. Beispielsweise löste Thyssengas die VSt als wichtigsten deutschen Kreditkunden ab, d.h. die BHS finanzierte weniger »Thyssen alt« und mehr »Thyssen neu«, also Heinrichs Unternehmen. 1940 standen Vulcaan, Halcyon-Lijn und Thyssengas im Zentrum der Geschäftstätigkeit, die N.V. Vulcaan weiterhin als größter Geldgeber, Thyssengas als mit Abstand größter Kreditnehmer (ca. 15 Mio. hfl. und 6,2 Mio. RM); auch die ATB verfügte über Kreditverpflichtungen von knapp 5 Mio. hfl.; der Gemeinde Haarlem hatte die BHS am 7. Mai 1940 ein Darlehn über 1,3 Mio. hfl. eingeräumt, die damit ebenfalls zu einem substantiellen Kreditnehmer wurde.[557]

Die BHS weitete bis zum Beginn der 1950er Jahre ihre Bankpartnerschaften aus und internationalisierte diese. Sie unterhielt 1951 u.a. mit fünf Amsterdamer Banken sowie mit Irving Trust, der Hanover Bank Ltd. (beide New York), der Schweizerischen Kreditanstalt, dem Schweizerischen Bankverein, der Union Banque de Suisse (alle Zürich) und S. Montagu & Co sowie der Lloyds Bank (beide London) Geschäftsbeziehungen.[558] Diese Internationalisierung hatte einen ökonomischen und einen familiären Hintergrund: Zum einen war die BHS in währungspolitisch vergleichsweise stabilen »Hartwährungsländern« aktiv und zum anderen folgte die Bank den Finanzbedürfnissen der zunehmend transnational agierenden Familie Thyssen.[559]

---

[555] Informatie-Biljet (Bybank Rotterdam), 15.9.1939; Nota inzake den Maandstaat per ult Januari 1941 van de BHS, März 1941, S. 1; Nota voor de Directie inzake de BHS, 19.11.1951, S. 2-3, NL-HaNA 2.25.68, inv.nr. 12779.
[556] Bank voor Handel en Scheepvaart, 15.9.1939, NL-HaNA 2.25.68, inv.nr. 12941.
[557] Nota inzake den Maandstaat per ult Januari 1941 van de BHS, März 1941, S. 2, 10, NL-HaNA 2.25.68, inv.nr. 12779, vgl. Bank voor Handel en Scheepvaart, November 1931, S. 2-3, NL-HaNA 2.25.68, inv.nr. 12941.
[558] Nota voor de Directie inzake de BHS, 19.11.1951, S. 9, NL-HaNA 2.25.68, inv.nr. 12779.
[559] Hierzu umfassend Derix, Thyssens.

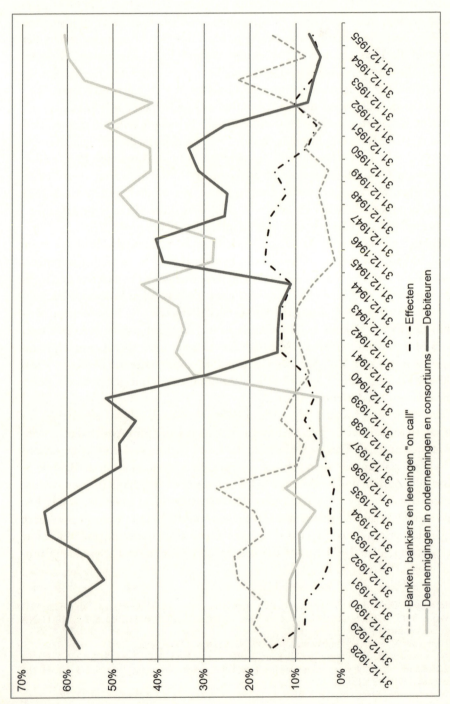

Grafik 23: Strukturveränderungen im Aktivgeschäft der BHS 1928 bis 1955 (Auswahl)
Quelle: Geschäftsberichte (»Verslag«) BHS 1928 bis 1955, NL-HaNA 2.25.68, inv.nr. 9972 und 9973; eigene Berechnungen

Tab. 29: Anteile der Einkunftsarten am Bruttogewinn der BHS 1928, 1948, 1949 und 1950

	1928	1948	1949	1950
Provisionen	3,28 %	5,36 %	13,04 %	7,61 %
Kreditzinsen	36,25 %	14,53 %	13,64 %	0,40 %
Erträge aus Wertpapieren	22,72 %	51,77 %	55,89 %	12,54 %
Erträge aus Beteiligungen	37,75 %	28,33 %	17,43 %	79,46 %

Quelle: Bank voor Handel en Scheepvaart, Oktober 1929, S. 18, 13, NL-HaNA 2.25.68, inv.nr. 12941; Nota voor de Directie inzake de BHS, 19.11.1951, S. 7, NL-HaNA 2.25.68, inv.nr. 12779; eigene Berechnungen. Sondereffekte für 1950 (Auflösung Pensionsrückstellungen) wurden heraus gerechnet.

Deutlich sichtbar werden die Strukturveränderungen, wenn man die Anteile verschiedener Einkunftsarten der Bank am Aktivgeschäft sowie am Bruttogewinn betrachtet. Langfristig verlor das Kreditgeschäft (*Debiteuren*) erheblich an Bedeutung, während das Beteiligungsgeschäft (*Deelnemigingen*) ein immer wichtigerer Bestandteil des Aktivgeschäfts wurde. Die Relation beider Aktivposten veränderte sich von 1939 auf 1940 besonders abrupt, weil der bisherige Thyssengas-Kredit in eine Beteiligung umgewandelt wurde.[560] Gleichwohl ist der Trend vom Kredit- zum Portfoliogeschäft offensichtlich.

Der Beitrag zum Bruttogewinn zeigt ein ähnliches Bild. Es liegen allerdings nur wenige Daten vor, da der Gewinn in der Bilanz meist aggregiert wiedergegeben wurde. Besonders die Zahlen von 1948 bis 1950 sind problematisch, da zahlreiche Sondereffekte zum Tragen kamen, etwa akkumulierte Dividendenzahlungen nach zuvor lange dividendenlosen Jahren oder ausstehende Provisionen (so 1949). Dies erklärt unter anderem die großen Veränderungen bei Wertpapieren und Beteiligungen zwischen 1948 und 1950. Der sehr abrupte Rückgang bei den Kreditzinsen 1950 ist darauf zurückzuführen, dass 1949 ein Darlehn über zehn Mio. hfl. getilgt worden war.[561]

Bei aller interpretatorischen Vorsicht zeigt sich grundsätzlich, dass die Bedeutung des Kreditgeschäfts zurückging und stattdessen Vermögenserträge an Bedeutung gewannen, gleich ob es sich um strategische Beteiligungen oder um Portfolio-Investitionen handelte. Ihr gemeinsamer Anteil betrug 1928 zwar bereits 60,5 Prozent, lag nach dem Zweiten Weltkrieg mit 80,1 (1948), 73,3 (1949) bzw. 92 Prozent (1950) merklich darüber.

---

[560] Nota inzake den Maandstaat per ult Januari 1941 van de BHS, März 1941, S. 8-9, NL-HaNA 2.25.68, inv.nr. 12779.
[561] Zu den Besonderheiten der Aufstellung zwischen 1948 und 1950 siehe Nota voor de Directie inzake de BHS, 19.11.1951, S. 8, NL-HaNA 2.25.68, inv.nr. 12779.

In der Zusammenschau beider Entwicklungen – Veränderungen im Aktivgeschäft und Beiträge zum Bruttogewinn – fällt besonders auf, dass das Wertpapiergeschäft nur einen recht geringen Teil der Bilanzsumme ausmachte, aber überproportional zum Gewinn beitrug: Der Beitrag zum Gewinn der Bank war höher als der Anteil am Geschäftsvolumen. Für die Kredite ergibt sich das gegenteilige Bild: Betrug ihr Volumen 1949 und 1950 noch mehr als 30 Prozent, erhöhten ihre Erträge mit maximal gut 14 Prozent den Gewinn der Bank nur unterdurchschnittlich. Angesichts dieser fragmentarischen Indizien wirkt die weitere Entwicklung der Bank voor Handel en Scheepvaart folgerichtig: Sie erwarb Ende 1970 25 Prozent der Nederlandse Credietbank und übertrug dieser ihr bisheriges Bankgeschäft.[562] Mit Wirkung vom 1. Januar 1971 firmierte sie sich in Thyssen-Bornemisza-Group N.V. um. Diese verwaltete fortan als Holding die Beteiligungen der Gruppe und managte als Investmentgesellschaft Wertpapieranlagen.[563]

Die Bank wirtschaftete konservativ, war ertragsstark und zahlte in den 1930er Jahren durchweg Dividenden von zehn Prozent. Mit ihrem eingeschränkten Geschäftsmodell, ihren einträglichen Beteiligungen sowie ihrer risiko-aversen Kredit- und Anlagepolitik, die das Insistieren auf bestehenden Verträgen einschloss, überstand die Bank voor Handel en Scheepvaart die ökonomischen und politischen Krisen seit dem Ende der 1920er Jahre (finanziell) nahezu problemlos. Dies legt alleine ein Blick auf die ausgewiesenen Gewinne nahe. Sie zeigen allerdings auch, dass die internationale Finanz- und Wirtschaftskrise nicht spurlos an der Bank vorüberging und dass auch der Zweite Weltkrieg Gewinne schmälerte.

Wie viele TBG-Gesellschaften baute die BHS seit den 1920er Jahre erhebliche Reserven auf, die zunehmend der Risikovorsorge dienten. Bis 1944 stieg dadurch das ausgewiesene Eigenkapital der Bank auf das 3,5fache des eingezahlten Grundkapitals an; es betrug etwa 42 Mio. hfl. Im Zuge der Bilanzbereinigung nach 1945 wurden die Reserven aufgelöst und die Bank wies nur noch ein Eigenkapital von 24 Mio. hfl. aus. Die stillen Reserven der BHS waren ebenfalls beträchtlich. Die niederländische Zentralbank identifizierte 1928 bei 14,7 Mio. hfl. ausgewiesenen Reserven weitere 6,5 Mio. hfl. stille Reserven im laufenden Bankgeschäft. Dies wirkte gegenüber dem versteckten Potential bei den Beteiligungen allerdings nachgerade bescheiden: Alleine aus der Unterbewertung der Vulcaan-Anteile bzw. der Differenz zwischen ihrem Wert und dem Buchwert in der BHS-Bilanz resultierte eine weitere, vorsichtig geschätzte Reserve in Höhe von 40 Mio. hfl. Mit den Unterbewertungen der Anteile von Rüdersdorf und den PWR sowie bei einigen Gebäuden belief sich die Summe gar auf 43 Mio. hfl. Mit den etwa 6,5 Mio. Gulden an »regulären« stillen Reserven war das Vermögen der BHS zum 31. Dezember 1928 somit um knapp 50 Mio. hfl. höher als aus der Bilanz ersichtlich.[564] 1941 beliefen sich die stillen Reserven auf etwa 30 Mio. hfl., darunter al-

---

[562] Mitteilung der Bank voor Handel en Scheepvaart N.V., Dezember 1970, SIT TB/2279.
[563] Vgl. Kapitel 2.4.3.
[564] Bank voor Handel en Scheepvaart, Oktober 1929, S. 15-16, NL-HaNA 2.25.68, inv.nr. 12941.

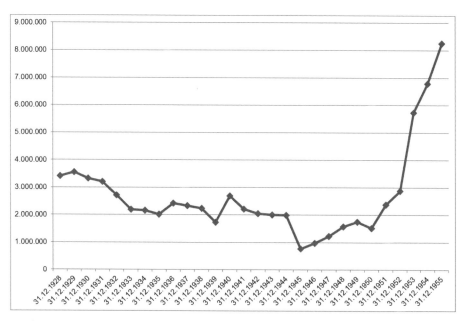

Grafik 24: Ausgewiesene Gewinne der BHS 1928 bis 1955 (nominal, hfl.)
Quelle: Geschäftsberichte (»Verslag«) BHS 1928 bis 1955, NL-HaNA 2.25.68, inv.nr. 9972 und 9973.

lerdings auch Rückstellungen für Risiko-Posten wie die Forderungen gegen die Union Banking Corporation (ca. 2,5 Mio. hfl.) und das Thyssen-Gold (knapp 15 Mio. hfl.).[565]

Obwohl die BHS von legalen Möglichkeiten der Bilanzkosmetik regen Gebrauch machte, verbarg sie ihren Reichtum keineswegs, wie einige Publikationen suggerieren. Dass beispielsweise nur der niederländische Zentralbankpräsident Vissering und seine Mitarbeiter 1932 von den 12 Mio. hfl. Grundkapital und den gut 20 Mio. hfl. Reserven der BHS gewusst haben sollen,[566] ist leicht zu widerlegen: Das sind exakt die Zahlen aus der publizierten Bilanz der BHS für dieses Geschäftsjahr,[567] die auch von der deutschen Wirtschaftspresse veröffentlicht wurden.[568] Die BHS hielt ihre Jahresabschlüsse auch keineswegs unter Verschluss, sondern nutzte sie vielmehr, um (vermögende) Kunden anzuwerben. Sie ließ sogar

---

[565] Nota inzake den Maandstaat per Ult. Januari 1941 van de Bank voor Handel en Scheepvaart N.V., März 1941, S. 7, 9, NL-HaNA 2.25.68, inv.nr. 12779.
[566] Derix, Thyssens, S. 339, in Anlehnung an Houwink ten Cate, Mannen, S. 132.
[567] Verslag BHS 1932, NL-HaNA 2.25.68, inv.nr. 9972.
[568] Vgl. die Presseausschnittsammlung zur BHS in BArch Berlin R 8136/472.

deutschsprachige Versionen des Geschäftsberichts drucken und versah diese mit einem Klappentext, der auf ihr Dienstleistungsangebot hinwies.[569]

7.2. Transferprobleme unter wirtschaftsnationalistischen Vorzeichen oder der lange Abschied vom Geschäftsmodell Konzernbank

Der Versuch, neue Kunden zu gewinnen, deutet auch darauf hin, dass die BHS ihr traditionelles Geschäftsmodell als Konzern- und Familienbank ändern wollte. Welche Probleme ein langfristiges, transnationales Kreditengagement mit sich bringen konnte, musste die BHS in den 1930er Jahren erfahren. Das Deutsche Reich reagierte auf die desorganisierte und zunehmend desintegrierte Weltwirtschaft sowie weltpolitische Zwänge mit wirtschaftsnationalistischen Maßnahmen. Aus Sicht transnationaler Banken waren die Einschränkungen im Kapital- und Devisenverkehr besonders gravierend. Sie gefährdeten die tradierten Kreditbeziehungen zwischen BHS und (altem) Thyssen-Konzern, nachdem bereits die Erbteilung 1926 einige Probleme mit sich gebracht hatte.[570]

Im Rahmen der Erbteilung hatte die August-Thyssen-Hütte Gewerkschaft ihr Vermögen in die VSt eingebracht. Daraus resultierte eine (beträchtliche) Genussscheinforderung gegen die neue Gesellschaft in Höhe von 56,9 Mio. RM. Die BHS übernahm seinerzeit diese Forderung, nicht zuletzt auf Betreiben Fritz Thyssens, zu einem Kurs von etwa 90 Prozent.[571] Sie avancierte dadurch zu einer maßgeblichen Kreditgeberin des »Stahltrusts«. Ihre starke Position drückte sich in einer personellen Überkreuzverflechtung mit den VSt aus. Die Bank entsandte mit Hendrik Jozef Kouwenhoven ein Vorstandsmitglied in den Aufsichtsrat der Vereinigten Stahlwerke, während im Gegenzug Albert Vögler, der Vorstandsvorsitzende der VSt, in den *Raad van Commissarissen* – das niederländische Pendant zum Aufsichtsrat – der Bank voor Handel en Scheepvaart eintrat.[572] Kouwenhoven gehörte dem Aufsichtsrat der Vereinigten Stahlwerke bis 1940 an,[573] doch Vögler schied bereits im Laufe des Jahres 1931, vermutlich als Folge der aktienrechtlichen Notverordnungen dieses Jahres, aus dem Aufsichtsgremium der BHS aus.[574]

---

[569] Exemplarisch: Bericht 1934, BArch Berlin R 8120/522; dort auch weitere Exemplare; ebenfalls in HWWA P 20.
[570] Vgl. Wixforth, Stahlkonzern, S. 204-208.
[571] Fritz Thyssen bzw. seine HAIC übernahmen im Rahmen dieser Transaktionen ebenso Garantien für den Kredit wie die Dunamis (Hans und Julius Thyssen). Für diese Garantien erhielten beide Gesellschaften Provisionen in Millionenhöhe (3,6 bzw. 2,4 Mio. RM). Vgl. Vernehmung Meyer, 22.8.1940, S. 43, NARA RG 466, Entry A1 28, Box 63.
[572] Bank voor Handel en Scheepvaart, Oktober 1929, S. 7-8, 13, NL-HaNA 2.25.68, inv.nr. 12941.
[573] Investigation Branch, Hendrick Jozef Kouwenhoven, 5.3.1948, S. 3, NL-HaNA 2.09.49, inv.nr. 530.
[574] Der Geschäftsbericht für 1930 führt ihn noch als Mitglied des vierköpfigen Gremiums auf, jener für 1931 nicht mehr. GB BHS 1930 und 1931, NL-HaNA 2.25.68, inv. nr. 9972. Vermutlich hing Vöglers Rückzug daher nicht mit geschäftlichen Erwägungen zusammen, sondern mit der Notver-

7. Die Bank voor Handel en Scheepvaart

Die Kreditbeziehung zu den VSt war für die Bank zunächst nicht mit größeren Risiken verbunden, da sie an bestehende Geschäftsverbindungen anknüpfte und weil die VSt als größter Stahlkonzern Europas über erhebliche Substanz verfügte. Doch die deutsche Bankenkrise vom Juli 1931 und die folgenden Einschränkungen des grenzüberschreitenden Zahlungsverkehrs belasteten das Kreditverhältnis zwischen der niederländischen BHS und der deutschen VSt (sowie Thyssengas). Am 15. Juli 1931 monopolisierte die Reichsbank den Devisenverkehr, d.h. Zahlungen in Devisen, mithin auch die Bedienung von Auslandskrediten, bedurften ihrer Zustimmung. Für die BHS gab Kouwenhoven intern seine »grösste Bestürzung über die Devisennotverordnung, die praktisch ein Auslandsmoratorium darstelle«, zu Protokoll und drängte u.a. das Schwesterunternehmen Thyssengas, ausstehende Kredite rasch zurückzahlen, indem er auf ein Sonderkündigungsrecht der Bank verwies. Franz Lenze konnte sich darauf nicht einlassen, zweifelte vorsorglich die Gültigkeit der Sonderkündigung an und verwies vor allem auf die »Wahrung der Interessen der Gesellschafter und der Geldgeber«, mithin auf die Interessen Heinrich Thyssen-Bornemiszas; eine sofortige Rückzahlung der eingeforderten zehn Millionen RM gefährde hingegen die Substanz von Thyssengas und schade dem (einzigen) Gesellschafter. Dem Argument konnte sich Kouwenhoven schlecht entziehen und er begnügte sich damit, angesichts der neuen, politisch induzierten Sachlage die Kreditkonditionen nachzuverhandeln und die Kredite zusätzlich durch Verpfändung künftiger Einnahmen zu besichern.[575]

Die harte Haltung Kouwenhovens und der BHS war kaufmännisch nachvollziehbar. Sie mussten befürchten, die politische Entwicklung führe gegebenenfalls zu Kreditausfällen. Kaum nachvollziehbar war allerdings, wie wenig Kouwenhoven im Gruppenzusammenhang dachte. Hier wie an anderen Stellen gewichtete er die Interessen der BHS höher als die Interessen der TBG und ihres gemeinsamen Eigners. Dieses durchaus persistente Handlungsmuster trug schließlich 1942 auch zu seiner Entlassung bei.[576]

Wiederholt ließ der Rotterdamer Bankier dabei erkennen, wie wenig er den deutschen Stellen und selbst den deutschen Managern der Schwesterunternehmen vertraute. Vielmehr nutzte er die Finanzkraft der BHS, um den deutschen Thyssen-Bornemisza-Managern seine gruppeninterne Macht zu demonstrieren. Sein konsequent kaufmännisches Denken wirkt weitsichtig und engstirnig zugleich: Weitsichtig, weil er keine finanziellen Risiken eingehen wollte, die er vor sich und seinem Prinzipal Heinrich Thyssen-Bornemisza nicht verantworten konnte, und

---

ordnung von 1931, die nur noch zwanzig Aufsichtsratsmandate pro Person zuließ. Art. VIII, Notverordnung über Aktienrecht, Bankenaufsicht und über eine Steueramnestie, 19.11.1931, in: RGBl. 1931 S. 493–501.
[575] Aktennotiz, 5.8.1931; Aktennotiz betr. Verpfändung von Forderung, 25.9.1931, SIT NROE/61. Vgl. umfassend Wixforth, Stahlkonzern, S. 127-131.
[576] Vgl. Kapitel 2.3.2.

engstirnig, weil er selbst befreundete Unternehmen (und große Kreditkunden mit demselben Prinzipal) in erhebliche Kalamitäten brachte.

Das Verhalten der BHS nach der Bankenkrise von 1931 zeigte dies deutlich. Das Deutsche Reich verständigte sich im Basler Stillhalteabkommen vom 17. September 1931 mit den Gläubigerstaaten, darunter den Niederlanden, grundsätzlich darauf, Darlehn zu stunden und temporär auf die Bedienung von Krediten zu verzichten. Für privatrechtliche Kredite griff das Stillhalteabkommen, seit 1932 als Kreditabkommen fortgeführt, indes nur, wenn die Gläubiger, in der Regel also die Banken, ihm explizit beitraten.[577] Die meisten niederländischen Banken taten dies mit Rücksicht auf ihre deutschen Kreditkunden auch, die Bank voor Handel en Scheepvaart jedoch nicht.[578]

Kouwenhoven begründete diese ungewöhnliche Haltung ironischerweise mit dem großen Kreditvolumen, das die BHS an deutsche Unternehmen vergeben hatte. Er bezifferte die BHS-Interessen im Deutschen Reich auf etwa 100 Mio. RM.[579] Zum Jahresende 1928 belief sich der Anteil der VSt inklusive von Tochtergesellschaften – Deutsche Edelstahlwerke, Cehandro, Nedeximpo – auf etwa 70 Prozent des Kreditvolumens, bei den langfristigen Krediten sogar auf 100 Prozent; die Risiken der Kreditbeziehung waren mithin enorm.[580]

Vermutlich fürchtete Kouwenhoven im Falle einer Stundung tatsächlich große Einnahmeausfälle für seine Bank – die Zinsen aus den VSt-Krediten machten 1928 immerhin etwa 25 Prozent des Bruttogewinns der Bank aus.[581] Doch ähnlich wahrscheinlich ist, dass er der deutschen Devisenpolitik grundsätzlich misstraute, zumal der deutsche Staat seit Juni 1932 im Zuge der Gelsenberg-Affäre auch noch zum Hauptaktionär der VSt wurde.[582] Kouwenhoven zeigte sich beispielsweise irritiert, dass das Reichswirtschaftsministerium die BHS nicht um Auskünfte ersuchte und stattdessen prüfte, welche Verfügungs- und Eigentumsrechte die Bank im Deutschen Reich besaß, die – so Kouwenhovens Befürchtung – »gegebenenfalls beschlagnahmt werden könnten.«[583] Dieser Halbsatz zeugt von dem grundsätzlichen Unbehagen Kouwenhovens, dass die deutschen Behörden den Schutz der Eigentumsrechte ausländischer Akteure nicht übermäßig ernst nähmen. Auch sein BHS-Vorstandskollege Carel Schütte äußerte sich ähnlich: Man lasse »Ausländer, die in

---

[577] Zu den devisenrechtlichen Regelungen im Detail siehe Ebi, Devisenrecht und Außenhandel, S. 181-188; Banken, Das nationalsozialistische Devisenrecht, S. 124-132.
[578] Vorschlag zwecks Erzielung von Buchgewinnen, 4.9.1933, S. 1, tkA VSt/3891. Vgl. Donges, Vereinigte Stahlwerke, S. 54. Die dortige Ausführung, die Niederlande seien dem Stillhalteabkommen nicht beigetreten, stimmt in dieser Form nicht.
[579] Aktennotiz (Deleurant) über die Besprechung bei der BHS am 17.12.1932, 19.12.1932, S. 1, tkA VSt/3891.
[580] Bank voor Handel en Scheepvaart, Oktober 1929, S. 18-19, NL-HaNA 2.25.68, inv.nr. 12941.
[581] Eigene Berechnungen nach ebd., S. 18.
[582] Reckendrees, Stahltrust, S. 471–507; Reckendrees/Priemel, Politik als produktive Kraft.
[583] Aktennotiz (Deleurant) über die Besprechung bei der BHS am 17.12.1932, 19.12.1932, S. 1, tkA VSt/3891.

Deutschland Kredite zu fordern hätten, eher verhungern [...], als dass man Zahlungen bewilligte.«[584]

Diese Haltung kam nicht von ungefähr. Mehrfach unterbanden die Devisenstellen Zahlungen von Unternehmen im Deutschen Reich an die BHS.[585] Die Bank reagierte unnachgiebig: Nachdem die VSt ihren Zahlungsverpflichtungen zum 31. Dezember 1931 nicht nachgekommen waren, weil Genehmigungen der Devisenstelle fehlten, sperrte die BHS deren Konten in den Niederlanden. In einer ohnehin schwierigen wirtschaftlichen Situation bereitete die »befreundete« Bank dem Stahlkonzern zusätzliche Probleme. Der Schritt der BHS minderte vor allem die internationale Kreditwürdigkeit der VSt. Deren Vorstand verstieg sich daher sogar zu der Vorstellung, die BHS wolle den Stahlkonzern erpressen, um den Einfluss Heinrich Thyssen-Bornemiszas auf die VSt mit Hilfe seiner Bankbeteiligungen auszuweiten.[586] Die deutschen Behörden wunderten sich ebenfalls über die harte Haltung der Bank. Das RWM kritisierte beispielsweise, dass die BHS einerseits auf die weitere Bedienung der Kredite durch die VSt drängte, andererseits aber ihren eigenen Verpflichtungen gegenüber dem Bremer Vulkan nicht nachkam: Sie zahlte der Werft Anfang 1932 nur 490.000 RM statt der vertraglich zugesicherten 1,1 Mio. RM aus.[587]

Die VSt waren bei der BHS zum 30. Juni 1931 mit gut 58 Mio. RM und knapp 7 Mio. Gulden verschuldet, zusammen (umgerechnet) etwa 70 Mio. RM.[588] Zum Jahresende 1932 mussten davon etwa 12 Mio. RM zurückgezahlt werden. Trotz der frostigen Beziehungen kam die BHS den VSt nun entgegen. Sie willigte ein, den Betrag zu stunden bzw. akzeptierte Ratenzahlung. Um die Devisenbilanz zu schonen, sollte ein Teil der ausstehenden Schulden bei der ATB beglichen, ein weiterer mit offenen Kreditzusagen an den Bremer Vulkan verrechnet und nur die übrigen Beträge in die Niederlande transferiert werden. Allerdings konnten die VSt auf den – durchaus kulanten – Vorschlag nur eingehen, weil RWM und Reichsbank sie unterstützten und die nötigen Devisen zur Verfügung stellten. Dies geschah aus Rücksicht auf die Kreditwürdigkeit des Stahlkonzerns, nutzte aber letztlich vor allem der BHS.[589]

Kouwenhoven betonte zwar immer wieder, wie sehr er an einer Lösung des Konflikts interessiert und wie weit er den VSt entgegengekommen sei, doch in

---

[584] Aktennotiz über die Verhandlungen mit der Bank voor Handel en Scheepvaart in Rotterdam, 19.11.1932, tkA VSt/3891.
[585] Noch 1935 verweigerte beispielsweise die Düsseldorfer Devisenstelle Zinszahlungen von Thyssengas an die BHS. Devisenstelle an Thyssengas, 11.4.1935; Thyssengas an BHS, 15.4.1935, SIT NROE/61.
[586] Vgl. zu den Beziehungen zwischen VSt und BHS vor allem Wixforth, Stahlkonzern, S. 210-220.
[587] Aktennotiz (Deleurant) über die Besprechung bei der BHS am 17.12.1932, 19.12.1932, S. 1, tkA VSt/3891
[588] Vorschlag zwecks Erzielung von Buchgewinnen, 4.9.1933, S. 1, tkA VSt/3891.
[589] Wixforth, Stahlkonzern, S. 217-219. Aktennotiz (Deleurant) über die Besprechung bei der BHS am 17.12.1932, 19.12.1932, S. 1, tkA VSt/3891; RWM an Landesfinanzamt Düsseldorf, 23.12.1932, tkA VSt/3891.

der Sache blieb er hart. Er bestand darauf, dass die Vereinigten Stahlwerke ihren Verpflichtungen nachkamen. Deren Handlungsmöglichkeiten waren trotz der Unterstützung des Wirtschaftsministeriums eingeschränkt, weil Devisen im Deutschen Reich knapp waren. Daher verhandelte Fritz Thyssen 1934 erneut mit Kouwenhoven über eine Stundung ausstehender Summen. Er verstand Kouwenhovens harte Haltung zwar grundsätzlich, verwies aber auf das devisenpolitische Dilemma im Reich. Kouwenhoven hielt die defensive Haltung der Reichsbank jedoch nur für Taktik. Er stellte daher implizit erneut die Bereitschaft deutscher Institutionen infrage, Verträge einzuhalten. Auch teilte er die Auffassung nicht, die BHS sei besser behandelt worden als andere Auslandsbanken. Vielmehr sei die BHS mit dem Kompromiss 1932 den deutschen Interessen schon sehr weit entgegenkommen.[590]

Die Angelegenheit verblieb im Schwebezustand. Je näher der nächste Zahlungstermin rückte, desto intensiver verhandelten BHS und VSt, wie es weitergehen könne. Fritz Thyssen riss schließlich der Geduldsfaden. Es gehe nicht an, »dass alle 8 Tage Verhandlungen über fällig gewordene Raten geführt werden müssten, ohne dass man zu einem Ergebnis käme.« Adressat seiner Gravamina war Kouwenhoven, der »wie üblich, sehr widerspenstig war«. Dieser müsse sich »endlich in seinem Verhalten VSt. und den deutschen Behörden gegenüber umstellen.« Fritz Thyssen war die harte Haltung der BHS »persönlich sehr peinlich«, versicherte ihr aber, sie werde ihr Geld bekommen, sobald dies möglich sei.[591]

Tatsächlich zeichnete sich im August 1936 eine Lösung ab. Die BHS verrechnete gut 3,1 Mio. RM mit eigenen Schulden beim Bremer Vulkan und die VSt zahlten etwa 500.000 RM an die August-Thyssen-Bank. Die verbliebene Restforderung von 10 Mio. RM wurde auf die August-Thyssen-Hütte Gewerkschaft übertragen.[592] Dieser Umweg erlaubte es Fritz Thyssen, die Angelegenheit mit Hilfe seiner Schweizer Tarngesellschaft »Faminta« zu regeln. Sie organisierte Fremdwährungskredite, mit denen die ATH und damit mittelbar die VSt ihre Verpflichtungen bei der BHS ablösen konnten.[593]

Diese Episode zeigt, wie sehr Wirtschaftsnationalismus und Devisenbewirtschaftung den Rahmen für transnationale Kredite veränderten. Für die BHS war dies ein Vabanque-Spiel. Sie war sachlich fraglos im Recht, gefährdete aber durch ihre harte Haltung zugleich die Rückzahlung der Kredite. Dennoch ging Kouwenhovens Strategie auf, die Einhaltung seiner Verfügungsrechte vehement einzufordern, da die VSt einen Weg fanden, ihre Schulden abzutragen. Dem auch in dieser Frage »unsichtbaren« Prinzipal Heinrich Thyssen-Bornemisza gefiel dies gewiss.

---

[590] Deleurant an Vögler, 8.5.1934, tkA VSt/3891.
[591] Notiz über eine Unterredung mit Herrn Thyssen, 31.3.1936, tkA VSt/3891.
[592] Aktennotiz: Regulierung unserer Goldmarkschulden, 20.8.1936; Aktennotiz über eine Unterredung am 21.8.1936 in Rotterdam, tkA VSt/3891.
[593] Donges, Vereinigte Stahlwerke, S. 54.

Freilich erschwerten nicht nur deutsche Behörden das Geschäft der BHS, sondern in den Niederlanden galt es ebenfalls, transnationale Transferfragen zu klären. Die Nederlandsche Bank erkannte die BHS nach wie vor nicht als niederländische Bank an. Deshalb profitierte diese auch nicht vom Ende 1934 geschlossenen deutsch-niederländischen Verrechnungsabkommen. Es regelte Zahlungsverpflichtungen aus bestimmten Handelsgeschäften, u.a. Kohle- und Erzhandel, zwischen *deutschen* Schuldnern und *niederländischen* Gläubigern (oder vice versa), nicht aber Transfers zwischen *deutschen* Gläubigern und *deutschen* Schuldnern im Ausland.[594] Weil die BHS in den Niederlanden als »deutsche« Bank galt, blieb sie bei diesem Clearingverfahren zunächst außen vor.[595]

1935 versuchte die BHS, bei Ministerpräsident Colijn eine Gleichstellung mit niederländischen Kreditinstituten zu erreichen. Angesichts ungeklärter Fragen im Rahmen der Beteiligung an der NHM drang sie damit jedoch nicht durch.[596] Erst am 3. Juli 1936 erklärte sich der niederländische Finanzminister bereit, mit der BHS über die Transferfrage zu sprechen.[597] Aus Sicht der Bank war dies auch nötig, da sie unter den bestehenden Bedingungen z.B. keine Zahlungen von den deutschen TBG-Unternehmen erhalten konnte. Der Nutzen für die Niederlande war aus behördlicher Sicht aber gering. Ferner war unklar, ob Dividenden von Heinrichs deutschen Gesellschaften transferiert werden durften.[598] Transfers aus Kapitaleinkünften waren kontingentiert. Das Kontingent wurde bereits durch Akteure ausgeschöpft, deren Beitrag zum niederländischen Wirtschaftsleben für das Finanzministerium klarer erkennbar war als jener der TBG. Der Finanzminister gab daher nur knapp 500.000 hfl. frei, die bis 1934 aufgelaufen waren. Er verwies darüber hinaus aber auf die seitdem gültigen neuen Bedingungen, die keine weiteren Transfers erlaubten. Immerhin erkannte das Finanzministerium im weiteren Verlauf an, dass die Bank voor Handel en Scheepvaart und die N.V. Vulcaan auch niederländischen Interessen dienten.[599] Dies veranlasste die BHS, erneut um die Freigabe der seit 1934 aufgelaufenen Zahlungen zu bitten. Das Finanzministerium könne nicht einerseits positive Effekte für die Niederlande bis 1934 bejahen, andererseits für die Zeit ab 1934 andere Maßstäbe anlegen.[600]

Nunmehr kam Bewegung in die Angelegenheit. Die Verhandlungsposition der BHS verbesserte sich aus zwei Gründen. Zum einen zeichnete sich eine Lösung hinsichtlich der Beteiligung der BHS an der NHM ab, die im niederländischen

---

[594] Vertrag über den deutsch-niederländischen Verrechnungsverkehr, 5.12.1934, in: RGBl. 1934 (II. Teil), S. 1388-1392; vgl. zum Clearing allgemein Klemann, Tussen Reich en Empire, S. 96-100; ders., Verflechtung, S. 39-40.
[595] Vgl. auch Trip an Colijn, 19.12.1935, NL-HaNA 2.25.68, inv.nr. 12941.
[596] BHS an Colyn (sic!), 24.10.1935, NL-HaNA 2.25.68, inv.nr. 12941; zur Beteiligung an der NHM siehe Kapitel 5.7.3.
[597] Ministerie van Financiën an BHS, 3.7.1936, NL-HaNA 2.25.68, inv.nr. 12941.
[598] Vereeniging voor den Effectenhandel an BHS, 16.7.1936, NL-HaNA 2.25.68, inv.nr. 12941.
[599] Ministerie van Financiën (De Leeuw) an BHS, 21.7.1936, NL-HaNA 2.25.68, inv.nr. 12941.
[600] BHS an Thesaurier-Generaal, 25.7.1936, NL-HaNA 2.25.68, inv.nr. 12941.

Interesse lag;[601] zum anderen verringerte die Abwicklung des VSt-Kredits die ausstehenden Kredite der BHS im Deutschen Reich. Dies signalisierte eine geringere Abhängigkeit vom Reich und von einem der größten Rüstungskonzerne. Die Nederlandsche Bank bewertete beide Entwicklungen positiv und unterstützte – unmittelbar nach Klärung der NHM-Frage – im November 1936 eine schematische Transferregelung, die die BHS dem Finanzministerium vorgeschlagen hatte. Demnach sollte die Bank die Zinsen von den im Deutschen Reich ausstehenden sechs Mio. hfl. Krediten zumindest in einer Höhe von 3,5 Prozent transferieren können.[602]

Doch nachdem sich die BHS von ihren NHM-Anteilen getrennt hatte, fehlte ihr ein bis dahin wirkungsvolles Druckmittel. Thesaurier-Generaal Bernhard Jan de Leeuw und Ministerpräsident Colijn wollten von ihrem als quid pro quo in Aussicht gestellten Entgegenkommen in der Transferfrage Anfang 1937 zunächst nichts mehr wissen. Der Präsident der Zentralbank, Trip, vermittelte daher zwischen BHS und Regierung. Die niederländische Regierung zögerte letztlich, weil Verhandlungen mit dem Deutschen Reich über Transferfragen anstanden. Deshalb schien es ihr offenbar sinnvoll, die BHS-Frage dilatorisch zu behandeln.[603] Erst im März 1937 kam Trip auf den Vorschlag der BHS zurück. Er stellte ihr in Aussicht, wie vorgeschlagen jährlich künftig eine Summe von 415.000 hfl. transferieren zu können und zudem den bei der Konversionskasse für deutsche Auslandschulden aufgelaufenen Betrag von zwei Millionen Gulden freizugeben. Allerdings versagte sich die niederländische Regierung dem Wunsch der BHS, auch Zahlungen an Heinrich Thyssen-Bornemisza in die Regelung einzubeziehen, weil sie grundsätzlich keine Transfers zugunsten von Personen erlaubte, die im Ausland lebten.[604] Das Finanzministerium folgte diesen Vorschlägen, nachdem selbst Baron Bentinck nicht hatte erreichen können, dass Mittel an Heinrich Thyssen-Bornemisza transferiert werden durften.[605]

Heinrich Thyssen-Bornemisza warf Kouwenhoven später vor, sich bei den Transferfragen nicht hinreichend für seine Vermögensinteressen eingesetzt zu haben. Im Vorfeld der niederländischen Transferregelung 1937 scheint dieser Vorwurf nicht gerechtfertigt, denn Kouwenhoven bemühte sich wiederholt, für Heinrich eine Ausnahmeregelung auszuhandeln, scheiterte jedoch an der konsequenten Haltung der niederländischen Regierung. Möglicherweise bezog Heinrich sich aber auch auf die Weigerung der BHS, dem Stillhalteabkommen von 1932 beizu-

---

[601] Vgl. Kapitel 5.7.3.
[602] BHS an Trip, 24.9.1936; Trip an de Leeuw, 23.11.1936, NL-HaNA 2.25.68, inv.nr. 12941.
[603] Trip an BHS, 28.1.1937; BHS an Trip, 30.1.1937; Trip an Colijn, 2.2.1937; Trip an BHS 2.2.1937; BHS an Trip 5.2.1937; BHS an Trip, 20.2.1937, NL-HaNA 2.25.68, inv.nr. 12941.
[604] Protokoll Bezoek (Kouwenhoven, Heida) bij den President, 16.3.1937; Trip an BHS (Concept) (o.D.), NL-HaNA 2.25.68, inv.nr. 12941. Der Inhalt des Schreibens wurde der BHS am 3.3.1937 telefonisch übermittelt.
[605] Protokoll Bezoek bij den Heer Thesaurier Generaal, 31.3.1937; de Leeuw an BHS, 5.4.1937, NL-HaNA 2.25.68, inv.nr. 12941.

treten, die der Bank erst das Verhandlungsdilemma eingebracht hatte. Anlässe, ihm das Vertrauen zu entziehen, bot er genug.[606]

Beide Problemfelder – VSt-Kredite und Transferfrage – verdeutlichten unter wirtschaftsnationalistischen Vorzeichen, wie fragil das BHS-Geschäftsmodell als transnationale Familien- und Konzernbank war. Sowohl die deutschen als auch die niederländischen Behörden erschwerten aus Rücksicht auf die eigene Volkswirtschaft bzw. die eigene Zahlungsbilanz Geldtransfers innerhalb von Heinrichs Eigentumsverbund. Diese Probleme konnten mehr schlecht als recht gelöst werden. Daher versuchte die Bank, solche Risiken fortan zu vermindern, indem sie ihre Kreditvergabe ins Deutsche Reich weitgehend auf gruppeneigene Unternehmen beschränkte, für die mit den Transferregelungen von März/April 1937 eine tragbare Lösung gefunden worden war. Darüber hinaus versuchte die BHS, vermehrt niederländische Kreditkunden zu gewinnen.

7.3. Emanzipation oder Größenwahn? Die gescheiterte Einflussnahme auf die Nederlandsche Handels- en Maatschappij (NHM) 1934 bis 1936

Bereits anlässlich der Kreditstreitigkeiten mit den Vereinigten Stahlwerken hatte Kouwenhoven seine harte Haltung unter anderem damit begründet, »dass er wegen seiner neuen Beteiligung in Amsterdam Geld brauche […]«[607] So beiläufig diese Aussage auch erscheint, so groß war der (versuchte) Coup, der dahinter steckte. Bei der neuen Beteiligung in Amsterdam handelte es sich, wie bei der Transferfrage bereits kurz angerissen, um kein geringeres Unternehmen als die Nederlandsche Handel-Maatschappij (NHM). Die NHM, mit der die BHS grundsätzlich ein freundschaftliches Verhältnis pflegte und die zu Beginn der 1920er Jahre mit der N.V. Ruilverkeer zusammengearbeitet hatte,[608] war eine der bedeutendsten Banken der Niederlande, gemessen an den Einlagen sogar die größte Handelsbank. Sie beteiligte sich umfänglich am Aufbau der niederländischen Industrie und war traditionell stark in den Kolonialhandel eingebunden.[609]

Doch nicht zuletzt aufgrund zunehmender Schwierigkeiten in den Kolonien geriet die Weltwirtschaftskrise zu einer Belastungsprobe für die NHM, die sie nur mit Mühe und fremder Hilfe überstand. Im Dezember 1934 wurde die Bank durch eine drastische Kapitalherabsetzung von 80 auf 20 Mio. hfl. saniert. Dadurch war sie aber stark unterkapitalisiert, sodass ein Konsortium um Lazard & Frères (Pa-

---
[606] Vgl. Kapitel 2.3.2.
[607] Niederschrift über eine Unterredung bei der BHS, 6.3.1935, tkA VSt/3891.
[608] Hierzu Extract notulen Vergadering van Directie met Commissarissen, 29.1.1935, S. 1, NL-HaNA 2.20.01, inv.nr. 3746; vgl. Derix, Thyssens, S. 336.
[609] Zur Entwicklung in den 1920er und 1930er Jahren v.a. De Graaf, Voor Handel en Maatschappij, S. 199-260; Angaben zu den Einlagen niederländischer Banken, ebd., S. 211; allgemein auch van Zanden, Old rules, S. 124-135.

ris) und Mendelssohn & Co. (Amsterdam) umgehend 15 Millionen hfl. neue Anteile emittierte. Zehn Millionen hfl. dienten dazu, das Gesellschaftskapital zu erhöhen, die übrigen fünf Millionen flossen den Reserven zu. Die Anteile sollten nur an bestehende Anteilseigner in den Niederlanden bzw. Indonesien ausgegeben werden. Der BHS gelang es aber auf Initiative Kouwenhovens,[610] über die befreundete Firma Den Bandt en Gouda – A. Den Bandt war einer von seinerzeit nur zwei *Commissarissen* der BHS[611] – 7,5 Mio. hfl. der Anteile zu erwerben. Sie wollte zudem weitere, noch nicht platzierte Aktien (3 Mio. hfl.) an der Börse aufkaufen. Die Emissionsbanken verhinderten dies teilweise und übernahmen selbst Anteile, ohne daraus weitere Rechte oder Einfluss auf die Bank abzuleiten. Sie stimmten sich hierbei eng mit dem Zentralbankpräsidenten Leonardus Jacobus Anthonius Trip ab, weil dieser die Aktien lieber in Händen von Mendelssohn als von Thyssen-Bornemisza wissen wollte.[612]

Dennoch besaß die BHS schließlich – nach weiteren Zukäufen im Folgejahr – 8,5 Mio. hfl. Aktien bzw. Aktienbezugsrechte[613] und damit rechnerisch etwa 34 Prozent des NHM-Kapitals. Allerdings existierten bei der NHM Vorzugsaktien mit Sonderstimmrechten, sodass die Kapitalbeteiligung keine äquivalenten Verfügungsrechte der BHS begründeten.[614]

Die BHS hatte gleichwohl eine substantielle Beteiligung erworben. Allein deshalb war es folgerichtig, dass Kouwenhoven einen Platz als *Commissaris* (Aufsichtsrat) einforderte. Denn bei diesem Investitionsvolumen handelte sich gewiss nicht um eine Portfolio-Investition, wie einige Zeitgenossen, die von der NHM um eine Einschätzung der Vorgänge gebeten wurden, vermutet oder gehofft hatten, sondern um eine strategische Beteiligung. Die NHM hingegen wies die BHS explizit darauf hin, dass sie deren Beteiligung nur als Finanzbeteiligung zu betrachten gedenke, gerade weil sie fürchtete, es handele sich um eine strategische Beteiligung.[615] Auch die niederländische Zentralbank und die niederländische

---

[610] Er behauptete nachträglich, die Initiative sei von ihm persönlich ausgegangen; dies scheint angesichts der grundsätzlichen Entscheidungsautonomie in der TBG auch wahrscheinlich. Vgl. Nederlandsche Handel en Maatschappij N.V. en de Bank voor Handel en Scheepvaart N.V. te Rotterdam, o.D. (ca. 1938), S. 15, NL-HaNA 2.20.01, inv.nr. 4045. Auch Edmund Stinnes vermutete, die Idee stamme »vom geistigen Leiter« der BHS. Er meinte Kouwenhoven. Aktennotiz (o.D.), NL-HaNA 2.20.01, inv.nr. 4045.

[611] Geschäftsbericht (»Verslag«) BHS 1934, NL-HaNA 2.25.68, inv.nr. 9972. Houwink ten Cate, Mannen, S. 158, verweist nur auf einen »onbekend comissionairsbedrijf«.

[612] Extract notulen Vergadering van Directie met Commissarissen, 29.1.1935, NL-HaNA 2.20.01, inv. nr. 3746. Hierzu und auch zum folgenden De Graaf, Voor Handel en Maatschappij, S. 264-265, 341-342; vgl. Kreutzmüller, Händler, S. 61-62, Houwink ten Cate, Mannen, S. 158; zu Trip siehe de Vries, Trip.

[613] BHS an Nederlandsche Bank, 10.11.1936, NL-HaNA 2.20.01, inv.nr. 3746; Anteile in Höhe von 612.250 hfl. waren für 1935 noch nicht dividendenberechtigt, sodass sie vermutlich erst nachträglich erworben wurden.

[614] Notulen van de bespreking, 27.11.1935, S. 3, NL-HaNA 2.20.01, inv.nr. 3746.

[615] NHM an BHS, 8.6.1935, abschriftlich in: De Nederlandsche Handel en Maatschappij N.V. en de Bank voor Handel en Scheepvaart N.V. te Rotterdam, o.D. (ca. 1938), S. 5-6, NL-HaNA 2.20.01, inv.nr. 4045; exemplarisch ferner die Einschätzungen von Edmund Stinnes, Aktennotiz (o.D.),

7. Die Bank voor Handel en Scheepvaart

Regierung interpretierten Kouwenhovens Insistieren, seine Rechte als Großaktionär ausüben zu dürfen und Einsicht in die Unterlagen der NHM zu erhalten, später als Beleg dafür, dass die BHS keine finanzielle, sondern eine strategische Beteiligung erworben hatte.[616]

Dies war die wahrscheinlichste Variante. Die BHS und Kouwenhoven wollten die Geschäftspolitik der NHM offenbar substantiell beeinflussen. Aus Sicht der BHS war es nachvollziehbar, die NHM entweder feindlich übernehmen oder zumindest langfristig in ihr eigenes Geschäftsmodell integrieren zu wollen. Die Beteiligung an einer großen niederländischen Geschäftsbank schien 1934/35 ein nachgerade perfekter Ausweg aus der geschäftspolitischen Abhängigkeit von Unternehmen im Deutschen Reich zu sein. Diese Abhängigkeit machte sich zur selben Zeit, wie ausgeführt, bei den VSt-Krediten und der Transferfrage in den Niederlanden negativ bemerkbar. Zudem hatte die BHS stets damit geliebäugelt, ins reguläre Bankgeschäft einzusteigen.[617] Die Beteiligung an der NHM bot ihr nun die Möglichkeit dazu. Sie wollte weitere Kapitalerhöhungen der NHM nutzen, um ihre Beteiligung aufzustocken.[618] Dies lässt den Schluss zu, dass die BHS von Beginn an das Ziel verfolgte, die NHM zu majorisieren. Durch deren herausgehobene Position in der niederländischen Wirtschaft,[619] ergab sich für die BHS eine Möglichkeit, ihr eigenes Geschäftsmodell zu »niederlandisieren«.[620]

Doch genau darin lag das Problem. Bereits die NHM verwies explizit darauf, dass ihre öffentliche Wahrnehmung als niederländische Bank – sowohl in den Niederlanden als auch in den Kolonien – der Schlüssel für eine erfolgreiche Sanierung sei. Deshalb war sie bei ihrer Reorganisation explizit bestrebt, den Einfluss niederländischer Akteure zu stärken. Zwar spielte Kouwenhoven den deutschen bzw. ungarischen Einfluss auf die BHS – mit einigem Recht – herunter, doch die Vertreter der NHM zweifelten – ebenfalls mit einigem Recht – an dieser Aus-

---

Rudolf Löb an Crena de Iongh, 19.1.1935, Schreiben P. J. van Ommeren, 1.2.1935, NL-HaNA 2.20.01, inv.nr. 4045.

[616] De Nederlandsche Handel en Maatschappij N.V. en de Bank voor Handel en Scheepvaart N.V. te Rotterdam, o.D. (ca. 1938), S. 25, NL-HaNA 2.20.01, inv.nr. 4045.

[617] Vgl. zu diesen Bestrebungen exemplarisch die Testate der Nederlandsche Bank: Nota inzake den Maandstaat per ult Januari 1941 van de BHS, März 1941, S. 1; Nota voor de Directie inzake de BHS, 19.11.1951, S. 2-3, NL-HaNA 2.25.68, inv.nr. 12779.

[618] Dies deutete Kouwenhoven in den Verhandlungen entsprechend an. De Nederlandsche Handel en Maatschappij N.V. en de Bank voor Handel en Scheepvaart N.V. te Rotterdam, o.D. (ca. 1938), S. 3, NL-HaNA 2.20.01, inv.nr. 4045. 1936 wurde das Kapital der NHM z.B. um weitere fünf auf 40 Millionen hfl. erhöht. De Graaf, Voor Handel en Maatschappij, S. 341.

[619] »[...] is juist gebleken, dat het publiek hooge waarde hecht aan het nationaal karakter der Maatschappij«. Vergadering van Zaterdag, 4.5.1935, S. 1, NL-HaNA 2.20.01, inv.nr. 3746.

[620] Kouwenhoven hob 1945 hervor, dass die BHS durch seine umsichtige Geschäftspolitik seit 1936 in zunehmendem Maße niederländisch geworden sei. Begroetingswoord, 21.9.1945, NL-HaNA 2.08.52, inv.nr. 13. Das sei, so fuhr er fort, eine historische Tatsache. Freilich konnte die Nederlandsche Bank dies weder 1941 noch 1951 bestätigen. Nederlandsche Bank: Nota inzake den Maandstaat per ult Januari 1941 van de BHS, März 1941, S. 1; Nota voor de Directie inzake de BHS, 19.11.1951, S. 2-3, NL-HaNA 2.25.68, inv.nr. 12779.

sage.⁶²¹ Sie bezweifelten überdies, dass Heinrich Thyssen-Bornemisza sich überhaupt für niederländische Belange interessiere und begründeten dies nicht zuletzt mit seinem immensen Vermögen. Er sei – sinngemäß – schlicht zu reich, um auf die Interessen eines Nationalstaats Rücksicht zu nehmen – eine durchaus weitsichtige, die Merkmale der *transnational capitalist class* vorwegnehmende Einschätzung.⁶²²

Im weiteren Verlauf der Auseinandersetzung ging es häufig um die (konstruierte) Frage, ob die BHS eine niederländische Bank sei und ob sie künftig im niederländischen Interesse agieren würde. Die Bank voor Handel en Scheepvaart selbst stellte ihre Beteiligung an der NHM als nachgerade heldenhafte, aus »vaderlandsche motieven« erfolgte Unterstützung in einer substantiellen Unternehmenskrise dar. Sie habe die angeschlagene Bank vor unerwünschtem ausländischen Einfluss beschützt. Die NHM wies eine solche Deutung indes mit Nachdruck zurück.⁶²³

Die NHM fürchtete vielmehr, eine zeitnahe Berufung Kouwenhovens als *Commissaris* werde ihre Wahrnehmung als niederländische Bank in Frage stellen, wohlgemerkt die Berufung des Niederländers Kouwenhoven, der eine nach niederländischem Recht gegründete Gesellschaft mit Sitz in den Niederlanden leitete. Da die Führung der NHM sich über Vorzugsaktien und »günstige« Statutenregelungen weitreichende Verfügungsrechte gesichert hatte, lehnte sie eine Bestellung Kouwenhovens ins Aufsichtsgremium wiederholt ab.⁶²⁴ Das vorgeschobene Argument war dabei, dass man die Sanierung nicht gefährden wolle. Intern war man sich freilich einig, Kouwenhoven oder der BHS auch nach erfolgreicher Sanierung keinen Sitz zugestehen zu wollen.⁶²⁵ Diese Haltung der NHM wurde vom Zentralbankpräsidenten Trip und vom niederländischen Ministerpräsidenten Hendrikus Colijn ausdrücklich unterstützt.⁶²⁶

Der Einfluss der NHM reichte mithin bis in höchste Kreise. Die Regierung teilte ihren Standpunkt und unterstützte sie in ihrem Vorhaben, den unerwünsch-

---

⁶²¹ De Nederlandsche Handel en Maatschappij N.V. en de Bank voor Handel en Scheepvaart N.V. te Rotterdam, o.D. (ca. 1938), S. 3-4, NL-HaNA 2.20.01, inv.nr. 4045.

⁶²² Nota Mr. D. Crema de Iongh aan Dr. H. Colyn overhandigd (o.D.), S. 2, NL-HaNA 2.20.01, inv. nr. 3746.

⁶²³ »Uw schrivjen, waarin U zichzelf aanmeldt als beschermer onzer Maatschappij tegen de gevaren van buitenlandschen kapitalinvloed, wijzen wij met beslistheid af.« NHM an BHS, 8.6.1935, abschriftlich in: De Nederlandsche Handel en Maatschappij N.V. en de Bank voor Handel en Scheepvaart N.V. te Rotterdam, o.D. (ca. 1938), S. 5-6, NL-HaNA 2.20.01, inv.nr. 4045; BHS an NHM, 6.6.1935, ebd., S. 5. Zu den vaterländischen Motiven: ebd., S. 15.

⁶²⁴ Die NHM erblickte in den »oligarchische clausulen« sogar einen Wert an sich. Bespreking, 3.12.1935, S. 2, NL-HaNA 2.25.68 inv.nr. 12941.

⁶²⁵ Vergadering van Zaterdag, 4.5.1935, S. 1-2, NL-HaNA 2.20.01, inv.nr. 3746. Extract notulen van de vergadering van Directie met Commissarissen, 14.6.1935, NL-HaNA 2.20.01, inv.nr. 3746; Vergadering van Zaterdag, 4.5.1935, S. 1-2, NL-HaNA 2.20.01, inv.nr. 3746.

⁶²⁶ Extract notulen van de vergadering van de Directie met het Bureau van Comissarissen en den Heer Mr. A. baron van Haarsolte als rechtskundig adviseur, 14.6.1935, S. 3, NL-HaNA 2.20.01, inv.nr. 3746.

ten Kouwenhoven auch weiterhin von der Bank fernzuhalten. Sie betrachtete die BHS weiterhin als ausländische Organisation (»buitenlandsche instelling«). Da die NHM mit zahlreichen niederländischen Unternehmen verflochten und volkswirtschaftlich entsprechend einflussreich war, sei es nicht zulässig, »dat buitenlandsche belangen invloed op haar bestuur zouden krijgen.«[627] Angesichts dieser klaren Positionierung gegen die »ausländische« BHS verwundert es nicht, dass die Interventionen Kouwenhovens und Schüttes im Herbst 1935 bei Trip und Colijn nicht das gewünschte Ergebnis für die BHS brachten. Da sich keine der Parteien bewegte, überlegten sie Ende 1935 gemeinsam, wie angesichts der Sachlage eine künftige Zusammenarbeit aussehen könne. Die NHM sprach dabei bezeichnenderweise von »goede Nabuurschap«, Kouwenhoven von »bestand« (Waffenstillstand). Da die NHM als Depositenbank und die BHS als Beteiligungsbank unterschiedliche Geschäftsmodelle verfolgten, schien ein komplementäres Vorgehen grundsätzlich aber beiden Banken denkbar.[628]

Kouwenhoven wusste freilich, dass seine Beteiligung an der NHM selbst ein starkes Argument war. Entsprechend deutete er gelegentlich an, er könne das Paket gerne verkaufen, sei es an eine neutrale, sei es an eine nicht-neutrale Gruppe.[629] Die NHM nahm dies nicht ganz zu Unrecht als Drohung wahr.[630] Auf den Vorschlag, ein NHM-nahes Konsortium könne der BHS die Anteile abkaufen, ging Kouwenhoven am 3. Dezember 1935 gleichwohl gar nicht erst ein und teilte mit, es sei gar nicht seine Absicht, die Anteile zu verkaufen.[631]

Kouwenhoven wollte das Paket wohl tatsächlich nicht veräußern, da er es als Druckmittel begriff, um die Position der BHS insgesamt zu stärken – nicht nur hinsichtlich der NHM. Im Oktober 1935 stellte er dem niederländischen Ministerpräsidenten Colijn in Aussicht, dem Staat ein Vorkaufsrecht für das Paket einzuräumen, falls dieser sein loyales Entgegenkommen honorierte, indem er künftig die BHS und die übrigen niederländischen Gesellschaften der TBG wie andere niederländische Unternehmen auch behandelte. Konkret hieß das, der niederländische Staat solle die Gesellschaften nicht mehr als deutsch, sondern als niederländisch betrachten. Implizites Ziel war es dabei auch, endlich in das deutsch-niederländische Clearingabkommen aufgenommen zu werden.[632]

Angesichts der starken Beteiligungsposition der BHS gestand die NHM Kouwenhoven im Dezember 1935 schließlich erweiterte Informationsrechte zu. Sie gingen über die üblichen Aktionärsrechte hinaus, entsprachen aber nicht den Befugnissen eines *Commissaris*. Dennoch erhielt Kouwenhoven fortan – aus Sicht

---

[627] Nederlandsche Handel en Maatschappij N.V. en de Bank voor Handel en Scheepvaart N.V. te Rotterdam, o.D. (ca. 1938), S. 12, NL-HaNA 2.20.01, inv.nr. 4045.
[628] Ebd., S. 13–15.
[629] Ebd., S. 3.
[630] De Graaf, Voor Handel en Maatschappij, S. 341.
[631] Notulen van de bespreking, 3.12.1935, S. 1, NL-HaNA 2.20.01, inv.nr. 3746.
[632] BHS an Colyn (sic!), 24.10.1935, NL-HaNA 2.25.68, inv.nr. 12941. Zur Transferfrage und zum Clearingabkommen siehe Kapitel 5.7.2.

der NHM weitreichende, aus seiner Sicht begrenzte – Einblicke in strategische Entwicklungen der NHM.[633] Damit war ein Modus vivendi fürs Erste gefunden, der allerdings fragil war. Deshalb empfahl Kouwenhoven, einen Schiedsrichter für künftige Meinungsverschiedenheiten zwischen BHS und NHM zu berufen. Er schlug den Zentralbankpräsidenten Trip vor, nicht ahnend, dass dieser sich bereits deutlich zugunsten der NHM positioniert hatte und daher nicht so unparteiisch war wie Kouwenhoven annahm. Daniël Crena de Iongh, der Präsident der NHM, ging auf diesen Vorschlag natürlich gerne ein.[634]

Anlass zur Mediation gab es ein knappes Jahr später. Durch seine erweiterten Informationsrechte erfuhr Kouwenhoven Ende September, Anfang Oktober 1936, dass die NHM-Führung die Geldernschen Credietvereeniging übernehmen wollte. Kouwenhoven befürchtete mit Recht, dass diese Transaktion die Position der BHS schwäche. Er lehnte sie deshalb ab und vertrat zudem die Auffassung, dass sie nicht gegen den Willen eines Großaktionärs wie der BHS durchgeführt werden dürfe. Zudem wollte er die Transaktion zunächst mit den übrigen Vertretern der BHS besprechen, was die NHM aber ablehnte, indem sie betonte, die Informationen über die geplante Übernahme seien nur für ihn persönlich, nicht aber für die BHS bestimmt gewesen.[635]

Während Kouwenhoven sich zum wiederholten Male – berechtigterweise – in seinen Rechten als Vertreter eines Großaktionärs beschnitten sah, zweifelte auch die NHM, ob er sich wirklich den Wohlverhaltensregeln vom Dezember 1935 verpflichtet fühlte. So machte er – zur Verwunderung der NHM – nicht von den Bezugsrechten, die die BHS Ende 1934 erworben hatte, Gebrauch, um NHM-Aktien fest zu übernehmen. Kouwenhoven begründete dies unter anderem damit, dass er Schwierigkeiten habe, seine Forderungen im Deutschen Reich einzutreiben. Doch auch ansonsten zeigte er sich demonstrativ desinteressiert an der Geschäftsentwicklung der NHM. Als er seine Bezugsrechte einlösen wollte, sollten diese nicht auf die BHS überschrieben werden, sondern auf das RTK, das die insgesamt 8 Mio. hfl. an der NHM verwalten sollte. Die NHM befremdete diese Form der Verschleierung wie auch das Verhalten Kouwenhovens im Ganzen.[636] Mögen auch bei beiden Seiten allerlei konstruierte Vorwürfe bis hin zur Spiegelfechterei in die Verhandlungen eingebracht haben, so war doch spätestens im Herbst 1936 deutlich geworden, dass das beidseitige Misstrauen zu groß war, um

---

[633] Notulen van de bespreking, 3.12.1935, S. 2, NL-HaNA 2.20.01, inv.nr. 3746; Trip an Kouwenhoven, 5.10.1936, abgedruckt in: Nederlandsche Handel en Maatschappij N.V. en de Bank voor Handel en Scheepvaart N.V. te Rotterdam, o.D. (ca. 1938), S. 22-23, NL-HaNA 2.20.01, inv.nr. 4045; Trip an Colijn, 19.12.1935, NL-HaNA 2.25.68 inv.nr. 12941.

[634] Notulen van de bespreking, 3.12.1935, S. 4-5, NL-HaNA, inv.nr. 3746; zur Person: Jonker, Crena de Iongh.

[635] Bespreking, 1.10.1936, NL-HaNA, inv.nr. inv.nr. 3746.

[636] Nederlandsche Handel en Maatschappij N.V. en de Bank voor Handel en Scheepvaart N.V. te Rotterdam, o.D. (ca. 1938), S. 19-20, NL-HaNA 2.20.01, inv.nr. 4045.

noch an eine dauerhafte Zusammenarbeit zu denken. Die NHM-Frage musste nunmehr endgültig gelöst werden.[637]

Kouwenhoven und die BHS versuchten zunächst mit juristischen Mitteln, die Fusion von NHM und Geldernscher Credietvereeniging zu verhindern, verbuchten hinsichtlich ihrer Aktionärsrechte sogar Teilerfolge, doch die Gerichte untersagten die Fusion selbst nicht. Dies sei zuvorderst eine betriebswirtschaftliche Frage, die mit anderen als mit juristischen Mitteln gelöst werden müsse. Die NHM wandte sich daraufhin an Zentralbankpräsident Trip, der seinerseits Ministerpräsident Colijn ins Bild setzte. Beide bestellten Kouwenhoven ein und verdeutlichten ihm, dass die BHS auch künftig keinerlei strategischen Einfluss auf die NHM erhalten werde, zumal sein Verhalten nicht den Eindruck erwecke, es nur bei einer Finanzbeteiligung belassen zu wollen. Sie legten ihm daher deutlich nahe, die Beteiligung an der NHM zu veräußern. Kouwenhoven willigte angesichts der nunmehr auch für ihn klaren politischen Haltung ein, bestand aber auf einem deutlich höheren Preis als dem aktuellen Kurs von NHM-Anteilen. Während Mendelssohn & Co. den Markt sondierte, um potentielle Käufer für das große BHS-Paket zu finden, und einen Kurs von 157,5 Prozent für realistisch hielt, verlangte Kouwenhoven 180 Prozent. Aus politischen Gründen ließ Trip sich darauf ein, sicherte Kouwenhoven diesen Preis schweren Herzens zu und erwarb das Paket mit der Maßgabe für die Zentralbank, es anschließend durch Mendelssohn & Co. weiter zu veräußern.[638] Für die 8,5 Mio. hfl. Anteile und Berechtigungsscheine stellte die BHS der Nederlandsche Bank schließlich gut 15,3 Mio. hfl. in Rechnung.[639]

Finanziell hatte sich die versuchte Einflussnahme auf die NHM für die BHS mithin gelohnt, weil es dem niederländischen Staat knapp zwei Millionen Gulden wert war – die Differenz zwischen dem »Marktkurs« (157,5 %) und dem »politischen Kurs« (180 %) –, einen ungeliebten Großaktionär bei einer der wichtigsten niederländischen Banken heraus zu kaufen. Der Vorgang sollte unter Trips Führung die einzig direkte Intervention der Zentralbank in die Struktur des (Groß-)Bankwesens bleiben.[640] Es handelte sich unzweifelhaft um eine rein politische Entscheidung, die aus zwei miteinander verklammerten Motiven erfolgte: Erstens nahmen die NHM, die Zentralbank und die Regierung die BHS als ausländische Bank wahr oder wollten sie zumindest als solche wahrnehmen; jedenfalls sollte sie keine große niederländische Geschäftsbank beeinflussen. Mit dem Schutz von »niederländischen Interessen« kommunizierten sie ein durchweg wirtschaftsnationalistisches Motiv. Indem derart nationale Interessen höher gewichtet wurden als – die im Übrigen sukzessive beschnittenen – Aktionärsrechte,

---

[637] So auch de Graaf, Voor Handel en Maatschappij, S. 341.
[638] De Nederlandsche Handel en Maatschappij N.V. en de Bank voor Handel en Scheepvaart N.V. te Rotterdam, o.D. (ca. 1938), S. 23–32, NL-HaNA 2.20.01, inv.nr. 4045.
[639] BHS an Nederlandsche Bank, 10.11.1936, NL-HaNA 2.20.01, inv.nr. 3746.
[640] Kreutzmüller, Händler, S. 62; Houwink ten Cate, Mannen, S. 158.

fügte sich das Vorgehen nahtlos in die Corporate Governance der niederländischen Zwischenkriegszeit ein: »*In the interwar years, the fear of foreign influence was often the justification for introducing oligarchic measures.*«[641]

Zweitens tappten die niederländischen Stellen hinsichtlich der Motive Heinrich Thyssen-Bornemiszas im Dunkeln und konstruierten sich daher ihr eigenes Bild. In ihrer Sichtweise erschien Thyssen-Bornemisza als Prototyp eines globalen Investors, der sich nicht um die Unternehmen vor Ort oder einzelne Volkswirtschaften scherte, sondern nur daran dachte, seinen persönlichen Reichtum zu mehren. Dieses Bild wird durch Heinrichs generelles, durchweg langfristiges Investitionsverhalten nicht im Geringsten bestätigt und war auch darüber hinaus sachlich fragwürdig: Es ist zwar wahrscheinlich, dass er die Beteiligung an der NHM befürwortete, doch die treibende Kraft war Kouwenhoven. Dennoch taugte besonders der transnationale Kapitalist Heinrich Thyssen-Bornemisza, der in Ungarn, in den Niederlanden sowie in der Schweiz gelebt hatte bzw. lebte und der auch schon seine Staatsbürgerschaft gewechselt hatte, als veritables Schreckbild, ohne selbst in irgendeiner Form in die Transaktion eigebunden zu sein.

Beide Motive zusammen – »ausländische« Bank, hochvermögender Einzelinvestor – reichten letztlich als »Argumente« hin, um das Vorhaben, die BHS im regulären Bankgeschäft zu etablieren und von ihrem beschränkten Geschäftsmodell als Konzernbank zu emanzipieren, auf politischem Wege zu hintertreiben. Aus unternehmerischer Sicht war das Vorgehen der BHS allerdings ohnehin sehr gewagt, denn es war keineswegs üblich, dass ein kleines Institut sich anschickte, eines der wichtigsten Bankhäuser des Landes zu übernehmen, auch wenn dieses kriselte. Dass sie letztlich sogar versuchte, die NHM *feindlich* zu übernehmen, war noch ein Stück gewagter. Die BHS hatte nicht viel mehr anzubieten als finanzielle Mittel und für die NHM gab es daher aus strategischer Sicht überhaupt keinen Grund, sich mit der kleinen Bank konstruktiv auseinanderzusetzen. Der Vorstoß Kouwenhovens zeugte zwar sowohl von der außerordentlich guten Vermögenslage der BHS als auch von seinem Ehrgeiz, aber dennoch war er in gewisser Hinsicht schlicht größenwahnsinnig. Wenn z.B. im Deutschen Reich eine Privatbank wie die August-Thyssen-Bank die Dresdner oder die Deutsche Bank gegen deren Willen hätte substantiell beeinflussen wollen, wäre ihr das gewiss auch nicht gelungen.

Auch deshalb konnte die NHM durch geschickte und frühzeitige Zusammenarbeit mit Zentralbank und Regierung den missliebigen Aktionär schließlich loswerden. Der transnationale Charakter der Thyssen-Bornemisza-Gruppe machte sich hierbei – in erster Linie aufgrund des allgemeinen ökonomischen und politischen Klimas – gleich doppelt negativ bemerkbar. Die Ironie dieser Geschichte war, dass damit eine niederländische Geschäftsbank, die niederländische Zentralbank und die niederländische Regierung die Bestrebungen des Niederländers

---

[641] De Jong u.a., Evolving Role of Shareholders, S. 59.

Hendrik Jozef Kouwenhoven konterkarierten, eine nach niederländischem Recht gegründete, in den Niederlanden ansässige und von Niederländern geleitete Bank stärker als bislang zu »niederlandisieren« und sie weniger abhängig vom Deutschen Reich zu machen. Doch gerade weil die BHS als »zu deutsch« wahrgenommen wurde, blieb ihre Geschäftätigkeit auf das Deutsche Reich ausgerichtet – jedenfalls im Handels- und Industriekredit.

7.4. Risiken der Risikodiversifizierung: Union Banking Corporation und »Thyssengold«

In anderen Geschäftsfeldern, vor allem der Vermögensanlage, war die BHS weniger auf das Deutsche Reich ausgerichtet. Sie diversifizierte ihre Risiken und fakturierte, zum ersten, in unterschiedlichen Währungen, streute, zum zweiten, ihr eigenes Wertpapierportfolio geographisch und beabsichtigte, zum dritten, ihr Geschäftsmodell insgesamt zu internationalisieren. Heinrich Thyssen-Bornemisza und die Manager der BHS waren bereits in den 1920er Jahren übereingekommen, »*de ondernemigen te handhaven en ontwikkelen als ondernemingen van Nederlandsch karakter en structuur met orientatie naar Engeland en Amerika*«.[642]

Theoretisch reduzierte die Bank z.B. dadurch ihr Risiko, weil unerwünschte politische Maßnahmen einzelner Nationalstaaten nur partielle Vermögensschäden bewirkten, nicht aber die Tätigkeit der Bank insgesamt in Frage stellten. Freilich waren gerade in der Zwischenkriegszeit die Risiken so zahlreich, dass selbst vermeintlich sichere Häfen der globalen Vermögensanlage wie London und New York für eine transnationale Bank wie die BHS Probleme mit sich brachten. In beiden Fällen führten unklare Gemengelagen zwischen Familie und Bank einerseits und zwischen den verschiedenen in der TBG repräsentierten Nationalitäten andererseits dazu, dass Vermögen der BHS als Feindvermögen beschlagnahmt wurde: Die US-Unternehmen der TBG um die Union Banking Corporation und das in London deponierte »Thyssen-Gold«.[643]

Das US-Geschäft der TBG war funktional auf ihr deutsch-niederländisches Zentrum ausgerichtet und Mitte der 1920er Jahre systematisch ausgebaut worden. Die Domestic Fuel Company (N.V. Vulcaan) und die Seamless Steel Company (PWR) fungierten als Handelsniederlassungen in den USA. Sie residierten wie die anderen US-Niederlassungen der Gruppe im New Yorker Financial District am Broadway (Harriman Building, 39 Broadway) und wurden von Cornelis Lievense geleitet, einem gebürtigen Niederländer, der auf Veranlassung Kouwenhovens 1924 in die USA emigrierte und 1932 die US-Staatsbürgerschaft erwarb.[644]

---

[642] Beknopte Notitie eener bespreking in Lugano, 24.11.1945, NL-HaNA 2.08.52, inv.nr. 13.
[643] Vgl. aus familiärer Sicht vor allem Derix, Thyssens, S. 342-346, 391-393.
[644] Lievense (1890-1949) kannte Kouwenhoven seit Kindertagen. Seine berufliche Laufbahn begann er im Versicherungswesen, ehe er nach 15 Jahren seine Stellung aufgab und dem Ruf Kouwenhovens

Tab. 30: Übersicht über die US-Gesellschaften der TBG

Gesellschaft	Gegründet	Vorstand	Funktion
Cedar Swamp Realty Corporation	13.6.1932	Cornelis Lievense Maria Jacoba Lievense	Grundstücksentwicklung und -verwaltung
Cornelius Holding Corporation	Sep. 1932	k.A.	Tochtergesellschaft von Cedar Swamp
Domestic Fuel Corporation	18.8.1927	Cornelis Lievense Walter Kauffmann	Handelsgesellschaft
Holland American Trading Corporation	25.8.1924	Cornelis Lievense Harold D. Pennington Walter Kauffmann J.J. Bakker	Handelsgesellschaft
Seamless Steel Equipment Corporation	19.11.1926	Cornelis Lievense Walter Kauffmann Minet Batka	Handelsgesellschaft
Union Banking Corporation	4.8.1924	Cornelis Lievense Walter Kauffmann E. Roland Harriman Harold D. Pennington	Anlagegesellschaft

Quelle: Eigene Zusammenstellung nach August Thyssen Bank AG: Union Banking Corp. NARA M1922, Roll 0058 (Zusammenstellung der *vesting orders*).

Die Union Banking Corporation war die älteste und wichtigste Beziehung der BHS in die USA. Durch die internationale Gläubigerposition der USA nach dem Ersten Weltkrieg geriet der US-Kapitalmarkt in den 1920er Jahren zunehmend ins Visier der deutschen Großindustrie, die sich von einem Zugang zum US-Markt erhoffte, die Auswirkungen der Kapitalknappheit im Deutschen Reich abzumildern. Der Dawes-Plan erleichterte seit 1924 die Aufnahme US-amerikanischen Kapitals und besonders die Stahlindustrie sondierte mit US-amerikanischen Banken die Möglichkeiten, ihre Rationalisierungsinvestitionen zu finanzieren.[645]

Durch die Anleiheverhandlungen für die ATH lernten Vertreter des Thyssen-Konzerns auch W. Averell Harriman kennen. Er hatte 1922 in New York die Privatbank W.A. Harriman & Co. gegründet. Sein Vater, Edward Henry Harriman (1848-1909), hatte seine Karriere an der New York Stock Exchange begonnen und sich später darauf spezialisiert, finanziell angeschlagene Eisenbahngesell-

---

folgte, um mit ihm die N.V. Norma zu gründen. Da deren Geschäftsmodell nicht funktionierte, war Lievense kurzzeitig im Thyssen-Konzern angestellt, ehe er 1924 zur UBC wechselte. Am 29.1.1932 wurde er amerikanischer Staatsbürger. Examiner's Report 5.10.1942, S. 5, NARA RG 131, Entry P 33, Container 18.

[645] Vgl. etwa Reckendrees, Stahltrust, S. 368-372; Fear, Organizing Control, S. 489-498.

schaften zu sanieren. Der größte Coup gelang ihm, als er mit Hilfe der deutschjüdischen Investmentbank Kuhn, Loeb & Co., neben J.P. Morgan vor dem Ersten Weltkrieg die einflussreichste Bank an der Wall Street, die Union Pacific Railway sanierte und übernahm. Auch an der Southern Pacific Railway war er maßgeblich beteiligt.[646] Die Verbindung von Schwerindustrie und Bankwesen konstituierte mithin ähnlich wie im Thyssen-Konzern auch die geschäftliche Ausrichtung Harrimans. W. Averell Harriman knüpfte an die Geschäftstätigkeit des Vaters an, diversifizierte diese und investierte unter anderem in Reedereien (auch im Deutschen Reich).[647] Dennoch war seine Bank keine *investment bank*, sondern eine *commercial bank*, die etwa zwei Drittel ihres Geschäftsvolumens in Handelskrediten, Depositen-, Wechsel- und Devisengeschäften abwickelte. Deshalb blieb sie auch nach der Einführung des Trennbankensystems in den USA 1933 anders als die meisten Privatbankhäuser eine *commercial bank*. 1927 trat sein Bruder E. Roland Harriman als Partner in die Bank ein, die fortan als Harriman Brothers & Co. firmierte, ehe sie 1931 mit Brown Bros. & Co. zu Brown Brothers Harriman & Co. fusionierte. Später macht W. Averell Harriman vor allem als Politiker von sich reden, war Botschafter in Moskau (1943–1946) und danach kurzzeitig in London, Handelsminister in der Administration von Präsident Truman, Gouverneur von New York, unterlegener Bewerber um die Präsidentschaftskandidatur der Demokraten und in den 1960er Jahren in mehreren diplomatischen Spitzenfunktionen tätig. Zwei seiner Geschäftspartner, George Herbert Walker und dessen Schwiegersohn Prescott Bush, gehörten der Bush-Familie an, die ebenfalls – und politisch langfristig noch erfolgreichere – Grenzgänger zwischen Wirtschaft und Politik waren.[648]

Zwar ließ sich eine 1924 besprochene Anleihe für die ATH nicht realisieren, aber die Kontakte zwischen Harriman und Thyssen wurden anderweitig genutzt: Ohne Einbindung Fritz Thyssens[649] verhandelte Kouwenhoven 1924 im Auftrag von Heinrich Thyssen-Bornemisza mit Harriman über die Gründung der BHS-Tochter Union Banking Corporation.[650]

---

[646] Vgl. Kobler, Harriman.
[647] Zu den Harriman-Interessen an der deutschen Handelsschifffahrt vor allem in den frühen 1920er Jahren Rübner, Konzentration und Krise, S. 97-98, vgl. auch Reckendrees, Stahltrust, S. 488-490, für Harrimans Einbindung in die Verwaltung der deutschen Beteiligungen in der polnisch-oberschlesischen Stahlindustrie.
[648] Zur Geschichte der Bank siehe Kouwenhoven, Partners in Banking, v.a. S. 7-18, 183-208. Verweise auf die UBC, die BHS, Hendrik Jozef Kouwenhoven, Lievense oder Thyssen finden sich dort indes nicht. Trotz der Namensgleichheit war der Autor, John Atlee Kouwenhoven, offenbar nicht mit Hendrik Jozef Kouwenhoven verwandt. Dies legt jedenfalls ein Abgleich mit dessen Todesanzeige nahe, die keinen Hinweis auf einen John Atlee Kouwenhoven enthält. Für Averell Harrimans politische Karriere vgl. Abramson, Spanning the Century.
[649] August Thyssen Bank Ag: Fritz Thyssen (September 1945-November 1947): Thyssen Interrogation, 23.11.1945, S. 6, NARA M1922, Roll 0057. Nach der UBC befragt, antwortete Fritz Thyssen: »I never had anything to do with it«. Ebd., S. 7.
[650] Vernehmung Kouwenhoven und Mayer, 23.8.1940, S. 57-58, NARA RG 466, Entry A1 28, Box 63; Examiner's Report, 5.10.1942, S. 2-3, NARA RG 131, Entry P 33, Container 18; Vernehmung

Die Gebrüder Harriman und ihre US-amerikanischen Geschäftspartner fungierten als Strohmänner, brachten ihre Netzwerke ein und beteiligten sich durch die Übernahme von Mandaten im Board an der Kontrolle der UBC. Formal traten zunächst keine Thyssen-Manager in Erscheinung, sondern vier US-amerikanische Vertreter von Harriman & Co. und drei weitere US-Amerikaner, die dem erweiterten Netzwerk Harrimans angehörten, errichteten die neue Bank. Erst nachdem der formale Gründungsprozess abgeschlossen war, wählte das Board zunächst Cornelis Lievense zum Präsidenten der Bank und kurze Zeit später Kouwenhoven und Gröninger als Board-Mitglieder. Sie ersetzten zwei Harriman-Vertreter. Lievense war seit Schulzeiten mit Kouwenhoven befreundet, heiratete eine Schwester des BHS-Managers und wurde von seinem Schwager protegiert.[651]

Kouwenhoven hatte Lievense bereits zu Beginn der 1920er Jahre davon überzeugt, seine Tätigkeit im Versicherungswesen zu beenden, um mit ihm die N.V. Norma zu gründen, die allerdings wenig erfolgreich arbeitete. Mit der Gründung der UBC bot sich 1924 die Möglichkeit, den Protegé fest in der Thyssen-Bornemisza-Gruppe zu verankern. Kouwenhoven installierte Lievense als Geschäftsführer zunächst der Bank sowie später auch der übrigen US-Gesellschaften. Eine besondere Eignung als Unternehmensleiter brauchte er nicht, da die BHS in Rotterdam über die Anlagepolitik der UBC entschied. Lievense besaß entsprechende Fähigkeiten wohl auch nicht im Übermaß. Den anonymen Informanten des State Department galt er lediglich als »*glorified bookkeeper*«[652] und auch Heida zweifelte 1946 an Lievenses strategischem Weitblick. Er habe im Krieg zu wenig getan, um mit der niederländischen Exilregierung in London Kontakt zu halten und die Vermögenswerte der BHS zu sichern. Schließlich habe er die Bank verlassen – und im Stich gelassen – und die Geschäftsleitung an Walter Kauffmann delegiert.[653]

[ ] Heida, 1.8.1940, S. 35-36, NARA RG 466, Entry A1 28, Box 63. Heida verwies darauf, dass sich vor allem Kouwenhoven für die Gründung der UBC interessiert habe, kannte aber – trotz seiner Position beim RTK – keine Details. Dass selbst das gut informierte RTK nichts Genaueres über die UBC wusste, lässt darauf schließen, dass Kouwenhoven auch hier eher im eigenen (BHS-)Interesse als im Interesse der TBG agierte, auch wenn die Expansion in die USA grundsätzlich mit Heinrich Thyssen-Bornemisza abgestimmt war.

[651] Zu den Verwandtschaftsbeziehungen siehe Litchfield, Thyssen-Dynastie, S. 101, 276; Schleusener, Enteignung, S. 131; Investigation Branch Finance Division, Report »Hendrick Jozef Kouwenhoven«, 5.4.1948, Appendix 6: Extract from Interrogation of Mr. Curt Ritter by Mr. Meyer, 16.1.1948, S. 1, NL-HaNA 2.09.49 inv.nr. 530.

[652] Memorandum re Fritz Thyssen, 12.9.1941, S. 5, NARA RG 59, Central Decimal Files 1940-1944, 862.20200 Thyssen, Fritz/1 (Box 5503).

[653] Heida an Roelen 5.2.1946, SIT NROE/36; Walter Kauffmann war in den meisten US-Gesellschaften der »zweite Mann«. Er war gebürtiger Deutscher (Geestemünde) und 1920 zum Thyssen-Konzern gekommen, in dem er für die Cehandro arbeitete. 1926 ging er als Repräsentant der Cehandro nach New York, blieb aber nach deren Verkauf der TBG verbunden und arbeitete u.a. für die HATC. Als deren Bedeutung nachließ, blieb er in den USA und wechselte zur UBC und den übrigen Gesellschaften. Am 16.9.1932 wurde er US-Staatsbürger. Examiner's Report, 5.10.1942, S. 5-6, NARA RG 131, Entry P 33, Container 18. Vgl. auch Examiner's Report, 27.10.1942, S. 3, NARA RG 131, P 33, Box 24 (V.O. Cedar Swamp). Dort wird Kauffmann explizit als »U.S. Citizen« geführt.

7. Die Bank voor Handel en Scheepvaart

Auch ohne diese negative Bewertung von Lievenses unternehmerischen Fähigkeiten war offensichtlich, dass er lediglich der Statthalter der BHS in den USA war. Seine Rolle für die US-Gesellschaften der TBG sollte daher nicht überbewertet werden, da er zwar formal alle dortigen Unternehmen leitete, sie aber im Wesentlichen verwaltete, weil ihre Aktivitäten durch die europäischen Gesellschaften klar determiniert waren. Auch die Gebrüder Harriman interessierten sich für die Geschäftspolitik der UBC nicht, sondern ihnen war von vorneherein klar, dass die UBC eine BHS-Filiale war. Die rasche Zuwahl von drei BHS-Vertretern sowie besonders die Bestellung Lievenses zum Präsidenten deuten auf entsprechende Absprachen im Vorfeld hin. Zwar besaß E. Roland Harriman 99,75 Prozent der UBC-Anteile, fungierte aber als Treuhänder für die BHS und nicht als Kapitalgeber: »*[...] Brown Brothers Harriman have no financial interest in the Union Banking Corporation, but [...] certain officers of the company act as directors of the Union Banking Corporation merely as a matter of business courtesy.*«[654]

Unternehmenshistorisch war die UBC daher deutlich weniger spannend, als die gelegentlichen Skandalisierungen ihrer Geschäfte vermuten lassen.[655] Sie ermöglichte als Niederlassung der BHS den Zugang zum kapital- und vor allem renditestarken US-Kapitalmarkt. Sie kooperierte mit einer der wichtigsten Privatbanken am Finanzplatz New York, die sich neben der Industrie- und Handelsfinanzierung vor allem auf die Verwaltung großer Vermögen spezialisiert hatte, mithin dem Geschäftsmodell der BHS ähnelte. Durch die Verbindung mit Harriman erhielt die BHS relevante Informationen über lukrative Wertpapieranlagen und die Möglichkeit, weitere Geschäftsbeziehungen in New York zu etablieren. Neben Harriman zählten die Guaranty Trust Company, die Chase National Bank, die Bank of the Manhattan und die National City Bank zu den Partnerbanken von BHS und UBC.[656]

---

[654] Memorandum re Fritz Thyssen, 12.9.1941, S. 3, NARA RG 59, Central Decimal Files 1940-1944, 862.20200 Thyssen, Fritz/1 (Box 5503); explizit bestätigt durch Vernehmung Kouwenhoven und Mayer, 23.8.1940, S. 57, NARA RG 466, Entry A1 28, Box 63; vgl. Examiner's Report, 5.10.1942, S. 3-4, NARA RG 131, Entry P 33, Container 18. Vgl. Derix, Thyssens, S 343-344, die darauf verweist, die Harrimans hätten dem Management der UBC angehört. Der Report vom 5.10.1942 subsumiert tatsächlich alle Mitglieder des boards unter »management«. Anders als das zweigeteilte deutsche System mit einem geschäftsführenden Vorstand und einem kontrollierenden Aufsichtsrat fallen im board aber beide Funktionen zusammen, d.h. Vertreter der kontrollierenden Anteilseigner und die Geschäftsführung sitzen gemeinsam im board. Aus dem Zusammenhang ergibt sich, dass die Harrimans keine Managementfunktionen im engeren Sinne wahrgenommen haben.

[655] Racusin, Thyssen has $ 3,000,000 Cash in New York Vaults; Sutton, America's Secret Establishment; Yeadon/Hawkings, The Nazi Hydra in America. Auch andere Gruppentransaktionen, etwa die Operation Juliana, wurden verschwörungstheoretisch aufgeladen. Janich, Die Vereinigten Staaten von Europa, S. 202-203, überzeugende Einordnung bei Derix, Thyssen, S. 342-343.

[656] Vesting Order 9201, Memorandum (Blacklow), 21.5.1947, NARA RG 131, Entry P 33, Container 218.

Die UBC erwarb Aktien und Anleihen für Rechnung und für das Portfolio der BHS.[657] Strategische Anlagen sind indes nicht erkennbar.[658] Die Bank diente in finanzieller Hinsicht lediglich dazu, Vermögen der BHS anzulegen, das Anlagerisiko zu streuen und einen attraktiven, boomenden Markt zu erschließen.[659] Die Funktion für die TBG ging aber darüber hinaus. Sie gründete die UBC, um »für unseren Überseeverkehr einen Stützpunkt in Amerika zu schaffen.«[660] Damit griff die TBG eine Anregung August Thyssens auf, der seinem Sohn Heinrich bereits zu Beginn der 1920er Jahre nahegelegt hatte, ausgehend von der BHS die Handelssparte zu stärken und Märkte in Nord- und Südamerika zu erschließen.[661]

Die UBC war daher kein »Instrument, mit dem die Thyssens via BHS Vermögenssicherung betreiben konnten, ohne dabei als Handelnde wahrgenommen zu werden«,[662] denn auch Kouwenhoven versicherte explizit, »dass bei der U.B.C. keinerlei Vermögenswerte der Herren Dr. Fritz Thyssen, Julius Thyssen, Hans Thyssen und Baron Thyssen-Bornemisza angelegt sind.«[663] Sie war nichts anderes als eine Filiale der BHS (die freilich Heinrich Thyssen-Bornemisza gehörte). Für die übrigen US-Gesellschaften der TBG galt dies ähnlich, wie bereits an Seamless Steel und Domestic Fuel deutlich geworden ist. Die Holland-American Trading Corporation ging wie die UBC auf die Verbindungen mit Harriman zurück; wiederum war E. Roland Harriman Gründer und formaler Mehrheitseigner, wiederum nur treuhänderisch für die BHS. Die HATC exportierte zunächst chemische, metallische und mineralische Rohstoffe aus den USA in die Niederlande, baute später Handelsverbindungen nach Argentinien und Brasilien auf und erwirtschaftete noch 1942 einen Gewinn nahezu in Höhe ihres Gesellschaftskapitals (50.000$).[664]

---

[657] Die Bilanz der UBC für 1942 weist auf der Aktivseite etwa zwei Mio. $ an Wertpapieranlagen und gut eine Mio. $ als Kassenbestand aus. Auf der Passivseite standen neben dem Kapital von 400.000 $ Forderungen an ausländische Banken bzw. Kunden, d.h. die BHS, in Höhe von 2,4 Mio. $. Etwa achtzig Prozent der Bilanzsumme von gut 3 Mio. $ wurden mithin durch Aufträge der BHS aufgebracht. Examiner's Report, 5.10.1942, Exhibit A, NARA RG 131, Entry P 33, Container 18; vgl. Memorandum re Fritz Thyssen, 12.9.1941, S. 6, NARA RG 59, Central Decimal Files 1940-1944, 862.20200 Thyssen, Fritz/1 (Box 5503).

[658] Vgl. v.a. das Verzeichnis der erworbenen Wertpapiere: Vesting Order 8471, Memorandum Stock and Bonds owned by and debt owing by Bank voor Handel en Scheepvaart (o.D.), NARA RG 131, Entry P 33, Container 207. Sie weisen typische Investitionsmuster der TBG auf: Stahl, Eisenbahn, Gas, Öl, Elektrizität und Telefonie bildeten den Schwerpunkt bei den Aktienanlagen; ähnlich sah es bei den Obligationen aus, die noch um südamerikanische Staatsanleihen ergänzt wurden.

[659] Examiner's Report, 5.10.1942, S. 2-8, NARA RG 131, Entry P 33, Container 18; Bank voor Handel en Scheepvaart N.V., 17.10.1945, S. 2, NL-HaNA 2.25.68, inv. nr. 12779.

[660] Vernehmung Kouwenhoven und Mayer, 23.8.1940, S. 57, NARA RG 466, Entry A1 28, Box 63.

[661] August Thyssen an Heinrich Thyssen-Bornemisza, 6.11.1921, in: Rasch, Briefe einer Industriellenfamilie, S. 139-143; August Thyssen an Heinrich Thyssen-Bornemisza, 30.6.1924, in: ebd., S. 302-305. Vgl. Gehlen, Internationalisierungsfaktor.

[662] Derix, Thyssens, S. 344.

[663] Vernehmung Kouwenhoven und Mayer, 23.8.1940, S. 58, NARA RG 466, Entry A1 28, Box 63.

[664] Examiner's Report, 9.10.1942, August-Thyssen-Bank AG: Union Banking Corporation, NARA M1922 Roll 0058.

Während UBC, HATC, Seamless Steel und Domestic Fuel die strategischen Bemühungen der TBG widerspiegelten, das Handelsgeschäft in Amerika zu etablieren, war die 1932 gegründete Cedar Swamp Realty Corporation eine Privatunternehmung von Cornelis Lievense. Er leitete das Unternehmen gemeinsam mit seiner Frau Maria. Cedar Swamp war eine Projektgesellschaft, die ein großes Areal (30 acres) in Long Island erschloss und dort zwei Häuser errichtete; eines davon nutzten die Lievenses als Wohnhaus.[665] Zwar waren auch bei Cedar Swamp Akteure aus der Thyssen-Bornemisza-Gruppe involviert, doch sie fungierten als Treuhänder für Lievense. Einen unternehmerischen Zweck für die TBG erfüllte die Gesellschaft nicht. Sie ist daher auch kein Indiz für eine diversifizierte Vermögensanlage der Thyssens.[666] Denn mit Cedar Swamp hatten die Thyssens lediglich formal etwas zu tun. Eigentümer der vier Gesellschaftsanteile waren HAIC, Dunamis, Schütte und Kouwenhoven, die ihre Beteiligungen 1938 auf das RTK übertrugen. Die wahrscheinlichste Variante ist, dass sie dem Leiter der amerikanischen Gesellschaften, Lievense, den Erwerb eines standesgemäßen Anwesens vorfinanzierten. Da Kouwenhoven bei HAIC, Dunamis und RTK der maßgebliche Mann war, dürfte es sich eher um einen Freundschaftsdienst für seinen Schwager Lievense gehandelt haben als um eine tatsächliche Vermögensanlage der BHS oder der Thyssens. Dafür spricht auch, dass Cedar Swamp den einzigen Geschäftsanteil der ebenfalls 1932 von Lievense gegründeten Cornelius Holding Corporation hielt. Die Gesellschaft erwarb das Grundstück »Meadow Farms« (3 acre) in Nassau County, New York,[667] diente aber überdies vor allem fragwürdigen Querfinanzierungen zwischen den beiden Immobiliengesellschaften, deren Sinn sich auch dem von den US-Behörden beauftragten Wirtschaftsprüfer nicht so recht erschloss.[668]

Obwohl die US-amerikanischen Tochtergesellschaften der Bank voor Handel en Scheepvaart eine Geschäftspolitik verfolgten, die in Friedenszeiten völlig unbedenklich war, beschlagnahmten die USA die UBC und alle weiteren Gesellschaften 1942 als Feindvermögen. Die UBC konnte wie die Holland-American Trading Corporation noch zwei Jahre unter Aufsicht der Feindvermögensverwaltung weiter wirtschaften, ehe sie im Juli 1944 doch liquidiert und ihr Vermögen von den US-Behörden eingezogen wurde.[669]

---

[665] Examiner's Report, 27.10.1942, S. 3-4, NARA RG 131, P 33, Box 24, V.O. 351.
[666] Derix, Thyssens, S. 345. Die dort als an Cedar Swamp interessierte Akteure aufgeführten Personen – Hans, Julius Thyssen, Wilhelm Scheidt – werden in den Quellen zwar erwähnt, aber im Zusammenhang mit der Dunamis als Anteilseignerin der BHS. Dies sollte den »feindlichen« Charakter der BHS, des RTK und damit auch von Cedar Swamp belegen. Vgl. Examiner's Report, 27.10.1942, S. 1-3, NARA RG 131, P 33, Box 24, V.O. 351. Entsprechend war Maria Lievense auch nicht in die Thyssen'sche Vermögensverwaltung eingebunden wie Derix, Hidden Helpers, S. 58, ausführt. Sie verwaltete vielmehr ihren eigenen Grundbesitz.
[667] Examiner's Report, 27.10.1942, S. 3, NARA RG 131, P 33, Box 24, V.O. 351.
[668] Office Memorandum, 29.12.1955, NARA RG 131, P 33, Box 24, V.O. 351.
[669] Ambassade Washington an Minister van Buitenlandsche Zahken, 17.7.1944, NL-HaNa 2.05.80, inv. nr. 3155; Netherlands Supreme Court, Decision in United States v. Bank voor Handel en Scheepvaart, N.V. S. 759.

Bereits die erste *vesting order* lässt dabei erkennen, dass die Einschätzung, bei der UBC handele es sich um Feindvermögen, insbesondere am »*german origin*« des Kapitals, an Fritz Thyssen sowie an den engen Beziehungen der BHS (und ihrer Manager) zu den VSt festgemacht wurde, nicht aber am *beneficial owner* Heinrich Thyssen-Bornemisza. Er wird zwar erwähnt, aber 1941 und 1942 erkannten auch die meist gut informierten US-Behörden (noch) nicht, dass die Brüder eigentumsrechtlich seit 1936 zumindest hinsichtlich der BHS getrennte Wege gingen.[670]

Dies wurde später für sie noch zum Problem, da sich die ursprünglichen Begründungen für die Beschlagnahmungen nicht substantiieren ließen und die US-Behörden andere »belastende« Indizien in den Vordergrund schieben mussten, um das *vesting* zu rechtfertigen. Die britischen Behörden brachten die Problematik 1947 auf den Punkt und entlarvten nebenbei ein Paradoxon des *beneficial ownership*-Konzepts:

The suggestion is that under American trading with the enemy legislation Baron Heinrich might be held to be an «enemy» despite his Hungarian nationality, in that the Germans treated him as «Volksdeutscher», and that he retained his directorship throughout the war in a number of companies which were closely tied to the German war effort. If this is so, than we might have the paradox that German Fritz is possibly not a German «enemy», but Hungarian Heinrich is one.[671]

Sie standen letztlich vor demselben Problem wie ihre US-amerikanischen Kollegen. Heinrich Thyssen-Bornemisza, der letztmalig 1938 im Deutschen Reich war, die Kriegszeit in der Schweiz verbracht hatte und die ungarische Staatsbürgerschaft besaß, avancierte zu einem »Feind«, weil seine deutschen Unternehmen für – ironischerweise durch Briten und Amerikaner verursachte – Kriegsschäden entschädigt worden waren. Im Gegensatz dazu war der frühere NSDAP-Förderer Fritz Thyssen bei der Beschlagnahmung sowohl des US-Vermögens als auch – und dies interessierte die Briten besonders – des in London eingelagerten Thyssen-Golds bereits aus dem Deutschen Reich ausgebürgert worden (4. Februar 1940) und mithin staatenlos.[672] Wer aber keinem Staat angehört, kann auch keinem Feindstaat angehören. Neben dieser rechtlichen Komplexität, die an anderer Stelle bereits diskutiert wurde,[673] hatte freilich auch die von außen kaum erkennbare

---

[670] Examiner's Report, 5.10.1942, S. 3-4, NARA RG 131, Entry P 33, Container 18; vgl. auch das vorangegangene Memorandum re Fritz Thyssen, 12.9.1941, S. 6, NARA RG 59, Central Decimal Files 1940-1944, 862.20200 Thyssen, Fritz/1 (Box 5503); Secretary of State an Netherlands Embassy, 20.4.1943, NL-HaNA 2.05.80, inv.nr. 3155.
[671] Gage an Goodchild 23.9.1947, TNA FO 837/1158/1.
[672] Zur Ausbürgerung siehe z.B. Schleusener, Enteignung, S. 84. Die US-Gesellschaften wurden seit 1942 beschlagnahmt und das Thyssengold im Juli 1940.
[673] Vgl. Kapitel 2.4.4.

eigentumsrechtliche Trennung der Thyssen-Brüder die US-amerikanischen und britischen Feindvermögensverwaltungen verwirrt. In der Regel interessierten sie sich für Heinrich Thyssen-Bornemisza gar nicht, sondern für den weit bekannteren, politisch aktiven, eindeutig deutschen Stahlindustriellen und NS-Förderer Fritz Thyssen.[674] Hinweise auf Heinrich wurden bisweilen sogar bewusst ignoriert.[675]

Besonders problematisch war die Gemengelage beim Thyssen-Gold. Diese Bezeichnung führt allerdings in die Irre, weil sie eine Homogenität suggeriert, die nicht existierte. Das in London gelagerte Gold – insgesamt etwa 1.100 Goldbarren – hatte zwar fraglos einen Bezug zu den Thyssens, aber zahlreiche Eigentümerinnen und Eigentümer, darunter Kouwenhoven, die Pelzer-Stiftung, die BHS, Hans, Julius und Fritz Thyssen sowie pensionsberechtige Manager der Thyssen-Bornemisza-Gruppe (vgl. Tab. 31).

Im September 1939, kurz nach dem Eintritt Großbritanniens in den Zweiten Weltkrieg, erhielt die britische Feindvermögensverwaltung Kenntnis darüber, dass eine große Menge Gold ungeklärter Herkunft in London deponiert worden war. Es lag in Safes, die der US-amerikanische Staatsbürger Cornelis Lievense für Rechnung der BHS angemietet hatte. Daher konnten die britischen Ermittler, nachdem sie zunächst Stinnes als Eigentümer vermutet hatten,[676] das Gold rasch Thyssen zuordnen.[677] Ebenfalls im September 1939 beauftragte das britische *Ministry for Economic Warfare* die Analysten von Price, Waterhouse & Co. damit, die Eigentumsverhältnisse der BHS und der N.V. Vulcaan zu untersuchen. Vulcaan hatte sich zuvor dagegen verwahrt, auf der schwarzen Liste feindlicher Unternehmen geführt zu werden.[678]

Im Anschluss an ihre Recherchen nahmen die britischen Behörden Kontakt mit Fritz Thyssen auf und boten ihm an, das Gold an die Bank of England zu verkaufen, ihm den Gegenwert in Pfund Sterling zur Verfügung zu stellen, um damit Aktien, die an der London Stock Exchange notiert waren, kaufen zu können. Sie sollten aber bis auf Weiteres gemeinsam von *Treasury* und Fritz Thyssen verwaltet werden. Im Kern wollte die britische Finanzverwaltung Fritz Thyssen nicht enteignen, sondern lediglich mit nationalistischem Unterton sicherstellen, dass die

---

[674] Exemplarisch »Thyssen Gold« (o.D. ca. 1948), TNA FO 1049/1145. Der Report fasst den Verlauf der Beschlagnahmung knapp zusammen und begründet diese damit, dass die BHS »was a finance company wholly owned by Germans and controlled by the Thyssen interests.« Daher hielt man es für eine gute Idee, zunächst mit Thyssen »himself« zu sprechen und meinte damit Fritz Thyssen. Vgl. auch Derix, Thyssens, S. 371.

[675] »[The BHS] is said to be owned by Baron Thyssen, but which I believe is the property of the Thyssen family." Report C (Firth), 16.3.1940, TNA T 236/6780.

[676] BHS vs. Charles Alan Slatford, 30.7.1951, S. 3, NL-HaNA 2.05.117, inv.nr. 5815.

[677] Vgl. zum Thyssen-Gold bislang vor allem Derix, Thyssens, S. 370-372; Schleusener, Enteignung, S. 131-134.

[678] Ministerie van Justitie an Minister van Buitenlandsche Zaken, 24.6.1943, NL-HaNa 2.05.80, inv.nr. 3155. Vgl. Report Price Waterhouse & Co. on Ownership, 4.12.1939, NL-HaNA 2.08.52, inv.nr. 13. Der ursprünglich geheime Report gelangte 1943 in die Hände niederländischen Exilregierung.

Tab. 31: Nachweisbare Eigentümer des »Thyssen-Golds«

Depot-Nr. RTK	Eigentümer/in	Goldbestand
k.A.	Pelzer-Stiftung	318 Goldbarren
k.A.	BHS	585 Goldbarren 18.900 $ Gold Eagles
k.A.	Hendrik Jozef Kouwenhoven	149 Goldbarren
QQ 38	Ernst Knüttel	2.560 $ Gold Eagles 3.200 Goldgulden
QQ 41	Paul Thomas	930 Sovereigns 3 Goldbarren
QQ 42	Rudolf Krautheim	4 Goldbarren
QQ 79	Fritz Thyssen	50.540 Goldgulden
	Hans Thyssen	11.900 Goldgulden
	Julius Thyssen	3.070 Goldgulden
QQ 101	Franz Lenze	1.980 $ Gold Eagles

Eigene Zusammenstellung nach: Statement Meijer, 9.9.1954, TNA, BT 271/438; Korte Notities vergadering Beheersinstituut, 12.8.1946, S. 3, NL-HaNA 2.08.52, inv.nr. 13; Draft (o.D, ca. 1950), TNA, BT 271/585; Report (o.D. um 1950), TNA BT 271/574. Statement of Claim, 12.6.1950, S. 1, NL-HaNA 2.08.52, inv.nr. 15. Ob sich unter den 585 Barren Gold auch diejenigen befanden, die die BHS für Dritte verwaltete, ist nicht ersichtlich. Dies beträfe die Unterkonten des RTK sowie – gegebenenfalls – Kouwenhovens Gold. Die obige Tabelle ist daher nicht unbedingt additiv zu verstehen. Eine vollständige Rekonstruktion ist ohnehin nicht möglich.

Mittel für britische (Kriegs-)Zwecke verwendet werden konnten bzw. in England investiert wurden.[679]

Problematisch war daran allerdings, dass Fritz Thyssen über den Großteil seines Goldes nicht selbst verfügen konnte, wie er William Firth mitteilte. Der britische Industrielle, den Thyssen seit langem kannte, war offiziell mit der Angelegenheit betraut worden. Das Gold gehörte formal der Pelzer-Stiftung, sodass auch die Stiftungsbevollmächtigen bzw. die Testamentsvollstrecker der im Februar 1940 verstorbenen Hedwig Pelzer, Heida und Kouwenhoven, zustimmen mussten.[680] Fritz Thyssen war bereit, das Gold zu veräußern, und wies Kouwenhoven entsprechend darauf hin, dass er es für klug halte, Firths Vorschlägen zu folgen.[681] Als Firth Kouwenhoven im März 1940 in Rotterdam aufsuchte, spielte dieser

---

[679] »Thyssen Gold« (o.D. ca. 1948), TNA FO 1049/1145.
[680] Zur Pelzer-Stiftung Derix, Thyssens, S. 351-355; zu Kouwenhoven und Heida als Testamentsvollstrecker Hedwigs ebd., S. 450.
[681] Aktennotiz, 5.3.1940, TNA T 236/6780; vgl. Report C (Firth), 16.3.1940, TNA T 236/6780.

ersichtlich auf Zeit und bestätigte dem britischen Unterhändler – auf Nachfrage – nur das, was dieser ohnehin schon von Fritz Thyssen wusste, gab sich aber ansonsten ahnungslos.[682]

Firth legte sein Mandat kurz darauf aus Gründen nieder, die nichts mit dem Thyssen-Gold zu tun hatten. Am 8. Mai 1940 suchte sein Nachfolger, Nigel Campbell, Kouwenhoven erneut auf, um die Angelegenheit zu besprechen. Die britischen Behörden waren bereits erkennbar verärgert über dessen »*dilly-dallying*«. Kouwenhoven stellte eingangs die vermeintlich harmlose Frage, um welche Summe es eigentlich gehe. In den Briefen sei immer von drei Millionen Pfund die Rede gewesen. Eine solche Summe könne er sich aber nicht erklären. Campbell wies darauf hin, dass Fritz Thyssen Verfügungsrechte an 3.985 Kilogramm Gold für sich reklamiert hatte – dies entsprach etwa 320 Goldbarren und korrespondiert mit den Angaben in Tabelle 31. Damit wusste Kouwenhoven, was er wissen wollte, nämlich, dass es nur um das Gold ging, das Fritz Thyssen bzw. der Pelzer-Stiftung gehörte, und vor allem, dass die *beneficial owner* des übrigen Golds, mithin auch er selbst, den Behörden offenbar unbekannt waren. Er verstieg sich zwar noch in etliche Ausflüchte und legte dar, es sei alles nicht so einfach, wie Fritz Thyssen sich das vorstelle, erklärte sich aber schließlich bereit, an einer – legalen – Abwicklung des Gold-Verkaufs mitzuwirken. Fritz Thyssen hatte Kouwenhoven zuvor »*some very rude letters*« in der Angelegenheit geschrieben, was wohl nur dahingehend interpretiert werden kann, dass Fritz Thyssen seine Rechte als *beneficial owner* gegenüber Kouwenhoven eingefordert, dieser sich ihm – entgegen sämtlicher Absprachen[683] – aber widersetzt hatte.[684]

Kouwenhovens Zeitspiel wurde allerdings nicht belohnt. Zwei Tage nach der Besprechung mit Campbell überfielen deutsche Truppen die Niederlande, die dadurch in den deutschen Herrschaftsbereich integriert wurden. Daher beschlagnahmten die britischen Behörden am 3. Juli 1940 das Gold der BHS sowie die Vulcaan Ltd. (London) als Feindvermögen.[685] Der Custodian verkaufte anschließend das Thyssen-Gold zum aktuellen Marktkurs und verwaltete den Erlös (3.098.693 £) treuhänderisch.[686] Die BHS schrieb das Gold deshalb auch nicht ab, sondern führte es mit 14,745 Mio. hfl. weiterhin in der Bilanz – gut versteckt und als Risikoposten abgesichert.[687]

---

[682] Vgl. die amüsante Schilderung im Report C (Firth), 16.3.1940, TNA T 236/6780 sowie ihre Dekonstruktion bei Derix, Thyssens, S. 371-373.
[683] Nur wenige Wochen später bestätigte Kouwenhoven gegenüber den deutschen Devisenfahndern, dass formal zwar er, Kouwenhoven, und Heida die Verfügungsrechte bei der Pelzer-Stiftung ausübten, dass aber faktisch aufgrund einer bona fide-Vereinbarung der Wille Fritz Thyssens maßgeblich sei. Extract from the Interrogation of Zollamtmann Brill, 18.2.1948, S. 6, TNA FO 1046/451.
[684] Aktennotiz, 10.5.1940, TNA T 236/6780. Vgl. Schleusener, Enteignung S. 133-134.
[685] Vesting Order, 3.7.1940, TNA BT 271/574; zur Beschlagnahmung der N.V. Vulcaan Ministerie van Justitie an Minister van Buitenlandsche Zaken, 24.6.1943, NL-HaNa 2.05.80, inv.nr. 3155.
[686] Derix, Thyssens, S. 391-392; Thyssen Gold« (o.D. ca. 1948), TNA FO 1049/1145.
[687] Nota inzake den Maandstaat per Ult. Januari 1941 van de Bank voor Handel en Scheepvaart N.V., März 1941, S. 7, 14, NL-HaNA 2.25.68, inv.nr. 12779.

Für die Eigentümer des Goldes bedeutete diese Beschlagnahmung vor allem zweierlei: Erstens konnten sie nicht mehr frei über ihr Vermögen verfügen und zweitens war es nunmehr weniger wertbeständig, da es nicht mehr in Gold, sondern in Pfund Sterling angelegt war. Damit war es grundsätzlich der Inflationsgefahr ausgesetzt, vor allem für den Fall, dass Großbritannien den Krieg verlor. Doch bis auf Kouwenhoven wusste kein Eigentümer von der Beschlagnahmung. Fritz Thyssen ging noch unmittelbar nach dem Zweiten Weltkrieg davon aus, dass die Pelzer-Stiftung grundsätzlich über die Mittel verfügen könne und dass Kouwenhoven die Transaktion wie gewünscht durchgeführt habe. Befragt nach seinen derzeitigen Einkünften gab er im September 1945 zu Protokoll: »*I think, on account of the arrangement with the Bank of England, I can get money there. It says as long as the war lasts, this account is blocked, but after the end of the war I can get the money.*«[688]

Kouwenhoven, der als Leiter der BHS die Vermögen nur treuhänderisch verwaltete, hatte niemanden darüber informiert, dass das Thyssen-Gold beschlagnahmt worden war. Er redete sich nach dem Krieg damit heraus, dass es leichtsinnig gewesen wäre, kurz nach Beginn der Kriegshandlungen zwischen Großbritannien und dem Deutschen Reich Deutsche, konkret die Vertreter deutscher TBG-Gesellschaften, darauf hinzuweisen, dass die englische Botschaft sich für die Bücher der BHS und ihre britischen Transaktionen interessierte.[689] Das mag sogar stimmen, kann aber nicht darüber hinwegtäuschen, dass er zum einen durch sein Verhalten die Interessen seiner Auftraggeber verletzt und zum anderen eigenmächtig und sogar gegen den expliziten Willen Fritz Thyssens agiert hatte. Mehr noch: Er versuchte, sich aus der Verantwortung zu stehlen. Im September 1940 informierte er Roelen, dass er keine Garantie für die Pensionsansprüche der Manager deutscher TBG-Gesellschaften übernehmen könne. Formal begründete er dies damit, dass die bei der BHS geführten Guthaben infolge der deutschen Besatzung der Niederlande angemeldet werden müssten. Es sei daher Sache von Knüttel, Krautheim und anderen, sich darum zu kümmern. Im Falle behördlicher Nachforschungen könne er, Kouwenhoven, nicht helfen. Die deutschen Manager waren über Kouwenhovens Haltung »erschüttert«, zumal er sie persönlich dazu bewegt hatte, dem Pensionsfonds beizutreten. Von dessen Existenz erfuhr Wilhelm Roelen übrigens erst durch Kouwenhovens Vorstoß im September 1940. Er wurde dadurch – sehr zu seinem Unbehagen – zum Mitwisser in einer devisenrechtlich heiklen Angelegenheit.[690]

Kouwenhovens Verhalten rund um das Thyssen-Gold war mehr als nur fragwürdig: Er überschritt seine Kompetenzen, indem er seine Prinzipale, vor allem

---

[688] Report No. 2 on the Examination of Fritz Thyssen, 4.9.1945, S. 6, NARA RG 498 Entry UD 282 A Box 1337. 1947 ging er offenbar weiterhin davon aus, das Verfügungsrecht über das Gold zu besitzen. Vgl. Derix, Thyssens, S. 392.
[689] Korte Notities vergadering Beheersinstitut, 12.8.1946, S. 3., NL-HaNA 2.08.52, inv.nr. 13.
[690] Aktennotiz Roelen (Juni 1946) betr.: Providing funds, SIT NROE/36.

Fritz Thyssen und Heinrich Thyssen-Bornemisza, über substantielle Vermögensschäden nicht informierte. Seine eigenen Schäfchen versuchte er freilich ins Trockene zu bringen. Die ominöse Garantieerklärung für seinen Anteil des Thyssen-Goldes hatte er im Wissen um eine mögliche Beschlagnahmung in London erstellen lassen, Heinrich Thyssen-Bornemisza aber offenbar über die Nachforschungen der britischen Behörden bei dem fraglichen Telefonat im Unklaren gelassen. Zudem war ein Telefonat gewiss nicht das adäquate Mittel der Wahl, um diese heikle, weitreichende Angelegenheit substantiell für die TBG zu diskutieren.[691]

Es ist daher wahrscheinlich, dass Kouwenhoven dem Eigentümer der Bank, die er leitete, nicht die volle Wahrheit mitteilte, um eine für sich vorteilhafte Garantieerklärung zu erhalten. Da aber Heinrich letztlich mit seinem eigenen Vermögen für Kouwenhovens Goldanlage in London haften sollte, trägt Kouwenhovens Vorgehen deutliche Züge von Untreue; dies umso mehr, als er sämtliche Schritte unterließ, die das Thyssen-Gold – oder seinen Gegenwert – bewahrt hätten. Selbst wenn Kouwenhovens Verhalten juristisch nicht als Untreue zu bewerten gewesen wäre, war die unterlassene Eigentumssicherung moralisch fraglos der denkbar größte Verstoß gegen die (ungeschriebenen) Regeln der TBG. Auch aus dieser Perspektive war seine Entlassung im November 1942 folgerichtig.

8. Konzernbank mit Nebenwirkungen: Die August-Thyssen-Bank (ATB) zwischen solider Unternehmensfinanzierung und fragwürdigen Freundschaftsdiensten

Anderthalb Jahrzehnte zuvor war Kouwenhoven eine treibende Kraft dafür gewesen, dass Heinrich Thyssen-Bornemisza neben der Rotterdamer BHS ein weiteres, deutsches, Kreditinstitut in seine Gruppe integrierte. Ende 1927, Anfang 1928 verständigte Heinrich sich mit Eduard von der Heydt, dem Inhaber einer Berliner Privatbank, auf eine Übernahme der von der Heydt's Bank AG. Mit einem Kapital von 500.000 RM war diese zu klein, um dauerhaft im scharfen Bankenwettbewerb der Weimarer Zeit zu bestehen. Nach vergeblichen Sondierungen mit dem Barmer Bankverein wandte von der Heydt sich an Heinrich. Sie kannten sich persönlich aus den Niederlanden. In Zandvoort führte von der Heydt die

---

[691] Heinrich konnte sich an die Garantieerklärung und das Telefonat mit Kouwenhoven nicht erinnern. Daher ist der Inhalt nicht zu rekonstruieren. Später gab Kouwenhoven nur an, mit Gröninger übereingekommen zu sein, sein Depot aus Rücksicht auf die BHS in London zu belassen. Von Heinrich hieß es nur, dass er anschließend die Garantieerklärung gegeben haben soll. Es ist daher zumindest äußerst fraglich, ob Kouwenhoven gegenüber Heinrich die Problematik der englischen Nachforschungen voll entfaltet hat. Vgl. Korte Notities vergadering Beheersinstituut, 12.8.1946, S. 3, NL-HaNA 2.08.52, inv.nr. 13. Zur Garantieerklärung Kapitel 2.3.2.

Heydt's Bank N.V. Nach einer sorgfältigen Prüfung durch das RTK und in enger Abstimmung mit Hendrik Jozef Kouwenhoven übernahm Heinrich die von der Heydt's Bank AG 1928 und baute sie nach seinen Vorstellungen um. Er ließ ein repräsentatives Bankgebäude in der Berliner Behrensstraße errichten, erhöhte das Kapital von 500.000 auf 16 Millionen RM und erweiterte den Aufsichtsrat.[692]

8.1. Von der Privat- zur Konzernbank: Personal, Kundenstruktur und Wandlungen der ATB

Von den bestehenden Aufsichtsräten verblieben mit Heinz von Böttinger, Ferdinand Carl von Stumm und Eduard von der Heydt – letzterer übernahm den Vorsitz im Kontrollgremium – Vertreter des nobilitierten Wirtschaftsbürgertums mit einem familienkapitalistischen Hintergrund.[693] Heinz von Böttinger war der Sohn des langjährigen Aufsichtsratsvorsitzenden der Farbenfabriken vorm. Friedr. Bayer & Co, Henry Theodore Böttinger, einem Schwiegersohn des Gründers Friedrich Bayer. Ferdinand Carl von Stumm entstammte einer bekannten saarländischen Montanindustriellenfamilie. Er war bis 1919 als Diplomat im Auswärtigen Amt tätig, ehe er sich als Aufsichtsrat stärker um die Belange des familieneigenen Konzerns kümmerte.[694] Eduard von der Heydt entstammte einer Elberfelder Bankiersfamilie und war ein Urenkel des ehemaligen preußischen Handels- und Finanzministers August von der Heydt. Eduard war bis 1927 mit Vera von Schwabach, einer Tochter des Berliner Bankiers Paul von Schwabach, verheiratet. Diese kursorischen biographischen Details deuten den Charakter der von der Heydt's Bank bereits an: Sie war als Kreditinstitut nicht übermäßig bedeutend, verfügte aber als Teil der Berliner Hochfinanz über zahlreiche, familiär vorgeprägte Kontakte zu den wirtschaftlichen, politischen und diplomatischen Eliten der Hauptstadt.

Dieser Traditionsstrang wurde auch nach 1928 beibehalten. Zwar schied von Böttinger bereits 1929 aus dem Aufsichtsrat aus, aber von Stumm (bis 1952) und von der Heydt (bis 1943) blieben der Bank noch lange nach dem Eigentümerwechsel verbunden. Neu hinzu kamen in dieser Traditionslinie 1928 Richard von Kühlmann (bis 1932) und Wilhelm Scheidt (bis 1945). Kühlmann war Diplomat mit Stationen unter anderem in London und Den Haag, entstammte einer westfälischen Industriellenfamilie und war mit Margarete von Stumm verheiratet, einer Cousine Ferdinand Carls. Scheidt gehörte einer alteingesessenen Essener Industriellenfamilie an, die mit der Tuchproduktion reich geworden war und die Ende

---

[692] Vgl. ausführlich Wixforth, Konzernbank.
[693] Für einen Überblick über die Aufsichtsratsmitglieder der ATB siehe Winkelmann, Versuch einer geschichtlichen Darstellung, Anlage 6, SIT TB/989.
[694] Vgl. neuerdings Urban, Krisenfestigkeit, mit weiteren Verweisen auf die Unternehmens- und Familiengeschichte von Stumms.

8. Die August-Thyssen-Bank 371

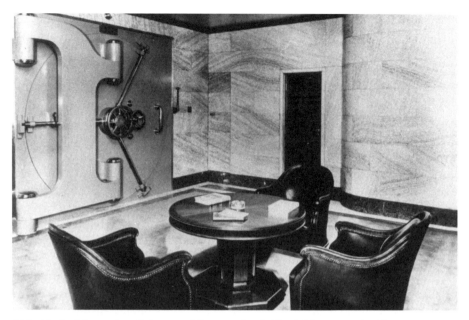

Abb. 16: Ambiente einer Privat- und Konzernbank: Der Nebenraum des Tresors der August-Thyssen-Bank (vor 1945)

der 1920er Jahren ebenfalls auf Grundlage ihres akkumulierten Vermögens eine Regionalbank gründete (Kettwiger Bank), deren Aufsichtsrat Wilhelm Scheidt vorstand.[695]

Die Muster ähneln sich: Diese Aufsichtsratsmitglieder stammten aus großbürgerlichen Familien, verfügten über einen unternehmerischen Hintergrund vornehmlich in Rheinland-Westfalen sowie über Erfahrungen und Kontakte in Industrie, Handel, Bankgeschäft, Politik und Diplomatie. Die bis hierhin genannten Aufsichtsratsmitglieder stehen stellvertretend für das bisherige Geschäftsmodell der von der Heydt's Bank als Privatbank aus dem gehobenen Wirtschaftsbürgertum für das gehobene (Wirtschafts-) Bürgertum. Die Bank symbolisierte letztlich den – über Heiratskreise – vernetzten Familienkapitalismus der Weimarer Zeit.[696]

Die wirtschaftliche Lage der Privatbanken in der Weimarer Zeit war schwierig. Sie standen als Typus unter Existenzdruck, weil die ebenfalls in Schieflage geratenen Großbanken ihre Marktposition sichern wollten, indem sie Provinz-, Regional- und Privatbanken übernahmen. Ein kleines Privatbankhaus wie von der Heydt hatte somit langfristig allein kaum eine Überlebenschance. Thyssen-Bornemisza ergänzte daher das Geschäftsmodell, vornehmlich reiche Privatkunden

---

[695] Vgl. zu diesem Punkt Bormann/Scholtyseck, Bank- und Börsenplatz Essen, S. 180-181; vgl. umfassend zur Entwicklung Soénius, Wirtschaftsbürgertum.
[696] Vgl. z.B. Wixforth/Ziegler, Privatbanken und Privatbankiers; Mosse, Jews in the German Economy.

über persönliche Beziehungen an die Bank zu binden, und baute die von der Heydt's Bank konsequent zu einer Konzernbank für die familiären Unternehmen aus. Die übrigen 1928 neu gewählten Aufsichtsratsmitglieder personalisieren diese erweiterte Unternehmensstrategie: Fritz Jacke (im Aufsichtsrat bis 1952), Hans Thyssen (bis 1941), Hendrik Jozef Kouwenhoven (bis 1940), Franz Lenze (bis 1937), Cornelis Lievense (bis 1942) und Carel Schütte (bis 1940). Später ergänzten noch Rudolf Krautheim (1935 bis 1952), Wilhelm Roelen, der für den verstorbenen Franz Lenze eintrat (1938 bis 1955), Wilhelm Martin (1940 bis 1950) und Ernst Knüttel (1942 bis 1945) das Kontrollgremium.[697] Kurzum: Heinrich Thyssen-Bornemiszas Rechtsberater Fritz Jacke, drei Manager aus dem Kreis der BHS (Kouwenhoven, Schütte, Lievense), Vertreter von Thyssengas (Lenze, Roelen) und PWR (Krautheim, Martin) sowie Rüdersdorf (Knüttel) repräsentierten die TBG-Interessen und – bis auf die Werften – sämtliche ihrer Produktionsunternehmen.

Mit Hans Thyssen saß zudem ein Vertreter der »Gruppe Fritz Thyssen« im Aufsichtsrat. Fritz Thyssen hatte sich an der Kapitalerhöhung der Bank mit 4,8 Million RM beteiligt und hielt 30 Prozent des Aktienkapitals.[698] Die Zusammenarbeit von Fritz und Heinrich überrascht, da beide ihre Interessensphären bereits seit 1926 eigentlich voneinander abgrenzten. Sie lässt sich am ehesten durch die zugedachte Funktion als Konzernbank verstehen. Für Heinrich Thyssen-Bornemisza, den klaren Mehrheitseigentümer, ergab die Zusammenarbeit mit Fritz Sinn, weil derart die Industriekundschaft der Bank um weitgehend bekannte, d.h. kaum prüfkostenintensive, Unternehmen erweitert wurde, die zudem Mittel bei der Bank anlegten und so deren Handlungsspielraum erhöhten. Für Hans, Julius und Fritz Thyssen wiederum bot die Beteiligung eine zusätzliche Möglichkeit, Kredite zu beschaffen, was angesichts der zunehmend angespannten Kreditmärkte im Deutschen Reich ebenfalls Handlungsoptionen erweiterte. Die Funktion der übernommenen von der Heydt's Bank als Konzernbank wurde 1930 schließlich dadurch sichtbar gemacht, dass die Generalversammlung beschloss, die Bank in August-Thyssen-Bank umzubenennen.[699]

Die Neupositionierung der Bank als Konzernbank institutionalisierte letztlich die bis dahin gepflegte Praxis des (alten) Thyssen-Konzerns, Investitionen selbst zu finanzieren. Überschüssige Mittel einzelner Gesellschaften wurden bei der

---

[697] Winkelmann, Versuch einer geschichtlichen Darstellung, Anlage 6, SIT TB/989.
[698] Die Angaben von Fritz Thyssen legen zumindest nahe, dass er direkt in die Kapitalerhöhung involviert war. Vgl. Interrogation of Fritz Thyssen, 5.11.1945, S. 3, NARA M 1922 Roll 0074. Allerdings fehlt ein expliziter Beleg in den bisher von der Forschung gesichteten Quellen. Vgl. Wixforth, Konzernbank, S. 315; Illner/Wilde, Eduard von der Heydt, S. 240. Gesichert ist freilich inzwischen, dass er 30 Prozent an der ATB hielt. Schröder an Ernst, 14.5.1940, BArch Berlin R 87/8204. Exposé (Roelen) [1952], S. 5, SIT/NROE 15. Andere Angaben freilich noch bei 12. Verhandlungstag gegen Dr. Fritz Thyssen (Zeuge Curt Ritter), 31.8.1948, SIT NELL/3, der von 25 Prozent ausging. Später (1950) sprach auch Ritter von 4,8 Mio. RM, d.h. von 30 Prozent. Ritter an High Commissioner for Germany, 22.5.1950, NARA RG 466, Entry A1 28, Box 63.
[699] Wixforth, Konzernbank, S. 318.

Bank angelegt, unter Beachtung bankwirtschaftlicher Prinzipien verwaltet und als Kredite an andere Thyssen-Gesellschaften ausgeliehen. Sie erfüllte damit ihre Transformationsfunktion für die Gruppe sowie die Schwestergesellschaften aus dem Einflussbereich Fritz Thyssens. Die ATB sollte vornehmlich den kurz- und mittelfristigen Geldbedarf der Unternehmen decken, damit diese nicht auf die teureren Valuta-Kredite zurückgreifen mussten.[700]

Die langfristige Investitionsfinanzierung blieb weiterhin Aufgabe der Bank voor Handel en Scheepvaart, die die Übernahme der von der Heydt's Bank explizit befürwortet hatte.[701] Diese Arbeitsteilung war angesichts des internationalen Zinsgefälles sinnvoll, denn aufgrund des enormen Kreditbedarfs nach der Inflation bei beschränktem Mittelaufkommen war das Zinsniveau im Deutschen Reich höher als in anderen Volkswirtschaften. Kurz- und mittelfristige Kreditmittel waren auch im Deutschen Reich trotz angespannter Kreditmärkte durchaus zu bekommen. Weil die ausländischen Anleger für kurzfristig in Deutschland angelegte Mittel höhere Zinsen erhielten als für langfristige Darlehn in ihren Heimatländern, flossen zumindest bis 1930 reichlich kurzfristige Auslandsgelder ins Deutsche Reich, die allerdings zu hohen Zinssätzen wieder ausgeliehen wurden und kurzfristig abgezogen werden konnten. Eine Konzernbank hatte daher Vorteile, denn zum einen konnte sie (theoretisch) günstigere Kreditkonditionen anbieten als der Markt. Zum anderen war sie weniger anfällig für externe Einflüsse. Seit Beginn der Weltwirtschaftskrise 1929 und den Novemberwahlen 1930, als die radikalen Parteien substantielle Stimmenzuwächse verzeichneten, gerieten auch wirtschaftlich gesunde Unternehmen in Zahlungsschwierigkeiten, weil die ausländischen Gläubiger ihre Mittel abzogen. Mit der deutschen Bankenkrise vom Juli 1931 zeigte sich die Instabilität der Kredit- und Kapitalmärkte deutlich, aber die ATB überstand die Krise nahezu problemlos. Zwar reduzierte sich nach 1931 die Bilanzsumme, aber die Erträge blieben stabil. Von 1930 bis 1940 lag die einfache Kapitalrendite der Bank stets zwischen vier und fünf Prozent, die Dividende konstant bei vier Prozent.[702]

Die Mittel, die die ATB kurz- und mittelfristig vor allem an Gruppenunternehmen verlieh – das waren mit Ausnahme der Krisenjahre 1930/31 meist 10 bis 20 Millionen RM –, brauchten nicht von der BHS bereitgestellt werden. Sie konnte sich stattdessen auf die langfristige Kreditvergabe konzentrieren und mit ihrer Beteiligung an der ATB zudem ihre Marktposition im Deutschen Reich stärken. Diese ursprünglichen Überlegungen waren freilich rasch Makulatur, da die Devisenbewirtschaftung den grenzüberschreitenden Kreditverkehr seit 1931 erheblich einschränkte und – wie dargelegt – für erhebliche Friktionen zwischen der BHS,

---

[700] Winkelmann, Versuch einer geschichtlichen Darstellung, Anlage 6, SIT TB/989. Von 1928 auf 1929 stieg der Bestand an Wechseln – als dem typischen kurzfristigen Kreditinstrument – der Bank daher auch deutlich an – von weniger als 500.000 RM auf über 9 Millionen RM.
[701] Wixforth, Konzernbank, S. 312.
[702] Vgl. Kapitel 4.

den deutschen Unternehmen und den Devisenstellen führte.[703] Dadurch avancierte die ATB vor allem seit Mitte der 1930er Jahre auch zum langfristigen Kreditgeber innerhalb der Gruppe – v.a. beim Ausbau von Thyssengas/Walsum.[704] In dieser Hinsicht erwies sich die Übernahme der von der Heydt's Bank 1928 als Glücksfall, da die TBG, ganz in familiärer Tradition, finanziell unabhängig von Dritten blieb und zudem über ein geeignetes Instrument verfügte, den Beschränkungen des transnationalen Kapitalverkehrs zu begegnen.

Das Leitungspersonal der Bank änderte sich durch die Übernahme nicht. Die bisherigen Vorstände Curt Ritter und Heinrich Lübke führten die Geschäfte bis zum Kriegsende, ehe Ritter wegen seiner seit 1936 bestehenden Mitgliedschaft in der NSDAP temporär seines Amtes enthoben wurde und später als Treuhänder des ATB-Vermögens fungierte. Formal blieb er aber bis zu seinem Tod 1951 Mitglied des Vorstands. Lübke, der – angeblich aus »beruflichen Gründen« – bereits im März 1933 in die NSDAP eingetreten war,[705] befand sich seit 1945 ebenso wie der langjährige Prokurist Schlesinger in sowjetischer Kriegsgefangenschaft (Buchenwald). Schlesinger starb in Gefangenschaft und Lübke kehrte erst 1950 auf seine alte Position zurück.[706] Er blieb schließlich bis 1959 Vorstand der nach 1945 zunächst weitgehend funktionslosen August-Thyssen-Bank. Auch Hans Müller, der 1927 in die von der Heydt's Bank eingetreten war, blieb ihr lange als Angestellter erhalten, wurde 1939 zum Bevollmächtigten und 1943 zum Prokuristen ernannt; nach dem Krieg war er im Vorstand der VBM.[707] Die ATB war ein kleines Kreditinstitut ohne Niederlassungen. 1934 beschäftigte sie 17 kaufmännische Angestellte und einen Lehrling. Sie gehörte der Berliner Börse an, betrieb das kurzfristige Kredit-, das Depot- und das Effektenkommissionsgeschäft, fungierte als Devisenbank und gab den langfristigen Kredit als Spezialisierung an.[708]

Mit der Übernahme der von der Heydt's Bank hatte die TBG auch deren Privatkunden übernommen, darunter einen Hauptmann a.D. der Luftwaffe, der über das Vorstandsmitglied der Lufthansa, Erhard Milch, Zugang zur höheren Berliner Gesellschaft erhielt: Hermann Göring. Er eröffnete um 1928 ein privates Konto bei der von der Heydt's Bank.[709] Göring war mithin als Teil der Berliner Gesell-

---

[703] Vgl. Kapitel 5.7.2.
[704] Vgl. Kapitel 5.1.4.
[705] Leumund-Zeugnis Otto Wilken, 1.3.1949; Fragebogen für die politische Überprüfung Heinrich Lübke (in Abwesenheit), 24.2.1949, NLA AU Rep. 250, Nr. 13899.
[706] Winkelmann, Versuch einer geschichtlichen Darstellung, S. 9, SIT TB/989.
[707] Vernehmung Hans Müller, 20.1.1947, S. 1, NARA M 1922, Roll 0035.
[708] Fragebogen der Wirtschaftsgruppe Bankwesen (1934), BArch Berlin R 13-XVIII/61; in den 1940er Jahren beschäftigte die Bank etwa 30 Angestellte. 12. Verhandlungstag gegen Dr. Fritz Thyssen (Zeuge Curt Ritter), 31.8.1948, SIT NELL/3.
[709] Eidesstattliche Erklärung Curt Ritter, 22.10.1945, August-Thyssen-Bank AG, General Records, NARA M 1922 Roll 0058. Dies korrespondiert mit den Angaben von der Heydts, der Göring durch persönliche Kontakte auch um 1928 in Berlin kennengelernt hatte und ihn in der Folge unter anderem bei Fritz Thyssen gelegentlich wiedertraf. Abhörungsprotokoll von der Heydt, 28.3.1946, S. 3-4, Schweizerisches Bundesarchiv E4320B#1990/266#552.

8. Die August-Thyssen-Bank

schaft und noch vor seiner politischen Karriere zur späteren ATB gekommen. Auch wegen ihres prominenten Kunden geriet die August-Thyssen-Bank nach dem Zweiten Weltkrieg ins Visier vor allem der US-Behörden. Doch anders als Simone Derix vermutet, war die Bank keine Anlaufstelle für »zahlreiche NS-Größen«,[710] sondern mit Göring, seinem Staatssekretär Paul Körner und Walther Funk gehörten nur drei hochrangige Nationalsozialisten zum Kundenkreis der Bank.[711] Selbst wenn man die Kriterien weitet und Angehörige von Görings Entourage wie seinen Sekretär Heinrich Gerch, seine (zweite) Frau Emmy und deren Schwester Elsa Sonnemann, oder den Architekten Walter Schlempp, der zum Umfeld Albert Speers zählte, als »NS-Größen« rubriziert, war ihre (wirtschaftliche) Bedeutung für die Bank gering.[712]

Zudem bestanden die Geschäftsbeziehungen schon vor der »Machtergreifung« bzw. bauten auf den etablierten Beziehungen auf, so vor allem bei den Konteninhaberinnen und Kontoinhabern aus Görings Umfeld, d.h. die Herrschaft des Nationalsozialismus führte der Bank keine neuen Kunden zu. Denn auch Funk war bereits zu seiner Zeit als (Chef-)Redakteur der Berliner Börsen-Zeitung in den 1920er Jahren zur von der Heydt's Bank gekommen.[713] Er gehörte zur erweiterten Wirtschaftselite der Hauptstadt, ehe er sich seit Anfang der 1930er Jahre dem Nationalsozialismus zuwandte. Funk und Göring hatten ähnlich wie Hjalmar Schacht vor ihrer Karriere im Nationalsozialismus grundsätzlich einen bürgerlichen Lebensweg eingeschlagen und unterschieden sich auch habituell von den radikalen NSDAP-Anhängern und -Funktionären der späten Weimarer Republik. Nicht von ungefähr gingen die frühen, noch wenig konkreten Kontakte zwischen Großindustrie und NSDAP auf diese gesellschaftlich etablierten, aus Sicht auch der ruhrindustriellen und der Berliner Wirtschaftselite satisfaktionsfähigen Männer zurück.[714]

Als Angehörige des gehobenen Bürgertums entsprachen Funk und Göring der typischen Kundschaft der von der Heydt's Bank bzw. der ATB. Eine kursorische Analyse[715] der für die frühen 1940er Jahre überlieferten Kontenaufstellungen er-

---

[710] Derix, Thyssens, S. 374; ähnlich auch Illner/Wilde, Eduard von der Heydt, S. 240.
[711] Auf den vier unter »Körner« geführten Konten lagen 1941 etwa 35.000 RM. Vgl. Übersicht über die Konten der ATB 1941, SIT TB/991. Dass es sich bei »Körner« um Paul Körner handelt, ist bestätigt durch die Vernehmung Hans Müller, 21.1.1947, S. 2, NARA M 1922, Roll 0035; ferner auch 12. Verhandlungstag gegen Dr. Fritz Thyssen (Zeuge Curt Ritter), 31.8.1948, SIT NELL/3.
[712] Vgl. Eidesstattliche Erklärung Curt Ritter, 22.10.1945, August-Thyssen-Bank AG, General Records, NARA M1922 Roll 0058.
[713] IARA-Report »Concern Thyssen-Bornemisza«, 28.2.1948, S. 14, NL-HaNA 2.09.49, inv.nr. 532. Funk verfügte über zwei Bankverbindungen, eine bei der ATB und eine bei der Reichsbank. Er legte das Konto bei der von der Heydt's Bank in seiner Zeit bei der Börsen-Zeitung an und das Reichsbank-Konto in seiner aktiven Zeit bei der Zentralbank. Vgl. Interrogation of Funk, 4.6.1945, S. 54, NARA M 1922, Roll 0075.
[714] Vgl. umfassend Turner, Großunternehmer; Neebe, Großindustrie.
[715] Der methodischen Ordnung halber ist darauf zu verweisen, dass es sich nicht um eine tiefgreifende und wissenschaftlich vollends abgesicherte Analyse der kontenführenden Kunden bei der ATB handelt. Dafür sind zum einen die Anhaltspunkte – häufig nur der Nachname – in den Kontenüber-

Abb. 17: Eigner und Kunden der August-Thyssen-Bank beim Deutschen Derby 1936: Heinrich Thyssen-Bornemisza (l.), Adrian von Borcke (Gestüt Erlenhof, 2. v. l.) und Hermann Göring (r.).

möglicht Einblicke in das Sozialprofil und auch in die »Kundenakquise« der Bank. Wenig überraschend, finden sich unter den Kunden der ATB Mitglieder der Thyssen-Familie (Heinrich und Stephan Thyssen-Bornemisza, Ivan Batthyány und Gabor Graf Zichy), Angestellte ihrer Unternehmen (Adrian und Helene von Borcke (Erlenhof), Ilse Butry (Sekretärin der ATB), Matthias Esser (Vulkan), Fritz und Augusta Jacke, Ernst Knüttel, Hendrik Jozef Kouwenhoven, Rudolf Krautheim, Heinrich Lübke, Wilhelm Martin, Josef Spieß, Cornelius Lievense, W. Th. Carp (Aufsichtsrat N.V. Vulcaan), Carl Rabes (VSt), Wilhelm Späing (VSt)), die Unternehmen selbst (BHS, Bremer Vulkan, Denesuh, FSG, HTK, PWR, RTK, VBM, Rüdersdorf, Erlenhof, VSt und Deutsche Edelstahlwerke) sowie »befreundete« Unternehmen (Heydt's-Bank N.V., der Bergbau-Zulieferer Frölich & Klüpfel, Ruhrgas AG, Gelsenwasser).

---

sichten nicht umfassend genug und zum anderen stünden die Kosten, umfassende Archivrecherchen über die vermutete Kundschaft der ATB anzustellen, für den angestrebten Nutzen, die Sozialstruktur der Kunden *grundsätzlich* zu erfassen, in keinem Verhältnis. Daher wurden exemplarisch für das Jahr 1941 die Kundeninformationen in Google eingegeben und, sofern Treffer vorlagen, auf ihre grundsätzliche Plausibilität hin überprüft. Dieses Vorgehen führt naturgemäß zu Unwägbarkeiten: Im *Einzelfall* könnten daher die im Folgenden angegebenen Konteninhaber nicht den Tatsachen entsprechen, in der *Gesamtheit* aber ergibt sich ein zutreffendes Bild. Die folgenden Angaben beruhen auf der Auswertung der Übersicht über die Konten der ATB 1941, SIT TB/991.

8. Die August-Thyssen-Bank

Hinzu kamen Privatkunden und Unternehmen aus dem Berliner Raum. Lokalprominenz wie der Kino-Betreiber Helmuth Philippi, der Avus-Chef Hellmut Reiners, die Opernsängerin Viorica Ursuleac oder der Versicherungsjurist Helmuth Leusch dürften über die zahlreichen gesellschaftlichen Anlässe zur Bank gekommen sein, andere Unternehmen über Aufträge oder gemeinsame Gremienarbeit: AEG, das Eisenbahn- und Bauunternehmen Vering & Waechter, die Rügenwalder Wurst und Fleischwaren-Werk AG oder das auf Repräsentationsbauten spezialisierte Bauunternehmen Boswau & Knauer. Dessen Leiter, Max Knüttel, saß bei den VBM im Aufsichtsrat und war – vermutlich – ein Bruder von Ernst Knüttel, dem Leiter der Rittergut Rüdersdorf GmbH.

Verwandtschaftliche oder persönliche Beziehungen dürften auch bei anderen Kundenbeziehungen eine Rolle gespielt haben: So ist wahrscheinlich, dass der Essener Tuchfabrikant Johann Otto Thanscheidt auf Empfehlung Scheidts ein Konto führte, der südafrikanische Geologe Hans Merensky, das mit diesem befreunde Ehepaar Malcomess, sein Neffe Carl-Theodor Klugkist,[716] der deutschnamibische Unternehmer Hermann Ohlthaver, die Kolonialbeamten Friedrich von Lindequist und Curt Pasel sowie der Reichskolonialbund sind dem Umfeld des ehemaligen Kolonialexperten der Commerzbank, Curt Ritter, zuzuordnen. Aus dem persönlichen Umfeld Stephan Thyssen-Bornemiszas stammten der Maschinenbau-Professor Hermann Potthoff (TH Hannover) und Stephans Berater Paul Langkopf; Hans-Günter von Kornatzki, ein Offizier der Luftwaffe, ist dem Göring-Umfeld zuzuordnen, Ulrich von Sell, ein Offizier, der unter anderem in der Auslandsabwehr tätig war, könnte über die »Geschäftsbeziehungen« zwischen ATB und Abwehr zur Bank gelangt sein. Die Jockeys und Galopp-Trainer Ernst Florian Grabsch und Sven von Mitzlaff sind unmittelbar mit dem Gestüt Erlenhof bzw. dem Rennstall Hoppegarten in Verbindung zu bringen, die Kunsthändler Karl Haberstock, die Familie des Kunstsammlers Carl von Holltischer, die Kunstgalerie Nierendorf, und die Leiterin der Galerie Matthiesen, Margarethe Noelle, spiegeln das gemeinsame Kunstinteresse der beiden Sammler Eduard von der Heydt und Heinrich Thyssen-Bornemisza wider.[717]

Als Monarchist pflegte Eduard von der Heydt ferner enge Beziehungen zum (preußischen) Hochadel und besonders zu den Hohenzollern.[718] Daher finden sich unter den Kontoinhabern etliche Mitglieder aus Adels-, Diplomaten- und Offiziersfamilien: von Graevenitz, von Blanckenburg, von Hoyningen-Huene, zu Rantzau, von Schaesberg, zu Stollberg-Stolberg, zu Wied, die drei Kaiserenkel Oskar, Burchard und Wilhelm Carl von Preußen sowie Kaiser Wilhelm II. mit einem Konto »Hausverwaltung Doorn«. Darüber hinaus führte die Bank, die als Devisenbank zugelassen war, auch einige Auswanderer-Sperrkonten, z.B. von

---

[716] Hierzu Machens, Merensky, S. 169, 175.
[717] Vgl. Gramlich, Thyssens, der vor allem Karl Haberstock und seine Beziehungen zu Thyssen-Bornemisza explizit erwähnt. Ebd., S. 223-234.
[718] Wilde, Bankier, S. 62-63.

Edmund Stinnes und Julius Simson. Mit diesen Konten war es Emigranten – zu wenig günstigen Konditionen – möglich, auf ihre in Deutschland verbliebenen Geldvermögen zuzugreifen, sofern die Devisenstellen den Transfer genehmigten.[719] Beide Unternehmer – Edmund als Erbe von Hugo Stinnes, Julius Simson als Geschäftsführer der Suhl-Berliner Simson & Co KG – waren langjährige Geschäftspartner von der Heydts gewesen und Anfang der 1930er Jahre emigriert.[720]

Die unvollständige Aufzählung verdeutlicht vor allem zweierlei: Die Kunden wurden über persönliche Bekanntschaften und Netzwerke akquiriert und die Privatkundschaft stammte aus dem (gehobenen) Wirtschafts- und Bildungsbürgertum, dem Adel und dem Militär. Diese Befunde sind für Privatbanken gewiss nicht unüblich. Im Wesentlichen spiegelt sich hierin das Vermächtnis der alten von der Heydt's Bank. Betriebswirtschaftlich waren die Privatkunden mit ihren Einlagen freilich eher eine willkommene Ergänzung für die ATB als Kern des Geschäftsmodells.

Das wird anhand der finanziellen Dimensionen und der Kontengrößen deutlich. Sowohl auf der Aktiv- als auch auf der Passivseite bestimmten die TBG-Unternehmen das Bankgeschäft zu mehr als 90 Prozent. 1941 führte die Bank 312 Konten mit täglicher Fälligkeit, auf denen einen Betrag von 6.751.930,27 RM verwaltet wurde. Die durchschnittliche Geldeinlage lag rechnerisch damit bei 21.641 RM. Allerdings summierten sich alleine die 13 größten Einzelkonten mit einer Einlage jeweils über 100.000 RM auf gut 4,9 Mio. RM, während sich die übrigen 1,8 Mio. RM auf die 299 weiteren Konten verteilten. Das entspricht für diese Konten einer Durchschnittshöhe von knapp 6.100 RM.[721]

Von den 13 größten Einzelkonten gehörten fünf TBG-Unternehmen, darunter das mit Abstand größte Konto der BHS (2,2 Mio. RM), sowie jene von VBM (184.000 RM), Erlenhof (354.000 RM), Rüdersdorf (336.000 RM) und der PWR (134.000 RM). Mit der AEG (125.000 RM) gehörte auch ein gruppenfremdes Unternehmen zu den größten Kreditoren der ATB in dieser Kontenkategorie. Die übrigen sieben großen Konten verteilen sich auf das preußische Königshaus (Hausverw. Doorn mit 137.000 RM und Oskar von Preußen mit 152.000 RM), ein Sonderkonto »Sch« von Gisela Merensky (397.000 RM), zwei Funktionskonten – ein Treuhand-Sonderkonto (332.000 RM) und ein Übertrags-Konto (229.000 RM) – und schließlich auf zwei Konten Hermann Görings mit 325.000 RM bzw. 114.000 RM. Göring führte noch zwei weitere reguläre Konten bei der Bank, die 1941 mit 51.000 bzw. 96.000 RM ebenfalls gut gefüllt waren.[722] Dagegen nahmen

---

[719] Köhler, »Arisierung«, S. 436-437.
[720] Wilde, Bankier, S. 63, vgl. Abhörungsprotokoll von der Heydt, 28.3.1946, S. 5, Schweizerisches Bundesarchiv E4320B#1990/266#552.
[721] Hierzu und zum folgenden Übersicht über die Konten der ATB 1941, SIT TB/991.
[722] Auf die Konten flossen Bezüge von Göring aus seinen verschiedenen privaten und öffentlichen Ämtern sowie die Bestechungsgelder von Reemtsma. Offenbar nutzte Göring die Konten bei der ATB vor allem als Durchgangsstation. Eidesstattliche Erklärung Curt Ritter, 22.10.1945, August-

sich die Einlagen von Reichswirtschaftsminister und Reichsbankpräsident Walther Funk mit 23.000 RM auf drei Konten recht bescheiden aus.[723] Anders als Göring führte er kein Wertpapierdepot bei der ATB,[724] besaß allerdings wie Göring ein Schließfach im Tresorraum. Über den Inhalt liegen in beiden Fällen keine Angaben vor, da die Safes beim sowjetischen Einmarsch in Berlin 1945 ausgeraubt wurden.[725]

Die 29 Festgeldkonten mit einer dreimonatigen Kündigungsfrist summierten sich auf 26,4 Millionen RM, von denen etwa 26,3 Millionen RM (mithin gut 99 Prozent) auf den Bremer Vulkan (7,3 Mio. RM), die PWR (12,3 Mio. RM), Rüdersdorf (6 Mio. RM) und die VBM (602.000 RM) entfielen. Die zehn Festgeldkonten mit einer Laufzeit bis zu einem Jahr verwalteten 8,6 Millionen RM, von denen wiederum 8 Millionen RM (ca. 93 Prozent) durch die BHS auf drei Konten angelegt worden waren. Die AEG (mit 100.000 RM) und erneut Hermann Göring (mit gut 500.000 RM) ließen ebenfalls substantielle Beträge bei der ATB verwalten, die übrigen fünf Konten wiesen lediglich Beträge bis maximal gut 7.000 RM aus.

Betriebswirtschaftlich zeigt sich somit der Charakter als Konzernbank sehr deutlich. Die mittelfristigen Anlagen stammten nahezu ausschließlich aus der TBG; lediglich bei den liquiden, täglich fälligen Geldern, die freilich nur etwa 16 Prozent der insgesamt 42 Millionen RM Depositen ausmachten und von denen wiederum etwa die Hälfte aus der TBG stammte, spiegelte sich die ursprüngliche Funktion als Privatbank einigermaßen wider. Anders ausgedrückt: Die Bank war bei den Passiva zu 90 Prozent Konzern- und zu zehn Prozent Privatbank, bei den Aktiva sah dies nicht anders aus.

Thyssen-Bank AG, General Records, NARA M1922 Roll 0058; Reemtsma zahlte 1934 Göring einmalig drei Mio. RM und anschließend jährlich eine Million und schenkte ihm zusätzlich Kunst. Insgesamt flossen so 13,35 Mio. RM an Göring. Reemtsma bedachte auch dessen Staatssekretär Paul Körner mit Geldzuwendungen. Jacobs, Rauch und Macht, S. 122-123. Göring besaß darüber hinaus noch Wertpapiere im Streifbanddepot mit einem Wert von etwa 500.000 RM und in einem Girosammeldepot (1 Mio. RM), vornehmlich deutsche Staats- und Industrieanleihen. Vernehmung Hans Müller, 21.1.1947, S. 2, NARA M 1922, Roll 0035; Emmy Göring unterhielt einen Unterstützungsfonds für bedürftige Kinder, für den Hedwig Thyssen 1941 3.000 oder 5.000 Reichsmark bei der ATB einzahlte und weitere jährliche Zahlungen folgen ließ, nachdem Hermann Göring die ihr gehörenden Teile aus dem beschlagnahmten Vermögen ihres Bruders Fritz freigegeben hatte. Interrogation of Emmy Sonnemann Göring, 18.9.1945, S. 12, NARA M 1922 Roll 0075.

[723] Bei einem Konto handelte es sich um ein »Sonderkonto Reichsbank«, das in anderen Quellen als »Repräsentationskonto« bezeichnet wird. Funk finanzierte damit gelegentlich Gefälligkeiten, hier für den Vize-Präsidenten der Reichbank, Rudolf Brinkmann. Aktennotiz, 22.10.1944, BArch Berlin R 2501/20906.

[724] Vernehmung Hans Müller, 18.1.1947, S. 1, NARA M 1922, Roll 0035. Das Wertpapierdepot hatte einen Wert von »einigen Millionen« Reichsmark und bestand vornehmlich aus deutschen Staatsanleihen und Industrieobligationen. Vernehmung Ritter, 21.1.1947, S. 1, NARA M 1922, Roll 0035.

[725] Vernehmung Hans Müller, 21.1.1947, S. 2, NARA M 1922, Roll 0035.

8.2. Handlungsbegrenzungen: Eine Konzernbank im gelenkten Kapitalmarkt

Spätestens seit 1939 zweifelten kundige Beobachter an der Wertbeständigkeit reiner Geldanlagen.[726] Die verdeckte Inflation als Folge der Aufrüstung äußerte sich unter anderem in großer Liquidität im Geldmarkt, worauf auch die ATB wiederholt verwies: »Die Geldflüssigkeit hält nach wie vor an, und es ist schwer, Geld zu einigermassen lohnenden Sätzen unterzubringen.«[727] Daher fragten die Bank und ihre Kunden vor allem wertbeständigere Anleihen nach. Mit vielen anderen kleineren Banken beteiligte sich die ATB an den Wertpapieremissionen jener Zeit, die ihnen von den Konsortialführern angedient wurden. Dadurch wurden die ATB überhaupt erst in die Lage versetzt, ihren Privatkunden Anlageformen jenseits des Bankdeposits anzubieten.[728] Auch im Krieg beteiligte sich die ATB an dem, was der strikt regulierte und vollständig auf Rüstung ausgerichtete Kapitalmarkt hergab: Platzierung von Industrieanleihen,[729] Anleihekonversion der Gelsenkirchener Bergwerks-AG (mit einer Quote von zwei Prozent)[730] sowie an den Teilschuldverschreibungen der Sudetenländischen Treibstoffwerke A.G. in Brüx.[731] Von der Dresdner Bank erwarb sie 1943 nominell 200.000 RM dividendenberechtigte Anteile des Bankhauses Hardy & Co. Zur gleichen Zeit wurde sie als »kriegswichtiger Betrieb« klassifiziert.[732]

Überdies verfügte die ATB als Besonderheit über einen überaus sicheren Tresorraum mit etwa 600 Safes, der nach eigenen Angaben sicherer als die Tresore

---

[726] Symbolpolitisch von besonderer Bedeutung ist hierbei das Schreiben des Reichsbank-Direktoriums an den Führer und Reichskanzler, 7.1.1939, abgedruckt: in Vocke, Gesundes Geld, S. 141-147. Das Reichsbank-Direktorium um Hjalmar Schacht beklagte die Veräußerung der letzten Goldreserven, wies auf die Inflationsgefahr hin und warnte vor den Folgen der expansiven Ausgaben- und Rüstungspolitik des Reichs. Die meisten Unterzeichner des Schreibens wurden ihres Amtes enthoben oder baten um Demission. Stattdessen setzte Hitler mit Walther Funk einen linientreuen NSDAP-Mann als Präsidenten ein und beendete endgültig die Unabhängigkeit der Notenbank. Vgl. Kopper, Schacht, S. 326-329; Banken, Edelmetallmangel, S. 699-702. Implizit ähnlich argumentierte auch Roelen nachträglich, der den Krieg ökonomisch für aussichtslos gehalten habe, »seit dem Augenblick, wo Ley für die deutsche Arbeitsfront das letzte Gold der Reichsbank opferte, um Münzen und Uniformen zu kaufen.« Aktenbericht (Roelen) betr. U.S.A: Decartelization Branch, 23.8.1946, S. 2, SIT TB/2139.

[727] ATB an die Aufsichtsratsmitglieder, 6.5.1941; ähnlich ATB an die Aufsichtsratsmitglieder, 2.12.1941, SIT TB/992.

[728] Die Berliner Handelsgesellschaft (BGH) beteiligte die ATB z.B. 1938 mit 150.000 RM an einer auslosbaren Schatzanweisung des Deutschen Reiches über nominell 950 Millionen RM sowie 1939 mit 30.000 RM an einer Anleihe der I.G. Farben über eine Milliarde RM. In diesem Fall erhielt die ATB also 0,03 % der Gesamtsumme zugewiesen. Sie war eben nur eine von sehr vielen Konsortialbeteiligten, wodurch sich auch die insgesamt geringe volkswirtschaftliche Bedeutung des Instituts verdeutlichte. Vgl. BHG an ATB, 3.10.1938, BArch Berlin R 8127/15925; BHG an ATB, 6.7.1939, BArch Berlin R 8127/15988, Bl. 237.

[729] ATB an den Aufsichtsrat, 5.11.1940, SIT TB/992.

[730] ATB an Aufsichtsratsmitglieder 3.2.1942, SIT TB/992.

[731] ATB an die Aufsichtsratsmitglieder, 3.9.1941 und 2.12.1941, SIT TB/992.

[732] ATB an Aufsichtsratsmitglieder, 6.8.1943, SIT TB/993.

der Reichsbank gewesen sein soll.[733] Vor allem die Schränke in den Tresorräumen, in denen z.B. Bilder und Mobiliar eingelagert werden konnten, waren 1943 vollständig ausgebucht; nur bei den kleineren Schließfächern gab es noch Kapazitäten.[734]

Kapitalmarktlenkung und Überliquidität stellten die ATB wie viele andere Kreditinstitute zunehmend vor Probleme: »Die Geldanlagemöglichkeit beschränkt sich auf Ausleihungen an Grossbanken und auf Wertpapiere, und von diesen wieder nur auf festverzinsliche Wertpapiere.«[735] In ihrem Wertpapierportfolio befanden sich – neben den Aktien der TBG-Unternehmen – daher Wertpapiere von Rüstungsunternehmen, Banken, Infrastrukturunternehmen sowie deutsche Staatspapiere.[736] Der Bestand an Staatsanleihen nahm dabei besonders zu. Ihr Anteil lag bei »normalen« Anlagebedingungen Mitte der 1930er Jahre unter 40 Prozent, stieg aber Anfang der 1940er Jahre auf etwa 60 Prozent an (vgl. Grafik 25). Im Kern absorbierte mithin der NS-Staat durch seine rigorose Kapitalmarktlenkung einen Großteil des zusätzlichen Anlagepotentials ATB – ein Muster, wie es sich bei nahezu allen Banken in dieser Zeit findet.[737]

Das Wertpapiergeschäft wurde zwar bilanziell bedeutender, machte aber nie mehr als ein gutes Fünftel des Aktivgeschäfts aus. Hingegen spielte das Kreditgeschäft mit teils mehr als 50 Prozent eine deutlich größere Rolle. Zusammen mit den Beteiligungen handelte es sich hierbei schließlich auch um das Kerngeschäft einer Konzernbank. Ihre Kredite vergab die ATB seit 1940 ausschließlich an »sonstige Schuldner«, während der Anteil von Kreditinstituten 1935 noch bei etwa 25 Prozent gelegen hatte. Unabhängig von den Eigenheiten der ATB als Konzernbank deutet der abnehmende Mittelbedarf von Kreditinstituten generell auf eine Marktspezifik hin, bei der den Banken mehr Mittel zuflossen als sie (sinnvoll) verwerten konnten. Die Liquidität der Märkte spiegelte sich auch in den Bilanzen der ATB wider, die im Krieg etwa 40 Prozent ihrer Aktiva in liquiden Anlageformen anlegte oder anlegen musste (vgl. Grafik 26). Bei den Großbanken lag dieser Anteil freilich – vor allem aufgrund der unverzinslichen Schatzanweisungen des Reichs als Mittel der Kriegsfinanzierung – deutlich darüber. Während etwa der Anteil von Schecks, Wechsel und Schatzanweisungen bei der Commerzbank im Krieg 60 Prozent und mehr betrug,[738] lag er bei der ATB nur zwischen 12 und 20 Prozent.

---

[733] 12. Verhandlungstag gegen Dr. Fritz Thyssen (Zeuge Curt Ritter), 31.8.1948, SIT NELL/3.
[734] ATB an den Aufsichtsrat, 21.6.1943, SIT TB/994. U.a. hatte von der Heydt dort Kunstgegenstände im Wert von etwa einer halben Million Schweizer Franken eingelagert. Übersetzung Brief von der Heydt, 14.2.1945, Schweizerisches Bundesarchiv E4320B#1990/266#552.
[735] ATB an den Aufsichtsrat, 21.6.1943, S. 2, SIT TB/994.
[736] Exemplarisch: Übersicht über die Konten der ATB 1941, SIT TB/991.
[737] Vgl. Zimmermann, Bilanzen der Commerzbank, S. 115, 192. Bei der Commerzbank lag der Anteil von Staatspapieren in den 1940er Jahren sogar bei 80 bis 90 Prozent der eigenen Wertpapiere.
[738] Zimmermann, Bilanzen der Commerzbank, S. 101, 178.

382   5. Geschäftsmodelle und Strategien

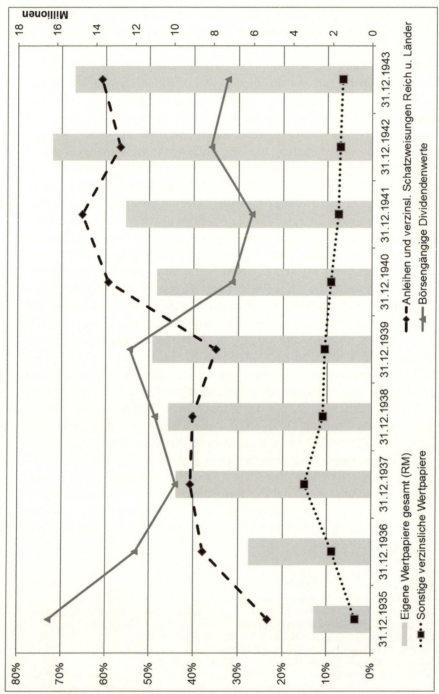

Grafik 25: Volumen (rechte Y-Achse) und Struktur (linke Y-Achse) der Wertpapieranlagen der ATB 1935 bis 1943
Quelle: Eigene Berechnungen nach GB ATB 1931-1935, BArch Berlin R 8127/9005; GB ATB 1937-1942, BArch Berlin R 907/401; GB ATB 1943 SIT TB/988.

8. Die August-Thyssen-Bank 383

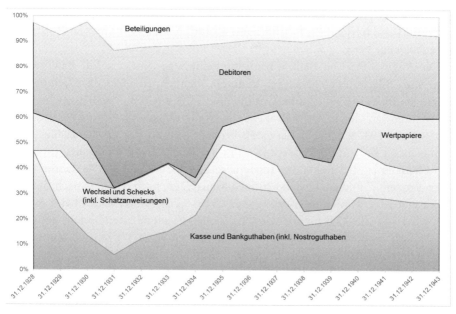

Grafik 26: Struktur des Aktivgeschäfts der ATB 1928 bis 1943
Quelle: wie Grafik 25.

Bei den Krediten zeigen die Bilanzen noch eine Besonderheit, die wiederum auf den Charakter der ATB als Konzernbank zurückzuführen ist. 1935 waren noch knapp 40 Prozent der Darlehn durch börsengängige Wertpapiere oder sonstige Sicherheiten abgedeckt, 1941 noch knapp fünf und 1943 unter ein Prozent. Dies wirkt auf den ersten Blick wie unsolides Geschäftsgebaren, ist aber in erster Linie damit zu erklären, dass es keine größere Kreditnachfrage jenseits der TBG-Unternehmen mehr gab. 1941 hatte die ATB gegen börsengängige Wertpapiere Darlehn in Höhe von etwa 480.000 RM vergeben, von denen alleine auf Vering & Waechter 420.000 RM entfielen, der Rest verteilte sich auf Privatpersonen. Bei den »sonstigen Sicherheiten« ergibt sich dasselbe Bild. Von den 475.000 RM entfielen auf die Rittergut Rüdersdorf GmbH 440.000 RM, d.h. in beiden Fällen existierte jeweils ein größerer Kreditnehmer, der 1943 keine Kreditmittel mehr benötigte. Entsprechend reduzierten sich die abgesicherten Darlehnspositionen: auf 145.000 bzw. 80.000 RM. Die übrigen 95 bzw. 99 Prozent der ATB-Kredite waren formal unbesichert. 1943 entfielen bei den Krediten ohne Sicherheit 99,9 Prozent auf Thyssengas und die Gutsverwaltung in Rechnitz, für 1941 sieht das Bild ähnlich aus.[739] Da mithin im Wesentlichen TBG-Unternehmen oder im Fall von Rechnitz

---

[739] Vgl. Übersicht über die Konten der ATB 1941, SIT TB/991; Übersicht über die Konten der ATB 1943, SIT TB/993.

ein familiäres Gut die »unbesicherten« Kredite erhielten, handelte sich de facto um umfassend besicherte Darlehn, für die letztlich Heinrich Thyssen-Bornemisza mit seinem Vermögen einstand.[740]

Die August-Thyssen-Bank war mithin keineswegs eine unsolide Bank, wie es die reinen Bilanzzahlen nahelegen könnten. Vielmehr fügte auch sie sich nahtlos in die kaufmännisch-sorgsame Leitlinie der TBG ein, wie – neben der bis 1940 konstanten Dividende von 4 Prozent – auch die Eigenkapitalquote zeigt. Sie lag Anfang der 1930er Jahre bei etwa 50 Prozent und zu Beginn der 1940er Jahre immer noch bei gut 25 Prozent.[741] Zum Vergleich: Die Eigenkapitalquote der Großbanken lag bei sinkender Tendenz in den 1930er und 1940er Jahren unter zehn Prozent[742] und auch nach heutigen Maßstäben, nach denen je nach Bezugsgröße eine Eigenkapitalunterlegung von 4,5 bis 8 Prozent als hinreichend angesehen wird, war die ATB für alle wirtschaftlichen Eventualitäten bestens gerüstet.

Politisch drohte freilich nach 1945 von mehreren Seiten Ungemach. Zum einen verbot die sowjetische Militäradministration alle Bankgeschäfte und zum anderen geriet die ATB ins Visier der US-Amerikaner, die ihre Nachforschungen zum Thyssen-(Bornemisza)-Konzern nicht von ungefähr unter dem Label »August-Thyssen-Bank« dokumentierten. Aus ihrer ursprünglichen Sicht stand die Bank im Zentrum eines klandestinen Geflechts von (Finanz-)Beziehungen von Großindustrie, NSDAP und NS-Staat. Für eine solche Sichtweise gab es viele Anhaltspunkte. Fritz Thyssen war an der Bank beteiligt gewesen und als früher Förderer des Nationalsozialismus bekannt. Hermann Göring und Walther Funk führten Konten bei der ATB. Sie hatte zudem nachweislich Zahlungen an Agenten der deutschen Auslandsabwehr abgewickelt. Und schließlich war die fragwürdige »Operation Juliana« nicht auf Anhieb als ausschließlich gruppeninterne Verlagerung von Wertpapieren zu erkennen gewesen, sondern hätte genauso gut dazu dienen können, Vermögen von NS-Größen ins Ausland zu transferieren, wie die US-Ermittler befürchtet hatten.[743]

Von ihren durchaus nachvollziehbaren Ausgangsvermutungen blieb am Ende der extensiven Befragungen allerdings kaum etwas übrig. Die Bank führte zwar Görings Konten, aber weder der alte Thyssen-Konzern, personifiziert durch Fritz Thyssen, noch Heinrich Thyssen-Bornemisza finanzierten über die Bank gezielt NS-Aktivitäten. Allenfalls förderten die Befragungen zu Tage, dass der Hamburger Tabakproduzent Philipp Fürchtegott Reemtsma Göring regelmäßig Schecks zukommen ließ, die dieser bei der ATB einlöste. Reemtsmas korrumpierender Geschäftsstil traf bei Göring auf viel Gegenliebe und hatte unter anderem dazu

---

[740] Vgl. hierzu auch Rasch, August Thyssen und sein Sohn, S. 59.
[741] Eigene Berechnungen nach GB ATB 1931-1935, BArch Berlin R 8127/9005; GB ATB 1937-1942, BArch Berlin R 907/401; GB ATB 1943 SIT TB/988. Die Debitoren allein waren bis Ende der 1930er Jahre meist vollständig, d.h. zu mehr als 100 Prozent, durch das Eigenkapital abgedeckt, von 1938 bis 1943 in der Regel immer noch zu etwa 75 Prozent.
[742] Zimmermann, Bilanzen der Commerzbank, S. 181.
[743] Vgl. Kapitel II.4.b.

geführt, dass ein Gerichtsverfahren gegen Reemtsma wegen Korruption eingestellt wurde.[744]

Ansonsten mussten auch die US-Ermittler anerkennen, dass die ATB kaum mehr als eine solide Konzernbank war, deren Geschäftsgebaren in der NS-Zeit keine weiteren Maßnahmen erforderte – mit einer Ausnahme: die Finanzierung der deutschen Auslandsabwehr, die aber zuständigkeitshalber von Schweizer Ermittlern untersucht wurde.

8.3. Die ATB, Eduard von der Heydt und die deutsche Auslandsabwehr

Viele Agententhriller beginnen mit harmlosen Begegnungen. Ähnlich in der Realität: Als der vormalige Mitarbeiter der Kolonialabteilung der Commerzbank und spätere ATB-Direktor, Curt Ritter, der 1910 und 1925/26 beruflich in Südafrika zu tun hatte, sich dort mit dem Geologen Hans Merensky anfreundete,[745] war noch nicht abzusehen, dass diese Begegnung einmal eine Rolle für die Finanzierung von deutschen Spionen im Ausland spielen würde, die Geheimdienste und Staatsanwaltschaften beschäftigte. In ihrer Folge geriet unter anderem Heinrich Thyssen-Bornemisza ins Visier der Gestapo bzw. des Reichssicherheitshauptamts und Eduard von der Heydt wurde in der Schweiz angeklagt.

Hans Merensky, 1871 als Sohn eines brandenburgischen Missionarsehepaars in Südafrika geboren, hatte seine Jugend- und Ausbildungsjahre in Preußen verbracht und war nach seiner Rückkehr nach Südafrika mit der Entdeckung von Erz- und Diamanten-Vorkommen Millionär geworden. Mitte der 1930er Jahre schien es ihm an der Zeit, seinen Nachlass zu regeln. Unter anderem wollte er seine Nichten und Neffen im Deutschen Reich an seinem Erbe beteiligen, indem er seit 1937 landwirtschaftliche Güter unter anderem in Mecklenburg (Gut Rodenwalde), Pommern (Gut Gutzmin) und Schlesien erwarb, um sie seinen Verwandten zu schenken.[746]

Der ungünstige Wechselkurs schreckte Merensky nicht, da er überaus vermögend war. Nur Zeit hatte der 64jährige nicht mehr übermäßig viel, als er sich 1935 an seinen Freund Curt Ritter wandte, der für die ATB zusagte, sich um die Erbangelegenheiten kümmern zu wollen. In den folgenden Jahren, seit 1937, zahlte Merensky daher bei der Reichsbank mindestens 145.000 Pfund Sterling ein, wahrscheinlich jedoch deutlich mehr.[747] Im Gegenzug erhielt er eine RM-Kreditlinie

---

[744] Jacobs, Rauch und Macht, S. 119-126; vgl. Lindner, Reemtsmas.
[745] Extract from the Interrogation of Mr. Curt Ritter, 16.1.1948, S. 1, 3, SIT TB/2155.
[746] Notarieller Wille des Dr. Johannes Merensky (Entwurf) o.D. (1939), SIT TB/982; Interrogation of Curt Ritter, 7.2.1947, S. 9, NARA M 1922, Roll 0035, zum Erwerb der Güter Machens, Merensky, S. 174-176, freilich ohne Bezug zur ATB. Zur Biographie Merenskys ebd.
[747] Angabe aufgrund der erteilten Devisengenehmigungen nach Inter-Office-Memorandum, 29.1.1947, S. 2, August-Thyssen-Bank AG: Interrogations, NARA M1922 Roll 0058; zum Startzeitpunkt

bei der ATB, mit der er die Güter erwerben konnte. Ritter schätzte, dass für diese Transaktionen zusammen etwa fünf Millionen RM aufgewendet wurden.[748] Da der Aufwand für den Erwerb des Gutes Gutzmin gut 1,3 Mio. RM betrug, scheint diese Schätzung durchaus valide.[749] In diesem Zusammenhang vermittelte die ATB auch zwischen Merensky und Reichsfinanzminister Schwerin von Krosigk, der Merensky die Schenkungssteuer erlassen sollte, wenn dieser dem Reich (erneut) Devisen zuführte.[750] Darauf ließ sich von Krosigk auch ein.[751]

Doch der Devisenbesitz weckte Begehrlichkeiten. So stritten sich das Reichsfinanzministerium und die Wehrmacht um das Verfügungsrecht. Das Oberkommando der Wehrmacht (OKW) und das ihr untergeordnete »Amt Ausland/Abwehr« setzten ihre Interessen schließlich durch. Daraufhin hinterlegte die Reichsbank bei der ATB Devisen zugunsten der Abwehr, über die diese mit Zustimmung der Reichsbank verfügen konnte.[752] Die Auslandsamt wurde nach seinem Leiter Wilhelm Canaris auch »Amt Canaris« genannt. Wilhelms Vater Carl sen. war bereits in der Stahlindustrie tätig gewesen und sein Bruder Carl hatte sogar von 1920 bis 1924 als Generaldirektor der August-Thyssen-Hütte für die Thyssens gearbeitet.[753] Ritter hatte Canaris 1931 im Hause Merensky anlässlich eines privaten Empfangs kennengelernt, ihn gelegentlich bei ähnlichen Anlässen wiedergetroffen und mit Heinrich Lübke bekannt gemacht.[754]

Seit 1939 nutzte das »Amt Canaris« diese Mittel, um deutsche Agenten im Ausland zu finanzieren.[755] Es gibt einige Indizien, dass Merensky eine Verwendung zugunsten des NS-Staates befürwortete. Beispielsweise lobte Canaris explizit Merenskys Verdienste für seine Organisation; auch bedachte der Geologe Göring und Hitler mit Gold- und Devisenspenden.[756] Ritter verwies hingegen darauf, dass es Merensky vor allem angekommen sei, einen möglichst hohen Gegenwert für »seine Pfunde in deutscher Waehrung zu erhalten.«[757]

Interrogation of Margarete Selke and Horst Borries, 5.2.1947, S. 5, August-Thyssen-Bank AG: General Records, NARA M1922 Roll 0058.

[748] Aktennotiz Ritter 17.1.1947, August-Thyssen-Bank AG: Interrogations, NARA M1922 Roll 0058.
[749] Kostenrechnung Notar Wollmann, 9.2.1937, SIT TB/980.
[750] ATB an RFM, 10.2.1937 (Streng vertraulich, geheim), SIT TB/980.
[751] Inter-Office-Memorandum, 29.1.1947, S. 2, August-Thyssen-Bank AG: Interrogations, NARA M1922 Roll 0058.
[752] Extract from the Interrogation of Mr. Curt Ritter, 16.1.1948, SIT TB/2155.
[753] Rasch, August Thyssen und Heinrich Thyssen-Bornemisza, S. 463-464.
[754] Intra-Office-Memorandum (Emil Lang), 14.1.1947, S. 3, August Thyssen Bank AG: American Thyssen Companies Report, Exhibit 6, NARA M 1922, Roll 0057.
[755] Bericht (Steiner), 8.6.1946, S. 6, Schweizerisches Bundesarchiv E4320B#1990/266#552, nennt zwar als Beginn den 22.5.1935, im weiteren Verlauf aber den 22.5.1939 (S. 9). Dies steht auch im Einklang mit den in diesem Bericht und den Vernehmungen wiedergegebenen Informationen von der Heydts. Vgl. ebd. (S. 9-11) für eine Liste der Zahlungsempfänger.
[756] Inter-Office-Memorandum, 29.1.1947, S. 3, August-Thyssen-Bank AG: Interrogations, NARA M1922 Roll 0058.
[757] Interrogation of Curt Ritter, 7.2.1947, S. 9, NARA M 1922, Roll 0035.

8. Die August-Thyssen-Bank

Unabhängig von Merenskys Motivation waren die Mittel sein Eigentum, weshalb die ATB sie auch auf einem Treuhandkonto führte. Das Verfügungsrecht hatte Merensky aber praktisch an die Reichsbank abgetreten und im Gegenzug günstige Konditionen erhalten, um die ostelbischen Güter zu erwerben. Die Reichsbank wiederum räumte der Abwehr – unter Vorbehalt – ein sekundäres Verfügungsrecht ein. Die ATB verwaltete die Mittel und organisierte den Zahlungsverkehr über befreundete ausländische Kreditinstitute.

Warum sie dies tat, lässt sich nur vermuten. Soweit ersichtlich, verdiente die Bank an den Transferzahlungen für die Abwehr selbst nichts. Ritter gab nachträglich an, die Bank sei vor allem daran interessiert gewesen, ihrem Kunden Merensky entgegenzukommen. Er bestritt zwar nicht, dass ihr die Tätigkeit auch politisch nützte, doch machte er zugleich geltend, dass die Bank solche politischen Freundschaftsdienste nur durchführen konnte, weil sie überhaupt über ausländische Kunden verfügte.[758] Offenbar im Zusammenhang mit dem Merensky-Geschäft trat Ritter 1936 auch in die NSDAP ein – vorgeblich »um für die Bank dadurch die Devisengenehmigung für unsere ausländischen Freunde und damit die Tätigkeit der Bank nicht in Frage zu stellen.«[759]

In seiner Perspektive traf letztlich der Zufall auf Opportunismus. Ritter hatte allerdings ein taktisches Verhältnis zur Wahrheit und bestritt z.B. 1948, dass der mittlerweile verstorbene Heinrich Thyssen-Bornemisza von den Transaktionen gewusst habe und wich etlichen Fragen mit dem Hinweis darauf aus, dass nur Lübke und Prokurist Schlesinger die Details kannten – wohlwissend, dass beide in Gefangenschaft waren und seine Sicht der Dinge weder bestätigen noch widerlegen konnten.[760] Vermutlich waren die Beweggründe der beiden ATB-Direktoren Ritter und Lübke, sich auf dieses seltsame, für die Bank betriebswirtschaftlich unnütze Konstrukt einzulassen, sehr profaner Natur: Sie erhielten 1939 je 56.000 RM von Merensky geschenkt.[761]

Diese Vorgeschichte hat die Forschung bislang nicht in den Blick genommen, während die Einbindung der ATB in Zahlungen an deutsche Geheimdienstler bereits seit den 1980er Jahren bekannt ist. Die meisten Beiträge konzentrierten sich dabei auf den vormaligen Eigner und langjährigen Aufsichtsratsvorsitzender der Bank, Eduard von der Heydt, da er zu einer Schlüsselfigur für den Geldtransfer avancierte.[762] Von der Heydt war 1933 in NSDAP ein- und 1939 wieder aus-

---

[758] Extract from the Interrogation of Mr. Curt Ritter, 16.1.1948, SIT TB/2155.
[759] Ritter an von der Heydt, 26.12.1946, SIT TB/995.
[760] Vgl. Extract from the Interrogation of Mr. Curt Ritter, 16.1.1948, SIT TB/2155; Aktennotiz Ritter 17.1.1947, August-Thyssen-Bank AG: Interrogations, NARA M1922 Roll 0058.
[761] Inter-Office-Memorandum, 29.1.1947, S. 3, August-Thyssen-Bank AG: Interrogations, NARA M1922 Roll 0058.
[762] Urner, Schweizer Hitler-Attentäter, S. 39-40; Welti, Der Baron, die Kunst und das Nazi-Gold, 194-198; ferner Koch, Geheim-Depot Schweiz; sowie als Reaktion darauf das Dossier des Schweizerischen Bundesarchivs: Strafuntersuchung Eduard von der Heydt, 10.5.1997, Schweizerisches Bundesarchiv E9500.239A#2003/49#138. Vgl. neuerdings vor allem die präzise Darstellung bei Wilde, Bankier, S. 73-89, sowie mit einigen Ergänzungen Illner/Wilde, Eduard von der Heydt.

getreten, nachdem er 1937 seine deutsche Staatsbürgerschaft aufgegeben hatte und Schweizer geworden war. Er lebte in Ascona in seiner Villa Monte Verita, besaß selbst noch sein Kreditinstitut in den Niederlanden und hatte als international anerkannter Bankier Zugang zur Schweizer Finanzwelt, deren Bedeutung als finanzielle Drehscheibe des NS-Regimes inzwischen umfassend aufgearbeitet ist.[763]

Die Zahlungen an die Auslands-Agenten wurden nach einem wiederkehrenden Muster abgewickelt: Vertreter der Wehrmacht betraten (in zivil) die August-Thyssen-Bank, legten bei Heinrich Lübke oder Curt Ritter eine Devisengenehmigung der Reichsbank vor, bevor der Prokurist Schlesinger sie in den Tresorraum begleitete und ihnen Pakete mit Devisen aushändigte. Der Vorgang wurde quittiert und über ein Treuhand-Sonderkonto abgewickelt, das buchhalterisch separat geführt wurde. Die zugehörigen Unterlagen gingen verloren, als das Bankgebäude zerstört wurde.[764]

Die Bank verschleierte – auf Weisung der Abwehr[765] – die Herkunft der Gelder, indem sie ausländische Banken zwischenschaltete. Deshalb hatte sich Heinrich Lübke 1939 auch an seinen Freund und Mentor von der Heydt gewandt, um die als vertraulich bezeichneten Zahlungen über dessen niederländische Bank in Zandvoort abzuwickeln. Nach der Besetzung der Niederlande entfiel diese Option und Lübke sprach mit von der Heydt über Möglichkeiten, die Zahlungen über die Schweiz vorzunehmen. Von der Heydt schlug sich selbst als Mittelsmann vor.[766] Seitdem sandte die Bank – als Devisenbank dazu grundsätzlich befähigt[767] – die Gelder per (eingeschriebenen) Brief an Eduard von der Heydt, der sie auf eigens eingerichtete Konten bei der Schweizerischen Bankgesellschaft (Locarno) einzahlte. Von dort überwies er anschließend die Beträge an Empfänger mit vorgegebenen oder fingierten Namen, die ihm die deutsche Auslandsabwehr über die ATB nannte. Zwar hatte Lübke von der Heydt anfangs wohl im Unklaren darüber gelassen, wer die Gelder empfing, doch spätestens im Herbst 1939 wusste von der Heydt, dass damit auch Agenten der Abwehr finanziert wurden. Von 1940 bis 1943 transferierte von der Heydt auf diesem Weg Gelder im Gegenwert von 1,4 Mio. Schweizer Franken ins Ausland. Für seine Vermittlertätigkeit zahlte ihm die ATB eine handelsübliche Provision von 0,375 Prozent. Rechnerisch wären das in den drei Jahren also gut 5.000 Sfr. gewesen; die Schweizer Ermittler gingen hin-

---

[763] Konzis Bähr, Goldhandel, S. 17-22; Banken, Edelmetallmangel, umfassend die Publikationen der Unabhängigen Expertenkommission Schweiz – Zweiter Weltkrieg, vor allem Uhlig u.a., Tarnung, Transfer, Transit; Hauser/Müller, Schweiz und die Goldtransaktionen; Meier, Schweizerische Aussenwirtschaftspolitik; ferner der Schlussbericht Koenig/Zeugin, Schweiz.

[764] Interrogation of Curt Ritter, 7.2.1947, S. 8, NARA M 1922, Roll 0035; Ritter an Roelen, 16.1.1947, SIT TB/997; Aktennotiz Ritter 17.1.1947, August-Thyssen-Bank AG: Interrogations, NARA M 1922 Roll 0058.

[765] Hierzu Hoover an Boykin, 7.7.1952, S. 3, NARA RG 65, Case 100-029424, Box 23.

[766] Dieses Detail nach Abhörungsprotokoll von der Heydt, 28.3.1946, S. 10, Schweizerisches Bundesarchiv E4320B#1990/266#552.

[767] Vgl. hierzu Protokoll der Hauptverhandlung, 18. und 19.5.1948, S. 11, Schweizerisches Bundesarchiv, E9500.239A#2003/49#149.

gegen von einem Betrag von 12.000 Sfr. aus – beides freilich keine Summen, die ein genuin wirtschaftliches Interesse des schwerreichen Eduard von der Heydt begründen konnten.[768]

Von der Heydt gab später an, er habe ein mittelbares Interesse gehabt, die Transaktionen durchzuführen. So sei es ihm möglich gewesen, »von Zeit zu Zeit mit Herren aus Berlin zu sprechen und mich etwas über die allgemeine Situation zu informieren.«[769] Weil er etwa zur selben Zeit Probleme mit den deutschen Visa-Stellen hatte, die ihn nicht einreisen lassen wollten, und seine Familie sowie ein Teil seiner Kunstsammlung sich noch in Deutschland befanden, konnte ihm die Mitwirkung an den Transferzahlungen tatsächlich dabei behilflich sein, die nach seiner Einbürgerung in der Schweiz skeptischen deutschen Behörden milde zu stimmen.[770] Im Gerichtsprozess wartete von der Heydt freilich mit einer anderen Motivation auf: »Anhänglichkeit gegenüber der Familie Thyssen.«[771]

Nicht nur bei dieser nachrangigen Frage waren von der Heydts Ausführungen inkonsistent. Nach eigenem Bekunden führte von der Heydt die letzte Überweisung im Auftrag der ATB am 12. Januar 1943 aus, weil ihm Ende 1942 Bedenken gekommen seien. Weitere Anfragen Lübkes habe er abschlägig beschieden.[772] Lübke widersprach dieser Version später.[773]

Erst im März 1943 schrieb von der Heydt der Schweizerischen Bankgesellschaft, die sich zuvor bei ihm nach dem Charakter der Zahlungen erkundigt hatte, er persönlich habe damit nichts zu tun. Im Falle von Nachfragen solle die Bank daher keinesfalls seinen Namen nennen, sondern auf eine ausländische Bankverbindung, im äußersten Fall – und nur mit seiner Zustimmung – auf die ATB verweisen. Auch habe er die ATB gebeten, ihm keine Aufträge mehr zu erteilen.[774] Offensichtlich hatten ihn die Rückfragen der Schweizerischen Bankgesellschaft aufgeschreckt, da er dadurch wusste, dass sich die Behörden für die Transaktionen interessierten. Konkret hatten US-amerikanische Ermittler bereits im Juni 1942 Hinweise auf Zahlungen an deutsche Agenten in Mexiko und den USA an die Schweizer Behörden weitergeleitet. Am 8. Juni 1942 bestätigte Direk-

---

[768] Bericht über die Strafuntersuchung, Mai-Juni 1946, S. 4-8, Schweizerisches Bundesarchiv E4320B#1990/266#552; Schlussverhör Eduard von der Heydt, 13.6.1946, Schweizerisches Bundesarchiv E9500.239A#2003/49#149; Wilde, von der Heydt, S. 77-78, Case No. 1863/1952 Oslo Town Court, 28.11.1952, S. 2, Schweizerisches Bundesarchiv E2001E#1969/121#6037. Die wichtigsten Empfängerländer waren Ägypten, Schweiz, Belgien, Türkei, Monaco, Polen, Schweden, Bulgarien, China, Frankreich, Dänemark, USA, Italien, Ungarn, Rumänien und die Niederlande.
[769] Abhörungsprotokoll von der Heydt, 28.3.1946, S. 10, Schweizerisches Bundesarchiv E4320B#1990/266#552.
[770] Wilde, Bankier, S. 79, spricht plausibel von einer »Art Rückversicherung zum eigenen Nutzen«.
[771] Protokoll der Hauptverhandlung, 18. und 19.5.1948, S. 16, Schweizerisches Bundesarchiv, E9500.239A#2003/49#149.
[772] Abhörungsprotokoll von der Heydt, 2.5.1946, S. 9, Schweizerisches Bundesarchiv E4320B#1990/266#552
[773] Vgl. weiter unten.
[774] Von der Heydt an Unione die Banche des Svizzeria, 13.3.1943, Schweizerisches Bundesarchiv E9500.239A#2003/49#149.

tor Palla von der Schweizerischen Bankgesellschaft (SBG), dass es solche Zahlungen gegeben habe und zeigte sich bereit, gegebenenfalls vom Bankgeheimnis abzusehen, falls es sich tatsächlich um unlautere Zahlungen handele. Am 30. August 1943 forderte die Schweizerische Bundestaatsanwalt die SBG schließlich auf, den Namen zu nennen, und seit dem 3. September 1943 wusste sie daher, dass Eduard von der Heydt die Zahlungen in Auftrag gegeben hatte. Am 7. Oktober 1943 befragte ihn die Staatsanwaltschaft hierzu.[775]

Am selben Tag vernichtete von der Heydt alle Kontoauszüge und Dokumente, die mit den Abwehr-Zahlungen zusammenhingen.[776] Anschließend habe er, so von der Heydt 1946, seine Beziehungen zur ATB mit Brief vom 18. November 1943 endgültig abgebrochen und ihr das Restguthaben bei der Schweizer Bankgesellschaft von 28.109,60 Sfr. und $13.563,50 zur Verfügung gestellt.[777] Eine Woche zuvor, am 10. November 1943, war er bereits aus dem Aufsichtsrat der ATB ausgetreten.[778]

Von der Heydt verstrickte sich bei seinen Vernehmungen mehrfach in Widersprüche und stritt einzelne Sachverhalte solange ab, wie sie nicht beweisbar waren. Die Schweizer Ermittler sowie die US-Behörden hielten ihn daher – und wohl zu Recht – nicht für sonderlich glaubwürdig.[779] Auch seine Angaben über die Zahlungen der ATB an die Abwehr wecken Zweifel. Besonders die Zeit seit seiner angeblich letzten Überweisung im Januar 1943 und der Vernichtung von Dokumenten und der Auflösung der Konten im Oktober bzw. November des Jahres wirft Fragen auf. Seine Version, weitere Aufträge bereits seit Januar 1943 abgelehnt zu haben, war insofern günstig für ihn, als er dann nicht erst durch die behördlichen Ermittlungen die Transaktionen beendet hätte. Dennoch verwundert, dass er nicht bereits im Januar oder März 1943 die Unterlagen vernichtete, sein Mandat bei der ATB niederlegte und die Konten bei der SBG auflöste, sondern dies erst tat, nachdem er von der Staatsanwaltschaft vernommen worden war. In der Hauptverhandlung im Mai 1948 bestätigte er, die Unterlagen sofort nach dem Besuch der Staatsanwaltschaft vernichtet zu haben, und begründete dies wie folgt: »Die Sache behagte mir nicht mehr, nachdem ich plötzlich Verdacht geschöpft hatte.«[780] Damit widersprach er freilich seinen Ausführungen aus dem Jahr 1946, ihm seien bereits Ende 1942 Zweifel gekommen.

---

[775] Bericht (Steiner), 8.6.1946, S. 1-2, Schweizerisches Bundesarchiv E4320B#1990/266#552; vgl. Wilde, Bankier, S. 78.
[776] Abhörungsprotokoll von der Heydt, 28.3.1946, S. 9, Schweizerisches Bundesarchiv E4320B#1990/266#552.
[777] Abhörungsprotokoll von der Heydt, 2.5.1946, S. 9, Schweizerisches Bundesarchiv E4320B#1990/266#552.
[778] Von der Heydt an ATB, 10.11.1943, Schweizerisches Bundesarchiv E4320B#1990/266#552.
[779] Bericht (Steiner), 8.6.1946, S. 9, Schweizerisches Bundesarchiv E4320B#1990/266#552; Hoover an Boykin, 7.7.1952, S. 4-5, NARA RG 65, Case 100-029424, Box 23.
[780] Protokoll der Hauptverhandlung, 18. und 19.5.1948, S. 9, Schweizerisches Bundesarchiv, E9500.239A#2003/49#149.

8. Die August-Thyssen-Bank

Die Schweizer Ermittler hatten 1946 ebenfalls noch keine Erklärung für das gehabt, was zwischen Januar und November 1943 passierte, zumal der Verbleib der fraglichen Gelder ungeklärt war, die von der Heydt der ATB zur Verfügung stellte, nachdem er die Konten bei der SBG aufgelöst hatte.[781] Die Mittel wurden wohl im November 1943 auf das Konto der ATB bei der Baseler Handelsbank überwiesen.[782]

Offenbar führte von der Heydt entgegen eigener Bekundungen auch nach Januar 1943 noch Zahlungsaufträge für die ATB durch. Nachzuweisen war ihm dies 1946 bei den Ermittlungen im Rahmen eines Strafverfahrens wegen fortgesetzten Vorschubs ausländischer nachrichtendienstlicher Tätigkeit allerdings nicht. Die möglichen Belastungszeugen Lübke und Schlesinger befanden sich, wie erwähnt, in Gefangenschaft und waren nicht greifbar. Das war von der Heydt bekannt und er wollte sich diesen Umstand offensichtlich zu Nutze machen. Schlesinger überlebte die Gefangenschaft in Buchenwald nicht und Lübke kehrte erst 1950 zurück.[783] In einer Erklärung vom 14. September 1950 reagierte er unter anderem auf folgende Aussage von der Heydts im Gerichtsverfahren: »Wenn ich gewusst haette, um was es sich bei diesen Ueberweisungen handelte, hätte ich die Botendienste abgelehnt. Ich hätte dies ohne weiteres tun können, man hätte es mir in keiner Weise übel genommen.«[784] Lübke bestätigte den zweiten Teil der Aussage indirekt, zweifelte aber den ersten mit Recht an:

> Luebke states that von der Heydt was perfectly aware that the payments were of confidential nature and that the identity of the party giving the order was to remain concealed. [...] Luebke states that if von der Heydt had ever declared his unwillingness to carry out money transfers in question for Thyba, the latter would have had to look for another foreign correspondent but that that was not the case and that von der Heydt carried out the orders to effect money transfers right down to the very last which were received by Thyba from the OKW.

Mithin endete von der Heydts Vermittlertätigkeit nicht schon im Januar 1943, wie er angab, sondern erst im Herbst 1943, als die Abwehr ohnehin keine weiteren Aufträge mehr an die ATB erteilte; ferner war das Bankgebäude im November

---

[781] Bericht (Steiner), 8.6.1946, S. 14, Schweizerisches Bundesarchiv E4320B#1990/266#552.
[782] Wilde, Bankier, S. 78. Am 31.12.1943 lagen gut 245.000 Sfr. auf diesem Konto. Vgl. Übersicht über die Konten der ATB 1943, SIT TB/993. Freilich tragen auch hier von der Heydts Angaben nicht zur Klärung des Sachverhalts bei, da er in der Gerichtsverhandlung angab, nicht zu wissen, wie die Liquidation seiner Treuhand-Konten bei der SBG abgewickelt wurde. Er nahm lediglich an, dass das Frankenkonto auf die Handelsbank übertragen und das Dollar-Konto gesperrt wurde. Protokoll der Hauptverhandlung, 18. und 19.5.1948, S. 21, Schweizerisches Bundesarchiv, E9500.239A#2003/49#149.
[783] Winkelmann, Versuch einer geschichtlichen Darstellung, S. 12, SIT TB/989.
[784] »Protokoll der Hauptverhandlung, 18. und 19.5.1948, S. 16, Schweizerisches Bundesarchiv, E9500.239A#2003/49#149.

1943 zerstört worden, wodurch der Bankbetrieb erheblich eingeschränkt wurde. Lübkes Aussagen wurden von Curt Ritter und der ATB-Sekretärin Ilse Butry explizit bestätigt.[785]

Wilde vermutet, dass die Abwehr-Zahlungen seit Januar 1943 über das ATB-Konto bei der Basler Handelsbank abgewickelt worden seien.[786] Das ist fraglos denkbar, aber nicht ohne weiteres mit Lübkes Aussagen in Einklang zu bringen, von der Heydt habe die Aufträge weiter ausgeführt. Möglicherweise vermittelte von der Heydt in der fraglichen Zwischenzeit tatsächlich die ATB-Aufträge über die Handelsbank. Da es sich aber um ein ATB-Konto handelte, hätte ihm die Bank zum einen eine Kontovollmacht einräumen müssen, zum anderen mit eigenen Mitteln in Vorleistung treten müssen, da sich noch bis November 1943 Abwehrgelder auf den Konten bei der SBG befanden. Wahrscheinlicher ist daher wohl, dass die Zahlungen nicht über die Handelsbank abgewickelt wurden, sondern dass von der Heydt als versierter Bankier andere Mittel und Wege fand, die Zahlungen für die Abwehr weiter auszuführen – immer vorausgesetzt, Lübke, Ritter und Butry sagten die Wahrheit.

Ihre Aussagen waren 1950 für das Gerichtsverfahren gegen von der Heydt ohnehin nicht mehr bedeutsam. Es endete bereits 1948 rechtskräftig mit einem Freispruch erster Klasse, weil die Richter keine gezielte Förderung von Spionagetätigkeiten feststellen konnten. Von der Heydt kam dabei zupass, dass die Abwehr-Gelder nicht ausschließlich an Agenten gezahlt worden waren, sondern auch anderen Zwecken gedient hatten.[787] Somit bestand für Lübke, Ritter und Butry kein Anlass, Rücksicht auf von der Heydt zu nehmen, sondern sie konnten – nicht zuletzt aus Gründen der eigenen Reputation – dessen Darstellung korrigieren, wo sie sie für falsch hielten. Angesichts der Zeitdimension sowie der zahlreichen Widersprüche, in die von der Heydt sich verstrickte und auf die das Gericht merkwürdigerweise nicht weiter eingegangen war, erscheint die Darstellung von Lübke & Co. letztlich glaubwürdiger als jene von der Heydts.

Zudem erscheint es durchaus denkbar, dass sich von der Heydt auch nach Januar 1943 weiter für die Interessen der Abwehr einsetzte, denn zwischenzeitlich hatte er seit 1941 unabhängig von den ATB-Zahlungen eigenständige Finanztransaktionen für das »Amt Canaris« durchgeführt, die im Gerichtsverfahren gegen ihn erstaunlicherweise keine Rolle gespielt hatten. Er hatte dadurch geholfen,

---

[785] Hierzu Hoover an Boykin, 7.7.1952, S. 3-4 [Zitat S. 3], NARA RG 65, Case 100-029424, Box 23. J. Edgar Hoover fasst darin die Verhöre von Ritter, der Sekretärin Ilse Butry sowie des aus der Gefangenschaft heimgekehrten Lübkes aus dem Jahr 1950 zusammen. Zur Zerstörung der ATB auch Winkelmann, Versuch einer geschichtlichen Darstellung, S. 11, SIT TB/989.

[786] Wilde, Bankier, S. 88, dort leider ohne weiterführenden Beleg. Offenbar bezieht er sich auf von der Heydts Darstellung während seines Gerichtsverfahrens 1948, in dem der Bankier aussagte: »Die Einschaltung meiner eigenen Person zwischen Thyba und Adressaten war gar nicht nötig. Als ich mich aus der ganzen Sache zurückzog, gab die Thyba die Aufträge direkt der Basler Handelsbank.« Protokoll der Hauptverhandlung, 18. und 19.5.1948, S. 9, Schweizerisches Bundesarchiv, E9500.239A#2003/49#149.

[787] Wilde, Bankier, S. 84-85.

8. Die August-Thyssen-Bank

einen geheimen Reservefonds für eine Gruppe um Wilhelm Canaris und Hans-Bernd Gisevius aufzubauen, mit dessen Mitteln unter anderem Juden gerettet und Widerstandshandlungen gegen das NS-Regime finanziert wurden bzw. werden sollten. Allerdings endete auch dieses Kapitel bereits Anfang 1943. Dennoch blieb von der Heydt auch danach mit den konservativen Widerstandskreisen um Canaris und Gisevius locker in Kontakt.[788]

Hans-Bernd Gisevius, der seit 1941 mit Heinrich Thyssen-Bornemiszas Ex-Frau Gunhild liiert war,[789] arbeitete seit 1939 im »Amt Ausland/Abwehr« und wurde von Canaris in die Schweiz delegiert, wo er, als Konsul der deutschen Botschaft getarnt, für den Auslandgeheimdienst arbeitete und zugleich die Widerstandsbestrebungen koordinierte. Canaris hatte in seinem Amt eine Gruppe konservativer Widerständler versammelt, die sich ihre internationalen Kontakte und ihre finanziellen Möglichkeiten zu Nutze machen wollten, um das Hitler-Regime zu stürzen. Canaris hatte daher auch Kontakte zu den Verschwörern des 20. Juli 1944. Er wurde deshalb am 23. Juli 1944 gefangengenommen und schließlich am 9. April 1945 hingerichtet. Himmler ordnete direkt im Anschluss an, das Treuhandkonto der Abwehr bei der ATB aufzulösen bzw. auf die SS zu übertragen; nur ein Restsaldo verblieb auf dem ATB-Konto bei der Basler Handelsbank.[790] Die Gestapo beobachtete die ATB seit März 1945 durchgängig und bereits nach dem 20. Juli 1944 wurden Lübkes Telefongespräche abgehört, was auch ein Grund dafür war, dass Heinrich Lübke die Bemühungen Wilhelm Roelens, die Unterlagen der ATB aus Berlin zum Bremer Vulkan oder in den Westen des Reichs bringen zu lassen, konterkarieren musste.[791]

Die Überwachung von Lübkes Telefonaten erklärt sich aus den Beziehungen der Bank zur Abwehr: Über die Verbindung Canaris-ATB gerieten Heinrich Thyssen-Bornemisza, Heinrich Lübke und Eduard von der Heydt ins Visier der Sonderkommission IV des Reichssicherheitshauptamts, das sie – auf einer vergleichsweise weitgefassten Liste – potentiell dem Widerstand des 20. Juli zuordnete.[792] Anders als für Canaris blieb die angenommene Staatsfeindschaft für sie aber ohne Konsequenzen für Leib und Leben.

Von der Heydt wurde zwar in der Schweiz vor Gericht gestellt, aber schließlich freigesprochen. Für Lübke und Thyssen-Bornemisza blieben die Abwehr-Zahlungen juristisch sogar vollkommen folgenlos, obwohl von der Heydt in seiner

---

[788] Wilde, Bankier, S. 79-83; zu Canaris und Gisevius siehe mit weiteren Verweisen u.a. Mueller, Canaris, und Vollmer, Gisevius.
[789] Vgl. Derix, Thyssens, S. 170, 205; die Beziehungen zu den Thyssens sind ferner bestätigt in: Bericht in Sachen Dr. Gisevius, Bernd, 27.4.1946, Schweizerisches Bundesarchiv E4320B#1990/266#552.
[790] Aktennotiz Ritter 17.1.1947, August-Thyssen-Bank AG: Interrogations, NARA M1922 Roll 0058; Extract from the Interrogation of Mr. Curt Ritter, 16.1.1948, S. 4, SIT TB/2155.
[791] Winkelmann, Versuch einer geschichtlichen Darstellung, Anlage 4 (Bericht Lübke, 16.6.1950), SIT TB/989.
[792] Ihre Namen finden sich auf einer nicht näher bezeichneten Liste, die sich mit einer Liste von verhafteten Personen nach dem 20.7.1944 in einer Akte befindet. Attentate auf Adolf Hitler. 20. Juli 1944, Band 2, S. 12, 17, 32, BArch Berlin R 58/3197, Bl. 6, 8, 10.

Vernehmung vom 7. Oktober 1943 Heinrich Lübke als Urheber der Zahlungen benannt hatte. Einen Monat später, am 6. November 1943, hatten die Schweizer Behörden Lübke im Anschluss an die turnusmäßigen Besprechungen mit Heinrich Thyssen-Bornemisza in der Schweiz abgefangen und ihn zu den Abwehr-Zahlungen befragt. Er gab vor, keine Detailkenntnisse zu haben, erklärte sich aber bereit, die Unterlagen bei der ATB in Berlin zu prüfen und bei seiner nächsten Einreise in die Schweiz vorzulegen. Er trat aber, nicht weiter verwunderlich, keine weitere Reise mehr an.[793] Da Lübke am 22. Mai 1945 von sowjetischen Truppen verhaftet worden war und er bis 1950 in Gefangenschaft blieb, strengte niemand weitere Untersuchungen gegen ihn an. Auch in seinem Entnazifizierungsverfahren, das in seiner Abwesenheit durchgeführt wurde und ihn am 14. März 1949 als entlastet einstufte, spielten die Abwehr-Zahlungen keine Rolle.[794] Er kehrte schließlich 1950 unbehelligt auf seine Position als Vorstand der August-Thyssen-Bank zurück.[795]

Heinrich Thyssen-Bornemisza war zu diesem Zeitpunkt bereits verstorben. Doch auch für seine Rolle bei den Agentenzahlungen hatten sich die Behörden nie interessiert. Dies hatte wohl nicht zuletzt mit einem Brief zu tun, den Hans Heinrich Thyssen-Bornemisza am 5. Februar 1944 an Lübke geschrieben hatte und dessen »mitgedachter« Adressat die Schweizer Bundespolizei war.

Lieber Herr Lübke!

Mein Vater und ich haben sehr bedauert, Sie letzthin hier nicht gesehen zu haben. Wie hoffen sehr, Sie hier beim nächsten mal wiedersehen zu können.

Mein Vater läßt Sie bitten, Herrn Baron v.d.H. in Zukunft nur als Durchschnittskunde zu behandeln. Von Ihrem nächsten Besuch hierhin geben Sie ihm bitte keine Nachricht; ebenso wird mein Vater keine Informationen geben. Wir werden die Angelegenheit, die mit größter Vorsicht behandelt werden muss, bei Ihrem nächsten Besuch besprechen.[796]

Dieses Schreiben belegt einerseits, dass Heinrich und Hans Heinrich Thyssen-Bornemisza mindestens wussten, dass die Zahlungen fragwürdig waren; wahr-

---

[793] Vorladung Lübkes, 6.11.1943 (15 Uhr); Abhörungsprotokoll Lübke, 6.11.1943, Schweizerisches Bundesarchiv E4320B#1990/266#552; Bericht (Steiner), 8.6.1946, S. 2, Schweizerisches Bundesarchiv E4320B#1990/266#552; Steiner nennt allerdings den 6.10.1943, aber dies ist offensichtlich ein Schreibfehler. Die Besprechungen mit Heinrich fanden vom 4. bis 6.11. statt (Aktennotiz, 6.11.1943, tkA FÜ/92) und auch nach Dokumentation über Lübkes Ein- und Ausreisen in die Schweiz datierte Lübkes letzte Einreise in die Schweiz auf den 3.11, die Ausreise auf den 7.11. Auszug aus den Akten der eidg. Fremdenpolizei, 5.6.1946, Schweizerisches Bundesarchiv E4320B#1990/266#552.
[794] Entnazifizierung Lübke (1949), NLA AU Rep. 250, Nr. 13899.
[795] Winkelmann, Versuch einer geschichtlichen Darstellung, S. 12, SIT TB/989.
[796] Hans Heinrich Thyssen-Bornemisza an Lübke, 5.2.1944, tkA FÜ/92. Das Schreiben wurde unmittelbar im Anschluss an die turnusmäßigen Besprechungen mit Roelen verfasst.

scheinlich kannten sie die Hintergründe sogar sehr genau. Andererseits verweist es in wenigen Zeilen immerhin drei Mal auf Lübkes nächsten Besuch in Schweiz, den er – so der offensichtliche Subtext – ohne Weiteres antreten könne, da er nichts zu befürchten habe. Zudem sollten die Beziehungen zu von der Heydt bankmäßig normalisiert und kommunikativ gekappt werden, weil »die Angelegenheit« sehr sensibel sei. Der formale Adressat Lübke war damit gewarnt und die Schweizer Behörden, von denen man mit Recht annahm, dass sie Briefe abfingen und Telefonate abhörten,[797] mussten den Eindruck erhalten, ihr Problem sei ausschließlich von der Heydt.

Die perfide Taktik ging auf. Für Heinrich Thyssen-Bornemisza interessierten sich die Schweizer Behörden erstaunlicherweise überhaupt nicht, obwohl es für sie ein leichtes gewesen wäre, ihn in Lugano zu befragen.[798] Ferner war ihnen bekannt, dass Heinrich Lübke im August 1941, im August 1942 sowie im Januar und im August 1943, Heinrich Thyssen-Bornemisza im Dezember 1941, im Januar, Februar und Mai 1942 sowie im November 1943 mit von der Heydt zusammengetroffen waren.[799]

Sie hätten also hinreichend Anlass gehabt, in Lugano vorstellig zu werden. Ob Hans Heinrichs Brief tatsächlich den Ausschlag gab, dass der Eigner der ATB unbehelligt blieb, muss zwar offenbleiben, aber das Schweizer Desinteresse an Heinrich Thyssen-Bornemisza ist allemal bemerkenswert. Anders als Eduard von der Heydt war Heinrich Thyssen-Bornemisza kein Schweizer Staatsbürger und Hans Heinrich war es noch nicht, d. h. die Schweiz hatte keine unmittelbare Veranlassung, sich für ihre Rechte einzusetzen oder aber ihre Verfehlungen zu verfolgen. In anderem Kontext lehnten es die Schweizer Behörden z.B. 1947 ab, dass die PWR von den Briten als Schweizer Unternehmen angesehen wurden, weil sie zu 60 Prozent der Kaszony-Stiftung gehörten. Sie stellten sich stattdessen auf den Standpunkt, die Kaszony-Stiftung sei zwar nach Schweizer Recht gegründet worden, aber der *beneficial owner* sei Ungar und das Stiftungskapital daher als ungarisch anzusehen. Da man sich nur »nach grossem Widerstand« auf die angelsächsische *beneficial-owner*-Theorie eingelassen habe, bestehe nun kein Anlass, von ihr abzuweichen.[800]

---

[797] Nachweislich wurden Telefonate von der Heydts bereits seit Mitte 1942 wegen »verdächtiger Umtriebe« abgehört. Bundesanwaltschaft an Abteilung für Presse und Funkspruch, 15.6.1942, Schweizerisches Bundesarchiv E4320B#1990/266#552.

[798] »Zu Punkt 1) bemerkt Dienstchef Steiner, dass seines Erinnerns im gerichtspolizeilichen Ermittlungsverfahren nicht festgestellt worden sei, dass der verstorbene Baron Thyssen von finanziellen Transaktionen zur deutschen Abwehr Kenntnis gehabt hätte. Baron Thyssen sei auch nie in das gerichtspolizeiliche Ermittlungsverfahren einbezogen worden.« Aktennotiz, 4.4.1951, Schweizerisches Bundesarchiv E9500.239A#2003/49#138

[799] Verzeichnis über Zusammenkünfte mit Drittpersonen, o.D. (1945 oder später), Schweizerisches Bundesarchiv E9500.239A#2003/49#149.

[800] Schweizerische Heimschaffungsdelegation an das Eidgenössische Politische Departement Rechtswesen, Finanz- und Verkehrsangelegenheiten, 19.9.1947; Eidgenössisches Politisches Departement

Damit hatten die Schweizer Behörden sich elegant und argumentativ stringent des Problems Thyssen-Bornemisza – und eines möglichen Präzedenzfalls – entledigt. Sie erklärten sich für einen Ungarn schlicht nicht zuständig, weil sie den dominanten angelsächsischen Rechtsvorstellungen folgten. Sie unterstützten, anders als vor allem die Niederlande, die TBG daher in der Nachkriegszeit auch nicht bei ihren Bemühungen, das Vermögen zu restituieren. Dies hatte für die Schweizer den angenehmen Nebeneffekt, sich auch nicht für die fragwürdigen Transaktionen etwa der August-Thyssen-Bank interessieren zu müssen. Welche Reputationsschäden für die Schweiz aufgrund ihrer Rolle im Zweiten Weltkrieg drohten, war im Verfahren gegen Eduard von der Heydt offenkundig geworden. Wie bereits bei der Behandlung des Thyssen-Golds durch die britischen Gerichte handelte es sich beim Urteil gegen von der Heydt zwar nicht um ein politisches, wohl aber um ein politisch opportunes Urteil.[801] Die dort, aber keineswegs nur dort, zusammengetragenen Erkenntnisse über das Finanzgebaren Schweizer Banken bedrohten nicht nur die Kreditfähigkeit der Eidgenossenschaft, sondern waren durchaus geeignet, den Finanzplatz Schweiz grundsätzlich und dauerhaft international zu desavouieren. Auch deshalb schienen Schweigen und Wegesehen in vielen Fällen die politisch klügste Lösung zu sein.[802]

Die TBG profitierte mithin auch hier von ihrer Transnationalität, die sie unter den spezifischen Bedingungen der Nachkriegszeit vor unliebsamen Folgen schützte. Allerdings war die Finanzierung der Abwehr in der Sache wohl auch kaum geeignet, substantielle Rechtsfolgen zu begründen. Was hätte man der ATB auch anlasten können? Die Herkunft der Devisen war – anders als etwa beim Raubgold – nicht zu beanstanden, da Merensky die Gelder freiwillig zur Verfügung gestellt hatte. Die Verfügungsgewalt oblag nachweislich nicht der ATB, sondern der Reichsbank und über diese schließlich der Abwehr, die ATB bereicherte sich – im Gegensatz zu ihren Vorständen – nicht an den Transaktionen, sodass als Makel für die TBG lediglich übrigblieb, Zahlungen abgewickelt zu haben, die die Bank nicht hätte abwickeln müssen und die – mittelbar – dem NS-Staat nutzten.

Wohl auch aus diesem Grund stand die ATB nicht zur Disposition, nachdem die Untersuchungen von US- und Schweizer Behörden nach 1945 zahlreiche Vorurteile, die der unsicheren Informationslage der 1940er Jahre geschuldet waren, über ihre Struktur und ihre Geschäfte entkräftet hatten. Die ATB erwies sich gerade nicht als die Nazi-Bank, als die sie vor allem die US-Ermittler anfangs betrachtet hatten, sondern als vollkommen unspektakuläre Konzernbank, deren

---

Rechtswesen, Finanz- und Verkehrsangelegenheiten an die Schweizerische Heimschaffungsdelegation Berlin, 31.10.1947, Schweizerisches Bundesarchiv E2200.98-02#1000/713#29.
[801] Sinngemäß so auch Wilde, Bankier S. 85-89, bei seiner überzeugenden zeitgeschichtlichen Einordnung des Urteils.
[802] So das Ergebnis der Unabhängigen Expertenkommission Schweiz – Zweiter Weltkrieg, Schlussbericht, S. 521-522.

Vorstände sich aus eigennützigen Motiven auf ein fragwürdiges Zahlungsmodell mit der Abwehr eingelassen hatten.

Obwohl sich die meisten Vorwürfe gegen die Bank bald als haltlos erwiesen, war ihr Fortbestand nach 1945 keineswegs gesichert. Die Berliner Kreditinstitute hatten ihre Geschäftstätigkeit 1945 einstellen müssen und trotz einiger Lockerungen war lange nicht an eine Rückkehr zum regulären Bankgeschäft zu denken. Die ATB hatte sich als Notbehelf in zwei Büros der VBM (im britischen Sektor) einquartiert und verwaltete mehr oder minder ihr Altgeschäft. Erst am 10. Februar 1952 wurde sie – als erstes Berliner Institut unter altem Namen – wieder zum Neugeschäft zugelassen. Bis 1955 arbeitete sie vornehmlich an der Bereinigung ihre Bilanzen und legte erst in diesem Jahr ihre DM-Eröffnungsbilanz vor. Ein Jahr zuvor hatten sie eine Filiale in Düsseldorf errichtet, um den Unwägbarkeiten des engen Berliner Marktes zu entgehen und auch um näher an den maßgeblichen Kunden, PWR und Thyssengas, zu sein.[803]

---

[803] Winkelmann, Versuch einer geschichtlichen Darstellung, S. 15-17, SIT TB/989.

6. FAZIT

Als das britische *Board of Trade* 1949 bezweifelte, jemals wieder einen Feindvermögensfall behandeln zu können, »*where the issue of ownership through a chain of intermediaries is more clearly displayed,*«[1] umriss es die Spezifik der TBG treffend: Mit Heinrich bzw. Hans Heinrich Thyssen-Bornemisza verfügten die etwa 75 Gesellschaften über lediglich einen einzigen maßgeblichen Eigentümer. Bis auf wenige Ausnahmen hielt Heinrich Thyssen-Bornemisza sämtliche Anteile an seinen Gesellschaften und war bei den übrigen Mehrheitsaktionär. Dies war allerdings angesichts der Binnenverflechtungen und zwischengeschalteten Holdings nicht auf den ersten Blick zu erkennen. Die transnationale Organisation der Gruppe erschwerte überdies eine klare Zuschreibung zu einem Nationalstaat, da Heinrich Thyssen-Bornemisza deutschstämmiger Ungar war und mit seiner Schweizer Kaszony-Stiftung Gesellschaften in den Niederlanden beherrschte, die wiederum die Anteile von Unternehmen im Deutschen Reich und später der Bundesrepublik sowie weiteren Staaten besaßen.

Die verschachtelte Organisation der Eigentumsrechte war ererbt. Sie nahm ihren Ursprung bereits vor dem Ersten Weltkrieg, als August Thyssen in den Niederlanden Handelsgesellschaften (N.V. Vulcaan) gründete. Angesichts der ökonomischen, politischen und sozialen Instabilität des Deutschen Reichs nach 1918 baute er die Präsenz in den Niederlanden aus und übertrug Anteile seiner deutschen Unternehmen auf die dortigen Gesellschaften, um sie vor Enteignung zu schützen. Seit Mitte der 1920er Jahre hatten die meisten der niederländischen Handelsgesellschaften freilich ihre ursprüngliche Funktion verloren und wurden seitdem fallweise dazu genutzt, die Beteiligungsverhältnisse zwischen Hans, Julius und Fritz Thyssen einerseits und Heinrich Thyssen-Bornemisza andererseits zu bereinigen, nachdem August Thyssen 1926 gestorben war. Im selben Jahr wurden die VSt gegründet. Während Fritz Thyssen diesen »Stahltrust« befürwortete, war Heinrich Thyssen-Bornemisza bestrebt, unabhängig zu bleiben. Er entschied sich daher dafür, die ererbten Unternehmen als *business group* fortzuführen und sie dauerhaft in Familieneigentum zu belassen.

Im Betrachtungszeitraum änderte sich daran nichts Grundsätzliches. Allerdings sicherte sich Heinrich Thyssen-Bornemisza bis 1936 in mehreren komplizierten Transaktionen das Alleineigentum an den niederländischen Gesellschaften, indem er die Anteile der »Gruppe Fritz Thyssen« erwarb. Danach war Fritz Thyssen an Heinrichs Unternehmen nur noch bei der ATB beteiligt, ehe ihn das Deutsche

---

[1] Report (H.S. Gregory), 29.4.1949; vgl. Report o.D. (ca. 1949), Bl. 69, TNA BT 271/574.

Reich 1939 enteignete und seine ATB-Anteile an die TBG verkaufte. Seit 1939 waren die beiden ungleichen Brüder eigentumsrechtlich voneinander getrennt.

Neben der ATB, die durch die Übernahme der von der Heydt's Bank 1928 (und damit nach dem Erbfall) in die Gruppe eingegliedert worden war, erwarb die TBG noch zwei weitere Unternehmen, deren Kauf nicht ausschließlich auf betriebswirtschaftlichen Erwägungen basierte. Die Seismos GmbH diente Heinrich Thyssen-Bornemisza auch dazu, seinen Sohn Stephan, der das Unternehmen leitete, in die TBG zu integrieren und ihn damit zu kontrollieren. Das Gestüt Erlenhof erwarb Heinrich schließlich zuvorderst wegen seiner Leidenschaft für Pferdezucht und Pferderennen; es wurde zwar nach betriebswirtschaftlichen Kriterien geführt, trug sich finanziell auch selbst, war aber nicht primär als gewinnorientiertes Unternehmen aufgestellt. Sein Erwerb war allerdings mindestens moralisch fragwürdig: Es stammte aus dem mithilfe einer politisch gewollten Insolvenz »arisierten« Eigentum von Moritz James Oppenheimer, der Kaufpreis war extrem niedrig und die TBG verweigerte nach 1945 Kompensationsleistungen – legal, aber kaum legitim.

Die Erlenhof-Transaktion gehört mit der transnationalen Steuerhinterziehung durch die »Hollandabgabe« und dem Einsatz von Zwangsarbeitern fraglos zu den Makeln in der »Moralbilanz« der TBG. Dennoch fällt das Urteil insgesamt milder aus als für andere Unternehmen in der NS-Zeit. Zwar waren auch TBG-Unternehmen, vor allem die beiden Werften, die PWR und Thyssengas/Walsum in die Rüstungsproduktion integriert und beschäftigten Zwangsarbeiter, doch legen die Befunde nahe, dass die TBG-Unternehmen weder sämtliche Spielräume ausnutzten noch die NS-Ziele zum Gegenstand ihrer Unternehmensstrategie machten. Vielmehr gerieten die Unternehmen aus unterschiedlichen Gründen mit dem NS-Staat in Konflikt, weil sie die Vorgaben der NS-Wirtschaftspolitik nicht hinreichend umsetzten. Gleichwohl steigerten etwa Walsum unter Leitung von Wilhelm Roelen und der Bremer Vulkan unter Leitung von Robert Kabelac ihre Produktion auch unter erschwerten Bedingungen und trugen ihren Teil dazu bei, dass die Kriegswirtschaft lange aufrechterhalten werden konnte. Doch nicht von ungefähr endete ihr Opportunismus dort, wo sich die NS-Politik negativ auf die Unternehmen auswirkte. Beide Manager gingen bis an die Grenze des persönlich Vertretbaren, um das Eigentum Heinrich Thyssen-Bornemiszas zu schützen; den Leiter der Rittergut Rüdersdorf GmbH, Ernst Knüttel, kostete die gleiche Grundhaltung unter ganz anderen Umständen das Leben, als er beim Einmarsch der Roten Armee erschossen wurde.

Wie immer man die vornehmlich normative Frage zur Verantwortung von Unternehmern und Unternehmen im NS-System im Einzelfall auch beurteilen mag, so lässt sich doch für die TBG festhalten, dass ihre Unternehmen keineswegs alle kurzfristigen Verdienstmöglichkeiten ausschöpften, die das NS-Regime bot, dass sie nicht expandierte und dass sie den Erwerb von Unternehmensanteilen im Deutschen Reich und im besetzten Europa explizit ablehnte. Dies gilt allerdings für den Leiter der Seismos GmbH, Stephan Thyssen-Bornemisza, nicht. Er erwarb mit privaten Mitteln und für private Zwecke auch »arisierte« Unternehmen.

Im Kern verfolgten die (deutschen) Produktionsunternehmen der TBG auch während der NS-Zeit ihre tradierten Geschäftsmodelle. Die Werften versuchten so lange wie möglich, zivile Handelsschiffe zu bauen, und setzten vergleichsweise spät auf militärische Aufträge. Auch die PWR versuchten, ihre Nischenstrategie in der Röhrenproduktion beizubehalten und weiteten trotz eines staatsinduzierten Nachfrageüberhangs ihre Kapazitäten nicht aus. Die Geschäftsmodelle der Berliner Baustoffunternehmen und von Thyssengas/Walsum änderten sich ebenfalls nicht.

Die TBG-Unternehmen waren – mit Ausnahme der FSG Anfang der 1930er Jahre – durchweg wettbewerbsfähig, aber in keiner einzigen Branche Marktführer, sondern allenfalls in Teilmärkten. Der Bremer Vulkan konkurrierte mit zahlreichen anderen deutschen Werften, gehörte aber zu den bedeutendsten Werften für den Handelsschiffbau. Die PWR avancierten im Schatten von Mannesmann zum hochrentablen Nischenproduzenten für kurze Stahlrohre und versuchten, diese Marktstruktur in den 1940er Jahren durch eine Beteiligung an Mannesmann abzusichern. Thyssengas stimmte sich in ähnlicher Weise mit der größeren und expansiveren Ruhrgas AG ab. Rittergut Rüdersdorf erhielt durch eine Preussag-Tochter erhebliche Konkurrenz und die VBM sah sich einem Zusammenschluss konkurrierender Mörtelwerke gegenüber. Das Wettbewerbsprinzip war innerhalb der TBG grundsätzlich erwünscht, weil nicht vornehmlich Marktbeherrschung, sondern vor allem Effizienz zu einem Leitbild der Gruppe avancierte.

Die grundsätzliche Befürwortung des Wettbewerbsprinzips schloss allerdings nicht aus, dass die Unternehmen auch wettbewerbsbeschränkende Strukturen tolerierten oder gar förderten. Walsum, Rittergut Rüdersdorf und die PWR waren oder wurden Mitglieder der Branchenkartelle, Thyssengas und Ruhrgas etablierten faktisch kartellähnliche Strukturen; ebenso die N.V. Vulcaan und die SHV. Die »Kartellpolitik« der TBG war dabei opportunistisch. Im deutschen Gasmarkt, im niederländischen Kohlenmarkt und in der Stahlbranche agierten die TBG-Gesellschaften weitgehend friktionsfrei, während im Steinkohlenbergbau und in der Zementindustrie ein konfliktbeladenes Verhältnis zu den Syndikaten bestand. Die lange Weigerung der Zeche Walsum, dem RWKS beizutreten, war durchaus rational, da die Zeche durch eine Außenseiterposition rascher wachsen und zudem das Kohlenhandelsgeschäft der TBG (N.V. Vulcaan) vor unliebsamer privater Marktregulierung schützen konnte. Das RWKS konnte sich freilich einen starken Außenseiter aus organisationslogischen Gründen nicht leisten, weshalb es – schließlich erfolgreich – den Beitritt Walsums erzwang. In der Zementindustrie konterkarierte die Rittergut Rüdersdorf mehrfach die Marktordnungsbestrebungen, indem das TBG-Unternehmen die eigenen Kapazitäten ausbaute und das Branchenkartell mit Hilfe der eigenen Marktmacht lange Zeit vor sich hertrieb und so höhere Beteiligungsquoten aushandelte. Rüdersdorf ignorierte dabei sogar die Warnungen aus dem RWM und fügte sich erst nach dem Markteintritt der Preussag dem (fragilen) Branchenkonsens, weil der neue Konkurrent die Rohstoffvorkommen beherrschte und so den Marktaustritt von Rittergut Rüdersdorf hätte erzwingen können.

Die beiden letztgenannten Konflikte rührten vor allem daher, dass die Kartelle die Entwicklung der TBG-Unternehmen einschränkten. Sie wurden aber nach 1945 (erfolgreich) als Beleg für eine generelle Kartellfeindschaft der TBG angeführt, die es so nicht gab. Wo die Marktorganisationen die Geschäftsmodelle unterstützten oder nicht behinderten – bei der PWR, bei der N.V. Vulcaan, bei Thyssengas –, war von einer ordnungspolitisch motivierten Kartellfeindschaft nichts zu spüren.

Dennoch ist nicht zu bezweifeln, dass Wettbewerb und Effizienz die maßgeblichen Kriterien der Unternehmensführung waren. Der Fokus auf Nischenstrategien, die nachhaltige Investitionspolitik, die nahezu ausschließlich auf Selbstfinanzierung bzw. Querfinanzierung innerhalb der Gruppe basierte, die substanzschonende Dividendenpolitik und die geringe Neigung, politisch ermöglichte kurzfristige Gewinne anzustreben, zeugen von einer vorsichtigen Bewahrungsstrategie der TBG, deren maßgebliches Ziel es war, die Unternehmen dauerhaft als selbständige, wettbewerbsfähige Entitäten zu erhalten – und damit nachgerade klassische Merkmale von Familienunternehmen zu erfüllen.

Dafür waren Kompromisse notwendig, zumal unter wirtschaftsnationalistischen Vorzeichen. Die Wirtschaftspolitik der ersten Hälfte des 20. Jahrhunderts barg zahlreiche Risiken für transnationale Unternehmen, die die TBG nicht zuletzt mit Hilfe eines herausgehobenen Netzwerks von Beratern umgehen oder abmildern konnte. Dennoch stand die Zukunft der TBG 1945 in Frage, denn die Gruppe war faktisch vollständig enteignet. Zwar erhielt die TBG einen Großteil ihres Eigentums nach und nach zurück, aber an diesem Punkt lässt sich das ambivalente Verhältnis von Nationalstaaten einerseits und trans- bzw. multinationalen Unternehmen andererseits besonders gut verdeutlichen: Die Beschlagnahmung bzw. die nationalstaatliche Kontrolle der TBG-Unternehmen war zuvorderst mit ihrem feindlichen Charakter, d.h. vornehmlich der Wahrnehmung als deutsche Unternehmen, begründet worden. Wie schwierig dies zu bewerten war, zeigte die unterschiedliche Behandlung der Restitutionsforderungen in Großbritannien und den USA, die das TBG-Vermögen – bei ähnlichen Rechtsgrundlagen – als niederländisch (Großbritannien) bzw. ungarisch (USA) klassifizierten, sodass das Londoner »Thyssen-Gold« zurückerstattet wurde, das Vermögen in den USA aber beschlagnahmt blieb. Im selben Zeitraum gelang es der niederländischen Regierung, die deutschen Produktionsunternehmen als niederländisches Eigentum zu deklarieren, weil sich der Bremer Vulkan, die FSG, die PWR und die Berliner Baustoffunternehmen im Eigentum niederländischer Gesellschaften (BHS) befanden. Dies hatte zur Folge, dass die Werften von den Demontagelisten gestrichen wurden und die PWR frühzeitig wieder die Produktion aufnehmen konnten. Nur die sowjetische Militäradministration interessierte sich für die niederländischen Argumente nicht und enteignete die TBG-Unternehmen in ihrer Zone. Besonders die britische Rechtsprechung verdeutlichte in diesem Kontext, dass die Nationalität von Unternehmen historisch variabel ist und ausdeutbaren Perzeptionen unterliegt: Die transnationale TBG hatte viele Nationalitäten, aber keine eindeutige.

Diese Indifferenz bereitete unter den spezifischen Bedingungen des Wirtschaftsnationalismus der TBG zwar erhebliche Schwierigkeiten, zeigte aber gleichzeitig den Weg in ihre Zukunft. Unter weniger wirtschaftsnationalistischen Vorzeichen nutzte Hans Heinrich Thyssen-Bornemisza seine Erfahrungen in den Aushandlungen mit nationalen Regierungen, um die TBG global auszurichten. Er hatte erkannt, dass Steuern ein Hebel waren, um die Beziehungen zum Nationalstaat zu verändern und nutzte zunehmend juristische und betriebswirtschaftliche Expertise, um die Steuerlast der Gruppe zu minimieren, etwa indem sie ihren Sitz verlagerte. In dieser Hinsicht erwies sich letztlich der Wirtschaftsnationalismus für Hans Heinrich als Lehrmeister für Internationalisierungsprozesse.

Allerdings waren dafür ein Abschied von längerfristigen strategischen Unternehmensbeteiligungen und eine Hinwendung zu eher kurzfristigen Finanzanlagen notwendig. Seit den 1950er Jahren trennte sich die TBG sukzessive von den vergleichsweise immobilen Produktionsunternehmen (in der Bundesrepublik) und investierte in mobilere Anlageformen – auch dies war Ergebnis eines Lernprozesses, da sich bei der BHS gezeigt hatte, dass sich im Beteiligungsgeschäft mehr Geld verdienen ließ als mit dem Kreditgeschäft.

Die BHS war nie eine typische Geschäftsbank, sondern sie verwaltete letztlich den Überfluss, der vor allem aus den Gewinnen im Handelsgeschäft der N.V. Vulcaan und der Halcyon Lijn entstanden war. Sie fungierte zwar als Familien- sowie als Konzernbank, die v.a. deutsche Unternehmen der TBG kreditierte (Thyssengas), aber unter Leitung ihres ehrgeizigen und widerspenstigen Vorstands Hendrik Jozef Kouwenhoven nicht durchweg nur die Interessen der TBG verfolgte. Vielmehr versuchte Kouwenhoven vor allem mit der Übernahme der NHM – sie scheiterte letztlich, weil die BHS als zu deutsch wahrgenommen wurde –, sich von den Thyssens zu emanzipieren. Hingegen war die ATB stets funktional auf die Belange der TBG ausgerichtet. Sie war allerdings ursprünglich eine Privatbank. Aus dieser Zeit, als sie noch als von der Heydt's Bank firmierte, brachte sie auch Kunden mit, die nach 1933 politische Karriere machten: Hermann Göring und Walther Funk. Doch eine Nazi-Bank war die ATB nicht, weil außer diesen beide prominenten Bestandskunden und ihrer Entourage keine NSDAP-Funktionäre Konten bei der Bank führten und die ATB auch keine Parteiaktivitäten finanzierte. Jeweils mehr als 90 Prozent ihres Aktiv- und Passivgeschäfts wickelte die ATB mit anderen Unternehmen der Gruppe ab. Sie arbeitete dennoch dem NS-Staat zu, indem sie Zahlungen an deutsche Spione im Ausland durchführte. Da die Bank – im Gegensatz zu den Vorständen Curt Ritter und Heinrich

Lübke sowie Eduard von der Heydt – an diesen Geschäften nichts verdiente, die Herkunft der Mittel nicht zu beanstanden war und die Transaktionen im Wesentlichen aus Freundschaftsdiensten für Hans Merensky resultierten, handelte es sich lediglich um ein fragwürdiges, aber kein strategisch bedeutsames Geschäft der ATB.

An Kouwenhovens Übernahmeplänen und den Zahlungen an Spione der deutschen Auslands-Abwehr zeigte sich unter anderem, dass die Manager der TBG über ein großes Maß an Handlungsautonomie verfügten. Heinrich Thyssen-Bornemisza führte seine Gruppe einerseits ähnlich wie sein Vater August Thyssen dies getan hatte, ließ die Manager gewähren, bemaß sie an ihrem Erfolg und honorierte ihre Leistungen im Erfolgsfall finanziell großzügig. Doch andererseits arbeitete Heinrich nicht akribisch an strategischen Konzeptionen mit, verfügte weder über besonderen Gestaltungswillen noch über sachliche Detailkenntnisse und war daher alles andere als ein primus inter pares, wie August Thyssen dies zweifellos für sich in Anspruch nehmen konnte. Stattdessen begnügte sich Heinrich damit, aus der Distanz abstrakte Prinzipien (Wettbewerbsfähigkeit, Effizienz) vorzugeben und den Unternehmenserfolg vor allem an den finanziellen Erträgen zu bemessen, gleichsam eine *shareholder value*-Strategie avant la lettre.

Dieses Konzept der Unternehmensführung funktionierte lange problemlos, doch je mehr sich die Nationalstaaten abschotteten und je schwieriger die Kommunikation über Ländergrenzen hinweg wurde, desto fragiler wurde der Zusammenhalt auf der Leitungsebene der TBG. Einige Manager verstießen gegen die (ungeschriebenen) Gesetze der Gruppe und stellten ihre eigenen Interessen über die der TBG. Vor allem bei Hendrik Jozef Kouwenhoven, den Heinrich Thyssen-Bornemisza Ende 1942 schließlich entließ, zeigte sich dies deutlich, aber auch Josef Spieß (VBM) versuchte, die TBG zu übervorteilen. Im Gegensatz zu ihnen hatte Wilhelm Roelen die Thyssen'sche Unternehmenskultur derart internalisiert, dass er der loyalste Sachwalter Heinrich Thyssen-Bornemiszas innerhalb der Gruppe war – und sich auch so inszenierte.

Die Governance der Gruppe änderte sich, nachdem Hans Heinrich Thyssen-Bornemisza die Leitung der TBG nach dem Tod seines Vaters übernommen hatte. Er richtete mit der HAIC ein zentrales Führungsgremium ein, vollzog den Generationswechsel des Managements und richtete die Gruppe deutlich internationaler aus als dies seinem Vater möglich gewesen wäre. Damit ging zugleich ein schleichender Abschied von jenen deutschen Produktionsunternehmen einher, mit denen sein Großvater das Familienunternehmen begründet hatte.

Ein Teil des ideellen Erbes von August Thyssen überlebte den Wandel der TBG hingegen unbeschadet: Mit dem Accounting, der standardisierten finanziellen Berichterstattung, überdauerte eine der zentralen Organisationsinnovationen August Thyssen die zahlreichen Friktionen im Zeitalter der Extreme nicht nur, sondern sie avancierte zum zentralen Element der Gruppenführung. Vor allem die gruppeneigene Beratungsgesellschaft, das RTK, organisierte juristische und betriebswirtschaftliche Expertise, prüfte Investitionsvorhaben und Bilanzen und ermöglichte derart unternehmerische Letztentscheidungen, die sich die Heinrich Thyssen-Bornemisza stets vorbehalten hatte.

Heinrich Thyssen-Bornemisza und sein Sohn Hans Heinrich waren keine typischen Unternehmer ihrer Zeit. Ebenso wenig war die TBG ein typisches Unternehmen, sondern als *business group* vielmehr ein Sonderfall. Dennoch lässt sich ihre Entwicklung von einer organischen *business group*, die ihre Beteiligungen strategisch in den Märkten positionierte und dort weiterentwickelte, hin zu einer *portfolio group*, die sich auf das Beteiligungsgeschäft verlagerte, auch als Versuch interpretieren, ein Familienunternehmen zu bewahren. Denn anders als (temporär) die Stahlunternehmen war die TBG stets ausschließlich im Familieneigentum. Ausgehend von den Unternehmen August Thyssens gelang es ihr, das Familieneigentum durch die zahlreichen Friktionen der ersten Jahrhunderthälfte zu retten. Aufgrund ihrer transnationalen Struktur entzog sie sich nationalstaatlichen Vereinnahmungen, wenn auch nicht durchgängig und nicht dauerhaft. Die TBG war aber flexibel genug, um die zahlreichen politischen Risiken abzumildern. Das derart bewahrte Familieneigentum wurde freilich immer mehr aus nationalen Kontexten herausgelöst und »globalisiert«. In dieser Hinsicht waren die Thyssen-Bornemiszas in der Tat frühe Akteure der *Transnational Capitalist Class*, doch was ihr unternehmerisches Handeln letzten Endes bestimmte, hatte Heinrich Thyssen-Bornemisza 1945 ins sprachliche Gewand einer leitmotivischen Befürchtung gekleidet: »Man wird mir die Sachen doch nicht rauben oder meinen Besitz wegnehmen wollen.«[2]

---

[2] Beknopte Notitie eener bespreking in Lugano, 24.11.1945, NL-HaNA 2.08.52, inv.nr. 13.

DANK

Wenn inhaltlich alles gesagt wurde, was berichtenswert erschien, steht die vornehmste aller Projektaufgaben an: Dank zu sagen. Denn ohne vielfältige Hilfestellungen wäre es nicht möglich gewesen, das vorliegende Buch in nur gut zwei Jahren Förderzeit zu bearbeiten und das Manuskript zum Abschluss zu bringen.

Mein Dank gilt zunächst der Fritz Thyssen Stiftung in Person von Dr. Frank Suder und Dr. Thomas Suermann sowie der Stiftung zur Industriegeschichte Thyssen in Person von Prof. Dr. Manfred Rasch für die finanzielle Förderung der Studie. Überdies danke ich beiden Stiftungen für ihre Bereitschaft, mir trotz zeitlicher Pressionen die Vertretung einer Professur in Bochum zu ermöglichen.

Zu großem Dank bin ich Prof. Dr. Günther Schulz verpflichtet, der mich als zuständiger Projektleiter nicht nur nachdrücklich ermutigt hat, den Antrag für dieses Projekt zu stellen, sondern dieses auch mit Wohlwollen, scharfsinniger Kritik und wertvollen Hinweisen sowie nicht zuletzt durch manch persönliches Wort in weniger einfachen Zeiten begleitet und bereichert hat. In diesen Dank schließe ich Prof. Dr. Margit Szöllösi-Janze als Projektleiterin und Prof. Dr. Hans Günter Hockerts als Mitherausgeber dieser Reihe ausdrücklich ein. Sie haben durch ihre stets konstruktiv-kritischen Hinweise und Nachfragen dieses Projekt ebenfalls erheblich bereichert.

Der Nachteil, nicht von Beginn an Mitglied des Forschungsverbunds »Die Unternehmerfamilie Thyssen im 20. Jahrhundert« gewesen, sondern erst nach Abschluss der meisten anderen Teilprojekte dazugestoßen zu sein, erwies sich in gewisser Hinsicht als Vorteil, da ich von den Erfahrungen und Ergebnissen der Kolleg*innen umfassend profitiert habe. Mein Dank gilt daher besonders Prof. Dr. Simone Derix für die anregenden Gespräche in Köln über konzeptionelle Fragen sowie die vielfältigen Besonderheiten »der Thyssens« und der Quellenlage, ferner Dr. Harald Wixforth und Dr. Thomas Urban für inhaltliche Debatten über die Spezifika der Thyssen-Bornemisza-Gruppe, kluge Fragen sowie wertvolle Hinweise auf zusätzliches Quellenmaterial.

Ebenfalls danke ich den Projektkollegen apl. Prof. Dr. Johannes Bähr, Dr. Alexander Donges, Dr. Johannes Gramlich, Dr. Jan Schleusener und Dr. Felix de Taillez, mit denen ich mich weit vor meiner Mitwirkung im Projekt anlässlich von Workshops und Tagungen, zu denen ich als Gast geladen war, angeregt über »die Thyssens« und ihre Unternehmen habe unterhalten können. Auch dies schärfte den Blick für die vielfältigen Problemlagen zwischen Familie und Unternehmen.

Großer Dank gebührt zudem den Mitarbeiterinnen und Mitarbeitern der zahlreichen Archive für ihre tatkräftige Unterstützung. Stellvertretend danke ich Prof.

Dr. Manfred Rasch, Astrid Dörnemann, M.A., Britta Korten, M.A. und Andreas Zilt, M.A. vom thyssenkrupp Konzernarchiv bzw. der Stiftung Industriegeschichte Thyssen für kompetente Beratung, umfassende Hilfestellungen und nicht zuletzt eine herzliche Arbeitsatmosphäre. Dr. Martin L. Müller vom Historischen Institut der Deutschen Bank gebührt überdies ein spezieller Dank für den Hinweis auf die Unterlagen zu Stephan Thyssen-Bornemisza.

Wissenschaft lebt von Austausch. Daher bin ich auch all jenen zu Dank verpflichtet, mit denen ich mich über konzeptionelle Fragen und empirische Details unterhalten konnte: PD Dr. Christian Marx und Prof. Dr. Alfred Reckendrees sowie den Teilnehmer*innen der – von der Fritz Thyssen Stiftung geförderten – Tagung »Nationality of the Company« für die Diskussion über die »Nationalität« von Unternehmen, Dr. Michael Kanther für die Gespräche über Thyssengas, Dr. Christian Böse für Gespräche über Walsum, Prof. Dr. Werner Plumpe und Prof. Dr. Dieter Ziegler für die Möglichkeit, Konzeption und erste Ergebnisse in ihren Kolloquien zu diskutieren, Prof. Dr. Abe de Jong für die Unterstützung bei der Suche nach Kennziffern niederländischer Unternehmen, apl. Prof. Dr. Ralf Banken für Diskussionen über Unternehmensbesteuerung sowie allen anderen, die das Projekt mit konstruktivem Interesse begleitet haben.

Ebenfalls herzlich danken möchte ich für die Erstellung des externen, anonymen Gutachtens. Die- oder derjenige hat sich nicht nur bereit erklärt, diese »unsichtbare«, aber wissenschaftlich ungemein wertvolle Aufgabe zu übernehmen, sondern hat vor allem mit wertvollen Hinweisen und konstruktiver Kritik zum erfolgreichen Abschluss des Manuskripts beigetragen.

Schließlich und ganz besonders danke ich meiner Familie, insbesondere natürlich Cathrin und Paula, für ihre Geduld und ihre Unterstützung, wohlwissend, dass dies angesichts der gemeinsamen Zusatzbelastungen keineswegs selbstverständlich war. Ich kann mich glücklich schätzen, über einen solchen Rückhalt zu verfügen.

Köln, im August 2020   Boris Gehlen

ABKÜRZUNGSVERZEICHNIS

AG	Aktiengesellschaft
AGKV	Aktiengesellschaft für Kohlenverwertung
AKU	Algemene Kunstzijde Unie
ATB	August-Thyssen-Bank AG
ATH	August Thyssen-Hütte Gewerkschaft
Atunia	August Thyssen'sche Unternehmungen des In- und Auslandes GmbH
BdL	Bank deutscher Länder
BHS	Bank voor Handel en Scheepvaart N.V.
BTI	Bulgarska Trabna Industria AG
CCCC	Cooperative Catholique des Consommateurs de Combustible Limitee
CCCG	Combined Coal Control Group
Cehandro	N.V. Centrale Handelsvereeniging Rotterdam
CSG	Combined Steel Group
DDR	Deutsche Demokratische Republik
Denesuh	Deutsch-Niederländische Schiffahrts- und Handels G.m.b.H.
DFC	Domestic Fuel Corporation
DKBL	Deutschen Kohlenbergbauleitung
DM	Deutsche Mark
Enka	Nederlandsche Kunstzijdefabriek
ETW	Europese Waterweg-Transporten N.V.
FSG	Flensburger Schiffsbau-Gesellschaft AG
FSM	Flensburger Schifffahrtsmuseum
GB	Geschäftsbericht
GBAG	Gelsenkirchener Bergwerks AG
GHH	Gutehoffnungshütte
GmbH	Gesellschaft mit beschränkter Haftung
HAIC	Holland-American Investment Corporation
HATC	Holland-American Trading Corporation
HEINI	N.V. Hollandse en Internationale Investering Maatschappij te Rotterdam
Hfl	Niederländische Gulden
HTK	Hollandsch Trustkantoor
HZ	Historische Zeitschrift
IHK	Industrie- und Handelskammer
JWG	Jahrbuch für Wirtschaftsgeschichte
KLM	Koninklijke Luchtvaart Maatschappij
KPMG	Klynveld Peat Marwick Goerdeler
KZ	Konzentrationslager
M	Mark
Mabag	Nordhäuser Maschinen- und Apparatebau AG
Mio.	Millionen
MNE	Multinational Enterprise
N.V.	Naamloze Vennootschap
NBI	Nederlands Beheersinstituut
NGISG	North German Iron and Steel Control

NHM	Nederlandsche Handels- en Maatschappij N.V.
NS	Nationalsozialismus
NSDAP	Nationalsozialistische Deutsche Arbeiterpartei
OEEC	Organisation for European Economic Co-operation
OKW	Oberkommando der Wehrmacht
Prakla	Gesellschaft für Praktische Lagerstättenforschung
Preussag	Preußische Bergwerks- und Hütten-Aktiengesellschaft
PWR	Press- und Walzwerke AG Reisholz
RAHM	Rotterdamsche Agentuur- en Handel Maatschappij
RD&R	Reparations, Deliveries, and Restitutions Division
RFM	Reichsfinanzministerium
RM	Reichsmark
RTK	Rotterdamsch Trustees Kantoor
RWE	Rheinisch-Westfälische Elektrizitätswerke AG
RWKS	Rheinisch-Westfälisches Kohlensyndikat
RWM	Reichswirtschaftsministerium
SBG	Schweizerische Bankgesellschaft
SBZ	Sowjetische Besatzungszone
SHV	Steenkolen Handelsvereeniging
TBG	Thyssen-Bornemisza-Gruppe
TCC	Transnational Capitalist Class Theory
TNE	Transnational Enterprise
UBC	Union Banking Corporation
VBM	Vereinigte Berliner Mörtelwerke AG
VIAG	Vereinigte Industrieunternehmungen AG
VKV	N.V. Verenigde Kunstmesthandelmaatschappij »Vulcaan«
VSt	Vereinigte Stahlwerke AG
VSWG	Vierteljahrschrift für Sozial- und Wirtschaftsgesichte
ZUG	Zeitschrift für Unternehmensgeschichte

ABBILDUNGSVERZEICHNIS UND BILDNACHWEISE

Abb. 1: Heinrich Thyssen-Bornemisza vor Palmen in Cannes,
ca. Ende der 1920er Jahre (SIT F/TB/17).   18
Abb. 2: Seismographische Untersuchung Walsum 9.2.1935
(tkA F/Alb/424)   48
Abb. 3: Walsum Grubenfahrt Familie Roelen 9.10.1936
(tka F/Alb/524)   60
Abb. 4: Zerstörung August-Thyssen-Bank 1945
(SIT F/TB/67/1).   96
Abb. 5: Walsum: Erhard, Hans Heinrich Thyssen-Bornemisza, Roelen,
16.1.1956 (SIT F/Alb/TB/26/1).   111
Abb. 6: Nacken, van Rossem, Roelen, 2.4.1931 (tkA F/Alb/524).   141
Abb. 7: Treibjagd auf Landsberg, 20.11.1934 (SIT F/Alb/524)   167
Abb. 8: Ferngas: Düker Aakerfähre Duisburg 1929
(tka F/Alb/1618).   209
Abb. 9: Walsum: Besuch rheinisch-westfälisches Kohlensyndikat,
11.10.1937 (tkA F/Alb/524).   220
Abb. 10: Stephan Thyssen-Bornemisza um 1930 (SIT F/TB/11)   236
Abb. 11: N. V. Handels- en Transport-Maatschappij »Vulcaan« (Hg.):
Vulcaan, Amsterdam 1957 (tkA B/256).   253
Abb. 12: Nahtlos gepresste und gezogene Behälter (ca. 1923)
(tkA F/Alb/23).   271
Abb. 13: Portland-Zementwerk Rüdersdorf (tkA F/Alb/21)   308
Abb. 14: Heinrich Thyssen-Bornemisza und »Nereide«, 26.7.1936
(Braunes Band von Deutschland) (SIT F/TB/12/5)   326
Abb. 15: Schalterraum, Geschäftsbericht Bank voor Handel en
Scheepvaart 1938 (tka Fschr.).   336
Abb. 16: Tresorvorraum August Thyssen-Bank (SIT F/TB/66/2)   371
Abb. 17: Deutsches Derby 1936 (SIT F/TB/12/1)   376

TABELLENVERZEICHNIS

Tab. 1: Unternehmen der TBG nach Branchen...................... 34
Tab. 2: Von Fritz Thyssen 1926 in die HAIC eingebrachte
Beteiligungen und Wertpapiere 40
Tab. 3: Entwicklung der Anteile der Gruppen Fritz Thyssen und
Heinrich Thyssen-Bornemiszas am eingezahlten Aktienkapital
der BHS 1926 bis 1936................................... 42
Tab. 4: Abrechnung der Mehreinnahmen aus Gas- und Wasser-
lieferungen von Thyssengas an die VSt 1926................. 52
Tab. 5: Einnahmen der BHS aus der »Hollandabgabe« (Abgabe und
Darlehnszinsen von Thyssengas) 53
Tab. 6: Vorstände und Aufsichtsratsmitglieder der niederländischen
TBG-Gesellschaften (Februar 1944) 67
Tab. 7: Auf deutsche Gesellschaften zu übertragende Gesellschafts-
anteile aus dem Besitz der BHS (Juli 1944)................. 76
Tab. 8: Drei Typen diversifizierter business groups (nach Schneider) 112
Tab. 9: Übersicht über die Manager der TBG 160
Tab. 10: Renditen und Dividenden ausgewählter Unternehmen
der TBG 192
Tab. 11: Schätzung der Dividendeneinnahmen (nominal, in RM,
teils umgerechnet) der TBG, der Kaszony-Stiftung und
Heinrich Thyssen-Bornemiszas 1925 bis 1943 196
Tab. 12: Nachgewiesene Zahlungen von Dividenden und Aufsichtsrats-
tantiemen deutscher TBG-Unternehmen an Heinrich
Thyssen-Bornemisza und die Kaszony-Stiftung
1939 bis 1945 (RM) 197
Tab. 13: Kriegsbedingte Sach- und Nutzungsschäden bei Unternehmen
der Thyssen-Bornemisza-Gruppe 200
Tab. 14: Fördermengen (Soll/Ist) der Zeche Walsum 1930-1943.......... 217
Tab. 15: Gasabgabe von Thyssengas und Ruhrgas 1930-1944........... 223
Tab. 16: Güterumschlag, Kapazitäten und Auftragsvolumen der N.V.
Vlaardingen-Oost (inkl. Maschinenfabrik und N.V. Gerfa)
1930 bis 1946 251
Tab. 17: Entwicklung der Rheinflotte der N.V. Vulcaan
1913 bis 1950 256
Tab. 18: Transporte des N.V. Vulcaan nach Hauptgütergruppen
1924 bis 1953 (in t)..................................... 259

Tab. 19: Anteile des Deutschlandgeschäfts am Gesamtumsatz
niederländischer Gesellschaften (1944) 261
Tab. 20: Tochtergesellschaften der N.V. Vulcaan außerhalb der
Niederlande und des Deutschen Reichs 265
Tab. 21: Anteile der Rüstungsproduktion bei PWR
(inkl. Oberbilk) 272
Tab. 22: Umsatz-, Gewinn- und Belegschaftsentwicklung der FSG
1935 bis 1945 287
Tab. 23: Belegschaftsentwicklung beim Bremer Vulkan 1932 bis 1945 290
Tab. 24: Anteil der Rüstungsproduktion am Umsatz der FSG
1940 bis 1945 294
Tab. 25: Sach- und Nutzschäden durch direkte und indirekte Kriegs-
einwirkungen sowie erhaltene Entschädigungen beim
Bremer Vulkan und der FSG 1940 bis 1945 299
Tab. 26: Umsätze der VBM 1932 bis 1936 310
Tab. 27: Dividenden und Reserven der Rittergut Rüdersdorf GmbH,
der Hornberger Kalkwerke GmbH und der Vereinigten Berliner
Mörtelwerke AG 1928 bis 1945 313
Tab. 28: Bilanz der Demontage Rüdersdorf/Hennickendorf.............. 323
Tab. 29: Anteile der Einkunftsarten am Bruttogewinn der BHS
1928, 1948, 1949 und 1950. 339
Tab. 30: Übersicht über die US-Gesellschaften der TBG................. 358
Tab. 31: Nachweisbare Eigentümer des »Thyssen-Golds« 366

VERZEICHNIS DER GRAFIKEN

Grafik 1: Schema der Thyssen-Bornemisza-Gruppe in den 1930er und 1940er Jahre: Eigentumsrechte und Binnenverflechtungen 28

Grafik 2: Pyramide der Eigentumsrechte der TBG (stark vereinfacht) ... 30

Grafik 3: Schema »Gruppe Fritz Thyssen« und »Eversael Transaktion« 1929/30 44

Grafik 4: Schema Übergang der Anteile von Hans und Julius Thyssen auf Fritz Thyssen bzw. die Pelzer-Stiftung 1933/34 44

Grafik 5: Schema Übergang der niederländischen Beteiligungen auf Heinrich Thyssen-Bornemisza 1936 45

Grafik 6: Aktionäre der BHS und ihre Anteile 1936 45

Grafik 7: Schema der »Hollandabgabe« 1927 bis 1936/40 52

Grafik 8: Thyssen-Bornemisza-Komplex (neu) (vor 1955) 129

Grafik 9: Jahresgehalt Wilhelm Roelens bei Thyssengas/Walsum nach Einkunftsarten 1935 bis 1952 (RM/DM) 153

Grafik 10: Hierarchien und Kommunikationswege auf der Managementebene der TBG (Schema) 169

Grafik 11: Ausgewiesene Reserven der deutschen Unternehmen der TBG (linke Y-Achse) und der BHS (rechte Y-Achse) 187

Grafik 12: Gewinne und Verluste ausgewählter TBG-Gesellschaften 1928 bis 1955 in Mio. RM/DM 190

Grafik 13: Abweichung der Eigenkapitalrendite einzelner TBG-Gesellschaften vom Branchentrend 1928 bis 1939 194

Grafik 14: Einnahmen von Thyssengas nach Geschäftsfeldern 1927 bis 1944 218

Grafik 15: Entwicklung des Anlagevermögens von Thyssengas 1928 bis 1944 (RM) 228

Grafik 16: Verschuldungsgrad (linke Y-Achse) und Fremdkapitalquote (rechte Y-Achse) bei Thyssengas 1927 bis 1944 229

Grafik 17: Beteiligungsstrukturen der Kohlen- und Energiesparte der TBG vor (1945) und nach der Entflechtung (1953) (vereinfacht) 240

Grafik 18: Ausgewiesene Reserven der N.V. Vulcaan 1913 bis 1961 in Millionen hfl. (nominal) 262

Grafik 19: Versand der Press- und Walzwerk Reisholz und der Oberbilker Stahlwerke AG 1924 bis 1943 (in t) 269

Grafik 20: Beteiligungsstrukturen im Stahlbereich der TBG vor und
nach der Entflechtung (1945/1953) (vereinfacht) 281
Grafik 21: Entwicklung des Anlagevermögens der FSG 1928 bis 1945
(in RM).. 288
Grafik 22: Entwicklung des Anlagevermögens beim Bremer Vulkan
1928 bis 1945 291
Grafik 23: Strukturveränderungen im Aktivgeschäft der BHS
1928 bis 1955 (Auswahl).................................. 338
Grafik 24: Ausgewiesene Gewinne der BHS 1928 bis 1955
(nominal, hfl.).. 341
Grafik 25: Volumen (rechte Y-Achse) und Struktur (linke Y-Achse)
der Wertpapieranlagen der ATB 1935 bis 1943............... 382
Grafik 26: Struktur des Aktivgeschäfts der ATB 1928 bis 1943 383

UNGEDRUCKTE QUELLEN

Bundesarchiv Berlin (BArch Berlin)
DC 1   Zentrale Kommission für Staatliche Kontrolle
DN 9   Industrie- und Handelsbank
R 2   Reichsfinanzministerium
R 3   Reichsministerium für Rüstung und Kriegsproduktion
R 8-VII   Reichsstelle für Mineralöl
R 13-XVIII   Wirtschaftsgruppe Privates Bankgewerbe
R 58   Reichssicherheitshauptamt
R 87   Reichskommissar für die Behandlung feindlicher Vermögen
R 111   Berliner Vertretung der Bankers Trust Company
R 177   Feindvermögensverwaltung in den besetzten Niederlanden
R 907   Sammlung Geschäftsberichte
R 3001   Reichsjustizministerium
R 3118   Zulassungsstelle an der Berliner Börse
R 4604   Generalinspektor für Wasser und Energie
R 8120   Bank der Deutschen Arbeit
R 8127   Berliner Handelsgesellschaft
R 8135   Deutsche Revisions- und Treuhand AG
R 8136   Reichskreditgesellschaft AG

Bundesarchiv Koblenz (BArch Koblenz)
B 102   Bundesministerium für Wirtschaft
B 109   Stahltreuhändervereinigung
Z 45 F   Office of Military Government for Germany United States (OMGUS)

Flensburger Schifffahrtsmuseum (FSM)
FSM 0001 Ove Lempelius, Geschichte der Flensburger Schiffsbau-Gesellschaft in Flensburg in der Zeit von 1935–1945. Rechenschaftsbericht der Geschäftsführung der FSG, 18.12.1952

Hamburgisches Welt-Wirtschafts-Archiv/Institut für Weltwirtschaft Kiel:
Pressemappe 20. Jahrhundert (HWWA P 20)
http://webopac.hwwa.de/PresseMappe20E/Digiview_MID.cfm?mid=F045450 August-Thyssen-Bank AG
http://webopac.hwwa.de/PresseMappe20E/Digiview_MID.cfm?mid=F049139 Bank voor Handel en Scheepvaart N.V.
http://webopac.hwwa.de/PresseMappe20E/Digiview_MID.cfm?mid=F003494 Bremer Vulkan AG
http://webopac.hwwa.de/PresseMappe20E/Digiview_MID.cfm?mid=F042590 Flensburger Schiffsbau-Gesellschaft
http://webopac.hwwa.de/PresseMappe20E/Digiview_MID.cfm?mid=F045488 Vereinigte Berliner Mörtelwerke AG

http://webopac.hwwa.de/PresseMappe20E/Digiview_MID.cfm?mid=F044492 Oberbilker Stahlwerke AG
http://webopac.hwwa.de/PresseMappe20E/Digiview_MID.cfm?mid=F044491 Pressund Walzwerk AG

Historisches Institut der Deutschen Bank Frankfurt/Main (HIDB)
F088   Filiale Hannover
V02   Büro Tron

Historisches Konzernarchiv RWE (HK RWE)
G 2   Thyssengas GmbH

Nationaal Archief Den Haag (NL-HaNA)
2.05.44   Gezantschap [later Ambassade] in Groot-Britannië (en Ierland tot 1949)
2.05.80   Ministerie van Buitenlandse Zaken te Londen (Londens Archief)
2.05.86   E.N. van Kleffens
2.05.117   Ministerie van Buitenlandse Zaken: Code-archief 1945-1954
2.05.156   Nederlandse Ambassade [standplaats Ottawa] en Consulaten te Edmonton, Montreal, North Bay, Toronto en Vancouver en Canada
2.06.056   Rijkskolenbureau, 1939-1954
2.08.52   Afdeling Bewindvoering (juni 1945); Afdeling Juristische Zaken en Bewindvoering (juli 1945); Directie Bewindvoering (1951) v/d Administratie; Algemeen Beheer Generale Thesaurie, (1940) 1945-1954 (1965)
2.08.53   Ministerie van Financiën: Directie Bewindvoering, 1954-1965
2.08.68   Reichskommissariat in den besetzten Niederländischen Gebieten – Feindvermögensverwaltung
2.08.75   Ministerie van Financiën: Financieel Attaché te New York en Washington
2.09.06   Ministerie van Justitie te Londen
2.09.46   Ministerie van Justitie: Centraal Archief Vennootschappen, NV-dossiers
2.09.49   Nederlandse Beheersinstituut (NBI), Hoofdkantoor
2.16.66   Afdeling Vaartuigen Duitslandschade, 1942–1971
2.20.01   Nederlandsche Handel-Maatschappij (NHM)
2.25.68   De Nederlandsche Bank NV (DNB)

National Archives and Record Administration, College Park (NARA)
M 1922   Records of the External Assets Investigation Section of the Property Division (online zugänglich über www.fold3.com)
RG 59   General Records of the Department of State
RG 65   Records of the Federal Bureau of Investigation (FBI)
RG 131   Office of Alien Property Records
RG 226   Records of the Office of Strategic Services
RG 243   Records of the United States Strategic Bombing Survey
RG 319   Records of the Army Staff
RG 466   Records of the U.S. High Commissioner for Germany
RG 498   Records of the U.S. Army's European Theater of Operations (ETO)

Niedersächsisches Landesarchiv, Standort Aurich (NLA AU)
Rep. 250   Entnazifizierungsausschüsse

Rheinisch-Westfälisches Wirtschaftsarchiv (RWWA)
Abt. 130   Gutehoffnungshütte Aktienverein (GHH), Oberhausen (u.a. Nachlass Paul Reusch; Nachlass Hermann Kellermann)

Schweizerisches Bundesarchiv Bern
E2001E   Abteilung für politische Angelegenheiten: Zentrale Ablage (1950–1973)
E2200.98-02   Schweizerische Vertretung, Hamburg: Zentrale Ablage (1939–1950)
E4320B   Bundesanwaltschaft: Polizeidienst (1931–1959)
E9500.239A   Unabhängige Expertenkommission Schweiz – Zweiter Weltkrieg: Zentrale Ablage (1997–2002)

Salzgitter AG-Konzernarchiv
M   Mannesmann
R   Deutsche Röhrenwerke

Staatsarchiv Bremen (StA Bremen)
7,2121/1   Bremer Vulkan, Werft, Geschäftsunterlagen

Stiftung zur Industriegeschichte Thyssen (SIT)
BIW   Bergbau- und Industriewerte GmbH
NELL   Nachlass Robert Ellscheid
NROE   Nachlass Wilhelm Roelen
TB   Thyssen-Bornemisza (Familien, Unternehmen und Kunst)

The National Archives Kew (TNA)
AIR   Air Ministry, the Royal Air Force, and related bodies
BT   Board of Trade and successors
FO   Foreign Office
T   Treasury

thyssenkrupp Konzernarchiv (tkA)
FÜ   Fremdüberlieferungen
VSt   Vereinigte Stahlwerke AG

Wirtschaftsarchiv der Wirtschafts- und Sozialwissenschaftlichen Fakultät der Universität zu Köln (WiSo-Fakultät)
B 6-20   Geschäftsberichte Vereinigte Berliner Mörtelwerke AG
C 7-3   Geschäftsberichte Flensburger Schiffbau-Gesellschaft
C 7-8   Geschäftsberichte Bremer Vulkan AG

GEDRUCKTE QUELLEN UND LITERATUR

Abelshauser, Werner: Ruhrkohle und Politik. Ernst Brandi 1875–1937. Eine Biographie. Essen 2009.

Abramson, Rudy: Spanning the Century. The Life of W. Averell Harriman 1891-1986. New York 1992.

Albert, Götz: Vom Blauen Band zur Grundberührung: Die deutsche Schiffbauindustrie von 1850 bis 1990, in: VSWG 83, 1996, S. 155-179.

Albert, Götz: Wettbewerbsfähigkeit und Krise der deutschen Schiffbauindustrie 1945-1990. Frankfurt/Main u. a. 1998.

Almeida, Heitor V./Wolfenzon, Daniel: A Theory of Pyramidal Ownership and Family Business Groups, in: The Journal of Finance 61, 2006, S. 2637–2680.

Aschpurwis, Paul: Die Konzentrationsbewegung in der deutschen Zementindustrie. Diss. Gießen 1928.

Asemova, Vera: German Economic Exploitation of Bulgaria: Short-Term Economic Policies and Long-Term-Institutional Effects, in: Jonas Scherner/Eugene N. White (Hg.), Paying for Hitler's War. The Consequences of Nazi Hegemony for Europe. New York 2015, S. 364-388.

Bähr, Johannes: Der Goldhandel der Dresdner Bank im Zweiten Weltkrieg. Ein Bericht des Hannah-Arendt-Instituts. Leipzig 1999.

Bähr, Johannes: Unternehmens- und Kapitalmarktrecht im »Dritten Reich«. Die Aktienrechtsreform und das Anleihestockgesetz, in: Johannes Bähr/Ralf Banken (Hg.): Wirtschaftssteuerung durch Recht im Nationalsozialismus. Studien zur Entwicklung des Wirtschaftsrechts im Interventionsstaat im »Dritten Reich« (Studien zur europäischen Rechtsgeschichte, Band 199; Das Europa der Diktatur, Band 9). Frankfurt/Main 2006, S. 35-69.

Bähr, Johannes u. a.: Der Flick-Konzern im Dritten Reich, Hg. v. Institut für Zeitgeschichte München–Berlin im Auftrag der Stiftung Preußischer Kulturbesitz. München 2008.

Bähr, Johannes u. a.: Die MAN. Eine deutsche Industriegeschichte. München 2008.

Bähr, Johannes: Thyssen in der Adenauerzeit. Konzernbildung und Familienkapitalismus (Thyssen im 20. Jahrhundert, Band 5). Paderborn 2015.

Banken, Ralf: Das nationalsozialistische Devisenrecht als Steuerungs- und Diskriminierungsinstrument, in: Johannes Bähr/ders. (Hg.): Wirtschaftssteuerung durch Recht im Nationalsozialismus. Studien zur Entwicklung des Wirtschaftsrechts im Interventionsstaat im »Dritten Reich« (Studien zur europäischen Rechtsgeschichte, Band 199; Das Europa der Diktatur, Band 9). Frankfurt/Main 2006, S. 121-236.

Banken, Ralf: Edelmetallmangel und Großraubwirtschaft. Die Entwicklung des deutschen Edelmetallsektors im »Dritten Reich« 1933–1945 (Jahrbuch für Wirtschaftsgeschichte, Beiheft 13). Berlin 2009.

Banken, Ralf/Wubs, Ben: The Rhine: A transnational Economic History, in: dies. (Hg.), The Rhine. A Transnational Economic History (Wirtschafts- und Sozialgeschichte des modernen Europa, 4). Baden-Baden 2017, S. 13-29.

Banken, Ralf: Hitlers Steuerstaat. Die Steuerpolitik im Dritten Reich (Das Reichsfinanzministerium im Nationalsozialismus, Band 2). Berlin/Boston 2018.

Barbero, María Inés/Puig, Nuria: Business groups around the world: an introduction, in: Business History 58, 2016, S. 6-29.

Becker, Susan: »Multinationalität hat verschiedene Gesichter«. Formen internationaler Unternehmenstätigkeit der Société Anonyme des Mines et Fonderies de Zinc de la Vieille Montagne und der Metallgesellschaft vor 1914 (Beiträge zur Unternehmensgeschichte, 14). Stuttgart 2002.

Beckert, Jens: Imagined Futures. Fictional Expectations and Capitalist Dynamics. Cambridge (MA)/London 2016.

Beckert, Jens: Die Historizität fiktionaler Erwartungen. MPIfG Discussion Paper 17/8. Köln 2017.

Berghoff, Hartmut/Sydow, Jörg: Unternehmerische Netzwerke – Theoretische Konzepte und historische Erfahrungen, in: dies. (Hg.), Unternehmerische Netzwerke. Eine historische Organisationsform mit Zukunft? Stuttgart 2007, S. 9-43.

Berghoff, Hartmut: Becoming Global, Staying Local. The Internationalization of Bertelsmann, 1962–2010, in: Christina Lubinski u. a. (Hg.), Family Multinationals. Entrepreneurship, Governance, and Pathways to Internationalization (Routledge Studies in Business History, 23). New York/London 2013, S. 169-190.

Berghoff, Hartmut: Moderne Unternehmensgeschichte. Eine themen- und theorieorientierte Einführung. 2., aktualisierte Aufl., Berlin/Boston 2016.

Bleidick, Dietmar: Die Ruhrgas 1926 bis 2013. Aufstieg und Fall eines Marktführers (Schriftenreihe zur Zeitschrift für Unternehmensgeschichte, Band 30). Berlin/Boston 2018.

Boeselager, Franziskus von: »Vertrauen ist Verhandlungssache«. Die Gründung der KPMG und das Zusammengehen der DTG mit Peat Marwick in der Bundesrepublik, in: Dieter Ziegler u. a. (Hg.), Vertrauensbildung als Auftrag. Von der Deutsch-Amerikanischen Treuhand-Gesellschaft zur KPMG AG. München u. a. 2015, S. 189-212.

Bormann, Patrick u. a. (Hg.): Unternehmer in der Weimarer Republik (Beiträge zur Unternehmensgeschichte, Band 35). Stuttgart 2016.

Bormann, Patrick/Scholtyseck Joachim: Der Bank- und Börsenplatz Essen. Von den Anfängen bis zur Gegenwart. München 2018.

Böse, Christian/Farrenkopf, Michael: Zeche am Strom. Die Geschichte des Bergwerks Walsum. 2. Aufl., Bochum 2015.

Boyd, Brian K./Hoskisson, Robert E.: Corporate Governance of Business Groups, in: Asli M.Colpan u. a. (Hg.), The Oxford Handbook of Business Groups. Oxford/New York 2010, S. 670-695.

Boyns, Trevor: Accounting, Information, and Communication Systems, in: Geoffrey Jones/Jonathan Zeitlin (Hg.): The Oxford Handbook of Business History. Reprint, Oxford/New York 2010, S. 447–469.

Brachwitz, Alfred: Die Zusammenschlüsse in der deutschen Zementindustrie seit 1914. Ein Beitrag zur Problematik des Kartellwesens. Hamburg 1937.

Braun, Ulrich: Die Besteuerung der Unternehmen in der Weimarer Republik von 1923 bis 1933 (Wirtschafts- und Rechtsgeschichte, Band 9). Köln 1988.

Brünger, Sebastian: Geschichte und Gewinn. Der Umgang deutscher Konzerne mit ihrer NS-Vergangenheit (Geschichte der Gegenwart, Band 15). Göttingen 2017.

Buchheim, Christoph: Unternehmen in Deutschland und NS-Regime 1933–1945. Versuch einer Synthese, in: HZ 282, 2006, S. 351-390.

Buchheim, Christoph/Scherner, Jonas: Corporate Freedom of Action in Nazi Germany: A Response to Peter Hayes, in: GHI Bulletin 45, 2009, S. 43-50.

Bührer, Werner: Westdeutschland in der OEEC. Eingliederung, Krise, Bewährung, 1947–1961 (Quellen und Darstellung zur Zeitgeschichte, Band 32). München 1997.

Burghardt, Uwe: Wilhelm Roelen (1889–1958), in: Wolfhard Weber (Hg.), Ingenieure im Ruhrgebiet (Rheinisch-Westfälische Wirtschaftsbiographien, Band 17). Münster 1999, S. 423-450.

Busch, Rainer/Röll, Hans-Joachim: Der U-Boot-Bau auf deutschen Werften (Der U-Boot-Krieg 1939-1945, Band 2). Hamburg 1997.
Camfferman, Kees/Zeff, Stephen A.: Financial Reporting and Global Capital Markets. A History of the International Accounting Standards Committee 1973–2000. Oxford/New York 2006.
Casson, Mark: The Entrepreneur. An Economic Theory: 2. (überarbeitete) Auflage, Cheltenham/Northampton 2003.
Chandler, Alfred D. jr.: Scale and Scope. The Dynamics of Industrial Capitalism. Cambridge/London 1990.
Chatfield, Michael/Vandermeersch, Richard (Hg.): The History of Accounting. An International Enclyopedia. London 2015.
Colli, Andrea u. a.: Long-term perspectives on family business, in: Business History 55, 2013, S. 841-854.
Colpan, Asli M. u. a. (Hg.): The Oxford Handbook of Business Groups. Oxford/New York 2010.
Colpan, Asli M./Hikino, Takashi: Foundations of Business Groups: Towards an Integrated Framework, in: Colpan, Asli M. u. a. (Hg.), The Oxford Handbook of Business Groups. Oxford/New York 2010, S. 15-66.
Colpan, Asli M./Hikino, Takashi (Hg.), Business Groups in the West. Origins, Evolution, and Resilience. Oxford 2018.
Colpan, Asli M./Hikino, Takashi: Introduction: Business Groups Re-Examined, in: dies (Hg.), Business Groups in the West. Origins, Evolution, and Resilience. Oxford 2018, S. 3-25.
Colpan, Asli M./Hikino, Takashi: The Evolutionary Dynamics of Diversified Business Groups in the West: History and Theory, in: dies. (Hg.), Business Groups in the West. Origins, Evolution, and Resilience. Oxford 2018, S. 26-69.
Derix, Simone: Hidden Helpers: Biographical Insights into Early and Mid-Twentieth Century Legal and Financial Advisors, in: Jahrbuch für Europäische Geschichte/European History Yearbook 16, 2015, S. 47-62.
Derix, Simone: Die Thyssens. Familie und Vermögen (Thyssen im 20. Jahrhundert, Band 4). Paderborn 2016.
Die Haniel-Geschichte 1756–2006. 250 Jahre Haniel. Duisburg 2006.
Donges, Alexander: Die Vereinigte Stahlwerke AG im Nationalsozialismus. Konzernpolitik zwischen Marktwirtschaft und Staatswirtschaft (Thyssen im 20. Jahrhundert, Band 1). Paderborn 2014.
Ebi, Michael: Devisenrecht und Außenhandel, in: Dieter Gosewinkel (Hg.), Wirtschaftskontrolle und Recht in der nationalsozialistischen Diktatur (Studien zur europäischen Rechtsgeschichte, Band 180; Das Europa der Diktatur, Band 4). Frankfurt/Main 2005, 181-198.
Ekberg, Espen/Lange, Even: Business History and Economic Globalisation, in: Business History 56, 2014, S. 101-115.
Epple, Angelika: Das Unternehmen Stollwerck. Eine Mikrogeschichte der Globalisierung. Frankfurt/Main u. a. 2010.
Essers, Peter: The Radical Changes made to Dutch Tax Regulations during the Second World War, in: Heike Jochum u. a. (Hg.), Taxing German-Dutch cross-border business activities. A legal comparison with particular focus on the new bilateral tax treaty. Osnabrück 2015, S. 1-50.
Etges, Andreas: Wirtschaftsnationalismus. USA und Deutschland im Vergleich (1815–1914). Frankfurt/Main u. a. 1999.
Euwe, Jeroen: Amsterdam als Finanzzentrum für Deutschland, 1914–1931, in: Hein A.M. Klemann/Friso Wielenga (Hg.), Deutschland und die Niederlande. Wirtschaftsbezie-

hungen im 19. und 20. Jahrhundert (Niederlande-Studien, Band 46). Münster u. a. 2009, S. 153-172.

Everke, Ulrich: Die deutsche Portland-Zementindustrie im Spiegel ihrer Bilanzen von 1935 bis 1955. Diss. München 1958.

Fear, Jeffrey: Organizing Control. August Thyssen and the Construction of German Corporate Management. Cambridge/London 2005.

Fear, Jeffrey: Mit Umsicht und Eifer: Der Führungsstil August Thyssens, in: Stephan Wegner (Hg.), August und Joseph Thyssen. Die Familie und ihre Unternehmen. 2. überarb. und erw. Auflage., Essen 2008, S. 173-212.

Fear, Jeffrey: Cartels, in: Geoffrey Jones/Jonathan Zeitlin (Hg.): The Oxford Handbook of Business History. Reprint, Oxford/New York 2010, S. 268-292.

Feldman, Gerald D.: Austrian Banks in the Period of National Socialism. New York/Washington 2015.

Fitzgerald, Robert: The Rise of the Global Company. Multinationals and the Making of the Modern World. Cambridge 2015.

Frei, Norbert u. a.: Flick. Der Konzern. Die Familie. Die Macht. München 2011.

Fruin, Mark W.: Business Groups and Interfirm Networks, in: Geoffrey Jones/Jonathan Zeitlin (Hg.): The Oxford Handbook of Business History. Reprint, Oxford/New York 2010, S. 244-267.

Gehlen, Boris: Paul Silverberg (1876 bis 1959). Ein Unternehmer (VSWG, Beiheft 194). Stuttgart 2007.

Gehlen, Boris/Schanetzky, Tim: Die Feuerwehr als Brandstifter: Silverberg, Flick und der Staat in der Weltwirtschaftskrise, in: Ingo Köhler/Roman Rossfeld (Hg.), Pleitiers und Bankrotteure. Geschichte des ökonomischen Scheiterns vom 18. bis zum 20. Jahrhundert. Frankfurt/Main 2012, S. 217–250.

Gehlen, Boris: »Franckensteins Monster«? Die Herausbildung des hybriden deutschen Regulierungsregimes in Kaiserreich und Weimarer Republik. Erklärungen jenseits von Marktversagen, in: Frank Schorkopf u. a. (Hg.), Gestaltung der Freiheit – Regulierung von Wirtschaft zwischen historischer Prägung und Normierung (Rechtsordnung und Wirtschaftsgeschichte, Band 6). Tübingen 2013, S. 139–171.

Gehlen, Boris: Zielkonflikte bei Aktienerstemissionen? Regulierung und Zulassungspraxis am Beispiel der Berliner Börse (1870 bis 1932), Jahrbuch für Wirtschaftsgeschichte 59 (1), 2018, S. 39-76.

Gehlen, Boris u. a.: Ambivalences of Nationality – Economic Nationalism, Nationality of the Company, Nationality as Strategy: An Introduction, in: Journal of Modern European History 18, 2020, S. 16-27.

Gehlen, Boris: Internationalisierungsfaktor maritime Wirtschaft? Reedereien, Handelsgesellschaften und Werften der Thyssen-Bornemisza-Gruppe 1906/26 bis 1971, in: ZUG 65, 2020, S. 161-195.

Graaf, Ton de: Voor Handel en Maatschappij. Geschiedenis van de Nederlandsche Handel-Maatschappij, 1824-1964. Amsterdam 2012.

Gramlich, Johannes: Die Thyssens als Kunstsammler. Investition und symbolisches Kapital (1900-1970) (Thyssen im 20. Jahrhundert, Band 3). Paderborn 2015.

Gundermann, Christine: Die versöhnten Bürger. Der Zweite Weltkrieg in deutsch-niederländischen Begegnungen 1945-2000 (Zivilgesellschaftliche Verständigungsprozesse vom 19. Jahrhundert bis zur Gegenwart – Deutschland und die Niederlande im Vergleich, Band 13). Münster/New York 2014.

Handbuch der deutschen Aktiengesellschaften, Jgge. 1928 bis 1957.

Hassler, Uta u. a. (Hg.): August Thyssen und Schloss Landsberg. Ein Unternehmer und sein Haus. Darmstadt/Mainz 2013.

Hauser, Benedikt/Philipp Müller: Die Schweiz und die Goldtransaktionen im Zweiten Weltkrieg. (Veröffentlichungen der Unabhängigen Expertenkommission Schweiz – Zweiter Weltkrieg, Band 16). Erw. und überarb. Version, Zürich 2002.
Hayes, Peter: Corporate Freedom of Action in Nazi Germany, in: GHI Bulletin 45, 2009, S. 29-42.
Hayes, Peter: Rejoinder, in: GHI Bulletin 45, 2009, S. 52-55.
Herbst, Ludolf: Der Krieg und die Unternehmensstrategie deutscher Industrie-Konzerne in der Zwischenkriegszeit, in: Martin Broszat/Klaus Schwabe (Hg.), Die deutschen Eliten und der Weg in den Zweiten Weltkrieg. München 1989, S. 72-134.
Hesse, Jan-Otmar u. a.: Die Große Depression. Die Weltwirtschaftskrise 1929-1939. Frankfurt/Main u. a. 2014.
Hilger, Susanne/Soénius, Ulrich S. (Hg.): Familienunternehmen im Rheinland im 19. und 20. Jahrhundert. Netzwerke, Nachfolge, Soziales Kapital (Schriften zur rheinisch-westfälischen Wirtschaftsgeschichte, Band 47). Köln 2009.
Hirschfeld, Gerhard: Fremdherrschaft und Kollaboration. Die Niederlande unter deutscher Besatzung 1940-1945 (Studien zur Zeitgeschichte, Band 35). Stuttgart 1984.
Houwink ten Cate, Johannes: Amsterdam als Finanzplatz Deutschlands (1919-1932), in: Gerald D. Feldman u. a. (Hg.): Konsequenzen der Inflation (Einzelveröffentlichungen der Historischen Kommission zu Berlin, Band 67). Berlin 1989, S. 149-179.
Houwink ten Cate, Johannes: »De Mannen van de Daad« en Duitsland, 1919-1939. Het Hollandse zakenleven en de vooroorlogse buitenlandse politiek. Den Haag 1995.
Illner, Eberhard/Wilde, Michael: Eduard von der Heydt – Bankier und Kunstsammler in einer schwierigen Zeit, in: Westfälische Forschungen 67, 2017, S. 233-247.
Jacobs, Tino: Rauch und Macht. Das Unternehmen Reemtsma 1920 bis 1961 (Hamburger Beiträge zur Sozial- und Zeitgeschichte, Band 44). Göttingen 2008.
James, Harold: Familienunternehmen in Europa. Haniel, Wendel und Falck. München 2005.
Janich, Oliver: Die Vereinigten Staaten von Europa. Geheimdokumente enthüllen: Die dunklen Pläne der Elite, 3. Auflage. München 2014.
Johanson, Jan/Vahlne, Jan-Erik: The Internationalization Process of the Firm. A Model of Knowledge Development and Increasing Foreign Market Commitments, in: Journal of International Business Studies 8, 1977, S. 23-32.
Jones, Charles A.: International Business in the Nineteenth Century: The Rise and Fall of a Cosmopolitan Bourgeoisie. Brighton 1987.
Jones, Geoffrey: Merchants to Multinationals. British Trading Companies in the Nineteenth and Twentieth Centuries. Oxford 2000.
Jones, Geoffrey: The End of Nationality? Global Firms and »Borderless Worlds«, in: ZUG 51, 2006, S. 149-164.
Jones, Geoffrey/Colpan, Asli M.: Business Groups in Historical Perspectives, in: Asli M. Colpan u. a. (Hg.), The Oxford Handbook of Business Groups. Oxford/New York 2010, S. 67-92.
Jones, Geoffrey: Gobalization, in: ders./Jonathan Zeitlin (Hg.), The Oxford Handbook of Business History. Reprint, Oxford/New York 2010, S. 141-168.
Jong, Abe de/Röell, Ailsa: Financing and Control in The Netherlands: A Historical Perspective, in: Randall K. Morck (Hg.), A History of Corporate Governance around the World. Family Business Groups to Professional Managers. Chicago/London 2007, S. 467-515.
Jong, Abe de u. a.: The Evolving Role of Shareholders in Dutch Corporate Covernance, 1900-2010, in: Keetie Sluytermann (Hg.), Varieties of Capitalism and Business History. The Dutch Case. New York/London 2015, S. 50-77.

Jonker, Joost P.B.: Crena de Iongh, Daniël (1888-1970), in Biografisch Woordenboek van Nederland. URL:http://resources.huygens.knaw.nl/bwn1880-2000/lemmata/bwn5/crena (3.3.2018)

Junggeburth, Tanja: Stollwerck 1839-1932. Unternehmerfamilie und Familienunternehmen (VSWG, Beiheft 225). Stuttgart 2014.

Kanther, Michael A.: Systeminnovation im Ruhrgebiet. Die westdeutsche Gas-Fernversorgung von den Anfängen bis zum Beginn der Erdgaslieferungen (1910-1966), in: Forum Geschichtskultur Ruhr, Heft 2/2011, S. 45-51.

Kanther, Michael A., Franz Lenze, in: Internetportal Rheinische Geschichte, abgerufen unter: http://www.rheinische-geschichte.lvr.de/Persoenlichkeiten/franz-lenze/DE-2086/lido/57c93f6e0e2762.27748222 (24.10.2018)

Keitsch, Christine: Krise und Konjunktur. Die Flensburger Schiffbau-Gesellschaft von der Weltwirtschaftskrise bis zum Ende des Zweiten Weltkrieges, in: Deutsches Schiffahrtsarchiv 28, 2005, S. 135-196.

Kemmler, Hans: Struktur und Organisation der deutschen Zementindustrie. Stuttgart 1933.

Keppner, Gerhard: Ludger Mintrop. Der Mann, der in die Erde blickte. Die Eroberung des Untergrunds. Ein Lebensbild. Berlin 2012.

Kiekel, Stefan: Die deutsche Handelsschifffahrt im Nationalsozialismus. Unternehmerinitiative und staatliche Regulierung im Widerstreit 1933 bis 1940/41 (Deutsche Maritime Studien, Band 12). Bremen 2010.

Klemann, Hein A.M.: Tussen Reich en Empire. De economische betrekkingen van Nederland met zijn belangrijkste handelspartners, Duitsland, Groot-Britannië en België en den Nederlandsche handelspolitiek, 1929-1936. Amsterdam 1990.

Klemann, Hein A.M.: Nederland 1938-1948. Economie en samenleving in jaren van oorlog en bezetting. Amsterdam 2002.

Klemann, Hein A.M.: Wirtschaftliche Verflechtung im Schatten zweier Kriege 1914-1940, in: ders./Friso Wielenga (Hg.), Deutschland und die Niederlande. Wirtschaftsbeziehungen im 19. und 20. Jahrhundert (Niederlande-Studien, Band 46). Münster u. a. 2009, S. 19-44.

Klemann, Hein A.M./Kudryashov, Sergei: Occupied Economies. An Economic History of Nazi-Occupied Europa, 1938-1945. London/New York 2012.

Knüttel, Ernst: Die Thyssen-Cemente: Portland-Cement, Hochwertiger Portland-Cement, Hochwertiger Portland-Cement Marke »Novo«. Rüdersdorf 1935.

Kobler, John: Edward H. Harriman, in: Charles D. Ellis/James R. Vertin (Hg.), Wall Street People, Volume 2: True Stories of the Great Barons of Finance. Hoboken 2003, S. 90-93.

Kobrak, Christopher/Hansen, Per H. (Hg.), European Business, Dictatorship, and Political Risk, 1920-1945. New York/Oxford 2004.

Kobrak, Christopher u. a.: Business, Political Risk, and Historians in the Twentieth Century, in: ders./Per H. Hansen (Hg), European Business, Dictatorship, and Political Risk, 1920-1945. New York/Oxford 2004, S. 3-21.

Kobrak, Christopher/Wüstenhagen, Jana: International investment and Nazi politics: The cloaking of German assets abroad, 1936-1945, in: Business History 48, 2006, S. 399-427.

Koch, Peter-Ferdinand, Geheim-Depot Schweiz. Wie Banken am Holocaust verdienen. München/Leipzig 1997.

Kockel, Titus: Deutsche Ölpolitik 1928-1938 (Jahrbuch für Wirtschaftsgeschichte, Beiheft 7). Berlin 2005.

Koenig, Mario: Interhandel. Die schweizerische Holding der IG Farben und ihre Metamorphosen. Eine Affäre um Eigentum und Interessen (1910-1999) (Veröffentlichung der Unabhängigen Expertenkommission Schweiz – Zweiter Weltkrieg, Band 2). Zürich 2001.

Koenig, Mario/Zeugin, Bettina: Die Schweiz, der Nationalsozialismus und der Zweite Weltkrieg. Schlussbericht der Unabhängigen Expertenkommission Schweiz – Zweiter Weltkrieg. 2. Aufl., Zürich 2002.

Köhler, Ingo: Die »Arisierung« der Privatbanken im Dritten Reich. Verdrängung, Ausschaltung und die Frage der Wiedergutmachung (Schriftenreihe zur Zeitschrift für Unternehmensgeschichte, Band 14). München 2005.

Koopmans, Joop W.: Historical Dictionary of the Netherlands. 3rd Edition, Lanham/London 2016.

Kopper, Christopher: Zwischen Marktwirtschaft und Dirigismus. Bankenpolitik im »Dritten Reich« 1933-1939. Bonn 1995.

Kopper, Christopher: Hjalmar Schacht. Aufstieg und Fall von Hitlers mächtigstem Bankier. München/Wien 2006.

Kouwenhoven, John Attlee: Partners in Banking. An Historical Portrait of a Great Private Bank. Brown Brothers Harriman & Co. 1818-1968. Garden City 1968.

Kreutzmüller, Christoph, Händler und Handlungsgehilfen. Der Finanzplatz Amsterdam und die deutschen Großbanken (1918-1945). Stuttgart 2005.

Kroker, Evelyn: Heinrich Kost: Rationalisierung und Sozialbeziehungen im Bergbau, in: Paul Erker/Toni Pierenkemper (Hg.), Deutsche Unternehmer zwischen Kriegswirtschaft und Wiederaufbau. Studien zur Erfahrungsbildung von Industrie-Eliten (Quellen und Darstellungen zur Zeitgeschichte, Band 39). München 1999, S. 291-316.

Kuckuck, Peter: Westdeutscher Schiffbau in der Nachkriegszeit: Ein Überblick, in: Ders. (Hg.), Bremer Großwerften im Dritten Reich (Beiträge zur Sozialgeschichte Bremens, Band 15). Bremen 1993, S. 11-36.

Kühn, Günther: Konjunktur und Bilanz der Zementindustrie. Berlin 1937.

Lademacher, Horst: Die Niederlande und der Rhein-Ruhr-Raum. Ein Beitrag zur Relevanz der Wirtschaft 1945/46 bis 1949, in: Hein Hoebink (Hg.), Staat und Wirtschaft an Rhein und Ruhr 1816-1991. 175 Jahre Regierungsbezirk Düsseldorf (Düsseldorfer Schriften zur Neueren Landesgeschichte und zur Geschichte Nordrhein-Westfalens, 34). Düsseldorf 1991, S. 167-180.

Lak, Martijn: Tot elkaar veroordeeld. De Nederlands-Duitse economische en politieke betrekkingen tussen 1945-1957. Hilversum 2015.

Lak, Martijn: Trading with the Enemy? The Occupation of the Netherlands and the Problems of Postwar Recovery, in: Jonas Scherner/Eugene N. White (Hg.), Paying for Hitler's War. The Consequences of Nazi Hegemony for Europe. New York 2015, S. 140-163.

Lak, Martijn, »A Chinese Wall along our Eastern Border« – Allied Occupation Policy in Germany and its Consequences for Dutch-German Trade Relation, 1945-1949, in: Jahrbuch für Wirtschaftsgeschichte 59 (1), 2018, S. 215-250.

Lehmann, Karin: Staatsgelder für die Vulcan-Werke in Hamburg und Stettin A.G. 1925-1927. Auseinandersetzungen über staatsmonopolistische Subventionspolitik, in: Jahrbuch für Wirtschaftsgeschichte 1980/III, S. 25-41.

Lempelius, Ove: 75 Jahre Flensburger Schiffsbau-Gesellschaft. Flensburg 1947.

Lesczenski, Jörg: August Thyssen 1842-1926. Lebenswelt eines Wirtschaftsbürgers (Düsseldorfer Schriften zur Neueren Landesgeschichte und zur Geschichte Nordrhein-Westfalens, Band 81). Essen 2008.

Lesczenski, Jörg u. a.: Von der Deutsch-Amerikanischen Treuhand-Gesellschaft zur KPMG AG. Einführende Bemerkungen, in: Dieter Ziegler u. a. (Hg.), Vertrauensbildung als Auftrag. Von der Deutsch-Amerikanischen Treuhand-Gesellschaft zur KPMG AG. München u. a. 2015, S. 9-19.

Lindner, Erik: Die Reemtsmas. Geschichte einer deutschen Unternehmerfamilie. Hamburg 2007.

Litchfield, David R.L.: Die Thyssen-Dynastie. Die Wahrheit hinter dem Mythos. Oberhausen 2008 (engl. Originalausgabe 2006).
Lubinski, Christina: Familienunternehmen in Westdeutschland. Corporate Governance und Gesellschafterkultur seit den 1960er Jahren (Schriftenreihe zur Zeitschrift für Unternehmensgeschichte, Band 21). München 2010.
Lubinski, Christina u. a. (Hg.): Family Multinationals. Entrepreneurship, Governance, and Pathways to Internationalization (Routledge Studies in Business History, 23). New York/London 2013.
Lubinski, Christina u. a.: Family Multinationals. Entrepreneurship, Governance, and Pathways to Internationalization, in: dies. (Hg.), Family Multinationals. Entrepreneurship, Governance, and Pathways to Internationalization (Routledge Studies in Business History, 23). New York/London 2013, S. 1-18.
Lubinski, Christina: Liability of Foreignness in Historical Context: German Business in Preindependence India (1880-1940), in: Enterprise & Society 15, 2014, S. 722-758.
Lutz, Martin: Carl von Siemens 1829-1906. Ein Leben zwischen Familie und Weltfirma. München 2013.
Machens, Eberhard W.: Hans Merensky. Geologe und Mäzen. Platin, Gold und Diamanten in Afrika. Stuttgart 2011.
Marx, Christian: Between national governance and the internationalization of business. The case of four major West German producers of chemicals, pharmaceuticals and fibres, 1945-2000, in: Business History 61, 2019, S. 833-862.
McKenna, Christopher: The World's Newest Profession. Management Consulting in the Twentieth Century. Cambridge u. a. 2006.
Meier, Martin: Schweizerische Aussenwirtschaftspolitik 1930-1948. Strukturen – Verhandlungen – Funktionen. (Veröffentlichungen der Unabhängigen Expertenkommission Schweiz--Zweiter Weltkrieg, Band 10). Zürich 2002.
Mollan, Simon/Tennent, Kevin D.: International taxation and corporate strategy. Evidence from British overseas business, circa 1900-1965, Business History 57, 2015, S. 1054-1081.
Mollin, Gerhard: Montankonzerne im »Dritten Reich«. Der Gegensatz zwischen Monopolindustrie und Befehlswirtschaft in der deutschen Rüstung und Expansion 1936-1944 (Kritische Studien zur Geschichtswissenschaft, Band 78). Göttingen 1988.
Mosse, Werner E.: Jews in the German Economy. The German-Jewish Economic Elite 1820-1935. Oxford 1987.
Mueller, Michael: Canaris. Hitlers Abwehrchef. Berlin 2006.
Mulder, Gerard u. a.: Operatie Juliana, in: NRC Handelsblad 1.6. und 8.6.1991.
N.V. Handels- en Transport-Maatschappij »Vulcaan« Rotterdam. Amsterdam 1957.
Neebe, Reinhard: Großindustrie, Staat und NSDAP 1930-1933. Paul Silverberg und der Reichsverband der Deutschen Industrie in der Krise der Weimarer Republik (Kritische Studien zur Geschichtswissenschaft, Band 45). Göttingen 1981.
Netherlands Supreme Court: Decision in United States v. Bank voor Handel en Scheepvaart, N.V., in: International Legal Materials 9, 1970, S. 758-768 (http://www.jstor.org/stable/20690651).
Niebuhr, August: Die Stellung der deutschen Zementindustrie in der Volkswirtschaft. Lörrach 1938.
Nolst Trenité, A.S.: Mr W. Suermondt Wzn, in: Economisch- en Sociaal-Historisch Jaarboek 40, 1977, S. 315-316.
o.V.: Eine Großstadt wird mit Ferngas versorgt. Thyssengas in Wuppertal 1910-1960. o.O., o.J. (1960).
o.V.: Der Nachlaß Wilhelm Roelen, in: Zeitschrift des Geschichtsvereins Mülheim an der Ruhr Heft 70, 1998, S. 225-254.

Pabbruwe, H.J.: Kamphuisen, Pieter Wilhelmus (1897-1961), in: Biografisch Woordenboek van Nederland. http://resources.huygens.knaw.nl/bwn1880-2000/lemmata/bwn1/kamphuisen (26.5.2018)

Pickel, Andreas: Introduction: False Oppostions. Recontextualizing Economic Nationalism in a Globalizing World, in: Eric Helleiner/ders. (Hg.), Economic Nationalism in a Globalizing World. Ithaca/London 2005, S. 1-17.

Pierenkemper, Roger: Kartellbußen aus rechtlicher und ökonomischer Sicht. Der Problemfall der Zementkartelle (Rechtsordnung und Wirtschaftsgeschichte, Band 3). Tübingen 2012.

Plumpe, Werner: Unternehmen und Nationalsozialismus. Eine Zwischenbilanz, in: Werner Abelshauser u. a. (Hg.): Wirtschaftsordnung, Staat und Unternehmen. Neue Forschungen zur Wirtschaftsgeschichte des Nationalsozialismus. Festschrift für Dietmar Petzina zum 65. Geburtstag. Essen 2003, S. 243-266.

Plumpe, Werner: Wie entscheiden Unternehmen?, in: ZUG 61, 2016, S. 141-159.

Pothmann, Ute: Wirtschaftsprüfung im Nationalsozialismus. Die Deutsche Revisions- und Treuhand AG (Treuarbeit) 1933 bis 1945 (Bochumer Schriften zur Unternehmens- und Industriegeschichte, Band 19). Essen 2013.

Priemel, Kim Christian: Die Macht der Syndikate. Das Scheitern des Reichskohlenkommissars 1940/41 und die deutsche Kohlenwirtschaft, in: Rüdiger Hachtmann/Winfried Süß (Hg.), Hitlers Kommissare. Sondergewalten in der nationalsozialistischen Diktatur (Beiträge zur Geschichte des Nationalsozialismus, Band 22). Göttingen 2006, S. 159-182.

Priemel, Kim Christian: Flick. Eine Konzerngeschichte vom Kaiserreich bis zur Bundesrepublik. 2. Aufl., Göttingen 2008.

Priemel, Kim Christian/Stiller, Alexa (Hg.): NMT: Die Nürnberger Militärtribunale zwischen Geschichte, Gerechtigkeit und Rechtschöpfung. Hamburg 2013.

Racusin, Jay: Thyssen has $ 3,000,000 Cash in New York Vaults. Union Banking Corp. May Hide Nest Egg for High Nazis he once backed, in: New York Herald Tribune, 31.7.1941.

Radant, Hans: Die Vitkovicer Berg- und Hütten-Gewerkschaft als Organisationszentrum der Reichswerke AG »Hermann Göring« für die Beherrschung der Eisen- und Stahlwirtschaft südosteuropäischer Länder, in: Jahrbuch für Wirtschaftsgeschichte 1973/2, S. 17-26.

Rasch, Manfred: Was wurde aus August Thyssens Firmen nach seinem Tod 1926?, in: Stephan Wegner (Hg.), August und Joseph Thyssen. Die Familie und ihre Unternehmen. 2. überarb. und erw. Auflage, Essen 2008, S. 213-332.

Rasch, Manfred (Hg.): August Thyssen und Heinrich Thyssen-Bornemisza. Briefe einer Industriellenfamilie 1919-1926. Essen 2010.

Rasch, Manfred: August Thyssen und sein Sohn Heinrich Baron Thyssen-Bornemisza. Die zweite und dritte Unternehmergeneration Thyssen, in: ders. (Hg.): August Thyssen und Heinrich Thyssen-Bornemisza. Briefe einer Industriellenfamilie 1919-1926. Essen 2010, S. 9-78.

Rebentisch, Dieter: Schwere Zeiten: Die Frankfurter Wirtschaft zwischen Republik, Diktatur und Krieg, in: Werner Plumpe/ders. (Hg.), »Dem Flor der hiesigen Handlung«. 200 Jahre Industrie- und Handelskammer Frankfurt am Main. Frankfurt/Main 2008, S. 178-217.

Reckendrees, Alfred: Das »Stahltrust«-Projekt. Die Gründung der Vereinigten Stahlwerke A.G. und ihre Unternehmensentwicklung 1926-1933/34 (Schriftenreihe zur Zeitschrift für Unternehmensgeschichte, Band 5). München 2000.

Reckendrees, Alfred/Priemel, Kim Christian: Politik als produktive Kraft? Die »Gelsenberg-Affäre« und die Krise des Flick-Konzerns (1931/32), in: Jahrbuch für Wirtschaftsgeschichte 2/2006, S. 63-93.

Redlich, Fritz: Der Unternehmer. Wirtschafts- und Sozialgeschichtliche Studien. Göttingen 1964.
Rennert, Kornelia: Wettbewerber in einer reifen Branche. Die Unternehmensstrategien von Thyssen, Hoesch und Mannesmann 1955 bis 1975. Essen 2015.
Roder, Hartmut: Schiffbau und Werftarbeit in Vegesack. Der Bremer Vulkan 1914-1933. Bremen 1987.
Roder, Hartmut: Der Bremer Vulkan im Dritten Reich (1933-1945), in: Peter Kuckuck (Hg.), Bremer Großwerften im Dritten Reich (Beiträge zur Sozialgeschichte Bremens, Band 15). Bremen 1933, S. 129-153.
Roder, Hartmut: Der Bremer Vulkan: Von der Nachkriegszeit zum Schiffbauboom, in: Peter Kuckuck (Hg.), Unterweserwerften in der Nachkriegszeit. Von der »Stunde Null« zum »Wirtschaftswunder« (Beiträge zur Sozialgeschichte Bremens, Band 20). Bremen 1998, S. 81-109.
Roelevink, Eva-Maria: Organisierte Intransparenz. Das Kohlensyndikat und der niederländische Markt 1915-1932 (Schriftenreihe zur Zeitschrift für Unternehmensgeschichte, Band 26). München 2015.
Roelevink, Eva-Maria: Des Unternehmers »volkstümliche« Biographie, oder: wie die Ruhrkohlenindustrie Geschichte machte, in: ZUG 63, 2018, S. 33-68.
Romijn, Peter: Reichskommissariat Niederlande oder Gau Westland? Die Niederlande unter deutscher Besatzung, in: Johannes Bähr/Ralf Banken (Hg.), Das Europa des »Dritten Reichs«. Recht, Wirtschaft, Besatzung (Das Europa der Diktatur, Band 5). Frankfurt/Main 2005, S. 123-140.
Rother, Thomas: Die Thyssens. Tragödie der Stahlbarone. Frankfurt/Main u. a. 2003.
Rübner, Hartmut: Konzentration und Krise der deutschen Schiffahrt. Maritime Wirtschaft und Politik im Kaiserreich, in der Weimarer Republik und im Nationalsozialismus (Deutsche Maritime Studien, Band 1). Bremen 2005.
Rübner, Hartmut: Rettungsanker in der Flaute. Das Verhältnis von Staat und Unternehmen beim Krisenmanagement der deutschen Großreedereien 1931-1942, in: VSWG 95, 2008, S. 291-318.
Schäfer, Michael: Familienunternehmen und Unternehmerfamilien. Zur Sozial- und Wirtschaftsgeschichte der sächsischen Unternehmer 1850-1940 (Schriftenreihe zur Zeitschrift für Unternehmensgeschichte, Band 18). München 2007.
Schanetzky, Tim: Jubiläen und Skandale. Die »lebhafte Kampfsituation« der achtziger Jahre, in: Norbert Frei/ders. (Hg.), Unternehmen im Nationalsozialismus. Zur Historisierung einer Forschungskonjunktur. Göttingen 2010, S. 68-77.
Schanetzky, Tim: Regierungsunternehmer. Henry J. Kaiser, Friedrich Flick und die Staatskonjunkturen in den USA und Deutschland (Beiträge zur Geschichte des 20. Jahrhunderts, Band 20). Göttingen 2015.
Schanetzky, Tim: After the Gold Rush. Ursprünge und Wirkungen der Forschungskonjunktur »Unternehmen im Nationalsozialismus«, in: ZUG 63, 2018, S. 7-32.
Scherner, Jonas/Streb, Jochen: Das Ende eines Mythos? Albert Speer und so genannte Wirtschaftswunder, in: VSWG 93, 2006, S. 172-196.
Scherner, Jonas: Die Logik der Industriepolitik im Dritten Reich. Die Investitionen in die Autarkie und Rüstungsindustrie und ihre staatliche Förderung (VSWG, Beiheft 174, IV). Stuttgart 2008.
Schleusener, Jan: Die Enteignung Fritz Thyssens. Vermögensentzug und Rückerstattung (Thyssen im 20. Jahrhundert, Band 7). Paderborn 2018.
Schneider, Ben Ross: Business Groups and the State: The Politics of Expansion, Restructuring, and Collapse, in: Asli M. Colpan u. a. (Hg.), The Oxford Handbook of Business Groups. Oxford/New York 2010, S. 650-669.

Schneider, Ben Ross u. a.: Politics, Institutions, and Diversified Business Groups: Comparisons across Developed Countries, in: Asli M. Colpan/Takashi Hikino (Hg.), Business Groups in the West. Origins, Evolution, and Resilience. Oxford 2018, S. 70-94.

Scholtyseck, Joachim: Der Aufstieg der Quandts. Eine deutsche Unternehmerdynastie. München 2011.

Scholtyseck, Joachim: Freudenberg. Ein Familienunternehmen in Kaiserreich, Demokratie und Diktatur. München 2016.

Schröter, Harm G.: Germany: An Engine of Modern Economic Development, in: Asli M. Colpan/Takashi Hikino (Hg.), Business Groups in the West. Origins, Evolution, and Resilience. Oxford 2018, S. 193-221.

Schumpeter, Joseph Alois: Theorie der wirtschaftlichen Entwicklung. Eine Untersuchung über Unternehmergewinn, Kapital, Kredit, Zins und den Konjunkturzyklus. 2., neubearbeitete Auflage. München/Leipzig 1926 (Erstauflage 1912).

Selgert, Felix: Börsenzulassungsstellen, Reichsregierung und die (Selbst-)Regulierung der Mehrstimmrechtsaktie, 1919-1937, in: Jahrbuch für Wirtschaftsgeschichte 59, 2018, S. 77-103.

Sklair, Leslie: The Transnational Capitalist Class. Oxford/Malden 2001.

Soénius, Ulrich S.: Wirtschaftsbürgertum im 19. und frühen 20. Jahrhundert. Die Familie Scheidt in Kettwig 1848-1925 (Schriften zur rheinisch-westfälischen Wirtschaftsgeschichte, Band 40). Köln 2000.

Spoerer, Mark: Von Scheingewinnen zum Rüstungsboom. Die Eigenkapitalrentabilität der deutschen Industrieaktiengesellschaften 1925-1941 (VSWG, Beiheft 123). Stuttgart 1996.

Spoerer, Mark: C&A. Ein Familienunternehmen in Deutschland, den Niederlanden und Großbritannien 1911-1961. München 2016.

Stier, Bernhard: Staat und Strom. Die politische Steuerung des Elektrizitätssystems in Deutschland 1890-1950 (Technik und Arbeit, Band 10). Ubstadt-Weiher 1999.

Stier, Bernhard/Laufer, Johannes: Von der Preussag zur TUI. Wege und Wandlungen eines Unternehmens 1923-2003. Essen 2005.

Stiftung Familienunternehmen (Hg.): Familienunternehmen in Deutschland und den USA seit der Industrialisierung. Eine historische Langzeitstudie. Erstellt von Hartmut Berghoff und Ingo Köhler. München 2019.

Sutton, Antony: America's Secret Establishment. An Introduction to the Order of Skull & Bones. Updated Reprint. Walterville 2002.

Taillez, Felix de: Zwei Bürgerleben in der Öffentlichkeit. Die Brüder Fritz Thyssen und Heinrich Thyssen-Bornemisza (Thyssen im 20. Jahrhundert, Band 6). Paderborn 2017.

Thiel, Reinhold: Die Geschichte des Bremer Vulkan 1805-1997, 3 Bände. Bremen 2008-2010.

Tooze, Adam: Wirtschaftsstatistik im Reichswirtschaftsministerium, in seinem Statistischen Reichsamt und im Institut für Konjunkturforschung, in: Carl-Ludwig Holtfrerich (Hg.), Das Reichswirtschaftsministerium der Weimarer Republik und seine Vorläufer. Strukturen, Akteure, Handlungsfelder (Wirtschaftspolitik in Deutschland, Band 1). Berlin/Boston 2016, S. 361-420.

Treue, Wilhelm: Die Feuer verlöschen nie, Band 1: August Thyssen-Hütte 1890-1926; Band 2: August Thyssen-Hütten 1926-1966. Düsseldorf/Wien 1966/1969.

Trienekens, G.M.T.: Hirschfeld, Hans Max (1899-1961), in: Biografisch Woordenboek van Nederland. http://resources.huygens.knaw.nl/bwn1880-2000/lemmata/bwn1/hirschfeld (22-3-2018)

Turner, Henry Ashby jr.: Die Großunternehmer und der Aufstieg Hitlers. Berlin 1985.

Uebbing, Helmut. Wege und Wegmarken. 100 Jahre Thyssen 1891-1991. Berlin 1991.

Uhlig, Christiane u. a.: Tarnung, Transfer, Transit. Die Schweiz als Drehscheibe verdeckter deutscher Operationen (1939-1952) (Veröffentlichungen der Unabhängigen Expertenkommission Schweiz – Zweiter Weltkrieg, Band, 9). Zürich 2001.

Urban, Thomas: Zwangsarbeit bei Thyssen. »Stahlverein« und »Baron-Konzern« im Zweiten Weltkrieg (Thyssen im 20. Jahrhundert, Band 2). Paderborn 2014.

Urban, Thomas: »Wendig sein und anpassen!« Robert Kabelac und die Leitung der Bremer Vulkan-Werft im Zweiten Weltkrieg, in: Jörg Osterloh/Harald Wixforth (Hg.), Unternehmer und NS-Verbrechen. Wirtschaftseliten im »Dritten Reich« und in der Bundesrepublik Deutschland (Wissenschaftliche Reihe des Fritz Bauer Instituts, Band 23). Frankfurt/Main u. a. 2014, S. 111-141.

Urban, Thomas: Die Krisenfestigkeit der Unternehmerfamilie – Haniel, Stumm und der »doppelte« Strukturwandel, in: ZUG 63, 2018, S. 185-219.

Urner, Klaus: Der Schweizer Hitler-Attentäter. Drei Studien zum Widerstand und seinen Grenzbereichen: Systemgebundener Widerstand, Einzeltäter und ihr Umfeld, Maurice Bavaud und Marcel Gerbohay. Frauenfeld/Stuttgart 1980.

Vann, Richard: Beneficial Ownership: What does History (and maybe policy) tell us? Sydney Law School. Legal Studies Research Paper 12/66, 2012. (http://ssrn.com/abstract=2144038)

Vocke, Wilhelm, Gesundes Geld. Gesammelte Reden und Aufsätze zur Währungspolitik (Schriftenreihe zur Geld- und Finanzpolitik, Band 1). 2. Aufl., Frankfurt/Main 1956.

Vollmer, Antje: Hans-Bernd Gisevius (1904-1974), in: dies./Lars-Broder Keil (Hg.), Stauffenbergs Gefährten. Das Schicksal der unbekannten Verschwörer. Berlin 2013, S. 191-219.

Vries, Johan de: Trip, Leonardus Jacobus Anthonius (1876-1947), in Biografisch Woordenboek van Nederland. http://resources.huygens.knaw.nl/bwn1880-2000/lemmata/Index/bwn3/trip (2.3.2018)

Wegener, Stephan (Hg.): Die Geschwister Thyssen. Ein Jahrhundert Familiengeschichte. Essen 2013.

Wels, C.B.: Bentinck van Schoonheten, Adolph Willem Carel baron (1905-1970), in: Biografisch Woordenboek van Nederland, http://resources.huygens.knaw.nl/bwn1880-2000/lemmata/bwn3/bentinck (12.2.2018).

Welti, Francesco: Der Baron, die Kunst und das Nazigold. Frauenfeld u. a. 2008.

Wend, Henry Burke: Recovery and Restoration. U.S. Foreign Policy and the Politics of Reconstruction of West Germany's Shipbuilding Industry, 1945-1955. Westport 2001.

Wessel, Horst A.: Das Röhrenwerk Reisholz 1899-1993, in: Düsseldorfer Jahrbuch 65, 1994, S. 99-139.

Wielenga, Friso: West-Duitsland: Partner uit noodzaak. Nederland en de Bondsrepubliek 1949-1955. Utrecht 1989.

Wielenga, Friso: Der Weg zur neuen Nachbarschaft nach 1945, in: Dietmar Storch (Red.), Die Niederlande und Deutschland. Nachbarn in Europa. Hannover 1992, S. 124-142.

Wilde, Michael: Der Bankier Eduard von der Heydt, in: Eberhard Illner (Hg.), Eduard von der Heydt. Kunstsammler, Bankier, Mäzen. München u. a. 2013, S. 55-89.

Wilkins, Mira: The Emergence of the Multinational Enterprise. Cambridge/Mass. 1970.

Witschke, Tobias: Gefahr für den Wettbewerb? Die Fusionskontrolle der Europäischen Gemeinschaft für Kohle und Stahl und die »Rekonzentration« der Ruhrstahlindustrie 1950-1963 (Jahrbuch für Wirtschaftsgeschichte, Beiheft 10). Berlin 2009.

Wixforth, Harald/Ziegler, Dieter: Deutsche Privatbanken und Privatbankiers im 20. Jahrhundert, in: Geschichte und Gesellschaft 23, 1997, S. 205-235.

Wixforth, Harald: Die Expansion der Dresdner Bank in Europa (Die Dresdner Bank im Dritten Reich, Band 3). München 2006.

Wixforth, Harald: Eine Konzernbank entsteht: Gründung und Anfangsjahre der August Thyssen-Bank (1927-1932), in: VSWG 99, 2012, S. 300-322.
Wixforth, Harald: Kooperation und Kontrolle im Schiffsbau: August Thyssen und der Bremer Vulkan, in: VSWG 101, 2014, S. 154-179.
Wixforth, Harald: Unternehmensstrategien in der Krise? Die Krise des Norddeutschen Lloyds nach der Inflation und ihrer Bewältigung, in: ZUG 63, 2018, S. 275-305.
Wixforth, Harald: Vom Stahlkonzern zum Firmenverbund. Die Unternehmen Heinrich Thyssen-Bornemiszas von 1926 bis 1932 (Thyssen im 20. Jahrhundert, Band 9). Paderborn 2019.
Wubs, Ben: International Business and National War Interests. Unilever between Reich and Empire 1939-45 (Routledge international Studies in Business History, 13). London/New York 2008.
Wubs, Ben: Dutch Multinationals in Germany in the Interwar Period: From the Rhine Region to a National Focus, in: Ralf Banken/ders. (Hg.), The Rhine. A Transnational Economic History (Wirtschafts- und Sozialgeschichte des modernen Europa, 4). Baden-Baden 2017, S. 91-114.
Wulp, Melis Thijs van der: Regulering van de Nederlandse Trustsector. Strafrechtelijke handhaving van financiële toezichtwetgeving betreffende trustkantoren. Zeist 2012.
Wurm, Clemens (Hg.): Internationale Kartelle und Außenpolitik. Beiträge zur Zwischenkriegszeit (Veröffentlichungen des Instituts für europäische Geschichte, Mainz, Beiheft 23). Stuttgart 1989.
Yeadon, Glen/Hawkings, John: The Nazi Hydra in America. Suppressed History of a Century. Wall Street and the Rise of the Fourth Reich. Joshua Tree 2008.
Zanden, Jan Luiten van: Old rules, new conditions, 1914-1940, in: Marjolein 't Hart u. a. (Hg.), A financial History of the Netherlands. Cambridge 1997, S. 124-194.
Ziegler, Dieter: Erosion der Kaufmannsmoral. »Arisierung«, Raub und Expansion, in: Norbert Frei/Tim Schanetzky (Hg.), Unternehmen im Nationalsozialismus. Zur Historisierung einer Forschungskonjunktur. Göttingen 2010, S. 156-168.
Ziegler, Dieter: National ein Riese – international ein Zwerg. Die Selbstbehauptungsstrategien der DTG 1945 bis 1984, in: ders. u. a. (Hg.), Vertrauensbildung als Auftrag. Von der Deutsch-Amerikanischen Treuhand-Gesellschaft zur KPMG AG. München u. a. 2015, S. 99-186.
Zimmermann, Nicolai M.: Die veröffentlichen Bilanzen der Commerzbank. Eine Bilanzanalyse unter Einbeziehung der Bilanzdaten von Deutscher Bank und Dresdner Bank (Geschichtswissenschaft, Band 4). Berlin 2005.
Zucman, Gabriel: Taxing across Borders: Tracking Personal Wealth and Corporate Profits, in: Journal of Economic perspectives 28, 2014, S. 121-148.

REGISTER

Personen

(ohne Autoren)

Kursive Schrift: in Fußnote; fette Schrift: Abbildung, Grafik oder Tabelle

A
Acker, Wilhelm 27, 56, 63-64, **67**, 68, 77, 87, 89, 110, 125-126, *151*, *154*, **160**, 166, 198
Aken, Robert(o) van 104, 109, 177
Albarda, Horatius 105, 107
Albert (Landesstallmeister) 326, 328, 331
Arco, Graf Wilhelm von 306-307

B
Bakker, J.J. 91, **358**
Bandt, A. den 62, 350
Barking, Hans 168
Barking, Herbert **160**, 167-168, 238
Batka, Minet 277, **358**
Batthyány, Ivan 376
Batthyány, Margit 108-109, 331
Bauer, Jacob **160**
Baum, Fritz **167**
Bayer, Friedrich 370
Bennhold, Fritz 215
Bentinck van Schoonheten, Adolph 81-82, 88, 91-92, 106-107, 109, 115, 119, 180, 279, 348
Bentinck van Schoonheten, Gabrielle (Gaby) 107-109
Berchthold (Direktor) 234
Bernhard Leopold Friedrich Eberhard Julius Kurt Karl Gotffried Peter zur Lippe-Biesterfeld 102, 106
Biesenbach (Dr.) 234
Blaisse, Pieter Alfons 82
Blanckenburg, von (Familie) 377
Blohm, Rudolf 296
Bockamp, Karl 100, 102
Borcke, Adrian von 325-328, 330-331, **376**
Borcke, Helene von 376
Born, Hugo 239
Bornemisza, Gábor *133*
Bornemisza, Géza von 236-237

Bornemisza, Margareta *133*
Böttinger, Heinz von 370
Böttinger, Theodore von 370
Bremer, Hajo 157, **160**, 168
Brieske, Kurt 157-158, **160**, 320
Brill, Hans 55, *100*
Brinkmann, Rudolf *379*
Bühler, Albert 76
Burchard von Preußen 377
Bush, Prescott 359
Buskühl, Ernst **220**
Butry, Ilse 376, 392
Büttner, Robert **160**, 304

C
Campbell, Nigel 367
Canaris, Carl (jr.) 386
Canaris, Carl (sen). 386
Canaris, Wilhelm 386, 392-393
Carp, W. Th. 376
Coert, J. (jr.) 82, 89-92, 94, 96-97, 98, 101, 176-177, 180, 302
Coert, J. (sen.) 82, 89-92, 94, 97, 98, 105-106, 109, 176-177
Colijn, Hendrikus 347-348, 352-353, 355
Constant, Jerry A. 159, 329
Crena de Iongh, Daniël 354
Cuntz, Max Ernst 324, 329

D
Deknatel, Johannes Alides 65, 83, 168
Dinkelbach, Heinrich 123, 137
Dommer, Bruno 157
Doorduyn, J. 91-92

E
Elden, Willem van 107-108, **160**, 174
Erhard, Ludwig 111

Erhardt, Heinrich 267
Esser, Matthias **160**, 376

F
Fentener van Vlissingen, Frederik H. 247
Firth, William *62*, 366-367
Flick, Friedrich *47*
Fösten, Fritz 325
Frechen, Peter 157, **160**, 166, 320-321
Funk, Walther 74, 98, *99*, 168-169, 180, 224, 375, 379, *380*, 384, 403

G
Garret, Tom 277
Gerbrandy, Pieter Sjoerds 77
Gerch, Heinrich 375
Gisevius, Hans-Bernd 393
Göring, Emmy 375, *379*
Göring, Hermann 98, *99*, 180, 234, 236, 374-375, 376, 377-379, 384, 386, 403
Grabsch, Ernst Florian 377
Graeff, Jhr. D.C. de 109
Graevenitz, von (Familie) 377
Groh, Joseph 109
Gröninger, Johann Georg *41*, 59, 61-62, 65-66, 68, 80, 82-84, 86-89, 91, *92*, 94, 98, *102*, 120, *155*, 159, **160**, 166, **169**, 171-173, 215, 219, 247, 265, 284, 332-333, 360, *369*

H
Haberstock, Karl 377
Haensgen, Oskar **161**, 284
Hagen, Louis 207
Härle, Carl 137, *334*
Harriman, Edward Henry 358-359
Harriman, Edward Roland 166, 179, **358**, 359-362
Harriman, William Averell 179, 359-361
Haupt (Prokurist Rüdersdorf) 321
Heida, Ede Jomme Heip 62-64, **67**, 68, 85, 87, 89-91, 107, 120, 154, 159, **161**, 166, **169**, 174, 360, 366, *367*
Hellberg (Gestütsmeister) 326
Herbig, Ernst **220**
Heß, Rudolf 334
Heydt, August von der 370
Heydt, Eduard von der 369-370, *374*, 377-378, *381*, 385, 387-396, 404
Himmler, Heinrich 393
Hintzen, Herman Carel 105-106
Hinze (F.A. Wölbling) 235
Hirschel, Max 306
Hirschfeld, Hans Max 74, 77, 81-82
Hitler, Adolf 301, *380*, 386, 393
Holltischer, Carl von 377
Hooft, Cornelius Josephus 66, **67**, 68, 91, **161**, 168, 174, 252

Hoover, J. Edgar *392*
Hoyningen-Huene, von (Familie) 377
Huber, Willi **220**, 247
Hueck, Adolph **167**

I
Iterson, Frederik Karel Theodoor van 224, *227*

J
Jacke, Augusta 376
Jacke, Fritz 63-64, 66, 156, 158, **161**, 168, 174, 176-177, 238, 372, 376
Jansen, Willy 55, *100*, 263
Janus, Albert 219, **220**
Jonker **67**
Juliana Louise Emma Marie Wilhelmina, Königin der Niederlande 102

K
Kabelac, Robert 57-58, **161**, 168, **169**, 174, 295-296, 301-302, 304, 400
Kalle, Julius **167**
Kamphuisen, Pieter Wilhelmus 105-107, 109
Kaselowsky, Richard 325
Kauert, Herbert 247
Kauffmann, Walter **161**, 166, 277, **358**, 360
Kellermann, Hermann 215, **220**, 221
Kimmel, Hermann 66, **67**, 68, 89, *154*, **161**, 166, 252
Kleffens, Eelco van 279
Kleinen, Hermann 177
Klugkist, Carl-Theodor 377
Kluitmann, Leo **221**, 238
Klynveld, Pieter 66, 91, 179
Knauer, (Arthur L.) Wilhelm **161**
Knepper, Gustav **220**
Knüttel, Ernst **162**, **169**, 172-173, 306, 316, 321, *333*, **366**, 368, 372, 376-377, 400
Knüttel, Max 377
Kornatzki, Hans-Günter von 377
Körner, Paul 375, *379*
Kortmulder, Johannes Franciscus 61, 63-65, **67**, 68, 80, 85, 87, 89-90, 107, 154, *155*, **162**, 173
Korver, K. 37
Kost, Heinrich 124, **167**
Kouwenhoven, Hendrik Jozef 37, *41-42*, 46, 55, 59-66, 68, 72, 83-94, 97-98, 100-103, 120, 138-139, *145*, 148, 154-156, **162**, 168, **169**, 170-174, 207, 215, 219, 277, 284, 332-333, 335, 342-346, 348-357, 359-360, 363, 365, **366**, 367-370, 372, 376, 403-404
Kraayenhof, Jacob 66, 74, 76, 82, 90-91, 109, *142*, 147, 177-179
Kranefuß, Friedrich „Fritz" Carl Arthur 317
Krautheim, Rudolf 11-12, *47*, 79, 98, *135*, *145*, 158, **162**, **167**, **169**, 170-171, 173, 219, 268-269, *333*, **366**, 368, 372, 376

Kühlmann, Richard von 370
Kun, Béla 149

L
Langkopf, Paul 233, 334, 377
Leeuw, Berhard Jan de 348
Lempelius, Ove **162, 169**, 173, 284, 286, 293, 295, 298-300, 304
Lenze, Franz 51, 54, *147*, 155, **162, 167**, 172-173, 206-208, 210-211, 215, **220**, *333*, 343, **366**, 372
Leusch, Helmuth 377
Ley, Robert *380*
Lievense, Cornelis (jr.) 37, *41*, **67**, 120, **162**, 166-168, **169**, 174, 266, 277, 357, **358**, 360-361, 363, 365, 372, 376
Lievense, Cornelis (sen.) 37, *41*
Lievense, Maria Jacoba **358**, 363
Lilge, Curt 156, 307, 309
Lindequist, Friedrich von 377
Lippe-Weißenfeld, Teresa Prinzessin zur (nachmals Teresa Baronin Thyssen-Bornemisza) 102, 106
Losemann, Heinrich 239
Lübke, Heinrich 60, 64-66, **67**, 68, 75, 83, 89-90, 94-95, 97, 110, 135, **163**, 167-168, **169**, 170-171, 173, 180, 312, 325, 374, 376, 386-389, 391-397, 403-404
Lüer, Carl 323-324

M
Malcomess (Eheleute) 377
Martin, Wilhelm **163, 169**, 173, 268, 372, 376
Meier (Prokurist BHS) 89, 91
Merensky, Gisela 378
Merensky, Hans 377, 385-387, 396, 404
Merker, Otto 296
Meyburg 66
Meyer, Heinrich **163**
Milch, Erhard 374
Mintrop, Ludger 230
Mirswa, Curt **163**
Mitzlaff, Sven von 377
Mojert, Paul 58, *222*
Monchy, Jean René de 105-106
Müller, Hans 95, **163**, 320, 374

N
Nacken, Peter **141**
Nalenz, Carl Leopold 66, 68, **163**, 166, **169**, 173
Nawatzki, Victor **163**
Niederhoff, Friedrich Karl **167**
Noelle, Margarethe 377

O
Ohlthaver, Hermann 377
Oppenheimer, Moritz James 323-325, 328-329, 400
Oskar von Preußen 377-378

P
Pasel, Curt 377
Pelzer, Hedwig 366
Pennington, Harold D. **358**
Philippi, Helmuth 377
Piper, Anton 306
Pleiger, Paul 57, 220-221, 226
Postma, Hendrik 77
Postuma, A. 37
Potthoff, Hermann 377

Q
Quecke, Hans *200*, 214

R
Rabes, Carl 166, 243, *333*, 376
Rantzau, zu (Familie) 377
Reemtsma, Philipp Fürchtegott 48, *378-379*, 384-385
Reiners, Hellmut 377
Richter, Adolf 156, 307, 309
Rintel, Samuel 276
Ritter, Curt 11, *46*, 94-98, 156-159, **163, 169**, 374, 377, 385-388, 392, 396-397, 403
Roegner (Oberrierungsrat, Dr.) 318
Roelen, Wilhelm 11-12, 21-22, 46-47, 49, 56-59, **60**, 62, 64-66, **67**, 68, 75-77, 79, 84, 86-89, *92*, 94, 97-98, 100, 103, 108, 110, **111**, 123, 125, 135-136, **141**, 145-146, 148, *150*, 151-155, 157-159, **164, 167**, 168, **169**, 170-176, 180, 183, 185-186, 198, 200, 205, 212-215, 219, **220**, 221-226, 229, 232, 238, 302, 314, 320, 328, 330, 368, 372, *380*, *393*, *394*, 400, 404
Roester, Hermann **164**
Rosendahl, Hugo **167**
Rossen, Maarten van 66, **67**, 84, 91, 109, *140*, **141**, **164**, 167-169
Ruschewey, Otto **164**

S
Sanders, P. 109
Schacht, Hjalmar 375, *380*
Schaesberg, von (Familie) 377
Scheidt, Wilhelm *363*, 370-371, 377
Scheurmann, Otto 157, 321
Schilder, A. 59, 66, 83-85, 91, 177-178
Schlempp, Walter 375
Schlesinger (Prokurist ATB) 89, 95, 97, *154*, 167, 173, 374, 387-388, 391
Schmidt, Otto 331
Schmidt, Walter 239
Schneider, Ernst 320
Schröder, Kurt von 46, 58, 100, *101*, *213*, *219*
Schütte, (Diederich) Carel 37, *41*, 59, 61-62, 64-65, 68, 84-85, *100*, 154-155, 159, **164, 169**, 173-174, 332-333, 344-345, 353, 363, 372

Schwabach, Paul von 370
Schwabach, Vera von 370
Schwerin von Krosigk, Lutz Graf 70, 198
Sell, Ulrich von 377
Silverberg, Paul 153, *177*
Simson, Julius 378
Six, Pieter Theophilus 105-106
Slatford, Charles Alan 117
Sonnemann, Elsa 375
Späing, Wilhelm 376
Spee, Hubertus Graf von **167**
Spee, Karl Graf von **167**
Speer, Albert 225-226, 296, 309, 375
Spieß, Herbert 156-157
Spieß, Josef 155-159, **164**, 166-168, **169**, 170, 174, 308-309, 314, 376, 404
Spormann, Friedrich 320
Sprenger, Jakob 324
Stapelfeldt, Franz 296
Stappert, Albert 125-126, **164**, 177, 238
Stinnes, Edmund *350*, 378
Stinnes, Hugo 204, 378
Stoecker, Wolfram 239
Stollberg-Stolberg, zu (Familie) 377
Straatemeier, E. 79, 82-83, 91-93, 98, **164**
Stumm, Ferdinand Carl von 370
Stumm, Margarete von 370
Suermondt Wzn., W. 79, 82-83, 91, *92*, 98, **164**
Swart, Dirk Maarten Adriaan 97, 107-108, **164**, 169, 174, 238, *322*
Sydow, Kurt von 293

T
Thanscheidt, Johann Otto 377
Thomas, Paul *147*, **164**, 268, *333*, **366**
Thyssen, August (jr.) 233, 305, 333-334
Thyssen, August (sen.) 11, 14, 26, 36, 38, 46, 51, 113, 132-133, 136, 142-145, 147-149, 151, 166, 172, 174-175, 204, 208, 242-243, 249, 267, 270, 282-283, 305, 315, 332, 362, 399, 404-405
Thyssen, Fritz 25, 36, 39-44, 46, 50-51, 55, 57-58, 61, *99*, 100, *101*, 102, 116, 119, 132, 135-136, 138, 150, 172, 186, 211-212, *213*, 231, 245-246, 254, 263, *333*, 334, 342, 346, 359, 362, 364-365, **366**, 367-369, 372-373, *374*, *379*, 384, 399-400
Thyssen, Hans 25, 39-44, 102, 136, 263, *333*, *342*, 362, *363*, 365, **366**, 372, 399
Thyssen, Hedwig *379*
Thyssen, Josef 175
Thyssen, Julius 25, 39-44, 136, 263, *333*, *342*, 362, *363*, 365, **366**, 372, 399
Thyssen-Bornemisza, Georg Heinrich 304
Thyssen-Bornemisza, Gunhild 393
Thyssen-Bornemisza, Hans Heinrich 14, 19-20, 22, 59-61, 65-66, 79, 81-83, 86-94, *96*, 97, 102-110, **111**, 112-114, 118, 120, 123, 128, 132-134, 143-144, 147-148, 158, **164**, 173-177, 180, *226*, 238, 279, 303-304, 320, 329-331, 394-395, 399, 403-405
Thyssen-Bornemisza, Heinrich 11-14, 16, **18**, 19, 21-22, 25-27, **28**, 29, **30**, 31, 36, 39, 41-43, 45-47, 49-51, 54-66, 69-73, 75, 84, 86-87, 93, 97, 100-102, 107-108, 110, 116-117, 119-120, 132-138, 140, 143-149, 151, 154, 159, **164**, 168, 171-173, 175, 177, 183, 185-186, 188, 191, 195, 197-200, 203, 205, 208, 210, *221*, 222, 229-231, *235*, 237, 245, 247, 249, 255, 267, 283-284, 288, 292, 298, 300, 306, 324-325, **326**, 327-330, 332, 343, 345-349, 352, 356-357, 359, *360*, 362, 364-365, 369-370, 372, **376**, 377, 383, 385, 387, 393-395, 399-400, 404-405
Thyssen-Bornemisza, Margareta 120
Thyssen-Bornemisza, Stephan 47, 82, 108-109, 120, **167**, 180, 230-235, **236**, 237, *334*, 376-377, 400-401
Timm (Oberregierungsrat) 74
Trip, Leonardus Jacobus Anthonius 348, 350, 352-355
Tron, Walter 233-235
Truman, Harry S. 359

U
Ursuleac, Viorica 377

V
Veen, van der **67**
Vissering, Gerard 341
Vögler, Albert 247, 342, *343*

W
Walker, George Herbert 359
Walter, Paul 219, 220
Weber, Hermann 238
Wegener (Prokurist Rüdersdorf) 321
Weinbrenner, Ernst 239
Werkmeister, Karl 239
Wied, zu (Familie) 377
Wijckerheld Bisdom, C.R.C. 109
Wilczek, Johannes 157
Wilhelm Carl von Preußen 377
Wilhelm II. 377
Wilhelmina Helena Pauline Maria von Oranien-Nassau, Königin der Niederlande 100
Wimmer, Julius **164**

Z
Zichy, Gabor 376

Firmen und Institutionen

Kursive Schrift: in Fußnote; fette Schrift: Abbildung, Grafik oder Tabelle

A
Abwehr s. Amt Ausland/Abwehr
Adler Portland-Zementfabrik AG 305-306, 314, 316, 322
AG Kraftstoff-Anlagen 274
AG Oberbilker Stahlwerke **28**, 33, **34-35**, 189, 197, 267, 269, 272, 278-280, 282, 300, 332, *333*
Aktiengesellschaft für Kohlenverwertung (AGKV, s. auch Ruhrgas AG) 204, 206
Algemene Exporthandel s. N.V. Algemene Exporthandel
Algemene Kunstzijde Unie (AKU) 106-107
Allgemeine Elektritzitäts-Gesellschaft (AEG) 377-378
American Telephone and Telegraph Company (AT&T) 334
Amt Ausland/Abwehr 99, 158, 377, 386-388, 390-394, *395*, 396-397, 404
Anhaltinische Kohlenwerke **40**, 101
ATB s. August-Thyssen-Bank AG
ATH s. August Thyssen-Hütte
Atlas-Werke 292
August Thyssen'sche Unternehmen des In- und Auslandes (Atunia) 19, *26*, **34-35**, 125, 134, 140-141, 155-157, 167, 310, 320, *333*
August Thyssen-Hütte (Gewerkschaft/AG) (ATH) 39, 41, *46*, 47, 137, 151, 166, 214, *231*, 241, 244, 274, 282, *333*, 342, 346, 358-359, 386
August-Thyssen-Bank AG (ATB) 11, 20, 25, 27, **28**, 30, 31, 33, **34-35**, 46-48, 58, 60, 68, 71, 75-77, 84, 93-95, **96**, 97-99, *100*, 110, 122, 126-127, 143-144, 152, *155*, 156, *157*, 158, *159*, 166, 168, 170, 186, 191, 196-197, 199, 227, *235*, 269, 282, *300*, 309, 312, 320, 333-334, 337, 345, 356, 372-397, 399-400, 403-404

B
Balkan AG 275
Banco de Bilbao 335
Bank deutscher Länder (BdL) (s. auch Reichsbank) 127
Bank of the Manhattan 361
Bank voor Handel en Scheepvaart N.V. (BHS) *11*, 20-21, 26-27, **28**, 29, **30**, **34-35**, 37-39, **40**, 41-43, 46-47, 51, 54-56, 58-65, 68, 75-80, 82-86, 88-94, 97-110, 112, 115-121, 124, 126-128, 133, 135, 137-140, 142-143, *145*, *152*, 154-155,

159, 168-169, 171-172, *173*, 177, 179-180, 188, 191, 195-196, 207-208, 211, 227, *235*, 238-239, 241, 244, 246-247, 255, 261, 263-264, 278, 280-281, *300*, 309, 312, 332-335, **336**, 337, **338**, 339-365, 367-369, 372-373, 376, 378-379, 401-403
Bankers Trust Company 207
Bankhaus A. Levy 207
Bankhaus Rothschild *233*
Bankhaus Stein 58
Barmer Bankverein 369
Basler Handelsbank 391-393
Baustoff- und Industriewerke Hennickendorf GmbH s. Rittergut Rüdersdorf GmbH
Bergbau AG König Ludwig 274
Bergbau- und Eisenhütten-Gewerkschaft Witkowitz 276
Bergbau- und Hütten AG Friedrichshütte Herdorf *333*
Bergwerksgesellschaft Walsum mbH (s. auch Gewerkschaft Walsum) 239, 242
Berliner Handelsgesellschaft 380
Berlin-Gubener Hutfabrik AG 235
Bethlehem Steel Corporation 334
BHI s. Nederlands Beheersinstituut
Biro, Weimann & Co. 276
Blohm & Voss 301
Boke en Huidekooper N.V. 258
Boswau & Knauer 377
Bremen-Vegesacker Fischerei-Gesellschaft 289
Bremer Vulkan Schiffbau und Maschinenfabrik Vegesack 20, 25-26, **28**, **30**, 31, 33, **34-35**, **40**, 57, 95, 113, 122-123, 126-127, 144-145, 154, 168, 170-171, 186, 191, 195, 197, 273, 282-285, *286*, 289-304, 333, 345-346, 376, 379, 393, 400-402
Brown Bros. & Co. 359
Brown Brothers Harriman & Co. 359
Bulgarska Trabna Industria AG (BTI) 274-277
Bundesfinanzministerium (s. auch Reichsfinanzministerium) 125
Bundeswirtschaftsministerium (s. auch Reichswirtschaftsministerium) 125

C
C&A Brenninkmejer *105*
C. Schember & Söhne, Brückenwaagen und Maschinenfabriken AG 234
Canadian Pacific Railway 61, 334-335

Cedar Swamp Realty Corporation **28, 34-35, 358**, 363
Cehandro s. N.V. Centrale Handelsvereeniging Rotterdam
Chase National Bank 361
Chemgas s. Gastankvaartmaatschappij Chemgas N.V.
Combined Coal Control Group (CCCG) 123, 125
Combined Steel Group (CSG) 123, 125, 280
Commerzbank 377, 381, 385
Compania Industrial y Mercantil Thyssen Ltda. 246
Compania Thyssen do Brasil **265**, *333*
Consolidation Bergbau AG 239, 282
Cooperative Catholique des Consommateurs de Combustible Limitee (CCCC) 266-267
Cornelius Holding Corporation **358**, 363

D
Danziger Werft und Eisenbahnwerkstätten A.G. 202
Darmstädter und National-Bank (Danat) 335
De Blaak s. Maatschappij tot Expl. van onroerende Goederen „De Blaak"
De Nederlandsche Bank N.V. 23, 84, 86, 103, 121, 139, 335-337, 340, 347-348, 350-352, 355-356
Den Bandt en Gouda 350
Denesuh s. Deutsch-Niederländische Schiffahrts- und Handels G.m.b.H.
Deschimag, s. Deutsche Schiff- und Maschinenbau AG
Deutsche Bank AG 58, 233, 234, 236, 293, 334, 356
Deutsche Continental-Gas-Gesellschaft 210
Deutsche Edelstahlwerke AG *333*, 344, 376
Deutsche Erdöl AG 101
Deutsche Golddiskontbank 184
Deutsche Kohlenbergbauleitung (DKBL) 123-124
Deutsche Kohlendepot GmbH 31, 265
Deutsche Schiff- und Maschinenbau AG (Deschimag) 168, 284-285, 289, 296, 301
Deutsche Stahlgemeinschaft GmbH 268
Deutsche Treuhand-Gesellschaft *236*
Deutsche Werft AG 301
Deutsche Werke Kiel AG 301
Deutsch-Niederländische Schiffahrts- und Handels G.m.b.H. (Denesuh) **28**, 32, **34-35**, 66, 243, 250, 254-255, 263, *333*, 376
DFC s. Domestic Fuel Corporation
DKBL s. Deutsche Kohlenbergbauleitung
Domestic Fuel Corporation (DFC) **28**, 31, **34-35**, 265-267, 277, 357, **358**, 362-363
Dortmund-Hoerder Hüttenverein 270
Dresdner Bank AG 207, 276, 380
Dunamis s. N.V. Dunamis

E
Eisen- und Stahlwerk Hoesch AG 124
Eisenwerke Mülheim/Meiderich AG 241
Enka s. Nederlandsche Kunstzijdefabriek
Erlenhof s. Zucht- und Rennbetrieb Erlenhof GmbH
Eschweiler Bergwerksverein 208
Essener Steinkohlenbergwerke AG 274
Esso s. Exxon Corporation
Europese Waterweg-Transporten N.V. (ETW) 111, 258
Exxon Corporation 242

F
F. Schichau, Maschinen- und Lokomotivfabrik, Schiffswerft und Eisengießerei GmbH 292
F.A. Wölbling GmbH 235
Faminta AG s. Stiftung für Familieninteressen AG
Favorita Holding Company Ltd. (vormals Favorita Shipping Company Ltd.) 114
Flensburger Schiffsbau-Gesellschaft (FSG) 20, 25-26, **28**, 30, 31, 33, **34-35**, 40, *100*, 122, 146, *155*, 170, 191, 283-289, 292-295, 297-304, 332-333, 376, 400-402
Frans Swarttouw's Havenbedrijf Group 258-259
Franz Haniel & Cie 266
Friedrich Krupp AG 124, 270
Friedrich Thyssen Bergbau AG 241
Frölich & Küpfel 376
Fuhrmann & Co. 337

G
Gastankvaartmaatschappij Chemgas N.V. 258
Gebr. Stollwerck AG *168*
Geldernsche Credietvereeniging 354-355
Gelsenkirchener Bergwerks AG 40, 150, 247, 344, 380
Gelsenwasser s. Wasserwerk für das nördliche westfälische Kohlenrevier AG
Gerfa s. N.V. „Gerfa" Gereedschappenfabriek
Germaniawerft 301
Gesellschaft für Praktische Lagerstättenforschung (Prakla) 232
Gestüt Ebbesloh 325
Gestüt Erlenhof s. Zucht- und Rennbetrieb Erlenhof GmbH
Gestüt Landswerth 324, 326, 330
Gewerkschaft Carolus Magnus 223-224
Gewerkschaft Deutscher Kaiser 151, 204
Gewerkschaft Dorsten *31*, *47*, *240*
Gewerkschaft Eppinghoven *31*, *41*, *46*, *197*, *240*, 333
Gewerkschaft Ewald 40
Gewerkschaft Friedrichsfeld *31*, *46*, *240*
Gewerkschaft Görsicker *31*, *41*, *46*, *197*, *240*, 333

Gewerkschaft Hiesfeld XVI *31, 41*, 46, *197, 240*, 333
Gewerkschaft Hiesfeld XVIII *31, 41*, 46, *197, 240*, 333
Gewerkschaft Hiesfeld XXI *31, 41*, 46, *197, 240*, 333
Gewerkschaft Lippermulde *31, 240*
Gewerkschaft Lohberg II *31*, 46, *240*
Gewerkschaft Neu Eversael *31*, 41-42, 44, 46, *197*, 240-241, 333
Gewerkschaft Nordlicht *31, 240*
Gewerkschaft Walsum 20, 22, 26, **28**, 31-33, **34-35**, 39, 47, 49, 57, 68, 70, 122, 125-126, *142*, 143-144, 147, 149, 152-153, 168, 172, 191, 197, 205, 207-223, 227, 237-239, *241*, 248-249, 254-255, 257, 260, 268, 300, 333, 374, 400-401
Ghent Coal Company S.A. 264, **265**
Großröhrenverband GmbH 268
Gruppe Fritz Thyssen s. Thyssen, Fritz, Thyssen, Hans und Thyssen, Julius.
Guaranty Trust Company 361
Gutehoffnungshütte, Aktienverein für Bergbau und Hüttenbetrieb (GHH) *31*, 124, 215, 247

H
H.C. Horn 285
Hahn'sche Werke 47
HAIC s. Holland-American Investment Corporation
HAIC S.A. 113
Halcyon Lijn N.V. **28**, 32-33, **34-35**, 48, 66, 77, 113, 196, 243, 250, 252, 254-255, 263-264, 288, 303, 337, 403
Hamborner Bergbau AG 241
Hamburg-Amerikanische Packetfahrt-Actien-Gesellschaft (Hapag) 289
Handel Maatschappij Santos *333*
Hanover Bank Ltd. 337
Hardy & Co. 380
Harriman Brothers & Co. (s. auch Brown Brothers Harriman & Co.) 359-361
HATC s. Holland-American Trading Corporation
HEINI s. N.V. Hollandse en Internationale Investering Maatschappij te Rotterdam
Hennickendorf s. Rittergut Rüdersdorf GmbH
Hochofenwerk Lübeck AG *47*
Hoesch s. Eisen- und Stahlwerk Hoesch AG
Holland-American Investment Corporation N.V. (HAIC) **28**, 29. **30**, **34-35**, 36, 38, 40-41, 43, 55, 69, 71, 75, 77, 94, 104, 108-109, 112-113, 127, *138*, 150, 176, 331, *342*, 363, 404
Holland-American Trading Corporation (HATC) **28**, **34-35**, 119-121, 265, *358*, *360*, 362-363
Hollandsch Trustkantoor (HTK) **28**, **34-35**, 126, 140, 325, 376

Hornberger Kalkwerke GmbH **28**, **30**, 33, **34-35**, 122, 170, 305, 309-313, 319-322, 401
Howaldtswerke AG 292
Hüttenwerke Phoenix AG 241

I
IG Farben 101, 273, 335, *380*
Ilseder Hütte 101
Industrie-Gewerkschaft Bergbau 238
International Telephone and Telegraph Company (ITT) 334
Irving Trust 337

J
J.P. Morgan 359
J.W. Scheidt *333*, 337
Jungbunzlauer Spiritus- und Chemische Fabrik AG 234-235

K
Karpathische Elektrizitätswerke AG 237
Kaszony-Stiftung *13*, 20, 27, **28**, 29, **30**, *31,* **34-35**, 42, 43, 46-47, 61, 69-73, 76-78, 103-104, 108-109, 126-128, 137-138, 140, 177, 195-197, 239, 241, 280-281, 395, 399
Kettwiger Bank 371
Klöckner & Co. 124
Klynveld Peat Marwick Goerdeler (KPMG) 179
Klynveld, Kraayenhof & Co. 179
Kohlenkontor s. Rheinische Kohlenhandel- und Rhederei Gesellschaft mbh
Köllmann Getriebebau GmbH 235
Koninglijk Paketvaart Maatschappij 79
Koninglijke Luchtvaart Maatschappij (KLM) 107
Kreditanstalt für Wiederaufbau *143*
Krupp s. Friedrich Krupp AG
Kuhn, Loeb & Co. 359

L
Lazard & Frères 349-350
Lederer-Konzern 234-236
Lloyds Bank 337
Lufthansa 374

M
Maatschappij tot Expl. van onroerende Goederen „De Blaak" **28**, **34-35**, 36, 38, 138
Mabag s. Nordhäuser Maschinen- und Apparatebau AG
Malbe s. N.V. Malbe
Mannesmannröhren-Werke AG 47, 110, 124, 267-268, 273, 279, 281-282, 401
Mannheimer Färberei GmbH 305
Mekog/Albatros 258
Mendelssohn & Co. 350, 355

N

N.V. „Gerfa" Gereedschappenfabriek **28, 34-35**, 47, 250-251

N.V. Algemene Exporthandel **28**, 29, 30, **34-35**, 36-39, 42-43, 69-70, 94, 108

N.V. Centrale Handelsvereeniging Rotterdam (Cehandro) 37, 155-156, 159, 246, 248, 310, *333*, 334, 344, *360*

N.V. Dok en Werf Maatschappij Wilton Fijenoord 77

N.V. Dunamis **28**, 29, 30, **34-35**, 36-41, 43, 69-70, 94, 108, *342*, 363

N.V. Handels- en Transport-Maatschappij „Vulcaan" 20-21, 26-27, **28**, 29, 30, 32-33, **34-35**, 37, 39, **40**, 41, 43, 48, 51, 66, 68, 70, 72, 77, 79, 82, 89, 93-94, 110-111, 113, 116, 145, *150*, 154, 166, 168, 172, *173*, 183, 188, 195-196, 214-217, 219, 222, 229, 243-267, 332-333, 337, 340, 347, 357, 365, 399, 401-403

N.V. Havenbedrijf Vlaardingen-Oost **28**, 32, **34-35**, 47, 68, 77, 243, 249-252

N.V. Hollandse en Internationale Investering Maatschappij te Rotterdam (HEINI) 113

N.V. Malbe 221, 245-246

N.V. Norma **28**, 29, 30, *32*, **34-35**, 36-39, 41-43, 69-70, 84, 94, 108, *138*, *358*, 360

N.V. Philips Gloeilampenfabrieken 82, 108, 179

N.V. Ruilverkeer **28, 34-35**, 36-39, 349

N.V. Verenigde Kunstmesthandelmaatschappij „Vulcaan" (VKV) 258

N.V. Vulcaan s. N.V. Handels- en Transport-Maatschappij „Vulcaan"

N.V. Vulcaans Rijnreederij **34-35**, 254-255

National City Bank 361

Nederlands Beheersinstituut (NBI) 65, 79, 83, 89, 92, 97-98, 101, 106, 116

Nederlandsche Bank, s. De Nederlandsche Bank N.V.

Nederlandsche Export- en Importmaatschappij N.V. (Neximpo) *333*, 344

Nederlandsche Handels- en Maatschappij N.V. (NHM) 37, 65, *86*, 89, 93, 99, 106-107, *109*, 172, 335, 347-357

Nederlandsche Kunstzijdefabriek (Enka) 107

Nederlandsch-Indische Handelsbank 37

Nederlandse Credietbank 340

Neximpo s. Nederlandsche Export- en Importmaatschappij N.V.

NHM s. Nederlandsche Handels- en Maatschappij N.V.

Niederrheinische Gas- und Wasserwerke GmbH **28**, 33, **34-35**, 39, 47, 203-204, *231*, 242

Norddeutscher Cement Verband 305, 309, 313, 315-319

Norddeutscher Lloyd 101, 289

Nordhäuser Maschinen- und Apparatebau AG (Mabag) 235

Norma s. N.V. Norma

North German Iron and Steel Control (NGISG) 123

North German Oil Control 232

O

Oberbilk s. AG Oberbilker Stahlwerk

Oberkommando der Marine 293

Oberkommando der Wehrmacht (OKW) 224, 386, 391

Organisation for European Economic Co-operation (OEEC) 239

Österreichische Credit-Anstalt 233, *234*

P

Pelzer-Stiftung 43-44, 55, 100, *101*, 102, 137-138, 140, 150, *174*, 365, **366**, *367*, 368

Philips s. N.V. Philips Gloeilampenfabrieken

Phoenix Rheinrohr AG 282

Portland-Cementfabrik Rudelsburg GmbH 319

Prakla s. Gesellschaft für Praktische Lagerstättenforschung

Press- und Walzwerke Reisholz AG (PWR) 11, 20, 26, **28**, 30, 31, 33, **34-35**, **40**, 46-49, 78, 81, 110, 122-123, 125-127, 135, 141, 143-144, *145*, *147*, 154, 167, 170-171, 184-189, 191, 195, 197, 207, 227, 230, 237, 267-282, 290-292, 300, 303-304, 322-323, 332, 340, 357, 372, 376, 378-379, 395, 397, 400-402

Preußische Bergwerks- und Hütten-Aktiengesellschaft (Preussag) 317-319, 322, 401

Price, Waterhouse & Co. 84, 178, 365

PWR s. Press- und Walzwerke Reisholz AG

R

R. Mees & Zonen 106

Raab Karcher 246-247, 254

RD&R s. Reparations, Deliveries, and Restitutions Division

Reederei Ernst Russ 286

Reichsarbeitsministerium 285-286

Reichsbank 74-75, 88, 184, 343, 345-346, *379-380*, 381, 386-387

Reichsfinanzministerium (RFM) 49, 56-57, 69-70, 74-75, 78-79, *142*, 198, 285-286

Reichsjustizministerium (RJM) 32

Reichskohlenrat 215

Reichskolonialbund 377

Reichskommissariat für die besetzten niederländischen Gebiete 58, 65, 73-75, 225

Reichsministerium für Rüstung und Munition 296

Reichsvereinigung Kohle *57*, *213*, 220, 226

Reichswerke Hermann Göring 57, 220, 252, 276

Reichswirtschaftsministerium (RWM) 71, 74-76, 221, 224, 316, 345-346, 402
Reparations, Deliveries, and Restitutions Division (RD&R) 302
RFM s. Reichsfinanzministerium
Rheinische AG für Braunkohlenbergbau und Brikettfabrikation (Rheinbraun) 40, 101, 153, 206, 274
Rheinische Kohlenhandel- und Rhederei Gesellschaft mbh (Kohlenkontor) 254-255
Rheinische Röhrenwerke AG 241
Rheinisch-Westäflisches Kohlensyndikat (RWKS) 22, 47, 49, 57, *58*, 68, 70, 77, 89, 205, *213*, 214-217, 219-222, 243-249, 254-255, 257, 260, 262, 265, 401
Rheinisch-Westälische Wasserwerk GmbH 204
Rheinisch-Westfälische Elektrizitätswerke AG (RWE) 40, 101, 204, 206, 211-212, 334
Rheinisch-Westfälische Kalkwerke 40
Rheinmetall Borsig AG 277-278
Riberena del Plata S.A. 265
Riemer AG 235
Rijkskolenbureau 257-258
Rittergut Rüdersdorf GmbH (seit 1945 Baustoff- und Industriewerke Hennickendorf GmbH) **28**, **30**, 33, **34-35**, 122, 126, 155-156, 170, 172, 186, 280, 305, **308**, 309-323, 332, 340, 372, 376, 378-379, 383, 400-402
Röhren-Verband GmbH 267-268, 274, *275*, 276
Rotterdamsch Trustees Kantoor (RTK) 20, **28**, 29, **34-35**, *39, 41*, 43, 55, 64, 66, 84, 94, 100-102, 137-142, 145, 147, *152*, 156, 169, 171, 177-178, 183, 195, 209-210, 333-334, 354, *360*, 363, 366, 376-377, 404
Rotterdamsche Agentuur- en Handel Maatschappij (RAHM) 155
Royal Dutch Shell 179, 242, 335
RTK s. Rotterdamsch Trustees Kantoor
Rüdersdorf s Rittergut Rüdersdorf GmbH
Rügenwalder Wurst und Fleischwaren-Werk AG 377
Ruhrgas AG 205-208, 211, 222-224, 226, 274, 376, 401
Rütgerswerke AG 101
RWE s. Rheinisch-Westfälische Elektrizitätswerke AG
RWKS s. Rheinisch-Westfälisches Kohlensyndikat
RWM s. Reichswirtschaftsministerium

S
S. Monatgu & Co. 337
SBG s. Schweizerische Bankgesellschaft
Schatz & Co. 157
Schichau-Werft s. F. Schichau, Maschinen- und Lokomotivfabrik, Schiffswerft und Eisengießerei GmbH

Schiffahrts-Treuhand GmbH 297
Schmiedestück-Vereinigung GmbH 268
Schweißrohrverband 268
Schweizerische Bankgesellschaft (SBG) 388-392
Schweizerische Kreditanstalt 337
Schweizerischer Bankverein *221*, 337
Seamless Steel Equipment Corporation **28**, **34-35**, 121, 274, 277-278, 357, **358**, 362-363
Seismos GmbH **28**, **34-35**, 46-47, **48**, 194, 230-233, 237, 400-401
Shipbuilders Association of the Enclave 123, 302
SHV s. Steenkolen Handelsvereeniging
Siemens & Halske 101
Skand. Kredit A.B. 335
Southern Pacific Transportation 334, 359
Stahl- und Röhrenwerk Reisholz AG (seit 1953: GmbH; s. auch Press- und Walzwerke Reisholz AG) 32, 110, 189, 239, 279-282
Stahltreuhändervereinigung 123, 125
Standard Oil 108
Steenkolen Handelsvereeniging (SHV) 219, 211, 245-249, 256-258
Steinkohlen-Elektrizitäts AG (Steag) 242
Stiftung für Familieninteressen AG (Faminta) 137, 346
Stiftung Schloss Landsberg 137-138, 230
Stollwerck s. Gebr. Stollwerck AG
Sudetenländische Treibstoffwerke AG 380
Suhl-Berliner Simson & Co KG 378

T
Thüringer Gasgesellschaft 210, 236-237
Thyssen & Co. 47, 151, 204, *231*
Thyssen Röhrenwerke AG 282
Thyssen'sche Gas- und Wasserwerke GmbH (Thyssengas) 11, 20, *22*, 26-27, **28**, **30**, *31*, 32-33, **34-35**, 39, 46-56, 58, 61, 68, 71-73, 75, 78, 89, 103, 109, 113, 122, *123*, 125-127, 135, 137, *140*, 141, 143-144, 152-153, *154*, *159*, 167-168, 170-172, 186, *187*, 198-199, 203-219, 222-230, *231*, 232, 237-242, 248, 260, 269, 282, 300, 331, *333*, 335, 337, 339, 343, 372, 374, 383, 397, 400-402
Thyssen'sche Handels GmbH (Thyssenhandel) 39, 254-255
Thyssen'sche Kohlen- und Energiewirtschaftsgesellschaft mbH 47, 217
Thyssen-Bornemisza Group N.V. (s. auch Bank voor Handel en Scheepvaart) *11*, 113, 145, 242, 282, 340
Thyssen-Bornemisza Inc. 113
Thyssen-Bornemisza N.V. 113
Thyssengas s. Thyssen'sche Gas- und Wasserwerke GmbH
Thyssen-Konzern (= Unternehmen August

Thyssens) 11, 19, 36, 51, 137, 142, 144-145, 151-152, 166, 168, 172, 203, 205, 243, 245, 254, 260, 342, *360*, 372, 384
Transportkontor Vulkan GmbH (s. auch N.V. Handels- en Transport-Maatschappij Vulcaan) 243
Twentsche Bank 37, 84

U

Union Banking Corporation (UBC) 28, **34-35**, 119-121, 179, 332, 335, 341, 357, **358**, 359-364
Union Banque de Suisse 337
Union Boiler and Manufacturing Company 277
Union Minieres 155
Union Pacific Railroad 334, 359
Union Rheinische Braunkohlen-Kraftstoff AG 274

V

Vegesacker Werft GmbH (s. auch Bremer Vulkan) 293
Verband für geschweißte Stahlrohre *268*
Verband für nahtloses Präzisionsstahlrohr *268*
Vereinigte Berliner Mörtelwerke AG (VBM) 20, 25, 26, **28**, 30, 31-33, **34-35**, 122, 126, 155-157, 159, 167-168, 170, 177, 191, 305-314, 319-320, 322, 376-379, 397, 401-402
Vereinigte Elektrizitätswerke Westfalen 204
Vereinigte Glanzstoff Fabriken AG 107
Vereinigte Industrieunternehmungen AG (VIAG) *233*, *242*
Vereinigte Stahlwerke AG (VSt) 12, 19, 25, *41*, 51, 55, 88, 101, 123-124, 137, *144*, 145, 150, 189, 203, 205, 207, 209, 222, 230, 241, 244-248, 254, 259, 268, 273, *333*, 342-346, 348-349, 351, 364, 376, 399
Vereinigung für rohgeschmiedete Stäbe 268
Vering & Waechter 377, 383
Verkaufsstelle Berliner Mörtelwerke GmbH 306, 310, 314
VIAG s. Vereinigte Industrieunternehmungen AG
VKV s. N.V. Verenigde Kunstmesthandelmaatschappij „Vulcaan"

Vlaardingen s. N.V. Havenbedrijf Vlaardingen-Oost
Von der Heydt's Bank AG (s. auch August-Thyssen-Bank AG) 46, 173, 369-376, 378, 400, 403
Von der Heydt's Bank N.V. 65, 370, 388
VSt s. Vereinigte Stahlwerke AG
Vulcaan Bunkering Company S.A. 264, **265**
Vulcaan Coal Company (Vulcaan Kolen N.V.) 35, 38-39, **40**, 41, 43, 243, *333*
Vulcaan Coal Ltd. 116, **265**, 367
Vulcaan Commerciale et Maritime S.A. 264, **265**
Vulcaan s. N.V. Handels- en Transport-Maatschappij „Vulcaan"
Vulcaan S.A. Gia Unione Consomatori de Carbone **265**
Vulcaans Rijnreederij s. N.V. Vulcaans Rijnreederij

W

W.A. Harriman & Co. (s. auch Brown Brothers Harriman & Co.) 358
Walsum s. Gewerkschaft Walsum
Wasserwerk für das nördliche westfälische Kohlenrevier AG (Gelsenwasser) **40**, 101, 222-223, 242, 273, 335, 376
Wasserwerk Thyssen & Cie. GmbH (s. auch Thyssen'sche Gas- und Wasserwerke GmbH) 204
Westfälische Union AG für Eisen- und Drahtindustrie 241
Wiener Spiritusindustrie AG 235
Wilh. Uebel Mannheim *333*
Wilton-Fejernoord s. N.V. Dok en Werf Maatschappij Wilton Fijenoord
Wintershall 101
Wodan Handelsmaatschappij 334
Woermann-Linie 47-48

Z

Zucht- und Rennbetrieb Erlenhof GmbH 27, **28**, **34-35**, 46, 122, 126, 170, 194, 230, 323-332, 376-377-378, 400
Zweegers Landbouwmachinenfabrieken N.V. 258

REIHENÜBERSICHT

Familie – Unternehmen – Öffentlichkeit: Thyssen im 20. Jahrhundert
Herausgegeben von Hans Günter Hockerts, Günther Schulz und Margit Szöllösi-Janze

Band 10
Boris Gehlen: Die Thyssen-Bornemisza-Gruppe: Eine transnationale business group in Zeiten des Wirtschaftsnationalismus (1932-1955)
1. Auflage 2021, 445 Seiten, 26 s/w-Grafiken, 17 s/w-Abb., 31 s/w-Tab.
ISBN: 978-3-506-76012-8

Band 9
Harald Wixforth: Vom Stahlkonzern zum Firmenverbund. Die Unternehmen Heinrich Thyssen-Bornemiszas von 1926 bis 1932.
1. Aufl. 2019, 269 Seiten, 12 s/w-Abb., 1 s/w-Graf., 3 s/w-Tab.
ISBN: 978-3-506-79252-5

Band 8
Hans Günter Hockerts: Ein Erbe für die Wissenschaft.
Die Fritz Thyssen Stiftung in der Bonner Republik.
2. Aufl. 2021, 341 Seiten, 27 s/w Abb.
ISBN: 978-3-506-76016-6

Band 7
Jan Schleusener: Die Enteignung Fritz Thyssens.
Vermögensentzug und Rückerstattung
1. Aufl. 2018, 261 Seiten, 10 s/w Abb.
ISBN: 978-3-506-78687-6

Band 6
Felix de Taillez: Zwei Bürgerleben in der Öffentlichkeit.
Die Brüder Fritz Thyssen und Heinrich Thyssen-Bornemisza
1. Aufl. 2017, 546 Seiten, 1 s/w Grafik, 19 s/w Abb.
ISBN: 978-3-506-78445-2

Band 5
Johannes Bähr: Thyssen in der Adenauerzeit. Konzernbildung und Familienkapitalismus
1. Aufl. 2015, 211 Seiten, 1 s/w Grafik, 19 s/w Abb., 13 s/w Tab.
ISBN: 978-3-506-78194-9

Band 4
Simone Derix: Die Thyssens. Familie und Vermögen
2. Aufl. 2021, 544 Seiten, 4 s/w Grafiken, 11 s/w Abb., 6 s/w Tab.
ISBN: 978-3-506-76060-9

Band 3
Johannes Gramlich: Die Thyssens als Kunstsammler.
Investition und symbolisches Kapital (1900-1970)
1. Aufl. 2015, 428 Seiten, 1 Grafik, 12 s/w Abb.
ISBN: 978-3-506-77981-6

Band 2
Thomas Urban: Zwangsarbeit bei Thyssen. »Stahlverein« und »Baron-Konzern« im Zweiten Weltkrieg
2. Aufl. 2021, 197 Seiten, 15 s/w Abb., 9 Tab.
ISBN: 978-3-506-76044-9

Band 1
Alexander Donges: Die Vereinigte Stahlwerke AG im Nationalsozialismus.
Konzernpolitik zwischen Marktwirtschaft und Staatswirtschaft
1. Aufl. 2014, 440 Seiten, 30 Grafiken, 60 Tab.
ISBN: 978-3-506-76628-1